FREMD WÖRTER

LEXIKON

FREMD WÖRTER

LEXIKON

Über 20.000 Fremdwörter von Abakus bis Zytotoxin

WISSEN

Lizenzausgabe 1991 für
Wissen Verlag GmbH, Herrsching
Umschlaggestaltung: Bine Cordes, Weyarn
Printed in Germany
ISBN 3-8075-0023-5

Inhalt

Vorwort

Dem Leser, Rundfunkhörer und Fernsehteilnehmer unserer Zeit wird hiermit ein Nachschlagewerk vorgelegt, das ihm helfen soll, Schreibweise, Aussprache und Bedeutung der Fremdwörter kennenzulernen. Wörter, die einer bestimmten Fachsprache (z. B. Medizin, Technik usw.) angehören, wurden nur dann aufgenommen, wenn sie auch außerhalb des betreffenden Fachschrifttums verwendet werden. Besondere Aufmerksamkeit wurde jedoch der Aufnahme neuer und neuester Fremdwörter geschenkt – auch auf die Gefahr hin, daß es sich bei einigen dieser Wörter möglicherweise um „Eintagsfliegen" handelt. Dem aufmerksamen Benutzer wird die fortschreitende „Anglisierung" unseres Fremdwörterbestandes und damit unserer Sprache überhaupt auffallen. Man mag diese durch Wissenschaft, Politik und ganz besonders durch die „Massenmedien" Presse, Rundfunk und Fernsehen geförderte Entwicklung bedauern, muß jedoch von ihr Kenntnis nehmen. Viele dieser Fremdwörter sind durchaus nützlich und nicht mehr zu entbehren, tragen sie doch zur internationalen Verständigung zumindest auf dem Gebiet der Wissenschaften bei; andere Fremdwörter jedoch, die lediglich dem Drang nach einer – angeblich – gebildeten Ausdrucksweise entspringen, sind überflüssig und werden hoffentlich nur eine kurze Lebensdauer haben. Hierin gleicht die Sprache der Mode: Sie ist wechselnd, immer lebendig, nie langweilig. Zweckmäßige und treffende Wortbildungen werden beibehalten, unnütze und schlechte Wörter jedoch früher oder später aufgegeben werden. In Abwandlung eines bekannten Sprichwortes kann man sagen:

> Die Zeiten ändern sich
> und mit ihnen die Sprache.

Erläuterungen zur Aussprachebezeichnung

Die Aussprachebezeichnung soll dazu dienen, die Aussprache der Fremdwörter so einfach wie möglich wiederzugeben. Deshalb wurde bewußt darauf verzichtet, durch eine Vielfalt komplizierter Zeichen die letzten Feinheiten der Aussprache wiederzugeben. Auch wird eine Aussprachebezeichnung nur in den notwendigsten Fällen angegeben. **Das Betonungszeichen ' steht hinter dem Vokal bzw. Doppellaut der tontragenden Silbe.**
Alle Vokale, hinter denen in der Aussprachebezeichnung ein „h" steht, werden **lang** ausgesprochen. Alle Vokale **ohne** das Dehnungszeichen „h" werden **kurz** ausgesprochen.

ᵉ   ist das schwache, ganz kurze „e".
ñ   entspricht etwa dem „n" in „trinken" oder „nk" in „Onkel" (Nasallaut).
ô   ist ein Laut, der etwa dem „o" in „Orgel" entspricht, jedoch lang gesprochen wird.
ö̈   ist ein Laut, der etwa dem „ö" in „öffnen" entspricht, jedoch immer lang zu sprechen ist.
ˢ   ist stimmhaft zu sprechen wie „s" in „sehen".
ß   ist wie „ß" in „beißen" auszusprechen.
sh   entspricht etwa dem „j"-Laut in „Journal" oder „g"-Laut in „logieren".
θ   ist ein stimmloser Lispellaut, der etwa einem gelispelten „ß" entspricht.

In allen Fällen gibt die Aussprachebezeichnung an, wie das betreffende Wort als Fremdwort, nicht aber, wie es in der Herkunftssprache ausgesprochen wird [z. B. Hausse: hoh'ße (als Fremdwort) *bzw.* oh'ß (als französisches Wort)].

Vorbemerkungen

Alle **Stichwörter** sind in streng alphabetischer Folge aufgeführt. Umlaute (ä, ö, ü) gelten als einfache Laute (a, o, u); ae, oe, ue zählen jedoch als zwei Buchstaben, wenn sie getrennt gesprochen werden (z. B. Aero . . .: a-ero . . .). Die **Betonung** der Wörter ist durch das dem Vokal oder Doppellaut der tontragenden Silbe nachgestellte Betonungszeichen ' ausgedrückt.

Eingetragene **Warenzeichen** sind nicht besonders gekennzeichnet. Wenn ein Hinweis fehlt, so bedeutet das nicht, daß der betreffende Warenname frei ist.

Die einem Hauptwort nachgestellten Buchstaben *m*, *s* od. *w* geben das Geschlecht des betreffenden Fremdworts an.

Ein „/" zwischen zwei Geschlechtsangaben bedeutet, daß das betreffende Fremdwort im Sprachgebrauch sowohl dem einen als auch dem anderen Geschlecht angehört (z. B. Filter *m/s*: der od. das Filter)

„Mz." gibt an, daß das Fremdwort nur oder vorwiegend in der Mehrzahlform gebraucht wird (z. B. **Immobilien** *Mz.*).

Die den Worterläuterungen vorangestellten Abkürzungen in schräger Kleinschrift (z. B. *med.*) geben an, welchem Fachgebiet das Fremdwort zugehört (z. B. **Pathologie'** *w med.* Krankheitslehre: das Fremdwort ist ein *medizinisches* Fachwort).

Verwendete Abkürzungen

Abk.	Abkürzung	*od.*	oder
astr.	Astronomie	*opt.*	Optik
bes.	besonders	*phil.*	Philosophie
biol.	Biologie	*phys.*	Physik
bot.	Botanik	*pol.*	Politik
bzw.	beziehungsweise	*psych.*	Psychologie
chem.	Chemie	*rel.*	Religion
geogr.	Geographie	*s*	sächlich (Ge-
geol.	Geologie		schlechtsangabe)
gramm.	Grammatik	*s.*	siehe . . .
iur.	Rechtswesen	*serbokroat.*	serbokroatisch
lat.	lateinisch	*sex.*	Sexualwissenschaft
m	männlich (Ge-	*svw.*	soviel wie . . .
	schlechtsangabe)	*techn.*	Technik
math.	Mathematik	*theat.*	Theater
med.	Medizin	*theol.*	Theologie
mil.	Wehrwesen	*uspr.*	umgangssprachlich
mus.	Musik	*w*	weiblich (Ge-
Mz.	Mehrzahl		schlechtsangabe)
naut.	Seewesen	*zool.*	Zoologie

A

A . . ., a . . . *als Vorsilbe bei Fremdwörtern: sv.ro.* nicht . . ., un . . .

Ab . . ., ab . . . *als Vorsilbe bei Fremdwörtern: sv.ro.* los, weg.

A'bakus *m* antikes Rechenbrett; Deckplatte beim Kapitell einer Säule.

Abalienatio'n *f* (ab-ali-e . . .) *iur.* Eigentumsentzug; **abalienie'ren** (ab-ali-e . . .) *iur.* ent-, veräußern.

Abandon *m* (. . . do'ñ) Aufgabe eines Rechts gegen Entschädigung; **abandonnie'ren** ein Recht gegen Entschädigung aufgeben, abtreten.

à bas! (a ba') nieder!

Aba'te *m* italienischer Geistlicher.

A'baton *s rel.* geweihter Ort, Allerheiligstes.

A'bba *rel. Anrede Gottes in der Bibel:* „Vater!"

Abbé *m* (. . . beh') französischer Geistlicher.

Abbreviatio'n *od.* **Abbreviatu'r** *ro* Abkürzung; **abbreviie'ren** abkürzen.

a'bchecken (. . . tschä'k°n) auf einer Liste prüfend abhaken; kontrollieren, prüfen.

Abdikatio'n *ro* Abdankung; **abdizie'ren** abdanken.

Abdo'men *s med.* Unterleib; **abdomina'l** den Unterleib betreffend.

Abduktio'n *ro med.* von der Körperachse wegführende Bewegung eines Körperteiles; Abspreizung; **abduzie'ren** abziehen, -spreizen.

Aberratio'n *ro* (ab- . . .) *opt./biol.* Abirrung, -abweichung; **aberrie'ren** (ab- . . .) abirren, abweichen.

abhorreszie'ren verabscheuen.

Abio'se, Abio'sis *ro biol.* Unfähigkeit zu leben; **abio'tisch** leblos.

Abitu'r(ium) *s* Reifeprüfung; **Abiturie'nt** *m* Schüler, der die Reifeprüfung ablegt bzw. abgelegt hat.

Abjudikatio'n *ro iur.* Aberkennung eines Rechtes; **abjudizie'ren** aberkennen.

Abjuratio'n *ro iur.* Abschwörung; **abjurie'ren** abschwören.

Ablaktatio'n *ro med.* Entwöhnung, Abstillung; **ablaktie'ren** entwöhnen, abstillen.

Ablatio'n *ro* Wegnahme, Ablösung.

A'blativ *m gramm.* Beugungsfall auf die Frage „woher".

Ablutio'n *ro rel.* Abspülung, rituelle Waschung.

abno'rm regelwidrig; **Abnormitä't** *ro* Mißbildung.

abolie'ren abschaffen, aufheben; **Abolitio'n** *ro* Abschaffung, Aufhebung; **Abolitioni'smus** *m* nordamerikanische Bewegung, die sich für Abschaffung der Sklaverei einsetzte; **Abolitioni'st** *m* Anhänger der Sklavenbefreiung.

abomina'bel widerlich, abscheulich.

Abonnement *s* (. . . ma'ñ) Vorausbestellung, Dauerbezug; **Abonne'nt** *m* Bezieher; **abonnie'ren** zu regelmäßigem Bezug bestellen.

abora'l (ab- . . .) gegenüber der Mundöffnung befindlich.

Abo'rt *m* Klosett, Toilette (*kein Fremdwort!* Abort = Ab-ort).

Abo'rt(us) *m med.* Fehlgeburt; **aborti'v** *med.* abtreibend; eine Fehlgeburt bewirkend; **Aborti'vum** *s med.* abtreibendes Mittel.

ab o'vo von Anfang an.

a'bqualifizie'ren abwertend beurteilen.

Abra'sio *ro* (ab- . . .) *med.* Aus-, Abschabur.ɜ; **Abrasio'n** *ro geol.* Abtragung.

a'breagieren *psych.* (ab- . . .) sich von seelischen Spannungen befreien; **A'breaktion** *ro* Befreiung von seelischen Spannungen.

Abrogatio'n *ro* (ab- . . .) Abschaffung; **abrogie'ren** (ab- . . .) abschaffen.

abru'pt (ab- . . .) abgerissen, plötzlich.

Absence *ro* (. . . sa'ñß) *med.* vorübergehende Bewußtseinsausschaltung; **abse'nt** abwesend; **in abse'ntia** in Abwesenheit; **absentie'ren, sich** sich (heimlich) entfernen; **Abse'nz** *ro* Abwesenheit.

Absi'nth *m* Wermutbranntwein.

absolu't unbedingt; beziehungslos; **Absolutio'n** *ro rel.* Sündenvergebung; **Absoluti'smus** *m pol.* unbeschränkte Herrschergewalt; **absoluti'stisch** *pol.* unbeschränkte Herrschergewalt ausübend.

Absolve'nt *m* wer eine Ausbildung od. einen Lehrgang durchlaufen hat; **absolvie'ren** lossprechen; eine Ausbildung abschließen.

Abso'rber *m techn.* Vorrichtung zur Aufzehrung (von Gasen); **absorbie'ren** aufsaugen, aufzehren; **Absorptio'n** *ro* Aufsaugung, Aufzehrung; **absorpti'v** zur Aufsaugung, Aufzehrung geeignet.

Abstentio'n *ro* Verzicht; **abstine'nt** enthaltsam; **Abstine'nz** *ro* Enthaltsamkeit; **Abstine'nzler** *m* enthaltsamer Mensch, Alkoholgegner.

Abstract *m* (ä'psträkt) kurzgefaßte Inhaltsangabe eines Zeitschrif-

tenartikels oder Buches.
abstrahie'ren (gedanklich)
verallgemeinern; **ab-
stra'kt** begrifflich, unwirklich; gegenstands-
los; nur gedacht; **Ab-
straktio'n** *w* Verallgemeinerung eines Begrif-
fes.

abstru's verworren; **Ab-
strusitä't** *w* Verworren-
heit.

absu'rd widersinnig; **absu'rdes Thea'ter** *s* Theater, auf dessen Bühne
sich Absurdes ereignet,
um die ausweglose Si-
tuation des modernen
Menschen zu enthüllen;
Absurditä't *w* Widersinnigkeit.

Absze'ß *m* med. eitriges
Geschwür.

Abszi'sse *w* math. waagerechte Koordinate eines
Achsenkreuzes.

Abulie' *w* med./psych.
Willenlosigkeit.

Abunda'nz *w* Überfluß.

ab u'rbe co'ndita in der
altrömischen Zeitrech-
nung: „seit Gründung
der Stadt (Rom)" (also
ab 753 v. Chr.).

abusi'v (ab-...) miß-
bräuchlich; **Abu'sus** *m*
(ab-...) Mißbrauch.

aby'ssisch aus der Tiefe
(der Erde, der See) her-
stammend.

a cappe'lla mus. ohne Instrumentalbegleitung.

Accent aigu *m* (akßa'ñtä
güh') gramm... Beto-
nungszeichen: Akut;
Accent circonflexe *m*
(akßa'ñ ßirkoñfläkß)
gramm. Betonungszei-
chen: Zirkumflex; **Ac-
cent grave** *m* (akßa'ñ
gra'w) gramm.: Beto-
nungszeichen: Gravis.

Accessoires Mz. (akzä-
ßoa'rß) (modisches) Zu-
behör, schmückendes
modisches Beiwerk.

Accompagnato s (...nja'-
to) mus. Sprechgesang
mit fortlaufender Orche-
sterbegleitung.

accrescendo (akreschä'n-
do) mus. stärker wer-
dend.

Accrochage *w* (akroschah'-
sh^e) „Anhaken": mil.
unvorhergesehenes Vor-
postengefecht; auch Zu-
sammenstoß von Polizei
mit Demonstranten;
Kunst: Zusammenstel-
lung von Arbeiten meh-
rerer Künstler.

Ace'lla s (az...) ein
Kunststoff.

Aceta't s (az...) chem.
Essigsäuresalz; **Aceta't-
seide** *w* Kunstseide;
Aceto'n s chem. eine organische Verbindung
(Keton), als Lösungs-
mittel gebräuchlich;
Ace'tum s Essig; **Ace-
tyle'n** s ein Kohlen-
wasserstoff.

Acha't *m* ein Halbedelstein.

A'cheron *m* („ch" wie in
„ach") Strom in der
Unterwelt; **achero'ntisch**
der Unterwelt angehö-
rend.

Achi'llesferse *w* („ch" wie
in „ach") svw. verwund-
bare Stelle; **Achi'lles-
sehne** *f* Wadenmuskel-
sehne.

Achromasie' *w* (a-k...)
opt. Farbfehlerfreiheit;
Achromati's s (a-k...)
biol. nicht färbbarer Teil
des Zellkernes; **achro-
ma'tisch** (a-k...) opt.
farbfehlerfrei; **Achro-
mati'smus** *m* (a-k...)
opt. Farbfehlerfreiheit.

a. c. i. (= accusativus cum
infinitivo) gramm. Akku-
sativ mit Infinitiv.

Aci'd s (az...) Säure;
(ä'ßid) svw. LSD (s.
dort); **Aciditä't** *w*
Säuregehalt; **Acido'se** *w*
med. Anstieg des Säure-
gehaltes im Blut; **A'ci-
dum** s Säure.

à condition (akoñdißjo'ñ)
bedingt, mit Vorbehalt;
a co'nto auf Rechnung
(von).

Acquit *m* (akih') Emp-
fangsbescheinigung.

Acre *m* (eh'k^er) englisches
bzw. amerikanisches
Flächenmaß (= 40,5 Ar).
ACS s. Bogomoletz-Serum.

Acti'nium s s. Aktinium.

Action directe *w* (akßjo'ñ
dirä'kt^e) unmittelbares,
gewaltsames Handeln.

Actionfilm *m* (ä'ksch^en...)
spannender Spielfilm
mit kurzen Dialogen.

Action Painting *w*
(ä'ktsch^en peh'ntiñ) ab-
strakte Malerei in der
modernen (amerikani-
schen) Kunst.

Acu'men s Spitze, Witz.

A. D. *Abk. v.* Anno Domini
(= im Jahre des Herrn).

ad absu'rdum führen
etwas als widersinnig
nachweisen; **ad a'cta
legen** zu den Akten le-
gen; erledigen.

adagio (ada'dshoh) mus.
langsam; **Adagio** s mus.
langsames Tonstück.

Adaptatio'n *w* biol./techn.
Anpassungsvermögen;
Anpassung; **adaptie'ren**
anpassen; **Adaptio'n** *w*
s. Adaptation; **adapti'v**
auf Anpassung beru-
hend.

Adäqua'nz *w* (ad-...) An-
gemessenheit; **adäqua't**
(ad...) angemessen,
entsprechend.

ad cale'ndas grae'cas svw.
niemals.

Adde'nda Mz. Nachträge;
Adde'ndum s Nachtrag;
addie'ren hinzufügen;
zusammenzählen; **Addi-
tame'ntum** s Ergänzung,
Nachtrag; **Additio'n** *w*
Summe, Zusammenzäh-
len; **additi'v** hinzufü-
gend; **Additi've** Mz.
techn. den üblichen
Kraftstoff veredelnde
Zusätze; **addizie'ren** zuerkennen.

Adduktion *w* med. zur
Körperachse hinführen-
de Bewegung eines
Körperteils.

Adeno'm s *med.* Drüsengeschwulst.

Ade'pt m (in geheime Künste) Eingeweihter; Meister.

adhäre'nt aneinanderhaftend; **Adhäsio'n** *w* Aneinanderhaften zweier Stoffe.

ad ho'c allein zu diesem Zweck; **Ad-ho'c-Gruppe** *w* eine zu einem bestimmten Zweck gebildete Gruppe.

adiaba'tisch *phys.* ohne Wärmeaustausch verlaufend.

adieu! (adjö') lebe wohl!

ad infini'tum bis ins Unendliche.

Adipo'sitas *w med.* Fettsucht.

à discrétion (a dißkrehßjo'ñ) nach Belieben.

A'djektiv s *gramm.* Eigenschaftswort; **adjekti'visch** als Eigenschaftswort gebraucht.

Adjudikatio'n *w iur.* Zuerkennung; **adjudizie'ren** zuerkennen.

Adju'nkt m Gehilfe.

adjustie'ren *techn.* eichen, zurichten, ausrüsten; **Adjustie'rung** *w* Eichung, Zu-, Ausrüstung.

Adjuta'nt m *mil.* ein einem Kommandeur beigeordneter Offizier.

Adju'tor m Helfer, Beistand.

A'djuvans *med.* die Wirkung unterstützende Beimischung zu einem Heilmittel.

Adla'tus m Beigeordneter, Gehilfe.

ad li'bitum nach Belieben.

ad maio'rem Dei glo'riam (... de-i...) zur größeren Ehre Gottes.

Administratio'n *w* Verwaltung; **administrati'v** auf dem Verwaltungswege; **Administra'tor** m Verwalter; **administrie'ren** verwalten.

admira'bel bewundernswürdig.

à discrétion (a dißkrehßjo'ñ) nach Belieben. Schmetterlingsart; **Admiralitä't** *w* höchste Kommandobehörde einer Kriegsmarine.

Admiratio'n *w* Bewunderung.

Admissio'n *w* Zulassung.

ad mo'dum nach Art und Weise.

admonie'ren ermahnen.

Adne'x m Anhang.

ad no'tam zur Kenntnis.

ad o'culos (demonstrieren) anschaulich (darlegen).

adolesze'nt heranwachsend; **Adolesze'nz** *w* Jugend-, Jünglingsalter.

Ado'nis m *svw.* schöner Mann.

adoptie'ren an Kindes Statt annehmen; **Adoptio'n** *w* Annahme an Kindes Statt.

adora'bel (ad-...) anbetungswürdig; **Adoratio'n** (ad-...) *w* Anbetung; **adorie'ren** (ad-...) anbeten.

ad refere'ndum zur Berichterstattung.

ad re'm zur Sache.

Adre'ma *w* Adressiermaschine.

Adrenali'n s *med.* im Nebennierenmark entstehendes Hormon.

Adressa'nt m Absender;

Adressa't m Empfänger;

Adre'sse *w* Anschrift; *auch* Schreiben an eine Persönlichkeit des öffentlichen Lebens; **adressie'ren** mit Anschrift versehen.

adre'tt sauber, geschickt.

Adso'rbens s *chem./phys.* aufnehmender Körper bei der Adsorption; **Adso'rber** m s. Adsorbens; **adsorbie'ren** *chem./phys.* ansaugen, aufnehmen; **Adsorptio'n** *w chem./phys.* Bindung von Gasen od. gelösten Stoffen an der Oberfläche fester Körper.

Adstri'ngens s *med.* zusammenziehendes Mittel; **adstringie'ren** *med.* zusammenziehen; **adstringie'rend** *med.* zusammenziehend.

adu'lt erwachsen.

ad u'sum zum Gebrauch; **ad u'sum Delphi'ni** *svw.* für Kinder; **ad u'sum me'dici** (nur) für den Arzt bestimmt; **ad u'sum pro'prium** zum eigenen Gebrauch.

Adve'niat *rel.* vorweihnachtliche Spendensammlung deutscher Katholiken zugunsten der religiösen Betreuung Lateinamerikas.

Adve'nt m Vorweihnachtszeit; **Adventi'sten** *Mz.* an die körperliche Wiederkehr Christi glaubende Sekte.

Adve'rb s *gramm.* Umstandswort; **adverbia'l** als Umstandswort gebraucht.

adversati'v gegensätzlich.

Advertising s (ä'dwᵉrtaisiñ) Anzeige(nwesen), Reklame.

Advoca'tus De'i m *theol.* ‚Gottesanwalt': katholischer Geistlicher, der bei Heilig- und Seligsprechungen die für den Antrag sprechenden Gründe vorbringt; **Advoca'tus Dia'boli** m *theol.* katholischer Geistlicher, der bei Heilig- und Seligsprechungen die Gegengründe darlegt; *auch* wer, ohne der Gegenseite anzugehören, bei Verhandlungen, Prozessen o. ä. mit seinen Beweisgründen um der Sache willen die Gegenseite unterstützt.

Advoka't m Anwalt.

Adynamie' *w* Kraftlosigkeit, Schlappheit; **adyna'misch** kraftlos, schlapp.

Ae'ro..., ae'ro...' (a-e...) Luft..., luft...

aero'b (a-e . . .) *biol.* vom Sauerstoff zum Leben abhängig.

Aerobic(s) *s (Mz.)* (äro'bik(ß) rhythmische Tanzgymnastik mit Musik zur Durchbildung aller Körpermuskeln.

Ae'robiologie *rv* (a-e . . .) *biol.* Teilgebiet der Biologie, das sich mit den in der Atmosphäre lebenden Organismen befaßt; **Aerodro'm** *s* Flugplatz; **Aerodynamik** *rv* (a-e . . .) *phys.* Lehre von den Bewegungsgesetzen der Gase; **aerodyna'misch** (a-e . . .) den Bewegungsgesetzen der Gase (insbesondere der Luft) unterliegend; **Aerogra'mm** *s* (a-e . . .) Luftpost-(Kurz-)Brief; **Aeromedizi'n** *rv* (a-e . . .) Luftfahrtmedizin; **Aeronau't** *m* (a-e . . .) Luftschiffer; **Aeronau'tik** *rv* (a-e . . .) Luftfahrt; **Aerophagie'** *rv* (a-e . . .) *med.* krankhaftes Luftschlucken; **Aerophotogrammetrie'** *rv* (a-e . . .) Luftbildmessung; **Aeropla'n** *m* (a-e . . .) Flugzeug; **Ae'roplankton** *s* (a-e . . .) *biol.* in der Luft enthaltene flüssige und feste Schwebestoffe; **Aeroso'l** *s* (a-e . . .) *med.* Luft mit beigemengten festen od. flüssigen Stoffen (z. B. Arzneimitteln).

Aerospace-Industrie *rv* (ä°r°-ßpeh'ß . . .) Luft- und Raumfahrtindustrie; **Aerospace-Medicine** *rv* (a-eroßpeh'ß mä'd°ßihn) Luft-, Raumfahrtmedizin.

afebri'l *med.* ohne Fieber (verlaufend).

Affä're *rv* Angelegenheit.

Affe'kt *m* heftige Gemütserregung; **Affektatio'n** *rv* Ziererei; **affektie'ren** sich zieren; **affektie'rt** gekünstelt, unnatürlich;

Affektio'n *rv* Zuneigung; **affektionie'rt** zugetan, gewogen.

Affiche *rv* (affih'sch°) Plakatanschlag.

Affida'vit *s iur.* eidesstattliche Erklärung.

Affiliatio'n *rv* Eingliederung in eine Gemeinschaft; **affiliieren** (. . . i-ih'ren) in eine Gemeinschaft aufnehmen.

affi'n *math.* verwandt; **Affinitä't** *rv chem./ math./phil.* Verwandtschaft.

Affirmatio'n *rv* Bejahung; **affirmati'v** bejahend; **affirmie'ren** bejahen.

Afflue'nz *rv* Zustrom.

Affront *m* (. . . o'ñ) Beleidigung; **affrontieren** (. . . oñtih'ren) beleidigen.

à fonds perdu' (afoñperdüh) auf Verlustkonto, als Verlust.

Afrika'ander *m* (. . . kah'nder) südafrikanischer Weißer, Bure; **Afrikaans** *s* (. . . kah'nß) die Burensprache: Kaphollä̈ndisch.

A'fro-Amerikaner *m* Negerbürger der USA; **afroasia'tisch** Afrika und Asien gemeinsam betreffend; **Afro-Look** *m* (. . . luk) ‚Kräuselkopf‘, eine Frisur, bei der das Haar in Kräusellöckchen nach allen Seiten hin absteht.

Afterimage *s* (ahft°i'midsh) *psych.* ‚Nachbild‘: als Teil der Wirkung von Halluzinogenen (s. *dort*) auftretende Sinnesempfindung.

After-shave *s* (ah'ft°r scheh'w) nach der Rasur zur Hautpflege angewendetes Gesichtswasser.

Agalaktie' *rv med.* Stillunfähigkeit.

Aga'pe *rv* Liebesmahl.

A'gar-A'gar *s* eine Algendroge.

Aga've *rv bot.* ein Tropengewächs.

Age'nda *rv* Merkbuch; **Age'nde** *rv* Gottesdienstordnung.

A'gens *s* treibende Kraft; **Agen't** *m* Beauftragter, Vermittler; **agent provocateur** *m* (asha'ñ prowokatö'r) Lockspitzel; **Agentu'r** *w* Zweig-, Geschäftsstelle.

Agglomera't *s* Anhäufung, Zusammenballung; **Agglomeratio'n** *rv* Zusammenballung; **agglomerie'ren** anhäufen, zusammenballen.

Agglutinatio'n *rv* Verklebung, Zusammenballung; **agglutinie'ren** verkleben, zusammenballen.

Aggravatio'n *rv* Verschlimmerung; **aggravie'ren** verschlimmern.

Aggrega't *s* Zusammenfügung; *techn.* Maschinensatz; **Aggrega'tzustand** *m* Zustandsform eines Stoffes.

Aggressio'n *rv* Angriff; **aggressi'v** angriffslustig; **Aggressivitä't** *rv* Streit-, Angriffslust; **Aggre'ssor** *m* Angreifer.

Ägi'de *rv* Schutz, Obhut.

agie'ren handeln, tätig sein.

agi'l gewandt, rührig; **Agilitä't** *rv* Gewandtheit.

A'gio *s* (a'dshoh) Aufgeld.

Agitatio'n *rv* (politische) Werbung, Hetze; **agita'to** (ɑ dsh . . .) *mus.* erregt; **Agita'tor** *m* Hetzer, Wühler; **agitie'ren** (politisch) werben, hetzen; **Agitpro'p-Gruppe** kommunistische Agitations- und Propaganda-Gruppe.

Agna't *m* Blutsverwandte(r) (väterlicherseits).

Agno'men *s* Beiname.

A'gnus De'i *s rel.* „Lamm Gottes“.

à gogo' *suv.* in Hülle und Fülle.

Agonie' w med. Todeskampf.

Agora' w von Säulen umschlossener Platz altgriechischer Städte; **Agoraphobie'** w med. Platzangst.

Agra'ffe w Spange.

Agrammati'smus m med. Unfähigkeit, grammatisch gegliederte Sätze zu bilden.

Agraphie' w (Recht-) Schreibunfähigkeit.

Agra'rier m (. . . i-er) Landwirt; **Agra'rpolitik** w Landwirtschaftspolitik; **Agra'rprodukt** s landwirtschaftliches Erzeugnis; **Agra'rreform** w Landwirtschafts-, Bodenreform.

Agreement s (ägrih'ment) Vereinbarung; **Agrément** s (agreĥma'ñ) Zustimmung (einer Regierung).

Agrikultu'r w Landwirtschaft, Landbau; **Agrono'm** m (wissenschaftlich ausgebildeter) Landwirt; **Agronomie'** w Landwirtschaftswissenschaft.

Aha'sver m der Ewige Jude.

Aide-mémoire s (ähdmehmoah'r) diplomatische Niederschrift.

AIDS (ehds) (Acquired Immune Deficiency Syndrome: erworbenes Immunmangelsyndrom) med. durch ein Virus hervorgerufene, zum Zusammenbruch des körpereigenen Abwehrsystems führende Krankheit; vorwiegend Homosexuelle, Prostituierte und Fixer, zunehmend auch andere Personenkreise befallende Erkrankung.

Air s (äh'r) Aussehen, Gehabe; mus. liedartiger Satz der Suite.

Air-bag m (äh'rbäg) Luftkissen, -sack (Sicherheitseinrichtung in Kraftwagen zum Schutz des Fahrers bei einem Zusammenprall); **Airbus** m (äh'r . .) zur Beförderung sehr vieler Fluggäste bestimmtes Flugzeug im Kurzstreckenluftverkehrsdienst; **Air-Conditioning** s (äh'r kondi'sch°niñ) Klimaanlage; **Air Force** w (äh'r forß) mil. (engl. bzw. amerik. Luftwaffe); **Airfresh** s (äh'rfräsch) Luftverbesserungsmittel; **Air Mail** w (äh'rmehl) Luftpost.

Ajatollah s. Ayatollah.

á jour (ashuh'r)' bis zum heutigen Tag': auf dem laufenden; auch: durchbrochen (Spitzen).

Akademie' w Hochschule; wissenschaftl. Gesellschaft; **Akade'miker** jmd., der eine Hochschule besucht bzw. besucht hat; **akade'misch** wissenschaftl. gebildet; das Hochschulwesen betreffend; auch: weltfremd, theoretisch.

Aka'nthus m bot. Bärenklau; **Aka'nthusblatt** s beliebtes Ornament in der bildenden Kunst.

akausa'l (a-) ohne Ursache.

Aka'zie w (. . . i-e) bot. tropischer Laubbaum.

Akklamatio'n w Zustimmung durch Zuruf; **akklamie'ren** durch Zuruf zustimmen.

Akklimatisatio'n w Anpassung; **akklimatisie'ren, sich** sich anpassen, sich gewöhnen; **Akklimatisie'rung** w Anpassung.

akkommoda'bel anpassungsfähig; **Akkommodatio'n** w Anpassung; **akkommodie'ren** anpassen.

akkompagnieren (. . . panjih'ren) mus. begleiten.

Akko'rd m Übereinkommen, Vertrag; Stücklohn; mus. Zusammenklang mehrerer Töne; **Akko'rdarbeit** w Arbeit auf Stücklohn; **Akkor'deon** s Ziehharmonika; **akkordie'ren** vereinbaren; **Akkor'dlohn** m Stücklohn.

akkreditie'ren beglaubigen; anweisen; **Akkrediti'v** s Beglaubigungsschreiben; Geldanweisung.

Akkulturatio'n w soz. Anpassung an kulturelle Gegebenheiten; freiwillige oder unfreiwillige Übernahme fremder Kulturelemente.

A'kku od. **Akkumula'tor** m techn. Gerät zur Speicherung elektr. Stromes; **akkumulie'ren** anhäufen, sammeln.

akkura't genau, sorgfältig; **Akkurate'sse** w Genauigkeit, Sorgfalt.

A'kkusativ m gramm. 4. Fall, Wenfall.

Akme' med. Höhepunkt (einer Krankheit).

A'kne w med. Hautausschlag (besonders in der Pubertät auftretend).

Ako'ntozahlung w Teilzahlung.

akquirie'ren erwerben, beschaffen; **Akquisiteur** m (. . . tö'r) (Anzeigen-) Werber; **Akquisitio'n** w Erwerb, Anschaffung.

Akribie' w Genauigkeit, äußerste Sorgfalt.

a'kritisch unkritisch.

Akroba't m geschickter Turnkünstler; **Akroba'tik** w Turnkunst in vollendeter Form.

Akro'stichon s Gedichtform, bei der die Anfangsbuchstaben, -silben oder -wörter der einzelnen Zeilen ein Wort bzw. einen Satz ergeben.

Akt m Tat, Handlung;

theat. Teil eines Dramas; *Kunst:* Darstellung des nackten Körpers.

A'kte *w* Schriftstück (-sammlung).

Akteur *m* (. . . tö'r) handelnde Person.

A'ktie *w* (. . . zi-e) Anteil (-schein) am Kapital eines Unternehmens; **Aktiengesellschaft** *w* (a'kzi-en . . .) Handelsgesellschaft, bei der das Grundkapital durch Ausgabe von Aktien aufgebracht ist; **Aktienkurs** *m* (an der Börse ermittelter) Preis von Aktien.

Akti'nium *s chem.* ein radioaktiver Grundstoff (Ac); **Aktinometrie'** *w* (Sonnen-)Strahlenmessung.

Aktio'n *w* Handlung, Tätigkeit.

Aktionä'r *m* Teilhaber (am Grundvermögen eines Unternehmens).

Aktioni'smus *m* übersteigerte demonstrative Betriebsamkeit; **Aktio'nsradius** *m* Wirkungsbereich; **Aktio'nsstrom** *m med.* bei Muskelbetätigung auftretender elektrischer Strom.

A'ktiv *s gramm.* Tätigkeitsform; **A'ktiv** od. **Akti'v** *s pol.* zur Erfüllung wirtschaftlicher oder gesellschaftlicher Aufgaben eingesetzte Arbeitsgruppe (in der DDR); **akti'v** handelnd, tätig; **Akti'va** *Mz.* Vermögenswerte; **aktivie'ren** in Tätigkeit setzen, in Gang bringen; **Aktivi'st** *m* politisch betriebsamer Mensch; Eiferer; **Aktivitä't** *w* Betriebsamkeit; **Akti'vum** *s* Guthaben; *gramm.* Tätigkeitsform.

Aktrice *w* (. . . trih'ß^e) Schauspielerin.

aktualisie'ren verwirklichen; **Aktuali'smus** *m* Deutung der Vergangenheit aus der Beobachtung

gegenwärtiger Vorgänge; **Aktualitä't** *w* Wirklichkeitsnähe, Wichtigkeit (f. d. gegenwärt. Zeitpunkt); **Aktua'lneurose** *w psych., med.* durch ein Schreckerlebnis ausgelöste Neurose; **aktue'll** (. . . u-ell) zeitnahe, -gemäß.

Akupressu'r *w med.* Heilverfahren durch Ausübung von Fingerdruck auf bestimmte Körperstellen zwecks reflektorischer Beeinflussung von Organkrankheiten (‚Akupunktur ohne Nadeln‘).

akupunktie'ren die Akupunktur anwenden.

Akupunktu'r *w med.* (ostasiatisches) Heilverfahren durch Einstechen feiner Metallnadeln in bestimmte Körperstellen zwecks reflektorischer Beeinflussung von Organkrankheiten.

Aku'stik *w phys.* Lehre vom Schall; Klangwirkung; **aku'stisch** den Schall betreffend.

Aku't *m gramm.* Betonungszeichen.

aku't dringend; *med.* heftig, unvermittelt.

Akzede'nz *w* Bewilligung, Beitritt; **akzedie'ren** bewilligen, beitreten.

Akzeleratio'n *w* Geschwindigkeitszunahme; Wachstumsbeschleunigung; **akzelerie'ren** beschleunigen.

Akze'nt *m* Betonung(szeichen); **Akzentuatio'n** *w* Betonung; **akzentuie'ren** betonen, hervorheben; **Akzentuie'rung** *w* Betonung.

Akze'pt *s* Wechsel; -annahme; **akzepta'bel** annehmbar; **Akzepta'nt** *m* zur Einlösung des Wechsels Verpflichteter; **Akzeptatio'n** *w* Annahme; **akzeptie'ren** annehmen; **Akze'ptor** *m* Empfänger.

Akze'ß *m* Zugang, Zulassung; **Akzessio'n** *w* Zugang, Beitritt; **akzesso'risch** hinzukommend; *iur.* abhängig, nebensächlich.

akzident(ije'll zufällig; **Akzide'nz** *m* Gelegenheitsarbeit, -drucksache; **Akzide'nzsatz** *m* Satz von Gelegenheitsdrucksachen (Anzeigen, Besuchskarten, Prospekte usw.).

Akzi'se *w* Verbrauchssteuer.

à la . . . nach Art von . . .; **à la baisse** (. . . bä'ß) mit einem Kurssturz an der Börse rechnend.

Alaba'ster *m* eine Gipsart.

à la bonne heure (. . . bonö'r) „zur guten Stunde"; recht so!; **à la carte** (ka'rt) nach der Speisekarte; **à la hausse** (. . . oh'ß) mit einem Kursanstieg an der Börse rechnend.

à la mode (. . . moh'd) nach neuester Mode.

Ala'rm *m* Warnruf, -signal; **alarmie'ren** zum Einsatz rufen.

à la suite (. . . ßwih't) zum Gefolge von . . . gehörend; beigeordnet.

Alau'n *m chem.* Doppelsalz aus Kalium- und Aluminiumsulfat.

A'lbe *w rel.* weißes, liturgisches Priestergewand.

Albe'rgo *s ital.* Herberge, Gasthaus.

Albini'smus *m biol.* (erblicher) Farbstoffmangel; **Albi'no** *m* Lebewesen, dem Farbstoffe fehlen (bes. an Haar, Haut, Augen).

A'lbion *s svw.* Großbritannien.

A'lbum *s* Buch zum Sammeln von Bildern oder Sprüchen.

Albu'men *s med.* Eiweiß; **Albumi'n** *s* Eiweißkörper; **albuminö's** eiweißhaltig.

Alchemie' od. **Alchimie'** n geheimnisvolle (Goldmacher-)Kunst; **Alchimi'st** Goldmacher; mittelalterlicher Chemiker.

Alderman m (eˡldᵉmᵉn) snw. Ratsherr.

Ale s (ehˡl) englisches Bier.

aleato'risch zufallsabhängig.

ale'rt munter.

Alfanzerei' n Narretei, Schwindel.

al fi'ne mus. bis zum Schluß; **al fre'sco** auf das Frische, d. h. den feuchten Putz (gemalt).

Aˡlge n bot. Seetang, niedere Wasserpflanze.

Aˡlgebra n math. Buchstabenrechnung.

Algesie' n med. Schmerzempfindlichkeit; **alge'tisch** schmerzempfindlich.

ALGOL (Abk. f. Algorithmic Language) Programmiersprache zur Lösung von Aufgaben auf technisch-wissenschaftlichem Gebiet.

Algolagnie' n sex. Wollust durch Schmerzempfindung.

Algologie' n bot. Wissenschaft von den Algen.

Algori'thmus m math. ein nach einem bestimmten Schema ablaufendes Rechenverfahren.

Alha'mbra n maurische Königsburg in Granada.

a'lias ,,anders"; eigentlich.

A'libi s iur. Nachweis der Abwesenheit vom Tatort.

Alienatio'n n (...i-e...) Entfremdung; Ent-, Veräußerung.

Alignement s (alinjemaˡñ) Abstecken der Richtung beim Bau von Verkehrswegen.

alimentä'r zur Ernährung gehörend, durch Nahrungsmittel erzeugt; **Alimentatio'n** n Ernährung, Lebensunterhalt.

Alime'nte Mz. Unterhalts-

beiträge (besonders für uneheliche Kinder).

Alizari'n s ein Farbstoff.

Alkahe'st m Lösungsmittel der Alchimisten.

Alka'lde m spanischer Bürgermeister.

Alka'li s chem. ein Hydroxyd; **alka'lisch** chem. laugenhaft; **Alkaloi'd** s (...o-id) chem. (giftige) organ. Stickstoffverbindung.

Alkazar m (...a'sar od... asa'r) Burg (in Spanien).

A'lkohol m Weingeist; **Alkoho'lika** Mz. weingeisthaltige Getränke; **Alkoho'liker** m Gewohnheitstrinker; **alkoho'lisch** weingeisthaltig; **Alkoholi'smus** m Trunksucht; **Alkoholometrie'** n Messung des Alkoholgehalts.

A'lkor s ein Sternbild; ein Kunststoff.

Alko'ven m Bettnische.

alla bre've mus. beschleunigt.

A'llah islamischer Name Gottes.

A'llasch m Kümmellikör.

Allee' n breite Straße (meist mit Bäumen).

Allegorie' n sinnbildliche Darstellung; **allego'risch** sinnbildlich; **allegorisie'ren** versinnbildlichen.

allegre'tto mus. mäßig schnell; **alle'gro** mus. schnell, lebhaft; **alle'gro assai, ~ vivace** (...a'tsche) mus. sehr lebhaft bewegt.

Allerge'n s med. Stoff, der bei überempfindlichen Menschen Krankheitserscheinungen erzeugt; **Allergie'** n med. Überempfindlichkeit(skrankheit); **alle'rgisch** auf Überempfindlichkeit beruhend.

allez! (aleh') geht!, voran!

Allia'nz n od. **Alliance** n (alja'ñß) Bündnis; **alliie'ren** verbünden; **Alliie'rte**

Mz. Verbündete.

Alligatio'n n chem. (Bei-) Mischung.

Alliteratio'n n Gleichheit der Anlaute; Stabreim.

Allo...., allo... als Vorsilbe bei Fremdwörtern: anders, gegensätzlich.

Allo'd s iur. persönliches Besitztum, Familienerbgut (im mittelalterlichen Recht).

Allogamie' n bot. Fremdbestäubung.

Allokutio'n n päpstliche Ansprache.

Allonge n (alo'ñshᵉ) an Wechsel angehängter Verlängerungszettel; **Allongeperücke** n (Männer-) Lockenperücke.

allons! (allo'ñ) auf!, vorwärts!

allony'm einen fremden Namen tragend.

Allopathie' n med. Arzneibehandlung mit der Krankheit entgegengesetzt wirkenden Mitteln; **Allopla'stik** n med. Ersatz von Körperteilen durch körperfremde Stoffe.

Allo'tria Mz. Unfug.

all right! (ôl rai't) in Ordnung!; **Allround . .** (ôlrau'nd) alle Gebiete seines Faches beherrschend; **Allrounder** m (ôlrau'ndᵉ) Kleidungsstück, das zu allen Gelegenheiten getragen werden kann.

All-Style-Kara'te s (ôl ßtai'l ...) Abart des Karatesports, bei dem die Schläge, Stöße und Tritte nicht nur angedeutet, sondern ausgeführt werden.

Allü're n Benehmen; Gehabe.

alluvia'l geol. das Alluvium betreffend; durch Anschwemmung entstanden; **Allu'vium** s geol. erdgeschichtliche Neuzeit.

A'lma ma'ter *rv sorv.* Universität.

A'lmanach m Jahrbuch.

A'lmosen s milde Gabe.

A'loe *rv* (. . . o-e) *bot.* ein Liliengewächs.

a'logisch vernunftwidrig.

Alopezie' *rv med.* Haarausfall.

Alpa'ka s Neusilber; *zool.* südamerik. Lamaart.

al pa'ri zum Nennwert; **al pe'so** nach Gewicht; **al pe'zzo** nach Stückzahl.

A'lpha s dem „a" entsprechender erster Buchstabe des griech. Alphabets; **Alphabe't** s Buchstabenfolge; **alphabe'tisch** der Buchstabenfolge entsprechend.

Alphastrahlen *Mz. phys.* beim Atomkernzerfall auftretende radioaktive Strahlen.

alpi'n auf die Alpen bzw. das Hochgebirge bezüglich; **Alpi'ni** *Mz. mil.* italienische Gebirgsjägertruppe; **Alpini's-mus** m, **Alpini'stik** *rv* Bergsteigersport; **Alpi'num** s *bot.* Hochgebirgspflanzenanlage.

Alrau'ne *rv* zauberkräftige Wurzel.

al se'cco auf das Trockene, d. h. den trockenen Putz (gemalt).

A'lt m *mus.* tiefe Frauenbzw. Knabenstimme.

Alta'n m Vorbau, Balkon.

Alta'r m Kirchentisch; Opferstätte.

Altazimu't m *astr.* Gerät zum Messen von Höhe und Richtung eines Gestirns.

a'lter e'go zweites Ich.

a'ltera pars die Gegenseite, -partei.

Alteratio'n *rv* Veränderung, Aufregung; *mus.* Tonveränderung; **alterie'ren** aufregen; *mus.* einen Ton verändern.

altername'nte *mus.* wechselnd; **alternati'v** wahlweise; *neuerdings im*

Sinne von anders; **alternative Energie'** *rv* nicht auf Kohle, Erdöl, Erdgas od. Kernkraft beruhende Energieform; **alternie'ren** abwechseln.

Altime'ter s Höhenmeßgerät.

Alti'st(in) m (*rv*) Sänger(in) mit Altstimme.

Altrui'smus m Selbstlosigkeit; **Altrui'st** m selbstloser Mensch; **altrui'stisch** selbstlos, uneigennützig.

Alumi'nium s *chem.* ein Grundstoff (Al), ein Leichtmetall.

Alumna't s Schülerheim; **Alu'mne** od. **Alu'mnus** m Schüler, Zögling.

Alveo'le *rv med.* Lungenbläschen; Zahnfach.

A'lwegbahn *rv* auf einer einzigen Schiene laufende Hochbahn (nach dem Erfinder Axel Wenner-Gren).

Amalga'm s *chem.* Legierung von Metall mit Quecksilber.

Amary'l m künstlicher Saphir; **Amary'llis** *rv bot.* ein Zwiebelgewächs

amassie'ren anhäufen.

Amateur m (. . . tö'r) Nichtfachmann; wer eine Tätigkeit aus Liebhaberei betreibt.

Amazo'ne *rv* kriegerische Frau; knabenhaftes Mädchen; Turnierreiterin.

Ambassadeur m (añbassadö'r) Gesandter.

A'mber m ein Duftstoff (= Ausscheidung des Pottwals).

ambide'xter ‚doppelhändig'; mit beiden Händen gleichermaßen geschickt.

Ambie'nte s (. . i-e . .) *sorv.* Umwelt, Umgebung, Umfeld.

Ambiguitä't *rv* Doppelsinnigkeit.

Ambitio'n *rv* Ehrgeiz, Streben; **ambitiös** (. . . ziöh'ß) ehrgeizig.

ambivale'nt doppelwertig; **Ambivale'nz** *rv* Doppelwertigkeit.

Amblyopie' *rv med.* Sehschwäche, Schwachsichtigkeit.

A'mbra *rv* ein Duftstoff (= Ausscheidung des Pottwals).

Ambro'sia *rv* Götterspeise; **Ambrosia'nischer Lobgesang** m *rel.* das Tedeum (*siehe dort*).

ambula'nt umherziehend; *med.* den Arzt zur Behandlung aufsuchend; **Ambula'nz** *rv* Verbandsplatz; Krankenwagen; **Ambulato'rium** s Einrichtung zu ambulanter Behandlung.

Amelioratio'n *rv* (Boden-) Verbesserung; **ameliorie'ren** (den Boden) verbessern.

a'men *rel.* „so geschehe es!" (Schlußformel nach Gebeten).

Amendement s (amañd°-ma'ñ) u. **Amendment** s (°mä'ndm°nt) Änderungsantrag.

Amenorrhöe *rv* (. . . röh') *med.* Ausbleiben der Regelblutung.

Ameri'cium s *chem.* zu den Transuranen gehörender Grundstoff (Am) (nach Amerika benannt).

Amerikanisie'rung *rv* Übernahme amerikanischer Lebens- und Stilformen in alle Bereiche des täglichen Lebens, u. a. besonders im Bereich der Massenmedien (s. *dort*); **Amerikani's-mus** m Eigenheit des amerikanischen Englisch bzw. der amerikanischen Lebensweise; **Amerikani'stik** *rv* Erforschung der amerikanischen Geschichte, Kultur und Sprache.

Amethy'st m ein Halbedelstein.

Ametrie' *w* Ungleichmäßigkeit; **ame'trisch** ungleichmäßig; **Ametropie'**
w med. Fehlsichtigkeit.

Ameublement s (amöbl^e-
ma'ñ) (Wohnungs-) Ein-
richtung.

A'mi *m uspr.* Amerikaner,
amerikanischer Soldat;
w uspr. amerikanische
Zigarette *(bes. in den
ersten Nachkriegsjah-
ren).*

Ammonia'k s *chem.* Stick-
stoff-Wasserstoff-Ver-
bindung.

Ammoni't *m* Ammons-
horn (Versteinerung).

Amnesie' *w med.* Ge-
dächtnisschwund.

Amnestie' *w iur.* Begna-
digung, Straferlaß; **am-
nestie'ren** begnadigen.

Amnesty International *w*
(ä'mn^estih int^erneh'sch^e-
n^el) internationale Orga-
nisation zur Betreuung
politischer Gefangener
und Internierter in aller
Welt, welche sich nicht
irgendwelcher Gewalttä-
tigkeiten schuldig ge-
macht haben.

Amnioskopie' *w med.*
„Fruchtwasserbesichti-
gung": Verfahren zur
Kontrolle einer gefähr-
deten Leibesfrucht in
der Spätschwanger-
schaft *(s. auch Perina-
talogie).*

Amö'be *w biol.* einzelliges
Lebewesen.

A'mokläufer *m* tollwütig
Rasender.

amö'n anmutig.

A'mor *m* Liebesgott.

A'moral *w* Sittenlosigkeit;
a'moralisch sittenlos.

Amore'tten *Mz.* Liebesgötter (in der bildenden
Kunst).

amo'rph gestalt-, formlos;
Amorphie' *w* Gestalt-,
Formlosigkeit.

amortisa'bel tilgungsfähig;
Amortisatio'n *w* allmähliche Schuldentilgung;
amortisie'ren eine

Schuld allmählich tilgen.

Amou'ren *Mz.* Liebesver-
hältnisse; **amouro's** Lie-
beleien betreffend.

Ampère (añpäh'r) *phys.*
Meßeinheit der elektr.
Stromstärke; **Ampere-
me'ter** s *techn.* Strom-
stärkenmeßgerät.

Amphetami'n s *med.,
chem.* synthetisches
Weck-, Anregungsmittel.

A'mphi . . ., a'mphi . . . als
Vorsilbe: doppel . . .,
zwei . . .; **Amphi'bie** *w*
(. . . i-e) *med.* **Amphi'bium**
s Tier, das auf dem Lan-
de und im Wasser leben
kann; **amphi'bisch** auf
dem Lande und im Was-
ser (lebend); **Amphibo-
lie'** *w* Zweideutigkeit.

Amphidromie' kreisförmi-
ge Gezeitenbewegung.

Amphi'theater s Theater
mit um die Bühne stu-
fenweise aufsteigendem
Zuschauerraum.

A'mphora *w* großer Ton-
krug mit Henkeln.

Amplifikatio'n *w* Erweiterung; **amplifizie'ren** erweitern.

Amplitu'de *w phys.*
Schwingungsweite.

Ampu'lle *w* zugeschmol-
zenes Glasröhrchen zur
Aufbewahrung von Arz-
neien.

Amputatio'n *w med.* Abtrennung; **amputie'ren**
(ein Körperglied) ab-
trennen.

Amule'tt s Zauberschutz-
mittel.

amüsa'nt belustigend;
Amüsement (. . . ma'ñ)
Vergnügen; **amüsie'ren**
vergnügen.

a'musisch *od.* **amu'sisch**
ohne Kunstsinn.

An . . ., an . . . als Vorsilbe
bei Fremdwörtern: *svw.*
nicht . . ., un . . .

A'na . . ., a'na . . . als Vorsilbe bei Fremdwörtern:
wieder.

Anabapti'smus *m rel.*
Wiedertäuferlehre.

Ana'basis *w* altgriechisches, von Xenophon
verfaßtes Geschichts-
werk.

Anabio'se *w biol.* Zustand
zwischen Leben und
Tod, bei dem die Le-
bensfunktionen zwar
ruhen, jedoch zu einem
späteren Zeitpunkt wie-
dererweckt werden kön-
nen.

Anabo'lika s *Mz. med.*
den Stoffwechsel, be-
sonders den Eiweißauf-
bau beeinflussende Hor-
monpräparate (u. a. bei
Hochleistungssportlern
zum Muskelaufbau an-
gewandt).

Anachore't *m* (. . . ko . . .)
christl. Einsiedler; **anachore'tisch** (. . . ko . . .)
einsiedlerisch.

Anachroni'smus *m*
(. . . kro . . .) Zeitwidrig-
keit, -irrtum; **anachro-
ni'stisch** (. . . kro . . .)
zeitwidrig, zeitlich un-
möglich.

anaero'b (an-a-e . . .) *biol.*
ohne Sauerstoff lebend;
Anaero'bier *m* (. . . a-e . . .
i-er), **Anaerobio'nt** *m*
(. . . a-e . . .) ohne Sauerstoff lebensfähiges
Lebewesen.

Anagly'phen *Mz.* plastisch
erscheinende Bilder.

Anagra'mm s Buchstaben-
verstellrätsel.

Ana'kreon *m* altgriechischer Lyriker (Trink-
und Liebeslieder); **ana-
kreo'ntisch** *svw.* heiter,
genießerisch.

ana'l *med.* auf den After
bezüglich.

Anale'kten *Mz.* Sammlung von Schrifttums-
auszügen.

ana'le Phase *w psych.,
sex.* zweite Phase der
sexuellen Entwicklung,
gekennzeichnet durch
Interesse an der Anal-
region (Bereich der
Darmöffnung).

Anale'ptikum s *med.* Anregungsmittel.

Ana'lerotik *rv* sex. Lustempfindung im Afterbereich.

Analgesie' *rv* (an-...) *med.* Aufhebung der Schmerzempfindung; **analge'tisch** (an-...) schmerzstillend.

analo'g entsprechend, ähnlich; **Analogie'** *rv* Entsprechung; Übereinstimmung; **Analo'gcomputer** *m* (...kompjuh'ŧ'r) Datenverarbeitungsanlage, die ein Rechenproblem modellmäßig-physikalisch nachbildet.

Analphabe't *m* (an-...) wer weder lesen noch schreiben kann.

Analy'se *rv* Zergliederung; Untersuchung; **analysie'ren** zergliedern; (zerlegend) untersuchen; **analy'tisch** zergliedernd, zerlegend.

Anämie' *rv* (an-...) *med.* Blutarmut.

Anamne'se *rv* *med.* Vorgeschichte einer Krankheit.

Anapä'st *m* Versfuß der antiken Metrik.

Ana'pher *rv* Wortwiederholung am Beginn zweier aufeinanderfolgender Sätze.

Anarchie' *rv* (an-...) Gesetzlosigkeit; **ana'rchisch** (an-...) gesetzlos; **Anarchi'smus** *m* eine Gesellschaftstheorie, nach der die Zerstörung aller bestehenden gesellschaftlichen Ordnungen zur vollkommenen Freiheit führt; **Anarchi'st** *m* (an-...) Umstürzler.

anasta'tisch erneuernd.

Anästhesie' *rv* (an-...) *med.* Schmerzbetäubung; **anästhesie'ren** (an-...) betäuben; **Anästhesi'st** *m* Narkosefacharzt; **Anästhe'tikum** *s* (an-...) schmerzbetäubendes Mittel.

Anastigmat' *m* (an-...) *opt.* verzerrungsfreies Objektiv.

Ana'thema *s* Bannfluch.

Anato'm *m* Hochschullehrer der Anatomie; **Anatomie'** *rv* *med.* Körperbaulehre; *auch:* Hochschulgebäude, in dem man die A. lehrt; **anato'misch** den Körperbau betreffend.

anazy'klisch von vorn und von hinten gleichlautend (zu lesen).

ANC *Abk. v.* African National Congress: Afrikanischer Nationalkongreß: afrikanische Freiheitsbewegung gegen die Apartheidspolitik der weißen Regierung Südafrikas.

Anchovis s. Anschovis.

Anciennitä't *rv* (añßi...) (Rang-) Dienstalter; **Anciennitä'tsprinzip** *s* Grundsatz, daß das Dienstalter den Rang bestimmt.

Ancien régime *s* (añßiäñ rehshih'm) Staat und Gesellschaft vor der Französischen Revolution 1789.

Anda'nte *s* *mus.* mäßig langsames Tonstück; **anda'nte** *mus.* mäßig langsam.

Andrago'gik *rv* Erwachsenenbildung, -erziehung; **Androge'n** *s* *med.* männliches Geschlechtshormon.

Androi'd(e) *m* (...o-i...) höchstentwickelter, computergesteuerter, „menschenähnlicher Roboter"; **Andrologie'** *rv med.* Männerheilkunde; **Andropau'se** *rv med., sex.* der weiblichen Menopause entsprechendes Erlöschen der sexuellen Funktionen beim Mann; **Androphobie'** *rv med., psych.* krankhafte Angst von Frauen vor Männern.

Anekdo'te *rv* (an-...) kurze, charakteristische Geschichte.

Anemome'ter *s* Windmesser.

Anepigraph *s* (an-...) Schriftwerk ohne Titel.

Aneurie' *rv med.* Nervenschwäche.

Aneury'sma *s med.* Schlagadererweiterung, Arterienerweiterung.

A'ngelus *m rel.* Engel, Gebetsbezeichnung.

Angi'na *rv med.* Mandelentzündung; **Angi'na pe'ctoris** *rv med.* Herzkrämpfe durch Gefäßverengung; **Angiologie'** *rv med.* Lehre von den Gefäßen.

Anglaise *rv* (añgläh's⁰) alter englischer Gesellschaftstanz.

anglika'nisch der englischen Staatskirche zugehörig; **anglisie'ren** englisch machen; **Angli'stik** *rv* Wissenschaft von der engl. Sprache und Literatur.

Anglizi'smus *m* engl. Spracheigentümlichkeit (in einer anderen Sprache).

Angloamerika'ner *Mz.* Sammelbegriff für Briten und Nordamerikaner; *auch* Nordamerikaner britischer Herkunft; **Anglomanie'** *rv* Schwärmerei für alles Englische; **Anglophilie'** *rv* Vorliebe für alles Englische; **Anglophobie'** *rv* Abneigung gegen alles Englische.

angula'r winkelig.

Äni'gma *s* Rätsel; **änigma'tisch** rätselhaft.

Anili'n *s* aus Steinkohlenteer gewonnener Ausgangsstoff für Farben und Arzneimittel.

A'nima *rv* Seele.

anima'lisch tierisch.

Animali'smus *m rel.* Tierverehrung.

Animateur *m* (...tö'r) mit der Animation (s. dort) beauftragter Reiseleiter bzw. Urlaubsbetreuer.

Animatio'n w (auch animaßjo'ñ) Belebung, Anregung; von Touristikunternehmen gebotene Anregungen zu Betätigungen im Urlaub (Sport, Tanzen, handwerkliche Betätigung usw.); ,Belebung': ein Verfahren der Trickfilmtechnik, um Unbelebtem Leben und Bewegung zu verleihen; **anima'to** mus. beseelt, lebhaft; **animie'ren** ermuntern.

Animi'smus m Vorstellung von der Beseeltheit aller Dinge.

Animosität w feindselige Gesinnung.

A'nimus m Seele; auch scherzhaft „Ahnung".

Ani's m bot. eine Heilu. Gewürzpflanze.

Ankylo'se w med. Versteifung der Gelenke.

Anna'len Mz. Jahrbücher.

annektie'ren (gewaltsam) in Besitz nehmen; **Anne'x** m Anhängsel; **Annexio'n** w (gewaltsame) Aneignung; **Annexioni'smus** m pol. Streben nach (gewaltsamen) Aneignungen; **annexioni'stisch** nach Annexionen strebend.

a'nni curre'ntis (Abk. a. c.) des laufenden Jahres.

Annihilatio'n w Ungültigkeitserklärung.

Anniversa'rium s rel. jährliche kirchliche Gedächtnisfeier am Todestage.

A'nno ... od. a'nno ... im Jahre ...; A'nno Do'mini ... im Jahre des Herrn ...

Annonce w (anno'ñße) Zeitungsanzeige; **Annoncenexpeditio'n** w Anzeigenannahmestelle; **annoncieren** (anoñßih'-ren) anzeigen.

A'nno sa'nto s rel. Heiliges Jahr, Jubeljahr.

Annotatio'n w Aufzeichnung.

Annua'rium s Jahrbuch; **Annuität** w jährlich fällige Zahlung von Tilgungsraten und Zinsen bei Abtragung einer Schuld.

annullie'ren für ungültig erklären; **Annullie'rung** w Ungültigkeitserklärung.

Ano'de w phys. positive Elektrode.

anoma'l regelwidrig; **Anomalie'** w Regelwidrigkeit.

Anomie' w Gesetzlosigkeit; **ano'misch** gesetzlos.

anony'm ohne Nennung des Namens; **Anonymität** w Verschweigen des Namens; **Ano'nymus** m wer seinen Namen verschweigt.

Ano'pheles w zool. eine Stechmückenart; Fiebermücke.

A'norak m Windbluse (mit Kapuze).

Anorexie' w med. Appetitlosigkeit.

a'norganisch (an-...) unbelebt; **a'norganische Chemie** w Chemie der nicht kohlenstoffhaltigen Verbindungen.

Anorgasmie' w (an-...) sex. Unfähigkeit zu höchster geschlechtlicher Erregung.

a'normal schlecht für anomal (siehe dort) oder abnorm (siehe dort).

Anscho'vis w zool. kleine Sardelle.

Antagoni'smus m Gegensatz, Widerspruch; **antagoni'stisch** feindlich, gegensätzlich.

Anta'rktis w (ant-a'...) Südpolargebiet.

ante vor; **a'nte Chri'stum (natum)** vor Christi Geburt.

antedatie'ren vordatieren.

A'nten Mz. eine Vorhalle bildende Vorsprünge altgriechischer Tempel.

Ante'nne w Empfangs- (od. Sende-)vorrichtung für elektromagnetische Wellen.

Antepe'ndium s rel. Altarbehang, Altartafel.

a'nte po'rtas „vor den Toren" („Hannibal ante portas").

Anthem s (ä'nθ°m) engl.: Hymne.

Anthologie' w Gedichtsammlung; **Antholo'gion** s rel. Liturgiebuch der orthodoxen Kirche.

Anthraze'n s chem. ein im Steinkohlenteer enthaltener Kohlenwasserstoff (Grundlage zahlreicher Farbstoffe); **Anthrazi't** m Steinkohle mit hohem Heizwert.

Anthropogene'se w und **Anthropogenie'** w Lehre von der Entstehung des Menschen; **Anthropogeographie'** w Zweig der Erdkunde, der die zwischen Mensch und Erde bestehenden Beziehungen behandelt.

Anthropoi'de m (...o-i...) Menschenaffe; **Anthropologie'** w Lehre vom Menschen; **Anthropometrie'** w Messung des menschl. Körpers; **Anthropophagie'** w Menschenfresserei; **Anthroposophie'** w von R. Steiner begründete Lehre: „Menschenweisheit"; **anthropoze'ntrisch** den Menschen als Mittelpunkt des Weltgeschehens betrachtend; **Anthropozoono'se** w (...zo-o...) med. Krankheit, die sowohl Menschen als auch Tiere befällt bzw. vom Tier auf den Menschen übertragbar ist; **A'nthropus** m frühe Entwicklungsstufe des Menschen.

Anti..., anti... Gegen..., gegen ...

Antialkoho'liker m Alkoholgegner.

antiautoritä'r jede Bevormundung und jeden Herrschafts- oder Gehorsamsanspruch ablehnend.

Antibabypille *rv* (... beh'bi ...) *med.* empfängnisverhütendes Medikament.

antibakteriell (... i-e'll) *med.* gegen Bakterien wirkend.

Antibio'ticum (*od.* -**kum**) *s* [Mz. **Antibio'tica** (*od.* -**ka**)] Bakterien hemmender *od.* tötender Wirkstoff; **antibio'tisch** wachstumshemmend.

antichambrie'ren (... schañ ...) im Vorzimmer warten; liebedienern.

A'ntichrist *m* Gegenspieler Christi; Teufel.

antidemokra'tisch den Willen der Mehrheit des Volkes ablehnend.

Antido't *s med.* Gegengift.

Antifaschi'smus *m pol.* Gegnerschaft gegen rechtsradikale totalitäre Bewegungen; **antifaschi'stisch** rechtsradikale totalitäre Bewegungen ablehnend.

Antige'n *s med.* artfremder Eiweißstoff, der im Körper die Entstehung von Antikörpern (Gegenstoffen) hervorruft.

anti'k alt; das klassische Altertum betreffend; **Anti'ke** *rv* das klassische Altertum; antikes Kunstwerk.

antiklerika'l kirchenpriesterfeindlich; **Antiklerikali'smus** *m* kirchen-, priesterfeindliche Einstellung.

Antikoagula'ntien Mz. (... zi-en) *med.* blutgerinnungshemmende Mittel.

Antikommuni'smus *m* grundsätzliche Ablehnung kommunistischer Gesellschaftstheorie und Herrschaftsform.

antikonzeptione'll *med.*

empfängnisverhütend.

A'ntikörper *Mz. med.* Abwehrstoffe gegen körperremdes Eiweiß.

Antimilitari'smus *m* Ablehnung jeglichen Wehrund Rüstungswesens.

Antimo'n *s chem.* ein Grundstoff (Sb), auch Sti'bium genannt.

Antineura'lgikum *s med.* schmerzstillendes Mittel.

Antinomie' *rv* Widerspruch in sich.

Antipathie' *rv* Abneigung.

Antipho'n(e) *rv rel.* kirchlicher Wechselgesang.

Antipo'de *m* ,,Gegenfüßler", Mensch, der auf dem gegenüberliegenden Punkt der Erde wohnt; Gegner.

Anti'qua *rv* lateinische (Druck-)Schrift; **Antiqua'r** *m* Buchhändler, der mit alten, gebrauchten *od.* vergriffenen Büchern handelt; Antiquitätenhändler; **Antiquaria't** *s* Buchhandlung, die sich mit dem Handel alter, gebrauchter *od.* vergriffener Bücher befaßt; **antiqua'risch** alt, gebraucht; **antiquie'rt** veraltet; **Antiquitä't** *rv* altertümlicher Gegenstand.

Antisemi't *m* Judenfeind; **antisemi'tisch** judenfeindlich; **Antisemiti'smus** *m* Judenfeindlichkeit.

Antise'psis *rv med.* Abtötung von Krankheitskeimen; **antise'ptisch** *med.* keimtötend.

A'ntistrophe *rv* Gegenstrophe.

Antithe'se *rv* Gegensatz, -behauptung; **antithe'tisch** gegensätzlich.

Antitrinita'rier Mz. (... i-er) *rel.* Gegner der Lehre von der Dreieinigkeit.

Antizioni'smus *m pol.* feindliche Einstellung gegen den Staat Israel

als Judenstaat.

Antizipatio'n *rv* Vorwegnahme; **antizipie'ren** vorwegnehmen.

antizy'klisch unregelmäßig wiederkehrend; gegen eine regelmäßige Wiederkehr; eine regelmäßige Wiederkehr verhindernd; **antizy'klische Wirtschaftspolitik** *rv* wirtschaftspolitische Maßnahmen, die in Zeiten des Niederganges die Volkswirtschaft anregen, in Zeiten des Aufschwunges dämpfen (z. B. Erhöhung bzw. Verminderung der Vergabe öffentlicher Aufträge).

Antizyklo'ne *rv meteor.* Hochdruckgebiet.

anturnen (a'ntörnen) dem Genuß von Rauschdrogen verfallen; sich durch Rauschdrogen in einen bewußtseinsverändernden Zustand versetzen.

A'nus *m med.* After.

äo'lisch *geol.* durch Einwirkung des Windes entstanden; **Ä'olsharfe** *rv mus.* Windharfe.

Äo'nen, in in Ewigkeit.

Ao'rta *rv med.* Hauptschlagader.

Apa'che *m* (*auch*: apa'tsche) Angehöriger eines Indianerstammes; *auch svrv.* Angehöriger der Großstadt-Unterwelt.

apa'ge ,,hebe dich fort!"

Apanage *rv* (... ah'sh°) Abfindung, Jahrgeld, Rente.

apa'rt eigenartig, reizvoll.

Apa'rtheid *rv* wirtschaftl., polit. u. soziale Trennung zwischen Weißen und Farbigen in Südafrika.

Apartment *s* (°pah'tm°nt) kleine (Luxus-)Wohnung, Zimmerflucht.

Apathie' *rv* Teilnahmslosigkeit; **apa'thisch** teilnahmslos.

Aperçu *s* (... Büh') geistreiche Bemerkung.

Aperiti'f m appetitanregendes alkoholisches Getränk.

Apertu'r rv biol. Öffnung; opt. Auflösungsvermögen und Bildhelligkeit bestimmender Teil einer Linse.

Aphori'smus m (Mz. Aphorismen) Gedankensplitter; **aphori'stisch** kurz, treffend.

Aphrodisi'akum s sex. Mittel zur Anregung des Geschlechtstriebes; **Aphrodisie'** rv sex., med. erhöhte sexuelle Erregbarkeit; **aphrodi'sisch** sex. den Geschlechtstrieb anregend.

A'phthen rv Mz. med. kleine Mundschleimhautgeschwüre, Mundschleimhautausschlag.

apika'l am Gipfel, am Scheitel.

Apikultu'r rv Bienenzucht.

A'pis m heiliger Stier in Altägypten.

Aplana't m opt. Unschärfen berichtigendes Linsensystem.

Aplomb m (. . . o'ñ) Sicherheit im Auftreten, Nachdruck.

Apno'e rv med. Atemlosigkeit, Atemstillstand.

APO s. Außerparlamentarische Opposition.

Apochroma't m opt. Farbfehler berichtigendes Linsensystem.

apodi'ktisch unbestreitbar, unwiderleglich.

Apogä'um s erdfernster Punkt der elliptischen Umlaufbahn eines Erdsatelliten.

Apokaly'pse rv Offenbarung; **apokaly'ptisch** auf das Weltende bezogen; geheimnisvoll; unheilkündend.

apokry'ph verborgen, zweifelhaft; **Apokry'phen** Mz. rel. ,,verborgene", nicht anerkannte Zusatzschriften zur Bibel.

a'politisch od. **apoli'tisch** unpolitisch.

Apologe't m rel. Verteidiger (einer Glaubenslehre); **Apologe'tik** rv rel. Verteidigung, Rechtfertigung (einer Glaubenslehre); **apologe'tisch** verteidigend; **Apologie'** rv Verteidigung(sschrift).

apople'ktisch med. zu einem Schlaganfall neigend; **Apoplexie'** rv med. Schlaganfall.

Apostasie' rv rel. Abfall (vom Glauben); **Aposta't** m rel. Abtrünniger (eines Glaubens).

Apo'stel m Sendbote, Jünger Christi.

a posterio'ri aus der Erfahrung stammend.

Aposto'likum s rel. christliches Glaubensbekenntnis; **aposto'lisch** der Lehre der Apostel entsprechend; **Apostolischer Stuhl** m Heiliger Stuhl; Amt des Papstes.

Apostro'ph m Auslassungszeichen; **apostrophie'ren** anreden.

Apothe'ke rv Zubereitungs- und Verkaufsstelle für Arzneien; **Apothe'ker** m wer durch ein abgeschlossenes Hochschulstudium die Berechtigung zur Leitung einer Apotheke erworben hat.

Apotheo'se rv Vergötterung, Verherrlichung.

Appara't m Gerät, Vorrichtung, Zubehör; **Appara'tschik** m verächtliche Bezeichnung für einen Funktionär im kommunistischen Staats- oder Partei,,apparat"; **Apparatu'r** rv Gerätschaft.

Appartement s (. . . ma'ñ) kleine (Luxus-)Wohnung, Zimmerflucht.

Appeal m (ᵉpih'l) Aufruf.

Appeasement s (ᵉpih'smᵉnt) Beschwichtigung(spolitik).

Appe'll m Aufruf; **Appel-**

latio'n rv jur. Berufung; **appellie'ren** anrufen; iur. Berufung einlegen.

Appendektomie' rv med. operative Entfernung des Blinddarms; **Appe'ndix** m Anhang; med. Blinddarm; **Appendizi'tis** rv med. Blinddarmentzündung.

Apperzeptio'n rv psych., phil. Auffassung, Wahrnehmung, Erkenntnis.

Appeti't m Eßlust; **appeti'tlich** Eßlust erweckend, sauber; **Appeti'tzügler** m med. das Nahrungsverlangen herabsetzendes Medikament.

applanie'ren ebnen, ausgleichen.

applaudie'ren Beifall spenden; **Applau's** m Beifall.

applika'bel anwendbar; **Applika'nt** m Bewerber; **Applikatio'n** rv Anwendung; Bewerbung; auch aufgenähte Verzierung; **applizie'ren** verabreichen.

Appo'rt m Herbeischaffen; **apportie'ren** herbeischaffen.

Appositio'n rv gramm. Beifügung.

appretie'ren techn. Gewebe glätten, zurichten; **Appretu'r** rv Gewebezurichtung.

Approbatio'n rv (staatl.) Zulassung, Bestallung; **approbie'ren** zulassen, bestallen; **approbie'rt** zugelassen, bestallt.

Appropriatio'n rv Aneignung.

approximati'v annähernd, ungefähr.

Après-Bain s (apräbä'ñ) nach dem Baden zu tragende Bekleidung; auch gesellschaftliches Beisammensein nach dem Baden; **Après-Ski** s (apräschih') nach dem Skilaufen zu tragende Bekleidung; auch gesellschaftliches Beisammensein nach dem

Wintersport.

a priori von vornherein.

apropos (. . . poh') nebenbei bemerkt; bei dieser Gelegenheit.

A'psis w (Altar-, Zelt-)Nische.

aptie'ren anpassen.

A'qua destilla'ta chemisch reines Wasser.

Aquädu'kt m altrömische Wasserleitung.

A'quakultur w planmäßige Gewässernutzung.

äqua'l gleich(artig).

Aquamani'le s theol. zur Händewaschung der Priester bei der Messe bestimmtes Wassergefäß.

Aquamari'n m (hellblauer) Edelstein.

Aquanau't m Unterwasserforscher; **Aquapla'ning** s Wassergleiten: Ausgleiten der mit hoher Geschwindigkeit rollenden Kraftfahrzeugreifen auf Wasserpfützen und nassen Flächen.

Aquare'll s mit Wasserfarben gemaltes Bild.

Aquaria'ner m Aquarienliebhaber; **Aqua'rium** s Glasbehälter für Wassertiere.

Aquate'l s Hausboot-Hotel.

Äqua'tor m geogr./astr. von beiden Polen gleich weit entfernter Breitenkreis; **äquatoria'l** zum Äquator(ialbereich) gehörend.

Aquavi't m Branntwein.

Äquidista'nz w gleiche Entfernung''; **äquidista'nt** pol. suw. von allen Parteien gleichweit entfernt; überparteilich; **Äquilibri'st** m Gleichgewichtskünstler, Seiltänzer; **Äquino'ktium** s astr. Tagundnachtgleiche; **Äquivale'nt** s Gegenwert; **äquivale'nt** gleichwertig; **Äquivale'nz** w Gleichwertigkeit; **äquivo'k** phil. mehrdeutig.

Ära w Zeitalter.

Arabe'ske w verzierendes Rankenmuster.

Ara'lie w (. . .i-e) bot. ein Efeugewächs.

Ara'r s Staatsschatz; **Ara'rium** s (ursprünglich römischer) Staatsschatz; **ära'risch** staatlich.

A'rbiter m Schiedsrichter; **A'rbiter elegantia'rum** m (. . .zia'. . .) Schiedsrichter in gesellschaftlichen Fragen.

Arbitrage w (. . . ah'sh⁰) Ausnutzung der Kursunterschiede verschiedener Börsen; schiedsgerichtl. Vereinbarung; **Arbi'trium** s Schiedsspruch.

Arbore'tum s bot. Baumgarten (für Lehrzwecke).

Archa'ikum s geol. ältester Abschnitt der erdgeschichtlichen Entwicklung; **archa'isch** urzeitlich, urgeschichtlich, altertümlich; **archaisie'ren** altertümeln; **Archäolo'ge** m Altertumsforscher; **Archäologie'** w Erforschung des (klassischen) Altertums; **Archäometrie'** w Wissenschaft, die sich damit befaßt, durch biologische, chemische, physikalische, mathematische, geologische und mineralogische Methoden der Archäologie neue Arbeitsmöglichkeiten zur Gewinnung neuer Erkenntnisse zu erschließen; **Archäo'pteryx** m „Urvogel" des Erdmittelalters (Mesozoikum); **Archäozo'ikum** s geol. erdgeschichtliches Altertum.

Arche'typ(us) m psych. Urform, Urbild.

A'rchi . . ., **a'rchi** . . . Erz . . ., erz . . .; Ur . . ., ur . . .; **Archidiako'n** m höherer geistlicher Würdenträger; **Archiepi'skopus** m (. . .i-e . . .) Erzbischof; **Archimandri't**

m Klostervorsteher (in der orthodoxen Kirche).

Archipe'l m Inselgruppe.

Archipoe'ta m (. . . o-e'. . .) „Erzdichter" (Bezeichnung mittelalterlicher Dichter); **Archipresby'ter** m Erzpriester.

Archite'kt m (wissenschaftl. gebildeter) Baumeister, Baukünstler; **Architekto'nik** w Wissenschaft von der Baukunst; **architekto'nisch** die Baukunst betreffend; **Architektu'r** w Baukunst.

Architra'v m (antike Baukunst:) Trag-, Querbalken.

Archi'v s Urkundensammlung; **Archiva'lien** m Mz. (. . .i-en) zur Aufbewahrung bestimmte Aktenstücke; **archiva'lisch** urkundlich; **Archiva'r** m Verwalter eines Archivs; **archivie'ren** Urkunden in ein Archiv aufnehmen.

Archo'nt m hoher altgriechischer Beamter.

Area'l s Fläche.

Are'na w Vorführraum im Zirkus; Kampfplatz.

Areopa'g m höchstes Gericht (im alten Athen).

A'res m altgriech. Kriegsgott.

Arge'ntum s chem. ein Grundstoff (Ag): Silber.

Argo'n, A'rgon s chem. ein Grundstoff (Ar), ein Edelgas.

Argonau't m Besatzungsmitglied des sagenhaften altgriechischen Schiffes „Argo".

Argot s (argoh') Gaunersprache; Ausdrucksweise bestimmter Personenkreise.

Argume'nt s Beweisgrund; **Argumentatio'n** w Beweisführung; **argumentie'ren** begründen.

A'rgus m scharfäugiger Wächter; **A'rgusaugen** Mz. scharfe Augen.

Arhythmie w s. Arrhythmie.

Aria'dnefaden m Wollfaden, mit dem Ariadne Theseus das Herausfinden aus dem Labyrinth ihres Vaters ermöglichte; *svw.* letztes Rettungsmittel, rettender (Leit-)Faden.

Ariani'smus m *rel.* Lehre des Arius: Christus ist Gott wesensähnlich, nicht wesensgleich mit Gott.

ari'd trocken, dürr; **Aridität'** w Trockenheit, Dürre.

A'rie w (... i-e) *mus.* von Instrumenten begleitetes Einzelgesangstück.

A'rier m (... i-e ...) Angehöriger des indischiranischen Zweiges der indogermanischen Sprachfamilie; *auch* (fälschlich) Mensch indogermanischer Herkunft, insbesondere Nicht-Jude oder Nicht-Farbiger; **A'rierparagra'ph** m gegen das Judentum gerichtete nationalsozialistische Gesetzesbestimmung, nach der nur sog. „Arier" Bürger des Deutschen Reiches sein durften, „Nichtarier" jedoch von den deutschen Bürgerrechten und -pflichten ausgeschlossen waren.

Ario'so s *mus.* Bezeichnung für einen arienartigen Gesangs- bzw. Instrumentalsatz.

a'risch dem indisch-iranischen Zweig der indogermanischen Sprachfamilie angehörend.

Aristokra't m Adliger; **Aristokratie'** w Adel; führende Gesellschaftsschicht; **aristokra'tisch** adlig; vornehm.

aristo'phanisch *svw.* spöttisch und witzig zugleich (nach dem griechischen Komödiendichter Aristophanes).

Aristoteli'smus m *phil.* Lehre des griechischen Philosophen Aristoteles.

Arithme'tik od. **Arithme-ti'k** w Rechenkunst, Zahlenlehre; **arithme'tisch** nach den Regeln der Arithmetik; **Arithmologie'** w (... ih') Zahlenmagie.

Ari'us m alexandrinischer Presbyter des 4. Jahrhunderts. Seine Lehre: Christus ist Gott wesensähnlich.

Arka'de w auf Säulen ruhende Bogenreihe.

Arka'dien s (... i-e ...) Landschaft Altgriechenlands; **arka'disch** Arkadien in idealistischer Verklärung gesehen bzw. Arkadien betreffend.

Arka'num s Geheimmittel.

Arkebu'se w *mil.* Hakenbüchse, eine Handfeuerwaffe.

Arkti'da w im Nördlichen Eismeer vermuteter versunkener Kontinent; **A'rktis** w Nordpolargegend; **a'rktisch** nordpolar, die Nordpolargegend betreffend.

Arktu'rus m *astr.* ein Stern.

Arma'da w starke Kriegsflotte.

Armagnac m (... anja'k) ein französischer Weinbrand, nach der ehemaligen Grafschaft Armagnac in der Gascogne benannt; **Armagnaken** Mz. (... anja'ken) französische Söldnertruppe des 15. Jahrhunderts.

Armatu'r w *techn.* Ausrüstung (von Maschinen).

Armee w Heer(esverband); **Armeri'a** w Waffenkammer, Zeughaus; **armie'ren** bewaffnen, ausrüsten; **Armie'rung** w *mil.* Bewaffnung; *techn.* Bewehrung.

Armoria'l s Wappenbuch.

A'rnika w *bot.* eine Heilpflanze.

Aro'ma s Wohlgeruch, -geschmack; **aroma'tisch** wohlriechend, würzig; **aromatisie'ren** würzen, wohlriechend bzw. -schmeckend machen.

A'rrak m Reis- oder Zukkerrohrbranntwein.

Arrangement s (arrañsh°ma'ñ) Anordnung, Gestaltung, Übereinkunft; **arrangieren** (arrañshih'r°n) anordnen, übereinkommen.

Arre'st m Haft; (vorsorgliche) Beschlagnahme; **Arresta'nt** m Häftling; **arretie'ren** festnehmen, -halten; **Arretie'rung** w Festnahme; *techn.* Sperr-, Feststellvorrichtung.

Arrhythmie' w Unregelmäßigkeit, *auch med.*; **arrhy'thmisch** unregelmäßig, ohne Rhythmus.

Arrieregarde w (arrjä'r ...) *mil.* Nachhut.

arrivie'ren emporkommen, Erfolg haben; **arrivie'rt** emporgekommen.

arroga'nt anmaßend; **Arroga'nz** Anmaßung.

arrondie'ren (aroñdih'ren) abrunden; **Arrondissement** s (arroñdißma'ñ) französischer Verwaltungsbezirk (Teil eines Departements).

arrosie'ren bewässern.

Ars ama'ndi w Liebeskunst; **Ars amato'ria** w Liebeskunst (Titel eines Werkes Ovids).

Arschi'n m früheres russisches Längenmaß (= 0,71 m).

Arse'n s *chem.* ein Grundstoff (As) (nach dem griechischen Wort für „männlich", „kräftig" benannt); **Arse'nik** s *chem.* giftige Arsenverbindung.

Arsena'l s *mil.* Zeughaus.

Art-buyer m (ah't bai°) ‚Kunstkäufer': Mitarbeiter einer Werbeagentur, der für die Gestaltung der Werbemittel geeignete Künstler ausfindig zu machen hat.

Art Director m (ah't diräʼkt°) leitender Mitarbeiter einer Werbeagentur, der für die künstlerische Gestaltung der Werbemittel verantwortlich ist.

Artefaʼkt s von vorgeschichtlichen Menschen hergestelltes Werkzeug; med. „Selbstverstümmelung".

Arteʼl s russische Genossenschaft Werktätiger.

Arteʼrie ro (. . . i-e) med. Schlagader; **arterieʼll** (. . . i-eʼll) med. eine Schlagader betreffend; **Arterioskleroʼse** ro med. Arterienverkalkung, krankhafte Schlagaderverengung.

arteʼsisch: artesischer Brunnen: Brunnen, bei dem das Wasser unter eigenem Überdruck springt.

Arthriʼtis ro med. Gelenkentzündung; **Arthro . . .,** **arthro . . .** med. Gelenk- . . ., Glied- . . .; **Arthropathieʼ** ro med. Erkrankung der Gelenke; **Arthroplaʼstik** ro med. auf operativem Wege gebildetes künstliches Gelenk; **Arthroʼse** od. **Arthroʼsis** ro chronisches Gelenkleiden.

artifizieʼll (. . . i-e . . .) künstlich, auch gekünstelt.

Artiʼkel m Geschlechtswort; Aufsatz; Warenart; **Artikulatioʼn** ro deutliche Aussprache.

artikuläʼr, artikulaʼr med. ein Gelenk betreffend; **artikulieʼren** deutlich aussprechen; **Artikulieʼrung** ro deutliche Aussprache.

Artillerieʼ ro mil. Geschützwesen; mit Geschützen ausgerüstete Truppengattung; **Artilleriʼst** m. mil. Soldat der Artille-

rie; **artilleriʼstisch** mil. das Artilleriewesen betreffend; mit Geschützen.

Artischoʼcke ro bot. aus dem Mittelmeergebiet stammende Gemüsepflanze.

Artiʼst m (Zirkus-)Künstler; **Artiʼstik** ro Zirkuskunst; **artiʼstisch** nach Art der Zirkuskunst; svro. mit großer körperlicher Geschicklichkeit.

Art nouveau ro (ahr nuwoʼ) ‚Neue Kunst': Bezeichnung für den Jugendstil (in Frankreich und England).

Artotheʼk ro Sammlung von Werken der bildenden Kunst, die an Kunstfreunde ausgeliehen werden.

Arythmie ro s. Arrhythmie.

As s höchste Spielkarte; svro. „Meister seines Faches", Spitzenkönner.

Asbeʼst m unverbrennbares Mineral.

Aschkenaʼsim Mz. svro. Ostjuden, Juden Osteuropas.

Ascorbiʼnsäure ro chem., med. Vitamin C.

Aseʼpsis ro med. Keimfreiheit; **Aseʼptik** ro med. keimfreie Wundbehandlungsmethode; **aseʼptisch** med. keimfrei.

Ash-in s (äsch iʼn) eine Maßnahme der Ökotage (s. dort) Anprangerung von Umweltverschmutzung durch „Schwarzmalerei".

Askaʼri m eingeborener Soldat der Kolonialtruppe im ehemaligen Deutsch-Ostafrika.

Askariʼden Mz. med., zool. Spulwürmer.

Askeʼse ro Enthaltsamkeit; **Askeʼt** m Büßer, enthaltsamer Mensch.

Askleʼpios griechischer Gott der Heilkunde.

Äskulaʼp m griechischer Gott der Heilkunde;

Äskulaʼpstab m ärztliches Standessymbol.

Asomnieʼ ro (a-. . .) med. Schlaflosigkeit.

aʼsozial gemeinschaftsunfähig; gesellschaftsschädigend; **Asozialitäʼt** ro Gemeinschaftsunfähigkeit; gesellschaftsschädigendes Verhalten.

Aspeʼkt m Betrachtungsweise, Anblick, Gesichtspunkt.

Aspergiʼll s rel. Weihwasserwedel.

aspermaʼtisch (a-. . .) med. ohne Samen; **Aspermaʼtismus, Aspermieʼ** ro (a-. . .) med. Samenmangel.

Aspersioʼn ro rel. Weihwasserbesprengung; Besprengung mit Taufwasser.

Asphaʼlt m Erdpech; Gemenge von Bitumen und Gestein; **asphaltieʼren** mit Asphalt bedecken.

Asphyxie ro (a-. . .) med. Pulslosigkeit, Atmungsstillstand.

Aspiʼk m/s Sülze

Aspiraʼnt m Anwärter, Bewerber.

Aspiratioʼn ro Streben, Hoffnung; Anhauchung, Aussprache mit Hauchlaut; **aspirieʼren** erhoffen; (an)hauchen, ansaugen.

Assagaiʼ m Negerspeer.

Assekuraʼnz ro Versicherung; **assekurieʼren** versichern.

Assemblee, -ée ro (aßañbleh') Versammlung.

assentieʼren zustimmen.

Assertioʼn m Versicherung, Behauptung; **assertoʼrisch** feststellend, versichernd.

Asservaʼt s amtlich verwahrte Sache; **asservieʼren** amtlich verwahren.

Asseʼssor m akademisch gebildeter Anwärter auf den höheren Staatsdienst.

Assignaʼte ro „Anweisung" = von der ersten

französischen Republik ausgegebenes Papiergeld.

Assimilatio'n *w* Anpassung; **assimilie'ren** anpassen; **Assimilie'rung** *w* Anpassung.

Assiste'nt *m* Gehilfe, Mitarbeiter; **Assiste'nz** *w* Hilfe; **assistie'ren** helfen, mitwirken.

Associé *m* (aßoßjeh') Teilhaber.

Assona'nz *w* (unvollständiger) Reim, bei dem nur die Selbstlaute Gleichklang aufweisen (z. B. Leben — Regen).

assortie'ren mit Ware ausstatten, nach Arten ordnen; **Assortime'nt** *s* Warenauswahl, Warenlager.

Assoziatio'n *w* Vereinigung; *psych.* Gedankenverbindung; **assozie'ren** (...-i-i...) verbinden; **Assoziie'rung** *w* (...i-ih'...) Zusammenschluß zu wirtschaftlichen oder politischen Zwecken.

Asta'tium *s chem.* instabiler, radioaktiver Grundstoff (At).

Asteri'skus *s* „Sternchen": *.

Asteroi'd *m* (...-o-i...) *astr.* Planetoid (s. dort).

Asthenie' *w med.* Schwäche; **Asthe'niker** *m* körperlich schwächlicher Mensch; Mensch mit schlankem Körperbau; **asthe'nisch** schwächlich.

Ästhe't *m* Schöngeist; **Ästhe'tik** *w phil.* Lehre von der sinnlichen Erkenntnis; Lehre vom Schönen; **ästhe'tisch** geschmackvoll; **Ästhetizi'smus** *m* die Ästhetik überbetonende Kunst- oder Lebensauffassung; **ästhetizi'stisch** das Ästhetische überbetonend.

A'sthma *s med.* Atemnot; **Asthma'tiker** *m med.* an Atemnot Leidender;

asthma'tisch *med.* an Atemnot leidend, *svw.* kurzatmig, keuchend.

A'sti, **~ spuma'nte** *m* nach der Stadt Asti benannter italienischer Schaumwein.

Astigmati'smus *m opt.*, *med.* auf Ungleichmäßigkeit der Oberfläche der brechenden Flächen (Linsen, Hornhaut der Augen) beruhender Abbildungs- bzw. Sehfehler.

ästimie'ren schätzen.

Astracha'n *m* Fell eines jungen Lammes des russischen Astrachanschafes, *auch* lammfellartiges Plüschgewebe.

astra'l auf die Sterne bezüglich; **Astra'lleib** *m* im Okkultismus und in der Theo- bzw. Anthroposophie: Bezeichnung für den die Seele umhüllenden Ätherleib.

Astralo'n *s* ein glasartiger Kunststoff.

A'stroarchäologie *w* von der Fachwissenschaft nicht anerkannter Forschungsbereich, der archäologische Funde, urgeschichtliche Überlieferungen (u. a. die Bibel) als Beweis für vor- oder frühgeschichtliche Kontakte der Menschen mit Wesen außerirdischer Herkunft deutet; **Astrobiologie'** *w* Wissenschaft, die sich mit der Erforschung des Lebens auf den Sternen befaßt; **Astrographie'** *w astr.* beschreibende Sternkunde; **Astrola'bium** *s* Meßgerät zur Ortsbestimmung der Sterne; **Astrolo'ge** *m* Sterndeuter; **Astrologie'** *w* Sterndeuterei, die sich mit dem Einfluß der Sterne auf das Schicksal der Menschen sowie auf alles irdische Geschehen

befaßt; **astrolo'gisch** die Sterndeuterei betreffend; **Astrometeorologie'** *w astr.* Sternwetterkunde; Zweig der Wetterkunde, der sich mit dem Einfluß der Stellung der Himmelskörper auf das irdische Wetter befaßt; **Astrometrie'** *w astr.* Messung der örtlichen Lage von Himmelskörpern; **Astronau't** *m* Weltraumfahrer; **Astronau'tik** *w* Weltraumfahrt; **astronau'tisch** die Weltraumfahrt betreffend; **Astrono'm** *m* Stern-, Himmelsforscher; **Astronomie'** *w* Sternkunde; **astrono'misch** die Sternkunde betreffend; *auch svw.* ungeheuer groß; **Astrophotographie'** *w astr.* Sternphotographie; **Astrophotometrie'** *w astr.* Helligkeitsmessung der Sterne; **Astrophysi'k** *w astr.* Wissenschaft, die sich mit den physikalischen Eigenschaften der Sterne befaßt.

Ästua'r(ium) *s* Trichtermündung von Flüssen.

Asy'l *s* Zufluchtsort, Obdach; **Asyla'nt** *m* Bewerber um das Asylrecht; **Asy'lrecht** *s* Recht auf Schutz bei Verfolgung.

Asymmetrie' *w* Ungleichheit; **asymme'trisch** ungleichmäßig.

Asympto'te *w math.* eine Gerade, die einer ins Unendliche verlaufenden Kurve näherkommt, sie jedoch nie erreicht.

asynchro'n ungleichzeitig.

asynde'tisch *gramm.* unverbunden: ohne Bindewörter aneinandergereiht.

Aszende'nt *m* Verwandter in aufsteigender Linie (Vater, Großvater usw.); *astr.* Aufgangspunkt eines Sternes; **Aszende'nz** *w* Verwandtschaft in aufsteigender Linie (s. o.); *astr.* Sternaufgang; **aszendie'ren** aufsteigen.

Asze'se *w* s. Askese.

Aszi'tes *w med.* Flüssigkeitsansammlung in der Bauchhöhle, Bauchwassersucht.

ata'ktisch *m med.* unregelmäßig, *auch* unsicher.

Atama'n *m* Kosakenanführer.

Atara'ktika *Mz. med.* Beruhigungs-, Dämpfungsmittel; **Ataraxie'** *w* (Seelen-)Ruhe.

Atavi'smus *m biol.* Rückartung; Wiederauftreten älterer entwicklungsgeschichtlicher Merkmale; **atavi'stisch** *biol.* rückartend, rückschlagend.

Ataxie *w med.* Störung im Zusammenwirken der Muskeln, im Bewegungsablauf.

Atebri'n *s med.* ein Vorbeugungs- und Heilmittel gegen Malariaerkrankung.

Atelekta'se *w med.* Luftmangel in der Lunge.

Atelier *s* (. . . . jeh') (Künstler-)Werkstatt.

a te'mpo schnellstens, sofort.

Athanasie' *w rel.* Unsterblichkeit.

Athana'sius *m* griechischer Kirchenlehrer des 4. Jahrhunderts. Seine Lehre: Christus ist mit Gott wesensgleich.

Athei'smus *m* (. . . e-i . . .) Gottesleugnung, Gottlosigkeit; **Athei'st** *m* (. . . e-i . . .) Gottesleugner, Gottloser; **athei'stisch** (. . . e-i . . .) gottlos.

Ä'ther *m* das Weltall erfüllender'Stoff; *med.* Betäubungsmittel; *chem.* organ.-chem. Verbindung; **äthe'risch** himmlisch, zart, duftig; **Ätherleib** *m* s. Astralleib.

Athle't *m* Kraftmensch; sportl. Wettkämpfer;

Athle'tik *w* sportlicher Wettkampf; **athle'tisch** kräftig, sportlich.

Ätiologie' *w med.* (Lehre von den) Krankheitsursache(n); **ätiolo'gisch** ursächlich.

Atla'ntik *m* Atlantischer Ozean; **Atla'ntik-Charta** *w* (. . . karta) 1941 verkündete Erklärung über die Grundrechte der Völker; **Atla'ntis** *w* sagenhafter Erdteil; **atla'ntisch** den Atlantischen Ozean bzw. die zu dessen Bereich gehörenden Staaten und Völker betreffend.

A'tlas *m* Kartenwerk; Seidenstoff; Gebirge in Nordafrika; Riese der griech. Sage; *med.* oberster Halswirbel.

Atmosphä're *w* Lufthülle (der Erde); Umwelt; *phys./techn.* Maßeinheit des Druckes · un Gasen; **atmosphä'risch** die Lufthülle (der Erde) betreffend.

Ato'll *s* ringförmige Koralleninsel.

Ato'm *s* kleinstes einer selbständigen Existenz fähiges Teilchen eines chem. Grundstoffes; **atoma'r** das Atom bzw. die Atomenergie betreffend; **Ato'mbombe** *w* mil. Bombe, deren Sprengwirkung auf dem Zerfall von Atomkernen und dadurch freiwerdender gewaltiger Energiemengen beruht; **Ato'mbusen** *m uspr. sww.* sehr großer, stark entwickelter Busen; **Ato'menergie** *w* bei einer Atomkernspaltung freiwerdende Energie; **Ato'mgenerator** *m* Gerät zur Gewinnung elektr. Energie aus radioaktiver Strahlung; **Ato'mgewicht** *s chem.* Masse eines Atoms im Vergleich mit der des Kohlenstoffisotops mit der Massenzahl 12;

atomisie'ren völlig auflösen; **Ato'mkern** *m* innerer Teil eines Atoms; **Ato'mmüll** *m techn.* radioaktiver Abfall. **Ato'mphysik** *w* Wissenschaft vom Wesen und Verhalten der Atome; **Ato'mreaktor** *m* Gerät zur Gewinnung von Atomenergie durch Kernspaltung.

atona'l *mus.* auf bisher gültige musikalische Gesetze verzichtend; **Atonalitä't** *w mus.* auf atonaler Grundlage beruhende Kompositionsweise.

Atonie' *w med.* Gewebeerschlaffung.

Atout *s* (. . . tuh') Trumpf (im Kartenspiel).

à tout prix (atuhprih') um jeden Preis.

ato'xisch nicht giftig.

Atrichie' *w med.* Haarmangel.

A'trium *s* in Hausmitte gelegener Hof altrömischer Gebäude; *allg.* Innen-, Vorhof.

Atrophie' *w med.* Organschwund, Auszehrung; **atrophie'ren** dahinschwinden; abmagern; **atro'phisch** abgemagert, Organschwund aufweisend.

Atropi'n *s chem.* Alkaloid der Tollkirsche bzw. des Stechapfels; *med.* krampflösendes Arzneimittel.

Atrozitä't *w* Grausamkeit.

Attaché *w* (. . . scheh') einer diplomatischen Vertretung beigegebener Beamter; **attachieren** (. . . schih'ren) beigeben, zuteilen.

Atta'cke *w* Angriff; *med.* Anfall; **attackie'ren** angreifen.

Attenta't *s* (Mord-)Anschlag; **A'ttentäter** od. **Attentä'ter** *m* Person, die ein Attentat ausführt.

Attention! (ataÿÿjo'ÿ)
Achtung!, Paß auf!

Attenti'smus m abwartende Haltung.

Atte'st s Bescheinigung,
Gutachten; **attestie'ren**
bescheinigen.

A'ttika rv das Dach verdeckender Aufbau über
dem Gesims eines Gebäudes.

A'ttila rv (nach dem Hunnenkönig benannte) Husarenjacke.

a'ttisch die griechische
Landschaft Attika betreffend; sdrv. geistreich, witzig.

Attitü'de rv Haltung; Stellung.

Attraktio'n rv Anziehung;
Zugstück; **attrakti'v** anziehend; **Attraktivitä't**
rv Anziehungskraft.

Attra'ppe rv täuschend
ähnliche Nachbildung,
Schaupackung.

attribuie'ren beifügen;
Attribu't s Eigenschaft,
Kennzeichen; Beifügung;
attributi'v beifügend.

a'typisch od. aty'pisch
von der Regel abweichend.

Aubergine rv (obärshih'n^e)
bot. gurkenähnliche
Frucht eines Nachtschattengewächses.

au contraire (o konträ'r)
im Gegenteil; **au courant**
(o kura'ÿ) auf dem laufenden.

audia'tur et a'ltera pars
auch die andere Partei
möge gehört werden!

Audie'nz rv (. . .i-e . . .)
Empfang (bei hochgestellten Persönlichkeiten).

Audiologie' rv med. Lehre
vom Hören; **Audiometrie'** rv phys. med.
Messung des Hörvermögens.

Au'dion s techn. Elektronenröhre, Gleichrichterröhre.

Audiovisio'n rv Informa-

tion durch Ton und
Bild; s (auch: ...wi'sh^en)
ein einem Fernseher
ähnliches Gerät zum
Vorführen von Kassettenfilmen: Heimseher,
Filmseher (fälschlich als
Kassettenfernseher bezeichnet, obwohl es sich
um keinen Fernsehvorgang handelt); **audiovisue'll** (. . .u-e . . .) zum
Hören und Sehen (bestimmt), ,für Ohren und
Augen'.

Auditeur m (. . . tö'r) jur.
(Militär-)Richter.

auditi'v med. das Gehör
betreffend; mit überwiegendem Hörsinn
ausgestattet.

Audi'tor m rel. (kirchlicher)
Richter.

Audito'rium s Zuhörerschaft; Hörsaal; **Audito'-**
rium ma'ximum s größter Hörsaal (einer Hochschule).

Au'giasstall m sdrv. verkommene, verdreckte
Zustände.

Augmentatio'n rv
Vermehrung; **augmentie'ren** vermehren.

Au'gur m altrömischer,
aus dem Vogelflug weissagender Priester;
Augu'renlächeln s überlegenes Lächeln eines
Eingeweihten.

Auktio'n rv Versteigerung; **Auktiona'tor** m
Versteigerer; **auktionie'ren** versteigern.

Au'la rv großer Versammlungsraum in einer
Schule oder Hochschule.

au pair (o pä'r) auf Gegenseitigkeit, sdrv. ohne
Bezahlung; **Au-pair-Mäd-**
chen s sdrv. Haustochter: junges Mädchen,
das mit Familienanschluß und Taschengeld
in einem ausländischen
Haushalt tätig ist, um
das betr. Land und
die Landessprache kennenzulernen.

Au'ra rv Schein.

aura'l med. das Ohr betreffend.

au'rea medio'critas die
goldene Mitte.

Aureo'le rv rel. Heiligenschein; astr. Hof um Gestirne.

Au'reum s (. . . e-u . . .)
chem. ein Grundstoff
(Au), ein Metall: Gold.

Auri'culo-, Auri'kulo-The-
rapie rv med. Ohr-Akupunktur (s. dort).

Aurignacien s (orinjaßiä'ÿ) eine altsteinzeitliche Kulturstufe;
Aurignac-Mensch m
(orinja'k-) altsteinzeitlicher Mensch (vermutlich
Vorfahr der heutigen
mittelmeerischen Rasse).

aurikula'r, aurikulä'r med.
zum Ohr gehörig.

au'sbaldowern erkunden.

au'sflippen aus einer als
bedrückend empfundenen Lebensweise ausscheiden (und sich dem
Genuß von Rauschdrogen hingeben).

au'sklarieren ein Schiff
und dessen Fracht zollamtlich abfertigen;
Au'sklarierung rv zollamtliche Abfertigung
eines Schiffes und seiner Fracht.

au'sknocken (. . .nocken)
zu Boden schlagen, sdrv.
entscheidend besiegen.

Auskulta'nt m Zuhörer;
jur. Beisitzer; **Auskul-**
tatio'n rv med. Abhorchen innerer Organe;
Auskulta'tor m jur. frühere Bezeichnung für
den Gerichtsreferendar;
auskultato'risch durch
Abhorchen feststellend;
auskultie'ren (ab-)horchen.

au'slogieren (. . . loshihren) aus einer Unterkunft entfernen.

Auspi'zien, unter den
(. . .i-e . . .) sdrv. unter
der Obhut von . . .;
Auspi'zium s (durch Vo-

gelschau ermittelte) Vorbedeutung.

au'spowern ausbeuten; **Au'spowerung** *rv* Verarmung, Ausbeutung.

Außerparlamentarische Opposition (APO) *rv* Ende der 60er Jahre entstandene revolutionäre, politisch linksstehende Gruppen ohne einheitliche Ideologie und Organisation, die die gegenwärtige Gesellschaftsordnung (das „Establishment") ablehnten und es durch demonstrative Handlungen (Massenproteste, Massenkundgebungen), auch unter Anwendung von Gewalt gegen Sachen und – z. T. – auch gegen Personen bekämpfen und beseitigen wollten. Die APO-Gruppen wurden vorwiegend von jugendlichen Intellektuellen gebildet und unterstützt.

au'sstaffieren ausstatten.

au'starieren die Tara (das Verpackungsgewicht) feststellen.

Austerity *rv* (ôßte'ritih) *svrv.* Einschränkung in der Lebenshaltung.

austra'l *svrv.* südlich;

Australopithecki'nnen Mz. „Südaffen": Vormenschen.

Au'stria lateinischer Name Österreichs; **Austriazi'smus** *m* der deutschen Umgangssprache in Österreich eigentümliches Wort.

au'stricksen einen Gegner durch Täuschungen, Winkelzüge, unerwartetes Verhalten o. ä. überwinden oder besiegen.

Austro ..., austro ... als Vorsilbe: österreichisch; **Au'stromarxismus** *m* pol. österreichische Form des Marxismus, ähnlich der Sozialdemokratie.

Auta'rch *m* Selbstherr-

scher.

auta'rk (wirtschaftlich) unabhängig; **Autarkie'** *rv* wirtschaftliche Unabhängigkeit.

authentifizie'ren verbürgen, beglaubigen; **authe'ntisch** verbürgt, echt; **Authentizitä't** *rv* Echtheit.

Auti'smus *m* nur auf die eigene Person bezogene Denk- und Handlungsweise; **auti'stisch** ichbezogen.

Auto ..., auto ... als Vorsilbe *svrv.* selbst.

Au'to *s* s. Automobil; **Au'tobahn** *rv* Fernverkehrsstraße, die ausschließlich dem Kraftfahrzeugverkehr dient.

Autobiographie' *rv* Beschreibung des eigenen Lebens; **autobiogra'phisch** das eigene Leben beschreibend.

Au'tobus *m* = Autoomnibus.

autochtho'n eingeboren, bodenständig; **Autochtho'ne** *m/rv* Eingeborene(r), Ureinwohner(in).

Autodafé' *s* Ketzergericht; Verbrennung von Ketzern bzw. ketzerischen Schriften.

Autodeterminatio'n *rv* phil., pol. Selbstbestimmung.

Autodida'kt *m* ein sich durch Selbstunterricht bildender Mensch; **autodida'ktisch** sich durch Selbstunterricht bildend.

Autodro'm *s* Fahrbahn für Kleinautos auf Rummelplätzen.

Autoero'tik *rv* (...o-e ...) sex. auf den eigenen Körper gerichtete erotische Beziehung; **autoero'tisch** sex. erotisch auf den eigenen Körper gerichtet.

autoga'm biol. selbstbefruchtend; **Autogamie'** biol. Selbstbefruchtung.

autoge'n selbstwirkend;

Autoge'nes Training s med. von Prof. Dr. J. H. Schultz, Berlin, entwickelte Selbstentspannungsmethode.

Autoge'nschweißung *rv* techn. Zusammenfügung zweier Werkstücke durch starke Erhitzung der Verbindungsstellen, also - im Gegensatz zur Lötung - ohne fremdes Bindematerial.

Autogiro *s* (...shih'ro) „Windmühlenflugzeug", Hub-, Tragschrauber.

Autogra'mm *s* eigenhändige Unterschrift; **Autogra'ph** *s* eigenhändig Geschriebenes.

Autointoxikation' *rv* med. Selbstvergiftung.

Au'tokino *s* Kino im Freien, in dem die Zuschauer von ihren Kraftwagen aus die Filme betrachten.

Autokla'v *m* Gefäß zum Erhitzen unter hohem Druck.

Autokratie' *rv* Alleinherrschaft; **autokra'tisch** selbstherrlich.

Autoly'se *rv* med. Selbstauflösung, Selbstverdauung; **autoly'tisch** selbstauflösend.

Automa't *m* techn. mechanische Einrichtung, die nach entsprechender Einstellung Arbeitsvorgänge selbsttätig ausführt; **Automa'tenstraße** *rv* örtlich zusammengefaßte Aufstellung von Verkaufsautomaten;

Automa'tik, Automa'tic *rv* techn. Selbststeuerung; Vorrichtung zur selbsttätigen Steuerung eines technischen Vorganges; bei Kraftwagen: Vorrichtung, die nach Anfangseinstellung durch den Fahrer das Kuppeln und Schalten selbsttätig ausführt;

Automatio'n *rv* Umstellung der industriellen Fertigungstechnik auf selbsttätig den Arbeitsablauf regelnde Maschinen; **automa'tisch** selbsttätig wirkend, selbstregelnd; **automatisie'ren** Arbeitsgänge durch selbsttätig den Ablauf regelnde Maschinen vollziehen lassen; **Automatisie'rung** *w* s. Automation.

Automobi'l s Kraftwagen.

autono'm unabhängig; **Autonomie'** *w* Selbstverwaltung, Unabhängigkeit; **Autonomi'st** m wer für Selbstverwaltung und Unabhängigkeit eintritt.

Autophilie' *w* psych. Eigenliebe.

Autopsie' *w* med. Leichenschau.

Au'tor m Urheber, Verfasser; **Au'torefera't** s s. Autorreferat.

Au'to-Reisezug m Eisenbahnzug zum gleichzeitigen Transport von Reisenden und ihren Personenkraftwagen.

Auto'renkollektiv s (besonders in der DDR üblicher Begriff für) eine Gruppe von Verfassern, die ein Verlagswerk gemeinsam herausbringt.

Autorisatio'n *w* Ermächtigung; **autorisie'ren** ermächtigen.

autoritä'r selbstherrlich, diktatorisch; *auch* (polemisch) *sovv.* faschistisch, faschistoid (s. dort); bereit zur Unterordnung unter eine Führerpersönlichkeit, gleichzeitig jedoch bereit, gegenüber Untergebenen eine Führerrolle zu spielen; **autoritä're Einstellung** *w* psych., pol. Denkweise, die sich am Führerprinzip orientiert; **Autoritä't** *w* (auf Tradition oder Leistung beruhendes) Ansehen; fachlich anerkannte Persönlichkeit; **autoritati'v** maß

gebend, aus echter Autorität erwachsend.

Au'torkorrektur *w* vom Verfasser selbst vorgenommene oder gewünschte Berichtigung oder Ergänzung eines Druckes; **Au'torrefera't** s eigener Bericht.

Au'tostopp m Kraftwagen zum Anhalten veranlassen, um mitgenommen zu werden (um „per Anhalter" zu fahren).

Autostra'da *w* Autobahn (s. dort) in Italien.

Autosuggestio'n *w* psych. Selbstbeeinflussung; **autosuggesti'v** sich selbst beeinflussend.

Autotoxi'n s med. Giftstoff, der im eigenen Körper entstanden ist.

Au'totransfusio'n *w* med. Blutüberleitung von einer Stelle des Körpers zu einer anderen.

Autotypie *w* Rasterbild-, Netzätzung (für Buchdruck).

Au'tovakzi'ne *w* med. aus dem eigenen Körper gewonnener Impfstoff.

autumna'l herbstlich.

auxilia'r od. -ä'r zur Hilfe dienend.

Auxi'n s bot. Wuchsstoff.

AV *w*/s Abk. f. Audiovision (s. dort).

Ava'l m Wechselbürgschaft.

Avance *w* (awa'ñß̱e) Gewinn, Beschleunigung, Vorsprung.

Avancement s (awañßma'ñ) Beförderung; **Avancen machen** (awa'ñß̱en ...) jemandem Hoffnungen machen; **avancieren** (awañß̱ih'r°n) befördert werden, vorankommen.

Avantage *w* (awañtah'sh°) Vorteil.

Avantgarde *w* (awa'ñ ...) Vortrupp, -hut; **Avantgardist** m (awa'ñ ...) Vorkämpfer; **avantgardi'stisch** (awa'ñ ...)

vorkämpferisch.

ava'nti! voran!, vorwärts!

a've! Sei gegrüßt! **Ave-Maria** s „Sei gegrüßt, Maria!": kathol. Gebet.

Aveni'da *w* Prachtstraße (in Spanien, Portugal und Lateinamerika).

Avenue *w* (ä'w°njuh) Prachtstraße (im englischen Sprachgebiet); (...nüh') Prachtstraße (in Frankreich).

average (ä'w°ridsh) durchschnittlich, mittelmäßig.

Avers m (awä'rß) Münzvorderseite.

Aversio'n *w* Abneigung.

Ave'rsum s Abfindung(s-summe).

Avertissement s (awärtiß̱ma'ñ) Benachrichtigung.

Avia'tik *w* Flugwesen.

Avidi'tä't *w* Gier.

Avio'nik *w* techn. Flugzeugelektronik.

a'virulent, avirule'nt med. nicht ansteckend.

Avis m/s (awih'ß) Meldung, Nachricht; **avisie'ren** melden, benachrichtigen.

Avi'so m naut. schnelles kleines Kriegsschiff für Melde- und Aufklärungszwecke.

a vi'sta auf Wechseln: „bei Sicht" - also bei Vorlage - zahlbar.

Avitamino'se *w* med. auf Vitaminmangel beruhende Krankheit.

Avoca'do *w* bot. birnenförmige Südfrucht.

axia'l auf eine Achse bezogen; in Achsenrichtung.

axilla'r med. die Achsel-(höhle) betreffend.

Axio'm s unbeweisbarer, jedoch unbestreitbarer Grundsatz; **axioma'tisch** unbestreitbar.

Axonometrie' *rv* *math.* ebene Darstellung räumlicher Figuren.

Ayato'llah *m* ,Zeichen Gottes': höchster theologischer Grad der schiitischen Richtung des Islam.

Azalee', Aza'lie (...i-e) *rv bot.* ein Heidekrautgewächs.

Azetyle'n *s chem.* ein brennbares Gas.

Azidität *rv chem.* Säuregehalt.

Azimu't *m/s* Richtung(s-winkel).

Azoospermie' *rv* (...o-o ...) *med.* Fehlen von Samenzellen in der Samenflüssigkeit.

Azu'r *m* Himmelsbläue; **azu'rn** himmelblau.

a'zyklisch unregelmäßig.

B

Baal *m* altorientalischer Gott, Götze.

Baas *m* Meister.

Babbit *m* (bä'bit) Bezeichnung für den nordamerikanischen (Spieß-) Bürger (nach dem Roman von S. Lewis).

Baby *s* (beh'bih) Kleinstkind; **Babybond** *m* (beh'-bihbond) Schuldverschreibung in besonders kleiner Stückelung; **Babydoll** *s* (beh'bidoll) Damennachtgewand, bestehend aus Höschen und kurzem, weitem Hemdchen; **babysitten** (beh'bihßitt°n) Kleinst- und Kleinkinder hüten, beaufsichtigen; **Babysitter** *m* (beh'bihßi'tter) Kleinkindhüter(in).

Baccalau'reus *m* (...e—u...) akademischer Grad in den USA, in England und Frankreich (*s. auch* Bakka...).

Ba'ccara *s.* Bakkarat.

Bacchana'l *s* (ch wie in „ach") Trinkgelage; **Baccha'nt** *m* Zecher; fahrender Schüler (im Mittelalter); **Baccha'ntin** *rv* Dienerin des Bacchus; Mänade; **baccha'ntisch** toll, trunken; **Ba'cchus** *m* Weingott.

Bachelor *m* (bä'tsch°l°r) akademischer Grad in den USA und England.

Backbencher *m* (bä'bänsch°) *pol.* „Hinterbänkler" (im Parlament): Abgeordneter, der nicht im Rampenlicht politischer Auseinandersetzung steht, sondern im Hin-

tergrund wirkt und nur geringen politischen Einfluß besitzt.

Ba'ckbord *s naut.* linke Seite eines Schiffes.

Backgammon *s* (bäkgä'-m°n) ein Brettspiel, „Puff-Spiel".

Background *m* (bä'k-graund) (Bild-, Klang-) Hintergrund; **Backhand** *m* (bä'k-händ) *Tennis* Rückhandschlag; **Back-Lash** *m* (bäk'läsch) Gegenschlag, Protest; **Backlist** *rv* (bä'k...) Verzeichnis älterer, aber noch lieferbarer Verlagswerke.

Bacon *m* (beh'k°n) Frühstücksspeck, durchwachsener Speck.

Badge *s* (bä'dsh) Kennzeichen, Abzeichen, Namensschildchen.

Badminton *s* (bä'dmint°n) Federball(spiel).

Ba'fel *m* Ausschuß, Abfall.

Bagage *rv* (...ah'sh°) Gepäck; *auch* Gesindel.

Bagate'lle *rv* Kleinigkeit; **bagatellisie'ren** als bedeutungslos behandeln.

Ba'gger *m techn.* Maschine zum Abräumen von Erde, Kohle, Schutt usw.; **ba'ggern** *techn.* Erde, Kohle, Schutt usw. abräumen.

Ba'gno *s/m* (...njo) Gefängnis, Kerker.

Baha'i-Glaubensbewegung *rv* eine den Gedanken einer Universalreligion vertretende Sekte.

Bai *rv* Meeresbucht.

Bailiff *m* (beh'liff) Aufse-

her, Verwalter.

Baiser *s* (bähseh') Schaumgebäck.

Baisse *rv* (bäh'ß°) Fallen der Börsenkurse; **Baissier** *m* (bähßjeh') auf das Fallen der Börsenkurse Spekulierender.

Bajade're *rv* indische Tänzerin.

Baja'zzo *m* Spaßmacher.

Bajone'tt *s* Seitengewehr (auf das Gewehr aufzusetzende Stichwaffe).

Bakeli't *s* ein Kunststoff.

Bakkalau'reus *m* (...e—u...) akademischer Grad in den USA, in England und Frankreich (*s. auch* Bacca...).

Ba'kkarat *s* (Karten-) Glücksspiel.

Ba'kken *m* (Ski-)Sprungschanze.

Ba'kschisch *s* Trinkgeld (im Orient).

Bakte'rie *rv* (...i-e) *med.* Spaltpilz, Krankheitserreger; **bakterie'll** Bakterien betreffend; **Bakteriologe** *m* Bakterienwissenschaftler; **Bakteriologie'** *rv* Lehre von den Bakterien; **bakteriolo'gisch** die Wissenschaft von den Bakterien betreffend; **Bakterioly'se** *rv* Bakterienauflösung; **bakterioly'tisch** Bakterien auflösend; **Bakteriopha'ge** *m* „Bakterienfresser": Bakterien vernichtendes Kleinstlebewesen; **Bakteriosta'se** *rv med.* Hemmung des Bakterienwachstums; **Bakteriurie'**

rv med. Auftreten von Bakterien im Harn; **bakterizi'd** keim-, bakterientötend.

Balalai'ka *rv mus.* russisches Zupfinstrument.

Balance *rv* (. . .a'nß**e**) Gleichgewicht; **Balance of power** *rv* (bä'l**e**nß of paur) *pol.* „Gleichgewicht der Kräfte''; **balancieren** (balañßih'ren) im Gleichgewicht halten oder bleiben, ins Gleichgewicht bringen.

Ba'ldachin *m* (ch wie in „ach'') Thron, Prunkhimmel.

Balkanisie'rung *rv pol. svrv.* staatliche Aufsplitterung und dadurch bedingte Entwicklung zu politischer Unsicherheit und Unruhe.

Balkon *m* (. . .o'ñ) offener, an ein Gebäude „angehängter'' Vorbau.

Ball *m* festliches Tanzvergnügen.

Balla'de *rv* erzählendes Gedicht od. Lied; **ballade'sk** balladenartig.

Ba'llast *od.* **Balla'st** *m* Gewichtsausgleich bei Schiffen u. Luftfahrzeugen; *svrv.* unnütze Belastung.

Ballei *rv* Ordensritterbezirk.

Balleri'na *rv* Ballettänzerin.

Balle'tt *s* Kunsttanz; Tanzgruppe; **Balletteuse** *rv* (balätöh'se) Tänzerin in einem Ballett.

Balli'ste *rv* Wurfgeschütz im Altertum.

Balli'stik *rv* Lehre vom Wurf od. Schuß; **Balli'stiker** *m* Wissenschaftler auf dem Gebiet der Ballistik; **balli'stisch** die Geschoßflugbahn betreffend.

Ballo'n *m* Hohlgefäß; (gasgefülltes) Luftfahrzeug; **ballon d'essai** *m* (baloñ däßih') „Versuchsbal-

lon''; **Ballone'tt** *s* Gaskammer eines Luftschiffes; **Ballo'nklüver** *m naut.* bauchiges, viel Wind fassendes Vorsegel.

Ballotage *rv* (. . .ah'sh**e**) Stimmabgabe mit weißen bzw. schwarzen Kugeln; **ballotie'ren** durch Kugeln abstimmen, wählen.

Ballyhoo *s* (bä'lihuh) Reklamerummel, Marktschreierei.

Balneolo'ge *m med.* Wissenschaftler auf dem Gebiet der Heilbäderkunde; **Balneologie'** *rv med.* Heilbäderkunde; **ba'lneolo'gisch** die Bäder(kunde) betreffend; **Balneotherapie'** *rv* Heilbehandlung durch Bäder bzw. in (Bade-)Kurorten.

Bal paré *m* besonders festliche, prunkvolle Tanzveranstaltung.

Ba'lsam *m* Linderung(smittel); **balsamie'ren** einsalben; **ba'lsa'misch** würzig.

Balustra'de *rv* Geländer.

Ba'mbi *s svrv.* Rehkitz; *m* Filmpreis in (der von Walt Disney geprägten) Form eines „Bambi''.

Bambi'na *rv* kleines Mädchen; **Bambi'no** *m* kleiner Junge.

Bambu'le *rv Gaunersprache: svrv.* Krawall (in einem Gefängnis oder einer Erziehungsanstalt).

Ba'mbus *m bot.* tropische Graspflanze.

Ban *m* Titel hoher Beamter (in Ungarn, Serbien und Rumänien).

bana'l alltäglich, nichtssagend; **Banalitä't** *rv* Alltägliches, Nichtigkeit.

Banau'se *m* Spießer, kleinlicher Mensch; **banau'sisch** spießbürgerlich, ohne Kunst- oder

Sachverstand.

Band *rv* (bä'nd) Tanzkapelle.

Bandage *rv* (. . .ah'sh**e**) (Stütz-)Verband; **bandagieren** (. . .-shih'ren) verbinden; **Bandagist** *m* (. . . shi'st) Hersteller von (Stütz-)Verbänden und anderen orthopädischen Hilfsmitteln.

Ba'nde *rv* Einfassung; **Bandeau** *s* (bañdoh') Stirnband; **Bandelier** *s* (bandeljeh') *mil.* (breiter) Schulterriemen.

Banderilla *rv* (banderi'lja) kleiner, mit einem Fähnchen versehener Spieß der Stierkämpfer; **Banderillero** *m* (banderiljeh'ro) Stierkämpfer, der die Aufgabe hat, den Stier mit Banderillas aufzureizen.

Bandero'le *rv* Verschlußstreifen an steuerpflichtigen Waren; **banderolie'ren** mit einer Banderole versehen; versteuern.

Bandi't *m* Räuber; **Bandi't, einarmiger** *uspr. svrv.* Glücksspiel-Automat.

Bandleader *m* Leiter einer Tanz-, Jazzkapelle.

Bando'neon *od.* **Bando'nion** *s mus.* eine Ziehharmonikaart.

Ba'ndung-Staaten *m Mz. pol.* blockfreie (bündnisfreie) Staaten der ersten politischen Afroasiatischen Konferenz in Bandung (Indonesien) 1955.

Ba'njo *s mus.* Zupfinstrument; eine Art Gitarre.

Ba'nkakzept *s* von einer Bank angenommener Wechsel; **Ba'nkdiskont** *m* bei Ankauf eines Wechsels durch eine Bank berechneter Zinssatz.

Banke'tt *s* Festmahl; *auch:* erhöhter Straßenrand.

Bankier *m* (bankjeh') gewerbsmäßig Geldgeschäfte betreibender

Kaufmann.

Bankro'tt *m* Zahlungseinstellung, wirtschaftl. Zusammenbruch; **bankro'tt** zahlungsunfähig; **Bankrotteur** *m* (... rotö'r) Zahlungsunfähiger; **bankrottie'ren** wirtschaftlich zusammenbrechen; zahlungsunfähig werden.

Ba'ntamgewicht *s* Leichtgewichtsklasse im Boxsport, beim Ringen und Gewichtheben.

Ba'ntustan *s* nichtamtliche Bezeichnung für „Homeland" (*s. dort*).

Ba'nzai „viele Jahre": Hoch-Ruf der Japaner.

Baoba'b *m bot.* Affenbrotbaum.

Bapti'smus *m rel.* evangelische Glaubensbewegung, welche nur die Erwachsenentaufe anerkennt; **Bapti'st** *m* Täufer; Angehöriger einer christl. Sekte; **Baptiste'rium** *s rel.* Taufkapelle, Taufbecken.

Bar *s phys.* Maßeinheit für den (Luft-)Druck.

Ba'r *rv* Trinkstube, Schanktisch.

Bara'cke *rv* leichtgebautes Haus, Schuppen.

Barba'r *m sviv.* roher Mensch (ursprünglich „Nichtgrieche", Fremder); **Barbare'sken** Mz. Seeräuberstaaten in Nordafrika; **barbar'isch** roh; ungebildet; **Barbari'smus** *m* (Sprach-)Roheit.

Ba'rbe *rv zool.* eine Karpfenart.

Barbecue *s* (bah'b°kjuh) (amerikanisches) Picknick im Freien, bei dem ganze Tiere am Spieß oder auf dem Rost gebraten werden; heute wird oft jedes im Freien veranstaltete Picknick, bei dem warme Speisen zubereitet werden, als B. bezeichnet; *auch* ein im Freien geröstetes

und mit scharfer Sauce angerichtetes Fleischstück.

Barbe'tte *rv mil. naut.* „Panzerbrustwehr" für schwere Geschütze.

Barbie'r *m* Bart-, Haarpfleger; **barbie'ren** rasieren, den Bart scheren.

Barbitura't *s med., chem.* Barbitursäurederivat (*s. dort*); **Barbitu'rsäure** *rv chem. med.* Grundverbindung für die Herstellung von Schlafmitteln; **Barbitu'rsäurederiva'te** Mz. Barbitursäureverbindungen [zur Herstellung von Schlafmitteln benutzt].

barcaro'la *mus.* Barkarole, Gondellied.

Ba'rchent *m* ein Flanellgewebe.

Ba'rde *m* keltischer Sänger.

Ba'rditus *m* altgermanischer Kriegsgesang.

Bare'tt *s* schirmlose Mütze.

Ba'riton *m mus.* mittlere Männerstimme; Sänger in dieser Stimmlage.

Ba'rium *s chem.* ein Grundstoff (Ba), ein Metall (nach bays = schwer benannt).

Barkaro'le *rv* Gondellied.

Barka'sse *rv naut.* großes Beiboot; Verkehrsboot.

Ba'rke *rv naut.* kleines Boot.

Ba'rkeeper *m* (... kihper) Leiter einer Bar; **Ba'rmixer** *m* Mischer von Getränken in einer Bar.

Baro'ck *s/m* Kunststil; **baro'ck** im Stil des Barock; verschnörkelt, überladen; **barockisie'ren** im künstlerischen Schaffen den Barockstil nachahmen.

Barogra'mm *s* Aufzeichnung eines Luftdruckschreibers; **Barogra'ph** *m* Luftdruckschreiber; **Barome'ter** *s* Luftdruckmesser; **Barometrie'** *rv* Luftdruckmessung; **barome'trisch** die Luft-

druckmessung betreffend.

Baro'n *m* Freiherr; **Baronet** *m* (bä'r°n°t) englischer Adelstitel; **Barone'sse** *rv* Freifräulein; **Baro'nin** *rv* Freifrau.

Ba'rras *m sviv.* „Kommiß", Militär.

Ba'rre *rv* Sandbank.

Barrel *s* (bä'r°l) *sviv.* Faß, englisches Hohlmaß.

Barrie're *rv* (...jeh'...) Schranke; **Barrika'de** *rv* Straßensperre; **barrikadie'ren** (meist: verbarrikadieren) versperren.

Ba'rring *rv naut.* Halterung zur Aufstellung größerer Beiboote an Deck von Schiffen.

Barrister *m* (bä'rist°r) englischer Anwaltstitel.

Barsoi' *zool.* eine Windhundart.

Ba'rsortiment *s* buchhändlerischer Grossist: ein Betrieb, durch den der Einzelhandel (das Sortiment) Bücher zahlreicher Verlage „aus einer Hand" beziehen kann.

Bartone'llen Mz. *med.* Kleinstlebewesen, zwischen Bakterien und Viren stehend.

Ba'rysphäre *rv* der innerste Teil der Erde.

Baryze'ntrum *s phys.* Schwerpunkt.

basa'l die unterste Schicht, die Basis, betreffend; grundlegend.

Basa'lt *m* schweres vulkanisches Gestein; **basa'ltisch** aus Basalt (bestehend).

Basa'r *m* Warenhaus; Wohltätigkeitsverkauf.

Ba'schlik *m* Wollkapuze.

Ba'se *rv chem.* eine chemische Verbindung, die zusammen mit einer Säure ein Salz bildet; Lauge.

Baseball *m* (beh'ßböl) amerik. Ballspiel.

Basic *s* (beh'ßik) eine vereinfachte Programmiersprache (s. dort).

Basic English s (beh'ßik iñglish) auf 850 Wörter gekürztes Englisch.

basie'ren beruhen auf.

basila'r unten befindlich.

Basileu's m griechische Bezeichnung für König.

Basi'lika n Hallenbau, -kirche; **basilika'l** in Form einer Basilika.

Basi'sk m Eidechsenart; Fabelwesen mit tödlich wirkendem Blick.

Ba'sis n Grundlage, Stützpunkt; (bei polit. Parteien) die Parteimitglieder.

ba'sisch chem. Eigenschaften einer Base aufweisend.

Ba'sis-Erziehung n Grunderziehung; **Ba'sis-Gruppe** n eine Gemeinschaft, die die Grundlage für (gesellschafts-) politische Betätigung bildet (besonders zur Politisierung der Universitäten); **Basis und Überbau** Begriffe des historischen Materialismus: die Basis ist die Summe der ökonomischen Verhältnisse, der Überbau setzt sich aus den Institutionen und Organisationen sowie dem gesellschaftlichen Bewußtsein zusammen.

Ba'skettball m Korbball-(spiel).

Baskü'le n techn. ein Fenster- oder Türverschluß.

Basrelief s (ba'reljäf) flachgewölbt gearbeitetes Bildwerk.

Ba'ß m mus. tiefste Männerstimme; Sänger in dieser Stimmlage; auch: Streichinstrument.

Bassin s (baßä'ñ) (künstliches) Wasserbecken.

Bassi'st m mus. Sänger in tiefer Stimmlage; **Ba'sso** m mus. Baß; ~ **conti'nuo**

Generalbaß; ~ **ostina'to** ständig wiederkehrendes kurzes Baßthema.

ba'sta! genug!

Ba'staards Mz. Mischlinge zwischen Buren und Hottentotten (in Südbzw. Südwestafrika); **Ba'stard** m Mischling; auch uneheliches Kind; **Bastardie'rung** n biol. Vermischung, Kreuzung von Arten.

Bastei' n vorspringender Teil eines Festungswerkes.

Bastille n (baßtih'j) französisches, 1789 zerstörtes Staatsgefängnis in Paris.

Bastio'n n vorspringender Teil eines Festungswerkes.

Bastona'de n Prügelstrafe (besonders Schläge auf die Fußsohlen).

Bataille n (batah'j) Schlacht; **Bataillon** s (bataljoh'n) mil. Truppenteil (Teil eines Regiments).

Ba'ta'te n bot. Süßkartoffel.

Bathygraphie' n Tiefseekunde; **bathygra'phisch** tiefseekundlich; **Bathypla'n** m Unterwasserforschungsfahrzeug; **Bathysca'ph** m/s Tiefseetauchgerät; **Bathysphä're** n tiefste Meeresschicht.

Ba'tik m (malaiisches) Verfahren zum Färben von Stoff.

Bati'st m eine Gewebeart.

Batterie' n techn. Zusammenschaltung mehrerer Stromquellen; mil. Geschützgruppe bzw. deren Stellung.

Battu'ta n mus. Takt (-schlag); **battu'ta** im Takt.

Bau'tastein m altnordischer Denkstein.

Bauxi't m Ausgangsstoff für die Gewinnung von Aluminium (nach dem

---

südfranzösischen Ort Les Baux, dem ersten Fundort, benannt).

Bazar m (basah'r) s. Basar.

bazillä'r med. durch Bazillen hervorgerufen; **Bazi'llus** m Spaltpilz, Krankheitserreger.

Bazooka n (basuh'ka) mil. dem deutschen „Ofenrohr" entsprechende amerikanische rückstoßfreie Panzerabwehrwaffe.

Bea'mtensilo m scherzhaft für Behörden-Hochhaus.

Beat m (biht) mus. „Schlag": harter Schlagrhythmus; eine moderne Form der Jazzmusik, gekennzeichnet durch einen der inneren Bewegung entsprechenden Schlagablauf (Gitarrenschläge, Schlagzeug).

Beat Generation n (biht dshen°reh'sch°n) „geschlagene Generation" (von beat = schlagen) - möglicherweise auch „glückselige Generation" (von beatific = glückselig). Bezeichnung für eine in den 50er Jahren entstandene amerikanische Gruppe jüngerer Schriftsteller und deren Anhänger, welche der gegenwärtigen bürgerlichen Ordnung ablehnend gegenüberstehen.

Beatifikatio'n n rel. Seligsprechung; **beatifizie'ren** rel. seligsprechen; **bea'ti posside'ntes** Mz. „die glücklichen Besitzenden".

Beatle m (bih't°l) Angehöriger einer erfolgreichen englischen jugendlichen Musikgruppe; auch svw. „Pilzkopf": Jugendlicher mit einer die pilzköpfige Frisur der Beatles nachahmenden Haartracht; **Beatnik** m (bih'tnik) Anhänger der Lebensauffassung der

„Beat Generation" *(s. dort)*, gekennzeichnet durch eine sich oft in übersteigerter Art und Weise äußernde Ablehnung bürgerlicher Lebensformen und -auffassungen.

Beat Pad s (bih't päd) *uspr. svrv.* Rauschdrogen-Kaufgelegenheit.

Beau m (boh') schöner Mann.

Beaujolais m (boshola') Rotwein aus der ostfranzösischen Landschaft Beaujolais.

Beauté rv (boteh') Schönheit, schöne Frau.

Bébé s (behbeh') kleines Kind, *auch* als Kosename gebraucht.

Be-bop m (bih'-) Jazzstil; moderner Modetanz.

Béchamelsauce rv (behschame'lsoh'ße) leicht gewürzte feine Rahmsoße.

beci'rcen (. . . zirzen) betören.

Bedui'ne m arabischer Wüstennomade.

Beefsteak s (bih'ßtehk) gebratene Rindslende.

Bee'lzebub m (be-e . . .) „Fliegenherr": Gott der Philister; oberster Teufel.

Be'ffchen s Halsbinde des Geistlichen.

Beg m türkischer Titel.

Begi'ne rv „Klosterfrau": Angehörige einer in den Niederlanden entstandenen religiösen Frauengemeinschaft ohne Nonnengelübde.

Bego'nie rv (. . .-i-e) *bot.* ein Schiefblattgewächs.

Be'gum rv indischer Fürstinnentitel.

Behaviorismus m (bihehwiori'ßmuß) *psych.* Verhaltenslehre (eine in den USA entstandene psychologische Forschungsrichtung).

beige (bäh'sh) sandfarbig.

Beignet m (bänjeh') Fettgebackenes.

Bei'sel, Beisl s Kneipe.

Bekassi'ne rv *zool.* eine Schnepfenart.

Bel ami m (bälamih') „schöner Freund": Liebling der Frauen.

Belca'nto, Belka'nto, bel canto m *mus.* „schöner Gesang": italienische Form des Kunstgesangs.

Belegschaftsaktien rv Mz. unternehmensbezogene Vermögensbildung durch Verkauf von Aktien zu besonders günstigen Bedingungen an Belegschaftsangehörige.

Belemni't m „Donnerkeil" (Teil der Kalkschale eines im Erdmittelalter ausgestorbenen Tintenfisches.)

Belesprit m (bäleßprih') „Schöngeist".

Beletage rv (bälehtah'sh) erstes Stockwerk.

Belka'nto m s. Belcanto.

Be'lla rv „Schöne"; **Bella-do'nna** rv *bot.* Tollkirsche.

Belletri'st m Verfasser von Unterhaltungsliteratur; **Belletri'stik** rv schöngeistige Literatur, Unterhaltungsliteratur; **belletristisch** zur Unterhaltungsliteratur gehörend.

Bellevue rv (belwüh') „schöne Aussicht": schöner Aussichtspunkt; Pavillon od. Schlößchen mit schöner Aussicht.

Belu'ga rv *zool.* Walart; Hausen (Störart); *auch* Kaviar aus dem Rogen des Hausen.

Belvede're s „schöne Aussicht": schöner Aussichtspunkt; Pavillon oder Schlößchen mit schöner Aussicht.

Ben svrv. „Sohn".

benedei'en segnen; **benedi'ctus** m *rel.* liturgischer Lobgesang; **Benedikti'ner** m Angehöriger des Mönchsordens der Benediktiner; *auch* eine

Likörart; **Benediktio'n** rv Segnung; **benedizie'ren** segnen.

Benefi'zium s Wohltat; **Benefi'zveranstaltung** rv Wohltätigkeitsveranstaltung.

Benelux(-Staaten) Sammelbezeichnung für die Gemeinschaft der drei Staaten Belgien, Niederlande und Luxemburg.

be'ne meri'tus wohlverdient; **be'ne va'le** lebe wohl!

beni'gne *med.* gutartig; **Benignitä't** rv Gutartigkeit, *auch med.*

Be'nthos s *biol.* Sammelbegriff für Tier- und Pflanzenwelt des Meeresbodens; der Meeresboden als Lebensbereich.

Benvenu'to m „der Willkommene".

Benzedri'n s *chem., med.* ein Anregungsmittel; **Benzi'n** s ein Kraftstoff; **Benzo'eharz** s asiatisches Harz, zu Parfümerie- und Räucherzwecken benutzt; **Benzo'l** s *chem.* organische Verbindung, als Treibstoff bzw. Treibstoffzusatz sowie als Lösungsmittel verwendet; **Benzpyre'n** s *chem., med.* ein krebserzeugender, im Steinkohlenteer enthaltener Kohlenwasserstoff.

Berceuse rv (bärßöh's⁰) *mus.* Wiegenlied.

Bergamo'tte rv *bot.* eine . Birnensorte; eine Pomeranzenart.

Bergère rv (bärshäh'r⁰) „Schäferin", Bezeichnung für einen bequemen Liegesessel.

Beribe'ri rv *med.* eine Vitaminmangelkrankheit.

Berke'lium s *chem.* zu den Transuranen gehörender Grundstoff (Bk) (nach der nordamerikanischen Stadt Berkeley benannt).

Berli'ne *rw* mehrsitzige Reisekutsche.

Berlo'cke *rw* Anhängsel an Uhrketten.

Bermu'da-Shorts *Mz.* (. . .-schô'ts) bis zu den Knien reichende enganliegende Shorts (s. dort).

Bersaglieri *Mz.* (bärßaljeh'ri) *mil.* Scharfschützen des italienischen Heeres.

Berse'rker *m* „Bärenhäuter", *svrw.* wilder Krieger.

Bery'll *m* ein Edelstein.

Bery'llium *s chem.* ein Grundstoff (Be), ein Metall.

Besa'n *m naut.* Gaffelsegel am hintersten Mast (Besanmast) eines Segelschiffes.

Beschäftigungsneuro'se *rw med.* durch ständige Beanspruchung bei Berufsarbeiten hervorgerufene Muskelkrämpfe; **Beschäftigungstherapie** *rw med.* Krankenbehandlung durch geeignete Beschäftigung und Arbeit der Patienten.

Bésigue *rw* (behsih'g) aus Frankreich stammendes Kartenspiel.

Be'ssemerbirne *rw techn.* nach dem englischen Erfinder, dem Ingenieur Bessemer, benanntes Gefäß zur Stahlherstellung.

bestia'lisch viehisch, roh; **Bestiali'smus** *m sex.* Unzucht mit Tieren; **Bestialitä't** *rw* Roheit; **Bestia'rium** *s svrw.* altes Tierbilderbuch; **Be'stie** *rw* (. . . i-e) wildes Tier.

Be'stseller *m* Buch, das sich besonders gut verkaufen läßt; Erfolgsbuch.

Be'ta *s* dem „b" entsprechender zweiter Buchstabe des griechischen Alphabets; **Be'tastrahlen** *Mz. phys.* radioaktive Strahlen, künstlich erzeugte Elektronenstrahlen; **Betatro'n** *s phys.* „Elektronenschleuder"; *med.* zu Heilzwecken eingesetztes Bestrahlungsgerät (bes. zur Geschwulst-, Krebsbehandlung).

Be'te *rw bot.* eine Gemüsepflanze.

Be'tel *m* südasiatisches Genußmittel.

Betha'nien *s* (. . . i-e . . .) *rel.* Wohnort des Lazarus; *auch* Name kirchlicher Krankenpflegeanstalten.

Be'thel „Gotteshaus": von Bodelschwingh gegründete Heil- und Pflegeanstalten.

Beti'se *rw* Dummheit.

Beton *m* (. . . o'ñ) Baustoff aus Zement, Kies (u. Wasser); **betonie'ren** mit Beton herstellen, *auch* etwas dauerhaft machen.

Betriebspublizistik *rw* Bezeichnung für Werk- und Betriebszeitschriften, die im allgemeinen nur für die Belegschaft bestimmt sind.

Between-Ager *Mz.* (bitwih'n eh'dsh'ᵉ) Jugendliche im Alter von etwa 14-24 Jahren.

Bey *m* türkischer Titel.

Bezoa'rstein *m* verhärteter Haarballen im Wiederkäuermagen, dem in der Volksmedizin die Wirkung eines Gengiftes zugeschrieben wird.

Biarchie' *rw* Doppelherrschaft.

Bi'athlon *s* „Doppelkampf": wintersportlicher Wettbewerb, bestehend aus Ski-Langlauf und eingelegten Schießübungen.

biba'mus! laßt uns trinken!

Bi'bel *rw* „Buch": Heilige Schrift der Christen; **Bibelkonkorda'nz** *rw* Zusammenstellung der in der Bibel enthaltenen Wörter und Begriffe.

Bibelots *Mz.* (bib'ᵉloh'ß) kunstgewerbliche Kleingegenstände.

Bi'belregal *s mus.* tragbare Kleinorgel.

Bibere'tte *rw* biberpelzartige Zurichtung eines Kaninchenfells.

Bi'blia pauperum *rw* „Armenbibel", eine spätmittelalterliche Bilderbibel.

Bibliogra'ph *m* Bearbeiter eines Bücher- oder Schriftenverzeichnisses; **Bibliographie'** *rw* Bücherverzeichnis; Schriftenverzeichnis; **bibliographie'ren** Titel von Büchern und Schriften in ein Verzeichnis aufnehmen bzw. Titel in solchen Verzeichnissen ermitteln; **bibliogra'phisch** bücher-, schriftenkundlich; **Bibliolatrie'** *rw rel.* Bücherverehrung; **Biblioma'ne** *m* Büchernarr; **Bibliomanie'** *rw* krankhaft übersteigerte Bücherliebe; **Bibliomantie'** *rw* Wahrsagerei aus Büchern bzw. zufällig aufgeschlagenen Buchstellen; **bibliophi'l** schöne und wertvolle Bücher liebend; **Bibliophi'le** *m* Bücherfreund, Liebhaber schöner, wertvoller Bücher; **Bibliophilie'** *rw* Bücherliebhaberei; **Bibliophobie'** *rw* Bücherfeindlichkeit; **Bibliothe'k** *rw* Bücherei, Büchersammlung; **Bibliotheka'r(in)** *m* (*rw*) Bibliotheksverwalter(in); **bibliotherapie'** *rw med.* Heilbehandlung durch Lesen geeigneter Literatur.

biblisch *rel.* zur Bibel gehörend, der Bibel entstammend; **Biblizi'smus** *m rel.* eine theologische Richtung, welche die

Bibel in ihrer Gesamtheit buchstäblich als Gottes Wort auffaßt; **Biblizi'st** m Anhänger des Biblizismus.

bichrom (bikroh'm) zweifarbig; **Bichromie** tv (bikrohmih') Zweifarbigkeit.

Bidet s (... eh') Gefäß für Sitzbäder und Spülungen.

Bi'duum s (... u-u.) Zeitraum von zwei Tagen.

bie'nn (bi-e...), **bienna'l** (bi-e...) alle zwei Jahre; zweijährig; zweijährlich; **Bienna'le** tv (bi-e...) zweijährlich stattfindende Veranstaltung; **Bie'nnium** s (bi-e...) Zeitraum von zwei Jahren.

Bie'rcomment m (... komañ) Sammelbezeichnung für Biertrinksitten.

bifila'r zweifädig.

Bifoka'lgläser Mz. opt. Augengläser mit zwei Brennpunkten; Zweistärkengläser.

bifo'rm doppelgestaltig; **Biformitä't** tv Doppelgestalt.

Bifurkatio'n tv Gabelung in zwei Äste.

Bigamie' tv Doppelehe; **Bigami'st** m wer in einer Doppelehe lebt.

Big Band tv (big bä'nd) großes (Jazz-)Tanzorchester; **Big Be'n** m große Glocke im Uhrturm des britischen Parlamentsgebäudes; **Big Business** s (big bi'ßneß) „großes Geschäft": großindustrielle Wirtschaftsform.

bigo'tt frömmelnd; scheinheilig; **Bigotterie'** tv Frömmelei; Scheinheiligkeit.

Big Show tv (big schoh') svtv. „große Schau", „Zirkus" (im übertragenen Sinne), „Rummel".

Bijou s (bihshuh') Klein-

od; **Bijouterie** tv (bihshuterih') Schmuckwaren(handlung).

Bi'karbonat s chem. saures Kohlensäuresalz.

Biki'ni m zweiteilige Damenbadebekleidung.

bikonka'v opt. beiderseits ausgehöhlt, beiderseits hohlgeschliffen; **bikonve'x** opt. beiderseits gewölbt, beiderseits gewölbt geschliffen.

bilabia'l zweilippig; **Bilabia'l** m mit Ober- und Unterlippe gebildeter Laut.

Bila'nz tv Gegenüberstellung des Vermögens u. der Verbindlichkeiten eines kaufmännischen Unternehmens; Schlußrechnung; **bilanzie'ren** Vermögen und Schulden kontenmäßig gegenüberstellen; **Bilanzie'rung** tv Aufstellung einer Bilanz.

bilatera'l zweiseitig; **Bilatera'lismus** m Gegenseitigkeit der Handelsbeziehungen zweier Länder.

Bi'ldfrequenz tv techn. Anzahl der beim Fernsehen innerhalb einer Sekunde übertragenen Bilder; **Bi'ldjournalist** m Bildberichter für Presse und Fernsehen; **Bi'ldtelegraphie** tv Bildübertragung auf drahtlichem oder drahtlosem Wege.

Bi'ldungsphilister m selbstzufriedener Mensch, dessen Bildung lediglich auf angelesenem Wissen beruht.

Bi'lge tv naut. Leckwassersammelbecken im Kielraum eines Schiffes.

Bilharzio'se tv med. nach dem Entdecker, dem deutschen Arzt Bilharz, benannte tropische Schmarotzerkrankheit.

biliä'r med. die Galle betreffend, von der Galle herrührend.

bilinea'r math. „doppellinig": ein Ausdruck der Algebra.

Bilingue tv (bihli'ñgu-e) inhaltlich übereinstimmende Schrift in zwei Sprachen; **bili'nguisch** zweisprachig; **Bilinguitä't** tv Zweisprachigkeit.

biliö's med. gallig; **Bilirubi'n** s chem., med. roter Gallenfarbstoff; **Bi'lis** tv med. Galle; **Biliverdi'n** s chem., med. grüner Gallenfarbstoff.

Bill tv Urkunde, Gesetzesvorlage im angloamerikanischen Recht.

Billard s (bi'ljard) ein Kugelspiel.

Billet s (biljä't) Fahr-, Eintrittskarte; Zettel; **Billet doux** s (bihjeduh') Liebesbriefchen; **Billeteur** m (bijätö'r) Schaffner; **Billett** s s. Billet.

Billia'rde tv tausend Billionen; **Billio'n** tv eine Million Millionen (in einigen Staaten - z. B. USA - nur tausend Millionen).

Bilokatio'n tv gleichzeitige Anwesenheit an zwei verschiedenen Stellen (z. B. in Legenden o. ä.).

Bi'luxlampe tv techn. Glühlampe mit zwei getrennt schaltbaren Glühfäden (für Fern- und Abblendlicht bei Kraftwagenscheinwerfern).

bimanue'll (... u-e ..) zweihändig.

Bime'ster s zwei Monate umfassender Zeitraum.

Bi'metall s phys., techn. Streifen aus zwei verschiedenen fest miteinander verbundenen Metallen, der sich wegen der voneinander abweichenden Ausdehnungskoeffizienten dieser Metalle bei Erhitzung krümmt; **bi'metallisch**

(bei Währungen:) auf zwei Metallen beruhend; **binä'r, bina'r** aus zwei Einheiten bestehend; **Bimetalli'smus** m auf zwei Metallen - Gold und Silber - beruhende Währung.

bina'r, binä'r aus zwei Einheiten bestehend.

binaura'l med. beide Ohren betreffend.

Bino'de w techn. Doppelröhre.

Bino'kel s für zweiäugiges Sehen eingerichtete optische Geräte (Brille, Doppelglas, Fernglas u. a.); **binokula'r** für das Sehen mit beiden Augen eingerichtet; zweiäugig.

Bino'm s math. aus zwei Gliedern bestehende Summe, Größe; **bino'misch** aus zwei Gliedern bestehend.

Bio . . ., bio . . . in Zusammensetzungen: Leben(s) . . ., leben(s) . . .

Biobibliographie' w Literaturverzeichnis, welches die von einer oder über eine Person erschienenen Schriften enthält.

Biochemie' w chem., med., biol. Lehre vom chem. Verhalten und der chem. Zusammensetzung der Lebewesen; auch eine von dem Arzt Schüßler begründete Volksheilmethode.

Biodyna'mik w Lehre vom Wirken der Kräfte in einem Organismus.

Bioenerge'tik w Lehre von der Übertragung der Gesetze der Energie auf die Vorgänge des Lebens.

Biofeedback s (. . . fihdbä'k) spezielle Art des Feedback (s. dort): Anwendung der eigenen seelischen Kräfte zur Beherrschung der Körperfunktionen.

bioge'n von Lebewesen herrührend; **Biogene'se** w Lebensentstehung.

Entwicklungsgeschichte der Lebewesen; **biogene'tisch** die Lebensentstehung betreffend.

Biogeographie' w Lehre von der Verbreitung der Tier- und Pflanzenwelt auf der Erde; **biogeogra'phisch** die Verbreitung der Tier- und Pflanzenwelt auf der Erde betreffend.

Biogra'ph m Verfasser einer Lebensbeschreibung; **Biographie'** w Lebensbeschreibung.

Biokatalysa'tor m biol., chem. den Ablauf von Lebensvorgängen regelnder od. beschleunigender Wirkstoff.

Bioklimatologie' w Lehre vom Einfluß des Klimas auf Lebewesen.

Bioli'th m Versteinerung eines abgestorbenen Lebewesens.

Biolo'ge m Wissenschaftler, der sich mit der Erforschung der belebten Natur (Menschen, Tiere, Pflanzen) befaßt; **Biologie'** w Wissenschaft vom Leben u. d. Lebewesen; **biolo'gisch** das Leben und die Lebewesen betreffend; natürlich; naturgemäß.

Biometeorologie' w Lehre vom Einfluß des Wetters auf Lebewesen.

Biometrie' w (Durchführung von) Messungen an Lebewesen; **Biome'trik** w s. Biometrie.

biomo'rph von den Lebensvorgängen geformt; **Biomorpho'se** w Formung bzw. Veränderung von Lebewesen durch Lebensvorgänge.

Bio'nik w techn. aus „Biologie u. Elektronik" bzw. „Biologie und Technik" gebildete Bezeichnung für einen Forschungszweig, der sich damit befaßt, biologische Vorgänge im Hinblick auf die Möglichkeit ihrer

Anwendbarkeit auf technische Vorgänge zu untersuchen.

Bionomie' w Lehre von den Lebensgesetzen.

Biontologie' w phil. Wissenschaft vom Sein der lebenden Wesen.

Biophysi'k w Lehre von den physikalischen Vorgängen in den Lebewesen bzw. vom Einfluß physikalischer Vorgänge auf Lebewesen.

Biopsie' w med. Gewebeentnahme aus dem lebenden Organismus zu Untersuchungszwecken.

Biorhy'thmik w Ablauf des Lebens in bestimmten rhythmischen Perioden; **Biorhy'thmus** m Lebensrhythmus; s. Biorhythmik.

Bi'os s belebte Welt; Leben.

Biosoziologie' w Wissenschaft, die sich mit den Zusammenhängen von biologischen Tatsachen und Eigenschaften und gesellschaftspolitischen Erscheinungsformen befaßt.

Biosko'p s Lichtspielgerät aus der Frühzeit des Lichtspielwesens.

Biosphä're w gesamter Lebensraum des Erdballs.

Bi'otechnik w Anwendung der Technik in der Biologie und Medizin (z. B. künstliche Organe, Prothesen usw.).

Biotelemetrie' w biol., med. Übertragung biologischer Vorgänge auf entfernt stehende Meßgeräte.

Bioto'p s Lebensstätte: Lebensraum von Pflanzen- und Tierarten.

bioze'ntrisch das Leben als Mittelpunkt betrachtend.

Biozi'd s lebenstötender Stoff (bes. in der Schädlingsbekämpfung).

Biozönologie' *rv* Wissenschaft von den pflanzlichen und tierischen Lebensgemeinschaften; **Biozöno'se** *rv* Lebensgemeinschaft von Pflanzen und Tieren.

Bipe'de *m* biol. Zweifüßer; **bipe'd** zweifüßig.

bipola'r zweipolig; **Bipolarität't** *rv* Zweipoligkeit.

Bire'me *rv* Zweiruderer; Kriegsschiff des Altertums.

Bire'tt *s* Barett katholischer Geistlicher.

bi's! *mus.* noch einmal!

Bi'sam *m* Pelz der Bisamratte; *auch* Moschus.

Bi'schof *m* hoher kirchlicher Würdenträger.

Bisexualität't *n* sex. zweigeschlechtliches Empfinden; **bi'sexuell** *med.* zwitterhaft, zweigeschlechtlich veranlagt.

Bisko'tte *rv* Eiweißschneegebäck.

Biskuit *s* (... kwih't) feines Gebäck; *auch* unglasiertes Porzellan.

Bismilla'h! *rel.* „im Namen Gottes": einleitende Gebetsformel im Islam.

Bismu'tum *s s.* Wismut.

Bi'son *m* zool. eine Großrindart; nordamerikanischer Büffel.

Bi'stro *s* Ausschank; Kneipe.

Bi'stum *s* Amtsbereich eines Bischofs.

bisylla'bisch zweisilbig.

bitona'l *mus.* in zwei Tonarten; **Bitonalität't** *rv* *mus.* Anwendung zweier Tonarten zugleich.

Bitu'men *s* Asphaltbestandteil; **bituminie'ren** mit Bitumen vermischen, abdichten; **bituminö's** Bitumen enthaltend.

bivale'nt *chem.* zweiwertig; **Bivale'nz** *rv* *chem.* Zweiwertigkeit.

Bi'wak *s* Feldlager; **biwakie'ren** im Felde lagern.

biza'rr seltsam, launisch,

verschroben; **Bizarrerie'** *rv* Verschrobenheit, Auffälligkeit.

Bi'zeps *m* Haupt-Armmuskel.

Bi'zone *rv* „Doppelzone": Bezeichnung für das 1947–1949 wirtschaftlich zusammengefaßte Gebiet der amerikanischen und britischen Besatzungszone Deutschlands.

Black Bottom *m* (blä'k bott'm) aus den USA stammender Gesellschaftstanz der 20er Jahre; **Blackmail** *s* (blä'kmehl) *svw.* Erpressung; **Black-out** *s* (bläkau't) „Verdunkelung": kurzes, unvermittelt endendes Fernsehspiel; „Mini-Sketch"; Ausfall eines Gerätes o. ä.; *auch svw.* Kreislaufkollaps (z. B. im Zusammenhang mit Rauschmittelgenuß); **Black Panthers** *Mz.* (bläk pä'n̪θ'es) radikale Bewegung der Neger der USA; **Black Power** *rv* (blä'k pau'er) „schwarze Macht": radikale Bewegung in den USA zur Durchsetzung der Gleichberechtigung der Farbigen.

blama'bel beschämend; **Blamage** *rv* (... ah'sh') Bloßstellung; **blamie'ren** bloßstellen.

blanchieren (blañschih'ren) abbrühen.

bla'nd *med.* (Diät) reizlos; (Krankheit) ruhig verlaufend.

Blanke'tt *s* noch nicht ausgefüllter Urkundenvordruck.

bla'nko unausgefüllt, leer; **Bla'nkoscheck** *m* unausgefüllter, aber unterschriebener Scheck; **Bla'nkovollmacht** *rv* unbegrenzte Vollmacht.

Blanquisten *Mz.* (blañ-

ki'ßt'n) pol. revolutionäre französische Gruppe, benannt nach L. A. Blanqui, dem Gründer der Pariser Kommune.

biasie'rt eingebildet.

Blason *m* (blaso'ñ) Wappenschild.

Blasphemie' *rv* Gotteslästerung, Verhöhnung; **blasphemie'ren** verhöhnen, lästern; **blasphe'misch** verhöhnend, lästernd; **Blasphemi'st** *m* (Gottes-)Lästerer, Verhöhner.

Blasto'm *s* med. eine Geschwulstart.

Bla'stula *rv* biol. Frühstadium in der embryonalen Entwicklung.

Blazer *m* (bleh's'r) Klubjacke.

blessie'ren verwunden; **Blessu'r** *rv* Verwundung.

bleu (blöh') hellblau.

Bli'zzard *m* (bli's'd) (nordamerikanischer) Schneesturm.

Blocka'de *rv* Sperrung; **blockie'ren** (ab)sperren; **Blockie'rung** *rv* Sperrung, Unterbrechung.

blond hellfarbig; **blondie'ren** blond färben; **Blondi'ne** *rv* blondhaarige Frau.

Blouson *s* (bluso'ñ) (über dem Rock getragene) Bluse.

Blow-up *s* (bloh a'p) „Explosion", Vergrößerung eines (Fernseh-)Bildes.

Blue Baby *s* (bluh beh'bih) med. „blaues Baby": durch angeborenen Herzfehler blausüchtiges Kleinkind; **Blue book** *s* (bluh' buk) Verzeichnis der amerikanischen „High Society"; **Blue box-Verfahren** *s* (bluh ...) beim Fernsehen: Projektionsverfahren, bei dem ein künstlicher Hintergrund durch Projektion eines

Bildes auf eine blaue Spezialfläche, die das Bild in die elektronische Kamera zurückprojiziert, geschaffen wird; **Bluecollar** m (bluh ko'll°) „blauer Kragen": amerikanische Bezeichnung für Arbeitnehmer, der zur Arbeit ein blaues bzw. dunkles Hemd trägt: Angehöriger der Schicht der Arbeiter.

Bluejeans Mz. (bluh'-dshihns oder bluh dshih'ns) genietete, enganliegende Hose aus grobem blauem Baumwollgewebe.

Blues m (bluh's) ursprünglich: religiöses Negerlied, jetzt: langsamer Gesellschaftstanz.

Bluff m (auch blö'f od. bla'f) Täuschung; **blu'ffen** täuschen.

blümera'nt flau, schwindelig.

Blu'so rv lose getragenes leichtes Oberkörperbekleidungsstück.

Bo'a rv zool. Riesenschlange; auch schmaler Pelzschal um den Hals.

Board s (bô'd) „Tafel": svrv. Behörde, Amt.

Boardinghouse s (bô'dińhauß) Familienpension, Gasthaus.

boat people s (boh't pih'p°l) ‚Bootsflüchtlinge': mit Booten ihr Land in Massen verlassende Flüchtlinge.

Bobi'ne rv techn. Spule.

Bo'b(sleigh) m (. . . ßleh) Rennschlitten.

Boccia rv (bo'tscha) ital. Spiel mit Kugeln.

Boche m (bo'sch) französisches Schimpfwort für Deutsche.

Bode'ga rv Weinstube.

Bodo'ni(-Schrift) rv typographisch: eine (Antiqua-)Druckschrift.

Bodybuilding s (bo'dibildiń) Körperbildung durch gezieltes Training;

Bo'dy pop, Bo'dysuit m (. . . ßjuht) „Körperstrumpf": eine von den Füßen bis zum Hals reichende Strumpfhose; einteiliges Damenunterwäschestück (wie ein Badeanzug), unten Verschluß mit Haken.

Bogomo'letz-Serum s med. antireticulär-cytotoxisches Serum (ACS): leistungssteigerndes, Alterungsvorgänge hemmendes Serum (nach dem russischen Mediziner Bogomoletz).

Bohème rv (boäh'm) ungebunden lebendes Künstlervolk; **Bohemien** m (boemjä'ń) ungebunden lebender Mensch.

Boi'ler m Wasserspeicher.

boisiert (boasih'rt) mit Holz getäfelt.

Boja'r m altrussischer Adliger.

Bo'je rv naut. Schwimmkörper zum Festmachen von Schiffen; schwimmendes Seezeichen.

Bokmål s (bu'kmohl) die norwegische Schriftsprache.

Bo'la m südamerikanische Schleuderwaffe, aus durch Riemen verbundenen Kugeln bestehend.

Bole'ro m span. Tanz; auch kurzes Jäckchen; spanischer Hut.

Bole'tus m bot. eine Pilzart.

Boli'de m Meteor; auch Bezeichnung für Rennwagen.

Bolome'ter s phys. Strahlungs- und Temperaturmeßgerät.

Bolschewi'k m abfällig für Kommunist; **Bolschewi'smus** m Herrschaftsform des sowjet. Kommunismus; **Bolschewi'st** m Anhänger des sowjetrussischen Kommunismus; **bolschewi'stisch** den Bolschewismus be-

treffend.

Bo'lus m (großer) Bissen.

Bomä'tsche m Treidler, Schiffszieher an der Elbe; **bomä'tschen** treideln, Schiffe ziehen.

Bombage rv (bombah'sh°) meist Aufwölbung bei Konservendosen bei Zersetzung des Doseninhalts.

Bomba'rde rv eine Geschützart (Steinschleuder, „Donnerbüchse"); **Bombardement** s (. . . ma'ń) Beschießung; **bombardie'ren** beschießen.

Bombardon s (bombardo'ń) mus. Baßtrompete.

Bomba'st m Schwulst; **bomba'stisch** schwülstig.

Bo'mbe rv mil. sprengstoffgefüllter Hohlkörper; auch im übertragenen Sinne Bezeichnung für bombenförmige Gegenstände.

Bombilla rv (bombi'lja) südamerikanisches Saugrohr zum Trinken des Matetees.

Bon m (bo'ń) Gutschein, Zahlungsanweisung.

bo'na fi'de in gutem Glauben.

Bonbon m/n (boñbo'ń) Zuckerwerk; **Bonbonnie're** rv (. . . jeh' . . .) Pralinenpackung.

Bo'nd m verzinsbare Schuldverschreibung.

bo'ngen einen Bon (s. dort) ausstellen.

Bonhomme m (bono'mm) gutmütiger Mensch; **Bonhomie** rv (bonomih') Gutmütigkeit.

Bonifikatio'n rv Gutschrift, Vergütung; **bonifizie'ren** gutschreiben, vergüten.

Bonitä't rv innerer Wert, Zahlungsfähigkeit; **bonitie'ren** ein-, abschätzen; **Bonitie'rung** rv (Boden-)Schätzung.

Bonmot s (boñmoh') treffendes Witzwort.

Bo'nne rv Kinderfräulein.

Bo'nsai s japanischer Zwergbaum.

Bo'nus m Vergütung; Gutschrift.

Bonvivant m (boñwiwa'ñ) Lebemann.

Bo'nze m buddhistischer Priester; auch selbstsüchtige Parteigröße.

Bookmaker m (bu'kmehk°r) Buchmacher (im Rennwettengeschäft); **Bookmobil** s (bu'kmobihl) fahrbare Bücherei.

Boom m (buh'm) plötzlicher Geschäftsaufschwung.

Bootlegger m (buh'tlägger) Alkoholschmuggler.

Bor s chem. ein Grundstoff (B) (Abkürzung von Borax).

Bo'ra ro kalter, trockener Fallwind der Adria.

Bordeaux m (bordoh') nach französ. Großstadt benannte Weinsorte; **bordeauxrot** weinrot.

Borde'll s Freudenhaus.

Bordereau s/m (borderoh') listenmäßige Aufstellung (im Bank- und Versicherungswesen).

bordie'ren einfassen, säumen, einen Rand besetzen; **Bordü're** ro Einfassung, Saum, Randbesatz.

Borea'l s nacheiszeitliche Wärmeperiode; **borea'l** nördlich.

Bo'reas m Nordwind im östl. Mittelmeer.

Bo'rgis ro ein Schriftgrad.

borniert eingebildet, engstirnig.

Borsali'no m Filzhut für Herren.

Bo'rschtsch m saure russische Kohlsuppe mit Rindfleisch.

Bö'rse ro Geldbeutel; Zusammenkunft von Kaufleuten zum Abschluß von Handelsgeschäften; auch das Gebäude, in dem diese Zusammenkünfte regelmäßig stattfinden; Anteil eines Boxers an

den Einnahmen aus einem Wettkampf; **Bö'rsenjobber** m spro. Börsenspekulant; **Bö'rsenkurs** m an der Börse ausgehandelter Wertpapierpreis; **Börsia'ner** m an der Börse tätiger Kaufmann, auch Börsenspekulant.

Boske'tt s Buschgruppe.

Bo'ß m Chef, Meister (oft im abfälligen Sinn).

Bossa No'va m lateinamerikanischer Modetanz.

Bo'sse ro Rohform eines Standbildes; **bossie'ren** ausmeißeln, Steine behauen.

Boston m (bo'ßt°n) (amerikanischer) langsamer Walzer.

Bota'nik ro Pflanzenkunde; **Bota'niker** m Pflanzenkundler; **botanisie'ren** Pflanzen sammeln.

Bote'l s Hotelschiff, als Hotel ausgebautes Schiff.

Bo'tte ro uspr. Schuh.

Bot'te'ga ro s. Bodega.

Bottelier m (boteljeh') Verwalter der Lebensmittelvorräte eines Schiffes.

bo'tten uspr. stiefeln, laufen.

Botti'ne ro halbhoher Stiefel.

Bottleneck m (bo't°lnäk) „Flaschenhals": Engpaß; **Bottle-Party** ro (bo't°l pahtih) Gesellichkeit, zu der die Gäste die Getränke mitbringen.

Bo'ttler m s. Bottelier.

bottomless (ba't°mläß) „unten ohne": spro. mit entblößtem Unterkörper.

Botuli'smus m med. durch Bakterien erzeugte Lebensmittelvergiftung.

Bouclé s starkes Haargarn.

Boudoir s (budoah'r) Damenzimmer.

Bouffonnerie' ro Possenreißerei, Schelmerei.

Bougie ro (bushih') med. Sonde zum Untersuchen und Dehnen von Körperhöhlen und -kanälen; **bougieren** (bushih'r°n) mit der Bougie untersuchen, eine Bougie einführen.

Bouillabaisse ro (bujabäh'ß) südfranz. Fischsuppe.

Bouillon ro (buljo'ñ) Fleischbrühe.

Boule ro (buh'l) französisches Kugelspiel.

Boulevard m (buhlwah'r) Ring-, Prachtstraße; **Boulevardblatt** s auf Sensationslust der Leser rechnende Zeitung; **Boulevardstück** s leichtes, reißerisches Bühnenwerk.

Bouquet s (buhkeh') „Blume" des Weines.

Bouquinist m (bukini'st) Straßenbuchhändler (in Paris an der Seine).

Bourbon m (bö'b°n) amerikanischer Whiskey.

bourgeois (burshoa') bürgerlich, das (wohlhabende) Bürgertum betreffend; **Bourgeois** m (buhrshoa') (Besitz-) Bürger; **Bourgeoisie** ro (buhrshoasih') wohlhabendes Bürgertum.

Bourreé ro (bureh') mus. tanzartiger Teil einer Suite.

Bouteille ro (buhtähj') Flasche.

Boutique ro (butih'k) Laden für Modeneuheiten u. kleine modische Gegenstände.

Bouton m (buto'ñ) Knopf, knopfförmiges Abzeichen.

Bowdenzug m (bau'den. . .) techn. Seilzug mit Hebelwirkung.

Bo'wiemesser s amerikan. Jagdmesser.

Bowle ro (boh'l°) (Gefäß für) kaltes, alkohol. Getränk.

Bowler m (bo^{u}l^{e}r) steifer Hut: „Melone".

Bowling s (boh'liñ) amerikanisches Kegelspiel; **Bowling Dress** m (boh'liñ dräß) beim Bowling getragene sportliche Bekleidung.

Box ʋ Kasten, Unterstellraum.

Boxcalf s (bo'kskahf) Kalbsleder.

bo'xen mit den Fäusten kämpfen; **Bo'xer** m Faustkämpfer; auch Hunderasse.

Boxi'n n lederartiger Kunststoff.

Boy s junger Diener, Bursche.

Boykott m (beuko'tt) (wirtschaftliche) Ächtung; **boykottie'ren** ächten.

Boy'-Scout m (... ßkaut) Pfadfinder.

Bracelet s (braß^{e}leh') Armband.

brachia'l med. zum (Ober-)Arm gehörig; **Brachia'lgewalt** ʋ rohe Gewalt; **Brachialgie'** ʋ med. Armschmerz; **Bra'chium** s med. (Ober-)Arm.

Brachy..., **brachy...** Kurz..., kurz...; **Brachyzephalie'** ʋ med. Kurzköpfigkeit.

Brady..., **brady...** Langsam..., langsam...

Brah'ma m Hindugottheit; **Brahma'ne** m Angehöriger der höchsten Hindukaste, Priester.

Brailleschrift ʋ (brah'j...) Blindenschrift.

Brainstorming s (breh'nßtômiñ) von Fachleuten in ungezwungener Form vorgenommener, zeitlich begrenzter Gedankenaustausch zur Entwicklung neuer Ideen zur Lösung von Problemen in bestmöglicher Art und Weise; bei einem B. äußern nacheinander alle Teilnehmer ihre Ansicht zu einem Problem; **Brain Trust** m (breh'n-

traßt) „Gehirn-Trust": Arbeitsgemeinschaft hochbegabter Persönlichkeiten zur Beratung der Staats- oder Wirtschaftsführung; **Brain Truster** m (breh'n traßt^{e}r) Angehöriger eines Brain Trust; **Brainwashing** s (breh'n-wôschiñ) „Gehirnwäsche": Mentizid (s. dort).

Braktea't m mittelalterliche Münze.

Brama'rbas m Großmaul; **bramarbasie'ren** prahlen.

Branche ʋ (bra'ñsch^e) Geschäftszweig, Fach.

Brandy m (brä'ndi) Branntwein.

Brasi'l m dunkler Zigarrentabak; südamerikanische Kaffeesorte; **Brasi'l** ʋ Brasilzigarre.

Brassele'tt s s. Bracelet.

Brasserie' ʋ Brauerei, Bierwirtschaft.

Bra'tsche ʋ mus. große Violine, eine Quinte tiefer gestimmt; **bra'tschen** mus. die Bratsche spielen; **Bratschi'st** m mus. Bratschenspieler.

Bravi'ssimo! (Ausruf:) sehr gut! **Bra'vo** s Beifallsruf; m Bandit.

Bravour ʋ (... wuh'r) Tapferkeit, Schneid; **bravourö's** tapfer, schneidig; **Bravou'rstück** s Glanzstück, Meisterstück.

Break m (breh'k) offene Kutsche, Jagdwagen.

Breakfast s (bre'kf^{e}st) Frühstück.

Bredouille ʋ (breduh'j oder bredu'lj^e) Verlegenheit, Patsche; **Bredu'lje** ʋ = verdeutschte Schreibweise von Bredouille (s. dort).

Breeches Mz. (bri'tschis) Reithose.

Breschnew-Doktrin ʋ pol. die B. besagt die „eingeschränkte Souveränität" der Ostblockstaaten, nach der diese

keine gegen die Interessen der UdSSR und der anderen sozialistischen Staaten gerichtete Politik betreiben dürfen, und nach der sie auch verpflichtet sind, gegen solche Staaten gemeinsam - auch mit militärischen Mitteln - vorzugehen.

Bre've s (kurzes) päpstliches Schreiben; **Brevet** s (br^{e}weh') Patent, Ernennungsurkunde; **Brevie'r** s Gebetbuch.

Breviloque'nz ʋ überkurze Ausdrucksweise.

bre'vi ma'nu kurzerhand.

Bric-à-bra'c s Kleinkram, Nippes.

Bridge s (bri'dsh) Kartenspiel.

Briga'de ʋ Truppenverband aus mehreren Regimentern; auch Arbeitergruppe (in sozialistischen Staaten); **Brigadier** m (... jeh') Brigadeführer.

Briga'nt m Räuber; **Briganti'ne** ʋ zweimastiges Segelschiff; **Brigg** ʋ zweimastiges Rahsegelschiff.

Brike'tt s Preßkohle; **brikettie'ren** zu Briketts pressen, formen.

Brillant m (... lja'nt) geschliffener Diamant; **brillant** (... lja'nt) glänzend; **brilla'nte** mus. glänzend; **Brillantfeuerwerk** s (brilja'nt ...) Sprühfeuerwerk.

Brillantine ʋ (briljantih'ne) Haarpomade.

Brilla'nz ʋ Glanz; **brillie'ren** glänzen, sich hervortun.

Brimbo'rium s Geschwätz, überflüssiges Beiwerk.

Brioche ʋ (brio'sch) Hefebrötchen.

brisa'nt sprengkräftig; **Brisa'nz** ʋ Sprengkraft; **Brisa'nzgeschoß** s mil. Sprenggeschoß.

Bri'se *w* leichter Wind, Segelwind.

Brisole'tt s *bzw.* **Brisole'tte** *w* gebratenes Fleischklößchen.

Brisu'r *w* techn. feines Scharnier, Gelenk.

Broadcaster m (broh'd-kaßter) Rundfunksprecher; **Broadcasting** s (broh'dkaßtiñ) Rundfunk (in England u. d. USA); **Broadway** m (broh'dweh) Hauptstraße New Yorks.

Bro'ccoli Mz. Blumenkohlart.

Broderie' *w* Stickerei; **brodie'ren** sticken.

Broiler m Brathähnchen.

Brokat m ein Seidengewebe; **Brokate'll** s *oder* **Brokate'lle** *w* halbseidener, schwerer Dekorationsstoff.

Bro'kkoli Mz. s. Broccoli.

Brom s chem. ein Grundstoff (Br) (nach bro'mos = Gestank benannt);

Bro'msilber s lichtempfindliche Filmschicht.

bronchia'l med. die Luftröhre betreffend; **Bro'nchie** *w* (. . . i-e) Luftröhrenast; **Bronchi'tis** *w* Entzündung der Bronchien; **Bronchographie'** *w* med. Röntgendarstellung der Bronchien; **Bronchopneumonie'** *w* med. von den Bronchien ausgehende Lungenentzündung; **Bronchosko'p** s med. Untersuchungsgerät zum Spiegeln der Bronchien; **Bronchoskopie'** *w* Bronchienspiegelung.

Bronze *w* (bro'ñße) Legierung aus Kupfer und Zinn; **bronzie'ren** Gegenstände mit einem Bronzeüberzug versehen.

Bro'sche *w* Spange.

broschie'ren Druckbogen heften; **broschie'rt** geheftet; **Broschu'r** *w* Heftung; **Broschü're** *w* Heft, Flugschrift.

Browning m (brau'niñ) Selbstladepistole.

Brucello'se *w* med. durch Brucellen, eine Bakterienart, hervorgerufene Krankheit (z. B. die Bangsche Krankheit).

Brumaire m (brümäh'r) „Nebelmonat": 2. Monat des Kalenders der Französischen Revolution.

Brunch s/m (bra'ntsch) (zusammengesetzt aus „Breakfast" und „Lunch") eine anstelle von Frühstück und Mittagessen eingenommene Mahlzeit.

brüne'tt bräunlich; **Brüne'tte** *w* braunhaarige Frau.

brünie'ren Metall mit bräunlicher Schutzschicht überziehen.

brüsk schroff; **brüskie'ren** rücksichtslos behandeln; **Brüskie'rung** *w* schroffe Behandlung.

bruta'l roh; **Brutalitä't** *w* Roheit.

bru'tto ohne Abzug, mit Verpackung; **Bru'ttogewicht** s Gewicht einer Ware mit Verpackung; **Bru'ttogewinn** m Rohgewinn; **Bru'ttoraumgehalt** m gesamter Schiffsraum; **Bru'ttoregistertonne** *w* Raummaß für Schiffe (BRT = 2,83 m^3); **Bruttosozia'lprodukt** s Wert aller innerhalb eines Jahres produzierten Güter und Dienstleistungen eines Landes.

Bruyèreholz s (brühjäh'r...) Hartholz (f. Tabakpfeifen).

Bu'bo m (Mz. Bubo'nen) med. entzündliche Leistendrüsenanschwellung.

Bucha'ra m handgeknüpfter usbekischer Teppich.

Bu'ckram s Leinengewebe für Bucheinbände.

Bu'ckskin s ein Herrenanzugstoff; auch Schaf-,

Hirschleder.

Bu'ddha m („der Erleuchtete", „der Erwachte") Name des indischen Religionsstifters Gautama od. Siddharta; auch ein Mensch, der die Erleuchtung erlangt hat; **Buddhi'smus** m von Buddha begründete Religion; **Buddhi'st** m Anhänger der Lehre Buddhas; **buddhi'stisch** die Lehre Buddhas betreffend, der Lehre Buddhas anhängend.

Budget s (bühdsheh' od. ba'dshet) Staatshaushaltsplan, Voranschlag; **budgetä'r** (büdsh°täh'r) den (Staats-)Haushalt betreffend.

Budi' *w* Kneipe; **Budi'ker** m Gastwirt, Kneipenwirt.

Bue'n Reti'ro s *svw.* Zufluchtsort.

Büfe'tt s od. **Buffet** s (bühfeh') Anrichte(tisch), Speisezimmerschrank; Schanktisch.

Bu'ffa *w* (Theater-)Posse; **Bu'ffo** m Sänger einer komischen Opernrolle; **buffone'sk** in komischer Art.

Bu'ggy m (auch ba'gi) sportliche, offene, geländegängige, z. T. auch schwimmfähige Ausführung eines kleinen Kraftfahrzeuges; leichter (zweirädriger) Einspänner; leichter, zusammenfaltbarer Kinder(sport)wagen.

bugsie'ren schleppen, transportieren.

Build-upper m (bild a'p°r) *svw.* Reklamechef.

Buke'tt s Blumenstrauß; Duft des Weines (s. Bouquet).

Buko'lik *w* Schäfer-, Hirtendichtung; **Buko'liker** m Dichter von Schäfer- und Hirtenliedern; **buko'lisch** auf das Hirtenleben bezüglich; *svw.* idyllisch.

Bulb m (ba'lb) Knolle, Zwiebel, Wulst; **Bulbsteven** m naut. Wulstbug (unterer Teil des Bugs birnenförmig verdickt).

Bü'lbül m Nachtigall.

Bu'lbus m Knolle, Zwiebel; med. knollige Anschwellung.

Bule'tte w gebratener Fleischkloß.

Bulkcarrier m (ba'lk kä'ri°r) naut. Massengutfrachter; Frachtschiff zum Transport loser, unverpackter Frachtgüter; **Bulker** m (ba'lk°r) naut. s. Bulkcarrier; **Bu'lkladung** w (auch ba'lk . . .) naut. Schüttladung.

Bu'lldog m svw. Trecker, Zugmaschine; **Bu'lldogge** w zool. eine Hunderasse; **Bulldozer** m (bu'ldos°r) techn. Planierraupe(nschlepper).

Bu'lle w päpstlicher Erlaß, Urkunde.

Bulletin s (bül°tä'ñ, auch ba'letin) (amtliche) Bekanntmachung.

Bu'llfinch w/m (. . . fintsch) Hecke als Hindernis bei Pferderennen.

Bullion s (bu'lj°n) ungemünztes Edelmetall.

Bu'merang m (austral.) Wurfholz.

Bu'merang-Effekt m Versuch der Meinungs- bzw. Verhaltensbeeinflussung, dessen Wirkung ins Gegenteil verkehrt wird.

Bu'na s synthetischer Kautschuk.

Bu'ngalow m (. . . oh) leichtgebautes Landhaus, Sommerhaus.

Bu'nker m Massengutbehälter; mil. befestigter Unterstand; Schutzraum; **bu'nkern** naut.

Ladung übernehmen; Kohlen laden.

Bunny s (ba'nni) „Kaninchen": mit langen Ohren und Stummelschwänzchen aufgeputzte junge Mädchen, die als Bedienungs- und Unterhaltungspersonal in „Playboy-Klubs" tätig sind.

Buratti'no m Marionette, Gliederpuppe.

Bureau s (büroh') s. Büro.

Büre'tte w mit Maßeinteilung versehenes Glasröhrchen zum Abmessen von Flüssigkeitsmengen.

Bürgerinitiative w freiwilliger, lockerer überparteilicher Zusammenschluß von Bürgern zur Wahrnehmung ihrer Interessen (z. B. bei der Anlage von Spielplätzen, Verbesserung der Verkehrsverhältnisse usw.) gegenüber Behörden und Volksvertretungen; einzelne B. haben heute parteiähnlichen Charakter angenommen und arbeiten auch überörtlich gemeinsam mit anderen Bürgerinitiativen (z. B. in Fragen des Umweltschutzes, des Baues von Kernkraftwerken o. ä.).

Burgu'nder m Weinsorte aus der französischen Landschaft Bourgogne.

burle'sk possenhaft, komisch; **Burle'ske** w Posse.

Bu'rnus m Beduinenmantel.

Büro' s Schreib-, Geschäftszimmer; **Bürokra't** m (engstirniger) Aktenmensch; **Bürokratie'** w Beamtenherrschaft; **bürokra'tisch** svw. kleinlich; **Bürote'l** s Hotel, welches Wohn- und Büroräume zugleich vermietet.

burschiko's flott, ungezwungen.

Bu'rse w Studentenheim.

Bus m abgekürzte Bezeichnung für Autobus, Omnibus.

Buschido s s. Bushido.

Bushel m (bu'schl) engl. bzw. amerik. Getreidemaß.

Bushi'do s ,Ritterweg': japanischer Ehrenkodex.

Bushranger m (bu'schrehnsh°r) Buschräuber, Strauchdieb.

Busineß s (bi'snis) Geschäft.

Bu'ssard m zool. ein Raubvogel.

Busso'le w Winkelmeßinstrument, Kompaß.

Bustrophedo'n s (In-) Schrift, die abwechselnd nach rechts und nach links läuft.

Butadie'n s chem. Ausgangsstoff für künstlichen Kautschuk.

Butler m (ba'tl°r) (englischer) ranghöchster Diener, Haushofmeister.

Button m (ba't°n) Knopf, knopfförmiges Abzeichen.

bye-bye! (baibai) svw: auf Wiedersehen!

Bypass-Operation w (bai'pahß-) med. Anlegen einer Umgehungs-Gefäßprothese zur Beseitigung eines thrombot. Verschlusses.

Byzanti'ner m svw. Kriecher, Schmeichler; **byzanti'nisch** unterwürfig, schmeichelnd; **Byzantini'smus** m Kriecherei, unterwürfige Verherrlichung; **Byzantini'stik** w Wissenschaft, die sich mit der byzantinischen Geschichte und Kultur befaßt.

C

C. s. auch K, Sch u. Z.

Cab s (kä'b) Droschke.
Cabale'tta ɯ (ka . . .) mus. kleine Arie.
Caballero m (kabaljeh'ro, kawaljeh'ro) spanische Bezeichnung für Ritter, Edelmann, Herr.
Cabochon m (kaboscho'ñ) rundgeschliffener Edelstein.
Cabo'clo m (ka . . .) Nachkomme von Mischlingen zwischen Portugiesen und Indianern od. Negern in Brasilien.
Caccia ɯ (ka'tscha) mus. „Jagd": Bezeichnung für Musikstücke der Renaissancezeit, die Jagdszenen schildern; auch Kanon.
Cachenez s (kaschneh') Halstuch, Schal; **Cachesexe** s (kaschßä'ks) Höschen, Slip.
Cachet s (kaschä') Gepräge, Siegel.
Cachot s (kaschoh', auch umgangssprachlich kascho'tt) Gefängnis.
Cachou s (kaschuh') Lakritze mit Zucker und Anis (Hustenmittel).
Cactace'ae Mz. s. Kaktazeen.
Caddie m (kä'ddie) Junge, der beim Golf die Schläger trägt.
Cadeau s (kadoh') Geschenk.
Cade'nza ɯ mus. Kadenz: die ein Musikstück abschließende Akkordfolge.
Ca'dmium s s. Kadmium.
Café s (kafeh') Kaffeehaus; **Cafeteri'a** ɯ Kaffeestube bzw. Erfrischungsraum mit Selbstbedienung; **Cafetier** m (kafetjeh') Kaffeehauswirt; **Cafetiere** ɯ (kafetjäh're) Kaffeekanne; Kaffeehauswirtin.

Cafu'so m (ka . . .) Mischling zwischen Indianern und Negern in Brasilien.
Ca ira! s (ßa ira') („es wird gehen!") nach dem Kehrreim benannte Lied der Französischen Revolution.
Caisson m (kähßo'ñ) Senkkasten f. Unterwasserarbeiten; **Caisson-Krankheit** ɯ med. Taucherkrankheit (durch Luftdruckverminderung hervorgerufene Durchblutungsstörungen).
Cakewalk m (keh'kwôk) („Kuchentanz") aus den USA stammender Gesellschaftstanz.
Ca'lamus m (ka . . .) antikes Schreibrohr, Griffel.
Ca'lcium s s. Kalzium.
Calda'rium s (ka . . .) altrömisches Warmbad.
Calembour(g) m (kalañbuh'r) „Kalauer", fauler Witz.
Cale'ndae Mz. (ka . . .) erster Tag eines Monats bei den Römern.
Caliban s. Kaliban.
Califo'rnium s s. Kalifornium.
Call-Girl s (kô'l görl) telephonisch zu bestellende Prostituierte; **Call-Girl-Ring** m Call-Girl-Organisation.
Calmette-Impfung ɯ (kalme'tt . . .) Tuberkulose-Schutzimpfung mit dem Impfstoff BCG (= Bazillus Calmette-Guérin).
Calvados m (ka'lwadoß od. kalwadoh') normannischer Apfelbranntwein.
Calvaria ɯ (kalwa'ria) Schädelstätte.
Calypso m (kali'pßo) mus. (volkstümliche) westindische Musikform; Tanz im Rumbarhythmus.
Camber m (kä'mber) Herrenhutart.

Cambia'ta ɯ (ka . . .) mus. Wechselnote; **Ca'mbio** m (ka . . .) Wechselbrief.
Camembert m (kamañbäh'r) eine Käseart.
ca'mera: alla ~ (. . . ka . . .) mus. im Kammerstil.
Ca'mera obscu'ra ɯ (ka . . .) Lochkamera (einfachste Art einer Kamera).
Camion m (kamjo'ñ) Lastkraftwagen; **Camionnage** ɯ (kamjonah'she) sɯɯ. Spedition.
Camouflage ɯ (kahmuhflah'sh) Tarnung.
Camp s (kä'mp) Lager.
Campani'le m (ka . . .) (freistehender) Glockenturm.
campen (kä'mpen) mit Zelt oder Wohnwagen Freizeit machen; **Camper** m (kä'mper) mit Zelt od. Wohnwagen reisender Urlauber.
Camping s (kä'mpiñ) Zelten, Leben auf Zeltplätzen (im Zelt oder Wohnwagen).
Camposa'nto m (ka . . .) Friedhof (in Italien).
Ca'mpus m (ka . . . auch kä'mpes) Gelände einer Universität.
Canaille ɯ (kana'lje) Schurke.
Cana'sta s (ka . . .) ein Kartenspiel.
Cancan m (kañka'ñ) französischer (Revue-)Tanz.
Cancer m (ka'nzer) med. Krebs, Krebsgeschwulst.
cand. Abk. für candidatus = Kandidat.
Cande'la (cd.) ɯ (ka . . .) phys. Lichtstärkeneinheit.
Candle Light . . . (kä'ndel lait) . . . bei Kerzenbeleuchtung, z. B. Candle Light Dinner.
Canevas m (kanwa') s. Kanevas.
Ca'nnabis bot. Hanf; im engeren Sinne der In-

dische Hanf, aus dem
Haschisch (s. dort) und
Marihuana (s. dort) ge-
wonnen werden.
Ca'nnae s *suv.* vernich-
tende Niederlage (nach
der Schlacht von Cannae
216 v. Chr.).
Canoe s. Kanu.
Canon, Cañon m (ka'njon)
tief eingeschnittenes Tal.
Cant m (kä'nt) Heuchelei.
Canta'ta *rv* (ka . . .) *mus.*
Singstück, Kantate;
  Cantile'na *rv* (ka . . .)
mus. Volksweise; Wie-
genlied; Kantilene;
  Ca'nto m (ka . . .) *mus.*
Gesang; **Ca'ntus** m
(ka . . .) Gesang; **Ca'n-
tus fi'rmus** m „feste
Melodie": Hauptmelo-
die.
Canvassing s (kä'nwäßiñ)
pol. Stimmenfang.
Canzo'ne *rv* (ka . . .) *mus.*
Lied; Schlager; **Canzo-
ne'tta** *rv* (ka . . .) *mus.*
Liedchen; Schlager.
Cape s (keh'p) Umhang.
Cappuccino m (kapu-
tschih'no) m (italieni-
sches) heißes Kaffee-
getränk.
Capriccio s (kapri'tschoh)
mus. launiges Musik-
stückchen.
Caprice *rv* (kaprih'ß^e)
Laune.
Capta'tio benevole'ntiae
rv (ka . . .) („Trachten
nach Wohlwollen")
Werbung um Gunst.
Car m (kar) Kraftwagen.
cara'mba! (ka . . .) spanischer Fluch: zum Teu-
fel!
Carava'n m (*auch* kä'r^e-
w^{e}n) (Reise-)Wohnwa-
gen; *auch* Kombiwagen:
kombinierter Personen-
und Lastkraftwagen;
  Carava'ner m (kär^{e}weh'-
n^{e}r) mit Wohnwagen
Reisender; **Carava'ning**
s (kär^{e}weh'niñ) Leben im
(Reise-)Wohnwagen.
Ca'rbo m (ka . . .) Kohle;
Carbona'ri *Mz.* s.
Karbonari; **Carbone'um**

s *chem.* ein Grundstoff
(C): Kohlenstoff.
Carcino'm s (karzinoh'm)
med. Krebs (*auch:* Kar-
zinom).
Care (käh'r) Abk. f. Co-
operative for American
Remittances for Every-
where (bzw. Europe):
Vereinigung amerik.
Wohltätigkeitsgesell-
schaften zur Durchfüh-
rung des Versandes
von Liebesgabenpake-
ten in notleidende Län-
der.
care of (c/o) (kähr of)
suv. „per Adresse",
„bei . . .", „im Hause
. . ." o. ä.
Care'zza *rv* s. Karezza.
Carillon s (karijo'ñ) *mus.*
Glockenspiel; glocken-
spielartiges Tonstück.
Cario'ca *rv* (ka . . .) lateinamerikanischer Gesell-
schaftstanz.
Ca'ritas *rv* (ka . . .) Näch-
stenliebe; kathol. Wohl-
tätigkeitsorganisation.
Carmagnole *rv* (karman-
joh'le) Tanzlied der
Französischen Revolu-
tion.
Ca'rmina *Mz.* (ka . . .) Gedichte; **Ca'rmina Bura'na**
Mz. Liedersammlung des
13. Jahrhunderts aus dem
Kloster Benediktbeuern;
auch ein Oratorium von
C. Orff.
Carnet s (karnä') *suv.*
Zollpassierscheinheft
(für Kraftwagen).
Carol s (kä'r^{e}l) englisches
geistliches Lied.
ca'rpe di'em (ka . . .)
„pflücke (genieße) den
Tag!"
Carra'ra m (ka . . .) Mar-
mor aus dem italieni-
schen Fundort Carrara.
Carte *rv* (kart) Karte; **à la
carte** nach der (Speise-)
Karte; **Carte blanche** *rv*
(kart bla'ñsch) („weiße
Karte") *suv.* unbe-
schränkte Vollmacht.
Carteri'smus m *pol.* Be-

zeichnung für Stil und
Ziel der von dem USA-
Präsidenten J. Carter
betriebenen Politik.
Cartoon m (kartuh'n) mo-
derne Witzzeichnung;
Karikatur.
Casano'va m (ka . . .) *suv.*
Frauenheld, Verführer
(nach dem italienischen
Abenteurer Giacomo
Girolamo Casanova).
Cä'sar m (zä . . ., *auch*
kä . . .) Name eines
Zweiges des römischen
Geschlechts der Julier;
Titel der römischen
Kaiser; **Cäsa'renwahn
(-sinn)** m (zä . . .) blut-
dürstiger Machtrausch;
Cäsari'smus m (zä . . .)
suv. diktatorische
Staatsgewalt; **Cäsaropa-
pi'smus** m (zä . . .) Vereinigung der gesamten
staatlichen und religiö-
sen Macht in einer Per-
son.
Casatschok s. Kasatschok.
Cash (kä'sch) Bargeld,
Barzahlung; **cash-and-
carry (c.a.c.)** (käsch änd
kä'ri) „bezahlen und
abholen"; **Cash-and-
carry-Klausel** *rv*, **Cash-
and-carry-System** s Ver-
trag(sbestimmung),
wonach die Käufer die
Ware bar bezahlen und
selbst abholen müssen;
Cash before delivery
(käsch bifor dili'w^{e}ri)
Klausel in Handelsver-
trägen: Zahlung vor
Lieferung; **Cash-Flow**
m (kä'sch floh)
„Bargeld-Fluß": Bewe-
gung des Geldes inner-
halb eines Betriebes;
Cash on delivery (käsch
on dili'w^{e}ri) Klausel in
Handelsverträgen:
Zahlung bei Lieferung.
Cä'sium s s. Zäsium.
Ca'ssa *rv* (ka . . .) Kasse,
Barzahlung.
Cassetten-Recorder s.
Kassettenrecorder.
Cassiopeium s. Kassio-
peium.

Cast s (kah'ßt) Gesamtheit der Mitarbeiter an einem Film.

Castle s (kah'ß°l) Burg, Schloß.

Casto'reum s (... e-um) ‚Bibergeil': Drüsenabsonderung des Bibers.

Castri'smus m (ka ...) politisches System des kubanischen Staatschefs Fidel Castro.

Ca'sus m (ka ...) gramm. Fall; **Ca'sus be'lli** m (ka ...) Kriegsgrund; **Ca'sus foe'deris** m (ka ...) Bündnisfall.

Catalog-Showroom m (kä't°lohg schoh'ruhm) Musterschau von durch Versandhauskataloge angebotenen problem- und risikolosen Waren zu besonders günstigen Preisen (infolge stärkster Rationalisierung).

Catboot s (kä't ...) einmastiges Segelboot.

Catch as catch can s (kätsch äs kätsch kä'n) ungezügelter Freistilringkampf; **Catcher** m (kä'tscher) Freistilringer.

Catchup s (kä'tschap) Soßenwürze.

Catchword s (kä'tschwöd) Stich-, Schlagwort.

Catering s (keh't°riñ) Organisation zur Versorgung größerer Menschenmengen mit Verpflegung und Dienstleistungen.

Caterpillar m (kä't°pil°r) Raupe(nschlepper).

Catgut s (kä'tgat) Darmsaite; chirurgisches Nahtmaterial.

Ca'thedra m (ka ...) Lehrstuhl; Bischofsstuhl.

catilina'risch (ka ...) (nach dem altrömischen Verschwörer Catilina) in der von Bismarck geprägten Verbindung „catilinarische Existenz": eine Persönlichkeit, die nichts mehr zu verlieren hat.

Caudi'llo m (kaudi'ljo) Anführer (Titel des span. Staatschefs Franco).

Cau'sa m (kau ...) (Rechts-)Grund.

Cause célèbre m (ko's ßehlä'br°) aufsehenerregender Rechtsfall.

Causerie m (kos°rih') Plauderei; **Causeur** m (kohsö'r) Plauderer; **Causeuse** m (kosöh's°) kleines Sofa.

Cavaliere m (kawaljeh're) italienischer Adelstitel: Ritter.

Cavati'na m (ka ...) mus. Cavatine; kurze Arie.

ca've ca'nem! (ka ...) „hüte dich vor dem Hund!" (Inschrift an altrömischen Häusern).

Cayennepfeffer m (kajä'n ...] tropisches scharfes Gewürz.

CC Abk. v. Corps consulaire: Konsularisches Korps.

CD Abk. v. Corps diplomatique: Diplomatisches Korps.

CE Abk. v. Council of Europe/Europarat.

Cedille m (ßedih'j°) gramm. dem Buchstaben c (z. B. in der französischen Sprache) unten angehängtes Ausspracezeichen (ç), wenn das c wie ein stimmloses s (also als ß) gesprochen werden soll.

Ce'lla m (z ...) Tempelraum; Mönchszelle; **Cellera'rius** m (z ...) mit der wirtschaftlichen Verwaltung eines Klosters beauftragter Mönch.

Celli'st m (tsch ...) Cellospieler; **Ce'llo** s (tsch ...) mus. Streichinstrument.

Cellopha'n s (z ...) durchsichtige Kunststoff-Folie.

Celluli'tis m s. Zellulitis.

Ce'lsius (z ...) in Graden angegebenes Temperaturmaß (nach dem

schwedischen Astronomen Celsius); **Celsiusskala** m von 0° (Gefrierpunkt) bis 100° (Siedepunkt) eingeteilte Temperaturskala.

Cembali'st m (tsch ...) mus. Cembalospieler; **Ce'mbalo** s mus. (tsch ...) klavierartiges, altes Tasteninstrument.

Ce'nsus m (z ...) Vermögenseinschätzung zwecks Steuererhebung.

Cent m (z ... od. ß ...) den 100. Teil einer Währungseinheit bezeichnende Münze (USA, Niederlande u. a.).

Center s (ßä'nt°) amerik.: Mittelpunkt, Zentrum.

Central Intelligence Agency (CIA) m (ßä'ntr°l intä'lidsh°nß eh'dsh°nßih) Geheimdienst der USA.

Centre s (ßä'nt°) engl.: Mittelpunkt, Zentrum; (ßa'ntr°) franz.: Mittelpunkt, Zentrum.

Cercle m (ßä'rkl) gesellschaftl. Kreis; Empfang bei Hofe; **Cercle halten** Gäste zum Gespräch um sich sammeln.

Cerea'lien Mz. (z ... i-e ...) Ceresfest im alten Rom; s. auch Zerealien; **Cereals** Mz. (ßi'ri°lß) amerikanische Bezeichnung für (Getreide-) Nährmittel.

Cerebellum s (z ...) med. Kleinhirn; **cerebra'l** (z ...) med. vom Gehirn ausgehend; **Ce'rebrum** s (z ...) med. Großhirn.

cerise (ß°rih's) kirschrot.

CERN Abk. für Conseil Européen pour la Recherche Nucléaire: Europäischer Kernforschungsrat.

cervica'l (z ...) med. die Halswirbel od. den Gebärmutterhals betreffend; **Ce'rvix** m (z ...) med. Hals, Gebärmutterhals.

c'est la guerre! (ßäh la

gäh'r) „das ist der Krieg!" *auch svw.* „daran läßt sich eben nichts ändern".

ce'terum ce'nseo (z . . . *od.* k . . .) „im übrigen bin ich der Meinung, daß . . ."

Čevapčiči s (tschewa'p-tschitschi) gegrilltes Hackfleischröllchen.

cf. *Abk. v.* confer! (*s. dort*).

CGS-System s auf den Einheiten Zentimeter, Gramm und Sekunde beruhendes Maßsystem.

CH *Abk. v.* Confoederatio Helvetica.

Cha-Cha-Cha m (tscha'. . .) lateinamerikanischer Gesellschaftstanz.

Chaconne w (schako'nn) alter Gesellschaftstanz; *mus.* tanzartiges Tonstück im $^3/_4$-Takt.

Chagrin s (schagrä'ñ) eine Spaltlederart.

Chaine w (schäh'n^e) „Kette": Reigentanz; **Chain Stores** *Mz.* (tscheh'n ßtôrs) Kettenläden: serienmäßig errichtete Einzelhandelsgroßbetriebe.

Chairman m (schäh'rm^{e}n) Vorsitzender.

Chaise w (schäh's^e) Kutsche; **Chaiselongue** s/w (schähslo'ñg) Ruhebett.

Chalet s (schahleh') Ferienhaus im Stile eines Schweizerhauses; Sennhütte.

Chalkographie' w Kunst des Kupferstechens.

Chamä'leon s (ka . . .) Eidechsenart, welche ihre Körperfarbe der Umgebung entsprechend wechselt.

Chambre des Députés w (scha'ñbr^e de dehpüteh') Abgeordnetenkammer der französischen Republik; **Chambre garni** s (schañbr^e garnih') mö-

bliertes Zimmer (mit Frühstück); **Chambre séparée** s (. . . ßehpareh') Sonderraum.

chamois (schamoa') gelblich-bräunlich.

Champagner m (schampa'njer) aus der Champagne stammender französischer Schaumwein.

Champignon m (scha'mpinjoñ) *bot.* Speisepilz.

Champion m (tschä'mpj^{e}n *od.* schañpjo'ñ) (Sport-)Meister; **Championa't** s (sch . . .) (Sport-)Meisterschaft.

Chance w (scha'ñß^e) günstige Gelegenheit.

Chancellor m (tscha'nß^{e}l^{e}r) englische Bezeichnung für Kanzler.

Changeant m (schañsha'ñ) schillernder Gewebeart; **changieren** (schañshih'-ren) wechseln, schillern.

Chanson s (schañßo'ñ) (Kabarett-)Lied; **Chansonette** w (schañßone't-te) Kabarettsängerin.

Chanukka' s/w (ch *wie in* „ach") Tempelweihfest der Juden.

Chaos s (ka'oß) Durcheinander; **Chao't(e)** m zerstörungswütiger politisch Radikaler, Anarchist; **chao'tisch** durcheinander, verworren.

Chapeau m (schapoh') Hut; **Chapeau claque** m (schapoh kla'k) zusammenklappbarer Zylinderhut.

Chaperon m (schap^{e}ro'ñ) Anstandsperson; **chaperonie'ren** (sch . . .) eine Dame schützend begleiten.

Chara'kter m (ka . . .) Sinnesart, Gepräge; **charakterisie'ren** kennzeichnen; **Charakteri'stik** w Kennzeichnung; **Charakteri'stikum** s kennzeichnendes Merkmal; **charakteri'stisch** bezeichnend; **Charakterolo'ge** m Charakter-

forscher; **Charakterologie'** w Charakterkunde; **charakterolo'gisch** die Charakterforschung betreffend; **menschenkundlich**; **Chara'kterstück** s *mus.* ausdrucksvoll gespieltes und damit den Charakter des Titels wiedergebendes Klavierstück (z. B. „Sehnsucht").

Charge w (scha'rsh^e) Amt, Dienstgrad; *theat.* kleine Charakterrolle; w (tschah'dsh) *auch svw.* Rauschdrogen-Dosis.

Chargé d'affaires m (scharsheh' dafä'r) Geschäftsträger (im diplomatischen Dienst).

chargieren (scharshih'ren) beauftragen; **Chargierte** m (scharshih'rte) Abgeordnete einer student. Verbindung.

Cha'ris w Anmut.

Cha'risma s Gnade(ngeschenk); göttliche Berufung; **charisma'tisch** der göttlichen Berufung entsprechend.

Charité w (schariteh') Krankenhaus.

Chari'ten *Mz.* Göttinnen der Anmut.

Chariva'ri s (sch . . .) „Katzenmusik"; Durcheinander.

Charleston m (tscha'rlßt^{e}n) aus den USA stammender Gesellschaftstanz der 20er Jahre.

charmant (scharma'nt) reizend; **Charme** m (scharm) Reiz, Anmut; **Charmeur** m (scharmö'r) liebenswürdiger Plauderer; **Charmeuse** w (scharmö's) ein kunstseidenes Gewebe.

Cha'ron m in der griechischen Sage: Fährmann der Unterwelt, der die Verstorbenen über den Unterweltfluß Acheron setzt.

Chart w (tschah't) Tabelle, Aufstellung der beliebtesten Schlager.

Charta ʍ (ka'rta), **Charte** ʍ (ka'rt°) bedeutende Urkunde.

Charter ʍ (tscha'rter) Miete (eines Schiffes od. Flugzeuges); **Cha'rterer** m Mieter (eines Schiffes oder Flugzeuges); **Cha'rter(flug)gesellschaft** ʍ Bedarfsfluggesellschaft (im Gegensatz zu Linienfluggesellschaft); **Cha'rtermaschine** ʍ von einem Reiseunternehmen oder einer Privatperson gemietetes Flugzeug; **chartern** (tscha'rtern) (ein Schiff od. Flugzeug) mieten; **Cha'rterung** ʍ Mietung (eines Schiffes oder Flugzeuges).

Chartreuse m (schartröh'-s°) französischer Kräuterlikör

Chary'bdis ʍ Meeresstrudel (in der altgriechischen Sage).

Chasa'n m (ch wie in „ach") Vorbeter in der Synagoge.

Chassidi'm (ch wie in „ach") Mz. „Fromme": Anhänger einer im 18. Jahrhundert entstandenen ostjüdischen religiösen Bewegung; **Chassidi'smus** m im 18. Jahrhundert entstandene ostjüdische religiöse Bewegung zur Verlebendigung des orthodoxen jüdischen Glaubens.

Chassis s (schaßih') Kraftwagenfahrgestell.

Chasuble s (schaßuh'b°l) halblange, mantelähnliche Weste.

Chateau s (schatoh') Schloß.

Chateaubriand s (schatohbria'ñ) gebratene Rinderlende.

Chatelaine s (schatläh'n) Anhänger an Taschenuhr (Ketten).

Chaudeau m (schohdo') heiße Weintunke; Weinschaum.

Chauffeur m (schofö'r)

Kraftfahrer; **chauffie'ren** (scho . . .) einen Kraftwagen lenken.

Chaussee ʍ (schoßeh') Landstraße; **chaussie'ren** (scho . . .) techn. eine Straße mit einem festen Fahrbahnbelag versehen.

Chauvie m (schoh'wih) uspr. spw. Mann mit übersteigertem Selbstwertgefühl.

Chauvini'smus m (schohwi . . .) pol. überspitztes Nationalgefühl; **Chauvini'st** m Anhänger des Chauvinismus, auch Kriegshetzer; **chauvini'stisch** ein überspitztes Nationalgefühl betreffend bzw. besitzend.

Check m s. Scheck.

checken (tschä'k°n) vergleichend prüfen; **Checker** m (tschä'k°r) Prüfer, Kontrolleur; **Checklist(e)** ʍ (tschä'k . . .) techn., auch med. Verzeichnis aller vorzunehmenden Prüfvorgänge, Liste alle vorzunehmenden Maßnahmen; **Check-out** m (tschäk au't) nach Abschluß eines technischen Vorgangs vorgenommene planmäßige Überprüfung (z. B. nach Landung eines Flugzeuges, einer Raumkapsel o. ä.); **Checkpoint** m (tschä'kpoint) Kontrollpunkt (z. B. an einem Grenzübergang). **Check up** s (tschäk a'p) techn. Zustandsüberprüfung (auch med.); meist im Sinne von: Überprüfung der technischen Einrichtungen eines Flugzeuges vor dem Start.

Cheddar(käse) m (tschä'-d°r . . .) englische Käseart.

cheerio! (tschih'rio) zum Wohle! cheers Mz. (tschih'rs) z. B. in der

Wendung „three cheers for . . .": Hochrufe, Hurrarufe.

Cheeseburger m (tschih's-bög°r) mit Fleisch belegtes und mit Käse überbackenes Brötchen.

Chef m (schä'f) Oberhaupt, Vorgesetzter, Leiter; **Chef de mission** m (schäf d° mißjo'ñ) Chef einer (sportlichen) Delegation eines Landes; **Chef d'œuvre** (schäf dö'wr°) Meisterwerk; **Che'fingenieur** m (. . . insh°njör) leitender Ingenieur; **Che'fpilot** m in der Rangordnung an erster Stelle stehender Pilot; Flugkapitän; **Che'fredakteur** m (. . .tör) Hauptschriftleiter.

Cheiro . . ., cheiro . . . Hand . . ., hand . . . (s. Chiro . . ., chiro . . .); **Cheirotonie'** ʍ Handausstreckung, -aufhebung, -auflegung.

Chemiatrie' ʍ med. Heilung durch pharmazeutisch-chemische Heilmittel.

Chemical Mace ʍ (kä'mik°l meh'ß) „Chemische Keule": eine einen Augenreizstoff versprühende Polizeiwaffe zum Einsatz gegen gewalttätige Einzelpersonen.

Chemie' ʍ Lehre vom Aufbau der Stoffe und ihren Veränderungen; **Chemigra'ph** m Metallätzer; **Chemigraphie'** ʍ Metallätzung; Herstellung von Druckplatten (Klischees) durch Anwendung der Metallätzung; **Chemika'lie** ʍ (. . . i-e) chem. Stoff, Erzeugnis einer chem. Fabrik; **Che'miker** m auf dem Gebiet der Chemie tätiger Wissenschaftler; **che'misch** das Gebiet der Chemie betreffend; **Chemise** s (sch°mih's)

Hemd; hemdartig geschnittenes Kleid.

Chemise'tt s (sch . . .) Vorhemd.

Chemi'smus m Ablauf chemischer Vorgänge; **Chemokeule** rv s. Chemical Mace; **Chemote'chnik** rv Technik der Chemie; **Chemote'chniker** m Chemiewerker; **chemotherapeu'tisch** mit chemisch-pharmazeutischen Mitteln behandelnd; **Che'motherapie** rv Bekämpfung von Krankheitserregern mit chem. Mitteln.

Chenille rv (sch^eni'lj^e od. sch^enih'lj^e) faseriges, raupenartiges Garn.

cherchez la femme! (scherscheh' la fa'm) ,,sucht die Frau": svrv. ,,es steckt eine Frau dahinter".

Cherry Brandy m (tschä'rih brä'ndih) Kirschlikör.

Che'rub m rel. das Paradies bewachender Engel; **cherubi'nisch** engelhaft.

Chesterkäse m (tschä'ßter . . .) englischer Schnittkäse.

chevalere'sk (sch . . .) ritterlich; **Chevalerie** rv (sch^ewalrih') Ritterlichkeit; **Chevalier** m (sch^ewaljeh') Ritter, französischer Adelstitel; **Chevalier sans peur et sans reproche** m (sch^ewaljeh' ßañ pö'r eh ßañ r^epro'sch) Ritter ohne Furcht und Tadel.

Chevauleger m (sch^ewohlesheh') mil. Angehöriger einer leichtbewaffneten Reitertruppe.

Cheviot m (tsche'wjot) Wollstoff.

Chevreau s (schewroh') Ziegenleder.

Chewing-gum m (tschu'iñgam) Kaugummi.

Chia'nti m (ki . . .) italien.

Rotwein.

Chia'sma s med. Kreuzung der Sehnerven im Gehirn; **Chia'smus** m gramm. ,,Kreuzstellung" der Glieder eines Satzes, z. B. ,,heiß war der Tag, die Nacht war kühl".

Chic m s. Schick.

Chicha rv (tschih'tscha) südamerikanische Branntweinart.

Chiclegummi s (tschi'kl . . .) Kaugummiart.

Chicorée rv (schikoreh') Gemüse-, Salatpflanze.

Chief m (tschih'f) Chef, Vorgesetzter.

Chiffon s (schiffo'ñ) feines Gewebe.

Chiffre rv (schi'fr(^e)) Ziffer, Geheimzeichen; **Chiffreur** m (schifrö'r) Verschlüsseler eines Klartextes in Geheimschrift; **chiffrie'ren** (sch . . .) verschlüsseln, in Geheimschrift abfassen; **Chiffrie'rmaschine** rv (sch . . .) Maschine zum Verschlüsseln von Texten; **chiffrie'rt** (sch . . .) verschlüsselt.

Chignon m (schinjo'ñ) Haarknoten im Nacken.

Child Guidance rv (tschai'ld gai'd^enß) psych. svrv. Erziehungsberatung.

Chili m (tschih'li) bot. mittelamerikanische Pfefferart.

Chilia'de rv eine Folge von Tausend; **Chilia'smus** m (chi . . .) rel. Glaube, daß ein tausendjähriges Reich Gottes auf Erden nach Christi Wiederkehr kommen wird; **Chilia'st** m Anhänger des Chiliasmus; **chilia'stisch** den Chiliasmus betreffend.

Chimä're rv (auch: Schimäre) svrv. Hirngespinst.

Chi'narinde rv ,,Fieberrinde"; die Chinin enthaltende Rinde südamerikanischer Bäume;

Chi'naware w chines. kunstgewerbl. Erzeugnisse (Porzellan u. a.).

Chinchilla rv/s (tschintschi'lja) zool. kl: Pelztier.

Chini'n s aus der Chinarinde gewonnenes Mittel gegen Fieber (bes. Malaria).

Chinoiserie rv (schinoaserih') chinesische Stilformen und Motive verwendende Stilrichtung im Rokoko; kunstgewerbliche Gegenstände in diesem Stil; auch svrv. Verschrobenheit.

Chintz m (tschi'nz) ein Baumwollgewebe.

Chip m (tschi'p) Spielmarke; gebratenes Kartoffelscheibchen; kl. Siliciumplättchen zur Speicherung von Informationen in der Mikroelektronik.

Chippendale s (tschi'pendehl) (engl.) Möbelstil.

Chiro . . ., chiro . . . Hand . . ., hand . . .

Chirologie' rv Handlesekunst; **Chiroma'nt** m Handliniendeuter; **Chiromantie'** rv Handliniendeutung; **Chiropra'ktik** rv med. Verfahren, bei dem Verschiebungen im Wirbelsäulenbereich durch Handgriffe beseitigt werden.

Chirurg m med. Facharzt für Chirurgie; **Chirurgie'** rv Zweig der Heilkunde, der sich mit der Behandlung von Krankheiten durch operative Eingriffe befaßt; **chiru'rgisch** die Chirurgie betr., auch auf operativem Wege.

Chiti'n s biol. Hauptbestandteil des Körpergerüstes der Insekten, Spinnen u. Krebse sowie der Zellwände der Pilze.

Chito'n m altgriechisches hemdartiges Gewand.

Chla'mys rv altgriechischer Mantel, Umhang.

Chlor s (kl . . .) chem. ein Grundstoff (Cl) (nach chloros = gelbgrün benannt); **Chlore'lla** *rv* (k . . .) bot. Grünalgenart; **chlo'ren** (k . . .) mit Chlor keimfrei machen; **chlorie'ren** (k . . .) mit Chlor keimfrei machen; **Chlo'rkalk** m (k . . .) Bleich- und Desinfektionsmittel; **Chlorofo'rm** s (k . . .) med. Betäubungsmittel; **chloroformie'ren** (k . . .) med. mit Chloroform betäuben; **Chloromyceti'n** s (k . . .) med. ein Antibiotikum; **Chlorophy'll** s (k . . .) biol. Blattgrün; **Chloro'se** *rv* Bleichsucht.

Chok m s. Schock.

Choke s (tschoh'k) techn Verengung; in den Vergaser eines Kraftfahrzeuges eingebaute Luftklappe.

Cholangi'tis *rv* med. Gallenentzündung; **Choleli'th** m med. Gallenstein; **Cholelithi'asis** *rv* med. Gallensteinleiden; **Cho'lera** *rv* (k . . .) med. Infektionskrankheit (von Magen und Darm); **Chole'riker** m (k . . .) aufbrausender, jähzorniger Mensch; **chole'risch** (k . . .) aufbrausend, jähzornig; **Cholesteri'n** s chem. med. Gallenfett, Hauptbestandteil der Gallensteine.

Chomageversicherung *rv* (schomah'sh° . . .) Arbeitsausfallversicherung.

Chondri'tis *rv* med. Knorpelentzündung; **Chondrologie'** *rv* med. biol. Knorpellehre.

Cho'r m (k . . .) Altarraum, Kirchenempore; mus. Gemeinschaft von Sängern oder von Spielern gleichartiger Instrumente; **Chora'l** m (k . . .)

Kirchenlied. **Cho'rda** *rv* (k . . .) Saite; biol. Rückensaite (Vorstufe der Wirbelsäule); **Chorda'ten** Mz. (k . . .) biol. Bezeichnung für Tiere, die eine Chorda aufweisen.

Chore'a *rv* (k . . .) med. „Veitstanz".

Choreogra'ph m (k . . .) Schöpfer einer Choreographie; **Choreographie'** *rv* (k . . .) Aufzeichnung von Tänzen durch bestimmte Zeichen.

Chore't m (k . . .) s. Choreut; **Choreu't** m (k . . .) Chor-, Reigentänzer; **Choreu'tik** *rv* (k . . .) Lehre vom Chor-, Reigentanz.

cho'risch (k . . .) den Chor betreffend; **Chori'st** m (k . . .) Chorsänger; **Chori'stin** (k . . .) *rv* Chorsängerin.

Chorographie' *rv* Raumbeschreibung; **Chorologie'** *rv* geographische Raumwissenschaft; biol. Wissenschaft von der räumlichen Verbreitung der Tier- und Pflanzenwelt.

Cho'rus m (k . . .) Chor.

Chose *rv* (schoh's) „Sache": uspr. Angelegenheit, Vorkommnis.

Chow-Chow m (tschautschau) zool. Hunderasse (Spitz).

Chrestomathie' *rv* (k . . .) Schrifttumsauswahl.

Chri'sam s/m rel. Salböl; **Chri'sma** s rel. Salböl.

Chri'st m (k . . .) rel. Anhänger der Lehre Christi; **Chri'stentum** s (k . . .) rel. Lehre Christi; **christianisie'ren** (k . . .) rel. die Lehre Christi verbreiten; **Christian Science** *rv* (kri'Btj°n Bai'°nß) „Christliche Wissenschaft": eine christl. Sekte; **chri'stlich** (k . . .) rel. die Lehre Christi betreffend; nach der Lehre Christi handelnd; **Christmas** (kri'ß-

m°ß) (auch Xmas) englische Bezeichnung für das Weihnachtsfest; **Christogra'mm** s (k . . .) rel. das Monogramm Christi, die griechischen Buchstaben Chi (X) und Rho (P); **Christolatrie'** *rv* (k . . .) rel. (übersteigerte) Verehrung Christi; **Christologie'** *rv* (k . . .) rel. Christuslehre; **christolo'gisch** (k . . .) rel. die Christologie betreffend; **Christo'phorus** m (k . . .) rel. „Christusträger": Heiliger und Schutzpatron; **Chri'stus** m (k . . .) rel. „Gesalbter": Beiname Jesu von Nazareth; **Chri'stusmonogramm** s s. Christogramm.

Chrom s (k . . .) chem. ein Grundstoff (Cr), ein Metall (nach chroma = Farbe benannt); **Chroma't** s (k . . .) chem. Salz der Chromsäure; **Chroma'tik** *rv* (k . . .) phys. Lehre von den Farben; mus. Veränderung der Grundtöne um Halbtöne; **Chromati'n** s (k . . .) biol. färbbarer Zellkernbestandteil; **chroma'tisch** (k . . .) farbig; mus. in Halbtönen fortschreitend; **Chromatographie'** *rv* (k . . .) chem. ein analytisches Verfahren zur Untersuchung von Stoffgemischen; **Chromatopho'ren** Mz. (k . . .) biol. Farbträger; **Chromie'ren** (k . . .) färben; **Chromolithographie'** *rv* (k . . .) mehrfarbiger Steindruck; **Chromome'ren** Mz. (k . . .) biol. Träger von Erbanlagen; **Chromoso'm** s (k . . .) biol. eine Erbanlage tragender Teil des Zellkerns.

Chro'nik *rv* (k . . .) Geschichtswerk, das Ereignisse in zeitlicher Folge darstellt; **Chro'nika** Mz.

(k . . .) *rel.* die geschichtlichen Bücher des Alten Testamentes; **chronika'lisch** (k . . .) in Art einer Chronik; **Chronique scandaleuse** *w* (kroni'k ßkañdalöh's⁰) Klatschgeschichte; **chro'nisch** (k . . .) langwierig, andauernd; **Chroni'st** *m* (k . . .) Verfasser einer Chronik; **Chronolo'ge** *m* (k . . .) Wissenschaftler, der sich mit Problemen der Zeitrechnung befaßt; **Chronologie'** *w* (k . . .) Zeitrechnung, -folge; **chronolo'gisch** (k . . .) in zeitl. Folge; **Chronome'ter** *m/s* (k . . .) Zeitmesser, Uhr; **chronome'trisch** (k . . .) auf Zeitmessung beruhend.

Chrysali'de *w zool.* Schmetterlingspuppe.

Chrysanthe'me *w* (k . . .) *bot.* eine Zierpflanze.

Chrysoli'th *m* ein Mineral; **Chrysopra's** *m* ein Halbedelstein.

chtho'nisch irdisch, unterirdisch.

Chu'zpe *w* (ch wie in „ach") Unverschämtheit, Dreistigkeit.

CIA *Abk. von* Central Intelligence Agency (s. dort).

Ci'cero *w* (z . . .) nach dem römischen Redner und Schriftsteller benannter Schriftgrad; **Cicero'ne** *m* (tschihtsche . . .) Fremdenführer.

Cicisbe'o *m* (tschihtschiß . . .) Hausfreund.

Cid *m* (ßid) „Herr": Beiname des spanischen Nationalhelden Rodrigo Diaz, auch „el Campeador (Kämpfer)" genannt.

Cidre *m* (ßih'dr⁰, ßih'd⁰r) (französischer) Apfelwein.

cif Handelsklausel: cost, insurance, freight: alle Kosten für Beförderung und Versicherung sind

im Preis enthalten.

Cinea'st *m* (ß . . .) Filmfreund, Filmschaffender; **Cinéma** *s* (ßinehma'), **Cinema** *s* (tschih'n⁰ma) Kino; **Cinema Scope**, **Cinemascope** *s* (ßinemaßkoh'p) Filmaufnahme- und -wiedergabeverfahren, welches Breitwandvorführung mit räumlicher Wirkung ermöglicht; **Cinemathe'k** *w* (ß . . .) Filmsammlung, Filmarchiv; **Cinera'ma** *s* (ß . . .) Filmaufnahme- und -wiedergabeverfahren, welches Breitwandvorführung mit räumlicher Wirkung ermöglicht.

Cinera'rium *s* (z . . .) Aschenurne, Urnenaufbewahrungsstätte.

Cinque'nto *s* (tschinkwetschä'nto) die italienische Kunst des 16. Jahrhunderts.

circa (zi'rka) etwa, ungefähr.

Ci'rce *w* (z . . .) Zauberin der griech. Sage.

Circuittraining *s* (ßö'ᵘrkit . . .) Übungssystem zur Verbesserung des Allgemeinzustandes (an im Kreis aufgestellten Geräten).

Ci'rculus vitio'sus (z . . .) „fehlerhafter Kreislauf", „Teufelskreis": *phil.* Trugschluß, bei dem das zu Beweisende bereits vorausgesetzt wird.

ci'to (z . . .) „schnell" (auf ärztlichen Rezepten).

Ci'trusfrüchte *Mz.* (z . . .) Sammelbezeichnung für Südfrüchte, wie z. B. Zitronen, Apfelsinen, Mandarinen usw.

City *w* (ßi'tih) Stadtkern, Innenstadt, Geschäftsviertel in Großstädten.

Civet *s* (ßiwä') Wildragout.

Ci'vis *m* (z . . .) lateinisch: Bürger; **Ci'vis acade'micus** akademischer Bür-

ger.

Ci'vitas De'i *w* (z . . .) „Gottesstaat" (nach dem Kirchenvater Augustin).

Claim *m* (kleh'm) Anteil, Anrecht.

Clairet *m* (kläreh') hellroter, junger Wein; **Clairette** *w* (klärä't) südfranzösischer leichter Weißwein.

Clair-obscur (kläropßkü'r) *n* Gegensatz von Hell und Dunkel als Stilmittel in Malerei und Graphik.

Clairon *s* (kläro'ñ) *mus.* Signalhorn.

Clan *m* (k . . ., *auch:* klä'hn) *sw.* Sippe; schottischer Stammesverband.

Claque *w* (kla'ke) bezahlte Beifallspender; **Claqueur** *m* (klakö'r) bezahlter Beifallspender.

Claret *m* (klä'r⁰t) englische Bezeichnung für (französischen) Rotwein.

Clari'no *s/m mus.* hohe Trompete, „Bachtrompete".

Clau'sula *w* (k . . .) Klausel, Vorbehalt.

Clavecin *s* (klaw'ßä'n) *mus.* Cembalo; **Clavicembalo** *s* (klawitschä'mbalo) *mus.* Cembalo, Kielklavier.

Clavi'cula *w* (k . . .) *med.* Schlüsselbein.

clean (klih'n) „rein": *sw.* drogenunabhängig.

Clearing *s* (klih'riñ) Verrechnung(sverfahren).

Clerk *m* (klah'rk *od.* klä'rk) Angestellter, Schreiber.

cle'ver (k . . .) klug, gerissen; **Cle'verness** *w* (k . . .) Klugheit, Gerissenheit.

Clinch *m* (kli'ntsch) Umklammern des Gegners beim Boxen.

Clinical Pastoral Training (CPT) *s theol.* (kli'nik⁰l

pah'ßt°r°l treh'niñ) „Klinische Seelsorgeausbildung": Unter Mithilfe von Ärzten, Psychologen und Soziologen durchgeführte Spezialausbildung von Geistlichen zur Vorbereitung auf die Einzelseelsorge im Bereich der Kranken-(haus)seelsorge.

Clique ro (kli'k°) Klüngel, Bande; **Cli'quenwesen** s svro. Vetternwirtschaft.

Cloa'ca ma'xima ro altrömische Hauptabwasserleitung.

Clochard m (kloschah'r) Pariser Vagabund.

Clogs Mz. modische, pantoffelartige Holzschuhe.

Cloqué m (klokeh') Kreppstoff.

Clos m (kloh') französische Bezeichnung für Weinberglage.

Clou m (kluh') Glanzpunkt, Zugstück.

Clown m (klau'n) Spaßmacher; **Clownerie** ro (klaun°rih') Spaß, wie ihn ein Clown vollführt.

Club m s. Klub; **Club of Rome** m (klab ow roh'm) 1968 gegründeter Zusammenschluß von 85 Wissenschaftlern, Wirtschaftlern und Industriellen aus über 30 Ländern, der es sich zum Ziel gemacht hat, die Menschen zum Nachdenken über die gegenwärtige Lage der Menschheit anzuregen; erhielt 1973 den Friedenspreis des Deutschen Buchhandels.

c/o Abk. von care of (s. dort).

Coach ro (koh'tsch) Kutsche; auch svro. Trainer.

Cobbler m (ko'bler) ein Mischgetränk.

COBOL (Abk. f. **C**ommon **B**usiness **O**riented **L**anguage) Programmiersprache zur Lösung von Aufgaben auf kommerziellem Gebiet.

Coca-Co'la ro (k . . . k . . .) ein anregendes Erfrischungsgetränk.

Co'chlea ro (k . . .) zool. Schnecke; med. „Schnecke" des Innenohrs.

Cochon m (koscho'ñ) Schwein, unanständiger Kerl **Cochonnerie** ro (koschon°rih') Schweinerei.

Cockney (ko'kni) s Englisch, wie es von der unteren Bevölkerungsschichten Londons gesprochen wird; m Angehöriger dieser Bevölkerungsschicht.

Co'ckpit n (k . . .) naut. Flicht vertiefter Sitz des Steuermanns in Segel- und Motorbooten; Luftfahrt Pilotensitz.

Cocktail m (ko'ktehl) „Hahnenschwanz": (meist) alkohol. Mischgetränk; **Cocktail-Pa'rty** ro zwanglose gesellige Zusammenkunft.

Co'da ro (k . . .) mus. Schlußteil eines Musikstückes.

Code m (koh'd) Gesetzbuch; Schriftschlüssel; **Codebuch** s (koh'd . . .) Buch zum Verschlüsseln von Texten; **Code civil** m (koh d biwih'l) französisches Zivilrecht (anfangs Code Napoléon genannt); **Code Napoléon** m s. Code civil.

Codex m s. Kodex; **Co'dex arge'nteus** m (k . . . . . .e-u . . .) „Silberkodex": die im 6. Jahrhundert entstandene handschriftliche Evangelienübersetzung des Wulfila (jetzt in Uppsala befindlich); **Co'dex au'reus** m (k . . . . . .e-u . . .) „Goldener Kodex": Bezeichnung für mit Goldbuchstaben geschriebene mittelalterliche Prachthandschriften; **Co'dex Iu'ris Cano'nici** m (k . . .

kanoh'nizi) katholisches Kirchenrechtsbuch.

codie'ren (k . . .) verschlüsseln; **Codie'rung** ro Verschlüsselung von „Informationen" für datenverarbeitende Maschinen.

Cœur s (kö'r) Herz (im Kartenspiel).

co'gito, e'rgo sum (k . . .) „ich denke, also bin ich" (Descartes).

Cognac m (konja'k, ko'njak) französischer Weinbrand aus der südwestfranzösischen Stadt Cognac.

Coiffeur m (koafö'r) Friseur; **Coiffeuse** (koaföh's°) Friseuse; **Coiffure** ro (koafüh'r°) Frisur, Frisierkunst.

Co'itus m (k . . .) sex. Beischlaf.

Coke s (kohk) andere Bezeichnung für Coca-Cola (s. dort); auch svro. Kokain.

col (k . . .) mus. mit dem . . .

Cold Cream s (koh'ld krihm) (kühlende) Salbe.

Coleo'pter m (k . . .) Ringflügelflugzeug.

coll' (k . . .) mus. mit dem, mit der . . .; **co'lla** (k . . .) mus. mit der . . .

Collage (kolah'sh°) geklebtes Bild, Klebearbeit.

College s (ko'lidsh) höhere Schule; auch Universität.

Colle'gium mu'sicum s (k . . .) Vereinigung von Musikfreunden zu gemeinsamem Musizieren; **Colle'gium pu'blicum** s (k . . .) öffentliche Universitätsvorlesung.

Co'llico m bahneigener, zusammenlegbarer Transportbehälter.

Co'llie m (k . . .) schottischer Schäferhund.

Colone'l m (k . . ., englisch kö'rn°l) mil. Oberst.

Colo(u)r Display s (ka'l°
dißpleh) farbige Schau-
stellung, Schaufenster-
auslage; farbige(s) De-
koration(sstück).

Colt m (koh'lt) Revolver.

Columba'rium s (k . . .) römische bzw. frühchrist-
liche Urnenaufbewah-
rungsstätte.

Colu'mbium s (k . . .) s.
Niobium.

Co'mbo n (k . . .) mus.
kleine Jazzkapelle.

Comeback s (kambä'k)
Rückkehr, Wiederer-
scheinen (auf der Büh-
ne, im Sport, in der Po-
litik).

COMECON s Abk. v.
Council for Mutual Eco-
nomic Assistance (russ.:
Sowjet ekonomitsches-
skoj wsjamopomosch-
tschi): Rat für gegensei-
tige Wirtschaftshilfe:
wirtschaftlicher Zusam-
menschluß der Ost-
blockstaaten, der Volks-
republik China, der
Mongolei, Cubas und
Vietnams.

Comedi'a n (k . . .) spa-
nisch-portugiesische Be-
zeichnung für Kunstdra-
ma; **Comédie** n (komeh-
dih') Schauspiel, Lust-
spiel.

Come down s (kam dau'n)
Nachlassen der Rausch-
wirkung.

Comics (ko'mikß) od. Co-
mic Strips Mz. (ko'mik
ßtri'pß) Bildstreifen,
Bildgeschichten.

Comme'dia n (k . . .) italienische Bezeichnung
für Schauspiel, Lust-
spiel; **Comme'dia del-
l'a'rte** n Stegreif-
komödie.

comme il faut (kom ihl
foh') wie es sich gehört;
vorbildlich.

Commis m (komih') s.
Kommis; **Commissioner**
m (komi'sch°n°r) Kom-
missar, Sonderbeauf-
tragter; **Commis voya-**

geur m (komih' woaja-
shö'r) Reisender, Han-
delsvertreter.

Common Law s (ko'm°n
lö) iur. das englische
Gewohnheitsrecht;
Commons Mz. (ko'-
m°nß) die Mitglieder des
britischen Unterhauses;
Common sense m (ko'-
m°n ßenß) gesunder
Menschenverstand;
Commonwealth s (ko'-
m°nwelθ) Gemeinschaft,
Staatenbund; das brit.
Weltreich; jetzt etwa
Interessengemeinschaft
der das ehemalige bri-
tische Weltreich bilden-
den Staaten.

Commotio cerebri n
(komoh'zio ze'rebri)
med. Gehirnerschütte-
rung.

Communauté n (komüno-
teh') die Französische
Gemeinschaft, eine 1958
geschaffene Staatenge-
meinschaft zwischen
Frankreich und einem
Teil der selbständig ge-
wordenen ehemaligen
französischen Kolonien.

Commu'nio Sancto'rum n
(k . . .) rel. im apostoli-
schen Glaubensbekennt-
nis: „die Gemeinschaft
der Heiligen".

Communiqué s. Kommuniqué.

Completo'rium s rel.
kirchliches Abschluß-,
Nachtgebet.

Compo'ser m elektrische
Schreibmaschine mit
Zeilenlängenausgleich.

Compound . . . (kom-
pau'nd) Verbund . . .

Comprehensive School n
päd. (komprihä'nßiw
ßkuhl) „zusammenfas-
sende" Schule: Gesamt-
schule.

Compre'tte n (k . . .)
med. svw. Tablette.

Comptoir s (koñtoah'r)
Kontor, Geschäftszim-
mer.

Compunication n (kom-

pjuhnikeh'sch°n) aus
der Zusammenfassung
der Begriffe Computer
und Communication ent-
standenes Kunstwort:
svw. Bedeutung des
Computers für die mo-
derne Kommunikation
(s. dort).

Computer m (kompjuh't°r)
elektronisches Rechen-
gerät; **Computer der
zweiten bzw. dritten
Generation usw.** durch
die technologische Wei-
terentwicklung der Elek-
tronik in ihrer Lei-
stungsfähigkeit gestei-
gerte Computer; **com-
puterisie'ren** Informa-
tionen für einen Compu-
ter aufbereiten; Daten
in einem Computer
speichern; **Computer-
sprache** n (kompjuh'-
t°r . . .) s. Programmiersprache.

Comte m (koñt) französische Bezeichnung für:
Graf; **Comtesse** n
(koñte'ß) Gräfin.

Concerta'nte n (kon-
tscher . . .) mus. Werk für
Soloinstrumente und
Orchester; **Concerti'no** s
(kontscher . . .) mus.
kleines Konzert; **Con-
ce'rto** s (kontsche'rto)
mus. Konzert; Musik-
werk für Soli und Or-
chester; **Concerto gros-
so** s barocke Konzert-
form.

Concierge m (n) (koñß-
jä'rsh) Hausmeister(in);
Conciergerie n (koñß-
järsh°rih') ein Pariser
Gefängnis.

Concours hippique m
(koñkuh'r ipih'k) Reit-
und Fahrprüfung.

Condi'tio n (k . . .) Bedingung; **Condi'tio sine qua
non** unerläßliche Bedin-
gung.

Condottie're m
(k . . .i-e . .) Führer ital.
Söldner.

co'nfer (k . . .) vergleiche.

Conférence *rv* (koñfehra'ñß) Ansage; **Conférencier** m (koñfehrañßjeh') Ansager (im Kabarett).

conferie'ren (k . . .) beratschlagen; ansagen (im Kabarett).

Confe'ssio *rv* (k . . .) (Glaubens-, SündenBekenntnis); **Confe'ssio Augusta'na** *rv* (k . . .) „Augsburgische Konfession": Bekenntnisschrift der lutherischen Kirche (1530); **Confe'ssor** m (k . . .) (Glaubens-)Bekenner; **Confi'teor** s (k . . .) *rel.* Sündenbekenntnis innerhalb der kath. Messe.

Confoedera'tio Helve'tica (CH) *rv* (konföderah'zio . . .) Schweizerische Eidgenossenschaft.

Confra'ter m (k . . .) Mitbruder; **Confrère** m (koñfräh'r) Mitbruder.

Conjuncti'va *rv* (k . . .) *med.* Bindehaut des Auges; **Conjunctivi'tis** *rv* (k . . .) *med.* Bindehautentzündung.

Connaisseur m (konäßß'r) (Kunst-)Kenner.

Connection *rv* (konä'ksch°n) Beziehung, Verbindung.

Connoisseur m (konißö'r od. konißju'°) (Kunst-) Kenner.

Consecu'tio *rv* (k . . .) Folge; **Consecu'tio te'mporum** *rv* (k . . .) *gramm.* Folge der Zeiten.

consegue'nte *mus.* „folgende", nachahmende Stimme bei Kanons und Fugen.

Conseil m (koñßah'j) Rat(sversammlung); **Conseil de l'Europe** m (koñßähj d° löro'p) s. Europarat.

Conse'nsus m (k . . .) Übereinstimmung, Zustimmung, Erlaubnis.

Consi'lium s (k . . .) Rat, Ratsversammlung, Beratung **Consi'lium abeu'ndi** s (. . . e-u . . .) Aufforderung zum Abgang (von der Schule).

Consola'tio *rv* (k . . .) Tröstung, Trost(gedicht).

Constable m (ka'nßt°bl) ursprünglich „Stallmeisier' ; jetzt Polizeibeamter in englischsprachigen Staaten.

Constituante *rv* (koñßtitüa'ñt°) verfassunggebende Versammlung (der Französischen Revolution); **Constitu'tio** *rv* (k . . .) Verfassung.

Contact Training s Einübung der Kontaktfähigkeit zu Mitarbeitern.

Container m (konteh'n°r) Großbehälter zur Güterbeförderung; **ContainerHafen** m zur Abfertigung von Fracht in Großbehältern eingerichteter Hafen; **Containerization** *rv* (kontehn°rihseh'sch°n) „Verbehälterung": Rationalisierung des Gütertransportes durch Verwendung von Containern; **Container-Schiff** s zum Transport von Fracht in Großbehältern konstruiertes Frachtschiff; **Container-Verkehr** m Güterbeförderung in Großbehältern.

Containment s (k°nteh'nm°nt) *pol. svrv.* Politik der Stärke; Eindämmung(spolitik der USA gegenüber dem Kommunismus).

Conte *rv* (ko'ñt) kleine Erzählung.

Co'nte m (k . . .) italienische Bezeichnung für Graf.

Contenance *rv* (koñt°na ñß) Haltung, Gelassenheit.

Conterga'n s (k . . .) *med.* Handelsname für Thalidomid, ein Schlaf- und Beruhigungsmittel. Wurde aus dem Handel gezogen, da es für Schädigungen der embryonalen Entwicklung verantwortlich gemacht wird.

Conte'ssa *rv* (k . . .) italienische Bezeichnung für Gräfin.

Conti'nuo m (k . . .) *mus.* Abkürzung von Basso continuo: Generalbaß.

co'ntra (k . . .) gegen; **Contradictio** *rv* (kontradik'zio) Widerspruch.

Contrat m (koñtra') Vertrag, Übereinkunft; **Contrat social** m (koñtra' ßoßja'l) „Gesellschaftsvertrag" (Titel eines Werkes von Rousseau).

Contre . . ., contre . . . *in zusammengesetzten Wörtern:* Gegen . . ., gegen . . .

Control(l)er m (k°ntroh'l°) *englische Bezeichnung für* Aufseher, Prüfer, Leiter der Rechnungsprüfstelle eines Betriebes; **Control Tower** m (k°ntroh'l tau'°r) Kontrollturm (zur Flugsicherung auf Flughäfen).

Conurbation *rv* (k°nöbeh'sch°n) Städteballung.

Conve'nt m (k . . .) Zusammenkunft, Zusammenschluß, Mitgliederversammlung (besonders von studentischen Verbindungen).

Converter m (k°nwö't°) *techn.* Umformer, Konverter; **Convertible Bond** m (k°nwö'tib°l bond) Wandelschuldverschreibung.

Conveyer, Conveyor m (k°nweh'°) *techn.* Förderband, Aufzug, Becherwerk.

Convoy m (k°nwoi') Geleitzug.

cool (kuhl) *uspr.* kühl, überlegen, kaltschnäuzig.

Cool Jazz m (kuhl dshäh's) *mus.* „kühl", leidenschaftslos gespielte Form des Jazz.

Coombs-Test m (kuh'ms
. . .) med. „Anti-Human-
Globulin"-Test; dient
zur Beurteilung der
Blutgruppenverträglich-
keit bei Blutübertra-
gungen.

Cop m Bezeichnung für
den amerikanischen
Verkehrspolizisten.

cope'rto mus. bedeckt, ge-
dämpft, abgeschwächt.

Co'ppa ɯ (k . . .) Pokal.

Copy-platform ɯ (ko'pi
plätfôm) knappe, klare
Darstellung der Vorzüge
eines Produktes, welche
die Grundlage für alle
Werbemaßnahmen bil-
det (= „Unique Selling
Proposition").

Copyright s (ko'pirait) Ur-
heberrechtsschutz (in
den USA).

Cor s med. Herz.

co'ram pu'blico (k . . .) öffentlich.

Cord m (k . . .) gerippte
Stoffart.

Co'rda ɯ (k . . .) mus.
Saite; (Klavierspiel) **una
corda** Pianopedal nie-
derdrücken; **due corde**
Pionapedal halb nieder-
drücken.

Cordon bleu s (kordoñ-
blöh') „blaues (Ordens-)
Band": mit Käse und
Schinken gefülltes Steak;
Cordon sanitaire m (kôr-
do'ñ ßanitä'r) svm.
Sperrgürtel, um das Ein-
schleppen ansteckender
Krankheiten zu verhin-
dern; politisch auch im
übertragenen Sinne ge-
braucht.

Co'rnea ɯ (k . . .) med.
Hornhaut des Auges.

Corned beef s (ko'rn‌ᵉd
bih'f) gepökeltes Rind-
fleisch in Dosen.

Corner m (kô'n‌ᵉr) Ecke;
Eckball.

Cornflakes Mz. (kô'n-
flehkß) Getreide-, Mais-
flocken.

Cornichon s (kornischo'ñ)
Pfeffergurke.

Coro'na ɯ (k . . .) Kranz,
Krone, Runde, Kreis;
auch Strahlenkranz der
Sonne.

Coroner m (ko'r‌ᵉn‌ᵉr) der
die Leichenschau vor-
nehmende richterliche
Beamte (in England und
den USA).

Corps s Korps; **Corps consulaire** s (Abk. CC)
(kohr koñßüläh'r) Kon-
sularisches Korps;
Corps de ballet s (kohr-
d‌ᵉbalä') Ballett-Truppe;
Corps diplomatique s
(Abk. CD) (kohr diplo-
matih'k) Diplomatisches
Korps.

Co'rpus m (k . . .) Körper,
Körperschaft; **Corpus
Chri'sti** s (k . . .) „Leib
Christi"; **Co'rpus de-
li'cti** s (k . . .) iur. Be-
weisstück; **Corpus in-
scriptio'num** s (k . . .)
Inschriftensammlung;
Corpus iu'ris s (k . . .)
iur. Sammlung von Ge-
setzen und Rechtsvor-
schriften.

Corri'da de to'ros ɯ
(k . . .) Stierkampf.

corriger la fortune (k . . .)
(korisheh' la fortüh'n)
das Glück (betrügerisch)
verbessern.

Co'rtes Mz. (k . . .) Volksvertretung in Spanien.

Corticostero'n s (k . . .)
med. ein Nebennieren-
rindenhormon; **Corti-
so'n** s (k . . .) med. u. a.
als Rheumaheilmittel
verwendetes Nebennie-
renrindenhormonprä-
parat.

Cosi' fan tu'tte „So machen's alle (Frauen)":
Singspiel von Mozart.

Cost-Benefit-Analyse ɯ
(kohst be'n‌ᵉfit . . .) Untersuchung, welche die
aufzuwendenden Ko-
sten mit dem zu erwar-
tenden Nutzen ver-
gleicht.

Cottage s (ko'tidsh)
Landhaus.

Cotton s (ko'tn) Baumwolle.

Couch ɯ (kau'tsch) Ruhebett.

Couéismus m (ku-eh-i'ß-
muß) nach dem franzö-
sischen Heilkundigen
Coué benanntes Heilver-
fahren durch seelische
Selbstbeeinflussung
(Methode Coué).

Couleur ɯ (kulö'r) Farbe;
Farbe einer Studenten-
verbindung.

Couloir m (kuloa'r) Ver-
bindungsgang; Rinne.

Council m (kau'nßᵉl) Rat,
Ratsversammlung;
Council of Europe m
(kau'nßil ow juh'rop)
s. Europarat.

Count m (kaunt) Titel f.
nichtenglische Grafen in
England.

Countdown s, auch m
(kauntdau'n) „Herun-
terzählen": die vor
dem Abschuß einer Ra-
kete erfolgenden Kon-
trollvorgänge, welche
nach Zeitangaben vorge-
nommen werden, die
von der Gesamtzeit
ausgehend bis zum Zeit-
punkt Null (= Startzeit)
„zurückgezählt" wer-
den.

Counter Intelligence Corps
s (kau'nt‌ᵉr intäˈli-
dsh‌ᵉnß ko'r) amerikani-
scher Abwehrdienst
(CIC); **Counterpart** m
(kau'nt‌ᵉrpaht) ein im
Austausch gegen einen
Entwicklungshelfer in
das Entwicklungshilfe
leistende Land kom-
mender Ausländer.

Countess ɯ (kau'ntiß)
Gräfin; **County** ɯ
(kau'ntih) Grafschaft;
Verwaltungsbezirk.

Coup m (kuh') Schlag,
Handstreich.

Coupage ɯ (kupah'sh‌ᵉ)
Verschnitt.

Coup d'état m (kuhdehta')
Staatsstreich.

Coupe ɯ (kuh'p) Schnitt.

Coupé s (kuhpeh') Wagenabteil; geschlossener Wagen.

Couplet s (kupleh') witziges (Kabarett-)Lied.

Coupon m (kuhpo'ñ) Zinsschein; Abschnitt.

Cour ʋ (kuhr) Hof; jdm. die C. machen: jdm. den Hof machen.

Courage ʋ (kuhra'hsh^e) Mut; **couragiert** (kurashih'rt) mutig.

Court m (kôt) Hof, Gerichtshof (in England und den USA).

Courtage ʋ (kuhrta'sh^e) Maklergebühr.

Courtoisie ʋ (kuhrtoasih') Höflichkeit.

Cousin m (kuhsä'ñ) Vetter; **Cousi'ne** (auch: Kusine) Base.

Coutume ʋ (kutüh'm) Brauch, Gewohnheit(srecht).

Couture ʋ (kutü'r) Mode-, Schneiderkunst.

Couvade ʋ (kuwah'd^e) Männerkindbett.

Couvert s (kuwäh'r) Gedeck; Briefumschlag (s. Kuvert).

Cover s (ka'w^er) Umschlag, Einbanddecke, Schallplattenhülle; **Covercoat** m (ka'w^erkoht) Regenmantelart; **Covergirl** s (ka'wergörl) hübsches Mädchen, dessen Bild die Titelseite illustrierter Zeitschriften schmückt.

Cowboy m (kau'beu) berittener amerik. Hirt.

Co'xa ʋ (k . . .) med. Hüfte.

Coyote ʋ (kojoh'te) zool. amerikanischer Präriewolf.

CPT Abk. ʋ. Clinical Pastoral Training (s. dort).

Crack m (krä'k) aussichtsreicher Sportler; hervorragendes Rennpferd.

Crackers Mz. (krä'k^ers) Keks, knuspriges Klein-

gebäck.

Cra'nium s (k . . .) med. Schädel.

Craquelée ʋ/s (krak^eleh') künstliche Risse in der Porzellanglasur; Gewebeart.

Crawl s (krô'l) (auch kraul) Schwimmstil.

crazy (kreh'si) verrückt.

Cream s (krih'm) Krem, Creme.

Création ʋ (kreaßjo'ñ) Schöpfung, auch Erzeugnis.

Cre'dit s (k . . .) Haben-Seite eines Kontos.

Cre'do s (k . . .) rel. Glaubensbekenntnis; **cre'do quia absu'rdum est** (k . . .) „ich glaube, weil es widersinnig ist".

Creek m (krih'k) nur zur Regenzeit Wasser führender, sonst aber ausgetrockneter Flußlauf.

creme (kreh'm) cremefarben, mattgelb; **Creme** ʋ (kreh'me, kräh'm) Salbe; Schaumspeise; Auslese; **Crème de la crème** ʋ Angehörige der höchsten Gesellschaftsschicht.

Crêpe de chine m (kräp-d^eschih'n) Seidenkreppstoff.

crescendo (cresc.) (kräschä'ndo) mus. „wachsend": mit zunehmender Tonstärke.

Cretonne ʋ/m (krehto'n) ein Baumwollgewebe.

Crew ʋ (kruh') Mannschaft; Offiziere gleichen Jahrganges (bei der Kriegsmarine).

Crio'llo m (k . . .) Kreole (s. dort).

Cro-Magnon-Rasse ʋ (kroh ma'njoñ . . .) vorgeschichtliche Menschenrasse (aus dem Ende des Eiszeitalters).

Cromarga'n s (k . . .) rostfreier Chrom-Mangan-Stahl.

Croquis s (krokih') Kartenskizze.

Cross-Country s (kroß

ka'ntrih) Querfeldeinrennen; Geländelauf;

Crossed cheque m (kro'ß^ed schä'k) Verrechnungsscheck; **Crossing-over** s (kroßiñ oh'w^er) biol. „Überkreuzung": Erbanlagenaustausch bei der Chromosomenteilung.

Croupier m (kruhpjeh') Spielbankangestellter.

Croutons Mz. (kruto'ñ[s]) gebackene Weißbrotstückchen.

Cru'x ʋ (k . . .) Kreuz; Leid, Kummer.

Csárdás m (tscha'rdasch) ungar. Nationaltanz.

Csikós m (tschih'kosch) ungarischer Pferdehirt.

cui bono? (ku-i bo'no) „wem nützt es?" (kriminalistische Frage nach dem Tatmotiv; **cu'ius re'gio, e'ius reli'gio** (k . . .) „wessen Land, dessen Religion":Grundsatz, demzufolge der Glaube des Herrschers auch für die Untertanen maßgeblich ist.

Cul de Paris m (kühd^eparih') unter dem Rock getragenes Gesäßpolster („Pariser Gesäß").

Culotte ʋ (külo't) Kniehose.

Cu'lpa ʋ (k . . .) Schuld.

Cultural lag s (kaltsch^er^el lä'g) soz. verspätete kulturelle Anpassung an die moderne, vom technischen Fortschritt bestimmte Entwicklung.

Culture Pattern s (ka'ltsch^e pä't^ern) „Verhaltensmuster": das Verhalten der Angehörigen einer Kultur regelndes Kulturgefüge.

Cumberlandsoße ʋ (ka'mb^erländ . . .) kalte, pikante Soße.

cum gra'no sa'lis (k . . .) mit Einschränkung (gesagt bzw. zu verstehen); **cum lau'de** (k . . .) mit Lob; **cum te'mpore** (k...)

„mit Zeit": mit akademischem Viertel, also eine Viertelstunde nach genannter Zeit (*Abk.*: c. t.).

Cunnili'ngus *m* (k . . .) *sex.* das Berühren der weiblichen Geschlechtsteile mit der Zunge.

Cup *m* (ka'p) Pokal (als Sportpreis).

Cu'prum *s* (k . . .) *chem.* ein Grundstoff (Cu), ein Metall: Kupfer.

Cu'ra *rv* (k . . .) Sorge, Fürsorge.

Curaçao *m* (küraßa'o) Pomeranzenlikör.

Curettage (kürätah'sh°) *med.* (Gebärmutter-) Ausschabung.

Curie *s* (kürih') Maßeinheit der radioaktiven Strahlung; **Cu'rium** *s chem.* (k . . .) zu den Transuranen gehörender Grundstoff (Cm) (nach den französischen Physikern Marie und Peter Curie benannt).

Curling (kö'liñ) schottisches Eisspiel; Eisschießen.

curre'ntis (k . . .) des laufenden (Monats, Jahres).

Curri'culum *s. päd.* Lehrplan einer Bildungseinrichtung; Kursplan; **Curri'culum vi'tae** *s* (k . . . w . . .) Lebenslauf.

Curry *s/m* (ka'rih, kö'rih) scharfe Gewürzmischung.

Custodian *m* (kaßtoh'di°n) Treuhänder.

Cut(away) *m* [ka't(°weh) *auch* kö't] Gehrock mit abgerundeten Schößen.

Cut-out *s/m* (kat au't) „Ausgeschnittenes": modische Ausschnitte an Bekleidungsstücken, die „Einblicke" ermöglichen.

Cutter *m* (ka'tter) Schnittmeister (beim Film).

Cuvée *rv* (küweh') Weinverschnitt: Mischung verschiedener Weine.

Cy'mbal *s* (z . . .) *mus.* altgriechisches Schlaginstrument; *später:* ein Saiteninstrument.

Cysti'tis *rv* (z . . .) *med.* Blasenentzündung.

D

da ca'po (. . . k . . .) noch einmal; **da ca'po al fi'ne** *mus.* vom Anfang bis zum Schluß (wiederholen).

d'accord (dakô'r) übereinstimmend.

Dadai'smus *m* nach dem 1. Weltkrieg entstandene literarisch-künstlerische Richtung, welche die bisherige bürgerliche Kultur durch Proklamierung der vollständigen Sinnlosigkeit und Unlogik lächerlich machen wollte; sie benannte sich deshalb nach dem Stammellaut „dada"; **Dadai'st** *m* Vertreter des Dadaismus; **dadai'stisch** nach Art des Dadaismus.

Daguerreotyp *s* (dagärotüh'p) photographisches Metallbild aus der Frühzeit der Photographie; **Daguerreotypie** *rv* (dagärotüpih') Verfahren des französischen Erfinders Daguerre, ein Lichtbild auf einer Metallplatte herzustellen.

Dah'lie *rv* (. . .i-e) *bot.*

Gartenzierpflanze der Gattung Korbblüter.

Daimo'nion *s* vor unrechtem Tun warnende innere Stimme.

Dai'myo *m* japanischer Lehnsfürst.

Daka'po *s mus.* Wiederholung.

Daktyliothe'k *rv* Sammlung von Gemmen; **Daktylogra'mm** *s* Fingerabdruck; **Daktylogra'ph** *m* Maschinenschreiber; **Daktylographie'** *rv* Maschineschreiben; **daktylographie'ren** mit der Maschine schreiben; **Daktylogra'phin** *rv* Maschinenschreiberin; **daktylogra'phisch** maschinenschriftlich; **Daktyloskopie'** *rv* Fingerabdruckverfahren; **Da'ktylus** *m* Finger: aus einer langen und zwei kurzen Silben bestehender Versfuß.

Da'lai Lama *m* Oberhaupt des Lamaismus in Tibet.

Da'lles *m* Geldmangel.

Da'lli! flink!, schnell!

Dalmati'ner *m* Bewohner Dalmatiens; *auch* Jagdhunderasse.

Daltoni'smus *med.* Rot-Grün-Blindheit; Farbenblindheit.

Dama'st *m* eine (Seiden-)Gewebeart; **dama'sten** aus Damast.

damaszie'ren Stahl so bearbeiten, daß er härter und zäher und zugleich auf seiner Oberfläche mit Ziermustern versehen wird.

Da'me *rv* gebildete Frau aus sogen. „gutem Hause"; *auch* eine Spielkarte, eine Schachfigur.

damna'tur wird verdammt; *svrv.* darf nicht gedruckt werden.

Da'mokles-Schwert *s svrv.* einem Glück drohende Gefahr.

Dä'mon *m* böser, unheimlicher Geist; **Dämonie'** *rv* das Lebensschicksal bestimmende (böse oder unheimliche) Kraft; **dämo'nisch** besessen, *auch svrv.* teuflisch, unheimlich; **Dämo'nium**

s s. Daimonion; **Dämonologie'** ɯ Dämonenlehre.

Danaergeschenk s (da'-na-er . . .) sɯʋ. unheilbringendes Geschenk; **Danai'den-Arbeit** ɯ (. . . a-i . . .) sɯʋ. qualvolle, vergebliche Arbeit.

Dandy ɯ (dä'ndih) Modenarr, Angeber; **dandyhaft** (dä'ndih . . .) geckenhaft; **Dandytum** s (dä'ndih . . .) Geckenhaftigkeit.

Da'nebrog ɯ Flagge Dänemarks; **danisie'ren** dänisch machen.

Danse macabre ɯ (da'ñß makah'brᵉ) Totentanz; **Danseuse** ɯ (dañßöh's°) Tänzerin.

dante'sk gewaltig wie Dichtungen Dantes.

Da'phne ɯ Nymphe der griechischen Sage; *bot.* ein Zierstrauch: „Seidelbast".

Da'rling ɯ Liebling.

Darwini'smus ɯ *biol.* von dem englischen Naturwissenschaftler Charles Darwin begründete Lehre von einer auf Auslese beruhenden stammesgeschichtlichen Entwicklung.

Dash ɯ (dä'sch) sɯʋ. kleine (Flüssigkeits-) Menge, Spritzer.

Da'ta Mz. Mehrzahl von Datum; **Datamatio'n** ɯ *techn.* Datenverarbeitung; **datamie'ren** *techn.* Daten verarbeiten; **Date** s (deh't) Verabredung (zu einem bestimmten Zeitpunkt); **Datei'** ɯ (Datenverarbeitung:) Belegsammlung; **Da'teldienst** ɯ *Abk. v.* Data Telecommunications; Datentransport und -fernverarbeitung durch Fernmeldewege; **Da'ten** Mz. Angaben, Tatsachen; **Da'tenbank** ɯ Computergroßanlage zur Speicherung von In-

formationen, die bei Bedarf jederzeit „abgerufen" werden können; **Da'tenschutz** ɯ alle Maßnahmen, die dem Schutz personenbezogener Daten einer Datenverarbeitungsanlage gegen Mißbrauch dienen; **datie'ren** mit Angabe der Zeit versehen; die Entstehungszeit erforschen; **Datie'rung** ɯ Zeitangabe; **Dating** s (deh'tiñ) Verabredung.

Da'tiv ɯ *gramm.* 3. Fall, Wemfall; **Da'towechsel** ɯ Wechsel, der nach einer vom Ausstellungstag an festgesetzten Zeit zur Zahlung fällig wird. **Da'tscha** ɯ russisches Landhaus; **Da'tsche** ɯ s. Datscha.

Da'tum s Zeitpunkt.

Dauphin ɯ (dohfä'ñ) franz. Kronprinzentitel.

Davis-Cup ɯ (deh'wiß kap) berühmter Tennis-Wanderpreis.

Davit ɯ (deh'wit) Bootskran.

dawai'! los!, voran!

De . . ., de . . . als Vorsilbe: von, weg o. ä.

Deadweight s (dä'dweht) *naut.* Tragfähigkeit eines Schiffes in t (Tonnen).

dealen (dih'l°n) mit Rauschmitteln handeln; **Dealer** ɯ (dih'l°r) Rauschgifthändler (mit ,weichen' Drogen, z. B. Haschisch).

Dean ɯ (dih'n) Würdenträger (Dekan) der anglikanischen Kirche.

Deba'kel s Niederlage, Zusammenbruch.

Deba'tte ɯ Aussprache (in Versammlungen); **debattie'ren** erörtern.

Débauche ɯ (dehboh'sch) Ausschweifung; **débauchieren** (dehbohschih'r°n) einen ausschweifenden Lebenswandel führen.

Debellatio'n ɯ völlige Vernichtung eines Feindstaates durch Krieg.

De'bet s Schuld, Verbindlichkeit; **De'bitor** ɯ Schuldner.

debi'l schwach; *med.* (leicht) schwachsinnig; **Debilitä't** ɯ Schwäche; *med.* (leichter) Schwachsinn.

Debüt s (dehbüh') erstes Auftreten; **Debüta'nt(in)** ɯ (ɯ) wer erstmalig (im gesellschaftlichen Leben oder auf einer Bühne) auftritt; **debütie'ren** erstmalig öffentlich auftreten.

Dechana't s Amtsbereich eines Dechanten; **Decha'nt** ɯ Vorsteher eines (kath.) Kirchenkreises.

dechiffrie'ren (dehsch . . .) entziffern, entschlüsseln.

Decision Maker ɯ (dihßi'sch°n mehk°) Entscheidungs-, Führungskraft.

Declaration ɯ (dekl°reh'sch°n) Erklärung.

Decoder ɯ (dihkoh'd°r) „Entschlüsseler": in Fernsehgeräte eingebautes elektronisches Zusatzgerät, das den Empfang von Bildschirmtexten/Videotexten ermöglicht.

decodie'ren entschlüsseln; **Decoding** s (dikoh'diñ) Entschlüsselung.

Décollement s (dehkol°ma'ñ) *med.* Hautablösung.

Découpage ɯ (dehkupah'sh°) sɯʋ. Drehbuch.

decouragiert (dehkurashih'rt) entmutigt.

decrescendo (decr.) (dehkreschä'ndoh) *mus.* abschwellend, leiser werdend.

Dedikatio'n ɯ Widmung, Zueignung; **Dedikatio'nsexemplar** s Widmungsstück; **Dedikatio'nstitel** ɯ das einem

Buch beigeheftete Widmungsblatt; **Deditio'n** *n* Übergabe; **dedizie'ren** widmen, schenken.

Deduktio'n *n* phil. Ableitung des Besonderen aus dem Allgemeinen; Beweisführung; **dedukti'v** ableitend; **deduzie'ren** ab-, herleiten.

Deep-freezer *m* (dih'p frihs°r) Tiefkühltruhe.

de fa'cto tatsächlich.

Defaiti'smus *m* (...fäh...) Schwarzseherei; **Defaiti'st** *m* (...fäh...) Schwarzseher.

Defäkatio'n *n* (Stuhl-)Entleerung; Reinigung, Entfernung von Verunreinigungen; **defäzie'ren** sich entleeren.

Defe'kt *m* Fehler, Schaden; **defe'kt** schadhaft.

Defekta'r *m* wer in einer Apotheke für die Ergänzung der Bestände verantwortlich ist.

Defe'ktexemplar *s* Herstellungsmängel aufweisendes Buch; Mängelexemplar; **Defektivitä't** *n* Fehlerhaftigkeit, Schadhaftigkeit.

Defektu'r *n* Ergänzung der Heilmittelbestände in einer Apotheke.

Defeminatio'n *n* med. Entweiblichung; **defeminie'rt** entweiblicht.

defensi'v verteidigend; **Defensi've** *n* Verteidigung, Abwehr; **defensives Fahren** *s* rücksichtsvolles, die Verkehrsregeln beachtendes Fahren von Kraftfahrzeugen; **Defe'nsor fi'dei** *m* (...e-i) „Verteidiger des Glaubens".

Defere'nt *m* Antragsteller; **defere'nt** nachgiebig; **Defere'nz** *n* Nachgiebigkeit.

Defervesze'nz *n* med. Nachlassen des Fiebers.

Deficit-spending *s* (de'fißit ßpä'ndiñ) Deckung eines Haushaltsfehlbe-

trages durch spätere Einnahmen; Wirtschaftspolitik, die bewußt mit einem Haushaltsfehlbetrag arbeitet, um dadurch die Vollbeschäftigung aufrechtzuerhalten.

Defiguratio'n *n* Entstellung; **defigurie'ren** entstellen.

Defilee' *s* Engpaß; mil. Vorbeimarsch, Parade; **defilie'ren** vorüberziehen.

definie'ren erklären, erläutern; **defini't** entschieden, bestimmt; **Definitio'n** *n* Erklärung, Begriffsbestimmung; **definiti'v** endgültig; **Definiti'vum** *s* etwas Endgültiges; **Defini'tor** *m* höherer katholischer Kirchenbeamter.

defizie'nt (...i-e...) lückenhaft, unvollständig; **Defizie'nt** *m* (...i-e...) wer durch Krankheit oder Alter geschwächt ist; **De'fizit** *s* Fehlbetrag; **defizitä'r** einen Fehlbetrag aufweisend; zu einem Fehlbetrag führend; **De'fizit-Finanzierung** *n* s. Deficit-spending.

Deflagratio'n *n* Abbrennen von Sprengstoff ohne Explosion.

Deflatio'n *n* verminderter Geldumlauf, um Geldwert zu erhöhen; **deflationi'stisch** auf vermindertem Geldumlauf beruhend, diesen betreffend; **deflato'risch** auf vermindertem Geldumlauf beruhend, diesen betreffend.

Defle'ktor *m* techn. Schornsteinaufsatz, Entlüfter; Ablenkungsvorrichtung; **Deflexio'n** *n* Ablenkung.

Defloratio'n *n* med., sex. Entjungferung; **deflorie'ren** entjungfern.

defo'rm verunstaltet; **Deformatio'n** *n* Entstel-

lung; **deformie'ren** verunstalten, entstellen; **Deformitä't** *n* Mißgestaltung, Mißbildung.

Defrauda'nt *m* Betrüger; wer eine Unterschlagung begeht; **Defraudatio'n** *n* Unterschlagung; **defraudie'ren** unterschlagen, betrügen.

Defro'ster *m*, **Defro'steranlage** *n* techn. Enteiser, Enteisungsanlage (in Kraftwagen).

defu'nct(us) verstorben.

Degagement *s* (dehgash°ma'ñ) Freimachung (von einer Verpflichtung), Ungezwungenheit; **degagieren** (dehgashih'r°n) sich freimachen, sich loslösen; **degagiert** (dehgashih'rt) frei, ungezwungen.

Degeneratio'n *n* Entartung; **degenerati'v** auf Entartung beruhend; diese betreffend; **degenerie'ren** entarten.

degorgieren (degorshih'r°n) bei der Schaumweinherstellung die Hefe aus dem Flaschenhals entfernen.

Degout *m* (dehguh') Ekel; **degouta'nt** ekelhaft, abstoßend; **degoutie'ren** anwidern.

Degradatio'n *n* Rangherabsetzung; **degradie'ren** erniedrigen, im Rang herabsetzen; **Degradie'rung** *n* s. Degradation.

degraissieren (dehgräßih'r°n) entfetten, Fett abschöpfen.

Degressio'n *n* (stufenweise) Verminderung; **degressi'v** (stufenweise) abnehmend.

Degustatio'n *n* Kostprobe, Kosten, Verkostung; Weinprobierstube; **de gu'stibus non est disputa'ndum** über den Geschmack läßt sich nicht streiten; **degustie'ren** prüfen, kosten, verkosten.

Dehors *s* (de-ô'r) äußerer

Schein, das Äußerliche.

Dehumanisatio'n *rv* Entmenschlichung; **dehumanisie'ren** entmenschlichen; der menschlichen Würde berauben.

Dehydratio'n *rv* chem. Wasserstoffentzug; **dehydratisie'ren, dehydrie'ren** Wasserstoff entziehen; **Dehydrie'rung** *rv* Wasserstoffentzug.

Deifikatio'n *rv* (de-i . . .) Vergottung; **deifizie'ren** (de-i . . .) vergotten; **Dei gratia** (de-i gra'zia) von Gottes Gnaden; **Dei'smus** *m* (de-i . . .) Gotterkenntnis aus Vernunftgründen; **Dei'st** *m* (de-i . . .) Anhänger des Deismus; **dei'stisch** (de-i . . .) den Deismus betreffend; im Sinne des Deismus.

Déjàvu, Déjà vu s (dehshawüh') *psych.* „bereits gesehen": eine Erinnerungstäuschung (man glaubt, etwas Gegenwärtiges bereits früher einmal gesehen zu haben).

Dejektio'n *rv* med. Auswurf, Entleerung.

Dejeuner s (dehshöhneh') Frühstück; **dejeunieren** (deshöhnih'r⁰n) frühstücken.

de ju're rechtlich, von Rechts wegen.

Dek(a) . . ., **dek(a)** . . . Zehn . . ., zehn . . ., zehnmal; **De'ka** s 10 Gramm.

Dekabri'sten Mz. russischer Offiziersgeheimbund: „Dezembristen" (Teilnehmer am Dezemberaufstand 1825 in St. Petersburg).

Deka'de *rv* Zeitraum von 10 Tagen.

dekade'nt im Verfall begriffen, entartet; **Dekade'nz** *rv* Verfall; Entartung.

deka'disch auf die Zahl 10

bezogen; **Dekae'der** *m* (. . .a-e . . .) *math.* von zehn regelmäßigen Vielecken begrenzter Körper; **Dekagra'mm** s 10 Gramm; **Dekali'ter** *m/s* 10 Liter; **Dekalo'g** *m* die Zehn Gebote Gottes; **Deka'meron** s „zehn Tage": Sammlung von Erzählungen Boccaccios; **Dekame'ter** s 10 Meter.

Deka'n *m* Fakultätsvorsitzender; kirchl. Würdenträger; **Dekana't** s Fakultätsverwaltung; Amt eines Dekans.

dekantie'ren eine Flüssigkeit durch Abgießen vom Bodensatz klären.

dekapie'ren geglühte Metallteile vom anhaftenden Zunder befreien.

Dekapitatio'n *rv* med. Enthauptung, Abtrennung des Kopfes; **dekap(i)tie'ren** enthaupten, den Kopf abtrennen.

Deka'polis *rv* „Zehnstädtebund".

dekartellie'ren s. dekartellisieren; **Dekartellie'rung** s. Dekartellisierung; **dekartellisie'ren** Kartelle entflechten; **Dekartellisie'rung** *rv* Entflechtung von Kartellen.

dekatie'ren Stoffe dämpfen, um ihnen Glanz zu verleihen und ein späteres Einlaufen zu verhindern; **Dekatu'r** *rv* Stoffdämpfung.

Deklamatio'n *rv* kunstgerechter Vortrag; **Deklama'tor** *m* Vortragskünstler; **Deklamato'rik** *rv* Vortragskunst; **deklamato'risch** in deklamierender Art und Weise; **deklamie'ren** vortragen, aufsagen.

Deklaratio'n *rv* Erklärung; **Deklara'nt** *m* wer eine Erklärung abgibt; **deklarie'ren** erklären, angeben.

deklassie'ren niedriger

einstufen; **Deklassie'rung** *rv* Herabstufung.

deklina'bel *gramm.* beugbar; **Deklinatio'n** *gramm.* Beugung; *geogr.* Magnetnadelabweichung vom geogr. Nordpol; **deklinie'ren** *gramm.* beugen.

dekodie'ren entschlüsseln.

Deko'kt s Abkochung.

Dekolleté s (dehkolteh') tiefer Kleiderausschnitt; **dekolletiert** (dehkoll⁰tih'rt) tief ausgeschnitten.

Dekolonisatio'n *rv* Beseitigung der Kolonialherrschaft.

dekolorie'ren entfärben.

Dekompensatio'n *rv* med. Nachlassen einer Organfunktion.

dekomponie'ren zerlegen, auflösen; **Dekompositio'n** Auflösung.

Dekontaminatio'n *rv* Entseuchung, Entgiftung; Entseuchung von aufgenommenen radioaktiven Spaltprodukten; **Dekontaminie'rung** *rv* s. Dekontamination.

Dekonzentratio'n *rv* Verteilung; Auflösung; **dekonzentrie'ren** verteilen, auflösen.

Deko'r *m/s* Verzierung; **Dekorateur** *m* (. . . tö'r) Handwerker bzw. Kunstgewerbler f. Ausschmückung von Innenräumen, Schaufenstern usw.; Werbegestalter; **Dekoratio'n** *rv* Ausschmückung; Auszeichnung; **dekorati'v** schmückend; als Schmuck dienend; **dekorie'ren** ausschmücken; auszeichnen.

Deko'rt *m* Zahlungsabzug (bei Warenmängeln oder bei Barzahlung); **dekortie'ren** einen Zahlungsabzug vornehmen.

Deko'rum s gesellschaftl. Anstand; Schicklichkeit.

Dekreme'nt s *math., med.* Abnahme.

Dekrepitatio'n *w* knisterndes Zerplatzen von Kristallen bei Erhitzung; **dekrepitie'ren** knisternd zerplatzen.

Dekrescendo s (dehkreschä'ndoh) *mus.* Abschwellen der Tonstärke (s. decrescendo); **Dekresze'nz** *w* Abnahme; Nachlassen.

Dekre't s Verordnung; **Dekreta'l(i)en** *Mz.* päpstliche Entscheidungen; **dekretie'ren** verordnen.

Deku'bitus m *med.* Wundliegen, Durchliegen.

dekupie'ren ausschneiden, aussägen; **Dekupie'rsäge** *w* für Ausschneidearbeiten geeignete Säge; Laubsäge.

dekuvrie'ren enthüllen, aufdecken.

Delatio'n *w* Anzeige; Erbschaftsübertragung; **delato'risch** verleumderisch.

Delea'tur s Tilgungszeichen bei Korrekturen: **delea'tur** Buchdruck (✳) „es möge getilgt werden".

Delega't m Bevollmächtigter; **Delegatio'n** *w* Abordnung.

de le'ge fere'nda *iur.* nach zu erlassendem Gesetz; **de le'ge la'ta** *iur.* nach erlassenem Gesetz.

delegie'ren abordnen, entsenden; **Delegierte(r)** *w* (m) Abgeordnete(r); **Delegie'rung** *w* Abordnung, Übertragung von Befugnissen.

delekta'bel ergötzlich; **delektie'ren, sich** sich ergötzen.

deletä'r *med.* verderblich.

Deliberatio'n *w* Überlegung; **delibera'to** *mus.* entschieden, entschlossen; **deliberie'ren** überlegen, bedenken.

delika't lecker; heikel; **Delikate'sse** *w* Leckerbissen; Feingefühl;

Delika't-Laden m in der DDR eingerichtete Verkaufsstelle für Delikatessen zu wesentlich überhöhten Preisen.

Deli'kt s strafbare Handlung.

Delimitatio'n *w* Abgrenzung; **delimitie'ren** abgrenzen.

Delinque'nt(in) m (w) Missetäter(in).

Delira'nt m *med.* an einem Wahnzustand, einer Sinnestäuschung Leidender; **delirie'ren** an einem Wahnzustand, einer Sinnestäuschung leiden; **Deli'rium** s *med.* Wahnzustand; **Deli'rium tre'mens** s *med.* Säuferwahn.

De'lisches Problem s *math.* die Aufgabe, auf geometrischem Wege einen Würfel zu konstruieren, der den doppelten Rauminhalt eines gegebenen Würfels aufweist.

deliziö's köstlich.

Delkre'dere s Haftung für eine Forderung.

Delphi'n m *zool.* im Wasser lebendes, zu den Walen gehöriges Säugetier.

de'lphisch *svw.* rätselhaft.

De'lta s dem „d" entsprechender Buchstabe des griechischen Alphabets; fächerförmiges Flußmündungsgebiet; **De'ltastrahlen** *Mz. phys.* sehr schnelle Elektronenstrahlen.

Delusio'n *w* Verspottung; **deluso'risch** verspottend.

de Luxe (de'lü'kß) *svw.* hervorragend ausgestattet.

Delysi'd s Handelsname für LSD (s. dort).

Demago'ge m Volksverführer; **Demagogie'** *w* Volksaufwiegelung; **demago'gisch** aufwieglerisch.

De'mant m Diamant.

Demarche *w* (dehma'rsch) diplomatischer Schritt bei einer fremden Regierung.

Demarkatio'n *w* Abgrenzung; **Demarkatio'nslinie** *w* (vorläufige) Grenzlinie zwischen den Interessengebieten zweier Staaten; **demarkie'ren** abgrenzen.

demaskie'ren entlarven; **Demaskie'rung** *w* Entlarvung.

Deme'nti s Widerruf, Berichtigung.

Deme'ntia s *med.* Schwachsinn.

dementie'ren widerrufen, bestreiten.

Deme'nz *w med.* Schwachsinn; **juveni'le Deme'nz** *w med.* Jugendirresein; **seni'le Deme'nz** *w med.* Altersverblödung.

Demijohn m (de'midshohn) Korbflasche.

demilitarisie'ren abrüsten, entfestigen, entmilitarisieren.

Demimonde *w* (de'mihmo'ñd) Halbwelt.

Demissio'n *w* Rücktritt; Abdankung; **demissionie'ren** zurücktreten, abdanken.

De...iu'rg m Weltschöpfer.

Demi-vierge *w* (de'miwiä'rsh) „Halbjungfrau": Mädchen mit erotischen Erfahrungen bei Aufrechterhaltung der Jungfrauenschaft.

De'mo *w* uspr. Kurzwort für Demonstration.

Demobilisatio'n *w* Abrüstung; **demobilisie'ren** abrüsten; **Demobilisie'rung** *w* Abrüstung; **Demobi'lmachung** *w* Zurückführung einer Wehrmacht und Wirtschaft vom Kriegs- auf den Friedenszustand.

Demographie' *w* beschreibende Bevölkerungskunde, -statistik; **demogra'phisch** die Bevölkerungskunde betreffend.

Demokra't Anhänger der Demokratie; **Demokratie'** *w* (auf einer Verfassung beruhende) politische Ordnung, bei der die Staatsgewalt vom Volke ausgeht; **demokra'tisch** den Grundsätzen der Demokratie entsprechend; **Demokrati'smus** *m* Übertreibung der äußeren Formen der Demokratie.

demolie'ren zerstören; **Demolie'rung** *w* Zerstörung; **Demolitio'n** *w* mil. Zerstörung (einer Festung).

Demonetisie'rung *w* Außerkurssetzung von Münzen.

Demonstra'nt *m* Kundgebungsteilnehmer; **Demonstratio'n** *w* (öffentliche) Kundgebung; Beweisführung; **demonstrati'v** beweisend, besonders deutlich; **demonstrative Gewalt** *w* Erweckung von Aufmerksamkeit für die eigenen Ziele durch gewaltsames Vorgehen; **Demonstrati'vum** *s* gramm. hinweisendes Fürwort; **demonstrie'ren** an einer (öffentl.) Kundgebung teilnehmen, etw. darlegen.

Demontage (. . . tah'sh^e) Abbau, Zerlegung; **demontie'ren** abbauen, zerlegen.

Demoralisatio'n *w* Zersetzung; **demoralisie'ren** zersetzen, entmutigen.

De'mos *m* Gemeinde, Volk, *auch niederes* Volk; **Demoskopie'** *w* Meinungsforschung; **demosko'pisch** durch Meinungsumfrage.

demo'tisch volkstümlich. **demulgie'ren** entmischen. **Dena'r** *m* „Zehner": altrömische Münze.

Denaturalisatio'n *w* Entlassung aus einem Staatsangehörigkeitsverhältnis; **denaturalisie'ren** aus der (bisherigen) Staatsangehörigkeit entlassen; **denaturie'ren** vergällen, ungenießbar machen; **Denaturie'rung** *w* Vergällung, Ungenießbarmachung.

Dendrologie' *w* bot. Wissenschaft von den Bäumen und Gehölzen.

Denier *s* (denjeh') den Feinheitsgrad eines Seidenfadens bzw. einer Chemiefaser angebendes Maß.

Denobilitatio'n *w* Aberkennung des Adels; **denobilitie'ren** den Adel aberkennen.

Denominatio'n *w* Benennung; **denominie'ren** benennen.

De'ns *m* med. Zahn.

Densitä't *w* phys. Dichte, Dichtigkeit; **Densitometrie'** *w* phys. Dichtigkeitsmessung.

Dent *m* (da'ñ) „Zahn": Bezeichnung für Berge mit scharfkantiger, zahnartiger Spitze; **denta'l** die Zähne betreffend; **Dentalgie'** *w* med. Zahnschmerz, Zahnweh; **Dentelles** Mz. (dañtä'l) Spitzen; **Denti'n** *s* med. Zahnbein; **Denti'st** *m* Zahnheilkundiger; **Dentiti'on** *w* med. Zahnen; Durchbruch der Zähne; **dentoge'n** med. von den Zähnen herrührend.

Denudatio'n *w* Entblößung; Freilegung; Abtragung.

Denunzia'nt *m* Angeber (aus niedrigen Beweggründen); **Denunziatio'n** *w* Anzeige aus niedrigen Beweggründen; **denunzie'ren** anzeigen, anschwärzen.

Deodora'nt *s* geruchbeseitigendes Mittel.

De'o gra'tias! Gott sei Dank!

Departement *s* (dehpartma'ñ) franz. Verwaltungsbezirk; Amtsbereich; **Department** *s* (dihpah'tm^ent) Abteilung; Geschäftsbereich.

Dependance (dehpañda'ñß) Nebengebäude; *auch* Abhängigkeit; **Depende'nz** *w* Abhängigkeit.

Depersonalisatio'n *w* psych., med. Entpersönlichung.

Depe'sche *w* Telegramm; **depeschie'ren** telegraphieren, kabeln.

depigmentie'ren med. (Gewebe-)Farbstoff entfernen; **Depigmentie'rung** *w* med. Farbstoffentfernung, Farbstoffverlust.

Depilatio'n *w* med. Enthaarung; **depilie'ren** med. enthaaren.

Deplacement *s* (dehplahßma'ñ) Wasserverdrängung (eines Schiffes); **deplacie'ren** (dehplaßih'r^en) verdrängen; **deplaciert** (dehplahßih'rt) unpassend.

Depo'nens *s* gramm. Zeitwort (Verb) in der Leideform (Passiv), jedoch mit Tätigkeitsbedeutung (Aktiv).

Depone'nt *m* Hinterleger; wer etwas in Verwahrung gibt; **Deponie'** *w* (Schutt-, Müll-, Atommüll-)Ablageplatz; **deponie'ren** hinterlegen; in Verwahrung geben.

Depopulatio'n *w* Entvölkerung; **depopulie'ren** entvölkern.

Deportatio'n *w* Zwangsverschickung; **deportie'ren** verbannen; **Deportie'rung** *w* Verbannung; Zwangsverschickung.

Deposi'ten Mz. (bei Banken) hinterlegte Werte; **Depositio'n** *w* Hinterlegung; **Deposito'rium** *s* Aufbewahrungsraum; **Depo'situm** *s* „Hinterlegtes", verwahrtes Gut.

depossedie'ren enteignen, absetzen; **Depossedie'rung** *w* Enteignung, Absetzung.

Depot s (depoh') Hinterlegtes; Sammelstelle; Warenlager; **Depotfund** m (depoh' . . .) (vorgeschichtlicher) Verwahrfund; **Depotpräparat** s (depoh' . . .) *med.* Arzneimittel in schwer löslicher Form, welches im Körper langsam abgebaut wird und dadurch anhaltend wirksam bleibt.

Depravatio'n *w* Entartung; **depravie'ren** entarten, verschlechtern.

Depressio'n *w* Senkung; Niedergeschlagenheit; **depressi'v** bedrückt.

deprezie'ren abbitten.

deprimie'ren enttäuschen, entmutigen; **deprimie'rt** enttäuscht, niedergeschlagen, entmutigt.

Deprivatio'n *w psych.* *sow.* „Mutterentbehrung": zu seelischen Schädigungen führendes Aufwachsen von Kleinkindern ohne Betreuung durch die Mutter oder eine andere Bezugsperson.

de'programmieren Persönlichkeitsverluste bei Sektenabhängigen durch Psychotherapie und Aufklärung ausgleichen.

Deputa't ş in Sachleistungen gegebener Teil des Lohnes; **Deputatio'n** *w* Abordnung; **deputie'ren** abordnen, entsenden; **Deputierte** m/*w* Abgeordnete(r).

Derangement s (dehrañsh°ma'ñ) Unordnung, Verwirrung; **derangieren** (dehrañshih'ren) in Unordnung bringen.

Derby s (dö'rbih) (Pferde-) Rennen.

Derivantia *Mz.* (. . . wa'nzia) *med.* ableitende Mittel; **Deriva't** s Abkömmling; abgeleitete chem. Verbindung; **Derivatio'n** *w* Ableitung; *mil.* durch den Drall hervorgerufene Seitenabweichung (bei Schußwaffen); **derivie'ren** ableiten.

derma'l *med.* zur Haut gehörig; die Haut betreffend; **Dermati'tis** *w med.* Hautentzündung; **Dermatolo'ge** m Facharzt für Hautleiden; **Dermatologie'** *w med.* Wissenschaft von den Hautkrankheiten; **Dermatomyko'se** *w med.* Hautpilzkrankheit; **Dermatopla'stik** *w med.* Häutersatz auf operativem Wege; **Dermato'se** *w med.* Hautkrankheit; **Dermopla'stik** *w med.* getreues Ausstopfen und Herrichten von Tierhäuten; **dermotro'p** *med.* auf die Haut wirkend.

Dernier cri m (dä'rnjeh krih') *sow.* letzte Modeneuheit.

Derogatio'n *w iur.* Aufhebung von Gesetzesbestimmungen; **derogati'v** eine Gesetzesbestimmung aufhebend; **derogie'ren** eine Gesetzesbestimmung aufheben.

Deroute *w* (dehruh't) Auflösung, überstürzte Flucht.

De'rwisch m oriental. Bettelmönch.

Desannexio'n *w* Rückgängigmachung einer Besitzergreifung.

desarmie'ren entwaffnen, entfestigen; **Desarmie'rung** *w mil.* Abrüstung, Entfestigung.

Desa'ster s Unglück, Zusammenbruch.

desavouieren (desawuhih'ren) bloßstellen, verleugnen; **Desavouie'rung** *w* Bloßstellung.

Desengagement s (dehsañ-gahsh°ma'ñ) *mil. pol.* Loslösung (vom Gegner).

Desensibilisatio'n *w* Unempfindlichmachung; **desensibilisie'ren** unempfindlich machen.

Deserteur m (dehsertö'r) Überläufer; **desertie'ren** zum Feind überlaufen; **Dersertio'n** *w* Fahnenflucht.

Déshabillé s (dehsabijeh') *sow.* Morgenrock.

desidera'bel wünschenswert; **Desidera't(um)** s (Mz. Desiderata) Gewünschtes; gewünschtes Buch.

Design s (disai'n) Entwurf, Modell; **Designatio'n** *w* Bezeichnung; (vorläufige) Ernennung; **designa'tus** (vorläufig) ernannt; (für eine zu besetzende Stelle) vorgesehen; **Designer** m (dihsai'ner) Gestalter, Entwerfer; **designie'ren** bezeichnen, ernennen.

Desillusio'n *w* Ernüchterung; **desillusionie'ren** ernüchtern.

Desinfektio'n *w* Entseuchung; **Desinfe'ktor** m Fachmann für Entseuchungen und Entwesungen; **desinfizie'ren** keimfrei machen, entseuchen.

Desintegratio'n *w* Auflösung, Aufspaltung eines Ganzen in seine Bestandteile; **desintegrie'ren** auflösen, aufspalten; **desintegrie'rend** *sow.* unwesentlich; **desintegrie'rt** aufgelöst, aufgespalten.

De'sinteresse s Gleichgültigkeit; **Desinteressement** s (desänt°räß°ma'ñ) *pol.* Zusicherung der Nichteinmischung; **de'sinteressiert** gleichgültig.

desistie'ren von etwas ablassen.

Deskriptio'n *w* Beschreibung; **deskripti'v** beschreibend.

Desmotoriokratie' *w pol.*
swv. „Gefängnisstaat".

Desodo'rans *s,* **Desodora'nt** *s* geruchsbeseitigendes Mittel; **desodorie'ren** (schlechte) Gerüche beseitigen.

desola't trostlos.

Desordre *w* (deso'rdre)
Unordnung, Verwirrung;
Desorganisatio'n *w* Auflösung, Unordnung;
desorganisie'ren auflösen, in Unordnung
bringen; **desorientie'rt**
nicht unterrichtet; **Desorientie'rtheit** *w* Verwirrtheit, Unwissenheit.

Desoxydatio'n *w chem.*
Sauerstoffentzug; **desoxydie'ren** einer chemischen Verbindung Sauerstoff entziehen.

Desoxyribonukleinsäure
w (... nukle-i'n ...)
biol. die „Erbinformationen" enthaltender
Zellkernbestandteil
(*Abk.* DNS), dessen
Molekül die Form einer
„Doppelhelix" (s. dort)
aufweist.

despektie'ren geringschätzen; **despektie'rlich** geringschätzig.

Despera'do *m* Bandit;
despera't verzweifelt.

Despo't *m* Gewaltherrscher; **Despotie'** *w* Gewaltherrschaft; **despo'tisch** tyrannisch —.

Dessert *s* (däßßä'r)
Nachtisch; **Dessertwein**
m Süßwein mit hohem
Alkoholgehalt.

Dessin *s* (däßä'ñ) Zeichnung, Muster; **Dessinateur** *m* (däßinatö'r) Musterzeichner; **dessinie'ren** ein Muster entwerfen.

Dessous *s* (däßuh') Damenunterwäsche.

Destilla't *s* durch Destillation wieder verflüssigter
Dampf; **Destillateur** *m*
(... tö'r) (Branntwein-)
Brenner; **Destillatio'n** *w*
Trennung von Flüssig

keitsgemischen durch
Verdampfung; **Desti'lle**
w Kneipe; **destillie'ren**
Flüssigkeiten durch Verdampfung trennen.

Destinata'r *m* Empfänger;
Destinatio'n *w* Bestimmung.

destituie'ren absetzen;
Destitutio'n *w* Absetzung; Amtsenthebung.

destra (mano) *mus.* mit
der rechten Hand.

destruie'ren zersetzen,
zerstören; **Destruktio'n**
w Zersetzung, Zerstörung; **destrukti'v** zersetzend, zerstörend.

Destu'r *w* arabisch: „Verfassung": Destur und
Neo-D=stur = tunesische Bewegungen zur
Erringung der (1955 erlangten) Unabhängigkeit.

Deszende'nt *m* Nachkomme; Abkömmling; *astr.*
Untergangspunkt (eines
Sterns); **Deszende'nz** *w*
Abstammung; *astr.* Untergang (eines Sterns);
Deszende'nztheorie *w*
biol. Abstammungstheorie; **deszendie'ren**
absteigen, sinken;
Desze'nsus *m* Abstieg,
Herabsteigen, Senkung.

Detachement *s* (dehtaschma ñ) *mil.* für Sonderaufgaben abgezweigter
Truppenteil; *auch* Entfleckung; **detachieren**
(dehtaschih'ren) abzweigen; *auch* entflecken.

Detail *s* (... tah'j) Einzelheit; **detaillieren**
(... tajih'ren) auf Einzelheiten eingehen; **Detaillist** *m* (... taji'ßt)
Einzelhändler.

Detekti'v *m* Geheimpolizist; jd., der berufsmäß g Ermittlungen von
Tatbeständen u. Rechtsfällen anstellt.

Dete'ktor (-Empfänger) *s*
röhrenloses Rundfunkgerät.

Détente *w* (dehta'ñt°) *pol.*
Entspannung.

Detentio'n *w* Gewahrsam,
Haft.

Deterge'ntien Mz.
(... zi-en) *chem.* das
Wasser entspannende
Reinigungsmittel.

Deterioratio'n *w* Verschlechterung; **deteriorie'ren** verschlechtern.

Determina'nte *w biol.*
Erbanlage; *math.* ein algebraischer Begriff als
Hilfsmittel bei der Lösung von Gleichungen;
Determinatio'n *w* (Begriffs-)Bestimmung; **determina'tiv** begrenzend,
bestimmend; **determina'to** *mus.* entschlossen;
determinie'ren bestimmen; **Determini'smus**
m phil. Lehre von der
Willensfreiheit.

Deterrent *s* (dita'r°nt)
mil., pol. Abschrekkungsmittel, -waffe;
Deterritio'n *w* Abschreckung; **deterrie'ren**
abschrecken.

detesta'bel abscheulich;
detestie'ren verabscheuen.

Detonatio'n *w* Knall, Entladung; **Detona'tor** *m*
eine Detonation auslösendes Zündmittel; **detonie'ren** knallen.

Detrime'nt *s* Nachteil,
Schaden.

Detri'tus *m* zerriebenes
Gestein, Geröll.

de'tto ebenso, dasselbe.

Detumesze'nz *w med.* Abschwellung; **Detumesze'nztrieb** *m sex.*
Trieb nach Entspannung.

De'us *m* Gott; **De'us ex
ma'china** *swv.* überraschend eintreffender
Retter.

Deut *m swv.* äußerst geringfügiger Wert.

Deute'rium *s chem.* Isotop
des Wasserstoffs:
„schwerer Wasserstoff".

Deuterono'mium *s. rel.*
5. Buch Moses.

Deux-pièces s (döhpiä'ß) zweiteiliges Damenoberbekleidungsstück.

Devalvatio'n (Geld-)Abwertung; **devalvato'risch** abwertend; **devalvie'ren** abwerten.

Devastatio'n *rv* Verwüstung; **devastie'ren** verwüsten.

Developer *m* (diwä'l°p°r) Entwickler, Former.

devestie'ren *rel.* der Priesterwürde entkleiden.

Devia'nt *m* jemand, der sich in seinem Verhalten im Widerspruch zu den geltenden gesellschaftlichen Normen befindet; **devia'nt** (*auch* diwai'°nt) abweichend; sich im Widerspruch zu den geltenden gesellschaftlichen Regeln verhaltend; *sex.* abartig, pervers; **Deviatio'n** *rv* Abweichung.

deviie'ren (. . . i-i . . .) abweichen.

Devi'se *rv* Wahlspruch; **Devi'sen** *Mz.* ausländische Zahlungsmittel; **Devi'senausgleich** *m* unter D. versteht man heute meist die von der Bundesrepublik Deutschland getragenen Aufwendungen für die Stationierung ausländischer Streitkräfte auf ihrem Gebiet, um die betr. Staaten währungspolitisch zu entlasten.

devita'l *med.* leblos.

Devolutio'n *rv* *iur.* Abwälzung eines Rechts; **devolvie'ren** abwälzen.

Devo'n s eine Formation des erdgeschichtlichen Altertums.

devorie'ren *med.* hinunterschlucken, verschlucken.

devo't unterwürfig, ergeben; **devotame'nte** *mus.* andächtig; **Devotio'n** *rv* Unterwürfigkeit; **Devotiona'lien** *Mz.* (. . . i-en) zur Anregung der Andacht bestimmte Ge-

genstände; **devo'to** *mus.* andächtig; **devozio'ne; con ~** *mus.* mit Andacht.

De'wa *m* *rel.* Gott (in der wedischen Religion).

dexiogra'phisch (von links) nach rechts geschrieben.

Dextri'n s aus Kartoffelstärke gewonnener Klebstoff; **Dextro'se** *rv* Traubenzucker.

Dextrokardie' *rv* *med.* Lage des Herzens in der rechten Brustseite.

Deze'nnium s Zeitraum von 10 Jahren; Jahrzehnt.

deze'nt taktvoll; schicklich.

Dezentralisatio'n *rv* Aufgliederung; **dezentralisie'ren** aufgliedern.

Deze'nz *rv* Takt, Schicklichkeit.

Dezerna't s Sachgebiet; **Dezerne'nt** *m* Sachbearbeiter.

Dezi . . ., dezi . . . *svrv.* ¹/₁₀.

Dezibel, dezi-**Bel** (dB) s *phys., techn.* 1 Dezibel= ¹/₁₀ Bel: Kenn- bzw. Hinweiswort für die Schallintensität bzw. für die Dämmzahl; **Dezigra'mm** s ¹/₁₀ Gramm; **Dezili'ter** s/m ¹/₁₀ Liter.

dezidie'ren entscheiden, bestimmen; **dezidie'rt** entschieden, bestimmt.

Dezima'l . . ., dezima'l . . . auf die Zahl 10 bezogen; **Dezima'lbruch** *m* *math.* Bruch, dessen Nenner mit einer Potenz von 10 (10, 100, 1000 usw.) gebildet wird; **Dezima'le** *rv* *math.* rechts vom Komma eines Dezimalbruches stehende Ziffer; **Dezima'lklassifikation** *rv* System zur Ordnung von Schrifttum nach Zehnergruppen; **Dezima'lpotenz** *rv* *med.* Verdünnungsverhältnis einer homöopathischen Arznei; **De-**

zima'lsystem s auf der Zahl 10 beruhendes Zahlensystem; **Dezima'lwaage** *rv* Waage, bei der das Verhältnis von Gewicht und Last 1 : 10 beträgt.

Dezime'ter s/m ¹/₁₀ Meter; **Dezime'terwellen** *Mz.* *phys.* elektromagnetische Wellen mit einer Länge zwischen 10 und 100 cm; **dezimie'ren** *mil.* ursprünglich Hinrichtung jedes 10. Mannes; *svrv.* starke Verluste erleiden bzw. beibringen.

dezisi'v entscheidend, bestimmt.

Dhau *rv* arabisches Segelschiff.

Di'a s Kurzwort für Diapositiv (s. dort).

Diaba's *m* ein schwarzes oder dunkelgrünes Ergußgestein.

Diabe'tes (me'llitus) *m* *med.* Zuckerkrankheit; **Diabe'tiker** *m* *med.* Zuckerkranker.

diabo'lisch teuflisch; **Dia'bolo** s ein Fang-, Geschicklichkeitsspiel; **Dia'bolus** *m* Teufel.

Diade'm s Stirnreif.

Diado'chen *Mz.* Nachfolger Alexanders des Großen.

Diagno'se *rv* *med.* (Krankheits-)Erkennung; **Diagno'stik** *rv* Lehre von der Krankheitserkennung; **Diagno'stiker** *m* wer eine Diagnose stellt; **diagno'stisch** die Krankheitserkennung betreffend; **diagnostizie'ren** eine Krankheit erkennen.

diagona'l schräg; **Diagona'le** *rv* *math.* eine zwei nicht benachbarte Ecken eines Vierecks verbindende Gerade.

Diagra'mm s Schaubild.

Diako'n *m* (niederer) Geistlicher; Helfer; **Diakona't** s Amt des Diakons; **Diakonie'** *rv* berufsmäßige Tätigkeit in der (evangelischen) Gemeindearbeit (Pflege- oder Fürsorgetätigkeit); **Diakoni'sse** *rv* (evang.) Krankenschwester; Gemeindeschwester.

Diakri'se *rv* Entscheidung, Unterscheidung.

Diale'kt m Mundart; **Diale'ktik** *rv* Kunst der Beweisführung; **Diale'ktiker** m wer in der Kunst der Beweisführung geübt ist; **diale'ktisch** mundartlich; der Dialektik entsprechend; *auch* spitzfindig; **diale'ktischer Materialismus** m Bezeichnung für die von Marx, Engels und Lenin entwickelte marxistisch-leninistische Philosophie (*Abk.* DIAMAT); **Dialektologie'** *rv* Mundartkunde.

Dialo'g m Zwiegespräch; **dialo'gisch** in der Art eines Dialogs; **dialogisie'ren** in der Art eines Dialoges darstellen.

Dialy'se *rv* chem. phys. med. (Ab-)Trennung, Ablösung; med. ,,Blutwäsche'': Harnstoffentfernung aus dem Blut; **Dialy'seapparat** m med. Blutreinigungsgerät, ,,künstliche Niere''; **dialysie'ren** (ab-)trennen, ablösen; **dialy'tisch** (ab-)trennend, ab-, auflösend.

Diama'nt m sehr harter, kostbarer, aus reinem Kohlenstoff bestehender Edelstein; *auch* ein Schriftgrad; **diama'nten** aus Diamant; diamantartig.

DIAMAT *Abk. f.* dialektischer Materialismus.

Dia'meter m Durchmesser; **diametra'l** ganz entgegengesetzt.

Diapa'son m/s mus. *svrv.* ,,Kammerton''; Stimmgabel.

diapha'n durchscheinend; **Diaphanitä't** *rv* Lichtdurchlässigkeit.

Diaphore'se *rv* med. Schwitzen; **Diaphore'tikum** s schweißtreibendes Mittel; **diaphore'tisch** schweißtreibend.

Diaphra'gma s med., techn. Scheidewand; med. Zwerchfell; *auch* in die Scheide einzulegendes mechanisches Empfängnisverhütungsmittel; *opt.* Blende.

Diapositi'v s positives Lichtbild auf durchsichtiger Unterlage.

Diäre'se *rv* gramm. getrennte Aussprache zweier nebeneinanderstehender Vokale, z. B. Poesie = Po-esie; phil. Begriffsteilung.

Dia'rium s Tagebuch, Kladde, Notizbuch.

Diarrhö(e) *rv* (. . . röh') med. Durchfall.

Diasko'p s Dia-Bildwerfer; Dia-Betrachter.

Dia'spora *rv* ,,Zerstreuung'': religiöse Minderheit bzw. das von ihr bewohnte Gebiet.

Diasta'se *rv* Spaltung, Trennung.

Dia'stema s Zwischenraum, Lücke.

Diasto'le *rv* med. die rhythmisch erfolgende Ausdehnung des Herzens.

Diä't *rv* Schonkost, Krankennernährung; **Diä'ten** Mz. Tagegelder für Abgeordnete; **Diäte'tik** *rv* med. Lehre von der (Kranken-)Ernährung; *auch* Lehre von gesunder Lebensweise; **diäte'tisch** die Krankenernährung betreffend.

Diathermie' *rv* med. Wärmebehandlung durch hochfrequente Ströme.

Diathe'se *rv* med. Krankheitsempfänglichkeit.

Diatome'en Mz. (. . . e-en)

Kieselalgen.

Diato'nik *rv* mus. aus den natürlichen Ganz- und Halbtönen bestehendes Tonleitersystem; **diato'nisch** mus. in Ganz- und Halbtönen fortschreitend.

Diatri'be *rv* Streitschrift.

Dichotomie' *rv* phil. bot. Zweiteilung; Verzweigung; **dichoto'm** bot. zweigeteilt, gegabelt.

Dictionnaire s (diktßjonäh'r) Wörterbuch.

Di'ctum s Ausspruch, Sprichwort.

Dida'ktik *rv* Unterrichtslehre; **Dida'ktiker** m wer die Unterrichtslehre beherrscht oder lehrt; **dida'ktisch** belehrend.

Didotsystem s (didoh'. . .) typographisches Punktsystem.

Diehards Mz. (dai'hahds) pol. rechter Flügel der englischen Konservativen Partei.

Di'es acade'micus m vorlesungsfreier Tag an einer Universität; *auch* Tag, an welchem öffentliche, jedermann zugängliche Vorlesungen abgehalten werden; **Di'es a'ter** m Unglückstag; **Di'es i'rae** (. . . ä) Tag des Zornes.

Dieu et mon droit! (djöh'ehmoñdroa') ,,Gott und mein Recht!'' Wahlspruch der englischen Krone.

Diffamatio'n *rv* Verleumdung; **diffamato'risch** verleumderisch; **diffamie'ren** verleumden; **Diffamie'rung** *rv* Verleumdung.

differe'nt verschieden; **Differential(getriebe)** s (. . . ziah'l . . .) techn. Ausgleichsgetriebe; **Differentia'ldiagnose** *rv* (. . . ziah'l . . .) med. Krankheitserkennung durch Unterscheidung von ähnlichen Krankheitsbildern; **Differentia'lrechnung** *rv* (. . . ziah'l . . .) Zweig der höheren Mathematik; **Differe'nz** *rv* Unterschied; **differenzie'ren** (sich) unterscheiden; trennen; **Differenzie'rung** *rv* (verfeinernde) Unterscheidung; **differie'ren** verschieden sein.

diffizi'l schwierig; peinlich.

diffo'rm mißgestaltet; **Difformitä't** *rv* Mißgestalt.

diffra'kt zerbrochen; **Diffraktio'n** *rv* opt. Beugung.

diffundie'ren „auseinanderfließen": *chem.* sich vermischen, verschmelzen, durchdringen; **diffu's** zerstreut; weitschweifig; **Diffusio'n** *rv* Zerstreuung, Durchdringung.

dige'n *biol.* zweigeschlechtig.

Digest s (dai'dsh*st) Zeitschrift, die eine Auswahl von Auszügen aus Büchern, Zeitschriften usw. enthält.

Digestio'n *rv* med. Verdauung; **Digesti'vum** s med. auf die Verdauung wirkendes Mittel.

Digima'tik *rv* Anwendung der elektronischen Zähltechnik.

digita'l mit den Fingern; *math. techn.* (Rechenanlagen:) ziffernmäßig; **Digita'lcomputer** m (. . . kompjuh't") Ziffernrechner; Ziffern verarbeitende Datenverarbeitungsanlage.

Digita'lis *rv* bot. Fingerhut, herzwirksame Heilpflanze; **Digitaloi'd** s (. . . o-i'd) med. digitalisähnliches Heilmittel.

Digita'luhr *rv* die Uhrzeit als Zahl angebende Uhr.

Dignita'r m (kirchlicher) Würdenträger; **Dignitä't** *rv* (kirchliche) Würde.

Digressio'n *rv* Abschwei-

fung.

Diktapho'n s Diktiermaschine; **Dikta't** s Nachgeschriebenes; Auferlegtes; **Dikta'tor** m Gewaltherrscher; **diktato'risch** herrisch; keine Widerrede duldend; **Diktatu'r** *rv* Gewaltherrschaft; **diktie'ren** ansagen; auferlegen.

Diktio'n *rv* Ausdrucksweise, Stil.

Diktionä'r s (. . . zio . . .) Wörterbuch.

Di'ktum s s. Dictum.

dilata'bel ausdehnungsfähig; **Dilatatio'n** *rv* Erweiterung; **Dilata'tor** m med. erweiterndes Instrument; **dilatie'ren** erweitern, ausdehnen; **Dilatio'n** *rv* Aufschub; **dilato'risch** aufschiebend, verzögernd, hinhaltend.

Dilaudi'd s med., chem. aus Opium-Alkaloiden hergestelltes Betäubungsmittel.

Dile'mma s Zwangslage.

Diletta'nt m Laie, Nichtfachmann; **diletta'ntisch** laienhaft, oberflächlich; **Dilettanti'smus** m Laienhaftigkeit; Oberflächlichkeit; **dilettie'ren** sich laienhaft betätigen.

Diligence *rv* (dilisha'ñß) (Eil-)Postkutsche.

Dilutio'n *rv* Lösung, Verdünnung.

diluvia'l das Diluvium betreffend, dem Diluvium entstammend; **Dilu'vium** s („Überschwemmung") ein Abschnitt der Erdgeschichte: Eiszeit.

Dime m (dai'm) 10-Cent-Münze (USA).

Dimensio'n *rv* Ausdehnung, Bereich; **dimensiona'l** die Ausdehnung betreffend; **dimensionie'ren** ab-, ausmessen.

dime'r zweigliedrig.

Di'meter m aus zwei Metren zusammengesetzter Versfuß.

diminuie'ren vermindern;

Diminutio'n *rv* Verminderung; **Diminuti'v(um)** s *gramm.* Verkleinerungswort.

Dimissio'n *rv* s. Demission; **dimittie'ren** entlassen.

dimo'rph zweigestaltig.

DIN Abkürzung für „Deutsche Industrie-Normen".

Dina'r m Währungseinheit in Jugoslawien und einigen vorderasiatischen Staaten.

dina'risch biol. der dinarischen Rasse zugehörend.

Diner s (dihneh') Hauptmahlzeit.

DIN-Format s Papier in normgerechtem Format.

Di'ngi s naut. kleines Beiboot.

Di'ngo m zool. australischer Wildhund.

DIN-Grad m Maßeinheit für die Lichtempfindlichkeit photographischen Aufnahmematerials.

dinie'ren speisen.

Dinky Dows Mz. (di'nkih doh's) *sorv.* Marihuana-Zigaretten.

Di'nner s Hauptmahlzeit.

Dinosau'rier m (. . . i-er) zool. (ausgestorbenes) Kriechtier des Erdmittelalters.

Dio'de *rv* techn. eine Elektronenröhre: Gleichrichterröhre.

Diole'n s eine textile Kunststoffaser.

Diony'sien Mz. (. . . i-en) zu Ehren des Gottes Dionysos veranstaltetes altgriechisches Fest; **diony'sisch** freudetrunken, rauschhaft.

Dio'pter s Zieleinrichtung.

Dioptrie' *rv* opt. Brechkraft einer Linse; **Dio'ptrik** *rv* opt. Lehre von der Lichtbrechung; **dio'ptrisch** opt. lichtbrechend.

Diora'ma s Schaubild(kasten).

Diori't m grüne Tiefengesteinsart.

Diosku'ren Mz. (= Kastor und Pollux, Söhne des Zeus) *svm*. Freundespaar.

diözesa'n eine Diözese betreffend; **Diöze'se** *rv* rel. Amtsbereich eines Bischofs.

Diphtherie' *rv* med. ansteckende Erkrankung der Schleimhäute u. oberen Luftwege.

Diphtho'ng m Doppellaut.

Diplegie' *rv* med. doppelseitige Lähmung.

diploi'd (... o-i .) *biol*. einen doppelten Chromosomensatz aufweisend.

Diplo'm s Urkunde, Zeugnis; **Diploma'nd** m Studierender, der sich auf die Diplomprüfung vorbereitet; Examenskandidat; **Diploma't** m Vertreter eines Staates in einem fremden Staat; verhandlungsgewandter Mensch; **Diplomatie'** *rv* (staatsmännische) Verhandlungskunst; **Diploma'tik** *rv* Urkundenlehre; **diploma'tisch** staatsmännisch; verhandlungsgewandt; **diplomie'ren** ein Diplom zuerkennen.

Di'pol(-Antenne) m (*rv*) zweipolige Antenne für das Senden und Empfangen von Kurzwellen.

di'ppen mit der Flagge grüßen: die Flagge halb niederholen und wieder h(e)issen.

Dipsoma'ne m ,,Quartalssäufer''; **Dipsomanie'** *rv* in regelmäßigen Zeitabständen auftretende Trunksucht.

Dipte'ren Mz. zool. Zweiflügler; **Di'pteros** m griechischer, mit doppelter Säulenreihe umgebener Tempel.

Di'ptychon s antikes zusammenklappbares Schreibtäfelchen; zweiflügliges zusammen-

klappbares Altarbild.

Di'pylon s Doppeltor; **Di'pylonstil** m altgriechischer ,,geometrischer'' Stil.

Directoire s (diräktoah'r) [Stil der] Zeit der Französischen Revolution; oberste Regierungsbehörde in Frankreich 1795–1799.

dire'kt unmittelbar; **Direktio'n** *rv* Leitung; **Direkti've** *rv* Anweisung, Richtlinie; **Direktio'n** *rv* (Geschäfts-)Leitung; **Dire'ktor** m Leiter, Vorsteher; **Direkto'rin** *rv* Leiterin, Vorsteherin; **Direkto'rium** s (Geschäfts-) Leitung; Gesamtheit der Direktoren; **Direktrice** *rv* (... trih'ße) (Abteilungs-)Leiterin; **Dire'ktwerbung** *rv* den Verbraucher unmittelbar ansprechende Werbung.

Dirige'nt m Leiter; Orchester-, Chorleiter; **dirigie'ren** leiten; **Dirigi's-mus** m Form staatl. Wirtschaftslenkung; **dirigi'stisch** die Wirtschaft durch staatliche Maßnahmen lenkend.

Dirt Track (-Rennen) s (dö't trä'k) ,,Dreckbahn''-Rennen: Motorradrennen auf einer Schlackenbahn.

Disagio s (disa'dshoh) Unterschied zwischen Nennwert u. niedrigerem Kurswert.

Disc-Jockey m (di'ßkjokeh) Unterhaltungskünstler(in), der (die) Schallplatten ansagt und vorführt.

Disc-Kamera w Schnappschußkamera mit Filmscheibe anstelle einer Filmkassette.

Di'sco *rv* Kurzbezeichnung für Diskothek (s. dort).

Discountbetrieb m, **-geschäft** s, **-laden** m (dißkau'nt) Einzelhandelsunternehmen, das zugunsten niedriger Ver-

kaufspreise auf der Grundlage von Selbstbedienung, wenig Bedienungspersonal, Verzicht auf äußeren Aufwand kostensparend betrieben wird; **Discounter** m (dißkau'nt'r) Inhaber eines Discountunternehmens.

Disengagement s (disingeh'dshm^ent) mil. pol. Loslösung (vom Gegner).

Diseur m (dihsö'r) ,,Sprecher'': (Kabarett-)Vortragskünstler; **Diseuse** *rv* (dihsöh'se) ,,Sprecherin'': (Kabarett-)Vortragskünstlerin.

Disharmonie' *rv* Uneinigkeit; **disharmo'nisch** uneinig, mißtönend.

disju'nkt getrennt; **Disjunktio'n** *rv* Trennung; **disjunkti'v** trennend.

Diska'nt m mus. höchste Stimmlage.

Diskographie' *rv* Schallplattenverzeichnis.

Disko'nt m Zinsabzug, -vergütung; **diskontie'-ren** Wechsel vor Fälligkeit unter Zinsabzug kaufen.

diskontinuie'rlich unterbrochen; **Diskontinuitä't** *rv* Zusammenhanglosigkeit.

Disko'ntsatz m Zinssatz, zu welchem eine Bank Wechsel diskontiert.

Diskopathie' *rv* med. Bandscheibenleiden.

Diskorda'nz *rv* Uneinigkeit.

Diskothe'k *rv* modernes, vorwiegend von Jugendlichen besuchtes Tanzlokal mit Schallplattenmusik; Schallplattensammlung.

diskreditie'ren verleumden.

diskrepa'nt zwiespältig; **Diskrepa'nz** *rv* Zwiespalt, Mißverhältnis.

diskre't rücksichtsvoll, verschwiegen; **Diskretio'n** *rv* Rücksichtnahme;

Verschwiegenheit.

diskriminie'ren benachteiligen, herabsetzen; **Diskriminie'rung** ro Benachteiligung, Herabsetzung.

diskurrie'ren erörtern; **Disku'rs** m Erörterung.

Di'skus m Wurfscheibe.

Diskussio'n ro Aussprache; Meinungsaustausch; **diskuta'bel** erörterungswert; **Diskuta'nt** m wer sich an einer Diskussion beteiligt; **diskutie'ren** erörtern; besprechen.

Dislokatio'n od. **Dislozie'rung** Verlegung, (Truppen-)Verteilung; **dislozie'ren** verlegen, verteilen.

Dismembratio'n ro Zergliederung, Zerstückelung.

Dispache ro (dißpah'sch^e) Schadensberechnung und -verteilung auf die Beteiligten bei Verlusten im Seeverkehr; **dispachieren** (dißpaschih'r^en) einen Schaden berechnen und auf die Beteiligten verteilen.

dispara't ungleichartig; **Disparitä't** ro Ungleichheit.

Dispatcher m (dißpä't-sch^er) Beauftragter in einem Großbetrieb, der für einen schnellen Produktionsablauf zu sorgen hat; **Dispatcher-Dienst** m zentrale Lenkungsstelle zur Annahme und Ausführung von Aufträgen (besonders in der DDR übliche Bezeichnung).

Dispe'ns m Urlaub, Befreiung von einer Verpflichtung; **dispensie'ren** beurlauben, von etwas befreien; Arzneimittel bereiten und ausgeben.

dispergie'ren zerstreuen, verteilen; **Dispersio'n** ro opt. Lichtzerlegung durch Brechung.

Displaced Person ro (dißpleh'ßt pö'rß^en) [abgek. DP] (ausländischer Ver-

schleppter im 2. Weltkrieg).

Display s (dißpleh') Schaustellung, Schaufensterauslage; Dekoration(sstück).

Dispone'nden Mz. vom Sortimentsbuchhandel bedingt bezogene Bücher, die zu einem festgesetzten Abrechnungstermin weder fest übernommen noch remittiert, sondern disponiert (auf neue Rechnung vorgetragen) werden; **disponi'bel** verfügbar; **dispone'ren** einteilen; anordnen; **disponie'rt** geordnet, geneigt, empfänglich (für eine Krankheit); **Dispositio'n** ro Anordnung, Gliederung; **zur Disposition stellen** in den einstweiligen Ruhestand versetzen; **Dispositio'nsfonds** m (... foñ) zur freien Verfügung stehende Gelder.

Disproportio'n, Disproportionalitä't ro Mißverhältnis; **disproportionie'rt** in einem Mißverhältnis stehend; unverhältnismäßig.

Dispu't m Wortgefecht; **disputa'bel** erörterungswert, strittig; **Disputa'nt** m Teilnehmer an einem (wissenschaftlichen) Streitgespräch; **Disputatio'n** ro wissenschaftl. Streitgespräch; **disputie'ren** ein (wissenschaftliches) Streitgespräch führen.

Disqualifikatio'n ro Ausschließung; **disqualifizie'ren** ausschließen; **Disqualifizie'rung** ro s. Disqualifikation.

Disseminatio'n ro med. „Aussaat", Ausbreitung eines Krankheitsprozesses; **disseminie'rt** verbreitet, zerstreut.

Disse'ns m iur. Meinungsverschiedenheit; **Dis-**

se'nters Mz. „Andersdenkende": nicht der anglikanischen Kirche angehörende englische Protestanten; **dissentie'ren** eine abweichende Meinung haben.

Dissertatio'n ro Doktorarbeit, wissenschaftl. Abhandlung.

Disside'nt m Außenseiter, Freidenker.

Dissimilatio'n ro gramm., med. „Entähnlichung"; **dissimilie'ren** „entähnlichen".

Dissimulatio'n ro med. Verheimlichung (von Krankheiten); **dissimulie'ren** med. (Krankheiten) verheimlichen.

Dissipatio'n ro Zerstreuung; **dissipie'ren** zerstreuen.

dissolu'bel auflöslich; **dissolu't** ungebunden, haltlos; **Dissolutio'n** ro Auflösung; **dissolvie'ren** auflösen.

dissona'nt mißtönend; **Dissona'nz** ro Mißklang; **dissonie'ren** nach Auflösung streben.

Dissoziatio'n ro Trennung, Auflösung; **dissoziie'ren** (... i-i-...) trennen, auflösen.

dista'l med. von der Mitte des Körpers entfernt (befindlich).

Dista'nz ro Entfernung, Abstand; **sich distanzie'ren von** abrücken von.

Di'stichon s zweizeilige Versstrophe.

distinguieren (... gih'ren) auszeichnen; **distinguiert** (... gih'rt) vornehm; **Distinktio'n** ro Vornehmheit, hohes Ansehen; **distinkti'v** unterscheidend.

Distorsio'n ro med. Verstauchung.

distrahie'ren auseinanderziehen; **Distraktio'n** ro Auseinanderziehung.

distribuie'ren verteilen; **Distributio'n** ro Verteilung; **distributi'v** verteilend.

Distri'kt m Bezirk.

Disziplin'n rv Zucht, Ordnung; Fachgebiet; **Disziplina'rgewalt** rv Recht zur Verhängung von Ordnungsstrafen; **disziplina'risch** auf dem Wege des Dienststrafverfahrens; streng; **Disziplina'rstrafe** rv Ordnungsstrafe; **disziplinie'ren** an Zucht und Ordnung gewöhnen; maßregeln; **disziplinie'rt** geordnet, zuchtvoll.

Dithyra'mbe rv begeistertes Loblied; **dithyra'mbisch** begeistert.

di'to dasselbe, ebenso.

Diure'se rv med. Harnausscheidung; **Diure'tikum** s die Harnausscheidung förderndes Mittel.

Diurna'l(e) s rel. die täglichen Gebete enthaltendes katholisches Gebetbuch.

Di'va rv gefeierte Künstlerin.

diverge'nt abweichend; **Diverge'nz** rv (Meinungs-)Verschiedenheit; **divergie'ren** abweichen.

Dive'rsa Mz.Verschiedenes.

Diversa'nt m Störagent.

dive'rse verschiedene; **Diversifikatio'n** rv Erweiterung des Warenangebotes eines Unternehmens, um diesem neue Absatzgebiete zu erschließen; **Diversio'n** rv mil., pol. Ablenkung (-sangriff), auch svrv. Sabotage; **divertie'ren** erfreuen, zerstreuen.

Diverti'kel s med. Anhängsel von Hohlorganen.

Divertime'nto s mus. mehrsätziges Instrumentalstück; (Fuge) Zwischenspiel; (Oper) Tanzeinlage; **Divertissement** s (dihwärtiß°-ma'ñ) s. Divertimento; Zerstreuung, Ergötzung.

di'vide et i'mpera! teile und herrsche!

Divide'nd m math. eine zu

teilende Zahl; Zähler; **Divide'nde** rv Gewinnanteil; **dividie'ren** teilen.

Divi'na Comme'dia rv „Göttliche Komödie" (Epos von Dante Alighieri); **Divinatio'n** rv hellseherische Begabung; **divinato'risch** seherisch; **Divinitä't** rv Göttlichkeit.

Di'vis s gramm. Bindestrich.

divi'si (div.) mus. Hinweis für Streicher, doppelte Noten auf die Spieler verteilt zu spielen.

Divisio'n rv math. Teilung; mil. ein größerer Heeresverband; Kriegsmarine: ein etwa der Kompanie an Land entspr. Teil d. Besatzung; **Divisionä'r** m mil. Divisionskommandeur; **Divi'sor** m math. Zahl, durch die geteilt wird; Nenner.

Divulga'tor m Verbreiter; **divulgie'ren** verbreiten; **Divu'lsio, Divulsio'n** rv med. Zerreißung.

Di'wan m Ruhebett; auch Gedichtsammlung.

di'xi! „ich habe gesprochen" (Schlußformel einer Ansprache.)

Di'xieland(-Jazz) m (di'kßilähnd dshähs) eine Form des Jazz, welche die Musik der Neger der Südstaaten (= Dixieland) der USA nachahmt.

DNS s Desoxyribonukleinsäure.

Dock s Anlage zur Trockenlegung u. Instandsetzung von Schiffen; **do'cken** Schiffe zur Instandsetzung in ein Dock bringen.

document humain s (doküma'ñ ümä'ñ) „menschliches Dokument", Zeugnis der Menschlichkeit.

Dodeka'dik rv Duodezi-

malsystem; auf der Zahl 12 beruhendes Zahlen- und Maßsystem; **dodeka'disch** duodezimal; auf der Zahl 12 beruhend; **Dodekaphonie'** rv mus. Zwölftonmusik; **dodekapho'nisch** in Zwölftontechnik komponiert.

Dogcart m (do'gkaht) leichte zweirädrige, einspännige Kutsche.

Doge m (doh'sh°) Oberhaupt der ital. Stadtstaaten Venedig und Genua.

Do'gge rv zool. eine Hunderasse.

Do'gma s Lehr-, Glaubenssatz; **Dogma'tik** rv wissenschaftliche Darstellung der Glaubenslehre; **dogma'tisch** der Glaubenslehre entsprechend; auch sich starr an einen Lehrsatz klammernd.

Do-it-yourself (duh it juhrßä'lf) „Mach es selbst!": svrv. (handwerkliche) Selbsthilfe; **Do-it-yourselfer** m wer sich handwerklich selbst helfen kann; Heimwerker.

Do'ktor m akad. Titel; auch svrv. Arzt; **Dokto-ra'nd** m Akademiker, der sich auf die Doktorprüfung vorbereitet.

Doktri'n rv Lehre, wissenschaftl. Theorie; **doktrinä'r** blindgläubig, einseitig.

Dokume'nt s Urkunde, Beweis; **dokumenta'risch** beglaubigt; **Dokumenta-tio'n** rv Beurkundung; katalogmäßige Zusammenstellung beglaubigter Tatsachen; **dokumentie'ren** beurkunden, beweisen.

Dolcefarniente s (do'l-tschefahrni-e'nte) „süßes Nichtstun"; **Dolce vita** s (doltsch° wih'ta) „süßes Leben": svrv. ausschweifende, genußsüchtige Lebensführung.

dolichokepha'l *biol.* langschädlig; **Dolichokepha'le** *m* langschädliger Mensch; **Dolichokephalie'** *w* Langschädligkeit (*Schreibweise auch* ... zephal ...).

Do'llar *m* Währungseinheit der USA und einiger weiterer Staaten.

Do'lman *m* *mil.* mit Verschnürungen verzierte Husarenjacke.

Do'lmen *m* vorgeschichtliche Steingrabkammer.

Do'lmetsch *m* Dolmetscher; *meist svw.* Fürsprecher; **do'lmetschen** übersetzen; **Do'lmetscher** *m* Übersetzer bei (mündlichen) Verhandlungen.

dolo's heimtückisch; *iur.* vorsätzlich; **Do'lus** *m* *iur.* Vorsatz.

Dom *m* Bischofskirche; *techn. auch* Dampfkesselaufsatz.

Domä'ne *w* staatl. Landwirtschaftsbetrieb; *auch* Arbeitsgebiet.

Domesti'k(e) *m* Dienstbote; **Domestikatio'n** *w* Umwandlung wilder Tiere in Haustiere durch Zähmung und Züchtung; **domestizie'ren** Wildtiere durch Zähmung und Züchtung zu Haustieren machen.

Do'mina Herrin; *sex.* dominant (*s. dort*) veranlagte Frau; **domina'nt** vorherrschend, herrschend; *Genetik:* vorherrschend bei der Merkmalsausprägung; *sex.* aktiv flagellantistisch, den Partner beherrschend, demütigend; **Domina'nz** *w* *biol.* bei der Vererbung vorherrschende Wirkung von Erbanlagen; **dominie'ren** vorherrschen.

Dominion *s* (dohmih'n-j^en) Gliedstaat des brit. Reiches; **Domi'nium** *s* Herrschaftsgebiet; *auch* großes Landgut.

Do'mino *m* Maskentracht; *s* Gesellschaftsspiel.

Do'minus *m* Herr; **Do'minus vobi'scum!** *rel.* „der Herr (sei) mit euch!"

Domizi'l *s* Wohnsitz; **domizilie'ren** wohnen.

Dompteur *m* (doñtö'r) Tierbändiger; **Dompteuse** *w* (doñtöh's^e) Tierbändigerin.

Don *m* *spanisch:* Herr; **Doña** *w* (do'nja) *spanisch:* Herrin; Frau.

Donari't *m* eine Sprengstoffart.

Donata'r *m* *iur.* wer eine Schenkung erhält; **Donatio'n** *w* Schenkung; **Dona'tor** *m* Spender.

Don Giovanni *m* (... dshowa'ni) *italienische Form von* Don Juan (*s. dort*).

Donjon *m* (doñsho'ñ) Wohnturm mittelalterlicher französischer Burgen.

Don Juan *m* (*auch* don chuah'n [ch *wie in* „ach"]) *svw.* Frauenheld.

Do'nna *w* *italienisch:* Herrin, Frau.

Don Quijote, Don Quixote *m* (don kichoh'te [ch *wie in* „ach"]) *od.* **Don Quichotte** *m* (donkihscho't) *svw.* weltfremder Schwärmer; **Donquichotterie'** *w* *svw.* aus weltfremder Schwärmerei hervorgehende törichte Handlung.

Do'num *s* Geschenk, Schenkung.

do'pen die Leistungsfähigkeit durch Reizmittel steigern; **Do'ping** *s* (im Sport verbotene) Steigerung der Leistungsfähigkeit durch Reizmittel.

Doppel-He'lix *w* *biol.* „Doppelspirale": von den Nobelpreisträgern Watson, Crick und Wilkins entdeckte Struktur des Desoxyribonukleinsäure-Moleküls, in dem

die Erbinformationen u. Zellbaupläne eines Organismus enthalten sind.

Do'ppik *w* doppelte Buchführung; **do'ppio** *mus.* doppelt.

Dora'de *w* *zool.* Goldmakrele; **Dora'do** *s* *s.* Eldorado.

do'risch die altgriechischen Dorer betreffend.

Dormeuse *w* (dormöh's^e) Schlafsessel; **Dormito'rium** *s* (Kloster-) Schlafsaal.

dorsa'l *med.* zum Rücken gehörig, zum Rücken hin; **dorsoventra'l** vom Rücken zum Bauch (hin).

dos à dos (dohsadoh') Rücken an Rücken.

Dosage *w* (dohsah'sh^e) Zuckerzusatz zu Schaumwein; **dosie'ren** abmessen; **Dosie'rung** *w* Abmessung einer bestimmten Menge; **Dosime'ter** *s* *phys.* Strahlungsmeßgerät; **Dosimetrie'** *w* Messung von Strahlenmengen; **Do'sis** *w* Arzneigabe; kleine Menge.

Dossier *s* (dohßjeh') Aktenbündel.

Dotatio'n *w* Schenkung; **dotie'ren** schenken, ausstatten; **Dotie'rung** *w* Ausstattung; Gehalt.

Douane *w* (duah'n) Zoll (-amt); **Douanier** *m* (duanjeh') Zollbeamter.

dou'beln die Rolle eines Ersatzdarstellers spielen; **Double** *s* (duh'bl) Doppel(gänger); *theat.* Ersatzdarsteller für bestimmte Szenen.

Doublé *s.* **Dublee.**

Douceur *s* (dußö'r) „Süßigkeit": Geschenk, Trinkgeld.

do ut des „ich gebe, damit du gibst".

down (dau'n) erschöpft, niedergeschlagen.

Downing Street *w* (dau'-

niñ ßtriht) *svw.* britische Regierung, britisches Außenministerium.

Doyen m (doajä'ñ) rangältester Diplomat.

Doze'nt m (Hochschul-) Lehrer; **Dozentu'r** *w* Stellung eines Dozenten; **dozie'ren** lehren.

DP s Displaced Person.

Dra'chme *w* Währungseinheit Griechenlands; *auch* altes Apothekengewicht.

Dragée s (drahsheh') verzuckerte Pille; **dragieren** (drashih'r°n) verzuckerte Pillen herstellen.

Dra'goman m orientalischer Dolmetscher.

Dragona'de *w ursprünglich* Zwangseinquartierung von Dragonern, *dann svw.* harte Maßregelung **Drago'ner** m *mil.* ursprünglich berittener Infanterist, *dann* leichtbewaffneter Reiter.

Drain m (drä'ñ) mit seitlichen Öffnungen versehene Röhre; Abflußrohr; **Drainage** (*od.* **Drä...**) *w* (dränäh'sh°) Trockenlegung, Flüssigkeitsableitung; **drainieren** (dränih'r°n) (einen Boden) entwässern; *med.* Wundabsonderungen durch Einlegen eines Drain ableiten.

Draisi'ne *w* (drai...) Laufrad; kleiner Schienenwagen.

drako'nisch hart, streng.

Dra'lon s textile Kunstfaser

Dra'ma s Schauspiel; *auch* erregendes Geschehen; **Drama'tiker** m Dramenverfasser; **drama'tisch** spannend, erregend; **dramatisie'ren** einen Stoff zum Schauspiel bearbeiten; *auch* ein Geschehnis übertreibend darstellen; **Dramatu'rg** m literarisch-künstlerischer Beirat einer Theaterleitung; **Dramaturgie'** *w* Dramenlehre; Dramenbearbeitung; **dra-**

matu'rgisch die Bearbeitung eines Dramas betreffend.

Drän..., **drän...** s. Drain..., drain...

Draperie' *w* Dekoration von Stoffen; Faltenwurf; **drapie'ren** ausschmücken, raffen.

Dra'stikum s *med.* starkwirkendes Abführmittel; **dra'stisch** derb; *med.* stark wirkend.

Drawing-room m (drô'iñ ruhm) Gesellschaftszimmer Empfangsraum.

Dreadnought m (drä'dnôt) „Fürchtenichts": nach dem Namen des 1906 gebauten britischen Linienschiffes, des ersten modernen Großkampfschiffes der Welt, geprägte Bezeichnung für ein mit einheitlicher schwerer Artillerie bewaffnetes Schlachtschiff.

Dreß m (Sport-)Kleidung.

Dresseur m (dräßö'r) Tierabrichter; **dressie'ren** (Tiere) abrichten; *auch* Speisen in ansprechender Form herrichten; **Dre'ssing** s würzige Soße für bestimmte Gerichte; Kräuter- oder Gewürzmischung für Bratenfüllungen.

Dressman m (drä'ßmän) „männliches Mannequin": wer Herrenmoden vorführt.

Dressu'r *w* Tierabrichtung.

dri'bbeln den Fußball durch kurze Stöße vorantreiben.

Dri'nk m alkohol. Mischgetränk.

Drit'telparität *w* zahlenmäßig gleiche Vertretung der Professoren, Assistenten und Studenten in der Selbstverwaltung der Hochschulen.

Drive-in... (draiw i'n) Einrichtung (Kino, Bank, Gaststätte u. a.), in die man mit dem Kraftwa-

gen hineinfährt und in der man im Fahrzeug bedient wird; **Drive-in-Kino** s (draiw i'n) Autokino.

Dro'ge *w* (...ge) pflanzlicher (*od.* tierischer) Arznei- oder Giftstoff, *auch* sog. Rauschmittel; **Drogenabhängigkeit** *w* von der Weltgesundheitsorganisation (WHO) eingeführte Bezeichnung, die für den Bereich des Drogenmißbrauchs die früheren Bezeichnungen „Sucht" und „Gewöhnung" ersetzen soll (s. *auch* Drug Dependence); **Dro'genszene** *w* Gesamtbereich des (Rausch-) Drogenhandels und -verbrauchs.

Drogerie' *w* (drog...) Fachgeschäft für Drogen, Körperpflegeartikel, Chemikalien, Farben, häufig auch Photoartikel; **Drogi'st** m (drog...) Fachkaufmann als Inhaber von oder Angestellter in Drogerien.

Drolerie' *w* komische Darstellung.

Dromeda'r, **Dro'medar** s *zool.* einhöckriges Kamel.

Dro'nte *w zool.* (ausgerottete) Riesentaube der Insel Mauritius.

Drop(s) m/s „Tropfen": Fruchtbonbon.

Drop-out m (drop au't) jemand, der aus seiner sozialen Gemeinschaft ausbricht, z. B. Jugendlicher, der das Elternhaus freiwillig oder gezwungen verläßt; *techn.* Ausfall bei der Speicherung von Daten.

Dro'schke *w* Mietwagen.

Droso'phila *w zool.* Taufliege, wichtig für genetische Versuche.

Drug Dependence *w* (dra'g

dipe'nd°nß) Drogenabhängigkeit: *svw.* Sucht und Gewöhnung.

Drugstore *m* (dra'gstör) „Drogenladen": nordamerikanische Gemischtwarenhandlung mit Imbißraum.

Drui'de *m* keltischer Priester.

Drum *rv* (dra'm) Trommel, Schlagzeug; **Drummer** *m* (dra'mm°r) Trommler, das Schlagzeug bedienender Jazzmusiker.

dry (drai) trocken, herb (bei Weinen u. anderen alkoholischen Getränken).

Drya'den *Mz.* griechische Baumnymphen.

Dsche'bel *m* arabische Bezeichnung für Gebirge, Berg.

Dschi'nn *m* arabische Bezeichnung für Teufel oder Dämon.

Dschu'ngel *s/m* tropisches Sumpfdickicht.

Dschu'nke *rv* chines. Segelschiff.

Dua'l *m gramm.* Zweizahl; **dualisie'ren** verzweifachen; **Duali'smus** *m* Zweiheit, Zweiteilung; **duali'stisch** zweiheitlich; **Dualitä't** *rv* Zweiheit; **Dua'lsystem** *s* auf der Zahl 2 aufgebautes Zahlensystem.

dubio's *od.* **-ös** zweifelhaft, unsicher; **Dubio'sen** *rv Mz.* unsichere Außenstände; **dubitati'v** zweifelhaft.

Dublee' *s* geringwertiges Metall mit hochwertigem Metallüberzug.

Duble'tte *rv* Doppel(stück); **dublie'ren** doppeln.

Dublo'ne *rv* altspanische Goldmünze.

Duc *m* (dü'k) französische Bezeichnung für Herzog; **Du'ca** *m* italienische Bezeichnung für Herzog; **Duce** *m* (duh'tsch°) „Führer": Titel Mus-

solinis; **Duchess** *rv* (da'tsch°ß) englische Bezeichnung für Herzogin; **Duchessa** *rv* (dukä'ßa) italienische Bezeichnung für Herzogin; **Duchesse** *rv* (düschä'ß) französische Bezeichnung für Herzogin.

Dü'ckdalbe *rv* Gruppe eingerammter Pfähle zum Festmachen von Schiffen.

Du(e)cento *s* (du[e]tschä'nto) italienische Bezeichnung für das 13. Jahrhundert und dessen Kunststil.

Due'll *s* (...u-ell) Zweikampf; **Duella'nt** *m* Zweikampfteilnehmer; **duellie'ren** einen Zweikampf durchführen.

Due'tt *s* (...u-ett) *mus.* Gesang- od. Instrumentalstück für zwei Stimmen; **Duetti'no** *s* (...u-e...) *mus.* kleines Duett.

Duffle-Coat *m* (da'fl koht) halblanger sportlicher Herrenmantel.

Duge'nto *s* s. Du(e)cento.

du jour (düshuh'r) „vom Tag": vom Tagesdienst.

Duka'ten *m* alte Goldmünze.

Duke *m* (djuh'k) englische Bezeichnung für Herzog.

Du'ktus *m* Schriftzug.

Dulcinea, Dulzine'a *rv* (dulßine'a) *svw.* Geliebte.

Du'ma *rv* Parlament im zaristischen Rußland.

Dumdu'm *s* Infanteriegeschoß mit abgefeilter Spitze.

Dummy *m/s* (da'mmi) Attrappe, Schaupackung, Testpuppe; *fig.* Strohmann; *typ.* Blindmusterband.

Dumping *s* (da'mpiñ) Preisunterbietung, -schleuderei.

Du'o *s mus.* Musikstück für zwei Instrumente.

Duodeni'tis *rv med.* Zwölf-

fingerdarmentzündung; **duodena'l** *med.* den Zwölffingerdarm betreffend; **Duode'num** *s med.* Zwölffingerdarm.

Duode'z ..., **duode'z** ... *svw.* klein, unbedeutend; **Duode'zformat** *s* kleines Buchformat (= $^1/_{12}$ Bogen); **Duode'zfürst** *m* Herrscher eines unbedeutenden Staates; **duodezima'l** auf der Zahl 12 aufbauend; **Duodezima'lsystem** *s* auf der Zahl 12 aufgebautes Zahlensystem; **Duode'zstaat** *m* unbedeutender Kleinstaat.

düpie'ren täuschen.

duplie'ren verdoppeln.

Duplika't *s* Doppel, Zweitschrift; **dupliíe'ren** verdoppeln; **Duplizitä't** *rv* doppeltes Vorhandensein, Gleichzeitigkeit; **Du'plum** *s* Doppel.

Dur *s mus.* „harte" Tonart.

dura'bel dauerhaft.

Dura'l, Du'raluminium *s* harte Aluminiumlegierung.

durame'nte *mus.* hart; **dure'zza** *mus.* Härte; **con ~** *mus.* mit Härte.

Du'sche *rv* Brause(bad); **du'schen** brausen.

Dust *m* (da'ßt) Teestaub.

Dutchman *m* (da'tschmän) *eigentlich* Niederländer, *im englischen Sprachgebrauch abfällige Bezeichnung für Deutscher.*

Duty-free-Shop *m* (djuh'tifrih schop) Laden im zollfreien Flughafenbereich zum Verkauf zollfreier Waren.

Duumvi'rn *Mz.* (du-u...) Beamte einer altrömischen Zweimannbehörde; **Duumvira't** *s* (du-u...) altrömische Zweimannbehörde.

Dya'de *rv math.* Zweiheit; **Dya'dik** *rv math.* auf der Zahl 2 aufgebautes Zahlensystem.

Dyna'mik *rv phys.* (Lehre

von der) Triebkraft; **dyna'misch** triebkräftig; **dynamisie'ren** Einkommenshöhen an die allgemeine wirtschaftliche Entwicklung binden; **Dynami't** s/m Sprengstoff; **Dyna'mo(maschine)** m (ʋ) stromerzeugende Maschine; **Dynamome'ter** s Kraftmesser.

Dyna'st m Herrscher; **Dynastie'** ʋ Herrschergeschlecht; **dyna'stisch** das Herrscherhaus betreffend.

Dysbakterie' ʋ med. Störung in der Zusammensetzung der Darmbakterienstämme; **Dysenterie'** ʋ med. Ruhr; **Dy'sfunktio'n** ʋ gestörte Funktion; **Dyskinesie'** ʋ med. Bewegungsstörung; **Dyskrasie'** ʋ med. fehlerhafte Säftezusammensetzung; **Dysmelie'** ʋ med. angeborene Fehlbildungen der Gliedmaßen; **Dysmenorrhö'** od. **-oe'** ʋ med. erschwerte Monatsblutung; **Dysosto'se** ʋ (dys-...) med. Knochenwachstumsstörung; **Dyspareunie'** ʋ. med. sex. fehlendes sexuelles Empfindungsvermögen bei Frauen; **Dyspepsie'** ʋ med. Verdauungsstörung; **Dysplasie'** ʋ med. Fehlbildung; **Dyspno'e** ʋ med. Atemstörung, Atemnot.

Dyspro'sium s chem. ein Grundstoff (Dy).

Dystonie' ʋ med. anomales Verhalten des vegetat. Nervensystems, der Muskeln od. der Gefäße; Fehlspannung; **Dystrophie'** ʋ med. Ernährungsstörung, Muskelschwund.

E

Earl m (ö'l) englischer Grafentitel.
East (ih'ßt)englisch: Osten.
Easy rider m (ih'sih raid⁰) Motor-, Fahrrad mit hohem Lenker und hoher Sattelrückenlehne; Fahrer eines solchen Zweirades.
Eau de Cologne s (oh d⁰ kolo'nj) Kölnischwasser.
Eau de vie s/m (oh d⁰ wih') „Lebenswasser": Branntwein.
ebenie'ren mit Ebenholz auslegen; **Ebeni'st** m (Intarsienarbeiten mit Ebenholz und anderen Hölzern anfertigender) Kunsttischler.
Eboni't s Hartgummiart.
Ecarté' s ein Kartenspiel.
Ecce homo! (ä'kz⁰ ho'mo) „Sieh, welch ein Mensch!" Darstellung Christi mit der Dornenkrone.
Eccle'sia ʋ (ekl...) Kirche.
Echappement s (ehschap⁰ma'ñ) Entweichen, Flucht; **echappieren** (ehschapih'ren) entweichen.
Echarpe ʋ (ehscha'rp⁰) Schärpe.
echauffieren (ehschofih'-r⁰n) (sich) erhitzen, erregen; **echauffiert** (ehschofih'rt) erhitzt, erregt.
Echelle ʋ (ehschä'l) Maßstab, Skala; **Echelon** m (ehsch⁰lo'ñ) Staffel.
E'cho s Widerhall; **e'choen** (...o-e.) widerhallen; **E'cholot** s naut. mit Schallwellen arbeitendes Tiefenmeßgerät.
Eclair s (ehklä'r) gefülltes Gebäck: „Liebesknochen".
Economy Class ʋ (iko'mih klah'ß) billigste Beförderungsklasse im Luftverkehr.
Ecrasé'leder s grobgenarbtes Ziegenleder.
écru (ehkrü') ungebleicht, roh.
ECU Abk. ʋ. European Currency Unit (Europäische Währungseinheit): Rechnungseinheit der Mitglieder des Europ. Währungssystems und Großbritanniens.
ed. Abk. für edidit: „herausgegeben von ...";
Ed. Abk. für Edition
E'dda ʋ altnordische Dichtungssammlung.
E'den s Paradies.
edie'ren herausgeben, veröffentlichen; **Edi'kt** s Erlaß; **Edi'tio pri'nceps** ʋ Erstausgabe; **Editio'n** ʋ Veröffentlichung; (Musikalien-)Verlag; **E'ditor** m Herausgeber.
Edukatio'n ʋ Erziehung; **edukati'v** erziehend, erzieherisch.
EDV ʋ Abk. f. elektronische Datenverarbeitung.
EEG s Abk. für Elektroenzephalogramm (s. dort).
Efe'ndi m türkisch: Herr.
Effe'kt m Wirkung; **Effe'kten** Mz. Wertpapiere; **Effe'ktenbörse** ʋ Börse, an der Wertpapiere gehandelt werden; **effekti'v** wirklich; **Effekti'vlohn** m (der Kaufkraft entsprechender) wirklicher Lohn; **effektuie'ren** ausführen, verwirklichen.
Effeminatio'n ʋ Verweiblichung; **effeminie'ren** verweiblichen; **effeminie'rt** verweiblicht, weibisch.
Effet (äfeh') Wirkung; beim Sport: dem Ball verliehene absichtliche Drehung.
Efficiency ʋ (ifi'sch⁰nßih) Wirksamkeit, Wirt-

schaftlichkeit; **Effizie'nz** *n* (...i-e'...) Wirksamkeit, Leistung; **effizie'ren** bewirken, leisten.

Effusio'n *n* Ausgießung, Erguß; **effusi'v** durch Erguß entstanden; **Effusi'vgestein** *s* Ergußgestein, Lava.

EFTA *n* Abk. f. European Free Trade Association/ Europäische Freihandelsgemeinschaft.

ega'l gleich(gültig); **egalisie'ren** gleichmachen, ausgleichen; **egalitä'r** auf (gesellschaftliche) Gleichmachung zielend; **Egalitari'smus** *m* Lehre von der (gesellschaftlichen) Gleichheit der Menschen; **Egalitä't** *n*, **Egalité'** *n* Gleichheit (der Menschen).

Eggheads *Mz.* (ä'ghäds) „Eierköpfe"; *svn.* Intellektuelle.

E'go *s* phil. psych. das Ich; **Egoi'smus** *m* (...o-i...) Ich-, Selbstsucht; **Egoi'st** *m* selbstsüchtiger Mensch; **egoi'stisch** selbstsüchtig; **Egoti'smus** *m* Eigenliebe.

Egoze'ntrik *n* Ich-Bezogenheit; **Egoze'ntriker** *m* das Ich in den Mittelpunkt stellender Mensch; **egoze'ntrisch** egozüglich.

egrenie'ren Baumwolle entkörnen.

egua'le *mus.* gleich; Satz für gleichartige Instrumente; **vo'ci egua'li** (voh'tschi...) *mus.* gleiche Stimmen.

Egyptienne *n* (eshipßiä'n) „die Ägyptische"; eine Druckschriftart.

Eide'tik *n* psych. Fähigkeit, Erlebtes u. Vorstellungen anschaulich zu empfinden; **Eide'tiker** *m* wer die Fähigkeit besitzt, früher Erlebtes anschaulich zu empfinden; **eide'tisch** anschaulich; die Eidetik betref-

fend.

Ei'dolon *s* phil. Nachbild; Idol.

Eidopho'r-Verfahren *s* techn. „Bildträger"-Verfahren: Verfahren zur Projektion von Fernsehbildern auf große Bildschirme.

Ei'dos *s* phil. Urbild, Idee.

ei'nchecken im Luftverkehr: Passagiere und Gepäck abfertigen.

ei'nquartieren (Soldaten) in einer Unterkunft (vorübergehend) unterbringen; **Ei'nquartierung** *n* (vorübergehende) Unterbringung; auch die untergebrachten Soldaten.

Einstei'nium *s* chem. zu den Transuranen gehörender Grundstoff (E) (nach dem deutschen, zuletzt in den USA wirkenden Physiker Einstein benannt).

Ejakula't *s* med. (ausgespritzte) Samenflüssigkeit; **Ejakulatio'n** *n* Samenerguß; **ejakulie'ren** (Samen) ausstoßen.

Eje'ktor *m* techn. Auswerfer; **Ejektio'n** *n* Auswurf; **ejizie'ren** aus-, hinauswerfen.

Ekarté *s* s. Ecarté.

EKG *s* Abk. für Elektrokardiogramm (s. dort).

Ekkle'sia *n* s. Ecclesia.

Eklampsie' *n* med. Krämpfe und Bewußtlosigkeit gegen Ende der Schwangerschaft.

Eklat *m* (ehkla') Knall, Aufsehen; **eklata'nt** aufsehenerregend.

Ekle'ktiker *m* unschöpferischer Denker; **ekle'ktisch** svn. unselbständig denkend; **Eklektizi'smus** *m* literarische oder künstlerische Richtung, die auf Auswahl oder Nachahmung von bereits Vorhandenem beruht.

Ekli'pse *n* Sonnen- und Mondfinsternis; **Ekli'ptik** *n* scheinbare Son-

nenbahn; **ekli'ptisch** die (scheinbare) Sonnenbahn betreffend.

Eklo'ge *n* Hirtengedicht.

Ekossaise *n* (ehkoßäh'sᵉ) alter schottischer Volkstanz, später ein Gesellschaftstanz.

Ekphorie' *n* med. psych. Erinnerungsvorgang.

Ekrasi't *s* ein Sprengstoff. **ekrü'** ungebleicht, roh.

Eksta'se *n* Verzückung; **eksta'tisch** verzückt.

Ektasie' *n* med. Erweiterung von Hohlorganen; **ekta'tisch** med. erweitert.

Ektobla'st *s* s. Ektoderm. **Ektode'rm** *s* biol. med. äußeres Keimblatt des Embryo.

Ektomie' *n* med. Ausschneidung.

Ekze'm *s* med. Hautausschlag, -entzündung; **Ekzematoi'd** *s* (...o-i ...) med. ekzemähnliche Hauterkrankung.

Elabora't *s* Ausarbeitung, Machwerk.

Elan *m* (ehla'ñ, auch... ah'n) Schwung.

Ela'ste *Mz.* (in der DDR übliche Bezeichnung für) elastische Kunststoffe; **Ela'stik** *s* dehnbares Gewebe; **ela'stisch** federnd, biegsam; **Elastizitä't** *n* phys. Eigenschaft fester Körper, eine Verformung rückgängig zu machen; auch Biegsamkeit, Geschmeidigkeit, Spannkraft.

Elder statesman *m* (äldᵉ ßteh'tßmᵉn) pol. im Ruhestand befindl. bewährter Staatsmann, von dessen Rat u. Erfahrung weiterhin gern Gebrauch gemacht wird.

Eldora'do *s* „Goldland", svn. Paradies.

Elefa'nt *m* zool. pflanzenfressendes Säugetier, größtes Landtier der Gegenwart·

Elegant *m* (ehlehga'ñ) svn. Modegeck, Stutzer;

elega'nt fein, geschmackvoll; **elega'nte** mus. elegant; **Elega'nz** *w* Geschmack, (unaufdringliche) Gepflegtheit.

Elegie' *w* Klagelied; **ele'gisch** wehmütig; **Ele'giker** *m* Elegiendichter.

Elektio'n *w* Auswahl; **Elektora't** *s* Kurwürde, Kurfürstentum.

elektrifizie'ren techn. auf Betrieb durch elektr. Kraftstrom ein- bzw. umstellen; **Elektrifizie'rung** *w* techn. Ein- bzw. Umstellung auf elektrischen Strombetrieb; **Ele'ktriker** *m* Fachhandwerker auf dem Gebiet der Elektrotechnik; **ele'ktrisch** die Elektrizität betreffend; mit elektrischem Strom betrieben bzw. arbeitend; **elektrisie'ren** mit elektr. Strom behandeln.

Elektroaku'stik *w* Lehre von der (technischen) Anwendung der Elektrizität in der Akustik (z. B. Hörgerätebau u. a.); **Elektrochemie'** *w* Lehre von der Elektrizitätswirkung in der Chemie; **Elektrochirurgie'** *w* med. Anwendung des elektrischen Stromes in der Chirurgie (z. B. in der Augenchirurgie).

Elektro'de *w* phys. der Stromzu- od. -abführung dienendes Metall- od. Kohlestück.

Elektrodiagno'stik *w* med. Verwendung der Elektrizität bzw. elektrischer Geräte zur Krankheitserkennung (EKG, EEG u. a.); **Elektrodyna'mik** *w* phys. Lehre von den veränderlichen elektromagnetischen Feldern; **Elektroenzephalogra'mm** *s* med. Hirnstromkurve; **Elektroenzephalographie'** *w* (Abk. EEG) med. Hirnstrommessung u. -aufzeichnung; **Elektro-**

kardiogra'mm *s* (Abk. EKG) med. Herzstromkurve; **Elektrokardiographie'** *w* med. Herzaktionsstrommessung und -aufzeichnung; **Elektrokoagulation** *w* med. verschorfende Zerstörung von Gewebe(wucherungen) durch Diathermiestrom.

Elektroly'se *w* chem. Zersetzung von Flüssigkeiten (Säuren, Basen u. a.) durch elektrischen Strom; **Elektroly't** *m* den elektrischen Strom leitende und sich unter seiner Einwirkung zersetzende Flüssigkeit.

Elektromagneti'smus *m* phys. durch elektrischen Strom erzeugter Magnetismus; **Elektromecha'nik** *w* phys. Lehre von der durch Elektrizität erzeugten mechanischen Energie; **Elektrometallurgie'** *w* techn. Verhüttung durch Elektrizität; **Ele'ktromotor** *m* techn. Maschine, die elektrische Energie in mechanische Arbeit umwandelt; **Elektromyogra'mm** *s* med. Muskelstromkurve; **Elektromyographie'** *w* Muskelstrommessung und -aufzeichnung.

E'lektron *s* phys. kleinstes Teilchen negativer Elektrizität; chem. eine Magnesiumlegierung; altgriechische Bezeichnung für Bernstein.

Elektro'nengehirn *s* *ww.* elektronisches Rechengerät; **Elektro'nenmikroskop** *s* opt. phys. Mikroskop, das mit Elektronen anstatt Lichtstrahlen arbeitet; **Elektro'nenröhre** *w* phys. techn. Röhre zur Steuerung elektrischer Ströme; **Elektro'nenschleuder** *w* phys. Gerät zur Beschleunigung von

Elektronen: Betatron.

Elektro'nik *w* Lehre vom freien Elektron; techn. Anwendung von Elektronenröhren, vorwiegend in der Meß- u. Regelungstechnik; **elektro'nisch** die Elektronik betreffend.

Elektrophore'se *w* chem.-phys. med. Verfahren zur Untersuchung von Flüssigkeiten (z. B. Untersuchung auf Bluteiweißkörper u. a.); **Ele'ktroschock** *m* med. Verwendung elektrischer Stromstöße in der Behandlung von Geisteskrankheiten; **Elektrote'chnik** *w* techn. Zweig der Technik, der sich mit der Erzeugung und Verwendung des elektrischen Stromes befaßt.

Eleme'nt *s* chem. Grundstoff; Grundbegriff; Stromerzeuger; **elementa'r** grundlegend, naturhaft.

Ele'mi *s* tropisches Baumharz.

Elephanti'asis *w* med. „Elefantenkrankheit": durch Fadenwürmer hervorgerufene Tropenkrankheit, gekennzeichnet durch übermäßiges Anschwellen von Organen und Geweben.

Elevatio'n *w* Erhöhung, Erhebung; **eleva'to** mus. erhaben; **Eleva'tor** *m* techn. Aufzug; Förderwerk.

Ele've *m* Schüler, Lehrling.

El Fatah *w* (. . . fata'ch) Guerillagruppe der PLO (s. dort).

Eliminatio'n *w* Ausschaltung, Entfernung; **eliminie'ren** ausschalten, entfernen.

elitä'r zu einer Elite gehörend; **Eli'te** *w* Auswahl, Auslese.

Elixie'r *s* Heil-, Zaubertrank.

Elli'pse *w* math. ein Kegelschnitt: geometrischer Ort aller Punkte einer Ebene, für die die Summe der Abstände von zwei Punkten konstant ist; *gramm.* aus dem Zusammenhang zu ergänzende Weglassung von Wörtern; **ellipsoi'd** (...o-i...) einer Ellipse ähnlich; **elli'ptisch** *math.* eine Ellipse betreffend; *gramm.* unter Weglassung von Wörtern, unvollständig.

E'lmsfeuer *s* bei Gewittern auftretende elektrische Entladung an Mastspitzen, Turmspitzen u. a.

Eloge *w* (ehloh'shᵉ) Lobrede.

eloque'nt beredt; **Eloque'nz** *w* Beredsamkeit.

eloxie'ren *chem.* Verfahren zur Oberflächenveredelung von Metallen durch Herstellung einer Schutzschicht aus elektrolytisch oxydiertem Aluminium.

Elu'vium *s* „Ausgeschwemmtes": Verwitterungsboden.

elysä'isch *svw.* himmlisch, paradiesisch; **ely'sisch** *s.* elysäisch; **Ely'sium** *s svw.* Paradies.

Elzevie'r *w* nach der niederländischen Buchdruckerfamilie benannte Druckschrift.

Email(le) *s (w)* (ehmah'j [ehma'ljᵉ]) Schmelz, Glasfluß; **emaillie'ren** (ehma[l]jih'ren) mit Email überziehen.

Emanatio'n *w* Ausstrahlung; *chem.* radioaktives Edelgas; **emanie'ren** ausstrahlen.

Ema'nze *w abschätzig für* sich überbetont emanzipiert verhaltende Frau; **Emanzipatio'n** *w* Gleichstellung, Befreiung, Verselbständigung; **emanzipie'rt** gleichberechtigt, be-

freit, betont vorurteilsfrei.

Emballage *w* (añbalah'shᵉ) Verpackung; **emballieren** (añbalih'rᵉn) verpacken.

Emba'rgo *s* Ausfuhrverbot, Handelssperre; Schiffsbeschlagnahme.

Embarras *m* (añbara') Hinderung, Verwirrung; **embarassie'ren** (añ...) hindern, verwirren.

Emble'm *s (auch* añbleh'm) Abzeichen, Sinnbild; **emblema'tisch** sinnbildlich.

Embolie' *w med.* Verstopfung der Blutgefäße.

Embonpoint *s* (añboñpoä'ñ) Wohlbeleibtheit, „Spitzbauch".

Embouchure *w* (añbuhschüh'r) *mus.* Mundstück.

embrassieren (añbraßih'rᵉn) umarmen.

E'mbryo *m biol., med.* Leibesfrucht, Keimling; **Embryologie'** *w* Lehre von der Entwicklung des Keimes; **embryona'l** den Embryo betreffend; *svw.* noch unentwickelt, unreif; **Embryopathie'** *w* durch Keimschädigung entstandene Mißbildung; **Embryotomie'** *w* Zerstückelung des Embryos vor oder bei der Geburt.

Emendatio'n *w* Verbesserung, Berichtigung; **emendie'ren** verbessern, berichtigen.

emergie'ren auftauchen.

emeritie'ren entpflichten, in den Ruhestand versetzen; **emeritie'rt** entpflichtet, in den Ruhestand versetzt; **Eme'ritus** *m* entpflichteter, in den Ruhestand versetzter Hochschulprofessor oder Geistlicher.

Emersio'n *w* das Auftauchen.

E'mesis *w med.* Erbrechen; **Eme'tikum** *s* Brechmittel.

Emigra'nt *m* Auswanderer (aus religiösen oder politischen Gründen); **Emigratio'n** *w* Auswanderung; **emigrie'ren** auswandern, flüchten.

emine'nt hervorragend; **Emine'nz** *w* Kardinalstitel; **graue Eminenz** *w* im Hintergrund wirkende einflußreiche Persönlichkeit.

E'mir *m* arabischer Stammesführer, -fürst; **Emira't** *s* Herrschaftsbereich eines Emirs.

Emissä'r *m* Abgesandter; **Emissio'n** *w* Ausgabe (von Wertpapieren); Ausstoß von Schadstoffen; *auch* Lärmerzeugung; **emittie'ren** ausgeben; aussenden.

Emmetropie' *w med.* Normalsichtigkeit.

Emolli'entia *Mz.* (...i-e...) *med.* erweichende Mittel.

Emotio'n *w* Gefühlsbewegung; **emotiona'l** *od.* **emotione'll** gefühlsmäßig; **emozio'ne: con ~** *mus.* mit Erregung.

Empereur *m* (añpᵉrö'r) Kaiser.

Empha'se *w* Nachdruck; **empha'tisch** nachdrücklich.

Emphyse'm *s med.* krankhafte Luftansammlung, Aufblähung (in der Lunge, unter der Haut u. a.).

Empire *s* (añpih'r) Kaiserreich; Stil des franz. Kaiserreiches; (ä'mpai'r) *svw.* (brit.) Weltreich.

Empire'm *s* durch Erfahrung bestätigte Tatsache; **Empirie'** *w* Erfahrung; **Empiriokritizi's-mus** *m* philosophische Strömung um die Jahrhundertwende, eine Spielart des Positivismus; **empi'risch** erfahrungsgemäß; **Empi'riker** *m* wer sich auf die Erfahrung als Grundlage der Erkenntnis stützt;

Empiri'smus m phil. Denklehre, die nur die Erfahrung, das Experiment, als Grundlage der Erkenntnis anerkennt.

Emplacement s (añplahߐ°ma'ñ) Stelle, (Auf-) Stellung (von Kanonen u. a.).

Empla'strum s med. Pflaster.

Employé m (añploajeh') Angestellter.

Empye'm s med. Eiteransammlung.

emulgie'ren eine Emulsion herstellen, bilden; **Emulsio'n** ᴠ Flüssigkeit mit feinstverteilten ungelösten Stoffen (z. B. Ölen, Fetten).

E'nakssöhne Mz. ᴠᴠᴠ. Riesen.

en avant! (anawa'ñ) vorwärts!; **en bloc** (añ blo'k) insgesamt.

Enceinte ᴠ (añßä'ñt°) mil. Festungsumwallung.

Encephali'tis ᴠ s. Enzephali'tis.

enchantiert (añschañtih'rt) entzückt, begeistert.

Encheire'se ᴠ, **Enchei'resis** ᴠ Handhabung.

Enchiri'dion s kleines Lehrbuch.

Encoding s (inkoh'diñ) Verschlüsselung.

encouragieren (añkuhrashih'ren) ermutigen.

Endemie' ᴠ med. in einer bestimmten Gegend ständig auftretende Krankheit; **ende'misch** biol. einheimisch; med. ständig auftretend.

enderma'l med. in der Haut.

en détail (añ dehtah'j) im einzelnen.

Endi'vie ᴠ (. . . i-e) bot. Gemüse-, Salatpflanze.

Endogamie' ᴠ Form der Ehe, bei der beide Partner dem gleichen gesellschaftlichen Verband (Stamm, Kaste) angehören müssen.

endoge'n von innen heraus entstanden.

Endokardi'tis ᴠ med. Entzündung der Innenhaut des Herzens; **endokri'ᴜ** med. die innere Sekretion betreffend; **Endokrinologie'** ᴠ med. Lehre von der inneren Sekretion.

Endometri'tis ᴠ med. Gebärmutterschleimhautentzündung.

Endosko'p s med. Gerät zur Ausleuchtung und Untersuchung von Körperhöhlen; **Endoskopie'** ᴠ Ausleuchtung, Spiegelung von Körperhöhlen; **endosko'pisch** die Endoskopie betreffend.

endothe'rm phys. unter Wärmeaufnahme verlaufend; **endothy'm** psych. das innerste Gefühl betreffend; **endotro'ph** bot. sich von innen ernährend.

ENEA ᴠ Abk. v. European Nuclear Energy Agency: Europäische Kernenergie-Agentur, ein Sonderorgan der OECD (s. dort).

Energe'tik ᴠ phys. Lehre von der Energie; phil. Lehre von den Naturkräften als Grundlage allen Geschehens; techn. Lehre von den techn.-wirtschaftlich nutzbaren Kräften (Öl, Kohle, Wasser, Atomenergie); **energe'tisch** die Energetik betreffend.

Energie' ᴠ Kraft, Tatkraft; **Energie-Agentur** ᴠ 1974 von westlichen Industrieländern gegründete Organisation zur Sicherstellung der Energieversorgung durch ein gemeinsames Bevorratungs- und Verteilungssystem; **ene'rgisch** tatkräftig.

Enervatio'n ᴠ med. „Entnervung", Erschöpfung; **enervie'ren** „entnerven", erschöpfen; **Ener-**

vie'rung ᴠ Entnervung.

en face (añ fah'ß) von vorn; **en famille** (añ fahmih'j) im engsten Kreise.

Enfant terrible s (añfañ terih'bl) wer durch unüberlegte Offenheit andere in Verlegenheit bringt.

enfilieren (añfilih'r°n) einfädeln; mil. bestreichen.

enflammieren (añflamih'r°n) entflammen.

Engagement s (añgahsh°ma'ñ, auch: ingeh'dshm°nt) Verpflichtung, Anstellung; **engagieren** (añgahshih'r°n) anstellen, auffordern, verpflichten; **engagiert** (añgashih'rt) (einer Aufgabe) verpflichtet; angestellt.

English spoken! (i'ñglisch ßpoh'k°n) hier wird Englisch gesprochen!;

English Waltz m (i'ñglisch wôlz) langsamer Walzer.

Engo'be ᴠ (añgoh'b°) Überzug einer keramischen Masse; **engobie'ren** (añgohbih'r°n) eine keramische Masse mit einer anderen überziehen.

Engra'mm s psych. von einem geistigen Eindruck hinterlassenes Erinnerungsbild.

en gros (añ groh') im großen; **Engroshandel** m (añgroh' . . .) Großhandel.

Enkla've ᴠ vom eigenen Gebiet umschlossener Teil eines fremden Gebiets.

Enko'lpion s rel. auf der Brust getragene Reliquienkapsel.

Enko'mion s Lobrede.

Enkulturatio'n ᴠ Vorgang, durch den ein Mensch die Kultur seiner Gesellschaftsklasse allmählich annimmt.

en masse (añ ma'ß) mas-

senweise; **en miniature**
(añ'minjatüh'r) in ver-
kleinertem Maßstab.

ennuyant (añnüija'nt) an-
ödend, langweilend; **en-
nuyieren** (añnüijih'r°n)
anöden, langweilen.

eno'rm ungeheuer, maß-
los; **Enormitä't** tv Unge-
heuerlichkeit, Maßlosig-
keit.

en passant (añ paßa'ñ) nebenbei; **en profil** (añ
profih'l) von der Seite.

Enquete tv (añkäh't[°])
Erhebung, Umfrage.

enragiert (añrashih'rt) leidenschaftlich.

enrhümie'rt (añ . . .) ver-
schnupft.

enrollieren (añrolih'ren)
mil. anwerben.

en route (añruh't) auf dem
Wege, unterwegs.

E'ns s phil. das Seiende.

Ensemble s (añßa'ñbl)
Gesamtheit; Künstler-
truppe, Spielgemein-
schaft; auch Kleid mit
dazu passendem Mantel
oder passender Jacke.

Ensilage tv (añßilah'sh°)
Gärfutter.

en suite (añßüih't) hintereinander.

Entelechie' tv Zielstrebig-
keit der Entwicklung;
entele'chisch zielstrebig.

Entente tv (añta'ñt) Ein-
verständnis, Bündnis;
Entente cordiale tv
(añta'ñt° kordja'l) pol.
„herzliches Einverständ-
nis": svw. Bündnis, das
keines förmlichen Ver-
trages bedarf.

entera'l med. die Eingeweide, Gedärme betref-
fend; **Enteralgie'** tv
Leibschmerz; **Enteri'tis**
tv Darmentzündung,
-katarrh; **enteroge'n** von
den Eingeweiden her-
stammend; **Enterokoli'-
tis** tv Dünn- u. Dickdarmentzündung; **Enteroli'th**
m Kotstein; **Enterosto-
mie'** tv Anlegung eines
künstlichen Darmaus-

gangs; **Enterotomie'** tv
Darmschnitt; **Enteroze'le**
tv Darmbruch.

Entertainer m (änt°rteh'-
n°r) Unterhalter.

Enthalpie' tv phys. bei
gleichbleibendem Druck
und gleichbleibender
Temperatur aufgenom-
mene Wärmemenge.

Enthelmi'nthen Mz. med.
Eingeweidewürmer.

enthusiasmie'ren begeistern; **enthusiasmie'rt**
begeistert; **Enthusia's-
mus** m Begeisterung;
Enthusia'st m begei-
sterter Schwärmer; **ent-
husia'stisch** leiden-
schaftlich begeistert.

entmilitarisie'ren abrüsten; Truppen abziehen
und militärische Anla-
gen beseitigen; **Entmilitarisie'rung** tv Abzug
der Truppen und Besei-
tigung militärischer An-
lagen.

entmythologisie'ren eine
Glaubenslehre allen my-
thischen Beiwerks ent-
kleiden und damit ver-
ständlich machen;
Entmythologisie'rung tv
Befreiung einer Glau-
benslehre von allem
mythischen Beiwerk.

entnazifizie'ren den Einfluß des Nationalsozia-
lismus beseitigen; auch
jemandes Verhalten
während der Zeit des
Nationalsozialismus un-
tersuchen; **Entnazifizie'-
rung** tv Beseitigung des
Nationalsozialismus;
Untersuchung des Ver-
haltens einer Person
während der Zeit des
Nationalsozialismus.

Entomologie' tv Insek-
tenkunde.

Entoutcas m (añtuhka')
„in jedem Fall": Regen-
und zugleich Sonnen-
schirm.

Entra'ta tv mus. (feierliche)
Einleitung.

Entreakt m (añtra'kt)
Zwischenakt(musik);

Entrecote s (añtr°koh't)
Mittelrippenstück (vom
Rind).

Entree s (añtreh') Ein-
tritt(sgeld).

Entremet(s) s (añtr°mä'
[añtr°meh']) Zwischen-
gericht.

entre nous (añtr° nuh') unter uns.

Entrepot s (añtr°poh')
Zollniederlage; **Entre-
preneur** m (añtr°-
pr°nö'r) Unternehmer,
Veranstalter; **Entreprise**
w (añtr°prih's') Unter-
nehmen; Veranstaltung.

Entresol s (añtr°ßol) Halb-,
Zwischengeschoß.

Entropie' tv phys. thermo-
dynamische Zustands-
größe.

Entsexualisie'rung tv sex.
Verweiblichung des
Mannes, erkennbar an
Mode, Haartracht,
Schmuckliebe, Kosme-
tik; Vermännlichung der
Frau, erkennbar an
Mode, Lebensweise
und -auffassung.

Entsolidarisie'rung tv Vorgang der Verweigerung
der Solidarität.

Enukleatio'n tv Entker-
nung, Ausschälung.

Enure'sis (noctu'rna) tv
med. (nächtliches) Bett-
nässen.

Enveloppe tv (añw°lo'p)
Umhüllung, Umschlag.

Envers m (añwär') Rückseite.

Environment s (inwai'r°n-
m°nt) Raumkunstwerk;
Environtologie' tv Um-
weltforschung; Wissen-
schaft von der Umwelt
und deren Schutz.

en vogue (añ woh'g) in
Mode.

Enzephali'tis tv med. Hirn-
hautentzündung.

Enzy'klika tv päpstliches
Rundschreiben; **Enzy-
klopädie'** tv Darstellung
des gesamten Wissens
in Form eines Sachwör-
terbuches; **enzyklopä'-**

disch alle Wissenschaften umfassend; in der Art einer Enzyklopädie; **Enzyklopädi'st** m Mitarbeiter an der unter Leitung von Diderot u. d'Alembert herausgegebenen „Encyclopédie"

Enzy'm s chem., biol., med. Ferment; **enzyma'tisch** von Fermenten hervorgerufen; **Enzymologie'** rv Wissenschaft von den Fermenten.

eo i'pso von selbst.

Eoli'then Mz. Feuersteinstücke aus der Tertiärzeit, früher als menschliche Werkzeuge gedeutet; **Eozä'n** s Stufe des Tertiärs.

Epaulette rv (ehpohle'tt^e) mil. Schulterstück auf Uniformen.

Epenthe'se rv Einschaltung.

Ephe'be m Jüngling (im Alter von 18—20 Jahren).

Ephedri'n s med., chem. ein Weck-, Anregungsmittel.

epheme'r kurzlebig, vorübergehend; **Epheme-ri'de** rv astronomische Tabelle.

Epho'r(e) m Mitglied der spartanischen Staatsaufsichtsbehörde.

Ephorie' rv kirchlicher Aufsichtsbezirk; **E'phorus** m rel. protestantischer Superintendent; Leiter kirchlicher Lehrstätten.

Epidei'ktik rv prunkende Form der Lobrede.

Epidemie' rv med. Seuche; **Epidemiologie'** rv Seuchenlehre; **epide'misch** seuchenhaft auftretend; **Epide'rmis** rv med. äußerste Hautschicht.

Epidiasko'p s Bildwerfer.

Epido't s ein Mineral.

Epigene'se rv biol. Entwicklung als Folge von Neubildungen.

epigona'l nachahmend; **Epigo'ne** m Nachkomme, Nachahmer.

Epigra'mm s Sinn-, Spottgedicht; **epigramma'tisch** in Art eines Epigramms; treffend; **Epigra'ph** s Auf-, Inschrift; **Epigra'phik** rv Inschriftenkunde; **Epigra'phiker** m Inschriftenkundler.

E'pik rv erzählende Dichtung.

Epika'nthus m med. „Mongolenfalte".

E'piker rv Verfasser erzählender Dichtungen.

Epikri'se rv Endbeurteilung eines (Krankheits-) Falles.

Epiku're'er m svrv. Genußmensch; **epikure'isch** svrv. genußsüchtig.

Epilatio'n rv Enthaarung.

Epile'ptiker m Fallsüchtiger, Anfallkranker; **Epilepsie'** rv med. Fallsucht.

epilie'ren enthaaren.

Epilo'g m Nachwort.

Epinglé m (ehpänleh') Nadelrips.

Epipha'niasfest s Fest der Erscheinung Christi.

Epiphy'se rv med. Röhrenknochene..de; Zirbeldrüse; **Epiphy't** m bot. Pflanze, die auf einer anderen Pflanze wurzelt, ohne dieser jedoch Nährstoffe zu entziehen.

e'pisch erzählend.

Episko'p s Bildwerfer für undurchsichtige Bilder.

episkopa'l bischöflich; das Bischofsamt betreffend; **Episkopa't** s/m Bischofsamt; **Epi'skopus** m Bischof.

Episo'de rv nebensächliche Handlung; **episo'disch** nebensächlich; vorübergehend.

Epi'stel rv Brief, Sendschreiben; auch Strafpredigt; **Epistemologie'** rv Wissenschaftslehre.

Episty'l s Architrav (s. dort).

Epithala'mion s Hochzeitsgedicht; **Epita'ph** s Grabschrift; Gedenkplatte.

Epithe'l s med. Zellgewebe; **Epithelio'm** s med. Zellgewebsgeschwulst; **Epithelisatio'n** rv med. Bildung von Zellgewebe.

Epi'theton o'rnans s schmückendes Beiwort.

Epi'tome rv Abriß, Auszug (aus einem Buch).

Epize'ntrum s das senkrecht über einem Erdbebenherd befindliche Gebiet.

Epizo'on s zool. Tier, das auf einem anderen lebt.

epocha'l bedeutsam; **Epo'che** rv Zeitabschnitt, geschichtl. Wendepunkt.

Epo'de rv altgriechische Gedichtform; Abgesang.

Epony'm s Begriffs- oder Gattungsbezeichnung, die auf einem Personennamen beruht (z. B. Hirschsprungsche Krankheit, Montgolfiere [= Heißluftballon] usw.).

Epopö'e rv erzählende Dichtung; **E'pos** s erzählende Dichtung; Heldendichtung.

Eppu'r si muo've! Ausspruch Galileis: „Und sie bewegt sich doch!"

E'psilon s dem „e" bzw. „ä" entsprechender Buchstabe des griechischen Alphabets.

Eque'strik rv Zirkusreitkunst; **Equilibri'stik** rv s. Äquilibristik.

Equipage rv (ehkiphah'-sh^e) vornehme Kutsche; **Equipe** rv (ehki'p^e) (Reiter-)Sportmannschaft; **equipie'ren** (ehki . . .) ausrüsten; **Equipie'rung** rv (ehki . . .) Ausrüstung.

E'rbium s chem. ein Grundstoff (Er).

E'rebos m Hölle, Unterwelt.

Erektio'n rv Aufrichtung; med. Gliedversteifung.

Eremi't m Einsiedler; **Eremitage** rv (. . . tah'-sh^e) Einsiedelei; Gartenhäuschen im Stil einer Einsiedelei.

Erg s *physikal.* Maßeinheit der Arbeit.

e'rgo also, **e'rgo biba'mus!** „also laßt uns trinken!"

Ergologie' *w* Arbeitswissenschaft; **Ergometrie'** *w* Messung der körperlichen Arbeitsleistung; **Ergonomie'** *w* Wissenschaft, die sich mit dem Verhältnis Mensch-Arbeitskraft befaßt und die Grundlagen für rationelle, kräfteschonende Arbeitstätigkeit erforscht.

Ergoti'smus *m med.* Vergiftung durch Mutterkorn.

ergotro'p leistungssteigernd wirkend.

erigie'ren *med.* sich aufrichten, versteifen.

Eri'nnye *w* griech. Rachegöttin.

E'risapfel *m* Zankapfel.

erodie'ren ausnagen, auswaschen.

eroge'n *sex.* die Geschlechtslust erregend.

Ero'ika *w* die „Heldische" = 3. Symphonie Beethovens.

E'ros *m* griechischer Liebesgott; **E'ros-Ce'nter** s Freudenhausanlage.

Erosio'n *w* geol./techn.* Ausnagung, Auswaschung, Abtragung, Zerfressung; **erosi'v** durch Erosion entstanden.

Eroste'sse *w* Bewohnerin eines Eros-Centers; **Ero'ten** *Mz.* geflügelte Liebesgötter; **Ero'tical** s musikalisches Lustspiel mit erotischem Inhalt; **Ero'tik** *w sex.* (sinnliche) Liebe; **ero'tisch** auf (sinnl.) Liebe bezüglich; **Ero'tika** *Mz.* das Geschlechtliche besonders betonende Werke; **Erotologie'** *w* Lehre von der (sinnlichen) Liebe; **Erotoma'ne** *m med. sex.* an krankhaft übersteigertem Geschlechtstrieb Leidender; **Erotomanie'** *w med. sex.* krankhafte

Steigerung des Geschlechtstriebes; Liebeswahnsinn.

ERP s. *Abk. v.* European Recovery Program: Europäisches Wiederaufbau-Programm.

Erra're huma'num est „Irren ist menschlich".

erra'tisch verstreut; **erra'tischer Block** *m svw.* Findling.

Erra'tum s (*Mz.* **Erra'ta**) Irrtum; *svw.* Druckfehler.

Erruditio'n *w* (gelehrte) Bildung; **eruie'ren** ermitteln.

Eruptio'n *w* Ausbruch; *med.* Hautausschlag; **erupti'v** durch Vulkanausbruch entstanden.

Erysipe'l s *med.* Wundrose.

Erythe'm s *med.* Hautrötung.

Erythroblasto'se *w med.* Erkrankung, die durch das Auftreten von Vorstufen der roten Blutkörperchen hervorgerufen wird; **Erythroly'se** *w med.* Auflösung der roten Blutkörperchen; **Erythrozy'ten** *Mz. med.* rote Blutkörperchen; **Erythrozyto'se** *w med.* (krankhafte) Vermehrung der roten Blutkörperchen.

Eschatologie' *w* (eßcha . . .) christliche Lehre v. d. letzten Dingen; **eschatolo'gisch** (eßcha . . .) die letzten Dinge betreffend.

Escu'do *m* spanische, portugiesische und südamerikanische Goldmünze.

Eska'der s Geschwader; **Eskadro'n** *w* Schwadron, Einheit der Reitertruppe.

Eskaladie'rbahn *w* Hindernisbahn; **eskaladie'ren** ersteigen; **Eskalatio'n** *w* Steigerung des Einsatzes militärischer und politischer Mittel.

Eskamotage *w* (eßkamo-

tah'sh^e) Taschenspielerei; **eskamotie'ren** durch Taschenspielerkniffe etwas verschwinden lassen.

Eskapa'de *w* Seitensprung; **Eskapi'smus** *m* Wirklichkeitsflucht.

Eska'rpe *w mil.* (innere) Böschung eines Festungsgrabens.

Eskarpin *m* (äßkarpä'ñ) Schnallenschuh.

Eskompte *m* (äßko'ñt^e) Diskont.

Esko'rte *w* Geleit; **eskortie'ren** geleiten.

Esote'rik *w* Geheimlehre; **Esote'riker** *m* (in eine Geheimlehre) Eingeweihter; **esote'risch** nur für Eingeweihte verständlich.

Espera'nto s künstliche Weltsprache (von L. Zamenhof erfunden).

Esplana'de *w mil.* freier Platz zwischen einem Festungswall und der Zitadelle; die nach Entfestigung hieraus entstandene Anlage.

Espre'sso *m* mit Kaffeemaschine schnell hergestelltes starkes Kaffeegetränk (nach italien. Art); *auch* Kaffeestube.

Esprit *m* (äßprih') Geist, Witz.

Esquire *m* (ißkwai'er) englischer Höflichkeitstitel (in Briefanschriften, *Abk.* Esq.).

Essay *m* (ä'ßeh) kurze Abhandlung; **Essayist** *m* (äheh-i'ßt) Verfasser eines Essays; **essayi'stisch** kurz abgehandelt.

Esse'ner *Mz.* jüdische Sekte der Zeit um Christi Geburt.

essentie'll (. . .-i-e . . .) wesentlich; **Esse'nz** *w* Hauptbestandteil, das Wesentliche.

Establishment s (ißtä'b-lischm^ent) *svw.* die bestehende Gesellschaftsordnung.

Estafe'tte *rv* Meldereiter.

Estaminet *s* (äßtamineh') Kneipe, Kaffeestube.

Esta'ncia, Esta'nzia *rv* südamerikanisches Landgut.

E'ster *m chem.* eine organ. Verbindung.

estimie'ren schätzen.

Estomi'hi *rel.* (nach den Worten aus dem 31. Psalm „Sei mir [ein starker Fels]" benannter) 7. Sonntag vor Ostern.

Estra'de *rv* erhöhter Platz.

E'stragon *m bot.* eine Gewürzpflanze.

E'strich *m* fugenloser Fußboden.

et (lateinisch:) und.

E'ta *s* dem (kurzen) „e" entsprechender Buchstabe des griechischen Alphabets.

ETA *rv Abk. v.* Euskadi ta askatasuna („Das Baskenland und seine Freiheit"): baskische Untergrundbewegung, die die Selbständigkeit der von Basken bewohnten spanischen und südfranzösischen Gebiete anstrebt.

etablie'ren, sich sich niederlassen; (be)gründen; **etablie'rt** (fest) begründet, niedergelassen; **Etablissement** *s* (ehtabließ°ma'ñ) Niederlassung, Gaststätte.

Etage *rv* (etah'sh°) Stockwerk; **Etagere** *rv* ehtashäh'r°) (Stufen-)Gestell; **Etalage** *rv* (ehtalah'sh°) (Waren-)Auslage, Schaustellung; **etalie'ren** zur Schau stellen.

Etalon *m* (ehtalo'ñ) Eichmaßstab.

Etami'n *s* gazeartiger Stoff.

Eta'ppe *rv* Teilstrecke; *mil.* Nachschubgebiet.

Etat *m* (ehtah') Haushaltsplan; **etatisie'ren** einen Betrag in den Haushaltsplan aufnehmen;

etatmäßig (ehtah' . . .) planmäßig; dem Sollbestand entsprechend; **Etati'smus** *m* Stärkung der Staatsgewalt.

et cetera (*Abk.* etc.) und so weiter.

etepete'te *uspr.* geziert, steif, zimperlich.

eternisie'ren verewigen.

E·erni t *m/n* (Bauplatten aus) Asbest-Zement.

E'thik *rv* Sittenlehre; **e'thisch** sittlich.

e'thnisch einem Volke eigentümlich, volksmäßig; **Ethnogra'ph** *m* (beschreibender) Völkerkundler; **Ethnographie'** *rv* beschreibende Völkerkunde; **ethnogra'phisch** die beschreibende Völkerkunde betreffend; völkerkundlich; **Ethnolo'ge** *m* (vergleichender) Völkerkundler; **Ethnologie'** *rv* vergleichende Völkerkunde; **ethnolo'gisch** die vergleichende Völkerkunde betreffend; völkerkundlich.

Ethologie' *rv biol. psych.* Verhaltenswissenschaft; **E'thos** *s* Sitte, sittliche Haltung.

Etike'tt *s* Aufklebezettel; **Etike'tte** *rv* höfische Sitte, Umgangsformen; **etikettie'ren** beschildern.

Etü'de *rv mus.* Übungsstück.

Etui *s* (ehtwih') Hülle, Behältnis.

Etymolo'ge *m* sich mit der Etymologie befassender Wissenschaftler; **Etymologie'** *rv* Lehre v. d. Herkunft u. Bedeutung der Wörter; **etymolo'gisch** die Herkunft und Bedeutung der Wörter betreffend.

Eubio'tik *rv* Lehre vom vernünftigen, gesundheitsgemäßen Leben.

Eucharistie' *rv rel.* Altarsakrament; Abendmahlsfeier.

Eudämonie' *rv* Glückselig-

keit.

Eudämoni'smus *m phil.* eine das Streben nach Glückseligkeit als wahrhaft sittlich betrachtende Lehre.

Eudoxie' *rv sɔrv.* guter Ruf.

Euge'nik *rv* („Wohlgeborenheit") Erb(gesundheits)lehre, Erb- u. Rassenhygiene; **euge'nisch** die Erbgesundheit betreffend.

Euhomini'nen *Mz.* die (ersten) echten Menschen (im Gegensatz zu den Vormenschen).

Eukaly'ptus *m bot.* australisches immergrünes Myrtengewächs.

Eukoda'l *s med., chem.* aus Opium-Alkaloiden hergestelltes Betäubungsmittel.

Eula'n *s* Mottenschutzmittel; **eulanisie'ren** gegen Mottenfraß schützen.

Eumeni'den *Mz.* (eigentlich „die Wohlwollenden") Rachegöttinnen (s. Erinnyen).

Eunu'ch *m* männl. Kastrat; Haremswächter.

Euphemi'smus *m* Beschönigung; **euphemi'stisch** beschönigend.

Euphonie' *rv* Wohlklang.

Eupho'rbie *rv* (. . . i-e) *bot.* Wolfsmilchgewächs.

Euphorie' *rv* Gefühl gesteigerten Wohlbefindens; **eupho'risch** wohlgestimmt; gesteigertes Wohlgefühl empfindend.

Eura'sien *s* Bezeichnung für die zusammenhängenden Erdteile Europa und Asien.

Eurato'm *rv* Europäische Atom(energie)-Gemeinschaft.

Eurhythmie' *rv* künstlerisches Ebenmaß.

EUROCHEMIC *rv Abk. v.* European Company for the Chemical Processing of Irradiated Fuel: Europäische Gesellschaft für die chemische Aufbereitung bestrahlter Kernbrennstoffe, ein Sonderorgan der OECD (s. dort); **Eurocheque, Euroscheck** m Scheck, der von den Banken fast aller europäischen Länder eingelöst wird; **Eurocontrol** ro 1963 von der Bundesrepublik Deutschland, Frankreich, den Benelux-Staaten und Großbritannien gegründete Organisation über Zusammenarbeit und Sicherung der Luftfahrt; **Euro-Dollar** m von Nicht-Amerikanern bei europäischen Banken gehaltene Dollarguthaben; **Eurokommunismus** m pol. von kommunistischen Parteien West- und Südeuropas vertretene Form eines nicht von der KPdSU (Kommunistische Partei der Sowjetunion) abhängigen Kommunismus.

europäisie'ren europäischen Vorbildern angleichen; eine Einrichtung (Wirtschaft, Forschungsgebiet u. a.) von nationaler auf europäische Grundlage umstellen.

Europarat/Council of Europe/Conseil de l'Europe m Zusammenschluß europäischer Staaten (Beneluxstaaten, Bundesrepublik Deutschland, Dänemark, Frankreich, Griechenland, Großbritannien, Irland, Island, Italien, Malta, Norwegen, Österreich, Schweden, Schweiz, Türkei, Zypern) mit dem Ziel ständiger politischer Kontakte und Zusammenarbeit mit dem Sitz in Straßburg; **Europe des patries** s (öro'p dä patrih') von de

Gaulle vertretene Idee eines „Europa der Vaterländer".

europi'd zur europäischen Rassenfamilie gehörend.

Euro'pium s chem. ein Grundstoff (Eu) (nach Europa benannt).

Eurovisio'n ro Organisation der westeuropäischen Fernsehanstalten zum Zwecke der Durchführung von Gemeinschaftsprogrammen und des Programmaustausches.

Eury'dike, Eurydi'ke ro in der griechischen Sage: Gattin des Orpheus.

Eurythmie' ro von R. Steiner begründeten anthroposophische Bewegungskunst (Umsetzung von Worten oder Melodien in Bewegungen).

Eusta'chische Röhre ro med. Ohrtror..pete

Euthanasie' ro Sterbehilfe; auch (fälschlich!): Tötung unheilbar Kranker.

Eutrophie'rung ro biol. Überernährung (von Gewässern).

Evakuie'rung ro Leerung, Räumung, Aussiedlung; **evakuie'ren** leeren, aussiedeln.

Evaluatio'n, Evaluie'rung, Evalvatio'n ro Bewertung; **evalvie'ren** bewerten.

Evangelia'r s Evangelienhandschrift; liturgisches Buch mit den Evangelientexten; **Evange'lienharmonie** ro Darstellung des Lebens Jesu Christi auf der Grundlage der übereinstimmenden Teile der Evangelien; **evangelika'l** dem Evangelium entsprechend; das Wort, das Neue Testament, als unbedingt maßgeblich anerkennend; **Evangelisatio'n** ro rel. Verkündigung des Evangeliums; **evange'lisch** das Evangelium betreffend;

svw. protestantisch; **evangelisie'ren** die Evangelien verkündigen; **Evangeli'st** m Verfasser eines Evangeliums; auch freikirchlicher evangelischer Prediger; **Evange'lium** s „frohe Botschaft" (Jesu).

Evaporatio'n ro Ver-, Eindampfung; **Evapora'tor** m (Meerwasser-)Verdampfer (zur Gewinnung von Süßwasser); **evaporie'ren** ver-, eindampfen.

Evasio'n ro Entweichen; **evasi'v** entweichend; **evaso'risch** entweichend.

Evenement s (ehwähn°ma'ñ) Ereignis.

Eventualitä't ro Möglichkeit; **eventue'll** (. . . u-ell) möglichenfalls.

Everglades Mz. (ä'w°rglehds) Sumpfgebiet in Südflorida; **Everglaze** s (ä'werglehs) knitterfeste Gewebeart; **E'vergreen** m (ä'w°rgrihn) beliebter, nicht veraltender Schlager.

Evertebra'ten Mz. zool. wirbellose Tiere.

evide'nt augenscheinlich, offenbar; **Evide'nz** ro Augenscheinlichkeit.

Eviktio'n ro iur. Entziehung einer Sache durch Gerichtsurteil.

Evipa'n s med. ein Narkosemittel.

Eviratio'n ro med. sex. „Entmännlichung" = Verweiblichung der männlichen Wesensart.

Evokatio'n ro Hervorrufen, Vorladung.

Evolutio'n ro (allmähliche) Entwicklung; biol. stammesgeschichtliche Entwicklung der Lebewesen; **evolutionä'r** sich allmählich entwickelnd.

evozie'ren hervorrufen, vorladen.

EVR s Abk. v. Electronic Video Recording: Elektronisches Bild-Ton-Abspielgerät.

evvi'va! italienisch: „hoch", „er (sie, es) lebe hoch!"

E(x)..., **e(x)**... als Vorsilbe: aus, ehemalig o. ä.

ex! aus!

Exaggeratio'n *rv* Übertreibung; **exaggerie'ren** übertreiben.

exa'kt genau, sorgfältig; **Exa'ktheit** *rv* Genauigkeit, Sorgfalt.

Exaltatio'n *rv* Überspanntheit; **exaltie'ren sich** überspannt verhalten; **exaltie'rt** überspannt.

Exa'men s (Abschluß-) Prüfung; **Examina'nd** m Prüfling; **Examina'tor** m Prüfer; **examinie'ren** prüfen.

Exanthe'm s *med.* Hautausschlag.

Exa'rch m byzantinischer Statthalter; orthodoxer Obermetropolit; **Exarcha't** s Amtsbereich eines Exarchen.

Exartikulatio'n *rv med.* chirurgische Entfernung eines Gliedes im Gelenk.

Exau'di *rel.* (nach den Worten aus dem 27. Psalm (Herr, höre meine Stimme...): 6. Sonntag nach Ostern.

ex ca'thedra vom Päpstlichen Stuhl aus; *svrv.* unfehlbar.

Exce'ptio *rv iur.* „Ausnahme": Einrede.

Exchange *rv* (ikßtschei'ndsh) Geldwechsel, Kurs, Börse.

Exchequer m (ikßtschä'k°r) britisches Schatzamt.

Exege'se *rv* Auslegung der Bibel; **Exege'tik** *rv* Bibelauslegung; **exege'tisch** die Bibel auslegend.

exekutie'ren vollziehen; **Exekutio'n** *rv* Vollstreckung; Hinrichtung; **exekuti'v** vollstreckend, ausführend; **Exekuti've** *rv* Vollzugsgewalt; **Exeku'tor** m Vollstrecker.

Exe'mpel s Beispiel; **Exempla'r** s Einzel-, Musterstück; **exempla'risch** beispielhaft; *auch svrv.* abschreckend; **Exemplifika'tio'n** *rv* beispielhafte Erläuterung; **exemplifizie'ren** durch Beispiele erläutern.

exe'mt *iur.* befreit, ausgenommen; **Exemtio'n** *rv iur.* Befreiung von einer Verpflichtung.

Exenteratio'n *rv med.* Ausweidung; **exenterie'ren** ausweiden, herausnehmen.

Exequa'tur s Bestätigung eines Konsuls zur Amtsausübung; **Exe'quien** Mz. (...i-en) *rel.* liturgische Handlung bei kathol. Begräbnissen.

exerzie'ren üben, ausbilden; **Exerzi'tien** Mz. (...zi-en) *rel.* geistl. Übungen.

Exhalatio'n *rv* Ausatmung, Ausströmung; **exhalie'ren** ausatmen, ausströmen.

Exhaustio'n *rv* Erschöpfung; **Exhau'stor** m *techn.* Entlüfter.

exhibie'ren *sex.* entblößen, zur Schau stellen; **Exhibitioni'smus** m *sex.* krankhafter Drang zu schamloser Entblößung.

exhumie'ren wieder ausgraben; **Exhumie'rung** *rv* Wiederausgrabung von Leichen.

Exi'l s Verbannung(sort); **Exi'lpresse** *rv* von Emigranten herausgegebene Presseerzeugnisse, durch welche die politische Entwicklung in den Heimatstaaten beeinflußt werden soll.

eximie'ren iur von einer Verpflichtung befreien.

existe'nt wirklich vorhanden; **Existentiali'smus** m eine philosoph. Richtung der Gegenwart; **Existentiali'st** m Anhänger des Existentialis-

mus; *auch* Anhänger einer unbürgerlichen Lebensauffassung; **Existe'nz** *rv* Dasein; **existentie'll** (...i-e...) das Dasein betreffend; **Existe'nzminimum** s notwendigste Mittel, von denen man noch leben kann; **existie'ren** leben, bestehen.

E'xitus m *med.* Tod.

Exkavatio'n *rv* Aushöhlung; **exkavie'ren** aushöhlen.

Exklamatio'n *rv* Ausruf; **exklamato'risch** ausrufend.

Exkla've *rv* eigener Gebietsteil innerhalb fremden Gebietes.

exkludie'ren ausschließen; **Exklusio'n** *rv* Ausschließung; **exklusi'v** sich abschließend; **exklusi've** ...ausschließlich...; **Exklusivitä't** *rv* Abgeschlossenheit, Ausschließlichkeit; **Exklusi'v-Laden** m in der DDR eingerichtete Verkaufsstelle für Luxuswaren zu wesentlich überhöhten Preisen.

Exkommunikatio'n *rv rel.* Kirchenbann; **exkommunizie'ren** aus der Kirchengemeinschaft ausschließen.

Exkreme'nt s *med.* Ausscheidung; **Exkre't** s *med.* Ausscheidungsprodukt; **Exkretio'n** *rv* Ausscheidung.

Exkulpatio'n *rv iur.* Rechtfertigung; **exkulpie'ren** rechtfertigen.

Exku'rs m Abschweifung; **Exkursio'n** *rv* (Lehr-)Ausflug.

Exli'bris s Buchzeichen mit Eigentümernamen.

Exmatri'kel *rv* Abgangsbescheinigung; **Exmatrikulatio'n** *rv* Streichung aus der Hochschulliste; **exmatrikulie'ren** aus der Hochschulliste streichen.

Exmissio'n *rv* zwangsweise Entfernung; **exmittie'ren** zwangsweise entfernen.

Exo ..., exo ... als Vorsilbe: außen, von außen, außerhalb; **E'xobiologie'** *ro biol.* Wissenschaft vom außerirdischen Leben; **E'xodus** *m* Auszug (der Juden aus Ägypten).

ex offi'cio von Amts wegen.

Exogamie' *ro* Form der Ehe, bei der die Partner nicht dem gleichen gesellschaftlichen Verband (Stamm, Kaste) angehören dürfen; **exoge'n** von außen stammend; **exokri'n** *med.* nach außen absondernd.

Exoneratio'n *ro* Entlastung; **exonerie'ren** entlasten.

Exophtha'lmus *m med.* „Glotzauge".

exorbita'nt übertrieben; **Exorbita'nz** *ro* Übertreibung.

ex orie'nte lux (... i-e ...) „aus dem Osten (kommt) das Licht".

exorzie'ren Geister austreiben; **Exorzi'smus** *m* Geisteraustreibung; **Exorzi'st** *m* Geisterbanner.

Exo't *m* Lebewesen (Mensch, Tier, Pflanze) überseeischer Länder.

exote'risch nach außen gewendet; allgemeinverständlich.

Exo'tika *Mz.* Werke überseeischer Volkskunst; **exo'tisch** überseeisch, fremdländisch.

Expa'nder *m* Sportgerät zur Stärkung der Armmuskeln; **expandie'ren** (sich) ausdehnen; **expansi'bel** ausdehnungsfähig; **Expansio'n** *ro* Ausdehnung; **expansi'v** (sich) ausdehnend.

Expatriatio'n *ro* Ausbürgerung; **expatriie'ren** (... i-i ...) ausbürgern;

Expatriie'rung *ro* (... i-i ...) Ausbürgerung.

Expedi'ent *m* (... i-e ...) Versender; **expedie'ren** absenden; **Expeditio'n** *ro* Absendung(sstelle); Forschungsreise.

Expe'ktorans *s med.* den Auswurf förderndes Mittel; **expektorie'ren** *med.* auswerfen, aushusten.

expensi'v aufwendig, kostspielig.

Experime'nt *s* (wissenschaftl.) Versuch; **experimenta'l** *od.* experimente'll durch Versuch erwiesen *od.* erweisbar.

expe'rt erfahren, sachkundig; **Expe'rte** *m* Sachverständiger; **Experti'se** *ro* Begutachtung.

Explanatio'n *ro* (Text-)Erklärung; **explanie'ren** (einen Text) erklären.

Explikatio'n *ro* Erklärung; **explizie'ren** erklären; **expli'zite** deutlich.

explodie'ren platzen, zerknallen.

Exploitation *ro* (äkßploataßjoh'n) Ausbeutung; **exploitieren** (äkßploatih'r^{e}n) ausbeuten.

Exploratio'n *ro* Ausforschung; **explorie'ren** ausforschen.

explosi'bel zu einer Explosion fähig; **Explosio'n** *ro* Sprengung, Knall; **explo'siv** leicht explodierend.

Expona't *s* Ausstellungsstück; **Expone'nt** *m* *math.* Hochzahl; herausgestellter Vertreter einer Sache; **exponie'ren** herausheben, gefährden; **exponie'rt** herausgehoben, gefährdet.

Expo'rt *m* Ausfuhr; **exportie'ren** ausführen; **Exporteur** (... tö'r) Ausfuhrhändler.

Exposé *s* Darlegung, Bericht, Plan; **Expositio'n**

ro Darlegung, Einführung.

expre'ß eiligst; **Expre'ß** *m* Schnellzug.

Expressio'n *ro* Ausdruck, das Herausdrücken; **Expressioni'smus** *m* „Ausdruckskunst", eine Literatur- und Kunstrichtung des beginnenden 20. Jahrhunderts; **Expressioni'st** *m* Schriftsteller oder Künstler des Expressionismus; **expressioni'stisch** im Stil des Expressionismus.

expre'ssis ve'rbis *soro.* ausdrücklich.

ex profe'sso von Berufs wegen.

Expropriateur *m* (... tö'r) Enteigner; **Expropriatio'n** *ro* Enteignung; **exproprie'ren** (... i-i ...) enteignen.

Expulsio'n *ro* Austreibung.

exquisi't auserlesen.

Ex(s)ekratio'n *ro rel.* (feierliche) Verfluchung; **ex(s)ekrie'ren** (feierlich) verfluchen.

Exsikka'ntia *Mz. med. chem.* austrocknende Mittel; **exsikkati'v** austrocknend.

Exspekta'nt *m* Bewerber; **exspektati'v** er-, abwartend.

Exspiratio'n *ro med.* Ausatmung; **exspirie'ren** ausatmen.

Exstirpatio'n *ro med.* operative Entfernung eines Körperteiles; **exstirpie'ren** *med.* Körperteile operativ entfernen.

Exsuda't *s med.* Ausschwitzung; **exsudati'v** ausschwitzend.

Extempora'le *s* schriftliche Arbeit (ohne Vorbereitung); **extemporie'ren** aus dem Stegreif schaffen.

extendie'ren ausstrecken, ausdehnen; **extensi'bel** ausstreck-, dehnbar; **Extensio'n** *ro* Ausdehnung; **Extensitä't** *ro* Ausdeh nung; **extensi'v** in die Breite gehend; mit geringem Einsatz wirtschaftl. Mittel.

Exterieur s (äkßtehrjö'r) das Äußere.

exte'rn auswärts; **Exte'rne** Mz. außerhalb einer Internatsschule wohnende Schüler(innen); Schüler(innen), die eine Abschlußprüfung an einer fremden Schule ablegen.

exterritoria'l außerhalb der Staatsgewalt des Aufenthaltslandes; **Exterritorialitä't** w Unabhängigkeit von der Staatsgewalt des Aufenthaltslandes.

Extinkteur m (... tö'r) (Feuer-)Löscher.

Extra . . ., extra . . . als Vorsilbe: außerhalb, besonders.

e'xtra besonders; **extrahie'ren** auszehen; **extrakorpora'l** med. außerhalb des Körpers; **Extra'kt** m Auszug (aus Drogen, Büchern usw.); Hauptbestandteil; **Extraktio'n** w das Herausziehen; chem. Auslaugung.

extra'n s. extern.

extraordinä'r außerordentlich; **Extraordinaria't** s

Amt eines außerordentlichen Professors; **Extraordina'rius** m außerordentlicher Professor.

E'xtras Mz. zusätzlich eingebautes Zubehör.

Extrasysto'le w med. unregelmäßige Herzzusammenziehung.

E'xtratour w eigenwillige Handlung.

extrauteri'n (. . . a-u . . .) med. außerhalb der Gebärmutter; **Extrauteri'ngravidität** w (. . . a-u . . .) med. Bauchhöhlenschwangerschaft.

extravaga'nt überspannt, ausgefallen; **Extravaga'nz** w Überspanntheit.

extravertie'rt psych. nach außen gewandt.

extre'm äußerst, übertrieben; **Extre'm** s Übertreibung; **Extremi'smus** m übersteigert radikale (politische) Einstellung od. Richtung; **Extremi'st** m Anhänger einer übersteigert radikale Ideen vertretenden (politischen) Richtung; **extremi'stisch** übersteigert radikal; **Extremitä'ten** w Mz. Gliedmaßen.

Extre'mtechnik w Technik, die außergewöhnlich hohe Anforderungen be-

wältigen muß.

Exula'nt m des Landes Verwiesener; **exulie'ren** in Verbannung leben.

Exundatio'n w Überschwemmung; **exundie're** ren überschwemmen.

ex vo'to eines Gelübdes wegen.

exzelle'nt vortrefflich; **Exzelle'nz** w Vortrefflichkeit; Anrede für hochstehende Persönlichkeiten.

exze'ntrisch vom Mittelpunkt abweichend; überspannt.

exzeptione'll eine Ausnahme bildend.

exzerpie'ren einen schriftlichen Auszug anfertigen.

Exze'rpt s schriftlicher Auszug.

Exze'ß m Ausschweifung; **exzessi'v** ausschweifend, übertrieben.

exzidie'ren med. aus-, herausschneiden; **Exzisio'n** w med. das Ausschneiden.

exzita'bel erregbar; **Exzitatio'n** w Erregung; **exzitati'v** erregend.

Eye-catcher m (ai'kätsch°r) Blickfang (im Werbewesen).

F

s. auch Ph.

f mus. Abk. für forte.

Fa'bel w lehrhafte, erzählende Dichtung; **fa'belhaft** großartig, märchenhaft.

Fabiani'smus m englischer Sozialismus, die Grundlage der Labour Party; lehnt Marx und die Theorie des Klassenkampfes ab.

Fabri'k w auf Maschinenarbeit beruhender Großbetrieb; **Fabrika'nt** m Fabrikbesitzer; **Fabrika't** s Erzeugnis; **Fabri-**

katio'n w Herstellung (in einer Fabrik), Erzeugung; **fabrizie'ren** erzeugen, herstellen.

Fabula'nt m Fabelerzähler; auch Lügner; **fabulie'ren** erdichten, lebhaft erzählen; **fabulö's** fabelhaft, großartig.

Face w (fah'ß°) Vorderseite.

Fae'ces Mz. med. Darmentleerungen.

Facette w (fahßä'tte) Schlifffläche; **facettie'ren** mit Schliffflächen versehen.

Fa'chidiot m Fachwissenschaftler, dessen geistiger Horizont nicht über sein Fachgebiet hinausreicht und der sich der Folgen seiner Tätigkeit für die Gesellschaft nicht bewußt ist; engstirniger „Nur-Fachwissenschaftler".

Façon s. Fasson.

fa'de ohne Geschmack, langweilig.

Fading s (feh'diñ) techn., phys. Schwund.

Fago'tt s mus. Holzblasinstrument (in tiefer

Tonlage).

Faible s (fäh'bl) Schwäche, Vorliebe.

fair (fäh'r) anständig, ehrlich; **Fair'ness** w anständiges, ehrliches Verhalten; **Fair play** s (fährpleh') anständiges, ehrliches Spiel bzw. Verhalten.

Faiseur m (fähsö'r) Anstifter, Drahtzieher.

Fait accompli s (fähtakoñplih') vollendete Tatsache.

fäka'l kotig; **Fäka'lien** Mz. (...i-en) Ausscheidungen, Kot.

Fa'kir m indischer asketischer Büßer.

Faksi'mile s genaue (gedruckte) Nachbildung; **faksimilie'ren** etwas genau nachbilden.

Fa'kten Mz. Tatsachen; **Faktio'n** w (politische) Tatgemeinschaft; **fa'ktisch** tatsächlich.

Fa'ktor m Wirkungskraft, bestimmender Umstand; math. Vervielfältigungszahl; technischer Leiter eines graphischen Betriebes; **Faktorei'** w Handelsniederlassung.

Fakto'tum s svw. „Mädchen für alles".

Fa'ktum s Tatsache.

Faktu'r(a) w Rechnung; **fakturie'ren** berechnen; **Fakturi'st** m Rechnungsschreiber und -prüfer.

Faku'ltas w Lehrbefähigung; **Fakultä't** w Wissenschaftsgebiet innerhalb einer Hochschule; **fakultati'v** wahlfrei.

Fala'nge w (auch fala'ñch° – ch wie in „ach" gesprochen –) ehemalige nationalistische spanische Staatspartei (unter Franco); **Falangi'st** m Mitglied der Falange.

Fa'lbel w Faltensaum, -besatz; **fä'lbeln** mit einem Faltensaum od. -besatz versehen.

Fale'rner m italienischer Wein aus der Landschaft Kampanien.

Falkone'tt s mil. leichtes Geschütz des 15.–17. Jahrhunderts.

falli'bel dem Irrtum unterliegend.

fallie'ren zahlungsunfähig werden; **Fallissement** s (falißma'ñ) Zahlungsunfähigkeit; **falli't** zahlungsunfähig.

Fall-out m (fôl au't) phys. techn. radioaktiver Abfall bei Erzeugung von Kernenergie.

False'tt s mus. Fistelstimme; **falsettie'ren** mit Kopfstimme singen.

Falsifika't s Fälschung; Gefälschtes; **Falsifikatio'n** w Fälschung; **falsifizie'ren** fälschen; **Fa'lsum** s Falsches, Gefälschtes.

Fa'ma w Gerücht, Leumund.

familiä'r vertraulich; **Fami'lie** w (...i-e) Gesamtheit der durch Verwandtschaft oder Ehe verbundenen Personen; im engeren Sinne: die Gemeinschaft von Ehemann, Ehefrau und Kindern; biol. Sammelbegriff für Lebewesen verwandter Gattungen; **Fami'lienkiller** m scherzhaft für Fernseher.

famo's ausgezeichnet.

Famulatu'r w von einem Medizinstudenten in einem Krankenhaus abzuleistender (Hilfs-)Dienst; **famulie'ren** (Hilfs-)Dienste in einem Krankenhaus ableisten; **Fa'mulus** m Medizinstudent, der in einem Krankenhaus (Hilfs-)Dienste ableistet; Diener, Gehilfe.

Fan m (fä'n) Schwärmer, begeisterter Anhänger; **Fana'l** s weithin sichtbares (Feuer-)Zeichen; **Fana'tiker** m Eiferer; **fana'tisch** hitzig, blindgläubig; **fanatisie'ren** in

leidenschaftliche Begeisterung versetzen; **Fanati'smus** m leidenschaftliche, blinde Begeisterung.

Fanda'ngo m ein spanischer Tanz.

Fanfa're w helltönendes Blechinstrument; Trompetensignal.

Fanfaron m (fañfaro'ñ) Prahler; **Fanfaron(n)a'de** w (fañ...) Prahlerei.

Fa'ngo m heilkräftiger Schlamm.

Fantasi'a w arabisches Reiterkampfspiel; mus. s. Fantasie; **Fantasie'** w mus. Instrumentalstück in freier Form.

Fara'd s phys. Maßeinheit der elektrischen Kapazität; **Faradisatio'n** w med. Heilbehandlung mit Induktionsströmen; **faradisie'ren** med. mit Induktionsströmen behandeln.

Farce w (fa'rß°) Posse; Kochkunst: Füllung, Füllsel; **farcie'ren** Kochkunst: Gerichte mit einer Füllung versehen.

Fa'rm w Landgut; **Fa'rmer** m Landwirt.

Fasanerie' w Fasanengehege.

Faschi'ne w Reisigbündel.

Faschi'smus m pol. (nach der von Mussolini in Italien geschaffenen Bewegung:) Sammelbezeichnung für rechtsradikale, nationalistische, autoritäre oder diktatorische politische Systeme; **Faschi'st** m Anhänger des Faschismus; **faschi'stisch** dem Faschismus entsprechend, den Faschismus betreffend; **faschistoi'd** (...o-i...) dem Faschismus ähnlich, den Faschismus nachahmend.

Fashion w (fäh'sch°n) Mode, Vornehmheit; **fashionable** (od. -bel) (fäh'sch°n°bl) modisch, vornehm.

Fassa'de *w* Vorderseite; Äußeres; **Fasson** *w* (faßo'ñ) Form, Lebensart.

fastidiö's langweilig.

Faszi'kel *m* Heft, Aktenbündel: **faszikulie'ren** heften, bündeln.

Faszinatio'n *w* Bezauberung; **faszinie'ren** bezaubern.

fata'l verhängnisvoll; **Fatali'smus** *m* Glaube an das Schicksal; **Fatali'st** *m* Schicksalsgläubiger; **fatali'stisch** dem Schicksal ergeben; **Fatalitä't** *w* Mißgeschick.

Fa'ta Morga'na *w* Luftspiegelung; Sinnestäuschung.

Fathom *s* (fä'θe'm) „Faden": britisches Längen-, Tiefenmaß (= 1,83 m).

fatiga'nt ermüdend; **fatigie'ren** ermüden.

Fatimi'den *Mz.* mohammedanisches Herrschergeschlecht des 10. bis 12. Jahrhunderts.

Fa'tum *s* Schicksal.

Faun *m* römischer Waldgott; **Fau'na** *w* Tierwelt; **Fauni'st** *m* Tierkundler; **fauni'stisch** die Tierwelt betreffend.

faute de mieux (fohtd^emjöh') in Ermangelung eines Besseren.

Fauteuil *m/s* (fohtö'j) Armsessel.

Fauves *Mz.* (foh'w) „die Wilden": französische Künstlergruppe (Anfang des 20. Jahrhunderts); **Fauvismus** *m* (fohwi'ß-muß) dem Expressionismus verwandter Stil einer französischen Künstlergruppe.

Fauxpas *m* (fohpa') Fehltritt, Verstoß.

favora'bel günstig.

Favoris *m* (faworih') Backenbart.

favorisie'ren begünstigen; **Favori't** *m* Günstling; voraussichtlicher Sieger;

Favori'tin *w* Geliebte, Lieblingsfrau; voraussichtliche Siegerin.

Fayence *w* (fahja'ñß) glasierte Töpferware.

Faze'nda *w* brasilianisches Landgut.

Fä'zes *Mz. med.* Darmentleerungen.

Faze'tie *w* (. . . i-e) italienische satirische Kurzerzählung.

fazia'l *med.* das Gesicht betreffend; **Fazia'lis** *m* *med.* Gesichtsnerv.

Fazilitä't *w* Leichtigkeit.

Fa'zit *s* Ergebnis, Schlußfolgerung.

FBI = *Abk. f.* „Federal Bureau of Investigation" (s. dort).

Feature *s* (fih'tsch^er) dramaturgisch gestalteter aktueller Rundfunk-, Presse- oder Fernsehbericht.

febri'l *med.* fieberhaft.

fec., fe'cit „hat gemacht": mit dem Namen des Künstlers verbundene Signatur auf Werken der bildenden Kunst.

Feda'ijin *Mz.* „Kämpfer, die zur Selbstaufopferung bereit sind": palästinensische Guerillas.

Federal Bureau of Investigation (FBI) *m* (fä'd^er^el bjuh'roh owinwäßtigeh'sch'n) Bundeskriminalamt der USA.

Fee *w* weibl. Märchengestalt.

Feedback *s* (fihdbä'k) „Rückfütterung": ein Begriff der Kybernetik (s. dort), auch den der Psychologie; Rückbeeinflussung, Gegenkontrolle; Rückkopplung.

Feeling *s* (fih'liñ) Fühlen, Gefühl, Empfindung; auch gehobenes Gefühl beim Rauschdrogengenuß.

Feerie' *w* (fe-e...) Zauber-, Märchenspiel.

feku'nd *biol.* fruchtbar; **Fekundatio'n** *w* *biol.*

Befruchtung.

Feli'den *Mz. zool.* Raubkatzen.

Fella'che *m* ägyptischer Bauer.

Fella'tio *w* *sex.* sexuelle Reizung des männlichen Gliedes durch den Mund der Frau.

Fellow *m* (fä'loh) Bursche; Mitglied einer wissenschaftl. Gesellschaft in England od. den USA; **Fellowship** *w* (fä'loschip) Mitgliedschaft; Würde eines „Fellow"; **Fellow-travel(l)er** *m* (. . . trä'w^el^er) „Reisegefährte": *pol.* Mitläufer, (mit den Kommunisten) Sympathisierender.

Felonie' *w* Untreue.

Felu'ke *w* *naut.* Küstensegelschiff im Mittelmeerraum.

feminie'ren verweiblichen; **femini'n** weiblich; weibisch; **Fe'mininum** *s* weibl. Geschlecht; **Femini'smus** *m* weibisches Wesen; **Femini'stin** *w* *sow.* Frauenrechtlerin; **femini'stisch** weibisch; auch frauenrechtlerisch.

Femme fatale *w* (fa'm fata'l) sittenlose charmante Frau.

Fe'mur *s* *med.* Oberschenkel(knochen).

Fe'nchel *m* *bot.* eine Gewürzpflanze.

Fe'nder *m* an Schiffswänden anzubringendes Schutzpolster.

Fe'n(n)ek *m* *zool.* Wüstenfuchs.

Fenz *w* (Stacheldraht-) Zaun; **fe'nzen** einzäunen.

Fe'rien *Mz.* (. . . i-en) Freizeit, Urlaub.

Ferma'n *m* Herrscherverordnung in islamischen Ländern.

Ferma'te *w* *mus.* Ruhezeichen.

Ferme *w* (fä'rm^e) französisches Landgut.

Ferme'nt s Gärstoff, Stoffwechselvorgänge bewirkender Stoff; **Fermentatio'n** w Gärung; **fermentie'ren** durch Gärung veredeln.

Fe'rmium s chem. zu den Transuranen gehörender Grundstoff (Fm) (nach dem italienischen Physiker Fermi benannt).

Ferro . . ., ferro . . . Eisen . . ., eisen . . .; **Fe'rromagneti'smus** m magnetische Eigenschaft des Eisens; **Fe'rrum** s chem. ein Grundstoff (Fe): Eisen.

ferti'l fruchtbar; **Fertilitä't** w Fruchtbarkeit.

Fes m s. Fez.

fe'sch flott.

fe'stina le'nte! „eile mit Weile!"

Fe'stival s Festlichkeit, Festspiele; **festivame'nte** mus. festlich; **Festivitä't** s scherzhaft Fest.

Fe'te w scherzhaft Festlichkeit.

Fe'tisch m Gegenstand abergläubischer Anbetung; **Fetischi'smus** m Fetischverehrung; sex. widernatürliche Bindung an einen Körperteil bzw. ein Kleidungsstück von Personen des anderen Geschlechts (zur Befriedigung des Geschlechtstriebes); **Fetischi'st** m Fetischanbeter.

Fe'tus m med. (Leibes-)Frucht (vom 3. Monat der Schwangerschaft an).

feuda'l adlig, vornehm; **Feudali'smus** m Adelsherrschaft; Lehnswesen; **Feudalitä't** w Vornehmheit; Lehnsverhältnis.

Feuilleton s (föjeto'ñ) Unterhaltungsteil einer Zeitung; **Feuilletonist** m (föjᵉtoni'ßt) Verfasser des Unterhaltungsteiles einer Zeitung; **feuilletoni'stisch** unterhaltend.

Fez m orientalische Kopfbedeckung; auch Spaß.

ff mus. Abk. f. fortissimo.

Fia'ker m Droschke.

Fia'le w Türmchen (in der Gotik).

Fia'sco m (umflochtene) Weinflasche; **Fia'sko** s Mißerfolg.

Fi'at iusti'tia et pe'reat mu'ndus „Es muß Gerechtigkeit geschehen, und sollte die Welt darüber zugrunde gehen!"

Fi'bel w (einführendes) Lehrbuch; Gewandspange.

Fi'ber w Faser; **Fibri'lle** w med. feine (Muskel-, Nerven-)Faser; **Fibri'n** s med. Gerinnung bewirkender Blutfaserstoff; **Fibro'm** s med. Bindegewebsgeschwulst.

Fiche w (fih'sch) Zettel, Spielmarke.

Fichu s (fischü') dreizipfliges Schultertuch.

Fiction w (fi'ktsch⁰n) svw. schöne Literatur, Belletristik.

Fi'deikommiß s (fih'dehi . . .) unveräußerliches Stammgut.

fide'l heiter, lustig; **Fide'litas** w Heiterkeit.

Fi'des w Glaube.

Fi'dibus m Papierstreifen zum Anzünden von Tabak, Brennstoffen usw.

FIDO w (fai'do) Abk. v. Fog Investigation Dispersal Operations: Entnebelungsanlage für Flughäfen und — neuerdings — auch für Teilstücke von Autobahnen.

Fidulitä't w heiteres Beisammensein.

Fidu'z s Vertrauen; **fi'duzit!** „Verlaß dich darauf!": studentische Antwort beim Zutrinken innerhalb eines Kommerses.

Field-research s (fih'ld rihßö'tsch) Markt- bzw. Meinungsforschungs-

verfahren durch Befragungen.

Fiera'nt m (fi-e . . .) fahrender Händler, Hausierer.

fi'fty-fi'fty zu gleichen Teilen.

Fi'garo m Haarkünstler.

Fight m (fait) Kampf; **fighten** (fai't⁰n) kämpfen; **Fighter** m (fai'ter) Kämpfer.

Figu'r w Gestalt; Zeichnung; **Figuratio'n** w mus. melodische Verzierung; **figurie'ren** darstellen; **Figurie'rung** s s. Figuration; **Figuri'ne** w Figürchen; auch Modezeichnung; **figü'rlich** bildlich.

Fiktio'n w Erdichtung, Annahme; **fikti'v** erdichtet, angenommen.

Fila'ria Mz. med., zool. Fadenwürmer.

Filet s (fileh') Netzwerk; Lendenbraten; Rückenstück von Fischen; **filetie'ren** (Fisch-)Fleisch zu Filets verarbeiten.

Fi'lia w Tochter; **Fi'lia hospita'lis** w Wirtstochter; **Filia'le** w Zweigstelle.

Filibu'ster s svw. parlamentarische Verschleppungstaktik (besonders in den USA).

Filigra'n s Geflecht aus Edelmetalldraht; **filiie'ren** (. . . i-i . . .) (Netzwerk) knüpfen.

Fi'lius m Sohn.

Film m dünne Schicht; phot. mit lichtempfindl. Schicht versehener Zelluloidstreifen; Lichtspiel(wesen); **fi'lmen** einen Film aufnehmen; an einem Film mitwirken; **Filmothe'k** w Filmsammlung, -archiv.

Filou m (filuh') Spitzbube.

Fi'lter m/s Vorrichtung zum Klären von Luft, Gasen und Flüssigkeiten bzw. zum Trennen von Licht, Schall und elektrischen Strömen; **fi'l- tern, filtrie'ren** durch Filter klären, trennen.

Filzokratie' w suw. Partei- buchwirtschaft: Ausnut- zung politischer Macht- stellung durch „Verfil- zung": Besetzung aller mehr oder minder ein- flußreichen Stellen im Öffentlichen Dienst und in den öffentlichen Be- trieben durch Angehöri- ge der eigenen Partei, oftmals ohne Rücksicht auf fachliche Qualifika- tion; Besetzung der Abgeordnetenplätze eines Parlaments (der Legislative) durch Ange- hörige des öffentlichen Dienstes (der Exeku- tive), wodurch die Kon- trolle der Legislative durch die Exekutive nicht mehr möglich ist.

fina'l gramm. den Zweck angebend; **Finalitä't** w auf einen bestimmten Zweck gerichtetes Ge- schehen; **Fina'le** s Schlußteil.

Financier m (fihnañßjeh') Finanzmann; **Fina'nz(en)** w (Mz.) Geldwesen; **fi- nanzie'll** (. . . i-e . . .) geldlich; **finanzie'ren** geldlich ermöglichen.

finassie'ren Kniffe, Kunst- griffe anwenden.

Fin de siècle (fän d^e ßjäh'kl) „Ende des (19.) Jahrhunderts": Zeit- abschnitt kulturellen Verfalls; **Fi'ne** s mus. Schluß, Ende.

Fine'sse w Schlauheit, Kniff, Kunstgriff.

fingie'ren vortäuschen.

Fi'nis s Ende; **Finish** s (fi'nisch) Endkampf (im Sport); letzter Schliff.

Finnlandisie'rung w Ent- wicklung eines Staates zu einem politischen Zu- stand, in dem die staat- liche Unabhängigkeit nur noch durch politi- sches Wohlverhalten ge-

genüber der UdSSR auf- rechterhalten werden kann.

Fi'nte w Vorwand, Schein- hieb; **fintie'ren** Vorwän- de, Ausflüchte gebrau- chen.

Fioritu'ra w mus. Verzie- rung.

Fi'r_efanz m Unsinn, Dummheit.

firm sicher, beschlagen.

Fi'rma w Geschäft, Han- delsname.

Firmame'nt s Himmels- gewölbe.

Fi'rmelung w rel. katho- lische Einsegnung; **fi'r- meln, fi'rmen** rel. ein- segnen.

firmie'ren einen Handels- namen führen od. mit diesem unterzeichnen.

Fi'rmung w s. Firmelung.

Fi'rnis m Schutzanstrich.

first class (fößt klah'ß) erstklassig.

First Lady w (fö'ßt leh'di) Frau des Staatsober- hauptes.

Fisimate'nten Mz. Aus- flüchte, Streiche, Dumm- heiten.

fiska'lisch staatlich; **Fi's- kus** m Staat, -skasse.

fissi'l spaltbar; **Fissu'r** w Riß, Einriß, Spalt.

Fi'stel w med. krankhafte Röhrenbildung im menschlichen Körper.

fi'steln mit Kopfstimme singen; **Fi'stelstimme** w Kopfstimme.

fit tauglich; **Fi'tness** w (körperliche) Tauglich- keit; **Fi'tness-Center** s räumlich zusammenge- faßte Anlagen u. Ein- richtungen zur Erlangung und Bewahrung körper- licher Tauglichkeit.

Five o'clock (tea) m [faiw ohklo'k (tih)] Fünfuhr- tee.

fix fest, schnell; **Fixati'v** s Festigungsmittel (für Zeichnungen u. ä.).

fi'xen Wertpapiere, die

man nicht angekauft hat, an der Börse verkaufen; auch suw. Rauschdrogen genießen; **Fi'xer** m suw. wer Rauschdrogen ge- nießt; **fixie'ren** festma- chen anstarren.

Fixie'rung w das Festma- chen, das Anstarren; **Fi'xpunkt** m fester Ge- ländepunkt; **Fi'xstern** m astr. (scheinbar) fest- stehender Stern; **Fi'xum** s festes Einkommen.

Fizz m (fi's) alkoholisches Mischgetränk.

Fjä'll s baumlose Hoch- fläche in Schweden.

Fje'll s baumlose Hoch- fläche in Norwegen.

Fjo'rd m tiefeingeschnit- tener Meeresarm.

Flagella'nt m „Geißler"; sex. wer Geschlechts- befriedigung durch kör- perliche Züchtigung ver- langt; **Flagellanti'smus** m Selbstgeißelung aus religiösen Gründen oder zur Befriedigung des Geschlechtstriebes; **Flagella'ten** Mz. zool. einzellige Geißeltier- chen; **Flagellatio'n** w sex. körperliche Züchti- gung zur Befriedigung des Geschlechtstriebes.

Flageolett s (flasholä't) mus. kleine Flöte; (hohes) Flötenregister einer Orgel; durch Streichinstrumente er- zeugte hohe, flötenähn- liche Töne.

flagra'nt brennend, offen- bar; **in flagra'nti** auf fri- scher Tat.

Flair s (fläh'r) Spürsinn, Witterung, „feine Nase".

Flakon m (flako'ñ) Fläsch- chen.

Flambeau m (flañboh') Armleuchter; **flambie'- ren** Kochkunst: abflam- men, -sengen.

Flame'nco m spanischer Zigeunertanz.

Fla'mmeri m kalte Süß- speise.

Flane'll m weiche, angerauhte Gewebeart.

Flaneur m (flahnö'r)
Bummler, Umherschlen-
derer; **flanie'ren** umher-
schlendern.

Flash m (flä'sch) Blitz,
Einblendung, auch das
einer Opiumeinspritzung
folgende charakteristi-
sche körperliche Emp-
finden; **Flashback** m
(fläschbä'k) nach länge-
rer Zeit auftretende
Wiederholung des
„Flash".

Flatterie' w Schmeichelei.

Flatule'nz w med. Blähsucht; **Fla'tus** m med.
Blähung.

Fleet in being w (fliht in
bih'iñ) sov. durch ihr
bloßes Vorhandensein
wirksame Flotte.

flektie'ren beugen.

fle'tchern sov. Nahrungsmittel lange und gründ-
lich durchkauen.

Fleuri'st(in) m (w) gelern-
te(r) Blumenbinder(in);
auch Blumenfreund(in);
Fleu'rop w internationale
Organisation des Blu-
menhandels, die Blu-
menspenden im In- und
Ausland vermittelt.

flexi'bel biegsam; **Flexibi-
litä't** w Biegsamkeit;
Flexio'n w Beugung.

Flibu'stier m (. . . i-er)
Seeräuber.

Flic m Polizist (in Frankreich).

Fli'p m alkoholisches
Mischgetränk.

Fli'pper m Spielautomat;
„Pin Ball"-Maschine;
fli'ppern mit einem Flip-
per spielen.

Flirt m (flö'rt) Liebelei;
flirten (flö'rten) den Hof
machen.

floaten (floh't°n)
„fließen", schwanken
(Geldwert, Wechsel-
kurs); **Floating** s (floh'-
tiñ) „Fließen": der
Marktlage entsprechen-
des Schwanken des
Geldwertes; durch An-
gebot und Nachfrage

entstehender Wechsel-
kurs; Freigabe des
Wechselkurses.

Flop m Mißerfolg, Reinfall.

Flor m Blüte; dünnes Gewebe; **Flo'ra** w Pflan-
zenwelt; **flo'reat!** er, sie,
es blühe!

Flore'tt s Stoßdegen.

florie'ren blühen, gedeihen; **Florile'gium** s Blü-
tenlese, Anthologie
(s. dort).

Flo'rin m Gulden.

Flori'st m Erforscher der
Pflanzen eines bestimm-
ten Gebietes; **Flori'stik**
Lehre von den Pflanzen-
gebieten der Erde.

Flo'r(post)papier s dünnes
(Luftpost-)Papier.

Flo'skel w leere Redensart.

Flotatio'n w techn.
Schwimmaufbereitung
von Erzen.

Flö'te w mus. ein Holzblasinstrument; **flö'ten**
auf der Flöte blasen;
flötenähnlich pfeifen;
Flöti'st m Flötenspieler.

Flo'tte w Sammelbezeichnung für alle Kriegs-
oder Handelsschiffe
eines Staates; großer
Schiffsverband; **Flotti'lle**
w Verband kleiner
Schiffe.

Flower Power w (flau'°r
pau°r) „Macht der Blu-
men": Hippie-Schlag-
wort (s. Hippie).

flui'd flüssig; **Flu'idum** s
Ausstrahlung; Flüssig-
keit.

Fluktuatio'n w das
Schwanken, der Wech-
sel; **fluktuie'ren** kommen und gehen, schnell
wechseln, schwanken.

Flu'or s chem. ein Grundstoff (F) (nach fluere =
fließen [Flußspat] be-
nannt); **Fluoresze'nz** w
Leuchten von Stoffen
bei Bestrahlung; **fluo-
reszie'ren** schillern, auf-
leuchten; **Fluori'd** s

chem. Fluor-, Flußsäure-
salz; **fluorie'ren** Fluor
beifügen (z. B. Wasser
zur Kariesvorbeugung
mit Fluor anreichern);
fluorisie'ren s fluorie-
ren; **Fluori't** m chem.
Flußspat.

fluvia'l von einem Fluß
gebildet.

Flyer m (flai'°r) Flugblatt,
Prospektblatt.

Flymobil s (flai'mobihl)
ein nach einfachem Um-
bau auch als Auto ver-
wendbares Kleinflug-
zeug.

Fly-over m (flai oh'w°r)
techn. (provisorische)
Straßenüberführung in
Form einer Stahlbrücke.

fob = free on board
(s. dort).

Föderali'smus m Streben
nach Selbständigkeit in-
nerhalb eines Staaten-
bundes; **Föderali'st** m
Anhänger des Föderalis-
mus; **föderali'stisch** den
Föderalismus erstre-
bend; im Sinne des Fö-
deralismus; **Föderatio'n**
w Staatenbund; **födera-
ti'v** bundesstaatlich,
bundesmäßig; **föderie'-
ren** verbünden; **Föde-
rie'rte** Mz. Verbündete.

Fog m dicker Nebel (in
England).

foka'l den Brennpunkt
betreffend; med. von
einem Herd stammend;
Foka'linfektion w med.
von einem Eiterherd
ausgehende infektiöse
Erkrankung; **Fo'kus** m
opt. Brennpunkt; med.
Streuherd.

Folder m (foh'ld°) Falt-
prospekt.

Folia'nt m großformatiges
Buch; **Fo'lie** w (. . . i-e)
dünnes (Metall-)Blatt;
Fo'lio s großes Buch-
format; **Fo'lium** s bot.
Pflanzenblatt.

Fo'lketing s dänisches
Parlament.

Folklo're w Volkskunde;

Folklore-Look m (... luk) (Volks-)Trachtenmode; **folklori'stisch** die Folklore betreffend.

Folk-song m (foh'k ßoñ) Volkslied.

Folli'kelhormon s med. weibliches Geschlechtshormon.

foncé (fonßeh') dunkel (getönt).

Fond m (fo'ñ) Hintergrund, Grundlage; auch Rückseite.

Fondant m (foñda'ñ) Zukkerwerk.

Fonds m (fo'ñ) Grundvermögen, Geldvorrat.

Fondue ɯ (auch s) (foñdüh') schweizerisches Gericht aus (geschmolzenem) Käse, Weißwein, Kirschwasser und Gewürzen, das am Tisch zubereitet und warm genossen wird. Weitere Fondue-Arten: Fleisch-Fondue, Fisch-Fondue, chinesische Fondue u.a.

Fontä'ne ɯ Springbrunnen.

Fontane'lle ɯ med. Schädelknochenlücke bei Neugeborenen.

Fontange ɯ (foñta'ñsh) Damenkopfputz (um 1700).

Foot s (fuh't) Fuß: englisches Längenmaß (etwa 30 cm); **Football** m (fuh't bôl) Fußball; auch rugby-ähnliches Ballspiel in den USA.

Force ɯ (fo'rß) Kraft, Gewalt; **Force de frappe** ɯ französische (mit Atomwaffen ausgerüstete) Abschreckungsstreitmacht; **Force majeure** ɯ (forß mashö'r) höhere Gewalt.

forcieren (forßih'ren) erzwingen; **forciert** (forßih'rt) gewaltsam, erzwungen.

Foreign Office s (fo'rin o'fiß) Britisches Auswärtiges Amt.

fore'nsisch gerichtlich.

Forfeit s (fô'fit) Strafe, Bußgeld.

Fo'=int m ungarische Währungseinheit.

forma'l förmlich, äußerlich.

Formaldehy'd s chem. zur Raumentwesung benutztes Gas.

Forma'lien Mz. (... i-e) Förmlichkeiten, Äußerlichkeiten.

Formali'n s ein chemisches Desinfektionsmittel.

formalisie'ren in Formen bringen; **Formali'smus** m Überbetonung der (äußeren) Formen; **formali'stisch** die (äußeren) Formen überbetonend; **Formalitä't** ɯ Förmlichkeit, Äußerlichkeit; **forma'liter** förmlich.

Forma't s Größe, Gestalt; **Formatio'n** ɯ Gestaltung; mil. Truppenverband; **formati'v** gestaltend.

Fo'rmel ɯ feststehende Redewendung; math. Regel; chem. Kurzzeichen; **forme'll** förmlich.

formida'bel gewaltig.

formie'ren gestalten, bilden; **formierte Gesellschaft** ɯ eine sich aus eigener freier Entscheidung den Gegebenheiten und Anforderungen unseres Zeitalters anpassende Gesellschaft.

Formula'r s Formblatt; **formulie'ren** formen, ausdrücken, abfassen.

forsch schneidig, kräftig; **Fo'rsche** ɯ Schneid, Kraft.

Forsythie ɯ (forsü'zie) bot. ein gelbblühender Zierstrauch.

Fort s (foh'r) mil. kleine Festung.

fo'rte (f) mus. stark.

Fortifikatio'n ɯ mil. Befestigung; **fortifikato'risch** die Befestigung betreffend; **fortifizie'ren** befestigen.

Forti'ssimo s mus. größte Lautstärke; **forti'ssimo** (ff) mus. sehr stark.

FORTRAN (Abk. f. Formula **Tran**slator) eine Programmiersprache zur Lösung von Aufgaben auf technisch-wissenschaftlichem Gebiet.

Fortu'na ɯ römische Glücksgöttin; **Fortü'ne** ɯ Glück, (durch Glück erzielter) Erfolg.

Fo'rum s altröm. Marktplatz; Öffentlichkeit.

fossi'l vorzeitlich, versteinert; **Fossi'l** s versteinerter Überrest urzeitlicher Lebewesen.

föti'd med. stinkend.

Foto ... s. Photo ...

Fö'tus m med. Leibesfrucht (s. Fetus).

Foul m (fau'l) sportl. Regelwidrigkeit; **foul** regelwidrig; **foulen** (fau'l⁰n) s. regelwidrig verhalten (im Sport).

Fourrure ɯ (furüh'r⁰) Pelzwerk.

Fo'xtrott m Tanz im ⁴/₄-Takt.

Foyer s (foajeh') Wandelhalle.

Frack m Herrengesellschaftsanzug; auch Berufskleidung des Kellners.

fragi'l zerbrechlich; **Fragilitä't** ɯ Zerbrechlichkeit.

Fragme'nt s Bruchstück, **fragmenta'risch** bruchstückhaft.

Fraise ɯ (fräh's⁰) Halskrause.

Fraktio'n ɯ Gruppe von Parlamentsabgeordneten; chem. abgetrennter Teil eines Flüssigkeitsgemisches; **Fraktionali'smus** m pol. Zersplitterung einer Partei in gegensätzliche Gruppen, Aufspaltung in Flügel; **fraktione'll** die Fraktion betreffend; **fraktionie'ren** chem. Flüssigkeitsgemische trennen; **Fraktio'nszwang** m Verpflichtung der Mitglieder einer Fraktion zu einheitlicher Abstimmung; **Fraktu'r** m med. Knochenbruch; deutsche Druckschrift; ~ **reden** sehr deutlich seine Meinung äußern.

Franc m (fra'ñ) Währungseinheit in Frankreich, Belgien, Luxemburg und der Schweiz.

Française m (franßäh's^e) (aus Frankreich stammender) Gesellschaftstanz.

Franche-Comté m (franschkoñteh') Freigrafschaft (Burgund).

Franchise m (franschih's^e) .s m. Zollfreiheit.

Franci'sten Mz. pol. Anhänger des 1975 verstorbenen spanischen Staatschefs Franco im heutigen Königreich Spanien.

Fra'ncium s chem. ein radioaktiver, instabiler Grundstoff (Fr) (nach Francia = Frankreich benannt).

Frankatu'r m (Post-)Freimachung; **frankie'ren** Postsendung(en) freimachen; **fra'nko** portofrei.

frankophi'l Frankreich und französische Lebensformen liebend; **Frankophilie'** m Vorliebe für Frankreich und französische Lebensformen; **frankopho'b** franzosenfeindlich; **Frankophobie'** m Abneigung bzw. Feindschaft gegen Frankreich und französische Lebensformen.

Franktireur m (frantihrö'r) Freischärler.

Fra'nzband m Ganzleder-Bucheinband.

Franziska'ner Mz. von Franz von Assisi gegründeter Bettelmönch(s)orden.

französie'ren nach fran-

zösischer Art umgestalten.

frappa'nt auffallend; **frappie'ren** befremden; mit Eis kühlen.

Fra'te m Klosterbruder; **Fra'ter** m Klosterbruder; **Fraternisatio'n** m Verbrüderung; **fraternisie'ren** sich verbrüdern; **Fraternitä't** m Brüderlichkeit; **Fraternité** m Brüderlichkeit; **Fra'tres** Mz. Klosterbrüder.

Fraudatio'n m Betrug; **fraudie'ren** betrügen; **fraudulö's** betrügerisch.

Freak m (frih'k) ,verrückter Kerl': s m. Fan (s. dort).

Free Jazz (frih dschäh's) mus. ausschließlich auf freier Improvisation beruhende Jazz-Spielweise.

free on board (fob) (frionbô'd) (Lieferung) frei Schiff.

Frega'tte m kleineres, schnelles Kriegsschiff zur Bekämpfung von Unterseebooten und Flugzeugen sowie zum Geleitschutz; früher größeres (Segel-)Kriegsschiff.

frene'tisch rasend.

frequ'ent häufig; **Frequentatio'n** m häufiger Besuch; **frequentie'ren** häufig besuchen; **Frequentie'rung** m häufiger Besuch; **Freque'nz** m phys. Schwingungszahl.

Fre'ske m s. Fresko ...; **Fre'skomalerei** m auf noch feuchten Wandverputz aufgebrachte Malerei.

Fre'tt(chen) s zool. für Jagdzwecke benutztes iltisähnliches Kleinraubtier; **frettie'ren** mit Frettchen jagen.

Friedrichsdo'r m alte preußische Goldmünze.

Frigidaire m (fri'dshidähr) s m. Kühlschrank, -anlage; **Frigida'rium** s Abkühlungs-, Kaltbade-

raum.

frigi'd(e) med. sex. gefühls-, liebeskalt; **Frigiditä't** m sex. geschlechtl. Empfindungslosigkeit der Frau.

Frikade'lle m kleiner gebratener Fleischklops; **Frikandeau** s (frikandoh') gedämpfte Kalbsnuß; **Frikande'lle** m s. Frikadelle; **Frikassee'** s Fleischstückchen in gewürzter Soße; **frikassie'ren** s m. übel behandeln.

Friktio'n m Reibung; Einreibung.

Frimaire m (frimäh'r) „Reifmonat": 3. Monat im Kalender der Französischen Revolution.

Frisö'r m s. Friseur; **Frisö'se** m s. Friseuse; **Friseur** m (frisö'r) Haarpfleger; **Friseuse** m (frisöh's^e) Haarpflegerin; **frisie'ren** die Haare herrichten; auch zurechtmachen; **Frisu'r** m Haartracht.

fritie'ren in schwimmendem Fett braten.

frivo'l leichtfertig; **Frivolitä't** m Leichtfertigkeit, Schlüpfrigkeit; **Frivolitä'ten** Mz. eine (Schiffchen-)Handarbeit.

Fromage m (fromah'sh) Käse.

Fronde m (fro'nd^e) pol. s m. scharfe Opposition; **Frondeur** m (froñdö'r) Mitglied einer Fronde; **frondie'ren** (froñ ...) gegen die Regierung arbeiten.

Front m Vorderseite; mil. vorderste Linie; **fronta'l** von vorn.

Frontispi'z s der Titelseite eines Buches gegenüberstehende Abbildung.

Fro'ster m techn. Tiefkühleinrichtung.

Fro'ttee od. **Frottee'** s/m (rauhe) Gewebeart; **frottie'ren** abreiben.

Froufrou m/s (fruh'fruh') Knistern bzw. Rauschen von Seidenstoffen.

Fructo'se ro s. Fruktose.

fruga'l einfach, schlicht; *fälschlich:* üppig; **Frugalitä't** ro Kargheit, Schlichtheit; *fälschlich:* Üppigkeit.

Fruktidor m (früktidoh'r) „Fruchtmonat": 12. Monat im Kalender der Französischen Revolution; **Fruktifikatio'n** ro Fruchtbildung; Nutzbarmachung; **fruktifizie'ren** Früchte bilden; nutzbar machen; **Frukto'se** ro Fruchtzucker.

Frust m uspr. svro. Frustration (s. dort); **Frustratio'n** ro psych. Gefühl der Enttäuschung infolge erzwungenen Verzichts; sex. Enttäuschung infolge verhinderter Triebbefriedigung; **frustrie'ren** psych., sex. enttäuschen; **frustrie'rt** ent-, getäuscht.

Frutti di ma're Mz. „Meeresfrüchte": kleine Meerestiere.

Fuchsi'n s künstlicher organischer roter Farbstoff.

fuga'l mus. in Art einer Fuge; **Fuge** ro mus. musikalischer Satz in streng gesetzmäßiger Form; **Fughe'tta** ro mus. kleine Fuge; **fugie'ren** ein musikalisches Thema fugenartig verarbeiten.

Full-dress m Gesellschaftsanzug, Galauniform.

fulmina'nt glänzend.

Fumaro'le ro Gas und Wasserdampf ausstoßende Erd- oder Lavaspalte in vulkanischen Gebieten.

fun (fa'n) spaßig; ~ m Spaß.

Furdame'nt s Grundlage; **fundamenta'l** grundlegend; **fundamentie'ren** eine Grundlage geben; **fundie'ren** (be)gründen; ausstatten; **fundie'rt** begründet; **Fu'ndus** m Grundlage, Bestand.

Furera'lien Mz. (. . . i-en) Bestattungsfeierlichkeiten, Leichenbegängnis.

fungi'bel vertretbar; **fungie'ren** ein Amt verwalten.

Fungizi'd s pilztötendes Mittel; **Fu'ngus** m bot. Pilz.

Funktio'n ro Amt, Wirksamkeit; math. abhängige Größe; **Funktionä'r** n Beauftragter einer Partei oder Organisation; **funktione'll** eine Funktion betreffend; **funktionie'ren** wirken, störungsfrei arbeiten.

Funnies Mz. (fa'nihs) s. Comic strips.

Furage ro (fuhrah'sh⁰) Lebens-, Futtermittel; **furagie'ren** (fuhrashih'r⁰n) Lebens-, Futtermittel beschaffen.

Fu'rie ro (. . . i-e) römische Rachegöttin; svro. wütendes Weib.

Furie'r m mil. mit Beschaffung und Verwaltung von Verpflegung u. Unterkunftsgerät betrauter Unteroffizier.

Furnie'r s dünner Edelholzbelag; **furnie'ren** mit Furnier versehen.

Fu'ror m Wut, Jähzorn; **Fu'ror teuto'nicus** m „deutscher Zorn", teutonische Wildheit.

Furo're ro begeisterter Beifall; **Furore machen** Beifall ernten.

Furu'nkel m/s med. Haarbalgentzündung, Blutgeschwür, Unterhautgeschwür; **Furunkulo'se** ro med. ausgedehnte Furunkelbildung.

Füsilie'r m leichtbewaffneter Fußsoldat; **füsilie'ren** erschießen.

Fusio'n ro Verschmelzung; **fusionie'ren** verschmelzen.

Fu'thark s Runenreihe, -alphabet.

futi'l unbedeutend; **Futilitä't** ro unbedeutende Kleinigkeit.

Futtera'l s Hülle.

Futu'r s s. Futurum; **Futu'ra** ro eine Druckschrift, Groteskschrift; **Futuri'smus** m Kunstrichtung des ersten Viertels des 20. Jahrhunderts; **Futuri'st** m Vertreter des Futurismus; **futuri'stisch** den Futurismus betreffend; auch svro. übermodern; **Futurolo-gie'** ro „Zukunftswissenschaft"; Wissenschaft, die sich mit den in der Zukunft liegenden voraussichtlichen Entwicklungen und Zuständen befaßt; **Futu'rum** s gramm. Zukunftsform eines Zeitwortes.

G

Gabardine m/ro (ga'bardihn) ein geripptes Gewebe.

Gadoli'nium s chem. ein Grundstoff (Gd) (nach dem finnischen Chemiker Gadolin benannt).

Gaffi't(t)i Mz. uspr. „poppige" Bemalungen von Kraftfahrzeugen, öffentlichen Verkehrsmitteln usw. mit Teenagernamen.

Gag m (gäg) wirkungsvoller, witziger Einfall im

Film.

Gaga't m Jett: als Trauerschmuck verwendete schwarze Braunkohlenart.

Gage rv (gah'sh^e) (Künstler-)Gehalt.

Gagman m (gä'gmän) Filmmitarbeiter, der die Gags (s. dort) erfindet.

Ga'la rv Festtracht.

gala'ktisch astr. auf die Milchstraße bezüglich, zu dieser gehörend; **Galaktologie'** rv Milchkunde; **Galaktome'ter** s/m Gerät zur Bestimmung des spezifischen Gewichts der Milch und damit ihres Wasserbzw. Fettgehaltes; **Galakto'se** rv bei Spaltung des Milchzuckers entstehende Zuckerart; **Galali'th** s „Milchstein": ein Kunststoff.

Gala'n m Liebhaber; **gala'nt** höflich; **Galanterie'** rv Höflichkeit; Zuvorkommenheit; **Galanterie'waren** Mz. Putz-, Ziergegenstände.

Gala'xis rv astr. Milchstraße(nsystem).

Galea'ss(e) rv naut. Küstensegelschiff der Ostsee und der Unterelbe; **Galee're** rv Ruderkriegsschiff (vorwiegend des Mittelmeerraumes).

Gale'nika Mz. in Apotheken aus Drogen hergestellte Arzneien; **gale'nisch** aus Drogen hergestellt; auf die Verarbeitung von Drogen bezüglich.

Galeo'ne rv naut. großes (vorwiegend spanisches oder portugiesisches) Segelschiff des Zeitalters der Entdeckungen (16.—18. Jahrhundert).

Galerie' rv Laufgang; Rang im Theater; Kunstsammlung, -ausstellung; **Galeri'st** m wer eine Kunstsammlung bzw. Kunsthandlung besitzt.

Galette rv (galä't) Fladen,

flaches Gebäck.

Galimathi'as m dummes Gerede.

Galio'nsfigur rv Bugzier (oft in Form eines Frauenkörpers).

Ga'llert s, **Galle'rte** rv elastischer, eingedickter Saft.

Gallikani'smus m katholisches Kirchentum in Frankreich vom 15. Jh. bis 1789.

Gallio'ne rv naut. s. Galeone.

Ga'llium s chem. ein Grundstoff (Ga), ein Metall (nach Gallien benannt); **Gallizi'smus** m französische Spracheigentümlichkeit (in einer anderen Sprache); **Gallomanie'** rv übersteigerte Vorliebe für Frankreich, sein Wesen und seine Lebensart.

Gallon s (gä'l^en), **Gallo'ne** rv Hohlmaß in England, den USA sowie einigen Commonwealth-Staaten.

Gallup-Institut s (gä'l^ep-) amerikan. Meinungsforschungsinstitut.

Galmei' m Zinkspat.

Galon m (galo'ñ), **Galo'ne** rv Tresse, Litze; **galonie'ren** mit Borten benähen; **galonie'rt** betreßt.

Galo'pp m schnelle Gangart eines Pferdes; schneller Tanz; **galoppie'ren** Pferd: in Sprüngen vorwärtsbewegen.

Galo'sche rv Überschuh.

Galvanisatio'n rv med. Heilbehandlung mit Gleichstrom; **galvanisie'ren** auf elektrolytischem Wege mit einem Metallüberzug versehen; med. mit Gleichstrom behandeln; **Galva'no** s auf galvanischem Wege hergestellter Abguß eines Druckstockes; **Galvanome'ter** s Meßinstrument zum Nachweis schwacher Ströme; **Galvanopla'-**

-stik rv ein chemisch-technisches Verfahren, um Gegenstände mit einem Metallüberzug zu versehen; **Galvanote'chnik** rv Technik der Galvanoplastik.

Gama'sche rv Leder- oder Stoffüberzug des Beines.

Ga'mbe rv mus. Kniegeige.

Gambi't s mit Opferung eines Bauern verbundener Eröffnungszug im Schachspiel.

Ga'melan mus. indonesisches Orchester.

Game't m biol. Geschlechts-, Keimzelle.

Gamin m (gamä'ñ) (Gassen-)Junge.

Ga'mma s dem „g" entsprecher Buchstabe des griechischen Alphabets; **Gammaglobuli'ne** Mz. med. die Immuneigenschaften des Blutserums tragende Eiweißstoffe; **Ga'mmastrahlen** Mz. phys. kurzwellige elektromagnetische Strahlen; **Ga'mmatron** s phys. med. Gammastrahlung aussendendes, mit radioaktivem Kobalt („Kobaltbombe") gefülltes Bestrahlungsgerät.

Gana'sche rv hinterer Unterkieferrand des Pferdegebisses.

Gang rv (gä'ng) Horde, Verbrecherbande.

Ga'nglion s med. Nervenknoten.

Gangrä'n s med. Brand; **gangränös** med. brandig.

Ga'ngster m (gä'ng ...) Mitglied einer Verbrecherbande.

Gano've m Gauner.

Gangway rv (gä'ngweh) beweglicher brückenoder treppenartiger Steg zum Besteigen von Schiffen und Flugzeugen.

Ga'nymed m Mundschenk des Zeus; auch svrv.

Kellner.

Gap m (gä'p) svw. technische od. wissenschaftliche Entwicklungslücke.

Gara'ge rw (. . . ah'sh^e) Einstellraum f. Kraftfahrzeuge.

Garamond rw (garamo'ñ) eine Druckschrift (Antiqua).

Gara'nt m Bürge; **Garantie'** rw Bürgschaft; **garantie'ren** sich verbürgen für.

Garçon m (garßo'ñ) Junge, junger Mann; auch französisch Kellner; **Garçonne** rw (garßo'n^e) knabenhaftes Mädchen; französisch ledige Frau; Kellnerin.

Ga'rde rw Leibwache, Elitetruppe; **Garde du Corps** rw/n (ga'rd^e dühkoh'r) Leibwache eines Herrschers; Elite-Kavallerieeinheit eines Herrschers.

Gardemanger m (gardmañsheh') Koch, der die kalten Speisen zubereitet.

Gardenparty rw (gah'd^enpahtih) Gartenfest, -geselligkeit.

Gardero'be rw Kleiderablage, -bestand; Ankleideraum; **Garderobier** m (gard^erobjeh') Kleiderverwahrer, -wart; **Garderobiere** rw (gard^erobjäh'r^e) Kleiderverwahrerin, -hüterin.

Gardez! (gardeh') Schach „aufgepaßt!" (auf die Dame).

Gardian m (gardia'ñ) provenzalischer Viehhirte in der Camargue.

Gardi'ne rw Fenstervorhang.

Gardi'st m Gardesoldat.

Garmond rw (garmo'ñ) ein Schriftgrad.

Garne'le rw kleine Seekrebsart.

garnie'ren verzieren; **Garnie'rung** rw Verzierung, Ausschmückung.

Garniso'n rw mil. Truppenstandort, Truppe des Standortes; **garnisonie'ren** mil. in einer Garnison liegen.

Garnitu'r rw Besatz; Zusammengehöriges.

Garro'tte rw Würgschraube (für Hinrichtungen); **garrottie'ren** mit der Würgschraube hinrichten.

Ga'sel(e) s (rw) s. Ghasel.

gasifizie'ren für den Betrieb bzw. die Versorgung mit Gas herrichten

Ga'södem s (gas-ö . . .) med. „Gasbrand";

Gasome'ter m Gasbehälter

ga'st-isch den Magen betreffend; **Gastri'tis** rw Magen(schleimhaut)entzündung; **Gastroduodeni'tis** rw Magen- und Zwölffingerdarmentzündung; **Gastroenteri'tis** w (. . .o-e . . .) Magenund Darmentzündung; **gastroge'n** vom Magen herrührend; **gastrointestina'l** (. . .o-i . . .) Magen und Darm betreffend; **Gastroka'mera** rw med. durch die Speiseröhre in den Magen eingeführte Kleinstkamera zum Photographieren des Mageninneren.

Gastrono'm m Gastwirt, Kochkünstler; Feinschmecker; **Gastronomie'** rw Kochkunst; **Gastroskopie'** rw Magenspiegelung; **Gastrosophie'** rw die Kunst des Genusses guten Essens und Trinkens.

Ga'strula rw biol. Becherkeim (Stadium in der Entwicklung vielzelliger Tiere und Menschen).

GATT, Gatt s Abk. v. General Agreement on Tariffs and Trade: Allgemeines Zoll- und Handelsabkommen.

gattie'ren techn. Ausgangsstoffe mischen (in Gießereien und Spinnereien).

Gaucho m (gau'tschoh) südamerik. berittener Viehhirt; **Gaucho-Hose** rw (gau'tschoh . . .) „midilange" Hose mit trapezförmig geschnittenen Hosenbeinen.

Gau'deamus igitur . . . „Also laßt uns fröhlich sein . . ."; **Gau'di(um)** rw (s) Spaß, Ausgelassenheit.

Gaufrage rw (gohfrah'sh^e) das Auftragen einer Musterung auf Gewebe oder Papier mit einem Kalander; **gaufrie'ren** (goh . . .) Gewebe oder Papier mit einem Kalander mustern.

Gauge s (geh'dsh) Maschenzahlmaß bei der Strumpfherstellung.

Gaullismus m (gohli'ßmuß) von dem ehemaligen französischen Staatspräsidenten de Gaulle begründete und nach ihm benannte französische Innen- und Außenpolitik (patriarchalisch-autoritär, jedoch grundsätzlich demokratisch); **Gaullist** m (gohli'ßt) Anhänger der Politik de Gaulles; **gaullistisch** (gohli'ßtisch) den Grundsätzen der Politik de Gaulles entsprechend.

Gavo'tte rw (gawo't^e) französischer Tanz.

Gaze rw (gah's^e) durchsichtiges Gewebe.

Gaze'tte rw (oft geringschätzig für) Zeitung.

Gei'ser s. **Gey'sir.**

Geisha rw (geh'scha) japanische Sängerin, Tänzerin u. Gesellschafterin in Teehäusern.

Gel s chem. gallertartiges Kolloid; **Gelatine** rw (shehlatih'n^e) svw. Gallerte; Knochenleim; **gelatinie'ren** (sheh . . .) zu Gelatine erstarren; **Gelee** s (sheleh') eingedickter Obst- od. Fleischsaft;

gelieren (shehlih'r°n) eindicken, zu Gelee werden.

Ge'mini Mz. astr. „Zwillinge", ein Sternbild.

Ge'mme w Edelstein mit eingeschnittenen Figuren.

Gemmosko'p s Mikroskop zur Edelsteinuntersuchung.

Gen s Erbfaktor.

genant (shehna'nt) peinlich.

Genda'rm m (shañ...) Landpolizist; **Gendarmerie'** w Landpolizei.

Gene w (shäh'n) Zwang.

Genealo'ge m Familien-, Sippenforscher; **Genealogie'** w Familienkunde; **genealo'gisch** die Familienkunde betreffend.

Genera'l ... in zusammengesetzten Hauptwörtern soviel. Allgemein ..., Haupt...; **Genera'l** m hoher Offiziersrang; **Genera'labsolutio'n** w rel. vollkommener Ablaß; **Genera'ladjutant** m mil. Adjutant (eines Fürsten) im Range eines Generals; **Genera'lanzeigerpresse** w svw. Tageszeitung ohne bestimmte politische Bindung; **Genera'ldirektor** m oberster Direktor eines Unternehmens, eines Museums o. ä.; **Generalfe'ldmarschall** m mil. höchster Offiziersrang im ehemaligen deutschen Heer und in der ehemaligen deutschen Luftwaffe (bei der Marine: Großadmiral); **Genera'lfragen** Mz. iur. allgemeine Fragen (Personalien usw.) bei Beginn einer Verhandlung; **Genera'lgouverneur** m (... ör) oberster Verwaltungsbeamter oder militärischer Verwalter eines großen Gebietes; Statthalter; **Genera'lintendant** m theat. oberster Leiter eines

großen Theaters.

Generalisatio'n w Verallgemeinerung; **generalisie'ren** verallgemeinern; **Generalisie'rung** w s. Generalisation.

Generali'ssimus m mil. ranghöchster General, Oberbefehlshaber; **Generalitä't** w Gesamtheit der Generale.

genera'liter im allgemeinen.

Genera'lkommando s mil. oberste Kommandobehörde eines Armeekorps; **Genera'lkonsul** m ranghöchster Konsul; **Genera'lkonsulat** s Amtssitz des Generalkonsuls; **Genera'lprobe** w theat. Hauptprobe; letzte Probe vor der ersten öffentlichen Aufführung; **Genera'lsekretär** m mit weitgehenden Vollmachten ausgestatteter Geschäftsführer großer Organisationen; **Genera'lstaaten** Mz. Parlament der Niederlande; **Genera'lstaatsanwalt** m iur. oberster Staatsanwalt bei Oberlandesgerichten; **Genera'lstab** m mil. höheren Befehlshabern zur Unterstützung beigegebener Führungsstab; **Genera'lstäbler** m Mitglied des Generalstabes; **Genera'lstabskarte** w Bezeichnung für die (ursprünglich für militärische Zwecke geschaffene) Karte der Landesaufnahme im Maßstab 1:100 000; **Genera'lstreik** m allgemeiner Streik; Streik aller Arbeitnehmer; **Genera'lvikar** m rel. Stellvertreter eines katholischen Bischofs in der Verwaltung der Diözese.

Generatio'n w Menschenalter; Geschlechterfolge; **Generation gap** w (dshän°reh'sch°n gäp) „Generationslücke": svw. Ge-

nerationsproblem, -unterschied.

generati'v biol. die Fortpflanzung betreffend.

Genera'tor m techn. (Kraft-)Erzeuger.

genere'll allgemein(gültig).

Gene'ricum s, **Generics** Mz. (dshä'n°rikß) nach Ablauf des Patentschutzes für den Markennamen frei produzierte Arzneimittel bzw. therapeutisch wirksame Substanzen mit einem internationalen Freinamen.

generö's großzügig; **Generositä't** w Großzügigkeit.

Gene'se w Entstehung; **Ge'nesis** w Schöpfungsgeschichte; **Gene'tik** w biol. Vererbungslehre; **Gene'tiker** m biol. Vererbungswissenschaftler; **gene'tisch** biol. die Vererbung betreffend.

Genever m (shehneh'w°r) Wacholderbranntwein.

genia'l (g...) geistvoll, schöpferisch; **Genialitä't** w schöpferische Veranlagung; **Genie** s (shehnih') Schöpferkraft; außergewöhnlich schöpferisch begabter Mensch.

genieren (shehnih'ren) belästigen; in Verlegenheit bringen; **genieren, sich** sich schämen; gehemmt sein.

Genietruppe w (shehnih'...) mil. technische Truppe.

genita'l (g...) med. die Geschlechtsorgane betreffend; **Genita'le** s med. Geschlechtsorgan; **genita'le Phase** w psych., sex. dritte (und letzte) Phase der sexuellen Entwicklung, gekennzeichnet durch Interesse am anderen Geschlecht.

Genita'lien Mz. (... i-en) Geschlechtsorgane.

Ge'nitiv m 2. Fall, Wesfall.

Ge'nius m Schutzgeist;

Verkörperung der menschlichen Schöpferkraft

Ge'nmutation *w* biol. (vererbliche) Genveränderung; **Genoty'p(us)** m biol. Erbbild; **Genozi'd** s Völkervernichtung.

Genre s (sha'ñr) Gattung, Art; **Genremalerei** (sha'ñr . . .) Darstellung des tägl. Lebens in der Malerei.

Ge'nro m japanischer Staatsrat.

Gens *w* Geschlecht, Sippe im Rom des Altertums.

Gent m (dshe'nt) Stutzer.

gentil (shañtih'l) *sw*. gut erzogen.

Gentleman m (dshä'ntlmän) Mann mit vornehmer Gesinnung und Erziehung; **gentlemanlike** (dshä'ntlmänlaik) vornehm, anständig; **Gentlemen's Agreement** s (. . . °grih'm°nt) Übereinkunft auf Treu und Glauben.

Gentry m (dshä'ntrih) niederer englischer Adel.

genui'n echt, rein.

Ge'nus s Geschlecht, Art.

Geo . . ., geo . . . Erd(e) . . ., erd(e) . . .; **Geobota'nik** *w* Wissenschaft von der Verbreitung der Pflanzen auf der Erde; **Geochemie'** *w* Wissenschaft vom chem. Aufbau der Erde; **Geodäsie'** *w* Vermessungskunde; **Geodä't** m Landmesser; **Geodyna'mik** *w* Wissenschaft vom Einfluß der inneren und äußeren Kräfte auf den Aufbau der Erde; **Geognosie'** *w* *sw*. Geologie (s. dort); **Geogra'ph** m Erdkundler; Wissenschaftler, der sich mit dem Wesen und Werden sowie allen Erscheinungen auf der Erdoberfläche befaßt; **Geographie'** *w* Wissenschaft von der

Erdoberfläche, Erdkunde; **geogra'phisch** die Erdkunde bzw. die Erdoberfläche betreffend.

Geoi'd s (. . . o-id) wirkliche (von der Kugelgestalt abweichende) Form der Erde; **Geoisothe'rme** *w* (. . . o-i . . .) Kurve, die Orte gleicher Temperatur im Erdinnern verbindet und darstellt; **Geolo'ge** m Erdgeschichtler; Wissenschaftler, der sich mit dem Aufbau der Erde befaßt; **Geologie'** *w* Erdgeschichte, Lehre vom Aufbau der Erde; **geolo'gisch** den Aufbau der Erde betreffend; **Geomedizi'n** *w* geographische Medizin; Wissenschaft, die sich mit der Verbreitung der Krankheiten auf der Erde befaßt und die Zusammenhänge zwischen Krankheiten und geographischen Gegebenheiten untersucht; **Geome'ter** m Landmesser; **Geometrie'** *w* math. Lehre von den Eigenschaften ebener und körperlicher Figuren; **geome'trisch** die Geometrie betreffend; **Geomorphologie'** *w* Wissenschaft von den Formen der Erdrinde und die sie beeinflussenden Kräften; **Geophysi'k** *w* Lehre von den physikalischen Eigenschaften (u. Vorgänger auf) der Erde; **geophysika'lisch** die Geophysik betreffend; **Geopoliti'k** *w* Lehre vom Einfluß geographischer Gegebenheiten auf die Politik; **geopoli'tisch** die Geopolitik betreffend; **Geopsychologie'** *w* psych. med. Wissenschaft, die sich mit dem Einfluß geographischer Gegebenheiten (Landschaft, Klima usw.) auf die menschliche

Seele befaßt: **Geotekto'nik** *w* Wissenschaft vom Bau und den Bewegungen der Erdrinde; **geotekto'nisch** den Bau und die Bewegungen der Erdrinde betreffend; **Geotherapie'** *w* med. klimatische Heilbehandlung; **Geotherma'l-Energie** *w* durch Ausnutzung der Wärmequellen des Erdinnern erzeugte Energie; **Geotropi'smus** m bot. Fähigkeit der Pflanzen, eine durch die Schwerkraft der Erde bedingte bestimmte Lage einzunehmen; **geoze'ntrisch** auf die Erde als Weltallmittelpunkt bezogen.

Gerago'gik *w* psych., soz. „Pädagogik des Alter(n)s": Lehre von den Problemen alternder Menschen und der Bewältigung altersbedingter Lebensschwierigkeiten.

Gera'nie *w* (. . . i-e) bot. Staudengewächs der Gattung Storchschnabel.

Gerant m (shehra'nt) Geschäftsführer.

Geriatrie' *w* med. „Altersheilkunde": Wissenschaft, die sich mit den Krankheiten — insbesondere ihrer Vorbeugung und Heilung — alter Menschen befaßt.

gerie'ren sich aufführen.

Germani'n s med. Heilmittel der Schlafkrankheit; **germanisie'ren** ver-, eindeutschen; **Germani'smus** m ins fremde Sprache übernommene deutsche Spracheigentümlichkeit; **Germani'st** m Wissenschaftler auf dem Gebiet der deutschen Sprache und Literatur; **Germani'stik** *w* Wissenschaft von der deutschen Sprache und Literatur; **germani'stisch** die deutsche Sprache und Literatur betreffend; **Germa'nium** s *chem.* ein Grundstoff (Ge), ein Metall (nach Germanien benannt); **germanopho'b** deutschfeindlich; **Germanophobie'** *w* Deutschfeindlichkeit; Abneigung gegen deutsches Wesen und deutsche Lebensart.

Germinal m (shärmina'l) „Keimmonat": 7. Monat des Kalenders der Französischen Revolution (1. Frühlingsmonat); **germina'l** den Keim bzw. das Geschlecht betreffend.

Gero'nten *Mz.* „Greise": die Ältesten und Würdigsten in Altgriechenland; **Gerontokratie'** *w* „Greisenherrschaft": Herrschaft durch einen „Rat der Alten"; **Gerontologie'** *w* Wissenschaft vom Altern; **Ge'rostomatologie'** *w med.* Alterszahnheilkunde.

Geru'ndium s *gramm.* eine Beugungsform der Nennform in der lateinischen Sprache; **Gerundi'v(um)** s *gramm.* Beiwort zur Nennform in der lateinischen Sprache.

Gerusi'a *w* spartanischer „Rat der Alten".

Gesei're(s) s unnützes Reden und Jammern.

Gespa'n m ungarischer Verwaltungsbeamter.

Gestage'ne *Mz. med.* Gelbkörperhormone; weibliche Keimdrüsenhormone; **Gestatio'n** *w med* Schwangerschaft.

Ge'ste *w* Gebärde; **gestikulie'ren** Sprechen durch lebhafte Hand- u. Armbewegungen unterstützen; **Ge'stik** *w* Gebärdensprache; **Gestikulatio'n** *w* Gebärde(nsprache).

Gesto'se *w med.* schwangerschaftsbedingte Stö-

rung.

Ge'tto s s. Ghetto.

Gey'sir m heiße Springquelle.

Gha'sel s orientalische (arabische) Gedichtform.

Ghe'tto s (abgeschlossenes) Judenviertel einer Stadt.

Ghi'bli m Wüstensturm in Nordafrika.

Ghostwriter m (go'ßtrait°r) wer beruflich Bücher oder Reden für andere Personen verfaßt.

Ghurka m s. Gurkha.

G.I. m (dschih ai') *Abk.* für Government Issue: *sww.* amerikanischer Soldat.

Giau'r m Ungläubiger (vom Standpunkt des Mohammedaners aus gesehen).

Gig *w* Sportruderboot; leichter Kutschwagen.

Gi'ga (dsh . . .) *mus.* 1. Spottname f. Fiedel; 2. alter englischer Springtanz; 3. Schlußsatz einer Suite.

Giga'nt m Riese; **Giga'nthropus** m „Riesenmensch", eine Form des Urmenschen; **giga'ntisch** riesig, gewaltig; **Gigantomachie'** *w* in der griechischen Sage: Gigantenkampf.

Gi'golo m (shi . . .) Eintänzer.

Gilet s (shihleh') Weste.

Gin m (dshi'n) Wacholderbranntwein.

Gingi'va *w med.* Zahnfleisch; **Gingivi'tis** *w med.* Zahnfleischentzündung.

Gi'nkgo m *bot.* ostasiatischer Zierbaum.

Gi'nseng m als „Allheilmittel" geltende Wurzel eines ostasiatischen Araliengewächses.

Gips m ein Mineral: wasserhaltiges Kalziumsulfat; **gi'psen** Gips auftragen; mit Gips arbeiten.

Gira'lgeld s (sh . . .) Buchgeld: Bankguthaben für

den bargeldlosen Zahlungsverkehr; **girie'ren** Orderpapiere (Wechsel, Scheck) übertragen.

Girl s (görl) Mädchen; Tänzerin.

Girla'nde *w* Blumengewinde.

Girl friend s (gö'rl frend) Freundin.

Giro(verkehr) s (m) (shih'-roh) bargeldloser Zahlungsverkehr; **Girondi'sten** *Mz.* (shihroñ . . .) gemäßigte Republikaner der französischen Nationalversammlung zur Zeit der Französischen Revolution.

Gita'rre *w mus.* ein Zupfinstrument.

Glacé s (glaßeh') glänzendes Leder.

Glacis s (glaßih') *mil.* Festungsvorfeld.

Gladia'tor m Schaufechter bei altrömischen Kampfspielen.

Glamourgirl s (glä'm°r-görl) ein seine Reize bewußt betonendes Mädchen.

Gla'ndula *w med.* Drüse.

glasie'ren mit einem glänzenden Überzug versehen; **Glasu'r** *w* glänzender Überzug.

Glauko'm s *med.* eine Augenkrankheit: „grüner Star".

Glazia'l s Eiszeit; **glazia'l** eiszeitlich: durch Eis entstanden; die Eiszeit bzw. Gletscher betreffend; **Glazia'lkosmogonie** *w* (. . . ih) „Welteislehre" (von H. Hörbiger aufgestellte, wissenschaftlich nicht anerkannte Lehre der Bildung der Weltkörper);

Glaziologie' *w* Gletscherkunde; **glazilo'gisch** gletscherkundlich.

Glencheck m (glä'ntschäk) ein großkariertes Gewebe.

Gli'a *w med.* Stützgewebe des Nervensystems (Neuroglia).

Glider m (glai'd°r) (motorloses) Gleitflugzeug; **glissa'ndo** mus. gleitend; schnelles Überstreichen der Tasten oder Saiten.

globa'l weltweit, umfassend; **Glo'betrotter** m Weltenbummler.

Glo'buli Mz. med. Arzneimittel in Kugelform zum Einführen in Körperhöhlen (z. B. die Scheide); **Globuli'ne** Mz. chem., med. Eiweißstoffgruppen (s. auch Gammaglobuline).

Glo'bus m Erdball; verkleinerte Nachbildung der Erd- od. Himmelskugel.

Glo'ria n Ruhm, Ehre; **Glo'ria in exce'lsis De'o** Ehre sei Gott in der Höhe; **Glo'rie** n (. . . i-e) Ruhm, Glanz; **Glo'rienschein** m (gloh'ri-en . . .) Heiligenschein; **Glorie'tte** n (. . . i-e . . .) Pavillon in barocken Gärten; **Glorifikatio'n** n Verherrlichung; **glorifizie'ren** verherrlichen; **Glorifizie'rung** n Verherrlichung; **Glorio'le** n Heiligenschein; **glorio's** ruhmreich.

Glossa'r(ium) s Wörterverzeichnis mit Erklärungen; **Glo'sse** n Worterklärung; auch (spöttische) Randbemerkung; **glossie'ren** bespötteln; erklären; **Glossolalie'** n „Zungenreden": rel. Reden in religiöser Verzückung; **Glo'ttis** n med. Stimmritze.

Glotzopho'n s scherzhaft: Fernsehgerät.

Gluco'se, Gluko'se n chem. Traubenzucker.

Glutami'nsäure n chem. med. in eiweißhaltigen Nahrungsmitteln enthaltene Aminosäure, der eine Steigerung der geistigen Leistungsfähigkeit zugeschrieben bzw. nachgesagt wird.

Glyceri'n s s. Glyzerin.

Glyko'l s chem. eine Alkoholart, als Frostschutzmittel verwendet; **Glyko'se** s. Glucose; **Glykosurie'** n s. Glykurie.

Gly'pte n geschnittener Stein **Gly'ptik** n Steinschneidekunst; **Glyptothe'k** n Sammlung von Bildhauerwerken.

Glysanti'n s Kraftfahrzeugfrostschutzmittel; **Glyzeri'n** s chem. eine ölige organ. Verbindung.

Gno'm m Zwerg.

Gno'me n Sinnspruch.

Gno'mon m antikes Meßgerät zum Bestimmen der Sonnenhöhe; Sonnenuhr.

Gno'sis n phil. Erkenntnis; **Gno'stik** n phil. Erkenntnislehre; **gno'stisch** die Erkenntnis betreffend.

Gnotobiologie' n Zweig der Biologie, der sich mit der Aufzucht steriler, mikrobenfreier Tiere beschäftigt.

Go s japanisches Brettspiel.

Goal s (goh'l) Sport Tor; **Goalkeeper** m (goh'l-kihp°r) Torwart.

Gobelin m (goblä'n) Wandteppich, Bildteppich.

Go-cart s. Go-Kart.

Go'de m altisländischer Priester und Anführer.

God's own country (go'ds ohn ka'ntrih) „Gottes eigenes Land": Bezeichnung für die Vereinigten Staaten von Amerika.

Gog und Magog' rel. nach der Offenbarung Johannis: biblische Barbarenvölker, die letzten Feinde Christi.

Go-Go'-Girl s (. . . görl) ursprünglich: soin. „Anfeuerungsmädchen", welches bei sportlichen Ballspielen „seine" Mannschaft zu Höchstleistungen anzuspornen hatte; jetzt: in Nachtlokalen tätiges junges Mädchen, das die Gäste durch Tanzvorführungen unterhält und anfeuert (meist in Gruppen zu 2 oder 3 tätig).

Goi m (Mz. **Go'jim**) Ungläubiger (vom Standpunkt des Juden aus gesehen).

Go-i'n s Gruppendemonstration durch Eindringen in Räumlichkeiten (Hörsäle o. ä.), um eine Diskussion zu erzwingen.

Go'-Kart m unverkleideter Kleinstrennwagen.

Goldbroiler m Brathähnchen.

Golden Twenties Mz. (goh'ld'n twä'ntihs) die „goldenen zwanziger Jahre" (des 20. Jahrhunderts).

Go'lem m künstlicher Mensch (in der jüd. Legende).

Golf s ein Geländeballspiel; m Meerbusen.

Go'lgatha s Schädel-, Leidensstätte (Berg bei Jerusalem).

Go'liath m biblischer Riese.

Gona'de n med. Keim-, Geschlechtsdrüse; **gonadotro'p** die Keim-, Geschlechtsdrüsen beeinflussend.

Go'ndel n venezianisches Boot; an Luftfahrzeugen hängend angebrachter Behälter für Fahrgäste und Motoren; **go'ndeln** ziellos, gemütlich umherfahren; **Gondolie're** m (. . . jeh'r°) Gondelführer.

Gondwa'na n im westlichen Teil des Indischen Ozeans vermuteter versunkener Erdteil.

Gong m mus. Schlagbecken aus Metall; **go'ngen** den Gong anschlagen.

Goniometrie' w math. Winkelmessung.

Gonoko'kken Mz. med. Tripperbakterien; **Gonorrhö'e** od. **-oe** w (. . . röh') med. Tripper.

good-bye! (gud bai') lebe wohl!, auf Wiedersehen!

Goodwill m (gudwi'l) über das Vermögen hinausgehender Firmenwert (Ansehen, Kundenstamm, Ertragsaussichten usw.); svw. Wohlwollen.

Go'-Pills Mz. uspr. svw. Weck-, Anregungs-, Erregungsmittel.

gordischer Knoten svw. eine nur durch schnelles, entschlossenes und wagemutiges Handeln zu beseitigende Schwierigkeit.

Gorgonzo'la m italienischer Schimmelkäse.

Gori'lla m afrikanischer Menschenaffe; auch svw. Leibwächter.

Gösch w naut. von im Hafen liegenden Schiffen am Bug gesetzte Kriegs- oder Handelsflagge; (dem Flaggenstock bzw. der Flaggleine) zugekehrtes Obereck in Flaggen (meist die Nationalfarben zeigend).

Go-slow s/m (goh sloh') „Geh langsam" svw. „Dienst nach Vorschrift", Bummelstreik.

Go'spel(song) s (m) eigentlich: „Evangelium": frommes Lied nordamerikanischer Neger.

Gospodi'n m russisch: „Herr".

Goethi't s (nach J. W. v. Goethe benanntes) Mineral (Eisenhydroxyd od. -id).

Go'tik w (spätmittelalterlicher) Kunststil; **go'tisch** die Gotik bzw. die Goten betreffend.

Gouache w s. Guasch.

Gouda(käse) m (gau'da

od. chau'da [ch etwa wie in „ach"]) holländische Käseart.

Goudron m (guhdro'ñ) Asphaltmischung für Abdichtungsarbeiten.

Gourmand m (gurma'ñ) Vielesser; auch Schlemmer, Feinschmecker; **Gourmet** m (gurmä') Feinschmecker.

Gout m (guh) Geschmack; **goutieren** (guhtih'ren) Geschmack an etwas finden; schmecken, kosten.

Gouverna'nte w Erzieherin; **Gouvernement** s (. . . ma'ñ) Verwaltung(sbereich); **Gouverneur** m (. . . nö'r) Statthalter.

GPU w (Abk. f. Gossudarstwennoje politischeskoje uprawlenije) russische politische Polizei (1922–1934).

Gra'cht w Kanal; auch die am Kanal entlangführende Straße.

Grad m Stufe, Schritt; **grad.** Abk. v. graduiert (z. B. Ing. (grad.)); **Gradatio'n** w Gradeinteilung; **grada'tim** stufenweise; **Gradie'nt** m (. . . i-e . . .) phys., Wetterkunde: Gefälle; **gradie'ren** abstufen; verstärken.

Gradie'rwerk s Anlage zur Salzgewinnung.

gradua'l den Grad betreffend; **Graduatio'n** w s. Graduierung; **gradue'lt** (. . . u-e . . .) stufenweise; **graduie'ren** einen akadem. Grad verleihen; mit Gradeinteilung versehen; **graduie'rt** mit einem akademischen Grad versehen; mit einer Gradeinteilung ausgestattet; mit dem Abschlußzeugnis einer Fachhochschule versehen; **Graduie'rte** m wer einen (akademischen) Grad erhalten hat; **Graduie'rung** w Gradeinteilung; Erteilung eines

(akademischen) Grades.

Grae'cum s (Ergänzungs-) Prüfung im (Alt-)Griechischen.

Graffi'to s, **Graffi'ti** Mz., s. Sgraffito; als Graffiti werden heute oft Wandkritzeleien — meist obszönen Inhalts — an öffentlichen Orten bezeichnet.

Grafik usw. s. Graphik usw.

Grain s (greh'n) „Korn": eine Gewichtseinheit (besonders für Edelsteine o. ä.).

Gräkomanie' w übersteigerte Vorliebe für das Griechentum; **Grä'kum** s s. Graecum.

Gra'l m sagenhafte, wundertätige Schale.

Gra'mfärbung w med. ein Färbeverfahren für Bakterien, wobei sich diese blau (grampositiv) oder rot (gramnegativ) verfärben.

Gramine'en Mz. bot. Gräser.

Gra'mm s Gewichtseinheit.

Gramma'tik w (Lehrbuch der) Sprachlehre; **grammatika'lisch** s. grammatisch; **Gramma'tiker** m Sprachlehrewissenschaftler; **gramma'tisch** die Sprachlehre betreffend.

Grammopho'n s Gerät zum Spielen von Schallplatten.

Gran s alte Gewichtseinheit (für Edelsteine, Arzneibestandteile u. ä.).

Grana't m Halbedelstein; auch kleiner Meereskrebs.

Grana'te w mil. Sprenggeschoß; mit Sprengstoff gefüllter Wurfkörper.

Grand m (grañ) Großspiel (Spielform im Skat).

Gra'nde m Angehöriger des hohen span. Adels.

Grande Armée w (grañdarmeh') „Große Armee" Napoleons im Krieg gegen Rußland (1812); **Grande Nation** *rv* (grañd naßjo'ñ) „Große Nation": (Selbst-)Bezeichnung der französischen Nation.

Grande'zza *rv* steife Würde.

Grand Fleet *rv* (gränd flih't) „Große Flotte" Großbritanniens im 1. Weltkrieg (1914—1918).

Grandhotel *s* (gra'ñhotäl) großes, erstklassiges Hotel.

gra'ndig groß(artig); **grandio's** großartig; **Grandiosität** *rv* Großartigkeit.

Grand Old Lady *rv* (gränd ohld leh'dih) „große alte Dame": die auf einem Gebiet älteste und bedeutendste weibliche Persönlichkeit; **Grand Old Man** *m* (gränd ohld mä'n) „großer alter Mann": die auf einem Gebiet älteste und bedeutendste männliche Persönlichkeit.

Grand Prix *rv* (grañ prih') Hauptpreis.

Grandseigneur *m* (grañßänjö'r) vornehmer Herr.

granie'ren körnen.

Grani't *m* harte Gesteinsart; **grani'ten** aus Granit bestehend; **grani'tisch** Granit betreffend; aus Granit bestehend.

granulä'r in gekörnter Form; körnig; **Granula't** *s* Substanz in gekörnter Form; **Granulatio'n** *rv med.* „Körnchenbildung"; **granulie'ren** Körnchen bilden (*auch med.*); **Granulo'm** *s med.* wärzchenartige Geschwulstbildung; **granulö's** in gekörnter Form; körnig; **Gra'nulum** *s* „Körnchen".

Grapefruit *rv* (greh'pfruht) *bot.* Pampelmuse.

Graph *m* graphische Dar-

stellung; **Gra'phik** *rv* Zeichenkunst; Gesamtheit der Vervielfältigungsverfahren; in einem dieser Verfahren hergestelltes Kunstblatt; **Gra'phiker** *m* graphischer Künstler; **gra'phisch** die Zeichenkunst bzw. die Vervielfältigungstechniken betreffend.

Graphi't *m chem.* stabiler reiner Kohlenstoff; **graphitie'ren** mit Graphit behandeln, überziehen.

Grapholo'ge *m* Handschriftenforscher, -deuter; **Graphologie'** *rv* Handschriftendeutung; **grapholo'gisch** die Deutung der Handschrift betreffend.

Grass *s* (grah'ß) *svrv.* Marihuana (s. dort).

grassie'ren sich verbreiten, wüten.

Gra'tias *s rel.* Dank; Dankgebet.

Gratifikatio'n *rv* Sondervergütung; **gratifizie'ren** besonders vergüten.

gratinie'ren *Kochkunst:* überbacken, überkrusten.

gra'tis kostenlos.

Gratula'nt *m* Sender od. Überbringer eines Glückwunsches; **Gratulatio'n** *rv* Glückwunsch; **Gratulatie'nscour** *rv* ... kuhr) Glückwunschzeremoniell; **gratulie'ren** beglückwünschen.

Grava'men *s* Beschwerde.

Graveur *m* (gravö'r) Metallstecher, Holz- od. Steinschneider.

gravi'd *med.* schwanger; **Gravidität** *rv med.* Schwangerschaft.

gravie'ren Schrift od. Muster in Metall, Stein od. Holz einritzen oder -schneiden; **gravie'rend** erschwerend, belastend; **Gravie'rung** *rv* das Einritzen bzw. -schneiden von Schrift oder Mu-

stern in Metall, Stein oder Holz.

Gravime'ter *s* geologisches Instrument zum Messen der Schwerkraft(änderungen).

Gra'vis *s gramm.* ein Betonungszeichen.

Gravitä't *rv* feierliche Würde; **Gravitatio'n** *rv* Schwerkraft; **gravitä'tisch** gespreizt, würdevoll; **gravitie'ren** *svrv.* sich hingezogen fühlen.

Gravu'r *rv* in Metall, Stein oder Holz eingeritzte(s) bzw. -geschnittene(s) Schrift od. Muster; **Gravü're** *rv* Abzug oder Abdruck eines Erzeugnisses der Gravierkunst.

Gra'zie *rv* (... i-e) (Göttin der) Anmut; **grazi'l** schlank, zierlich; **graziö's** anmutig.

gräzisie'ren nach griechischem Vorbild formen; **Gräzi'smus** Spracheigentümlichkeit des Altgriechischen (in einer anderen Sprache); **Gräzi'st** *m* Wissenschaftler auf dem Gebiet der (alt-)griechischen Sprache.

Greenhorn *s* (grih'n ...) unerfahrener Neuling.

Green Stuff *m* (grih'n ßta'f) *svrv.* Haschisch.

Greenwich (grih'nitsch) Vorort Londons, dessen geographische Länge den Nullmeridian darstellt.

Gregoria'nik *rv rel. mus.* (gregorianische) Choralkunst; **gregoria'nisch** Papst Gregor bzw. die Gregorianik betreffend; **gregoria'nischer Kalender** *m* von Papst Gregor XIII. eingeführter Kalender (noch heute gültig!).

Gre'mium *s* Ausschuß, Körperschaft.

Grenadie'r *m mil.* (ursprüngl. mit Handgranaten bewaffneter) Soldat der Fußtruppe.

Grenadi'lle *w* *bot.* Frucht der Passionsblume; **Grenadin** *m* (*auch s*) (gr⁰nadä'n) gebratene Fleisch- oder Fischschnitte; **Grenadi'ne** *w* ein netzartiger Kleiderstoff.

Greyhound *m* (greh'- haund) Windhund; *auch* *snv.* Überlandautobus in den USA.

Grill *m* Bratrost; **Grillade** *w* (grihjah'd⁰) geröstetes Fleischstück; **gri'llen, grillie'ren** auf dem Rost braten; **Gri'llroom** *m* (... ruhm) Rostbratstube; Imbißstube.

Grima'sse *w* Fratze; **grimassie'ren** Fratzen schneiden.

Gri'ngo *m* herabsetzende Bezeichnung für Nichtromanen in Südamerika.

Gri'ppe *w* *med.* eine seuchenartig auftretende ansteckende Krankheit.

Grisaille *w* (grihsah'j⁰) nur graue Farbtöne verwendende Malerei.

Grise'tte *w* ursprünglich: Pariser Putzmacherin; (Künstler-, Studenten-) Freundin.

Grog *m* heißes alkoholisches Getränk.

gro'ggy *snv.* erschüttert, angeschlagen.

Groom *m* (gruh'm) Reitknecht, Diener.

groovy (gruh'wi) der Hippie-Sprache entstammendes Wort: prima, dufte, „Klasse!"

Gros *s* (groh') Hauptmasse; **Gros(s)** *s* 12 Dutzend (= 144 Stück).

Gro'ßadmiral *m* *mil.* höchster Offiziersrang in der deutschen kaiserlichen Marine und der ehemaligen Kriegsmarine.

Gro'ßinquisitor *m* oberster Inquisitionsrichter.

Grossi'st *m* Großhändler.

Gro'ßkophta *m* (angeblicher) Begründer des ägyptischen Freimaurertums.

Gro'ßkordon *m* (groh'ßkordoñ) höchste Ordensklasse.

Gro'ßmogul *m* Titel nordindischer mohammedanischer Herrscher; **Gro'ßmufti** *m* (oberster) islamischer Rechtsgelehrter.

Gro'sso ... Groß ...

Gro'ßwesir *m* Titel des höchsten islamischen bzw. türkischen Beamten.

Grote'sk *w* eine Antiqua-Druckschrift; **grote'sk** wunderlich, verzerrt; **Grote'ske** *w* wunderliche, verzerrte Darstellung (Literatur, Theater, Tanz).

Gro'tte *w* Felshöhle.

Groundhostess *w* (grau'nd hoßtiß) Bodenstewardeß, Betreuerin der Fluggäste auf dem Flughafengelände.

Group *w* (gruh'p) Gruppe, Trupp; **Groupie** *m/w*, **Groupies** Mz. (gruh'-pih[s]) „Gruppierinnen": amerikanische Jungmädchenbewegung, deren Angehörige körperliche Vereinigung mit ihren Idolen anstreben.

Gru'ppendynamik *w* *psych.* Methode der Erforschung der gegenseitigen Beeinflussung des Verhaltens der Mitglieder einer Gruppe (Hauptpunkte: Ich — Thema — Gruppe).

Gru'ppensex *m* (... ßekß) *sex.* gemeinsame sexuelle Betätigung mehrerer Paare mit Austausch der Partner.

Gru'ppentherapie *w* *psych.*, *med.* psychotherapeutisches Verfahren, bei dem mehrere Patienten innerhalb einer Gruppe behandelt werden.

gruppie'ren ordnen.

Grusical *s* (gruh'sik⁰l) musikalisches Schauer-, Gruselstück.

Gruyère(käse) *m* (grühjäh'r ...) Schweizer Käseart.

Guana'ko *s* *zool.* südamerikanische Lamaart.

Gua'no *m* Vogeldünger.

Guardia'n *m* „Hüter": Vorsteher eines Mönchskonvents.

Gua'sch(malerei) *w* Malerei mit deckenden Wasserfarben.

Guerilla *w* (geri'lja) Kleinkrieg.

Guide *m* [englisch: gai'd; französisch: gih'd] (Reise-)Führer.

Guignol *m* (gihnjo'l) Hanswurst, Kasperle.

Guildhall *w* (gi'ldhôl) englisches Rathaus.

Guilloche *w* (gihjo'sch⁰) aus vielfältig verschlungenen Linien bestehende Musterung; **guillochie'ren** (gihjoschih'ren) (Banknoten und Wertpapiere zum Schutz gegen Fälschungen) mit vielfältig verschlungenen Linien mustern.

Guillotine *w* (gihjotih'n⁰) Fallbeil; **guillotinieren** (gihjohtihnih'r⁰n) mit dem Fallbeil hinrichten.

Guinea *w* (gi'ni) englische Goldmünze.

GULAG/GULag russ. *Abk.* *v.* Glawoje uprawlenie lagerej: Hauptverwaltung der Straflager.

Gu'lasch *s* gewürztes Fleischgericht; **Gu'laschkanone** *w* fahrbare Feldküche.

Gully *m/s* Senkgrube.

Gu'mma *s* *med.* (syphilitische) Gummigeschwulst; **Gu'mmi** *m/s* vulkanisierter Kautschuk; **gummie'ren** mit Gummi versehen, beschichten; **Gu'mmigutt** *s* Gummiharz; **Gu'mmiparagraph** *m* verschwommener, mehrdeutiger Gesetzestext.

Gunman m (ga'nmän) bewaffneter Verbrecher.

Gu'ppy m zool. ein Aquarienfisch.

Gu'rkha m Soldat der (anglo-)indischen Elitetruppe (aus dem nepalesischen Stamm der Gurkha).

Gu'ru m indischer geistlicher Lehrer.

Gu'sto m (auch mus.) Geschmack.

Guttape'rcha m eingetrockneter kautschukartiger Milchsaft einer südasiatischen Baumart.

Guttura'l m Kehllaut; **guttura'l** med. kehlig; die Kehle betreffend.

Gymkha'na s Geschicklichkeitsprüfung.

gymnasia'l das Gymnasium betreffend; **Gymnasia'st(in)** m (m) Schüler(in) eines Gymnasiums; **Gymna'sium** s Form der höheren Schule; **Gymna'stik** m Leibesübungen; **gymna'stisch** die Leibesübungen betreffend.

Gymnospe'rmen Mz. bot. Nacktsamer.

Gynäkokratie' m Frauen-, Weiberherrschaft; **Gy-** näkolo'ge m med. Frauenarzt; **Gynäkologie'** m med. Frauenheilkunde; **gynäkolo'gisch** med. die Frauenheilkunde betreffend; **Gynäkomastie'** m med. weibliche Brustbildung am Körper des Mannes; **Gynandrie'** m s. Gynandromorphismus; **Gynandromorphi'smus** m biol. Scheinzwittrigkeit.

Gyrome'ter s phys. Instrument zum Messen von Drehgeschwindigkeiten; **Gyrosko'p** s phys. Instrument zum Messen von Kreiselbewegungen.

H

Habane'ra m spanisch-kubanischer Tanz.

Ha'beas-Co'rpus-Akte m „Du habest den Körper...": englisches Verfassungsgesetz zur Gewährleistung der persönlichen Freiheit (1679); **Habe'mus Pa'pam!** „Wir haben einen Papst!": die erfolgte Wahl eines neuen Papstes verkündender Ausruf; **Ha'bent su'a fa'ta libe'lli** „Bücher haben ihre Schicksale" (Terentianus Maurus, Carmen heroicum).

habil. Abk. v. habilitiert; **Habilita'nd** m wer sich an einer Universität habilitieren will; **habi'l** fähig, geschickt; **Habilitatio'n** m Erlangung der Lehrberechtigung an Hochschulen; **habilitie'ren** die Hochschullehrberechtigung erwerben.

Habi't s Tracht, Anzug.

Habitué m (habitüeh') Stammgast; **habitue'll** (...u-e...) gewohnheitsmäßig; ständig wiederkehrend.

Ha'bitus m Aussehen, Haltung.

Hacienda m (aθjä'nda) (südamerikanische) Farm; **Haciendero** m (aθjändeh'ro) (südamerikanischer) Farmer.

Ha'ddsch m Pilgerfahrt nach Mekka.

Ha'des m Unterwelt.

Ha'dschar m heiliger schwarzer Stein der Kaaba (s. dort); **Ha'dschi** m Mekkapilger.

Ha'fnium s chem. ein Grundstoff (Hf), ein Metall (nach Hafnia = Kopenhagen benannt).

Hagana'h m irreguläre jüdische Militärorganisation (vor Gründung des Staates Israel), aus der die spätere israelische Wehrmacht hervorging; **Haggada'(h)** m (hebräische) Schriftdeutung.

Hagiographie' m Lebensbeschreibung der Heiligen.

Ha'ik m Umhang der nordafrikanischen Berber

Ha'kim m (orientalischer) Arzt, Gelehrter.

Halali' s die Jagd beendender Signalruf.

ha'lbpart zu gleichen Teilen.

Halfcast m (hah'fkahßt) Mischling.

Half-Time m (ha'ftaim) Halbzeit.

hallelu'jah! „lobet den Herrn!"; **Hallelu'jah** s rel. Lobgesang.

Halluzinatio'n m Sinnestäuschung; **halluzinato'risch** auf einer Sinnestäuschung beruhend; **halluzinoge'n** Sinnestäuschungen erzeugend; **Halluzinoge'ne** s Mz. med. chem. Sinnestäuschungen hervorrufende bzw. Sinneneindrücke verändernde Stoffe (Drogen, Chemikalien); **Halluzino'se** m med. mit Sinnestäuschungen verbundene Geisteskrankheit.

Ha'lma s ein Brettspiel.

Ha'lo m opt. durch Beugung der Lichtstrahlen erzeugter „Hof" um eine Lichtquelle.

Haloge'n s chem. Salzbildner; **haloge'n** chem. salzbildend; **halogenie'ren** chem. Salz bilden.

Halu'nke m Schuft.

Ham and eggs Mz. (hämᵉndä'gs) gebratener Schinken und Spiegeleier.

Ha'lwa s orientalische Süßigkeit.

Hamame'lis m bot. eine Heilpflanze.

hämatoge'n med. blutbildend; **Hämatogra'mm** s. med. Blutbild; **Hämatolo'ge** m med. Wissenschaftler, der sich mit dem Blut und den Blutkrankheiten befaßt; **Hämatologie'** m med. Lehre vom Blut; **Hämato'm** s med. Bluterguß; **Hämatopoe'se** m (. . . o-e . . .) med. Blutbildung; **hämatopoe'tisch** (. . . o-e . . .) med. blutbildend; **Hämaturie'** m med. Auftreten von Blut im Harn.

Hamburger m (hä'mbögᵉr) svw. zwischen ein aufgeschnittenes Brötchen gelegtes gebratenes Hackfleisch mit Zutaten.

Hämoglobi'n s med. roter Blutfarbstoff; **Hämogra'mm** s med. Blutbild; **Hämoly'se** m med. Auflösung der (roten) Blutkörperchen; **Hämopathie'** m med. Blutkrankheit; **Hämophilie'** m med. Bluterkrankheit; **Hämopto'ë** m med. Bluthusten; **Hämorrhagie'** m med. Blutung; **Hämorrhoiden** Mz. (. . . o-i'den) med. Venenknoten am Mastdarm; **Hämosta'tika** Mz. med. blutstillende Mittel; **hämosta'tisch** med. blutstillend; **Hämotoxi'n** s med. Blutgift.

Handikap s (hä'ndikäp) Angleichung der Gewinnaussichten im Sport durch Vorgaben; auch Benachteiligung; **handikapen** (hä'ndikäpᵉn)

benachteiligen.

Handscha'r m türkische Hiebwaffe.

Handout s (händau't) anläßlich von Tagungen ausgehändigtes Informationsmaterial.

Ha'ngar od. **Hanga'r** m Flugzeugschuppen.

Hangman m (hä'ñmän) Henker.

Hang-over s (häñ oh'wᵉr) Überbleibsel, Rest: svw. „Kater", „Katzenjammer" (nach Alkohol- oder Rauschdrogengenuß).

Ha'nnibal ad po'rtas! „Hannibal an den Toren!" (Cicero, Philippica/ Livius), meist zitiert: . . . ante portas (vor den Toren): svw. höchste Gefahr droht!

Hansard m (hä'ns°d) britischer Parlamentsbericht.

Hansom m (hä'ns°m) leichte zweirädrige Kutsche.

hantie'ren handhaben, umgehen.

Hanu'm m orientalische Bezeichnung für „Dame".

haploi'd (. . . o-i . . .) biol. einen einfachen Chromosomensatz aufweisend.

Happening s (hä'ppeniñ) in herausfordernder Absicht als künstlerisches Erlebnis dargestelltes Alltagsgeschehen.

Happy-End s (häppi-e'nd) glückliches Ende.

Haraki'ri s (japan.) Selbstmord durch Aufschlitzen des Bauches.

Hard cover s (hah'd kawᵉ) fester Buchdeckel; Buch mit festem Einbanddeckel (im Gegensatz zum Paperback); **Hard drink** m (hah'd drink) Getränk mit hohem Alkoholgehalt; **Hard labo(u)r** m (hah'd leh'bᵉr) „harte Arbeit": Zwangsarbeit; **Hard stuff** m (hah'd ßta'ff) „harter Stoff":

svw. Opium;

Hardtop s (hah'dtop) festes, abnehmbares Kraftwagenverdeck.

Hardware m (hah'dwäᵉ) maschinentechnische Ausstattung elektronischer Datenverarbeitungsanlagen; auch: Video-Geräte (Video-Recorder u. a.).

Ha'rem m islamisches Frauengemach (und dessen Bewohnerinnen).

Häresie' m Ketzerei; **Häre'tiker** m Ketzer; **häre'tisch** ketzerisch.

Harmonie' m Übereinstimmung; **harmonie'ren** übereinstimmen; **Harmo'nika** m Musikinstrument, bei dem die Töne durch Schwingungen der mit Luft angeblasenen Stimmzungen erzeugt werden; **harmonisie'ren** in Übereinstimmung bringen; **Harmonisie'rung** m (Herbeiführung der) Übereinstimmung, Anpassung.

Harmo'nium s mus. orgelartiges Tasteninstrument.

Harpu'ne m Wurfspieß mit Widerhaken; **Harpunie'r** m Harpunenwerfer, -schütze; **harpunie'ren** mit der Harpune erlegen.

Harpyie m (harpü'jᵉ) weibl. Ungeheuer der griechischen Sage.

Hartschie'r m mil. Leibwächter; Angehöriger der ehem. königlichbayerischen Leibwache.

Haru'spex m Eingeweideschauer; aus den Eingeweiden getöteter Opfertiere Weissager (im alten Rom); **Haruspi'zium** s Weissagung aus den Eingeweiden geopferter Tiere (im alten Rom).

Hasa'rd(spiel) s Glücksspiel; **Hasardeur** m (hasardö'r) Glücksspieler; **hasardie'ren** *sᴜw.* etwas leichtsinnig aufs Spiel setzen.

Ha'sch s Abk. f. Haschisch (s. dort).

Haschee' s fein gehacktes Fleisch; **haschie'ren** Fleisch zu Haschee verarbeiten.

Ha'schen s *sᴜw.* Haschischgenuß; **Ha'scher** m *sᴜw.* Haschischgenießer; **Ha'schisch** s als Rauschmittel verwendetes Harz aus den Drüsenköpfchen der oberen Laubblätter des Indischen Hanfes.

Ha'sch-Rebellen Mz. junge, radikale politische Terroristen, die ihre Ziele mit Gewaltakten zu erreichen suchen.

Hash (hä'sch) Kurzbezeichnung für Haschisch.

Hatschie'r m s. Hartschier.

Hat-Trick m (hä't trick), **Hattrick** m (hä'ttrick) *sᴜw.* dreifacher (Tor-) Erfolg.

Haubi'tze *ᴜw* mil. Geschütz für Flach- und Steilfeuer.

hausie'ren Waren von Haus zu Haus feilbieten; **Hausie'rer** m von Haus zu Haus ziehender Händler.

Hausse (hoh'ße od. oh'ß) Steigen der Börsenkurse; Wirtschaftsaufschwung; **Haussier** m (hohßjeh') auf das Steigen der Börsenkurse Spekulierender; **haussieren** (hohßih'r°n) im Kurs steigen.

Hautbois (ohboa') mus. Oboe (s. dort).

Haute Coiffure *ᴜw* (oht koafüh'r) für die Mode maßgebliche Frisierkunst; **Haute Couture** *ᴜw* (oht kutüh'r) für die Mode maßgebliche Schneiderkunst; **Haute Couturier** m (oht kutührjeh') Modeschöpfer; **Haute Finance** *ᴜw* (oht fina'nß) Hochfinanz,

„Finanzaristokratie"; **Hautevolee** *ᴜw* (ohtwoleh') vornehme Gesellschaft; **Hautgout** m (ohguh) scharfer Geschmack od. Geruch bei Wildfleisch; *auch* Anrüchigkeit; **Hautrelief** s (ohrelja'f) erhaben gearbeitetes Relief.

Haut-Sauternes m (ohßohtä'rn) ein weißer Bordeauxwein.

Hava'nna *ᴜw* aus kubanischem Tabak hergestellte helle, schwere Zigarrenart.

Havarie' *ᴜw* Unfallschaden eines Schiffes od. Flugzeuges; **havarie'rt** beschädigt; **Havari'st** m Eigentümer eines havarierten Schiffes oder Flugzeuges; *auch* das beschädigte Schiff oder Flugzeug.

Ha'velock m ärmelloser Pelerinenmantel.

Haverei' *ᴜw* s. Havarie.

Hawai'ian Gitarre (...°n ...) mus. große, mit Stahlseiten versehene Gitarre.

Hazienda *ᴜw* s. Hacienda; **Haziendero** m s. Haciendero.

Headline *ᴜw* (hä'dlain) Schlagzeile, Hauptüberschriftszeile.

Hearing s Anhörung; öffentliches Verhör durch ein Parlament o. ä.

Heaviside-Schicht *ᴜw* (hä'wißaid ...) elektrische Wellen reflektierende Schicht der Erdatmosphäre.

Hebephrenie' *ᴜw* med. Jugendirresein.

Hebra'icum s Erwerb bzw. Nachweis der für das Theologiestudium erforderlichen Hebräischkenntnisse; **Hebra'ika** Mz. die hebräische Kultur, Sprache und Geschichte betreffende Werke.

Hedo'niker m phil. Anhänger des Hedonismus.

Genußmensch; **Hedoni'smus** m auf Genuß gerichtete Lebensanschauung; **Hedoni'st** m s. Hedoniker.

He'dschra *ᴜw* Auswanderung Mohammeds von Mekka nach Medina im Jahre 622: Beginn der mohammedanischen Zeitrechnung.

Hegemonie' *ᴜw* Vorherrschaft.

Heidu'ck(e) m (ungarischer) Freischärler, Söldner; *auch* Hofbediensteter.

Hekato'mbe *ᴜw* (zahlenmäßig) großes Opfer.

He'ktar s Flächenmaß (10 000 qm).

he'ktisch schwindsüchtig, fieberhaft.

Hektogra'mm s 100 Gramm.

Hektogra'ph m Vervielfältigungsgerät; **Hektographie'** *ᴜw* Vervielfältigung; **hektographie'ren** vervielfältigen.

Hektoli'ter s (auch m) 100 Liter; **Hektome'ter** s (auch m) 100 Meter.

He'kuba; das ist mir ~ *sᴜw.* das bekümmert mich nicht.

Hela'nca s elastische Kunstfaser.

He'likon s mus. gewundene Kontrabaßtuba.

Heliko'pter m Hubschrauber.

He'lio ..., he'lio Sonne(n) ..., sonne(n) ...; **Heliodo'r** m ein grünlich-gelber Edelstein; **Heliogra'ph** m Signalgerät zum Übermitteln von Blinkzeichen mit Hilfe des Sonnenlichtes; **Heliographie'** *ᴜw* Signalübermittlung mit einem Heliographen; **heliographie'ren** Signale mit einem Heliographen übermitteln; **Heliogravü're** *ᴜw* ein Tiefdruckverfahren; der in diesem Verfahren hergestellte Druck; **He'liotherapie** ro med. Heilbehandlung durch Sonnenstrahlung; **Heliotropi'smus** m bot. „Sonnenwendigkeit": die Fähigkeit einer Pflanze, sich dem Licht zuzuwenden; **helioze'ntrisch** auf die Sonne als Mittelpunkt bezogen; **He'lium** s chem. ein Grundstoff (He), ein Edelgas (nach helios = Sonne benannt).

He'lix ro „Spiralwindung": med. Ohrmuschelrand.

Helleba'rde ro mittelalterliche Stoß- und Hiebwaffe.

Helle'ne m Grieche; **hellenisie'ren** nach Vorbild der Griechen (Hellenen) gestalten; **Helleni'smus** m spätgriechische Kulturepoche des Mittelmeerraumes.

Helminthi'asis ro med. Wurmkrankheit; **Helminthologie'** ro med. Lehre von den Eingeweidewürmern.

Helo't m spartanischer Staatssklave.

Hemeralopie' ro med. Nachtblindheit.

Hemi..., **hemi...** Halb..., halb...; **Hemialgie'** ro med. einseitiger (Kopf-)Schmerz, Migräne; **Hemiplegie'** ro med. halbseitige Lähmung; **Hemisphä're** ro Erdhalbkugel.

Hendiadyoi'n s „eins durch zwei": Bezeichnung eines Begriffes durch zwei gleichbedeutende (z. B. zitternd und bebend).

He'nna ro oriental. kosmetisches Färbemittel.

Henriquatre m (añrihka'trᵉ) ro. Spitzbart (nach dem französischen König Heinrich IV. benannt).

Hepa'r s med. Leber; **Hepari'n** s aus der Leber gewonnene blutgerinnungshemmende Substanz (zur Verhütung von Thrombosen); **Hepati'tis** ro med. Leberentzündung; **hepatoge'n** med. von der Leber ausgehend; **Hepatolo'ge** m med. Wissenschaftler auf dem Gebiet der Leberkrankheiten; **Hepatologie'** ro med. Wissenschaft von der Leber und ihren Krankheiten.

Hephä'st od. **Hephai'stos** m griechischer Gott des Feuers und des Schmiedehandwerks.

Hepta..., **hepta...** Sieben..., sieben...; **Heptago'n** s Siebeneck; **Heptamero'n** s „Siebentagewerk": eine italienische Novellensammlung aus dem 16. Jahrhundert; **Hepta'meter** m „siebenfüßiger" Vers.

Hera'ldik ro Wappenkunde; **Hera'ldiker** m Wappenforscher; **hera'ldisch** die Wappenkunde betreffend.

Herba'rium s Sammlung getrockneter, gepreßter Pflanzen; **Herbivo'ren** Mz. zool. Pflanzenfresser; sich ausschließlich von Pflanzen ernährende Tiere; **Herbizi'd** s chem. unkraut-, pflanzenvernichtendes Mittel.

heredita'r erblich; **Hereditä't** ro biol. Erblichkeit; Erbschaft.

He'rkules m Held der altgriech. Sage; sro. Mensch mit gewaltigen Körperkräften; **herku'lisch** überaus kräftig.

Hermanda'd ro („heilige ~") sro. Polizei.

Hermaphrodi't m biol. Zwitter; **hermaphrodi'tisch** biol. zwitterhaft; **Hermaphroditi'smus** m biol. Zwitterbildung.

He'rme ro Säule mit Büste des Hermes, anderer Götter oder berühmter Menschen.

Hermeneu'tik ro rel. Schriftauslegung; phil. Lehre vom Verstehen; **hermeneu'tisch** auslegend.

He'rmes m Götterbote der griech. Sage.

herme'tisch luftdicht.

He'rnie ro (...i-e) med. Eingeweidebruch; **Herniotomie'** ro med. Bruchoperation.

Hero'e m s. Heros.

Heroi'n s (...o-i'n) ein Rauschgift.

Hero'in ro Heldin; **Heroi'ne** ro (...o-i...) theat. Heldendarstellerin; **hero'isch** heldisch; **heroisie'ren** (...o-i...) zum Helden erklären; **Heroi'smus** m (...o-i ...) Heldenmut.

He'rold m Verkünder; Ausrufer.

Hero'on s Heldengrabmal, -gedenkstätte; **He'ros** m Held, Halbgott.

Herostra'tentum s zerstörerische Sucht nach Ruhm; **herostra'tisch** verbrecherisch ruhmsüchtig.

He'rpes m med. Bläschenflechte; Hautausschlag mit Bläschenbildung; **He'rpes Zo'ster** m med. Gürtelrose.

Herpetologie' ro biol. Wissenschaft von den Kriechtieren.

He'rzinfarkt m med. durch Gefäßverstopfung bewirkte Unterbrechung der Blutzufuhr, wodurch Gewebeveränderungen am Herzmuskel hervorgerufen werden; **He'rzinsuffizienz** ro med. (... i-e...) Herzschwäche.

Hetä're ro altgriechische – oft hoch gebildete – (käufliche) Geliebte.

Heterochromoso'm s biol. geschlechtsbestimmendes Chromosom.

heterodo'x andersgläubig; **heteroge'n** ungleichartig; **Heterogenitä't** *tv* Verschiedenheit; Ungleichheit; **heterolo'g** *med.* abweichend, abnorm; **heteromo'rph** andersgestaltet; **heterony'm** ungleichnamig; **Heteropla'stik** *med.* Überpflanzung (art-) fremden Gewebes bzw. (art)fremder Organe; **Heterosexualitä't** *tv sex.* normale geschlechtliche Veranlagung; **heterosexue'll** (. . . u-e . . .) geschlechtlich normal veranlagt; **heterozygo't** *biol.* misch-, ungleicherbig.

He'tman *m* oberster Kosakenführer.

heu'reka! ich habe es gefunden!

Heuri'stik *tv* Lehre von den zu wissenschaftlicher Erkenntnis führenden Wegen; **heuri'stisch** die Heuristik betreffend; erfinderisch.

Hexa . . ., hexa . . . Sechs . . ., sechs . . .; **Hexae'der** (. . . a-e . . .) von sechs Flächen begrenzter Körper (z. B. Würfel); **Hexago'n** *s* Sechseck; **Hexagra'mm** *s* sechszackiger, aus zwei gleichseitigen Dreiecken gebildeter Stern; Davidsstern; **Hexa'meter** *m* sechsfüßiger Vers.

Hia'tus *m gramm.* Aufeinandertreffen eines ausund anlautenden Vokales eines Wortes oder einer Silbe, z. B. „ja und"; „Be'elzebub".

Hia'tushernie *tv* (. . . i-e) *med.* Zwerchfellbruch.

Hiawatha *m* (hai'wä'θe') berühmter Indianerhäuptling, bekannt durch gleichnamiges Epos von Longfellow; *auch* Modetanz der 20er Jahre.

hiberna'l winterlich, die Winterzeit betreffend

Hiberna'tio'n *tv* Winterschlaf; *med.* künstlicher Winterschlaf durch Unterkühlung oder Medikamente.

hic et nunc „hier und jetzt".

Hi'ckory *m bot.* amerikanisches Walnußbaumgewächs.

Hic Rho'dus, hic sa'lta! „Hier ist jetzt Rhodus, hier springe": *svtv.* „ h i e r beweise, was du kannst!"

Hida'lgo *m* Angehöriger des niederen spanischen bzw. portugiesischen Adels.

Hi'dschra *tv* s. Hedschra.

Hierarchie' *tv* (hi-e . . .) Priesterherrschaft; Rangordnung; **hiera'rchisch** (hi-e . . .) streng nach einer Rangordnung gegliedert.

hiera'tisch (hi-e . . .) priesterlich; **Hierodu'le** *m* (*auch tv*) (hi-e . . .) Tempelsklave (Tempelsklavin); **Hierogly'phe** *tv* (hi-e . . .) (altägypt.) Bilderschriftzeichen; *svtv.* schwer entzifferbares Zeichen; **Hierogly'phik** *tv* (hi-e . . .) Hieroglyphenwissenschaft; **hierogly'phisch** schwer entzifferbar, unklar; **Hierokratie'** *tv* (hi-e . . .) Priesterherrschaft; **Hieroma'nt** *m* (hi-e . . .) aus (Tier-)Opfern Weissagender; **Hieromantie'** *tv* (hi-e . . .) Wahrsagung aus (Tier-)Opfern; **Hieromo'nachos** *m* (hi-e . . .) Priester der orthodoxen Kirche.

hi-fi *od.* **Hi-Fi** (hai fih) *Abk. v.* 'High Fidelity' (s. dort).

high (hai') „hoch": *svtv.* (durch Rauschdrogen) berauscht.

Highball *m* (hai'bôl) Whisky mit Soda; **Highbrow** *m* (hai'brau) überheblicher Besserwisser;

(überbetont) Intellektueller.

High-Church *tv* (hai' tschötsch) anglikanische Hochkirche; **High Commissioner** *m* (hai' komi'sch°n°r) „Hoher Kommissar", „Hochkommissar", Oberkommissar, höchster Beauftragter; **High Fidelity** (haifidä'liti) hohe Wiedergabetreue, besondere Klangtreue; **Highlands** *Mz.* (hai'länds) schottisches Hcchland; **Highlife** *s* (hai'laif) glanzvolles Leben der vornehmen Welt; *auch svtv.* „Jubel, Trubel, Heiterkeit"; **High-School** *tv* (hai-'ßkuhl) höhere Schule (nicht Hochschule) in den USA; **High Society** *tv* (hai' ßoßai'°tih) höchste Gesellschaftsschicht; **Highway** *m* (hai'weh) Autobahn (in den USA), Landstraße.

Hijacker *m* (hai'dshä'k°r) „Luftpirat", Flugzeugentführer.

Hi'llbilly *m svtv.* „Hinterwäldler"; **Hi'llbilly-Musik, -music** (mjuh'sik) *tv* volkstümliche Musik der Südstaaten der USA.

Hima'tion *s* altgriechischer Mantel.

Hi'ndi *s* Staatssprache der Indischen Union; **Hindui'smus** *m* aus dem Brahmanismus hervorgegangene indische Volksreligion.

Hi'obsbotschaft *tv svtv.* Schreckensbotschaft (nach dem biblischen Buch Hiob).

Hippie *m*, **Hippies** *Mz.* „Blumenkinder"; Jugendliche, die alle bestehenden gesellschaftlichen Ordnungen und Bindungen ablehnen, sich vorzugsweise mit Blumen schmücken (Schlagwort „Flower

Power" – „Macht der Blumen"), bewußt „unbürgerlich" leben, Liebe – in jeglicher Form – proklamieren, Lebenserfüllung in Triebbefriedigung und durch Genuß von Rauschmitteln (besonders LSD) zu erlangen suchen.

Hippoca'mpus m zool. Seepferdchen (ein Knochenfisch); **Hippodro'm** s Reitbahn.

Hippo'krates m berühmter altgriechischer Arzt; **hippokra'tisch** auf Hippokrates bezüglich, der Lehre des Hippokrates entsprechend; **hippokra'tischer Eid** m von Hippokrates begründetes und in seinen Grundzügen noch heute für jeden Arzt gültiges Gelöbnis der sittlichen Gebote für das ärztliche Handeln; **hippokra'tisches Gesicht** s med. Gesichtsausdruck Sterbender.

Hippokre'ne rv altgriechische Musenquelle.

Hippolo'ge m Pferdekenner; **Hippologie'** rv Pferdekunde; **Hippopo'tamus** s zool. Flußpferd.

Hi'pster m besessener (Jazz-)Anhänger.

Hirsuti'smus m med. übermäßige Behaarung.

Hirudi'n s med. blutgerinnungshemmende Substanz aus den Speicheldrüsen der Blutegel.

hispanisie'ren nach spanischem Vorbild gestalten, spanisch machen; **Hispani'smus** m spanische Spracheigentümlichkeit (in einer anderen Sprache); **Hispani'st** m Wissenschaftler auf dem Gebiet der spanischen Sprache und Kultur; **Hispanitä't** rv Zusammengehörigkeitsbewußtsein der Spanisch sprechenden Völker.

Histami'n s med. ein im Körper entstehender und besonders bei Allergien freiwerdender Stoff.

Histochemie' rv med. Lehre vom Auftreten und Wirken chemischer Stoffe in Zellen und Geweben; **Histogene'se** rv med. Gewebeentstehung; **Histolo'ge** m med. Wissenschaftler, der sich mit der Erforschung der Zellen und Gewebe befaßt; **Histologie'** rv med. Gewebelehre; **histolo'gisch** die Gewebe betreffend; **Histoly'se** rv med. Gewebeauflösung; **Histopathologie'** rv med. Wissenschaft von den krankhaften Veränderungen der Gewebe.

Histö'rchen s „Geschichtchen", anekdotenartige Erzählung; **Histo'rie** rv (. . . . i-e) Geschichte; **Histo'rik** rv Geschichtswissenschaft; **Histo'riker** m Geschichtswissenschaftler; **Historiogra'ph** m Geschichtsschreiber; **Historiographie'** rv Geschichtsschreibung; **histo'risch** geschichtlich; **Histo'rischer Materiali'smus** m im 19. Jahrhundert entstandene geschichtsphilosophische Lehre; **historisie'ren** das Geschichtliche überbetonen; **Histori'smus** m Überbetonung des Geschichtlichen.

Histotherapie' rv med. Gewebetherapie.

Histrio'ne m Schauspieler im alten Rom.

Hit m mus. Erfolgsschlager.

hitchhiken (hi'tschhaik°n) „per Anhalter" reisen; **Hitchhiker** m (hi'tschhaiker) „Anhalter".

Ho'bby s „Steckenpferd", Liebhaberei.

Hobo'e s s. Oboe; **Hoboi'st** m (. . . o-i . . .) mus. Oboespieler; mil. Militärmusiker.

Ho'chfrequenz rv phys. Wechselstrom mit hoher Schwingungszahl.

ho'chstilisieren srv. eine Angelegenheit hochspielen, aufbauschen.

Ho'ckey s (. . . keh) ein mit Schlägern gespieltes Ballspiel.

Ho'dscha m mohammedanischer geistlicher Lehrer.

hofie'ren den Hof machen.

Ho'kuspo'kus m Zauberformel; Gaukelei.

Ho'ldinggesellschaft rv Dachgesellschaft zur Beaufsichtigung der Tochtergesellschaften.

Holi'smus m phil. Ganzheitslehre, -theorie.

Ho'llerithmaschine od. **Holleri'thmaschine** Lochkartenmaschine zur Sortierung und Auswertung von Lochkarten; **Ho'llerithverfahren** od. **Holleri'thverfahren** s ein Lochkartenverfahren.

Ho'lmium s chem. ein Grundstoff (Ho) (nach Holmia = Stockholm benannt).

Holocaust m (ho'lokößt) ‚Brandopfer': Massenvernichtung der Juden durch den Nationalsozialismus; Völkermord, -ausrottung.

Holographie' rv eine optische Aufnahmetechnik zur Gewinnung und Wiedergabe dreidimensionaler Bilder·

Ho'lster s Pistolen-, Revolvertasche.

Homeland s (hoh'mländ) amtliche südafrikanische Bezeichnung für ein aus südafrikanischem Staatsgebiet geschaffenes unabhängiges Staatsgebilde mit Bantu-Bevölkerung.

Home Office s (hoh'm

ofiß) britisches Innenministerium.

Home'r m altgriech. Dichter; **home'risches Gelächter** s *svw.* schallendes Gelächter.

Homerule s (hoh'mruhl) Selbstregierung, Selbstbestimmung (irisches Schlagwort im Unabhängigkeitskampf); **Homespun** s (hoh'mßpan) grobes Wollgewebe; **Hometrainer** m (hoh'm-trehn'r) Heimübungsgerät zur körperlichen Ertüchtigung.

Homile't m Predigtlehrer, Prediger; **Homile'tik** *w* Predigtlehre; **homile'tisch** auf die Predigt (-lehre) bezüglich.

Homini'den *Mz.* Sammelbezeichnung für alle ausgestorbenen u. lebenden Menschenrassen; **Hominisatio'n** *w* Entwicklung zum Menschen.

Hommage *w* (omah'sh) Ehrung, Huldigung.

Ho'mo m Mensch; *auch Abk. f.* Homosexueller; **Homoero'tik** *w* (homoe...) s. Homosexualität; **homoero'tisch** s. homosexuell.

Ho'mo fa'ber m der praktisch begabte Mensch.

homoge'n gleichartig; **Homogenisatio'n** *w* gleichmäßige Verteilung *bzw.* Vermischung; **homogenisie'ren** gleichmäßig verteilen; **Homogenität** *w* Gleichartigkeit.

Homoiopla'stik *w* s. Homoplastik.

homolo'g entsprechend; **Homologie'** *w* Entsprechung; Übereinstimmung.

homono'm gleichwertig.

Ho'mo no'vus m der (politische) Neuling; *svw.* soeben in eine hohe Stellung gelangter Mann.

Homony'm s gleichlautendes Wort mit anderer Bedeutung (z. B. Bauer [Landwirt] und Bauer [Käfig]); **homony'm** gleichlautend, aber mit verschiedener Bedeutung; **homony'misch** s. homonym.

Homöopa'th m Arzt oder Heilkundiger, der mit homöopathischen Mitteln behandelt; **Homöopathie'** *w med.* Heilverfahren, bei dem die Krankheit mit kleinen Mengen eines Stoffes bekämpft wird, der — in größerer Menge gegeben — eine ähnliche Krankheit hervorruft; **homöopa'thisch** im Sinne der Homöopathie; die Homöopathie betreffend; **Homöopla'stik** *w* s. Homoplastik.

homophi'l s. homosexuell; **Homophilie'** *w* s. Homosexualität.

Homopla'stik *w med.* Gewebeersatz durch arteigenes Gewebe.

Ho'mo sa'piens m (... iens) der vernunftbegabte Mensch.

Homosexualitä't *w sex.* auf Angehörige des gleichen Geschlechtes gerichteter Geschlechtstrieb; **homosexue'll** (...u-e...) gleichgeschlechtlich empfindend; **Homosexuelle(r)** *w* (m) (...u-e...) gleichgeschlechtlich veranlagter Mensch.

homozygo't *biol.* gleicherbig, reinerbig.

Homu'nkulus m künstlich erzeugter Mensch.

hone'tt ehrenhaft.

Honeymoon m (ha'nimuhn) *svw.* Flitterwochen.

Honneurs *Mz.* [(h)o-nö'rß]: **die Honneurs machen:** Gäste bewillkommnen.

Hon(n)i soit qui mal y pense (onih'ßoa ki mali pa'nß) ,,Schande dem, der Arges dabei denkt" [Devise des englischen

Hosenbandordens].

honora'bel ehrenvoll; **Honora'r** s Bezahlung (ursprünglich Ehrensold); **Honora'rprofessor** m ehrenhalber verliehener Professorentitel; **Honoratio'ren** *Mz.* Bezeichnung für die angesehenen und einflußreichen Persönlichkeiten einer Stadt oder Gemeinde; **honorie'ren** bezahlen; **hono'rig** anständig; **hono'ris cau'sa** (*Abk.* h. c.) ehrenhalber; **Honourable** m (o'n'r'bl) englischer Titel: ,,Ehrenwerter"; **Hon.-Prof.** *Abk. v.* Honorarprofessor.

Ho'nvéd *w* die ungarische Armee; m Angehöriger der ungarischen Armee.

Hook m (huh'k) *svw.* (Drogen-)Abhängigkeit.

Hooligan m (huh'lig'n) Straßenlümmel, ,,Halbstarker"

Hopli't m altgriech. schwerbewaffneter Soldat.

Ho'ren *Mz.* griech. Göttinnen der vier Jahreszeiten; *rel.* (die Zeiten der) Stundengebete.

Horizo'nt m Gesichtskreis, Sichtgrenze zwischen Himmel und Erde; **horizonta'l** waagerecht; **Horizonta'le** *w* Waagerechte.

Hormo'n s *med.* Drüsenwirkstoff; **hormona'l, hormone'll** *med.* die Hormone betreffend.

Hornpipe *w* (hö'npaip) *mus.* Hornpfeife (Schalmeienart); *alter* englischer (Seemanns-)Tanz.

Horolo'gion s liturgisches Buch der orthodoxen Kirche; **Horolo'gium** s *v.* Horologion; **Horosko'p** s Schicksalsdeutung.

horre'nd schauderhaft; **horri'bile di'ctu** ,,schrecklich zu sagen"; **Ho'rror** m Schrecken, Entsetzen; **Ho'rrortrip** m *svw.* mit Angst- und

Schreckensgefühlen
verbundener Drogen-
rausch; **Horror-Urlaub**
m scherzhaft: mit Stra-
pazen, Unannehmlich-
keiten und Ärger ver-
bundener Urlaub; **Ho'r-
ror va'cui** „Grauen vor
dem Leeren" (nach Ra-
belais, Gargantua).

hors concours (ôr koñkuh'r) außer Konkur-
renz, außerhalb des
Wettbewerbs; **Hors
d'œuvre** s (ôrdöwr)
Vorspeise.

Horse-Guards Mz. (hô'ß-
gah'ds) britische Garde-
kavallerie; **horse-power**
rv (hô'ßpau°r) engl.
Pferdekraft (Abk. HP).

hortati'v ermunternd.

Horte'nsie rv (. . . i-e) bot.
Zierstrauch der Gattung
Steinbrechgewächse.

Hosia'nna s hebräischer
Jubelruf; **hosia'nna!**
„hilf doch!".

Hospita'l s Krankenhaus,
Pflegeanstalt; **hospitali-
sie'ren** in eine Kranken-
pflegeanstalt einweisen;
Hospitali'smus m med.
durch längeren Kran-
kenhausaufenthalt her-
vorgerufene seelische
und körperliche Verän-
derungen; auch Über-
tragung von Infektionen
innerhalb eines Kran-
kenhauses durch Pflege-
personal, Gerätschaften
oder Staub; **Hospitali-
tä't** rv Gastfreundschaft.

Hospita'nt m Gast(-hö-
rer); **Hospite'sse** rv
(erstmalig in München)
zur Entlastung des Pfle-
gepersonals eingesetzte
Betreuerin von Kran-
kenhauspatienten (z. B.
zur Erledigung von Auf-
trägen und Besorgun-
gen); **hospitie'ren** als
Gasthörer teilnehmen;
Hospi'z christliche Herberge.

Ho'stess rv Betreuerin
von Kongreß- od. Aus-

stellungsbesuchern, Be-
gleiterin, Führerin,
Auskunftsdame.

Ho'stie rv (. . . i-e) rel.
Abendmahlsbrot.

hosti'l feindselig; **Hosti-
litä't** rv Feindseligkeit.

Hot (Jazz) m [hot (dshäs)]
eine besonders scharf
betonende Spielweise
des Jazz.

Hot dog s ein zwischen
ein aufgeschnittenes
Brötchen gelegtes
heißes Würstchen.

Hote'l s (größeres) Gasthaus mit Beherber-
gungs- und Speisebe-
trieb; **Hotel garni'** s Hotel, das nur Unterkunft
u. Frühstück gewährt;
Hotelier m (hohtäljeh')
Besitzer od. Leiter eines
Hotels; **Hotellerie'** rv
Hotelgewerbe.

Hot money s (hot ma'ni)
„heißes Geld": von
Land zu Land fließendes
Geld, das jeweils zu
dem Lande dirigiert
wird, welches die größte
Wirtschaftsstabilität
aufweist; **Hot Pants,
Hotpants** Mz. (ho't-
päntß od. hotpä'ntß)
„Heiße Höschen": sehr
kurze, knappsitzende,
als Oberbekleidung ge-
tragene Damenhosen;
Hot shot m (ho't schot)
„Heißer Schuß",
„Schnellschuß": zu
schnellem Absatz be-
stimmte, kurzentschlos-
sen hergestellte Wirt-
schaftsgüter (z. B. Bü-
cher aus aktuellem Anlaß).

ho'tten zu Hot Jazz-Musik
tanzen.

Household word s (hau'ß-
hohld wöd) „Haushalts-
wort": amerikanische
Bezeichnung für ein
Wort oder einen Begriff,
der zum Wortschatz je-
der Familie gehört.

House of Commons s
(hauß of ka'm°ns) briti-
sches Unterhaus; **House**

of Lords s (—lô'ds)
brit. Oberhaus.

Hovercraft s (ho'°rkrahft)
Luftkissenfahrzeug (ge-
nauer:Schwebefahrzeug).

Hu'la rv/m (fälschlich
Hula-Hula genannt) ein
ursprünglich kultischer
hawaiischer Volkstanz;
Hula-Hoop s (. . . hu'p)
(verdeutscht: Hula-
Hopp) ein gymnasti-
sches Spiel, bei dem
man durch Körperbewe-
gungen einen leichten
Reifen um seinen Kör-
per kreisen läßt; **Hula-
Hu'la-Mädchen** rv Mz.
hawaiische junge Mäd-
chen, die die in Hawaii
eintreffenden Gäste und
Reisenden mit Blumen-
kränzen schmücken und
den Hula-Tanz vorfüh-
ren.

Hu'lk m/rv als schwim-
mender Lagerraum od.
Wohnschiff benutzter
zur Seefahrt unbrauch-
bar gewordener Schiffs-
rumpf.

huma'n menschlich;
Human engineering s
(hjuh'm°n endshinih'riñ)
psych. „Ingenieurpsy-
chologie": ein Teilge-
biet der Arbeits- und
Betriebspsychologie,
das sich mit der Gestal-
tung des Arbeitsplatzes,
der Maschinen, der Ar-
beitseinteilung, der Ar-
beitszeit usw. befaßt;
humanisie'ren mensch-
lich machen, vermensch-
lichen; **Humani'smus** m
das Erbe der Antike
pflegende kulturelle Be-
wegung des 15. u. 16.
Jahrhunderts; **Huma-
ni'st** m der in antiker
Kultur und Sprache Ge-
bildete; **humani'stisch**
antikes Bildungsgut ver-
mittelnd; auch svw. alt-
sprachlich; **humanitä'r**
menschenfreundlich;
Huma'nitas rv edelste
Menschlichkeit; **Huma-**

nitä't rv Menschlichkeit;
Huma'nmedizin rv die
den Menschen betreffen-
de Heilwissenschaft (im
Gegensatz zur Veteri-
närmedizin); **Human
Relations** Mz. (juh'm°n
rileh'sch°ns) zwischen-
menschliche Beziehun-
gen.
Hu'mbug m Schwindel.
Humera'le s rel. Schultertuch katholischer Geist-
licher.
humi'd feucht; **Humidi'tä't**
rv Feuchtigkeit.
Humifikatio'n rv Humus-
bildung; **humifizie'ren**
in Humus verwandeln;
Humifizie'rung rv Hu-
musbildung.
humi'l demütig, unterwürfig; **Humili'tä't** rv Demut,
Unterwürfigkeit.
Hu'mor m med. Körper-
saft; **Humo'r** m heitere
Lebensbetrachtung.

humora'l med. die Körpersäfte betreffend; **Hu-
mora'lpathologie** rv med.
Lehre, nach der die
Entstehung der Krank-
heiten auf eine fehler-
hafte Beschaffenheit der
Körpersäfte zurückzu-
führen ist; **Humore'ske**
rv heitere Erzählung;
humori'stisch heiter.

humo's aus Humus be-
stehend; vermodert; **Hu-
mus** m durch Verwe-
sung pflanzlicher oder
tierischer Stoffe entstandene fruchtbare Boden-
schicht.

Hundredweight (cwt) s
(ha'ndr°dweht) engli-
sches und amerikani-
sches Handelsgewicht
(= 50,8 kg).
Hunter m (ha'nt°r) englisches Jagdreitpferd;
auch Jagdhund.
Hu'ri rv islam. Paradies-
jungfrau.
Hu'rrikan m (auch ha'ri-
k°n) tropischer Wirbel-
sturm.
Husa'r m leichtbewaffne-

ter Reiter.
Hussi't m Anhänger des
tschechischen Reforma-
tors Johannes Hus;
Hussiti'smus m refor-
matorische Bewegung
des Johannes Hus mit
tschechisch-nationalisti-
schen Zügen.
hyali'n glasartig; durchscheinend.
Hyä'ne rv zool. afrika-
nisch-asiatischer Raub-
tier; auch raffgieriger,
skrupelloser Mensch.
Hyazi'nth m ein rötlicher
Edelstein; **Hyazi'nthe** rv
bot. eine Lilienpflanze.
hybri'd bot. zwitterhaft;
Hybri'd(e) m (rv) biol.
Bastard; **Hybri'drechner**
m Elemente der Digital-
und Analogcomputer in
sich vereinigende Da-
tenverarbeitungsanlage.
Hy'bris rv Überheblich-
keit, Vermessenheit.
Hyd(r) . . ., **hyd(r)** . . .
Wasser . . ., wasser . . .
Hy'dra rv altgriechisches
Fabelwesen: neunköpfi-
ge Wasserschlange.
Hydra'nt m Wasserzapf-
stelle.
Hydra'rgyrum s chem.
ein Grundstoff (Hg):
Quecksilber.
Hydra't s chem. durch
Wasseraufnahme ent-
standene Verbindung.
Hydrau'lik rv phys. Lehre
von der Bewegung der
Flüssigkeiten; **hydrau'-
lisch** auf Flüssigkeits-
druck beruhend.
Hydri'd s chem. Verbin-
dung von Metallen oder
anderen Grundstoffen
mit Wasserstoff; **hydrie'-
ren** Wasserstoff an che-
mische Grundstoffe oder
Verbindungen anlagern.
Hy'drobiologie rv biol.
Wissenschaft von den
im Wasser lebenden
Pflanzen und Tieren;
Hydrodyna'mik rv phys.
Strömungslehre; **Hy'dro-
elektrizi'tä't** rv phys.
durch Wasserkraft er-

zeugte elektrische Ener-
gie; **Hydroge'n(ium)** s
chem. ein Grundstoff
(H): Wasserstoff; **Hy'-
drogeologie'** rv den
Wasserhaushalt des Bo-
dens erforschende
Zweig der Geologie;
Hydrographie' rv Ge-
wässerkunde; **hydro-
gra'phisch** die Gewäs-
serkunde betreffend;
Hy'drokultur rv Pflan-
zenzucht ohne Erde in
Nährlösungen.
Hydrolo'ge m Wasser-
wissenschaftler; **Hydro-
logie'** rv Wissenschaft
vom Wasser; **hydrolo'-
gisch** das Wasser be-
treffend; **Hydroly'se** rv
chem. Zerlegung chemi-
scher Verbindungen un-
ter Mitwirkung von
Wasser; **Hy'dromecha'-
nik** rv phys. Flüssig-
keitsmechanik: Lehre
von den Strömungsge-
setzen und Gleichge-
wichtszuständen der
Flüssigkeiten; **Hy'dro-
meteorologie'** rv Wis-
senschaft von den Wol-
ken und Niederschlä-
gen; **Hydrome'ter** s
Wassermesser: Instru-
ment zur Messung der
Strömungsgeschwindig-
keit; **hydrophi'l** biol.
wasserliebend; chem.
wasseranziehend; **hy-
dropho'b** wasserscheu;
chem. wasserabwei-
send; **Hydrophobie'** rv
Wasserscheu; **Hydro-
phy'ten** Mz. bot. Was-
serpflanzen; **hydro'-
pisch** med. wassersüch-
tig; **Hydropla'n** m Was-
serflugzeug; **Hydropo'-
nik** rv s. Hydrokultur;
Hy'drops m med. Was-
sersucht; **Hy'drosphä're**
rv die Erde umgebende
Wasserhülle; **Hydrosta'-
tik** rv phys. Lehre vom
Gleichgewicht der Kräf-
te ruhender Flüssigkei-
ten; **Hy'drotechnik** rv
Wasserbautechnik; **Hy-**

drotherapie' w med. Wasserheilkunde.

Hydroxi'd s, **Hydroxy'd** s chem. Verbindung eines Grundstoffes mit OH.

Hydroze'le w med. Wasserbruch: durch Ansammlung wäßriger Flüssigkeit entstandene Geschwulst; **Hydroze'phalus** m med. Wasserkopf.

Hydrozo'en Mz. zool. Nesseltiere (Polypen, Quallen).

Hygie'ne w (. . . i-e . . .) Gesundheitslehre, -pflege; **Hygie'niker** m (. . . i-e . . .) in der vorbeugenden Gesundheitsfürsorge tätiger Arzt. **hygie'nisch** (. . . i-e . . .) den Vorschriften der Hygiene entsprechend; die Hygiene betreffend.

Hy'gro . . ., hy'gro . . . Feucht(igkeit) . . ., feucht (-igkeit) . . .; **Hygrogra'ph** m Gerät zur laufenden Aufschreibung der Luftfeuchtigkeit; **Hygrome'ter** s Luftfeuchtigkeitsmesser; **hygrophi'l** bot. feuchtigkeitsliebend; **Hygrophy'ten** Mz. bot. feuchte Standorte bevorzugende Pflanzen; **Hygrosko'p** s Gerät zum Ablesen der Luftfeuchtigkeit; **hygrosko'pisch** chem. Wasser(dampf) an sich ziehend.

Hy'le w phil. (Ur-)Stoff, Materie; **hy'lisch** stofflich.

Hy'men s med. Jungfernhäutchen; **Hy'men** m altgriechischer Hochzeitsgesang; **Hymenai'os, Hymenä'us** m altgriechischer Hochzeitsgesang; **Hymenopte'ren** Mz. zool. Insekten: Hautflügler.

Hymna'r(ium) s rel. Hymnenbuch; **Hy'mne** w Lobgesang, Festgesang; **Hy'mnik** w Hymnen-

dichtung; **hy'mnisch** hymnenartig, feierlich; **Hymno'de** m Hymnendichter; **Hymnodie'** w Hymnendichtung; **Hymnologie'** w Hymnenwissenschaft; **Hy'mnus** m s. Hymne.

Hyp . . ., hyp . . . s. Hypo- . . ., hypo . . .; **Hypalgesie'** w med. Verminderung der Schmerzempfindlichkeit; **hypalge'tisch** med. vermindert schmerzempfindlich; **Hypalgie'** w s. Hypalgesie; **Hypästhesie'** w med. Unterempfindlichkeit; **hypästhe'tisch** med. unterempfindlich.

Hy'per . . ., hy'per . . . Über . . ., über . . .; **Hyperalgesie'** w med. Erhöhung der Schmerzempfindlichkeit; **hyperalge'tisch** med. erhöht schmerzempfindlich; **Hyperalgie'** w s. Hyperalgesie; **Hyperämie'** w med. vermehrte Blutfülle, Blutandrang; **Hyperästhesie'** w med. Überempfindlichkeit; **hyperästhe'tisch** überempfindlich.

Hype'rbel s (sprachl.) Übertreibung; math. ein Kegelschnitt; **hyperbo'lisch** (sprachl.) übertreibend; math. in Gestalt einer Hyperbel, hyperbelartig.

Hyperbore'er Mz. (sagenhaftes) Volk im hohen Norden; **hyperbore'isch** im hohen Norden lebend.

Hyperdaktylie' w med. biol. Überzahl an Fingern oder Zehen; **Hypere'mesis** w med. übermäßiges Erbrechen; **Hypere'mesis gravida'rum** Schwangerschaftserbrechen; **Hy'perfunktio'n** w med. gesteigerte Tätigkeit; **Hypergenitali'smus** m med. Überent-

wicklung der Geschlechtsdrüsen; auch krankhaft gesteigerter Geschlechtstrieb; **hy'perkorre'kt** übergenau; **hyperkri'tisch** besonders kritisch, tadelsüchtig; **Hypermetropie'** w med. Übersichtigkeit; Weitsichtigkeit; **hy'permode'rn** über(trieben) modern; **Hyperplasie'** w med. übermäßige Vermehrung der Gewebe- oder Organzellen; **Hypersomie'** w med. Riesenwuchs; **Hypersomnie'** w med. Schlafsucht; **Hypertensio'n** w med. erhöhte Spannung; erhöhter Blutdruck; **Hyperthermie'** w med. Überhitzung; Wärmestauung; **Hyperthyreoidi'smus** m (. . . o-i . . .) med. Schilddrüsenüberfunktion; **Hyperthyreo'se** w s. Hyperthyreoidismus; **Hypertonie'** w med. erhöhte Spannung; erhöhter Blutdruck; **Hypertricho'sis** w med. übermäßige Behaarung; **Hypertrophie'** w med. Überentwicklung; übermäßige Vergrößerung von Gewebezellen oder Organen; **Hyperventilatio'n** w med. übermäßige (Be-)Atmung.

Hypno'se w durch seelische Beeinflussung bewirkter schlafähnlicher Zustand; **Hy'pnotherapie** w med. Heilbehandlung durch Hypnose; **Hypno'tika** Mz. med. Schlaf-, Betäubungsmittel; **hypno'tisch** svw. lähmend, einschläfernd; **hypnotisie'ren** in Hypnose versetzen; willenlos machen.

Hypo . . ., hypo . . . Unter . . ., unter . . .; **Hypocho'nder** m Schwermütiger; **Hypochondrie'** w Schwermut; **hypocho'ndrisch** schwermütig.

Hy'pofunktio'n *w med.*
Unterfunktion; **Hypo-
genitali'smus** m *med.*
Unterentwicklung der
Geschlechtsdrüsen;
auch krankhaft vermin-
derter Geschlechtstrieb;
Hypoglykämie' *w med.*
Verminderung des Blut-
zuckergehaltes; Unter-
zuckerung; **Hypokau'-
st(um)** s (antike) Warm-
luftheizung (Fußboden-
heizung).
Hypokrisie' *w* Heuchelei;
Hypokri't m Heuchler;
hypokri'tisch heuchlerisch.
hypophysä'r *med.* die
Hypophyse betreffend;
Hypophy'se *w med.*
Hirnanhangdrüse (mit
innerer Sekretion); **Hy-**

poplasie' *w med.* Unterentwicklung von Gewe-
bezellen oder Organen;
Hyposomie' *w med.*
Zwergwuchs.
Hyposta'se *w phil.*
Grundlage, Substanz,
Wesen.
Hypotensio'n *w med.*
verminderte Spannung;
verminderter Blutdruck.
Hypotenu'se *w math.*
dem rechten Winkel ge-
genüberliegende Drei-
ecksseite.
Hypothe'k *w* Grund-
schuld; **hypotheka'risch**
eine Grundschuld be-
treffend.
Hypothe'se *w* Vermutung;
hypothe'tisch unbewie-
sen.
Hypothyreoidi'smus m

(. . . o-i . . .) *med.* Schild-
drüsenunterfunktion;
Hypotonie' *w med.* verminderte Spannung;
verminderter Blutdruck;
Hypotrophie' *w med.*
Unterentwicklung, -er-
nährung.
Hypoxie' *w med.* Sauer-
stoffmangel.
Hypoze'ntrum s Erdbe-
benherd.
Hypsome'ter s Höhen-
messer; **Hypsometrie'** *w*
Höhenmessung.
Hysterie' *w med.* eine
Nervenkrankheit; *auch
swv.* übersteigerte Äu-
ßerung einer Gemüts-
bewegung; **hyste'risch**
swv. launisch, über-
steigert.

I

Ia'mbus m ein aus einer
kurzen und einer langen
Silbe bestehender Vers-
fuß.
IATA *w Abk. f.* International **A**ir **T**ransport
Association/Internatio-
naler Lufttransportver-
band.
Ia'trik *w med.* Heilkunde,
Heilbehandlung;
ia'trisch *med.* heilkund-
lich; **Iatrochemie'** *w
med.* Heilbehandlung
mit chemischen Mitteln;
iatroge'n *med.* durch
ärztliche Behandlung
hervorgerufen.
ibe'risch Spanien und
Portugal betreffend;
Ibe'roamerika s Lateinamerika (Mittel- und
Südamerika).
i'bidem (*Abk.* ib., ibd.,
ibid.) ebendort.
Ibn *arabisch:* Sohn.
IC *Abk. v.* Intercity-Zug
(s. dort).
ICAO *w Abk. v.* International Civil Aviation Or-
ganization: Internatio-
nale Zivilluftfahrt-Orga-
nisation.

I'chthyo . . ., i'chthyo . . .
Fisch . . ., fisch . . .; **Ichthyolo'ge** m Fischwis-
senschaftler; **Ichthyolo-
gie'** *w* Wissenschaft von
den Fischen; **ichthyolo'-
gisch** fischkundlich;
Ichthyosau'rier m (. . .
i-e) *zool.* Fischsaurier;
ausgestorbene Riesen-
echse des Erdmittelal-
ters; **Ichthyo'sis** *w med.*
„Fischschuppenkrank-
heit".
I'cterus m s. Ikterus.
I'ctus m s. Iktus.
Idea'l s Vorbild, Vollkom-
menes; **idea'l** vorbildlich, vollkommen; **idea-
lisie'ren** verschönern,
verklären; **Ideali'smus**
m erhabene Welt- und
Lebensauffassung; Be-
geisterung; **Ideali'st** m
selbstloser, hochstre-
bender Mensch; **idea-
li'stisch** selbstlos, hoch-
strebend; *auch swv.*
weltfremd; **Idea'lkon-
kurre'nz** *w iur.* Tatein-
heit; **Idee'** *w* Grundge-
danke, Einfall, Plan;
idee'll (. . . e-e . . .) gei-

stig, nur gedacht; **Ide'en-
assoziation** *w* Gedan-
kenverbindung.
i'dem (*Abk.* id.) der-,
dasselbe.
I'den Mz. altrömische Ka-
lenderbezeichnung:
Monatsmitte.
Identifikatio'n *w* Feststellung der Übereinstim-
mung (von Personen
oder Sachen); **identifi-
zie'ren** gleichsetzen; die
völlige Übereinstim-
mung feststellen; **Iden-
tifizie'rung** *w* s. Iden-
tifikation; **ide'ntisch**
übereinstimmend; völ-
lig gleich; **Identitä't** *w*
Wesenseinheit, Gleich-
heit.
Ideogra'mm s Begriffszeichen; **Ideographie'** *w*
aus Begriffszeichen be-
stehende Schrift; Bil-
derschrift.
Ideolo'ge *w* Vertreter
einer Ideologie; **Ideologie'** *w* Gedankenwelt,
Begriffslehre; **ideolo'-
gisch** einer Gedanken-
welt angepaßt; *auch*
weltfremd, verbohrt.

id est das ist, das heißt.

Idiolatrie' *w* Selbstvergötterung.

Idio'm s Mundart; Spracheigentümlichkeit; **Idioma'tik** *w* Idiomenlehre; **idioma'tisch** einer Sprache eigentümlich.

Idiosynkrasie' *w* med. Überempfindlichkeit(skrankheit); **idiosynkra'tisch** med. überempfindlich.

Idio't m („Privatmann") Dummkopf; med. Schwachsinniger; **Idiotie'** *w* Blödsinn; **Idio'tikon** s Mundartwörterbuch; **idio'tisch** schwachsinnig, blöde; **Idioti'smus** m mundartliche Sprechweise; *auch* *sw.* Idiotie (s. dort).

I'diotypus m biol. Erbbild.

I'do s eine künstliche Weltsprache.

Ido'l s Abgott; **Idolatrie'** *w* Götzendienst; **idolisie'ren** zu einem Abgott machen; **Idololatrie'** *w* s. Idolatrie.

Idy'll s Geruhsamkeit, Stimmungsbild; **Idy'lle** *w* literarische oder künstlerische Darstellung eines stimmungsvollen, geruhsamen Zustandes oder Geschehens; **idy'llisch** geruhsam, beschaulich; *auch* (abschätzig!) reizend.

i.e. Abk. v. id est (s. dort).

I'glu m/s aus Schnee gebaute Eskimohütte.

Ignition *w* (igni'sch°n) techn. Zündung; Raketenzündung.

Ignora'nt m Unwissender; **Ignora'nz** *w* Unwissenheit; **ignorie'ren** nicht beachten; nicht wissen wollen.

IHS rel. Christusmonogramm (Abkürzung des Namens Jesu Christi).

Iko'ne *w* rel. Heiligenbild; **Ikonodu'le** m Bilderverehrer; **Ikonodulie'** *w*

Bilderverehrung; **Ikonographie'** *w* Bilderbeschreibung; **Ikonokla's-mus** m Bildersturmerei; **Ikonokla'st** m „Bilderstürmer"; **Ikonologie'** *w* Wissenschaft von den (Heiligen-)Bildern.

Ikonosko'p s techn. elektronischer Bildzerleger; Fernsehaufnahmeröhre; **Ikonosta's(e)** m (*w*) rel. ikonengeschmückte Trennwand zwischen Altar- und Gemeinderaum in orthodoxen Gotteshäusern.

I'kterus m med. Gelbsucht.

I'ktus m Stoß; Betonung; med. Schlag.

I'leus m (. . . e-us) med. Darmverschluß.

I'lias *w* altgriech. Heldenlied von der Zerstörung Trojas.

i'llegal (od. . . a'l) ungesetzlich; **Illegalitä't** *w* Gesetzwidrigkeit.

i'llegitim (od. . . . i'm) ungesetzmäßig, gesetzlich nicht anerkannt; **Illegitimitä't** *w* Unrechtmäßigkeit.

illimitie'rt unbegrenzt.

illiqui'd (od. i'll . .) zahlungsunfähig; **Illiquiditä't** *w* Mangel an flüssigen (sofort verfügbaren) Zahlungsmitteln; Zahlungsunfähigkeit.

illoyal (iloaja'l) unredlich, gesetzwidrig; **Illoyalitä't** *w* (iloajahlitä't) Unredlichkeit, Gesetzwidrigkeit.

Illumina't m „Erleuchteter": Angehöriger des freimaurerischen Illuminatenordens; **Illuminatio'n** *w* festliche Beleuchtung; **Illumina'tor** m Buchmaler; **illuminie'ren** festlich beleuchten; bunt ausmalen.

Illusio'n *w* Einbildung, Trugbild; **illusionie'ren** jemandem ein Trugbild

vorgaukeln; **Illusioni'st** m Schwärmer; *auch* (mit Täuschungen arbeitender) Zauberkünstler; **illuso'risch** unwirklich, eingebildet; **illu'ster** glänzend, berühmt.

Illustratio'n *w* Abbildung; Erklärung; **Illustra'tor** m Illustrationen zeichnender Künstler; **illustrati'v** anschaulich erläuternd; **illustrie'ren** bebildern; erläutern; **Illustrie'rte** *w* Bilderzeitschrift, bebilderte Wochenschrift.

Image s (i'midsh, selten: imah'sh) „Bild": Vorstellungs-, Persönlichkeitsbild; *sw.* Vorstellung, die andere von einem selbst haben (sollen); **imagina'bel** vorstellbar; **imaginä'r** scheinbar, unwirklich; **Imaginatio'n** *w* Einbildung; **imaginie'ren** einbilden, vorstellen; **Ima'go** *w* psych. Leitbild; **Ima'go De'i** *w* rel. Abbild Gottes.

I'mam m islam. Vorbeter, Gelehrter, Würdenträger.

imbezi'll med. schwachsinnig; **Imbezillitä't** *w* med. Schwachsinn.

imbibie'ren bot. einsaugen, quellen; **Imbibitio'n** *w* bot. Quellung.

imitati'v nachahmend; **Imitatio'n** *w* Nachahmung; **Imita'tor** m Nachahmer; **imitato'risch** wie ein Imitator; **imitie'ren** nachahmen, -bilden; **imitie'rt** nachgemacht; unecht.

Immacula'ta *w* rel. „die Unbefleckte" (= Maria); **Immacula'ta Conceptio** *w* (- zä'pzioh) rel. „unbefleckte Empfängnis".

immane'nt innewohnend; **Immane'nz** *w* Innewohnen; **immanie'ren** innewohnen.

Immateriali'smus m phil. Lehre, nach der die Materie nicht selbständig bestehen kann; **Immaterialität'** *w* Stofflosigkeit; **immaterie'll** (...-i-ell) stofflos; geistig.

Immatrikulatio'n *w* Aufnahme in eine Hochschule; **immatrikulie'ren** in die Liste der Studierenden einer Hochschule einschreiben.

immedia't unmittelbar; **Immedia'teingabe** *w* an die entscheidende Stelle unmittelbar, also nicht „auf dem Dienstwege", gerichtetes Gesuch; **immediatisie'ren** (reichs-) unmittelbar machen; **Immedia'tprothese** *w* *med.* unmittelbar nach dem Ziehen von Zähnen eingesetzter vorläufiger Zahnersatz, um Kieferverbildungen zu verhindern.

imme'ns unermeßlich; **Immensität'** *w* Unermeßlichkeit; **immensura'bel** unmeßbar; **Immensurabilitä't** *w* Unmeßbarkeit.

Immersio'n *w* Eintauchen; Einbettung in eine Flüssigkeit (beim Mikroskopieren).

Immigra'nt *m* Einwanderer; **Immigratio'n** *w* Einwanderung; **immigrie'ren** einwandern.

immine'nt drohend.

Immissio'n *w* Schadstoff- bzw. Lärmeinwirkung auf die Umwelt; Einführung, Einbringung, Einweisung.

i'mmobil unbeweglich; **Immobi'lien** *Mz.* (...i-e...) Grundbesitz, Liegenschaften; **Immobilisatio'n** *w* s. Immobilisie'rung; **Immobilisie'rung** *w* *med.* Ruhig-, Feststellung (durch geeignete Lagerung oder Verbände); **Immobilitä't** *w* Unbeweglichkeit.

i'mmoralisch (od. **immora'lisch**) unmoralisch, sittenlos, unsittlich; **Immoralität'** *w* Un-

moral, Sittenlosigkeit, Unsittlichkeit; Leugnung moralischer Werte.

Immortalität' *w* Unsterblichkeit; **Immorte'lle** *w* *bot.* „Strohblume".

immu'n *med.* gegen Krankheitserreger unempfindlich; *iur.* unantastbar; **immunisie'ren** *med.* gegen Krankheitserreger unempfindlich machen; **Immunitä't** *w* Unempfindlichkeit; (bei Parlamentsmitgliedern:) Schutz gegen Strafverfolgung; **Immu'nkörper** *m* *med.* Antikörper; **Immunologie'** *w* *med.* Wissenschaft von der Unempfindlichkeit gegen Krankheitserreger; **Immu'nreaktion** *w* Abwehrreaktion des Körpers gegen körperfremde Stoffe.

immuta'bel unveränderlich; **Immutabilitä't** *w* Unveränderlichkeit.

impair (änpäh'r) (Roulettespiel:) ungerade; **Imparitä't** *w* Ungleichheit.

Impasse *w* (änpa'ß) Sackgasse; *svw.* „Klemme";

impassi'bel unempfindlich, gleichgültig.

Impeachment-Verfahren *w* (impih'tschm^{e}nt...) vom Repräsentantenhaus der USA gegen einen hohen Staatsbeamten durchgeführtes Anklageverfahren, das im Verurteilungsfall zur Amtsenthebung führen kann.

Impedime'nt *s* *iur.* Hindernis.

impenetra'bel undurchdringlich.

I'mperativ *m* Befehlsform, (sittliche) Forderung, Befehl; **imperati'ves Manda't** *s* *pol.* weisungsgebundenes Abgeordnetenmandat; **imperati'visch** in befehlender Form, gebietend.

Impera'tor *m* altröm. Titel: Oberfeldherr,

Kaiser; **imperato'risch** kaiserlich, herrscherlich; den Imperator betreffend.

I'mperfekt(um) *s* *gramm.* erste Vergangenheitsform eines Zeitwortes.

imperia'l kaiserlich; ein Welt-, Großreich betreffend; **Imperiali'smus** *m* Streben nach Weltmacht; **Imperiali'st** *m* nach Großmacht Strebender; **imperiali'stisch** nach Großmacht strebend; **Impe'rium** *s* Welt-, Großreich.

impermea'bel undurchdringlich; **Impermeabilitä't** *w* Undurchlässigkeit.

impertine'nt frech, unverschämt; **Impertine'nz** *w* Frechheit.

imperzepti'bel nicht erfaßbar, nicht wahrnehmbar.

I'mpetus *m* Anstoß, Antrieb.

Implanta't *s* *med.* in den Körper eingepflanztes Gewebestück; **Implantatio'n** *w* *med.* (Gewebe-)Einpflanzung; **implantie'ren** *med.* (Gewebe) einpflanzen.

Impleme'nt *s* Er-, Auffüllung.

Implikatio'n *w* Einbeziehung; **implizie'ren** einbeziehen; **impli'zite** einbegriffen.

implodie'ren durch Implosion zerstört werden; **Implosio'n** *w* schlagartige Zerstörung eines (nahezu) luftleeren Hohlkörpers durch Druck von außen.

impondera'bel unwägbar; **Imponderabi'lien** *Mz.* (...i-en) unwägbare Einflüsse, unbestimmbare Einwirkungen.

imponie'ren beeindrucken; **Imponie'rgehabe** *s* *psych.* Verhaltensform, durch die die (tatsächliche od. eingebildete) Bedeutung der eigenen

Persönlichkeit betont werden soll.

Impo'rt *m* Einfuhr; **Impo'rte** *rv svrv.* überseeische Zigarre; **Importeur** *m* (importö'r) Einfuhrkaufmann; **importie'ren** einführen.

imposa'nt eindrucksvoll; großartig.

impossi'bel unmöglich; **Impossibilitä't** *rv* Unmöglichkeit.

i'mpotent *med.* (zeugungs-)unfähig; **I'mpotenz** *rv med.* (Zeugungs-)Unfähigkeit.

Imprägnatio'n *rv s.* Imprägnierung; **imprägnie'ren** (zum Schutz gegen Feuer, Wasser od. Fäulnis) mit chem. Lösungen durchtränken; **Imprägnie'rung** *rv* chemische Behandlung von festen Stoffen, um diese gegen Feuer, Wasser oder Fäulnis zu schützen.

impraktika'bel unausführbar.

Impresa'rio *m* Theater- oder Konzertunternehmer.

Impressio'n *rv* (Sinnes-)Eindruck; **impressiona'bel** beeindruckbar; **Impressioni'smus** *m* „Eindruckskunst": eine Kunstrichtung; **Impressioni'st** *m* Künstler des Impressionismus; **impressioni'stisch** im Stil des Impressionismus.

Impre'ssum *s* Druckvermerk; **Imprima'tur** *s* Druckerlaubnis; *auch* **imprimatur** (*Abk.* imp.): „es möge gedruckt werden"; **Imprimé** *m* (änprimeh') bedrucktes Gewebe; **imprimie'ren** die Druckerlaubnis erteilen.

Impromptu *s* (änpronȶüh') Stegreifdichtung; *mus.* Stimmungsstück.

Improvisatio'n *rv* Handlung ohne Vorbereitung; **Improvisa'tor** *m* Steg-

reifkünstler; **improvisato'risch** ohne Vorbereitung; aus dem Stegreif; **improvisie'ren** ohne Vorbereitung handeln.

Impu'ls *m* Anregung, -trieb; **impulsi'v** rasch handelnd; **Impulsivitä't** *rv* rasche Handlungsweise.

Imputatio'n *rv* Beschuldigung; **imputati'v** beschuldigend; **imputie'ren** beschuldigen.

in: „**in sein**" (nach der englischen Redewendung „to be in"): dabei sein (dürfen), zur Zeit in Mode sein u. ä.

in abse'ntia in Abwesenheit; **in abstra'cto** im allgemeinen.

i'nadäquat unangemessen.

i'nakkurat ungenau.

i'naktiv untätig; **I'naktive** *Mz.* Angehörige von sportlichen oder studentischen Vereinigungen, die (auf Grund ihres Alters) von den Verpflichtungen dieser Vereinigungen weitgehend entbunden sind („Alte Herren"); **inaktivie'ren** in den Ruhestand versetzen; **Inaktivitä't** *rv* Untätigkeit.

i'naktuell (. . . u-e . . .) nicht mehr zeitnah; überholt.

inakzepta'bel unannehmbar.

inaliena'bel (. . . i-e . . .) *iur.* nicht übertragbar.

ina'n leer, nichtig.

inappella'bel *iur.* nicht mehr anfechtbar; *svrv.* endgültig.

I'nappete'nz *rv med.* Appetitmangel.

i'nartikuliert undeutlich gegliedert ausgesprochen.

in aete'rnum „in Ewigkeit".

Inaugura'ldissertatio'n *rv svrv.* Doktorarbeit; **Inauguratio'n** *rv* feierliche Amtseinsetzung od.

Verleihung einer Würde; **inaugurie'ren** eine Würde feierlich verleihen.

Inch *m* (i'ntsch) Zoll (englisches bzw. amerikanisches Längenmaß).

i'ncipit (i'nk . . . *od.* i'nz . . .) „es beginnt".

Inclusiv-Tour *rv* (inklusih'f tuh'r) Einzel(flug)reise zu einem alle Einzelkosten enthaltenden Preis.

in concre'to im Einzelfall, in Wirklichkeit; **in contuma'ciam** *iur. svrv.* in *bzrv.* trotz Abwesenheit des Beklagten.

Incoterms *Mz.* (i'nkotöms) *Abk.* f. International Commercial Terms: international gültige Handelsregeln.

In-crowd *rv* (i'n kraud) gesellschaftliche Gruppe, die „in" ist (*s.* dort), Jet Set (*s.* dort).

Incroyable *m* (änkroaja'b°l) „Unglaublicher" = großer Zweispitz (um 1800) *bzrv.* dessen Träger.

I.N.D. *Abk.* f. „In nomine Dei": im Namen Gottes.

Indanthre'n *s* licht- und wetterfester Farbstoff.

indefini'bel unerklärlich; **indefini't** unbestimmt; **Indefini'tum** *s gramm.* unbestimmtes Fürwort.

indeklina'bel unbeugbar.

indelika't unfein.

indemnisie'ren entschädigen; entlasten; **Indemnitä't** *rv* Straflosigkeit; Schadenersatz; Entlastung (von der Verantwortlichkeit).

i'ndemonstrabel nicht darstellbar.

Independe'nz *rv* Unabhängigkeit.

indetermina'bel unbestimmbar; **Indeterminatio'n** *rv* Unbestimmtheit; **indeterminie'rt** unbestimmt.

I'ndex *m* Verzeichnis; Sachverzeichnis; *auch*

Liste verbotenen Schrifttums; Schlüssel-, Verhältniszahl; **I'ndexlohn** m swv. gleitender Lohn: der jeweiligen Kaufkraft des Geldes angepaßtes Entgelt; **I'ndexwährung** w der Kaufkraft des Geldes angepaßte Währung; **I'ndexziffer** w Ziffer, welche Wertänderungen ausdrückt.

i'ndezent unschicklich; **I'ndezenz** w Unschicklichkeit.

i'ndifferent gleichgültig; **I'ndifferenz** w Gleichgültigkeit.

indige'n eingeboren; **Indigena't** s iur. Heimat-, Staatsangehörigkeitsrecht.

Indigestio'n w med. Verdauungsstörung.

Indignatio'n w Entrüstung; **indignie'rt** entrüstet; **Indignitä't** w Unwürdigkeit.

I'ndigo m/s organischer, blauer Farbstoff.

Indikatio'n w med. (Heil-)Anzeige; **I'ndikativ** m gramm. Wirklichkeitsform eines Zeitwortes; **Indika'tor** m „Anzeiger": techn. Leistungsmeßgerät; chem. den Verlauf einer chemischen Reaktion anzeigender (Farb-) Stoff.

i'ndirekt mittelbar.

i'ndiskre't taktlos; **Indiskretio'n** w Vertrauensbruch.

i'ndiskuta'bel nicht erörterungswert.

i'ndispensa'bel unerläßlich.

i'ndisponi'bel nicht verfügbar; **i'ndisponiert** nicht aufgelegt, verstimmt; **I'ndisposition** w Verstimmung; Unpäßlichkeit.

i'ndisputa'bel unbestreitbar.

i'ndiszipliniert zuchtlos.

I'ndium s chem. ein Grundstoff (In), ein Me-

—

:all (nach indicum = Indigo benannt).

individualisie'ren das Besondere, Eigentümliche darstellen; **Individualisie'rung** w Darstellung des Besonderen, Eigentümlichen; **Individuali'smus** m Streben nach Eigenart; **Individuali'st** m swv. Eigenbrötler, Einzelgänger; **individuali'stisch** dem Individualismus entsprechend; eigenbrötlerisch; **Individualitä't** w Eigenart; **individue'll** (... u-ell) eigentümlich; der Eigenart des einzelnen angepaßt; **Indivi'duum** s (... u-u ...) Einzelwesen.

indivisi'bel unteilbar.

Indi'z s Hinweis, Verdachtsgrund; **Indi'zienbeweis** m (... zi-en ...) iur. auf Verdachtsgründen beruhender Beweis (ohne Geständnis des Angeklagten); **indizie'ren** anzeigen; **indizie'rt** angezeigt; ratsam.

Indoeuropä'er, Indogerma'nen Mz. Sammelbezeichnung für die Völker mit indogermanischer Ursprache (Völker in dem Gebiet, das sich von den Germanen bis zu den Indern erstreckt).

i'ndole'nt gleichgültig, träge; **I'ndole'nz** w Gleichgültigkeit, Trägheit.

indossa'bel durch Indossament übertragbar (Wechsel, Wertpapiere); **Indossame'nt** s Übertragungsvermerk auf der Rückseite eines Wechsels; **indossie'ren** einen Wechsel oder ein Wertpapier durch Indossament auf einen anderen Empfänger übertragen.

in du'bio pro re'o „im Zweifel(sfalle ist) für den Angeklagten (zu entscheiden)".

—

Induktio'n w Schluß vom Einzelnen aufs Allgemeine; techn. Entstehung elektrischer Spannung; **indukti'v** auf dem Wege der Induktion entstehend; **Indu'ktor** m techn. Induktionsgerät; Funkeninduktor; Transformator zur Erzeugung hoher Spannungen.

in du'lci ju'bilo „in süßem Jubel": Anfang eines spätmittelalterlichen deutsch-lateinischen Weihnachtsliedes.

indulge'nt nachsichtig; **Indulge'nz** w Nachgiebigkeit; **Indu'lt** s/m Nachsicht.

in du'plo zweifach.

Induratio'n w med. Verhärtung; **indurie'ren** med. verhärten.

Industrial engineering s (inda'ßtri°l ändsh°nih'riñ) Rationalisierung von Arbeitsvorgängen in der industriellen Produktion; **industrialisie'ren** mit Industrieanlagen versehen; **Industrie'** w (maschinelle) Massenanfertigung; Gesamtheit der Industriebetriebe; **industrie'll** (...i-e...) die Industrie betreffend; **Industrielle Gesellschaft** w Bezeichnung für die Gesellschaft hochindustrialisierter Länder, deren Lebensverhältnisse und soziale Verhaltensregeln vom Bestehen und den Auswirkungen der Industrie geprägt werden; **Industrie'ller** m (...i-e...) (Groß-)Unternehmer; in der Industrie unternehmerisch Tätiger; **Industrielle Revolution** w Ende des 18. Jahrhunderts einsetzende, im 19. Jahrhundert den größten Teil Europas umfassende und nach Amerika übergreifende, im 20. Jahrhundert große Teile Afrikas,

Asiens und Australiens erfassende Umgestaltung der Wirtschafts- und Gesellschaftsordnung. Seit dem Ende des 2. Weltkrieges eröffnete die Anwendung der Atomenergie sowie die fortschreitende Automatisierung neue Entwicklungsmöglichkeiten, welche als „Zweite Industrielle Revolution" angesehen werden dürfen.

induzie'ren aus Erfahrung einen Schluß ziehen; *techn.* Strom durch Induktion gewinnen.

Ine'dita *Mz.*, **Ine'ditum** s (in-e' . . .) (noch) nie herausgegebene, veröffentlichte Schrift(en).

i'neffektiv unwirksam.

in effi'gie (. . . i-e) bildlich.

ine'rt träge.

i'nessentiell (. . . ziä'l) unwesentlich.

i'nexistent nicht bestehend.

i'nexplosibel nicht explosionsfähig.

in exte'nso ausführlich; **in fa'cto** in der Tat.

infalli'bel unfehlbar; **Infallibilitä't** *w* Unfehlbarkeit.

infa'm niederträchtig; **Infamie'** *w* Niedertracht.

Infa'nt *m* span. Prinzentitel; **I'nfanterie** (*od.* . . . ie') *w* Fußtruppe; **I'nfanterist** *m* (*od.* . . . i'st) *mil.* Fußsoldat; **infanteri'stisch** *mil.* die Infanterie betreffend, zu Fuß.

infanti'l kindlich, unausgereift; **Infantili'smus** *m med. psych.* Verharren der körperlichen und/oder geistigen Entwicklung auf kindlicher Stufe.

Infa'rkt *m med.* abgestorbener Gewebeteil; durch Gefäßverschluß hervorgerufenes Absterben eines Gewebe- od. Organteiles.

i'nfaust *med.* ungünstig.

Infe'kt *m* s. Infektion; **Infektio'n** *m med.* Anstekkung; **infektiö's** *med.* ansteckend.

inferio'r minderwertig; **Inferioritä't** *w* Minderwertigkeit.

inferna'lisch höllisch; **Infernalitä't** *w* teuflisches Wesen; **Infe'rno** s Hölle.

inferti'l unfruchtbar; **Infertilitä't** *w* Unfruchtbarkeit.

Infibulatio'n *w sex., med.* operativer Eingriff, der den (vorehelichen) Geschlechtsverkehr verhindert, jedoch (bei Verehelichung) rückgängig gemacht werden kann.

Infiltra't s Eingelagertes, Eingebettetes; **Infiltratio'n** *w* Einsickern, Eindringen; (ideologische) Unterwanderung; **infiltrie'ren** einsickern, eindringen, unterwandern.

i'nfinit *gramm.* unbestimmt.

Infinitesima'lrechnung *w math.* Sammelbezeichnung für Differential- u. Integralrechnung.

I'nfinitiv (*od.* . . . i'v) *m* Nennform des Zeitworts.

infi'rm gebrechlich; **Infirmitä't** *w* Gebrechlichkeit.

infizie'ren *med.* anstecken.

in flagra'nti auf frischer Tat.

inflamma'bel entzündbar; **Inflammabilitä't** *w* Entzündbarkeit; **Inflammatio'n** *w* Entzündung.

Inflatio'n *w* übermäßige Ausgabe von Zahlungsmitteln; Geldentwertung; **inflationär** (. . . ziohnä'r) s. inflationistisch; **Inflationi'smus** *m* wirtschaftspolitische Richtung, die sich zur Erhaltung der Vollbeschäftigung einer „schleichenden Inflation" bedient, indem der

Geldumlauf ständig erhöht wird; **inflationi'stisch** zu einer Inflation führend.

i'nflexibel unbeugsam; **Inflexibilitä't** *w* Unbeugbarkeit.

Infloresze'nz *w bot.* Blütenstand.

Influe'nz *w* (. . . u-e . . .) „Einfließen", Einfluß; *phys.* Trennung von Ladungen elektrisch geladener Körper, indem ungeladene Leiter diesen genähert werden; **Influe'nza** *w* (. . . u-e . . .) *med.* Grippe.

I'nfo s aufklärendes, informierendes Flugblatt; **Informa'nd** *m* wer unterrichtet werden soll; **Informa'nt** *m* Unterrichtender; (Presse, Nachrichtendienst) Gewährsmann; **Informa'tik** *w* Informationskunde; Teil der Kybernetik (s. dort), der sich mit der Verarbeitung von codierten (s. dort) „Informationen" („Nachrichtenmengen") befaßt: Lehre von der (elektronischen) Datenverarbeitung.

Informatio'n *w* Auskunft; *Kybernetik:* „Nachrichtenmenge"; **Informatio'nstheorie** *w math.* Nachrichtentheorie; **informati'v** unterrichtend; **Informa'tor** *m* Unterrichter; Hauslehrer; **informato'risch** unterrichtend; **informe'll** (sich) unterrichtend; **informie'ren** benachrichtigen, unterrichten.

Infra . . ., infra . . . Unter(halb) . . ., unter(halb) . . .

i'nfrarot *phys.* jenseits des roten Lichtes (im Spektrum); **Infraro'tstrahlung** *w phys.* Wärmestrahlung.

I'nfrastruktur *w* organisatorischer und wirtschaftlicher Unterbau einer modernen Wirtschaft; mil. Gesamtheit der ständigen Wehrbauten, der Verkehrs- und Nachrichtenanlagen, der Versorgungseinrichtungen usw.

I'nfratest Institut, das für Entscheidungen in Wirtschaft und Gesellschaft forscht, z. B. im Auftrag der Rundfunkanstalten, von Parteien, Verbänden und Behörden; ermittelt u. a. durch Befragungen des Beliebtheitsgrad von Fernsehsendungen.

I'nful *rv* rel. Stirnbinde; Bischofsmütze.

infundie'ren eingießen; **Infusio'n** *rv* Eingießung. **Infuso'rien** Mz. (. . . i-en) zool. einzellige Aufgußtierchen; **Infu'sum** s Aufguß.

in ge'nere im allgemeinen. **Ingenieur** m (inshenjö'r) wissenschaftlich ausgebildeter Techniker; **ingeniö's** erfinderisch, scharfsinnig; **Inge'nium** s schöpferische Begabung.

Ingenuitä't *rv* Aufrichtigkeit.

Ingestio'n *rv* med. Nahrungsaufnahme.

Ingredie'nzien (od. . . . tien) Mz. (. . . i-e . . . i-en) Bestandteile.

Ingre'ß m Zutritt; **Ingressio'n** *rv* Überflutung. **I'ngwer** m bot. tropische Gewürzpflanze.

inhaftie'ren verhaften. **Inhalatio'n** *rv* Einatmung; **Inhala'tor** m med. Gerät zum Inhalieren; **inhalie'ren** einatmen.

inhäre'nt anhaftend; **Inhäre'nz** *rv* Anhaften; **inhärie'ren** anhaften.

inhibie'ren verhindern; **Inhibitio'n** *rv* Verhinderung; **inhibito'risch** verhindernd.

i'nhomoge'n ungleichartig; **Inhomogenitä't** *rv* Un-

gleichartigkeit.

i'nhuman unmenschlich; **Inhumanitä't** *rv* Unmenschlichkeit.

i'ninntelligibel nicht zu verstehen.

initia'l am Anfang. **Initia'le** *rv* verzierter Anfangsbuchstabe.

Initiatio'n *rv* Einführung, Aufnahme (in eine Gemeinschaft).

initiati'v entschlossen (handelnd); **Initiati've** *rv* Entschluß; **die Initiative ergreifen** den Anstoß geben; **Initia'tor** m Urheber; **initiato'risch** veranlassend; **initiie'ren** (. . . i-i . . .) den Anlaß, Anstoß geben; einführen.

Injektio'n *rv* med. Einspritzung; **injizie'ren** med. einspritzen.

Injuria'nt m Beleidiger; **Injuria't** m Beleidigter; **Inju'rie** *rv* (. . . i-e) Beleidigung; **injurie'ren** beleidigen.

I'nka m indianischer Herrscher (im alten Peru).

i'nkalkula'bel unberechenbar.

Inkarnatio'n *rv* Verkörperung; **inkarnie'rt** verkörpert.

Inkarzeratio'n *rv* med. Einklemmung; **inkarzerie'ren** med. einklemmen.

Inkasso s Einziehung von Geldforderungen.

Inklinatio'n *rv* Neigung; **inklinie'ren** zu etw. neigen.

Inklusio'n *rv* Einschließung; **inklusi've** einschließlich.

Inko'gnito s Namensverheimlichung; **inko'gnito** unerkannt.

inkohäre'nt unzusammenhängend; **Inkohäre'nz** *rv* Zusammenhanglosigkeit.

inkommensura'bel unvergleichbar; **Inkommensurabilitä't** *rv* Unvergleich-

barkeit.

inkommodie'ren belästigen.

inkompara'bel unvergleichlich.

inkompati'bel iur. unvereinbar; med. unverträglich; **Inkompatibilitä't** *rv* iur. Unvereinbarkeit; med. Unverträglichkeit.

i'nkompetent unzuständig; **I'nkompetenz** *rv* Unzuständigkeit.

i'nkomplett unvollständig. **inkompressi'bel** nicht zusammendrückbar.

i'nkongruent (. . . u-e . . .) nicht übereinstimmend; **I'nkongruenz** *rv* (. . . u-e . . .) fehlende Übereinstimmung.

i'nkonsequent folgewidrig; **I'nkonsequenz** *rv* Folgewidrigkeit.

i'nkonstant unbeständig; **I'nkonstanz** *rv* Unbeständigkeit.

I'nkontinenz *rv* med. Unfähigkeit, Harn oder Stuhl willkürlich zurückzuhalten.

i'nkonvenabel ungehörig; **i'nkonvenient** (. . . i-e . . .) ungehörig; **I'nkonvenienz** *rv* (. . . i-enz) Ungehörigkeit.

inkonverti'bel unwandelbar; nicht austauschbar; **Inkonvertibilitä't** *rv* Nichtaustauschbarkeit.

i'nkorrekt ungenau, ungehörig; **I'nkorrektheit** *rv* Ungenauigkeit, Ungehörigkeit.

Inkreme'nt s Zuwachs(betrag).

Inkre't s med. svrw. Hormon; **Inkretio'n** *rv* med. innere Sekretion; **inkreto'risch** med. die innere Sekretion betreffend.

inkriminie'ren beschuldigen.

Inkrustatio'n *rv* Krustenbildung; farbige, eingelegte Verzierung od. Verkleidung; **inkrustie'-ren** Krusten bilden; mit eingelegten Steinen verzieren, verkleiden; **Inkrustie'rung** ƒ s. Inkrustation.

Inkubatio'n ƒ med. Eindringen und Festsetzen von Krankheitserregern; biol. Bebrütung; auch rel. Tempelschlaf; **Inkubatio'nszeit** ƒ med. Zeit zwischen Ansteckung und Krankheitsausbruch; **Inkuba'tor** m med. für Frühgeburten bestimmter „Brutkasten".

I'nkubus m „Aufliger": Buhlteufel.

i'nkulant (geschäftlich) ungefällig; **I'nkulanz** (geschäftliche) Ungefälligkeit.

Inkulpa'nt m Ankläger; **Inkulpa't** m Angeklagter.

Inkulturatio'n ƒ Eindringen einer Kultur in eine andere.

Inkuna'bel ƒ Wiegendruck (Druck aus den Anfängen der Buchdruckerkunst).

inkura'bel unheilbar.

in maio'rem De'i glo'riam zum höheren Ruhme Gottes; **in me'dias res** svw. sofort zur Sache (kommend); **in memo'riam** zum Gedächtnis; **in natu'ra** leibhaftig, greifbar.

Innervatio'n ƒ Versorgung von Körperteilen mit Nerven; **innervie'ren** mit Nerven versorgen.

Innovatio'n ƒ (von nachhaltigen Folgen für viele Menschen begleitete) Neuerung.

in nuce (. . . nuh'ze) „im Kern": kurz gesagt.

I'n-Objekt s etwas, das im Augenblick gefragt, modern ist.

i'noffiziell (. . . i-e . . .) nichtamtlich; **i'noffiziös** nicht halbamtlich.

Inokulatio'n ƒ Einimpfung; Aufpfropfung; **inokulie'ren** einimpfen; aufpfropfen.

i'noperabel med. nicht mehr zu operieren.

i'nopportun (od. . . . u'n) ungelegen; **Inopportunitä't** ƒ Ungelegenheit.

in perpe'tuum (. . . u-um) in Ewigkeit; **in perso'na** persönlich; **in pe'tto** in Bereitschaft; **in pra'xi** in der Wirklichkeit; **in pu'ncto** hinsichtlich.

I'nput s/m „Eingegebenes", „Eingesetztes": eingesetztes Produktionsmittel; Eingabe eines Programmes in eine Datenverarbeitungsanlage; **I'nput-Output-Analy'se** ƒ (-au't . . -) Methode zur vergleichenden Untersuchung von Wirtschaftsbereichen.

inquirie'ren nachforschen; **Inquisitio'n** ƒ Untersuchung; Ketzergericht; **Inquisi'tor** m Untersuchungsrichter; rel. Ketzerrichter; **inquisito'risch** peinlich verhörend.

I.N.R.I. „Jesus Nazarenus Rex Judaeorum" (= Jesus von Nazareth, König der Juden) — Inschrift am Kreuz Christi —.

insa'n med. (geistig) krank.

insatia'bel unersättlich.

Inscha'llah! arabisch: „Wenn Allah es will!"

Inse'kt s Kerbtier; **Insekta'rium** s Behälter zur Insektenhaltung; **Insektivo'ren** Mz. biol. Insektenfresser; **insektizi'd** insektentötend; **Insektizi'd** s insektentötendes chem. Mittel.

Inseminatio'n ƒ med. Besamung; (künstliche) Befruchtung.

insensi'bel unempfindlich; **Insensibilitä't** ƒ Unempfindlichkeit.

Insé·parables Mz. (änßehparah'b°l) „Unzertrenn-

liche": zool. eine Papageienart; auch im übertragenen Sinne für Freundespaare gebraucht.

Insera't s (Zeitungs-)Anzeige; **Insere'nt** m eine Anzeige aufgibt; **inserie'ren** eine Anzeige aufgeben; **Insertio'n** ƒ Aufgabe einer Anzeige.

Insider m (i'nßaid°r) svw. Eingeweihter; mit internen Vorgängen in einer Gemeinschaft Vertrauter.

Insi'gnien Mz. (. . . i-en) Abzeichen, Kennzeichen einer Würde.

Insimulatio'n ƒ Verdächtigung; **insimulie'ren** verdächtigen.

Insinua'nt m Einflüsterer; **Insinuatio'n** ƒ Einflüsterung; **insinuie'ren** einflüstern.

insipi'd fade; albern.

insiste'nt auf etwas hartnäckig bestehend; **insistie'ren** auf etw. hartnäckig bestehen.

in si'tu (med.) in (natürlicher) Lage.

inskribie'ren einschreiben; **Inskriptio'n** ƒ Einschreibung.

Insolatio'n ƒ Sonnenstrahlung; med. Hitzschlag, Sonnenstich.

insole'nt unverschämt; **Insole'nz** ƒ Unverschämtheit.

insolu'bel unlöslich.

i'nsolvent zahlungsunfähig; **I'nsolvenz** ƒ Zahlungsunfähigkeit.

in spe' zukünftig.

Inspekteur m (. . . tö'r) Aufseher, Aufsichtführender; mil. höchster aufsichtführender Offizier eines Wehrmachtteiles; **Inspektio'n** ƒ Besichtigung; Aufsicht; **Inspe'ktor** m Aufseher; Verwalter; Beamter des mittleren (gehobenen) Dienstes.

Inspiratio'n ƒ Eingebung; **Inspira'tor** m Anreger;

inspirato'risch anregend; die Inspiration betreffend; **inspirie'ren** anregen, begeistern.

Inspizie'nt m (. . . i-ent) *theat.* (den *techn.* Ablauf) Beaufsichtigender; **inspizie'ren** be(auf)sichtigen.

instabi'l, i'nstabil unbeständig; **Instabilitä't** w Unbeständigkeit.

Installateur m (inßtalatö'r) Handwerker für Einbau und Instandhaltung von Gas-, Wasseru. elektrischen Anlagen; **Installatio'n** w Einbau; **installie'ren** einbauen; einrichten.

Instant . . . (i'nßt⁰nt) sofort zur Verfügung stehend, verwendungsbereit; in den Zusammensetzungen Instant Coffee, Instant Tea usw.: Bezeichnung für schnell zuzubereitende Getränke aus pulvriger Substanz; **instanta'n** augenblicklich.

Insta'nz w zuständige Behörde; *iur.* gerichtl. Verfahrensstufe; **Insta'nzenzug** m iur. Übergang eines Rechtsverfahrens an die nächsthöhere Instanz.

in sta'tu nasce'ndi „im Zustand des Entstehens".

Instillatio'n w Einträufelung; **instillie'ren** einträufeln.

Insti'nkt m Naturtrieb; Ahnung; **instinkti'v** triebhaft, unwillkürlich.

instituie'ren einrichten; **Institu't** s Bildungsstätte; **Institutio'n** w Einrichtung; Einsetzung; **institutionalisie'ren** etwas zu einer festen Einrichtung machen; in feste Form bringen.

instruie'ren unterweisen; **Instrukteur** m (. . . tö'r) Unterweisender; **Instruktio'n** w Anleitung; **instrukti'v** lehrreich.

Instrume'nt s Gerät; „Tonwerkzeug" (Musikinstrument); **instrumenta'l** mit Musikinstrumenten ausgeführt; als Werkzeug dienend; **Instrumenta'lmusik** w *mus.* (nur) mit Musikinstrumenten ausgeführte Musik; **Instrumenta'rium** s Gesamtheit der Instrumente; **Instrumentatio'n** w mus. Vertonung für Instrumente; **instrumentie'ren** mus. für Instrumente vertonen; **Instrumentie'rung** w s. Instrumentation.

Insubordinatio'n w Ungehorsam.

i'nsuffizient (. . . i-e . . .) unzureichend; **I'nsuffizienz** w (. . . i-e . . .) Unzulänglichkeit.

Insula'ner m Inselbewohner; **insula'r** wie eine Insel; **Insularitä't** w inselartige Abgeschlossenheit.

Insuli'n s med. Bauchspeicheldrüsenhormon zur Behandlung Zuckerkranker.

Insu'lt m Beleidigung; **Insultatio'n** w s. Insult; **insultie'ren** beleidigen.

in su'mma insgesamt.

Insurge'nt m Aufständischer; **insurgie'ren** aufständisch werden, sich erheben; **Insurrektio'n** w Aufstand.

in suspe'nso in der Schwebe.

inszenie'ren ins Werk setzen; **Inszenie'rung** w Vorbereitung eines Theaterstückes od. Filmes zur Aufführung.

Intabulatio'n w Eintragung in eine Tabelle od. Liste; **intabulie'ren** eine Tabelle oder Liste eintragen.

Intaglio s (. . . ta'ljo) mit eingeschnittenem Bild versehene Gemme.

inta'kt unberührt, unver-

sehrt.

Inta'rsia od. **Inta'rsie** w (. . . i-e) Einlegearbeit; **intarsie'ren** Einlegearbeiten herstellen.

i'nteger unbescholten, rein; **Integra'lrechnung** w math. Teil der Infinitesimalrechnung (s. dort); **Integratio'n** w Zusammenschluß, Verschmelzung; math. Berechnen eines Integrals; **integrie'ren** vereinigen, verschmelzen, in ein Ganzes einfügen; **integrie'rend** notwendig, wesentlich; **Integritä't** w Unversehrtheit, Unbescholtenheit.

Intelle'kt m Verstand; **intellektue'll** (. . . u-e . . .) (einseitig) verstandesmäßig, geistig; **Intellektue'lle** m/w (einseitiger) Verstandesmensch; geistig Geschulter, (sozial-)kritischer Mensch; **intellige'nt** verständig, begabt; **Intellige'ntsia** w russ. Bezeichnung für die sich berufsmäßig mit geistiger Arbeit beschäftigende soziale Schicht; **Intellige'nz** w Begabtheit; Bildungsschicht; **Intellige'nzalter** s psych. Höhe der Intelligenz, die der eines durchschnittlich begabten Kindes in einem bestimmten Alter entspricht; **Intellige'nzbestie** w (. . . i-e) scherzhaft: außerordentlich intelligenter Mensch; *abschätzig:* ein seine Intelligenz allzu deutlich herausstellender Mensch; **Intellige'nzblatt** s (amtliches) Nachrichten- und Anzeigenblatt; **Intellige'nzler** m Angehöriger der gebildeten Bevölkerungsschicht (meist abschätzig gebraucht); **Intellige'nzquotient** (Abk. **I.Q.**) m (. . . i-e . . .)

psych. Verhältnis des Intelligenzalters zum Lebensalter; **intelligi'bel** nur denkbar; (nur) durch den Verstand erfaßbar.

Intenda'nt *m* Theaterleiter; *mil.* Verwaltungsbeamter; **Intendantu'r** *w* Verwaltung für die Wehrmachtsversorgung; **Intenda'nz** *w* Theaterleitung; **intendie'ren** planen.

Intensitä't *w* Stärke, Anspannung; **intensi'v** angespannt, gründlich; **intensivie'ren** steigern, verstärken; **Intensi'v-station** *w* med. Krankenhausabteilung zur Unterbringung Schwerstkranker und Frischoperierter, die ständig überwacht, behandelt und gepflegt werden müssen.

Intentio'n *w* Absicht, Vorhaben; **intentiona'l** zielgerichtet; **intentione'll** zielgerichtet.

Inter . . ., inter . . . Zwischen . . ., zwischen . . .

Interaktio'n *w* Wechselbeziehung, -wirkung, gegenseitige Beeinflussung.

interalliie'rt (. . . i-i . . .) zwischen Verbündeten (bestehend).

Interci'ty-Zug *m* (Abk. IC) den Schnellverkehr zwischen bestimmten Großstädten vermittelnder Eisenbahnzug.

interdepende'nt gegenseitig abhängig; **Interdepende'nz** *w* gegenseitige Abhängigkeit.

Interdi'kt *s* Verbot; Kirchenbann; **interdizie'ren** verbieten.

interdisziplinä'r mehrere Disziplinen/Wissenschaftsgebiete umfassend bzw. betreffend.

interessa'nt fesselnd, beachtenswert; **Intere'sse**

s Anteilnahme, Vorteil, Belang; **Intere'ssengemeinschaft** *w* Verband zur Wahrnehmung gemeinsamer Interessen; **Intere'ssensphäre** *w* beanspruchtes Einflußgebiet; **Interesse'nt** *m* wer an etwas interessiert ist; Kauflustiger; **interessie'ren** Teilnahme erwecken; fesseln, beeindrucken.

Interfere'nz *w* phys. Überlagerung von Wellen; **interferie'ren** phys. (Wellen) sich überlagern.

interfraktione'll zwischen mehreren Parlamentsfraktionen (stattfindend).

intergala'ktisch zwischen den Sternsystemen (bestehend).

Interglazia'l *s* Zwischeneiszeit, „Warmzeit"; **interglazia'l** zwischeneiszeitlich.

Interieur *s* [änterjö'r] Innenraum (u. dessen Ausstattung); Darstellung von Innenräumen in der Malerei.

I'nterim *s* Zwischenzustand; **interimi'stisch** vorläufig, einstweilig.

Interjektio'n *w* gramm. Ausrufe-, Empfindungswort.

interkala'r zwischengeschaltet (Schalttag in Schaltjahren).

interkommuna'l zwischen Städten od. Gemeinden (bestehend).

Interkonfessionali'smus *m* Bestreben, die zwischen den Glaubensbekenntnissen bestehenden Gegensätze auszugleichen; **interkonfessione'll** zwischen den Glaubensbekenntnissen (vermittelnd od. bestehend).

interkontinenta'l zwischen den Erdteilen (bestehend); **Interkontinen-**

ta'lrakete *w* Langstreckenrakete, mit der von einem Erdteil ein anderer erreicht werden kann.

interlinea'r zwischen den Zeilen.

Interli'ngua *w* moderne internationale Kunstsprache; **Interlingui'stik** *w* Lehre von den internationalen künstlichen Sprachen; **interlingui'stisch** die künstlichen Welthilfssprachen betreffend.

I'nterlockware *w* feinmaschige Strickware.

Interlu'dium *s* mus. Orgel-)Zwischenspiel.

interluna'r zwischen Erde und Mond (befindlich); **Interlu'nium** *s* Neumondzeit.

intermediä'r dazwischenliegend.

intermenstrua'l med. zwischen den Menstruationen.

Interme'zzo *s* Zwischenspiel.

Intermissio'n *w* med. (zeitweises) Aussetzen von Krankheitserscheinungen; **intermittie'ren** (zeitweise) aussetzen; **intermittie'rend** aussetzend, mit Unterbrechungen.

intermolekula'r chem. zwischen den Molekülen (bestehend, vor sich gehend).

inte'rn innerlich, innerdienstlich; **Inte'rna** Mz. vertraulich zu behandelnde Angelegenheiten; innerdienstliche Vorgänge.

Interna't *s* Schule mit Wohnung und Beköstigung.

internationa'l zwischen-, überstaatlich.

Internationa'le *w* zwischenstaatliche Vereinigung der sozialistischen Bewegungen; Kampflied der internationalen Arbeiterbewegung;

internationalisie'ren die Verfügungsgewalt über ein Gebiet o. ä. von einem Staat auf alle (bzw. mehrere) Staaten übertragen; **Internationalisie'rung** ⁿ Übertragung der Verfügungsgewalt über ein Gebiet o. ä. von einem Staat auf alle (bzw. mehrere) Staaten.

Internationales Einheitensystem s (Système International d'Unités, Abk. SI) von der Generalkonferenz für Maße und Gewichte 1954 beschlossenes System von 7 Basisgrößen und den dazugehörigen Basiseinheiten, aus denen sich alle übrigen Einheiten ableiten lassen.

Internationali'smus m Streben nach internationalen Zusammenschlüssen.

Inte'rne m/ⁿ in einem Internat lebender Schüler bzw. Schülerin; **Internie'** ⁿ (in der DDR eingeführte Bezeichnung für) innere Medizin; **internie'ren** in Haft halten, in Haft nehmen; **Internie'rung** (staatlicher) Gewahrsam, Haft; **Interni'st** m Facharzt für innere Krankheiten; **interni'stisch** innere Krankheiten betreffend; **Inte'rnum** s innerdienstlicher Vorgang; vertraulich zu behandelnde Angelegenheit.

interozea'nisch zwischen Ozeanen (befindlich); Ozeane verbindend.

interparlamenta'risch Parlamente mehrerer Staaten umfassend.

Interpella'nt m parlamentarischer Fragesteller; **Interpellatio'n** parlamentarische An-, Zwischenfrage; **interpellie'ren** anfragen, widersprechen.

interplaneta'r(isch) zwischen den Planeten (befindlich); die Planeten verbindend.

I'nterpol ⁿ Abk. v. Internationale kriminalpolizeiliche Kommission: Organisation zur internationalen Zusammenarbeit bei der Verbrechensbekämpfung.

Interpolatio'n ⁿ Zwischenschaltung; **interpolie'ren** zwischenschalten.

Interpre't m wer etwas auslegt, deutet; nachschaffender Künstler; **Interpretatio'n** ⁿ Auslegung, Deutung; künstlerische Wiedergabe von Werken der Tonkunst; **interpretati'v** auslegend, deutend, erklärend; **interpretie'ren** auslegen, deuten, erklären; Werke der Tonkunst künstlerisch wiedergeben.

interpungie'ren gramm. Satzzeichen setzen; **interpunktie'ren** gramm. Satzzeichen setzen; **Interpunktio'n** ⁿ gramm. Zeichensetzung.

Interre'gnum s Zwischenherrschaft; Zeit der Kaiserlosigkeit in Deutschland (1256–1273).

interrogati'v gramm. fragend; **Interrogati'v(um)** s gramm. Fragefürwort.

Interru'ptio ⁿ med. (Schwangerschafts-)Unterbrechung; **Interruptio'n** ⁿ Unterbrechung.

intersektora'l zwischen den Sektoren (bestehend).

Intersexualitä't ⁿ sex. med. biol. Auftreten von Merkmalen des anderen Geschlechtes bei einem Organismus; **intersexue'll** (. . . u-e . . .) sex., med., biol. zwischengeschlechtlich.

I'ntershop m in der DDR eingerichtete Verkaufsstelle für Genußmittel und Qualitätswaren, besonders Importwaren,

gegen Bezahlung in Devisen.

interstella'r zwischen den Sternen (bestehend od. befindlich).

interterritoria'l zwischenstaatlich.

interurba'n zwischenstädtisch; zwischen Städten befindlich bzw. diese verbindend.

Interva'll s Zwischenraum.

intervaluta'risch zwischen den Währungen; den Währungsaustausch betreffend, im Währungsaustausch stehend.

Intervenie'nt m (. . . i-e . . .) wer sich einmischt; **intervenie'ren** sich einmischen, vermitteln, eingreifen; **Interventio'n** ⁿ Einmischung, Vermittlung; **Interventioni'smus** m Einmischung (des Staates in die Wirtschaft); **interventioni'stisch** sich einmischend.

intervertebra'l med. zwischen den Wirbeln (befindlich).

Interview s (interwjuh') Unterredung, Befragung; **interviewen** (interwjuh'en) befragen; **Interviewer** m (. . .-wjuh'er) wer eine Befragung durchführt; Fragesteller; **Interviewter** m (. . . wjuh'ter) Befragter.

Intervisio'n ⁿ der „Eurovision" (s. dort) entspr. Organisation der Ostblockstaaten.

interzedie'ren dazwischentreten; **Interze'ptor** m mil. „Abfangjäger" (in der Verteidigung eingesetztes Jagdflugzeug, das feindliche Kampfflugzeuge vor Erreichen ihres Angriffszieles vernichten soll); **Interzessio'n** ⁿ Dazwischentreten; Einmischung.

interzona'l zwischen den Zonen (bestehend).

intesta'bel jur. unfähig,

als Zeuge aufzutreten oder eine letztwillige Verfügung aufzusetzen.

intestina'l *med.* zu den Eingeweiden, zum Darm gehörig; **Intesti'num** s *med.* Eingeweide, Darm.

Inthronisatio'n *rv* Thronerhebung; **inthronisie'ren** auf den Thron erheben; **Inthronisie'rung** *rv* Thronerhebung.

inti'm vertraut, gemütlich; **I'ntima** *rv* Vertraute; *Mz.* vertraulich zu behandelnde Tatsachen; **Intimbereich** m s. Intimsphäre; **Intimitä't** *rv* Vertraulichkeit; **i'ntimo** *mus.* innig; **Inti'msphäre** *rv* privater, persönlicher, vertraulich zu behandelnder Bereich; *sex.* Bereich, in dem sich die Beziehungen der Geschlechter abspielen; **I'ntimus** m Vertrauter.

Intitulatio'n *rv* Betitelung; **intitulie'ren** betiteln.

intolera'bél unerträglich; **i'ntolerant** unduldsam; **I'ntoleranz** *rv* Unduldsam-, Unverträglichkeit.

Intonatio'n *rv* *mus.* Anstimmen; **intonie'ren** *mus.* anstimmen.

in to'to insgesamt, im ganzen.

I'ntourist amtliches sowjetisches Reisebüro.

Intoxikatio'n *rv* Vergiftung.

intra . . . innerhalb . . .

Intra'da *rv* *mus.* festlich einleitendes Musikstück.

intrákuta'n *med.* in der Haut (gelegen) *bzrv.* in die Haut (hinein).

i'ntra mu'ros „innerhalb der Mauern": nicht öffentlich.

intramuskulä'r *med.* im Muskel (gelegen) *bzrv.* in den Muskel (hinein).

intransige'nt unversöhnlich; **Intransige'nz** *rv* Unversöhnlichkeit.

i'ntransitiv *gramm.* nicht

zielend.

intraokula'r *med.* innerhalb des Auges (befindlich); **intrauteri'n** (. . . a–u . . .] *med.* innerhalb der Gebärmutter (befindlich); **intravagina'l** *med.* innerhalb der Scheide (befindlich); **intravenö's** *med.* innerhalb einer Vene (befindlich) *bzrv.* in eine Vene (hinein).

intriga'nt hinterhältig; **Intriga'nt** m Ränkeschmied; **Intri'ge** *rv* hinterhältige Machenschaft; **intrigie'ren** Ränke schmieden.

Intro . . ., intro . . ., nach innen . . .

Introduktio'n *rv* Einführung; **introduzie'ren** einführen; **introduzio'ne** *mus.* Einleitung; **Intro'itus** *rv* Einleitung, Eingangsgesang.

Introspektio'n *rv* *psych.* Selbstbeobachtung.

Introversio'n *rv* *psych.* Wendung nach innen; nach innen gewandte Einstellung; **introvertie'rt** *psych.* nach innen gerichtet.

Intubatio'n *rv* *med.* Einlegen einer Röhre in den Kehlkopf (um Erstickungen vorzubeugen oder zu Narkosezwecken).

Intuitio'n *rv* gefühlsmäßiges Erkennen; **intuiti'v** gefühlsmäßig erkennend.

i'ntus innwendig, **etwas intus haben** *uspr.* etwas begriffen haben, etwas genossen haben, etwas zu sich genommen haben.

in tyra'nnos! wider die Gewaltherrscher!

Inundatio'n *rv* Überschwemmung.

in u'sum Delphi'ni s. ad . . .

Invaginatio'n *rv* *med. biol.* Einstülpung.

invali'd(e) arbeitsunfähig,

beschädigt; **Invali'de** m Arbeitsunfähiger, Körperbehinderter; **Invalidä't** *rv* Arbeitsunfähigkeit.

invaria'bel unveränderlich; **Invaria'nz** *rv* Unveränderlichkeit.

Invasio'n *rv* feindliches Eindringen; Einfall; **Inva'sor** m bewaffneter feindlicher Eindringling.

Invekti've *rv* Schmähung; Beleidigung.

Inventa'r s Bestand, Bestandsverzeichnis; **Inventarisatio'n** *rv* Bestandsaufnahme; **inventarisie'ren** den Bestand aufnehmen; **Inventa'rium** s s. Inventar.

Inventio'n *rv* Erfindung; Einfall; *mus.* (bei J. S. Bach) Form eines kleinen Klavierstückes.

Inventu'r *rv* Bestandsaufnahme.

inve'rs umgekehrt; **Inversio'n** *rv* Umstellung, Umkehrung; **Inversio'nswetterlage** *rv* Smog-Gefahr bewirkende Überlagerung von kalten durch warme Luftschichten, durch die der Luftaustausch verhindert wird.

Invertebra'ten *Mz.* *zool.* wirbellose Tiere.

invertie'rt geschlechtlich verkehrt veranlagt; umgestellt, umgekehrt.

investie'ren (Geld) anlegen; in ein Amt einsetzen; **Investigatio'n** *rv* Nachforschung, Untersuchung; **investigie'ren** nachforschen, untersuchen; **Investitio'n** *rv* Geldanlage; **Investition'sgüter** s *Mz.* langlebige Wirtschaftsgüter; **Investitu'r** *rv* Einsetzung in ein Amt; **Inve'stment** s Geldanlage; **Inve'stment Fonds** m (. . .fo'ñ] aus zahlreichen verschiedenen Wertpapieren zusammengesetzter Bestand einer Geldanlagegesellschaft.

in vi'no ve'ritas „im Wein (ist) Wahrheit": Betrunkene sprechen ihre wahre Meinung aus.

invisi'bel unsichtbar.

invitie'ren einladen.

in vi'tro „im Glas": in einem Reagenzglas (durchgeführt) (chem., biol. od. med. Versuch); **in vi'vo** „im Leben": am lebenden Versuchsobjekt (durchgeführt).

Invoca'vit rel. Bezeichnung für den 6. Sonntag vor Ostern nach den Worten aus dem 91. Psalm; **Invokatio'n** rv rel. Anrufung.

Involutio'n rv Umkehrung; med. Rückbildung.

involvie'ren in sich schließen, enthalten.

Inze'st m Blutschande.

inzidie'ren einschneiden; **Inzisio'n** rv Einschnitt.

Io'n s phys. elektrisch geladenes Atom od. Molekül; **Ionisatio'n** rv phys. elektrische Ladung von Atomen od. Molekülen; **ionisie'ren** phys. Atome od. Moleküle mit elektrischer Ladung versehen; **Ionophore'se** rv s. Iontophorese; **Iontophore'se** rv med. Einführung von Ionen auf elektrolytischem Wege durch die Haut in den Körper zu Heilzwecken

Ipsatio'n rv med. sex. geschlechtl. Selbstbefriedigung.

IQ m (ai kjuh') Abk. f. Intelligenz-Quotient (s. dort).

IRA rv Abk. f. „Irish Republican Army": Irische Untergrundarmee.

Ire'nik rv Friedensliebe, Friedenslehre; **ire'nisch** friedliebend.

Iri'dium s chem. ein Grundstoff (Ir), ein Metall (nach Iris = Regenbogen benannt).

I'ris rv med. Regenbogenhaut im Auge; **I'risdiagnose** rv Erkennung von Krankheiten an (angeblichen) Veränderungen der Regenbogenhaut.

Irish-Stew s (ai'risch £tjuh) mit Fleisch zusammen gekochtes Kohlgericht.

irisie'ren in allen Regenbogenfarben schillern.

Ironie' rv versteckter Spott; **iro'nisch** versteckt spöttelnd; **ironisie'ren** mit verstecktem Spott behandeln.

Irradiatio'n rv med. Ausstrahlung (von Schmerzen).

irrationa'l vernunftwidrig; **Irrationali'smus** m sich auf Gefühls-, nicht Vernunftgründe stützende Auffassung; **Irrationalitä't** rv Vernunftwidrigkeit; **i'rreal** unwirklich; **Irrealitä't** rv Unwirklichkeit.

Irrede'nta rv (terra irredenta = unerlöstes Land): italienische politische Bewegung, die den Anschluß der überwiegend von Italienern bewohnten Gebiete des alten Österreich an Italien forderte; im übertragenen Sinne: politische Bewegung, die Anschluß an das Mutterland fordert; **Irredenti'smus** m pol. die Vereinigung abgetrennter Gebiete mit dem Mutterland fordernde Bewegung; **Irredenti'st** m pol. Anhänger des Irredentismus; **irredenti'stisch** pol. den Irredentismus betreffend, vertretend.

irreduzi'bel nicht zurückzuführen, nicht abzuleiten.

i'rregulär unregelmäßig, ungesetzlich; **Irregulä're** Mz. mil. nicht der regu-

lären Truppe angehörende Soldaten, Freischärler; **Irregularitä't** rv Unregelmäßigkeit, Gesetzwidrigkeit.

i'rrelevant unerheblich; **I'rrelevanz** rv Belanglosigkeit.

i'rreligiös religionslos; **Irreligiositä't** rv Religionslosigkeit.

i'rreparabel (od. . . . a'bel) nicht wiederherstellbar.

i'rresolut unschlüssig; **irresolu'to** mus. unentschlossen.

i'rreversi'bel nicht umkehrbar.

Irrigatio'n rv (Aus-)Spülung; **Irriga'tor** m med. Spülkanne; Einlaufgerät.

irrita'bel reizbar; **Irritatio'n** rv Reiz, Reizung; **irritie'ren** aufreizen; auch (fälschlich!) verwirren.

isabe'llfarben sbw. gelbgrau.

Isago'ge rv Einführung (in eine Wissenschaft).

Ischämie' rv (iß-ch . . .) med. Blutleere; **ischä'misch** (iß-ch . . .) med. blutleer.

Ischia'dicus rv (iß-ch . . .) med. Ischiasnerv; **ischia'disch** (iß-ch . . .) med. den Ischiasnerv betreffend, vom Ischiasnerv herrührend; **Ischialgie'** rv (iß-ch . . .) s. Ischias; **I'schias** m/rv/s (iß-ch . . .) med. Hüftweh; neuralgische Erkrankung im Bereich des Ischiasnervs.

I'slam (od. . . . a'm) m Lehre Mohammeds; **isla'misch** den Islam betreffend; **islamisie'ren** zum islamischen Glauben bekehren.

Ismaeli'ten Mz. rel. eine Sekte des Islam.

Iso . . ., iso . . . Gleich . . ., gleich . . .

ISO rv Abk. v. International Organization for Standardization: Internationale Organisation für Normungsfragen.

Isoba're *rv* Orte gleichen Luftdrucks verbindende Linie auf Wetterkarten; **Isoba'the** *rv* Orte gleicher Wassertiefe verbindende Linie auf geographischen Karten; **isochroma'tisch** (... kro ...) farbwertrichtig; **isochro'n** (... kroh'n) von gleicher Zeitdauer; **Isogo'n** s *math.* regelmäßiges Vieleck; **isogona'l** *math.* gleichwinklig; **Isohy'pse** *rv* Orte gleicher Höhenlage verbindende Linie.

Isolatio'n *rv* Absperrung, Absonderung; **Isolationi'smus** m Bestreben, sich politisch (von Angelegenheiten außerhalb des eigenen Landes) abzusondern; **Isolationi'st** m Vertreter des Isolationismus; isola-

tioni'stisch den Isolationismus vertretend; sich abschließend; **Isola'tor** m *phys.* nichtleitender Stoff; **isolie'ren** absperren, abdichten; **Isolie'rung** *rv* s. Isolation.

isome'r *biol. chem.* gleichzahlig; **Isomerie'** *rv biol. chem.* Gleichzahligkeit.

Isome'trics Mz. ein Muskelkrafttraining; **Isometrie'** *rv* „Maßgleichheit", Längengleichheit; **isome'trisch** maßgleich, längengleich.

isometro'p *med.* gleichsichtig; **isomo'rph** gleichgestaltig; **Isomorphie'** *rv* Gleichgestaltigkeit; **isothe'rm** gleiche Temperatur aufweisend; **Isothe'rme** *rv* Orte gleicher Temperatur verbindende Linie.

Isoto'p s *svrv.* Abart eines chem. Grundstoffes: gleiche Kernladung, aber verschiedenes Atomgewicht.

I'sthmus m Landenge.

italianisie'ren italienisch machen; zu Italienern machen.

i'tem ebenso.

I'te, mi'ssa est! *rel.* Schlußwort der nach diesem Ausspruch so benannten katholischen Messe: „Geht, (die Gemeinde) ist entlassen!"

Iteratio'n Wiederholung; **iterati'v** wiederholend; **Iterati'v(um)** s *gramm.* eine Wiederholung ausdrückendes Zeitwort.

Itinera'r(ium) s Verzeichnis der Straßen und sonstigen Verkehrswege und -einrichtungen; Reisehandbuch.

Iwri'th s Neuhebräisch.

J

Jabot s (shaboh') Spitzenkrause am Hals- oder Brustteil von Kleidungsstücken.

Jacara'ndaholz s *bot.* Palisanderholz.

J'accuse! (shaküh's^e) „Ich klage an!" (nach der Schrift von E. Zola).

Jacht *rv* schnelles Segelschiff; Luxusschiff.

Jacketkrone *rv* (dshä'kit ...) (Zahnmedizin:) aus Porzellan gefertigte Mantelkrone als Ersatz für eine beschädigte Zahnkrone; **Jacke'tt** s (kurze) Anzugjacke.

Jacquard m (sha'kart od. shakäh'r) gemusterte Gewebeart.

Jacta'tio *rv* s. Jaktation.

Ja'de m grünlicher Schmuckstein.

Ja'hve od. **Ja'hwe** Name Gottes bei den Israeliten.

Jak m *zool.* langhaariges tibetisches Rind.

Jakobi'ner Mz. Mitglieder des radikalen Jakobinerklubs während der Französischen Revolution (1789–1794); **Jakobi'nermütze** *rv* Abzeichen der Jakobiner, zugleich Freiheitssymbol.

Jaktatio'n *rv med.* Gliederwerfen, -zucken; krankhafte Ruhelosigkeit.

Jala'pe *rv bot., med.* als Abführmittel verwendetes mexikanisches Windengewächs.

Jalousie' (sh ...) *rv* Rolladen.

Jam s (dshä'm) Marmelade (nach englischer Art).

Ja'mbe *rv* s. Iambus.

Jamboree s (dshämborih') Pfadfindertreffen.

Ja'mbus m s. Iambus.

Jam Session *rv* (dshä'm bä'sch^en) Zusammenkunft von Jazz-Freunden.

Janha'gel m Pöbel (kein *Fremdwort!)*

Janitscha'ren Mz. Soldaten der Kerntruppe der alten türkischen Heeres; **Janitscha'renmusik** *rv* mit Blas- und Schlaginstrumenten sowie einem Schellenbaum (nach türkischem Muster) ausgerüstete Militärkapelle.

Ja'nuskopf m mit doppeltem Gesicht versehener Männerkopf: Symbol des Zwiespaltes.

Ja'panpapier s zähes, biegsames Pflanzenfaserpapier; **Ja'panseide** *rv* reinseidenes Gewebe japanischer Herkunft.

Jardinière *rv* (shardinjäh'r^e) Blumenkorb, Blumenschale (für lebende Pflanzen).

Jargon m (shargo'ñ) Kauderwelsch; Berufssondersprache.

Jarowisatio'n w von dem russischen Wissenschaftler Lyssenko begründetes Verfahren zur Beschleunigung der Entwicklung landwirtschaftlichen Saatgutes; **jarowisie'ren** Saatgut nach diesem Verfahren behandeln.

Jasmi'n m bot. ein Ölbaumgewächs: Zierstrauch mit stark duftenden weißen oder gelben Blüten.

Ja'spis m ein Halbedelstein.

Jataga'n m türkischer Krummsäbel.

Jau'se w (österr.) Vesper, Zwischenmahlzeit; **jau'sen** eine Vesper, Zwischenmahlzeit einnehmen.

Jazz m (meist dshä's) den Rhythmus stark betonender amerik. Musizierstil; **Jazzband** w (meist dshä'sbänd) Jazzkapelle; **Ja'zzer** m Jazzmusiker; **Jazz-Fan** m (... fä'n) (begeisterter) Anhänger des Jazz.

Jeans Mz. (dshih'ns) genietete, enganliegende Hose aus grobem Baumwollgewebe

Jeep m (dshih'p) kleiner geländegängiger amerik. Wehrmachtskraftwagen.

Jeho'va (falsche Lesung des israelitischen Namens für Gott:) Jahwe.

je'nisch gerissen; gaunersprachlich.

Jeremia'de w svw. Klagelied.

Jersey m (dshö'ßi) Strick- oder Wirkware aus Wollgarnen; auch eine Kreppgewebe; Trikot-(jacke).

Jesui't m Angehöriger des Jesuitenordens; **jesui'tisch** den Jesuitenorden betreffend; den Regeln des Jesuitenordens entsprechend.

Je'sus Chri'stus m (Jesus = „Jahwe hilft"; Christus = „der Gesalbte") Träger der Verkündigung des Neuen Testaments, Begründer des Christentums.

Jet m (dshä't) Düsenflugzeug.

Jet-Lag m (dshä't läg) durch die Zeitverschiebung bei Flugreisen hervorgerufene Störung des gewohnten Alltagslebensrhythmus.

Jeton m (sh^eto'ñ) Spielmarke.

Jet Set m (dshä't Sä't) moderne Bezeichnung für kleine, sehr wohlhabende Gesellschaftsschicht, die es sich leisten kann, im eigenen Düsenflugzeug die jeweiligen Mittelpunkte gesellschaftlichen Lebens aufzusuchen; **je'tten** uspr. mit einem Düsenflugzeug reisen; **Jetstream** m (dshä'tßtrihm) „Strahlstrom": Zone sehr starker Luftströme in der Stratosphäre.

Jet(t) m Gagat (s. dort).

Jetway m (dshä'tweh) ortsfeste, teleskopartig ausfahrbare Fluggastbrücke (von der Abfertigungshalle zum Flugzeug).

Jeu s (shöh') (Karten-)Glücksspiel; **jeuen** (shöh'en) kartenspielen (um Geld).

Jeunesse dorée w (shöhne'ß dohreh') „goldene", vergnügungssüchtige Jugend; **Jeunesses musicales** Mz. (shöhnä'ß müsika'l) internationale Vereinigung zur Förderung jugendlicher Musiker.

Ji'ddisch s „Judendeutsch": aus deutschen, slawischen und semitischen Bestandteilen entstandene Sprache der osteuropäischen Juden.

Jin und Jang phil. Begriff der chinesischen Naturphilosophie für die beiden Weltprinzipien, das weibliche und männliche.

Jingo m (dshi'ngo) engl. Bezeichnung für Chauvinist.

Ji'u-Ji'tsu s (dshi'u dshi'tßu) japan. Kunst der Selbstverteidigung ohne Waffen.

Job s (dsho'b) Verdienstmöglichkeit; Gelegenheitsarbeit; Beschäftigung; **Jobber** m (dsho'ber) Börsenspekulant; **jo'bben** uspr. eine geldbringende Gelegenheitsarbeit ausüben; **Jo'bhopper** m wer in kurzen Abständen häufig seine Stellung wechselt; **Jo'bkiller** m „Arbeitsplatzvernichter": Gerät, dessen Einsatz menschliche Arbeitsleistung ersetzt (z. B. Computer); **Jo'bsharing** s (... schäriñ) (eigenverantwortliche) Aufteilung von Vollzeitarbeitsplätzen auf zwei (od. mehr) Arbeitskräfte.

Jo'ckei m (jo'keh, dsho'keh, dsho'kih) (Berufs-)Rennreiter.

Jod s chem. ein Grundstoff (J) (nach iodes = veilchenfarbig benannt); **Jodofo'rm** s med. ein Desinfektionsmittel.

Jo'ga m aus Indien stammende Lehre und Praxis geistiger Konzentration u. vollständiger Körperbeherrschung; **Jo'gi** m Joga ausübender indischer Büßer.

Jo'gging s „Trimm-Trab": Laufen in gemächlichem Tempo, Dauerlauf.

Jo'ghurt m/s gegorene Milch; Sauermilch.

John Bu'll Bezeichnung für den Engländer.

Joint m (dshoi'nt) svw. selbstgedrehte Haschisch-Zigarette.

Joint-venture [Program[m]] s (dshoint wä'ntsch^e . . .) Zusammenarbeit selbständiger Unternehmen, bei der das Geschäftsrisiko gemeinsam getragen wird.

Jo'ker m (dsho . . .) höchste Karte bei einigen Kartenspielen. **Jo'kus** m Spaß.

Jom Ki'ppur m höchstes jüdisches Fest; Versöhnungstag (6. Oktober); **Jom Kippur-Krieg** m am Versöhnungstag 1973 begonnener Krieg Syriens und Ägyptens gegen Israel.

Jongleur m (shoñglö'r) Geschicklichkeitskünstler; **jonglie'ren** (shoñ . . .) mit Gegenständen geschickt umgehen.

Jo'sephsehe w (gemäß Vereinbarung der Partner) Ehe ohne Geschlechtsverkehr.

J'ota s das „i" des griechischen Alphabets.

Joule s (juh'l/dshau'l) phys. Maßeinheit für die Energie; ersetzt ab 1978 den in der Ernährungslehre bisher verwendeten Begriff „Kalorie" (1 Kalorie = 4,186 Joule).

Jour, du (dü shuh'r) vom Tagesdienst; an der Reihe; **Jour fixe** m (shuhr fi'kß) festgelegter Empfangstag.

Journaille w (shurna'lj^e) svw. Hetz-, Radaupresse; **Journa'l** s (shur . . .) Zeitung; Tagebuch; **Journali'smus** m (shur . . .) Zeitungs-, Pressewesen; **Journali'st** m (shur . . .) Zeitungsmitarbeiter; **Journali'stik** w (shur . . .) Zeitungslehre; Pressewesen; **journali'stisch**

(shur . . .) die Zeitungslehre betreffend; im Stil eines Zeitungsberichtes.

jovia'l heiter, gönnerhaft; **Jovialitä't** m Gönnerhaftigkeit.

Jubila'r m Gefeierter; **Jubila'te** rel. („Frohlokket!": Bezeichnung für den 3. Sonntag nach Ostern (nach den Anfangsworten des 66. Psalmes); **Jubilä'um** s Gedenk-, Jubelfeier; **jubilie'ren** jubeln; ein Jubiläum feiern.

Ju'chten(leder) s (russisches) wasserdichtes Leder.

Juda'ika Mz. das Judentum betreffende Schriftwerke; **Judai'stik** w (. . . a-i . . .) Wissenschaft vom Judentum.

Ju'das m svw. Verräter (nach dem biblischen Judas Ischarioth); **Ju'daslohn** m Verräterlohn.

Ju'dex m Richter; **Ju'dica, Ju'dika** rel. („Richte . . .!" Bezeichnung für den 2. Sonntag vor Ostern (nach dem Anfangswort des 43. Psalmes); **Judikatio'n** w Beurteilung; Aburteilung; **judikato'risch** iur. richterlich; **Judikatu'r** w Rechtsprechung; **judizie'ren** urteilen; **Judi'z(ium)** s Richterspruch.

Ju'do s svw. Jiu-Jitsu; **Judo'ka** m Judo-, Jiu-Jitsu-Sportler.

Ju'dos Mz. Abk. v. Jungdemokraten; dem linken Flügel zuzurechnende junge F.D.P.-Mitglieder.

Juice m (dshuh'ß) Saft.

Jukebox w (dshuh'kbokß) elektrisches Klavier, Musikautomat.

Ju'lis Mz. Abk. v. Jungliberale; dem rechten Flügel zuzurechnende junge F.D.P.-Mitglieder.

Ju'mbo Jet m (auch dsha'mbo dshät) Großraum-Verkehrsflugzeug.

Jumelage w (shüm^elah'sh)

(Städte-)Partnerschaft.

ju'mpen uspr. springen.

Ju'mper m (auch dsha'mper) Wolljacke; **Jumpsuit** m (dsha'mpßjuht) einteiliger, den Körper von den Füßen bis zum Hals bekleidender Damen-Hausanzug: „Strampelanzug".

jungie'ren verbinden.

Ju'nior „der Jüngere"; jugendl. Sportler.

Junk m (dsha'nk) Sammelbegriff für (Rausch-)Drogen; **Junkie** m (dsha'nki) svw. Opium-Verbraucher.

Ju'nktim s Verkoppelung mehrerer Gesetzes- od. Vertragsvorschläge; **Junktu'r** w Verbindung.

juno'nisch svw. erhaben, von üppigem Körperbau.

Ju'nta w (auch chu'nta — ch wie in „ach" —) svw. durch Revolution oder Putsch zur Macht gekommene Regierung bzw. Clique (besonders in iberoamerikanischen Staaten).

Jupe w (shü'p) Frauen(unter)rock; **Jupon** m (shüpo'ñ) Frauenunterrock.

Ju'ra m geologische Formation des Erdmittelalters.

Ju'ra Mz. Rechtswissenschaft; **Jura'tor** m iur. sachverständiger Schätzer; **juri'disch** rechtlich; **jurie'ren** (Kunstwerke o. ä.) beurteilen; **Jurisdiktio'n** w Rechtsprechung; **Jurisprude'nz** w Rechtswissenschaft; **Juri'st** m wissenschaftlich gebildeter Rechtskundiger; **juri'stisch** rechtswissenschaftlich; **Ju'ror** m Beurteiler (von Kunstwerken o. ä.).

Ju'rte w asiatische Filzhütte; Filzzelt.

Ju'ry w (juh'rih, dshuh'rih, shürih') Preisge-

richt; **ju'ryfrei** ohne Vorauslese durch eine Sachverständigenkommission.
Ju's s das Recht.
Jus *rv/s* (*shüh'*) eingedickte Fleischbrühe.
Ju'sos *Mz. Abk. v.* Jungsozialisten: die dem linken Flügel der SPD zuzurechnende Nachwuchsorganisation dieser Partei.

Jus primae no'ctis s das Recht auf die erste Nacht (der Ehe).
ju'st gerade, soeben.
Juste-milieu s (*shüßtmilöh'*) laue, gemäßigte Haltung oder Anschauung.
justie'ren genau einstellen; **Justie'rung** *rv* genaue Einstellung.
Justifikatio'n *rv* Rechtfertigung; **justifizie'ren** rechtfertigen.
Justi'tia *rv* römische Göttin der Gerechtigkeit;
Justitia'r *m* für Rechtsangelegenheiten zuständiger Rechtswissenschaftler in Großbetrieben oder bei Behörden;
Justi'z *rv* Rechtspflege.
Ju'te *rv* bot. Bastfaser.
juveni'l jugendlich; **Juvenilitä't** *rv* Jugendlichkeit.
Juwe'l s Edelstein, Schmuckstück; **Juwelie'r** *m* Goldschmied.
Jux *m* Scherz.

K

s. auch **C**

Ka'aba *rv* Haupttheiligtum der Mohammedaner in Mekka.
Kaba'le *rv* Ränkespiel; Intrige.
Kabare'tt s Kleinkunstbühne (mit zeitkritischer Tendenz); *auch* mit einzelnen Fächern versehene Schüssel oder Speiseplatte; **Kabaretti'st** *m* Darsteller in einem Kabarett; **kabaretti'stisch** in Art eines Kabaretts.
Ka'bbala *rv* mittelalterliche mystische jüdische Lehre [Buchstaben- und Zahlensymbolik]; **Kabbali'st** *m* Anhänger der Kabbala; **Kabbali'stik** *rv* *svw.* Geheimwissenschaft; **kabbali'stisch** die Kabbalistik betreffend; geheimnisvoll.
Ka'bel s (biegsame) elektrische Leitung; Drahtseil; *auch* durch Kabel übermittelte Telegramm; **Kabelgra'mm** s durch Kabel übermitteltes Telegramm; **ka'beln** Telegramme durch Kabel übermitteln; **Ka'belvision** *rv* Kabelfernsehen; Fernsehübertragung durch Kabel.
Kabi'ne *rv* Zelle; Wohnu. Schlafraum auf Schiffen; Abteil; **Kabi-**

ne'tt s Nebenraum; (Raum für) Kunstsammlung; *pol.* Staatsregierung; **Kabine'ttsfrage** *rv* Vertrauensfrage; **Kabine'ttsjustiz** *rv* von der Regierung beeinflußte Rechtsprechung; **Kabine'ttstück** s erlesenes Stück.
Kabota'ge *rv* (*. . . sh^e*) Schiff- bzw. Luftfahrt innerhalb des eigenen Hoheitsbereiches; **kabotie'ren** Schiff- bzw. Luftfahrt innerhalb des eigenen Hoheitsbereiches betreiben.
Ka'brio s *Abk. f.* Kabriolett (s. dort); **Kabriole'tt** s Personenkraftwagen mit Klappverdeck.
Kabu'ki s japanisches Volkstheater (zugleich Schauspiel, Musik und Tanz).
Kachexie' *rv med.* Hinfälligkeit, Kräfteverfall.
Kada'ver *m* Aas; **Kada'vergehorsam** *m* willenloser Gehorsam.
Ka'ddisch s *rel.* ein jüdisches Gebet.
Kade'nz *rv mus.* Folge von Tönen; *mil.* Schußfolge; **kadenzie'ren** *mus.* eine Kadenz spielen.
Ka'der *m* Rahmen (personal), Kerntruppe; Stamm; **Ka'derpartei** *rv*

im kommunistischen Machtbereich Bezeichnung für eine aus einem Kern zuverlässiger Funktionäre bestehende Partei (im Gegensatz zu einer Massenpartei).
Kade'tt *m* Offizierszögling (beim Heer); Offiziersanwärter (bei der Marine); **Kade'tten** *Mz.* Angehörige einer die konstitutionelle Monarchie anstrebende Partei im zaristischen Rußland; **Kade'ttenanstalt** *rv* Erziehungsstätte für Offizierszöglinge; **Kade'ttenkorps** s (*. . . koh'r*) Gesamtheit der Offizierszöglinge.
Ka'di *m* (mohammedanischer) Richter.
Ka'dmium s *chem.* ein Grundstoff (Cd), ein Metall (nach cadmia = Galmei benannt).
kaduzie'ren *iur.* für verfallen erklären.
Kaff s elende Ortschaft.
Kaffee' (*auch* Ka'ffee) *m* koffeinhaltiges, anregendes Getränk aus Bohnen des tropischen Kaffeestrauches; Kaffeemahlzeit (am Nachmittag); *auch* Kaffeehaus (s. Café).
Ka'ffer *m* Angehöriger eines südafrikanischen

Bantuvolkes; auch *sprw.*
einfältiger Kerl.

Ka'ftan *m* orientalisches
Obergewand.

Kai' *m* Uferbefestigung,
Hafenmauer.

Ka'insmal *s* Brandmar-
kung; Zeichen zur Er-
kennung eines Verbre-
chers (nach dem bibli-
schen Brudermörder
Kain).

Kairo's *m phil.* günstiger
Augenblick; „Sternstun-
de".

Ka'jak *m/s* Sportpaddel-
boot: Eskimoboot.

Kaka'o *m* Getränk aus
den Bohnen des tro-
pischen Kakaobaumes.

Kakemo'no *s* ostasiatisches Rollbild.

Ka'kerlak *m*, **Kakerla'ken**
Mz. zool. Schabe(n).

Kakophonie' *w mus.* Mißklang; **kakopho'nisch**
mißtönend.

Kaktaze'en *Mz. bot.* Kak-
tusgewächse; **Kakte'e** *w*
s. **Ka'ktus**; **Ka'ktus** *m*
bot. dickfleischige Tro-
penpflanze.

Kalabre'ser *m* breitkrem-
piger Hut.

Kalamitä't *w* Verlegenheit, Mißgeschick.

Ka'land *m* geistliche Brü-
derschaft (13. Jahrhun-
dert bis zur Reforma-
tion).

Kala'nder *m* Maschine
zum Glätten von Ge-
webe oder Papier; **ka-
la'ndern** mit einem
Kalander (*s.* dort) glätten.

Ka'lauer *m* fauler Witz;
ka'lauern faule Witze
machen.

Kaldau'nen *Mz.* (tierische) Eingeweide.

Kaleba'sse *w* aus Schale
des Flaschenkürbis her-
gestelltes Gefäß.

Kaleidosko'p *s* aus bunten Glasstückchen be-
stehendes opt. Spiel-
zeug; **kaleidosko'pisch**
schillernd, in buntem
Wechsel.

Kalenda'rium *s* Kalender,
Verzeichnis der Kirchen-
feste; **Kale'nden** *Mz.*
altrömische Bezeichnung
für den 1. Monatstag
(*s.* Calendae); **Kale'nder**
m Zeitrechnung; Ver-
zeichnis der Tage eines
Jahres.

Kale'sche *w* leichter
Pferdewagen.

Kalfa'ktor *m* Gehilfe, Auf-
wärter; *auch* Aushor-
cher.

kalfa'tern (ein Schiff)
abdichten.

Ka'li *s chem. sprw.* Kali-
salze.

Ka'liban *m sprw.* roher
Kerl.

Kali'ber *s* Rohrweite;
Geschoßdurchmesser;
Art; **kalibrie'ren** *techn.*
Werkstücke auf genaues
Maß bringen; das Ka-
liber prüfen.

Kali'f *m* islamischer Herr-
schertitel; **Kalifa't** *s*
Herrschaftsbereich eines
Kalifen.

Kalifo'rnium *s chem.* zu
den Transuranen ge-
hörender Grundstoff
(Cf) (nach dem nord-
amerikanischen Staat
Kalifornien benannt).

Ka'liko *m* Baumwoll-
gewebe.

Ka'lium *s chem.* ein
Grundstoff (K), ein Me-
tall.

Kalkü'l *s* Rechnung; **Kal-
kulatio'n** *w* (Kosten-)
Berechnung, Voran-
schlag; **Kalkula'tor** *m*
mit dem Rechnungs-
wesen betrauter Ange-
stellter; **kalkulato'risch**
rechnerisch; rechnungs-
mäßig; **kalkulie'ren** berechnen, veranschlagen.

Ka'lle *w* jiddische Bezeichnung für Braut
bzw. Geliebte.

Kalligra'ph *m* Schön-
schreiber; **Kalligraphie'**
w Schönschrift; **kalligra'phisch** schön ge-
schrieben.

Kalli'ope *w* Muse der

(erzählenden) Dichtung.

kallipy'gisch ein schönes
Gesäß besitzend.

kallö's *med.* knöchern,
schwielig; **Ka'llus** *m*
med., biol. Gewebeneu-
bildung, -wucherung;
Knochennarbe, -schwie-
le.

Ka'lmar *m zool.* Tinten-
fischart.

Ka'lme *w* windstille
Zone; **kalmie'ren** be-
ruhigen.

Ka'lmus *m bot.* ein Aronstabgewächs.

Kalokagathie' *w* („schön
und gut") Zustand der
geistigen und körper-
lichen Vollkommenheit.

Ka'lomel *s chem., med.*
Quecksilber I-Chlorid;
wird als Desinfektions-
und Abführmittel ver-
wendet.

Kalorie' *w phys.* (ehemalige) Wärmeeinheit; **Ka-
lo'rik** *w phys.* Wärme-
lehre; **Kalorimetrie'** *w*
phys. Messung von Wär-
memengen; **kalo'risch**
phys. die Wärme betref-
fend.

Kalo'tte *w* Haube; *med.*
Schädeldach.

Kalume't *s* (indianische)
Friedenspfeife.

Kalva'rienberg *m* (kal-
wah'ri-en . . .) Wieder-
gabe Golgathas in der
religiösen Kunst; Wall-
fahrtsstätte.

Kalvi'll(e) *m* (*w*) *bot.* eine
Apfelart.

Kalvini'smus *m rel.* von
Calvin begründeter
evangelisch-reformier-
ter Glaube; **Kalvini'st**
m Anhänger des evan-
gelisch-reformierten
Glaubens; **kalvini'stisch**
dem evangelisch-refor-
mierten Glauben anhän-
gend.

Ka'lzium *s chem.* ein
Grundstoff (Ca), ein
Leichtmetall.

Kamari'lla *w* einflußreiche Hofpartei; *sprw.*
Gruppe einflußreicher,

aber unverantwortlicher Günstlinge.

Ka'mbio m Geldwechsel.

Kame'e n erhaben gearbeitete Gemme.

Kame'lie n (. . . i-e) bot. (ostasiatische) Zierpflanze.

Kame'lle n bot. Kamille; **olle Kame'lle** n uspr. alte, altbekannte Geschichte.

Ka'mera n Photo- bzw. Filmaufnahmegerät.

Kamera'd m Freund, Waffengenosse; **Kamera'din** n Gefährtin, Genossin; **Kameraderie'** n sow. falsch verstandene Kameradschaft, „Kumpelei"; **Kamera'dschaft** n durch gemeinsames Erleben entstandene Verbundenheit.

Kamerali'stik n Staatsverwaltungslehre; Finanzwissenschaft; **kamerali'stisch** die Staatsverwaltungs- und -wirtschaftslehre betreffend; den Grundsätzen der Staatsverwaltungs- und -wirtschaftslehre entsprechend.

Kamika'ze „göttlicher Wind": Bezeichnung für japanische „Selbstmordflieger" des 2. Weltkrieges, die sich mit sprengstoffbeladenen Flugzeugen auf feindliche Schiffe und militärische Anlagen stürzen ließen.

Kami'lle n bot. Korbblütlerpflanze, als Arzneipflanze verwendet.

Kami'n m offene Feuerstelle; Schornstein; Felsspalte; **kaminie'ren** durch Felsspalten klettern.

Kamiso'l s kurze Weste.

Kampagne n (kampa'nje) große militärische, politische od. landwirtschaftl. Unternehmung.

Kampani'le m freistehender Glockenturm.

Kampfer m chem., bot.

aus dem Holz des Kampferbaumes gewonnenes Destillat für technische und heilkundliche Zwecke.

kampie'ren (im Freien) zelten, wohnen.

Kana'dier m (. . . i-er) mit Stechpaddeln fortbewegtes Sportboot.

Kanaille n (kana'lje) Lump.

Kana'ke m Südsee-Insulaner; umgangssprachlich auch abschätzig im Sinne von „unzivilisierter Mensch" o. ä. gebraucht.

Kana'l m künstl. Wasserlauf; **Kanalisatio'n** n Anlage zur Abwässerbeseitigung; **kanalisie'ren** eine Abflußanlage bauen; einen Fluß durch wasserbauliche Maßnahmen schiffbar machen.

Ka'napee s Ruhebett, Sofa; mit Leckerbissen belegtes Röstbrotscheibchen.

Kana'ster m sow. Tabak.

Kanda're n Gebißstange des Pferdes.

Kandela'ber m Standleuchte.

Kandida't m Bewerber, Prüfling; **Kandidatu'r** n Bewerbung; **kandidie'ren** sich bewerben.

kandie'ren überzuckern; **Ka'ndis** m kristallisierter Zucker.

Kanee'l m Zimt.

Ka'nevas m weitmaschiges Gewebe.

Kä'nguruh s zool. ein australisches Beuteltier.

Kani'n s Kaninchenfell.

Kani'ster m Versandgefäß aus Blech.

Ka'nker m zool. Spinne; **Kankroi'd** s (. . . o-id) med. krebsähnliche Hautgeschwulst.

kannelie'ren mit Rillen versehen; **Kannelü're** n Auskehlung; Rille.

Kanniba'le m Menschen-

fresser; **kanniba'lisch** nach Art der Menschenfresser; **Kannibali'smus** m Menschenfresserei.

Ka'non m Richtschnur; mus. Kettengesang; **Kanona'de** n mil. Geschützfeuer; **Kano'ne** n Geschütz; auch Sportgröße; **Kano'nenfutter** s mil. nutzlos aufgeopferte Soldaten; **Kanonie'r** m mil. Soldat einer Geschützbedienung; **kano'nisch** als Richtschnur dienend; **Kano'niker** m Domherr; **kanonisie'ren** heiligsprechen.

kanta'bel mus. singbar; **Kantabilitä't** n mus. Singbarkeit; **Kanta'te** n Chorwerk mit Instrumentalbegleitung; „Singet" 4. Sonntag nach Ostern (nach den Anfangsworten des 98. Psalmes).

Ka'ntele n mus. finnische Zither.

Ka'nter m (auch kä'nter) Handgalopp; **ka'ntern** leicht galoppieren.

Kanthari'den Mz. zool. spanische Fliegen.

Kantile'ne n mus. gesangsmäßige, getragene Melodie.

Kanti'lle n (auch . . . lje) Metalldraht für Stickereien und Tressen.

Kanti'ne n Erfrischungs- und Verkaufsraum in Betrieben od. Truppenunterkünften.

Kanto'n m Bezirk, Kreis; Wehrbezirk; Gliedstaat der Schweiz; **kantonie'ren** mil. Truppen in Standorten unterbringen; **Kantoni'st, unsicherer** uspr. unzuverlässiger Mensch; **Kantö'nligeist** m engherzige Anschauung, „Kirchturmpolitik".

Ka'ntor m Vorsänger, Kirchenchorleiter; **Kantorei'** n Chorgemeinschaft, Kirchenchor.

Ka'ntschu m Riemenpeitsche.

Ka'ntus m Gesang.

Ka'nu od. **-u'** s Paddelboot.

Kanü'le m Hohlnadel, Röhrchen.

Kanu'te m Kanufahrer.

kanzellie'ren ungültig machen.

kanzeroge'n med. krebserzeugend.

Kanzlei' m Geschäftszimmer, Büro; **Kanzlei'sprache** m Amts-, Behördensprache; **Kanzli'st** m Schreiber, Büroangestellter.

Kanzo'ne m mus. heiteres, empfindsames Liedchen.

Kaoli'n s Mineral, Grundstoff für die Porzellanherstellung.

Kap s Vorgebirge.

kapa'bel fähig.

Kapau'n m verschnittener, gemästeter Hahn; **kapaunisie'ren** verschneiden.

Kapazitä't m Leistungs-, Fassungsvermögen; Fachgröße.

Kapee' s Verstand; uspr. **schwer von Kapee sein:** schwer begreifend, begriffsstutzig sein.

Kape'lle m kleine Kirche, kleiner Kirchenraum; Gemeinschaft von Instrumentalmusikern.

Ka'per m Freibeuter(schiff); im Handelskrieg eingesetztes bewaffnetes Schiff; **Kaperei'** m Aufbringung von Schiffen; **ka'pern** ein Schiff aufbringen, wegnehmen.

Ka'pern Mz. als Gewürz dienende in Essig eingelegte Knospen des Kapernstrauches.

kapie'ren uspr. begreifen.

kapilla'r haarfein; **Kapilla're** m Haarröhrchen (haarfeines Röhrchen

od. Blutgefäß).

kapita'l haupt . . ., hauptsächlich; **Kapita'l** s Vermögen, wirtschaftlich genutzte Werte; **Kapitä'lchen** Mz. Großbuchstaben in der Größe von Kleinbuchstaben; **Kapita'le** m Hauptstadt; **kapitalisie'ren** in Geldwert umwandeln; **Kapitali'smus** m auf dem Kapital beruhende, nach Gewinn strebende Wirtschaftsform; **Kapitali'st** m Besitzer eines Vermögens; **kapitali'stisch** auf Kapitalismus beruhend, den Kapitalismus betreffend; **Kapita'lverbrechen** s sehr schweres Verbrechen.

Kapitä'n m Schiffsführer; mil. Seeoffizier im Stabsoffiziersrang; auch Spielmannschaftsführer.

Kapi'tel s (Buch-)Abschnitt; geistliche Körperschaft; **kapi'telfest** bibelkundig, wissensmäßig beschlagen.

Kapite'll s oberer Säulenabschluß.

Kapito'l s Burg des alten Rom; Kongreßgebäude der USA in Washington.

Kapitula'nt m Soldat, der sich nach beendeter Dienstpflicht zu weiterem Dienst freiwillig verpflichtet; **Kapitulatio'n** m Übergabe(vertrag), Waffenstreckung; Dienstverlängerungsvertrag; zum Schutz fremder Staatsangehöriger abgeschlossener völkerrechtlicher Vertrag; **kapitulie'ren** sich ergeben; auch sich zu weiterem Wehrdienst verpflichten.

Kapla'n m kath. Hilfsgeistlicher.

Ka'po m ursprünglich suv. Korporal, Unteroffizier; im 3. Reich: Bezeichnung für als

Aufseher eingesetzte Häftlinge in Konzentrationslagern.

Ka'pok m zu Polsterfüllungen verwendete tropische Pflanzenfaser.

Kaponnie're m (. . . i-e) mil. beschußsicherer Gang in einem Festungswerk.

kapo'res uspr. kaputt, verloren.

Kapo'tthut m Frauenhutart.

Kaprice m (kaprih'ße) Laune; **Kaprio'le** m Luftsprung, Streich; **kapriziö's** launisch.

Ka'psikum s bot. spanischer Pfeffer.

Kapta'lband s an der Ober- und Unterkante eines Buchblockrückens angebrachtes Zierbändchen.

Kaptatio'n m iur. Erbschleicherei.

kapu'tt entzwei.

Kapu'ze m Kopfüberzug; **Kapuzi'ner** m Angehöriger des Mönchsordens der Kapuziner; **Kapuzi'nerpredigt** m suv. volkstümlich derbe Strafpredigt.

Karabi'ner m kurzläufiges Gewehr; **Karabi'nerhaken** m Haken mit federndem Verschluß; **Karabinier** m (karabinjeh') mil. mit Karabiner ausgerüsteter (berittener) Soldat.

Kara'cho s suv. sehr große Geschwindigkeit.

Kara'ffe m geschliffene Glasflasche.

Ka'rakulschaf s zool. Persianerpelze liefernde Schafrasse.

Karambola'ge m (. . . ah'sh^e) Zusammenstoß; **karambolie'ren** zusammenstoßen.

Karame'l m durch Erhitzung gebräunter Zucker; **Karame'lle** m suv. Bonbon aus Karamel.

Kara't s Juwelen- bzw.

Goldgewichtseinheit (= 0,2 g).

Kara'te s der waffenlosen Selbstverteidigung dienender asiatischer Kampfsport, gekennzeichnet durch Handkantenschläge.

karä'tig das Edelsteingewicht bzw. den Goldgehalt angebend.

Karave'lle w mittelalterliches Segelschiff.

Karawa'ne w Reisegesellschaft im Orient; **Karawanserei'** w Herberge an Karawanenstraßen.

Karba'tsche w Riemenpeitsche.

Karbi'd s chem. Verbindung von Kohlenstoff mit einem Metall.

Karbo'l s chem., med. ein Desinfektionsmittel; **Karboline'um** s Steinkohlenteeröl zum Konservieren von Holz; **Karbo'lmäuschen** s scherzhaft für: Krankenschwester.

Karbo'n s geol. erdgeschichtlicher Zeitabschnitt: Steinkohlenzeit; **Karbon 14-(C_{14}-)Methode** w Verfahren zur absoluten Zeitbestimmung (besonders bei vorzeitlichen Organismen) durch Messung des im Organismus noch enthaltenen C_{14}.

Karbona'de w (gebratenes) Rippenstück.

Karbona'ri Mz. „Köhler": italienischer Geheimbund des 19. Jahrhunderts.

Karbona't s chem. kohlensaures Salz.

Karboru'nd m chem., techn. als Schleifmittel verwendetes sehr hartes Siliziumkarbid.

Karbu'nkel m med. aus mehreren Furunkeln bestehendes Eitergeschwür.

Kardamo'm m/s tropisches

Gewürz.

Karda'ngelenk s techn. Kreuzgelenk; **karda'nisch** techn. nach allen Seiten hin drehbar; **Karda'nwelle** w techn. mit Kardangelenk versehene Kraftfahrzeugantriebswelle.

Kardä'tsche w Bürste zum Pferdeputzen; **kardä'tschen** striegeln.

kardia'l med. das Herz betreffend.

kardina'l hauptsächlich; **Kardina'l** m rel. hoher kath. Würdenträger; **Kardina'lpunkt** m wichtigster Punkt; **Kardina'lskollegium** s rel. Gemeinschaft der Kardinäle, die das Recht der Papstwahl besitzt; **Kardina'ltugend** w wichtigste Tugend; **Kardina'lzahl** w math. Grundzahl.

Kardiolo'ge m med. Facharzt für Herzkrankheiten; **Kardiologie'** w med. Wissenschaft von den Herzkrankheiten; **kardiolo'gisch** med. das Herz und seine Krankheiten betreffend; **Kardiopathie'** w med. Herzleiden; **Kardioplegie'** w med. Herzschlag; **kardiovasculä'r** med. das Herz und die Gefäße betreffend.

Kare'nzzeit w Wartezeit; Sperrfrist.

karessie'ren umschmeicheln.

Kare'zza w sex. Geschlechtsverkehr, bei dem der Orgasmus hinausgezögert und ein Samenerguß nicht angestrebt wird.

Karfu'nkel m ein roter Edelstein.

Ka'rgo m (Schiffs-)Ladung.

karie'ren mit Karomuster versehen; **karie'rt** gewürfelt; mit Karos versehen.

Ka'ries w (. . . i-es) med. Zahnfäule.

Karikatu'r w Zerrbild, Spottbild; **Karikaturi'st** m Karikaturenzeichner; **karikaturi'stisch** wie eine Karikatur, in Art einer Karikatur; **karikie'ren** lächerlich machen.

kariö's med. (Zähne) faulig.

Ka'ritas w Wohltätigkeit; katholischer Wohltätigkeitsverband; **karitati'v** wohltätig.

Karka'sse w Gerippe; Geflügel-Gerippe; Unterbau eines Gummireifens.

Ka'rma s indische Lehre, wonach das Schicksal des Menschen nach dem Tode von seinem Verhalten zu Lebzeiten abhängt.

Karmi'n s aus Schildläusen gewonnener roter Farbstoff.

Karneo'l m ein fleischroter Halbedelstein.

Ka'rneval m Fasching; **karnevali'stisch** fastnachtsartig.

Karnivo're m Fleischfresser.

Ka'ro s ein auf die Spitze stehendes Viereck; auch Spielkartenfarbe.

Karo'sse w große, prächtige Kutsche; **Karosserie'** w Wagenoberbau; **Karosserie'schneider** m scherzhaft für: Formgestalter eines Kraftwagens; **karossie'ren** mit einem Wagenoberbau versehen.

Karoti'n s bot., chem. rötlicher Pflanzenfarbstoff; **Karo'tte** w bot. Mohrrübenart.

Karree' s Viereck.

Karrie're w (. . . i-e' . . .) Laufbahn, schneller berufl. Aufstieg; schnellste Gangart des Pferdes; **Karrieri'st** m (. . . i-e . . .) Karrieremacher.

Karrio'le w leichtes Fuhrwerk; **karrio'len** herumfahren, eilig fahren.

Kart m, auch Go-Kart, unverkleideter Kleinstrennwagen.

Kartä'tsche n mil. mit Kugeln gefülltes Artilleriegeschoß; **kartä'tschen** mil. mit Kartätschen beschießen.

Kartau'ne n schweres Geschütz des 15.—18. Jahrhunderts.

Kartau'se n Kartäuserkloster; **Kartäuser** Mz. katholischer Einsiedlerorden.

Karte'll s marktregelnder wirtschaftl. Zweckverband; Verband studentischer Vereinigungen; **Karte'llträger** m Überbringer einer Duellaufforderung.

Kartesiani'smus m phil. Lehre des Philosophen Descartes.

kartie'ren Landschaften kartographisch aufnehmen.

Ka'rting-Sport m Rennsport mit motorgetriebenen Kleinfahrzeugen (s. Kart, Go-Kart).

Kartogra'ph m Bearbeiter bzw. Hersteller einer Landkarte; **Kartographie'** n (Lehre von der) Landkartenherstellung; Kartenkunde; **kartogra'phisch** die Landkartenherstellung betreffend.

Karton m (karto'ñ) Pappe, Papphülle; **Kartonage** n (. . . nah'sh e) n Papphülle, -arbeit; **kartonie'ren** in (leichte) Pappe heften; **kartonie'rt** in Pappe gebunden od. geheftet.

Kartothe'k n Kartei.

Kartu'sche n Ornament, Ziereinfassung; mil. die Treibladung eines Geschosses enthaltende Hülse; Patronentasche.

Karusse'll s Drehscheibe mit Nachbildungen von Fahrzeugen od. Reittieren zur Kinderbelu-

stigung.

Karyati'de n als tragende Säule dienendes weibliches Standbild.

Ka'rzer m (studentischer) Arrestraum.

karzinoge'n med. krebserzeugend; **Karzinoi'd** s med. krebsähnliche Geschwulst; **Karzinologie'** n med. Wissenschaft von den (bösartigen) Geschwülsten; **Karzino'm** s med. Krebsgeschwulst; **Karzinophobie'** n med. Krebsfurcht; **Karzino'se** n med. sich über den gesamten Körper erstreckende Krebserkrankung.

Ka'sack m dreiviertellanges Frauengewand.

Kasatscho'k m Kosakentanz; Modetanz nach Vorbild des Kosakentanzes.

Ka'sba(h) n Sultansschloß, -festung.

Ka'scha n russische Buchweizengrütze.

Kasche'mme n Verbrecherkneipe.

kaschie'ren verdecken, überkleben.

Kasei'n s (. . . e-i'n) chem. „Käsestoff", zur Herstellung von Kunststoffen sowie als Binde- und Appreturmittel verwendet.

Kasema'tte n beschußsicherer Raum in Festungen od. Kriegsschiffen.

Kase'rne n mil. Truppenunterkunftsgebäude; **kasernie'ren** mil. Truppen in einer Kaserne unterbringen.

Kasi'no s Speise- bzw. Gesellschaftsraum; Offiziers-, Beamten-, Ärztegesellschaftshaus.

Kaska'de n Wasserfall.

Kaske'tt s mil. leichter Lederhelm, Kopfschutz.

Ka'sko m Schiffsrumpf; Sammelbezeichnung für Beförderungsmittel; **Ka'sko-Versicherung** n Fahrzeugversicherung

(des eigenen Kraftwagens).

Ka'ssa n Kasse.

Kassa'ndraruf m (keinen Glauben findende) unheilverkündende Warnung.

Kassatio'n n Aufhebung einer gerichtl. Entscheidung; mil. sofortige Entlassung aus dem Militärdienst.

Ka'ssazahlung n Barzahlung.

Ka'sse n Geldbehälter; Zahlungsstelle; Bargeld.

Kassero'lle n Tiegel.

Kasse'tte n (verschließbares) Kästchen; Behälter; **Kasse'ttendecke** n mit kastenförmigen Verzierungen versehene Decke eines Raumes; **Kasse'ttenrecorder** m Tonwiedergabe- u. -aufnahmegerät für Magnetonbänder in Kassettenform.

Kassi'ber m verbotene schriftl. Mitteilung an einen od. von einem Gefangenen; **kassi'bern** Nachrichten durch Kassiber übermitteln.

kassie'ren Geld einnehmen; auch für kraftlos erklären; mil. fristlos aus dem Dienst entlassen; **Kassie'rer** m Geldeinnehmer.

Kassiopeium s (. . . eh'jum) chem. ein Grundstoff (Cp) (nach dem Sternbild Kassiopeia benannt).

Kastagnette n (kaßtanje'tt e) mus. Holz-, Handklapper.

Kasta'nie n (. . . i-e) bot. Laubbaum: 1. Edelkastanie, mit eßbaren Früchten; 2. Roßkastanie, mit zur Viehfütterung geeigneten bitteren Früchten; Frucht der Kastanie.

Ka'ste n Gesellschaftsschicht, Stand.

kastei'en lat. züchtigen.

Kaste'll s Burg, Schloß;

naut. erhöhter Aufbau auf alten Segelkriegsschiffen; **Kastella'n** *m* (Schloß-)Verwalter, Hausmeister.

Kastra't *m* Entmannter; *mus.* vor Eintritt des Stimmbruches entmannter Sänger, der dadurch seine knabenhafte Sopran-Alt-Stimmlage behielt (17./18. Jahrhundert); **Kastratio'n** *w med., sex.* Entmannung; operative Entfernung der Keimdrüsen; **kastrie'ren** entmannen; die Keimdrüsen operativ entfernen.

kasua'l zufällig; **Kasua'lien** *Mz.* (. . . i-en) „Zufälligkeiten"; *rel.* geistliche Amtshandlungen (Taufen, Trauungen, Beisetzungen usw.); *auch* Vergütung für geistliche Amtshandlungen.

Kasui'st *m* „Haarspalter"; Vertreter der Kasuistik; **Kasui'stik** *w* Sammlung von Beispielen; *auch* Haarspalterei; **kasui'stisch** die Kasuistik betreffend; *auch* haarspalterisch.

Ka'sus *m* Fall; *gramm.* Beugungsfall.

Katachre'se *w gramm.* Verbindung nicht zusammenpassender bildlicher Ausdrücke.

Katafa'lk *m* Sarggerüst.

Kataka'na *w/n* vereinfachte Form der japanischen Schrift.

Katakly'smus *m* „Überschwemmung": Katastrophe, Vernichtung.

Katako'mbe *w* (frühchristliche) unterirdische Versammlungs- bzw. Begräbnisstätte.

Katale'kten *Mz.* Bruchstücke (alter Werke).

Katalepsie' *w med.* Muskelstarre, Starrkrampf; **katale'ptisch** von der Katalepsie befallen.

Katalo'g *m* Verzeichnis; **katalogisie'ren** in ein Verzeichnis eintragen.

Katalysa'tor *m chem.* Stoff, der allein durch seine Anwesenheit einen chemischen Vorgang beschleunigt, ohne sich hierbei zu verändern; **Katalysator-Auto** *s* abgasarmes Auto; **Kataly'se** *w chem.* „Beschleunigung eines an sich stattfindenden chemischen Vorgangs durch die Gegenwart eines scheinbar unbeteiligten Körpers" (Ostwald 1901); **katalysie'ren** *chem.* einen chemischen Vorgang durch einen Katalysator beeinflussen.

Katamara'n, Katama'ran *m naut.* Doppelrumpf-Segelboot.

Katamne'se *w med.* Krankenbericht nach Abschluß der ärztlichen Behandlung.

Katapla'sma *s med.* Breiumschlag.

Katapu'lt *s* Wurfmaschine, Flugzeugschleuder; **katapultie'ren** Flugzeuge abschleudern.

Katara'kt *m* Wasserfall; *med.* „grauer Star": Linsentrübung.

Kata'rrh *m med.* Schleimhautentzündung.

Kata'ster *m/s* Grundbuch.

katastropha'l verheerend; **Katastro'phe** *w* schweres Unglück, Untergang.

Kateche'se *w* Religionsunterricht (in Frage und Antwort); **Kateche't** *m* Religionslehrer (oft Nichtgeistlicher); **Katechi'smus** *m* (religiöses) Lehrbuch in Frage-und-Antwort-Form.

Katechume'ne *m rel.* zum christlichen Glauben Bekehrter während der Vorbereitung auf die Taufe.

Kategorie' *w* Gruppe, Gattung, Denkweise; **kate-**

go'risch unbedingt gültig; **kategorisie'ren** in Kategorien einteilen.

katexoche'n im wahrsten Sinne.

Ka'tgut *s med.* aus tierischen Därmen hergestelltes chirurgisches Nahtmaterial.

Ka'tharer *Mz. rel.* „die Reinen": asketische christliche Sekten des Mittelalters; **Ka'tharsis** *w rel.* Läuterung; **katha'rtisch** läuternd.

Kathe'der *s/m* Lehrerpult, Lehrstuhl; **Kathe'derblüte** *w* unfreiwillig komischer Ausspruch eines Lehrers.

Kathe'dersozialismus *m* sozialreformerische Richtung in der deutschen Volkswirtschaftslehre (gegen Ende des 19. Jahrhunderts).

Kathedra'le *w* Hauptkirche.

Kathe'te *w math.* eine der den rechten Winkel bildenden Seiten eines rechtwinkligen Dreiecks.

Kathe'ter *m med.* Sonde, dünne Röhre zum Einführen in Körpergänge; **katheterisie'ren** einen Katheter einführen.

Katho'de *w phys.* negative Elektrode.

Katholi'k *m rel.* Angehöriger der katholischen Kirche; **katho'lisch** „allgemein": zur katholischen Kirche gehörig; **katholisie'ren** zur katholischen Kirche bekehren; **Katholizi'smus** *m* Wesen und Lehre der kath. Kirche.

katilina'risch zu einer Verschwörung neigend.

Katode, s. Kathode.

Kattu'n *m* Baumwollgewebe.

kauda'l *med.* nach unten zu liegend.

Kau'derwelsch *s* unverständliche Sprechweise.

kaudi'nisch schmachvoll, erniedrigend.

kausa'l ursächlich; **Kausa-**

litä't *rv* Ursächlichkeit;
Kausa'lnexus m ur-
sächliche Verbindung;
Kausa'lsatz m *gramm.*
Begründungssatz.

Kau'stik *rv* Ätzung; *opt.*
Brennfläche; *med.* Ver-
schorfung durch Glüh-
hitze oder Ätzung; **kau'-
stisch** ätzend, beißend.

Kaute'l *rv* Vorsichts-
maßregel, Vorbehalt.

Kau'ter m *med.* Brenner;
Kauterisatio'n *rv med.
s.* Kaustik; **kauterisie'-
ren** *med.* durch Hitze
zerstören, verätzen.

Kautio'n *rv* Bürgschaft,
Sicherheitsleistung.

Kau'tschuk m Saft tropischer Pflanzen (Aus-
gangsstoff für Gummi).

Kavalie'r m Mann mit
ritterlichem Benehmen;
mil. dem Hauptwall
oder einer Bastion auf-
gesetzte Erhöhung zur
Aufstellung von Kano-
nen; **Kavalie'rsdelikt** s
eine nicht ehrenrührige
strafbare Handlung;
Kavalie'rstart m *uspr.*
scharfes Anfahren eines
Kraftwagens mit Voll-
gas; **Kavalka'de** *rv* Rei-
terzug; **Kavallerie'** *rv
mil.* Reitertruppe.

Kavati'ne *rv mus.* lied-
artiges Operngesangs-
stück.

Kave'rne *rv* Höhlung; **ka-
vernö's** mit Höhlungen
versehen, Höhlungen
bildend.

Ka'viar m Rogen des
Störs.

Kavität *rv* Höhlung, Hohlraum; **Kavitatio'n** *phys.*
Hohlraumbildung.

Ka'wa *rv* aus der Wurzel
einer Pfefferart her-
gestelltes berauschen-
des Getränk der Ein-
geborenen der Südsee.

Kazi'ke m Dorfhäuptling
der süd- und mittel-
amerikanischen India-
ner.

Keba'b m Hammelfleisch-

stückchen, am Spieß ge-
braten.

Keep-smiling s (kihp
ßmai'liñ) (zur Schau ge-
tragenes) optimistisches
Lächeln.

Ke'fir m gegorenes Milch-
getränk.

Keks m haltbare Gebäck-
art.

Ke'lek s aus aufgeblase-
nen Ziegenbälgen be-
stehendes orientalisches
Floß.

Ke'lim m gewebter Woll-
teppich.

Ke'lvinskala *rv phys.* Temperaturskala, deren
Nullpunkt der absolute
Nullpunkt (−273,16°) bil-
det.

Ke'ndo s Samurai-Fecht-
kunst, heute in sport-
licher Form ausgeübt.

Ke'nnel m Jagdhunde-
zwinger.

Kephal(o) . . .,**kephal(o)** . . .
Schädel . . ., schädel . . .;
Kephalgie' *rv med.*
Kopfschmerz; **Kephalo-
graphie'** *rv* Schädelmes-
sung.

Keralogie' *rv* Lehre vom
Haar, seinen Erkran-
kungen, seiner Pflege
und Erhaltung.

Kera'mik *rv* Töpferkunst,
-ware; **Kera'miker** m
wer an der Herstellung
keramischer Waren be-
teiligt ist; **kera'misch**
die Töpferkunst betref-
fend; aus Ton gefertigt.

Kerati'n s Hornstoff; **Kerati'tis** *rv med.* Horn-
hautentzündung; **Kera-
to'm** s *med.* Horn-
geschwulst der Haut;
Keratomalazie' *rv med.*
Hornhauterweichung;
Keratopla'stik *rv med.*
Hornhautübertragung;
Kerato'se *rv* Verhor-
nung.

Kerosi'n s aus Erdöl gewonnenes Brennöl.

Ke'rygma s *rel.* (Evan-
gelien-)Verkündigung;
kerygma'tisch *rel.* ver-
kündigend.

Kescha'ba m Berberhemd,
marokkanisches kittel-
artiges Gewand.

ke'ss gerissen, dreist,
flott.

Ketchup s (kä'tschap)
Soßenwürze.

Ke'tsch *rv naut.* andert-
halbmastiges Segelboot.

Kett-Car m Kinderfahr-
zeug, bei dem die Kraft-
übertragung auf die Rä-
der durch Ketten er-
folgt.

Ke'ttenreaktio'n *rv phys.,
chem.* ein einmal einge-
leiteter Vorgang, der
von selbst ,,kettenartig''
weiter um sich greift
(auch im übertragenen
Sinne gebraucht).

Keyboard s (kih'bôd) Tasteninstrument der
Rockmusiker.

Kha'ki m sandfarbener
Uniformstoff.

Kha'n m mongolischer
bzw. türkischer Herr-
schertitel.

Khedi've *rv* Titel des
Vizekönigs von Ägyp-
ten (bis 1914).

Ki'bbuz m jüdische Ge-
meinschaftssiedlung auf
freiwilliger Grundlage
in Israel.

Ki'ck m Tritt, Stoß (beim
Fußball); **ki'cken** (den
Fußball) treten, stoßen;
Ki'cker m Fußballer;
Ki'ckstarter m Fußhebel
am Motorrad zum An-
lassen des Motors.

kidnappen (ki'dnäpen)
Personen (speziell Kin-
der) entführen; **Kid-
napper** m (ki'dnäp°r)
Kindesentführer, Men-
schenräuber; **Kidnap-
ping** s (ki'dnäpiñ) Kin-
desentführung, Men-
schenraub.

Kie'tz m Fischersiedlung;
auch *svrv.* ärmliches
Stadtviertel.

Kif s *svrv.* Haschisch (s.
dort); **ki'ffen** *svrv.* Haschisch genießen; **Ki'f-
fer** m *svrv.* Haschischgenießer.

ki'llen töten; *naut.* (Segel) flattern; **Ki'ller** *m* Totschläger, Mörder.

Ki'lo . . ., **ki'lo . . .** Tausend..., tausend...; *Abk. v.* Kilogramm; **Kilogra'mm** s SI-Einheit f. d. Basisgröße Masse; **Kilohe'rtz** s Einheit der Frequenz; **Kilome'ter** *m* Längeneinheit: 1 Kilometer = 1000 Meter; **Kilovo'lt** s Einheit der elektr. Spannung; **Kilowa'tt** s Einheit der Leistung; **Kilowa'ttstunde** *w* Einheit Arbeit, Energie, Wärmemenge.

Ki'lt *m* karierter Schottenrock.

Kimo'no (*auch* **Ki'mono**) *m* japan. Gewand.

Kinä'de *m* gleichgeschlechtlich veranlagter Mann.

Ki'nder-Kommu'ne *w* Kindergarten, in denen die Mütter ihre Kinder gemeinsam in antiautoritärer Weise erziehen; *auch* „Kinderladen".

Kinemathe'k *w* Filmsammlung, Filmarchiv.

Kinema'tik *w* *phys.* Bewegungslehre; **kinema'tisch** *phys.* die Bewegung(slehre) betreffend; **Kinematogra'ph** *m* (alte Bezeichnung für) Filmapparat; **Kinematographie'** *w* (veraltete) Bezeichnung für das Filmwesen; **kinematogra'-phisch** das Filmwesen betreffend.

Kine'siotherapie' *w* *med.* Bewegungstherapie, Heilgymnastik; **Kine'tik** *w* *phys.* Lehre von den Bewegungen; **kine'tisch** die Bewegung betreffend; **Kineto'se** *w* *med.* „Reisekrankheit", Bewegungskrankheit (z. B. See-, Luftkrankheit).

King-size *f/s* (ki'n-ßaiß) „Königsformat", d. h.

Übergröße, *svw.* übernormal groß (z. B. Zigaretten).

Ki'nkerlitzchen *Mz.* Albernheiten, Kleinigkeiten.

ki'nky Modewort: fein, dufte.

Ki'no s Lichtspielhaus.

Kio'sk *m* Verkaufshäuschen.

Ki'smet s *svw.* unabwendbares Schicksal.

Kitchinette *w* (kitschinä'tt[e]) *svw.* Kochnische, Kleinstküche in Apartment-Wohnungen.

Kla'n *m* *svw.* Sippe.

klandesti'n verborgen, heimlich.

Klare'tt *m* blaßroter Wein.

klarie'ren (Schiffs-)Güter zollamtlich behandeln lassen; *auch* etwas in Ordnung bringen.

Klarine'tte *w* *mus.* ein Holzblasinstrument; **Klarinetti'st** *m* *mus.* Klarinettenbläser.

Kla'sse *w* Abteilung; Wertgruppe; durch gemeinsame Merkmale und Interessen gekennzeichnete Gruppe; **Klassement** s (. . . ma'ñ) Einteilung in Gruppen; **klassie'ren** einteilen, einstufen; **Klassifikatio'n** *w* Einordnung, Einstufung; **klassifizie'ren** einordnen, in Klassen einteilen; **Klassifizie'-rung** *w* s. Klassifikation. **Kla'ssik** *w* antike Kultur und Kunst; Zeitraum geistiger u. kultureller Höchstleistungen; **Kla'ssiker** *m* Schöpfer geistiger oder künstlerischer Höchstleistungen von bleibender Bedeutung; **kla'ssisch** die Klassik betreffend; *svw.* vorbildlich; **Klassizi'smus** *m* die Klassik bzw. Antike nachahmende Stilrichtung; **klassizi'-stisch** den Klassizismus betreffend, im Stil des Klassizismus.

Klau'se *w* Einsiedelei;

Engpaß; **Klau'sel** *w* Einschränkung, zusätzliche Vereinbarung; **Klau's-ner** *m* Einsiedler; **Klaustrophobie'** *w* *med.* krankhafte Angst vor Eingesperrtsein, vor geschlossenen Räumen; **Klausu'r** *w* Abgeschlossenheit; **Klausu'r(arbeit)** *w* beaufsichtigte Prüfungsarbeit.

Klaviatu'r *w* *mus.* Gesamtheit der Tasten; **Klavie'r** s *mus.* ein Tasteninstrument.

Klecksographie' *w* *psych.* Deutung von Tintenklecksen als psychologischer Test.

Kleptoma'ne *m* *psych.* Stehlsüchtiger; **Kleptomanie'** *w* *psych.* Stehlsucht; **kleptoma'nisch** *psych.* stehlsüchtig.

klerika'l kirchlich; geistlich; **Klerikali'smus** *m* Streben der Kirche nach politischem Einfluß; **Kle'riker** *m* Geistlicher, Kirchenmann; **Klerisei'** *w* *svw.* Klerus; **Kle'rus** *m* Geistlichkeit.

Klie'nt *m* (. . . i-e . . .) Kunde, Auftraggeber eines Anwalts; **Kliente'l** *w* (. . . i-e . . .) Gesamtheit der Klienten.

Kli'ma s Witterungsverhältnisse; **Kli'maanlage** *w* *techn.* Einrichtung zur Regelung der Temperatur und Luftfeuchtigkeit in Räumen; **klimakte'risch** die Wechseljahre betreffend; **Klimakte'rium** s *med.* *svw.* Wechseljahre.

klima'tisch die Witterungsverhältnisse betreffend; **klimatisie'ren** die Temperatur und Luftfeuchtigkeit in Räumen regeln.

Kli'max *w* Höhepunkt. **Kli'nik** *w* *med.* Krankenhaus (für eine bestimmte Krankheitsgruppe); Unterricht am Krankenbett; **Kli'niker** *m* in einer

Klinik tätiger Arzt od. Hochschullehrer; *auch* Medizinstudent in der klin. Ausbildung (Klinikum); **Kli'nikum s** *med.* aus verschiedenen Kliniken bestehende Krankenhausanlage; Ausbildungsabschnitt des Medizinstudiums, in welchem der Studierende praktisch-ärztlich in Kliniken ausgebildet wird; **kli'nisch** *med.* die Klinik bzw. die klinische Ausbildung betreffend.

Klinome'ter s *phys., techn.* Neigungsmesser.

Klinomobi'l s mit einer klinischen Ausrüstung versehenes Kraftfahrzeug.

Kli'pp *m* Federklemme, -klammer.

Kli'pper *m* Schnellsegler; großes Überseeflugzeug.

Klischee' s Druckstock; Abklatsch; **klischie'ren** Druckstöcke nach Vorlage herstellen.

Klistie'r s *med.* Darmeinlauf; -einspritzung; **klistie'ren** *med.* ein Klistier verabfolgen; **Klistie'rspritze** *m med.* Spritze aus Gummi, Glas od. Blech zur Verabreichung eines Klistiers.

Kli'toris *m med.* Kitzler.

Kloa'ke *m* Senkgrube; *zool.* gemeinsame Mündungsöffnung für Darm, Harnblase und Geschlechtsorgane; **Kloa'kentiere** Mz. *zool.* primitive, mit Kloake (s. dort) versehene, Säugetiere.

klo'nisch *med.* krampfhaft zuckend.

Klose'tt s Abort.

Klothoi'de *m* (. . . o-i'de) *math.* Spiralkurve.

Klub *m* geschlossener Verein bzw. dessen Zusammenkunftsort.

Klu'ft *m* Kleidung, Tracht.

Kly'sma s Darmeinlauf.

Knä'ckebrot s fladenartiges, schnell gebackenes Vollkornbrot.

Kna'ster *m svw.* (schlechter) Tabak.

Kne'sset(h) *m* Parlament des Staates Israel.

Kni'ckerbocker Mz. *(auch:* ni' . . .) bauschige, halblange Hose.

Knight *m* (nai't) „Ritter": Angehöriger der niedrigsten englischen Adelsstufe.

Knitwear *m* (ni'twä^e) Maschenware, Strickware.

Knockdown *m* (nokdau'n) Niederschlag (im Boxsport); **Knockout m** (nok au't) *(Abk. k. o.) Boxsport* (zur Kampfunfähigkeit führender) Niederschlag.

Know-how s (noh hau') *svw.* „gewußt wie": Wissen, wie eine Aufgabe angepackt und gelöst werden kann.

Knu'te *m* Lederpeitsche; Symbol für grausame Unterdrückung; **knu'ten** peitschen; *auch:* unterdrücken.

Koadju'tor *m* Amtsgehilfe eines katholischen Geistlichen.

Koagula'ntien Mz. (. . . i-en) *med.* (blut-)gerinnungsfördernde Mittel; **Koagulatio'n** *m med.* Gerinnung; **koagulie'ren** gerinnen, ausflocken.

koalie'ren (sich) verbünden; **Koalitio'n** *m* Bündnis; **Koalitio'nskrieg** *m mil.* Krieg mehrerer verbündeter Mächte gegen einen gemeinsamen Gegner; **Koalitio'nsrecht** s *pol., iur.* Grundrecht der Bürger demokratischer Staaten, sich zur Wahrnehmung ihrer Interessen zusammenzuschließen; **Koalitio'nsregierung** *m pol.* aus Mitgliedern mehrerer Parteien gebildete Regierung.

Koaptatio'n *m* Zusammenfügung; *med.* Zusammenfügung gebrochener Knochen.

koaxia'l gleichachsig.

Ko'balt s *chem.* ein Grundstoff (Co), ein Metall (nach Kobold benannt).

Ko'bra *m zool.* Brillenschlange.

Ko'da *m* mus. Schlußteil eines Musikstückes.

Kode s. Code.

Kodeïn s (. . . e-i'n) *med., chem.* aus Mohn gewonnenes Opium-Alkaloid, Mittel gegen Hustenreiz.

Ko'dex *m* Gesetzbuch; alte Handschrift; **Kodifikatio'n** *m* s. Kodifizie'rung; **kodifizie'ren** Rechtsbestimmungen sammeln u. in einem Gesetz(buch) zusammenfassen; **Kodifizie'rung** *m iur.* Sammlung von Gesetzen und Rechtsbestimmungen; **Kodizi'll** s (Testaments-) Zusatz.

Koedukatio'n *m* (ko-e . . .) gemeinschaftl. Erziehung von Jungen und Mädchen.

Koeffizie'nt *m* (ko-e . . . i-e . . .) Verhältnis-, Beizahl.

Ko'existe'nz *m* (ko-e . . .) gleichzeitiges Bestehen verschiedener Dinge oder Systeme mit- bzw. nebeneinander; **koexistie'ren** gleichzeitig neben- od. miteinander bestehen.

Koffei'n s (. . . e-i . . .) wirksamer Bestandteil der Kaffeebohnen und Teeblätter.

Kognak *m* (ko'njak) franz. Weinbrand aus Weinen der Landschaft um Cognac.

Kogna't *m* Blutsverwandter (der mütterlichen Seite).

Kognitio'n *m* Erkenntnis; iur. Untersuchung;

kogniti'v erkennend, die Erkenntnis betreffend.

Kogno'men s Beiname.

Kohabitatio'n w med., sex. Beischlaf; **kohabitie'ren** den Beischlaf ausführen.

kohäre'nt zusammenhängend; **Kohäre'nz** w Zusammenhang; **Kohäsio'n** w gegenseitige Anziehungskraft der Moleküle; **kohäsi'v** zusammenhaltend, -hängend.

kohibie'ren zusammen-, zurückhalten, mäßigen; **Kohibitio'n** w Zurückhaltung, Mäßigung.

Kohinoor m (kohinuh'r) „Berg des Lichts": großer Diamant des britischen Kronschatzes.

Ko'hle(n)hydra't s chem. organische Verbindung aus Kohlenstoff, Wasserstoff und Sauerstoff.

Kohortatio'n w Ermahnung; **kohortati'v** ermahnend.

Koho'rte w altrömische kleinere Truppeneinheit.

koinzide'nt zusammentreffend, -fallend; **Koinzide'nz** w (ko-i . . .) Zusammentreffen zweier Ereignisse; **koinzidie'ren** (ko-i . . .) zusammentreffen, -fallen.

koitie'ren med., sex. (ko-i . . .) Beischlaf ausüben; **Ko'itus** m Beischlaf.

Ko'je w Schiffsbett; Ausstellungsstand.

Kokai'n s (. . . a-i . . .) Rauschgift; Betäubungsmittel; **Kokaini'smus** m (. . . a-i . . .) Kokainsucht.

Koka'rde w Mützenabzeichen in den Landesfarben.

Kokerei' w Koks herstellender Betrieb.

koke'tt gefallsüchtig; **Koke'tte** w Gefallsüchtige; **Koketterie'** w Gefallsucht; **kokettie'ren** liebäugeln; sich kokett benehmen; **Kokettie'rfetzchen** s/Mz. uspr. reizvolle, modische kleine Damenbekleidungsstücke.

Koki'lle w techn. metallene Gußform.

Ko'kken Mz. s. Kokkus; **Ko'kkus** m kugelförmiger Spaltpilz; Kugelbakterie.

Koko'n m (koko'ñ) Puppenhülle der Seidenraupe.

Koko'tte w Halbweltdame.

Ko'ks m beim Entgasen von Kohle als Rückstand verbliebener hochwertiger fester Brennstoff; auch svw. Kokain; **ko'ksen** Kokain einnehmen; auch fest schlafen.

Ko'la w bot. Tropengewächs mit koffeinhaltigem Samen (Kolanuß).

Ko'lchos s/m od. **Kolcho'se** w zu Kollektivbetrieben zusammengefaßte Bauernwirtschaften (in der Sowjetunion).

Koleopte'ren Mz. zool. Käfer; **Koleopterolo'ge** m Käferforscher; **Koleopterologie'** w Wissenschaft von den Käfern; **koleopterolo'gisch** käferkundlich.

Ko'libakterien Mz. (. . . i-en) med. Darmbakterien.

Ko'libri m zool. kleiner, langschnäbeliger, farbenprächtiger amerikanischer Vogel.

kolie'ren durchseihen.

Ko'lik od. **-i'k** w med. krampfartiger Leibschmerz; **Koli'tis** w med. Dickdarmentzündung.

kollabie'ren med. einen plötzlichen körperlichen Zusammenbruch erleiden.

Kollaborateur m (. . . tö'r) wer mit dem Landesfeind zusammenarbeitet; **Kollaboratio'n** w Zusammenarbeit (mit dem Landesfeind); **kollaborie'ren** mit dem Landesfeind zusammenarbeiten.

Kolla'ge w s. Collage.

Kollage'n s biol., med. leimartiger Eiweißstoff, enthalten in Knochen, Knorpeln und im Bindegewebe; **Kollageno'sen** Mz. med. Krankheiten, bei denen kollagenes Gewebe verändert wird

Ko'llaps m med. plötzlicher körperlicher Zusammenbruch.

kollatera'l benachbart.

Kollatio'n w Zusammentragung; Textvergleich; auch Erfrischung; **kollationie'ren** zusammentragen, vergleichen, Übereinstimmung prüfen; auch eine Erfrischung zu sich nehmen.

Kolle'g s Hochschulvorlesung; kath. Lehranstalt; **Kolle'ge** m Mitarbeiter, Amtsgenosse; **kollegia'l** kameradschaftlich; hilfsbereit; ein Kollegium betreffend; **Kollegialitä't** w Kameradschaftlichkeit, Hilfsbereitschaft; **Kolle'gium** s Gemeinschaft Gleichgestellter; Lehrkörper.

Kolle'kte w (kirchl.) Sammlung; kath. liturgisches Gebet; **Kollektio'n** w (Muster-)Sammlung.

kollekti'v gemeinschaftlich; **Kollekti'v** s Arbeitsgemeinschaft; auch Masse; **kollektivie'ren** ein Kollektiv bilden; **Kollektivie'rung** w Überführung von Privat- in Gemeineigentum; **Kollektivi'smus** w Lehre, nach der die Gemeinschaft Vorrang vor dem Einzelnen besitzt; **kollektivi'stisch** zusammenfassend; vermassend.

Kolle'tt s ärmelloses Wams, Lederjacke.

Kolli Mz. Frachtstücke; s s. Kollo.

kollidie'ren zusammenstoßen.

Kollier s (koljeh') wertvoller Halsschmuck.

Kollisio'n rv Zusammenstoß.

Ko'llo s Frachtstück.

Kolloi'd s (. . . o-id) chem. feinzerteilter Stoff von leimartiger Beschaffenheit; **kolloida'l** (. . . o-i . . .) feinzerteilt.

Kollokatio'n rv Ordnung in bestimmter Reihenfolge.

Kollo'quium s (wissenschaftliches) Gespräch.

kolludie'ren iur. unerlaubt zusammenarbeiten (z. B. Angeklagte und Zeugen); **Kollusio'n** rv iur. unerlaubtes Zusammenspiel (z. B. zwischen Angeklagten und Zeugen).

Ko'lon s med. Grimmdarm; gramm. Doppelpunkt.

Kolo'ne m freier, jedoch an seinen Landbesitz gebundener Bauer in der römischen Kaiserzeit.

Kolone'l m mil. Oberst; rv ein Schriftgrad.

kolonia'l eine Kolonie betreffend; aus einer Kolonie stammend; **Koloniali'smus** m pol. Politik, die Erwerb überseeischen Besitztums anstrebt; Machtpolitik, die sich auf überseeisches Besitztum stützt; **Kolonia'lwaren** Mz. überseeische Lebensund Genußmittel; **Kolonie'** rv Ansiedlung; überseeischer Landbesitz eines Staates; **Kolonisatio'n** rv Besiedlung, Gründung einer Kolonie; **kolonisato'risch** den Erwerb

und die Entwicklung überseeischen Besitztums betreffend; **kolonisie'ren** besiedeln; wirtschaftlich erschließen; **Koloni'st** m Ansiedler.

Kolonna'de rv Säulengang; **Kolo'nne** rv geordneter Zug; Druckspalte.

Kolopho'n s Schlußstein, -formel; am Schluß der Inkunabeln gebrachte Angaben über Drucker, Druckort und Druckjahr; **Kolopho'nium** s Geigenharz.

Kolora'dokäfer m zool. Kartoffelkäfer.

Koloratu'r rv mus. gesangliche Verzierung; **kolorie'ren** verzieren, färben; **Kolorie'rung** rv Färbung, Bemalung, Ausmalung.

Kolorime'ter s chem. Gerät zum Messen der Farbstärke einer Lösung; **Kolorimetrie'** rv chem. analytisches Verfahren zur Bestimmung der Konzentration von Lösungen durch Messung der Farbstärke.

Kolori'st m Kolorierungen ausführender Künstler; **Kolori't** s Farbgebung, -wirkung.

Kolo'ß m Riese; **kolossa'l** riesig; **Kolosse'um** s altrömische Großarena.

Kolo'strum s med. Vormilch; Brustdrüsensekret bei Schwangeren.

Kolpa'k m mil. Husarenmütze bzw. deren Behang.

Kolpi'tis rv med. Entzündung der Scheide.

Kolportage rv (kolportah'sh°) Hausierhandel; auch Gerüchteverbreitung; **-roman** m „Hintertreppenroman"; **Kolporteur** m (. . . tö'r) Hausierer; auch Gerüchteverbreiter; **kolportie'-**

ren hausieren; auch Gerüchte verbreiten.

Kolposko'p s med. Spiegelinstrument zur Untersuchung der Scheide; **Kolposkopie'** rv med. Scheidenspiegelung; **kolposkopie'ren** med. die Scheide mit einem Kolposkop untersuchen.

Kolumba'rium s „Taubenschlag": Urnenhalle.

Kolu'mne rv Säule, Druckspalte; **Kolu'mnentitel** m Buchseitenüberschrift; **Kolumni'st(in)** m (rv) Verfasser(in) von Leitartikeln od. anderen regelmäßigen Beiträgen.

Ko'ma s med. tiefe Bewußtlosigkeit.

Kombatta'nt m Kämpfer (im kriegsrechtl. Sinne), Kriegsteilnehmer.

Kombi . . . svrv. Mehrzweck . . .; **Ko'mbi** m Abk. v. Kombiwagen (s. dort); **Kombina't** s planwirtschaftl. Zusammenfassung mehrerer Industriebetriebe (im sowjetischen Bereich); **Kombinatio'n** rv Vereinigung, (Gedanken-)Verbindung; **Kombinatio'n** rv (auch kombineh'sch°n) Hemdhose; zusammenhängend gearbeiteter Berufsanzug; **kombinie'ren** verbinden, berechnen, vermuten; **Ko'mbischiff** s Abk. v. kombiniertes Fracht- u. Fahrgastschiff; **Ko'mbiwagen** m aut. kommbinierter Personen- u. Lieferwagen.

Kombü'se rv Küche auf Schiffen.

kombusti'bel (ver-)brennbar.

Komedo'nen Mz. med. Mitesser.

komesti'bel eßbar.

Kome't m Schweifstern.

Komfort m (. . . foh'r) Bequemlichkeit, Behaglichkeit; **komforta'bel** bequem, wohnlich.

Ko'mik *n* das Spaßhafte; erheiternde Wirkung; **Ko'miker** *m* erheiternder Vortragskünstler.

Kominfo'rm *s* kommunistisches Informationsbüro; **Kominte'rn** *n* Kommunistische Internationale.

ko'misch erheiternd, drollig.

Komita't *s* feierliches Geleit; ungarischer Verwaltungsbezirk.

Komitee' *s* Ausschuß, Vorstand.

Komi'tien *Mz.* (. . . zi-en) Volksversammlungen im alten Rom.

Ko'mma *s gramm.* Beistrich; **Ko'mmabazillus** *m med.* Choleraerreger.

Kommanda'nt *m* Befehlshaber; **Kommandantu'r** *n* Amt bzw. Gebäude des Befehlshabers; **Kommandeur** *m* (. . . dö'r) Befehlshaber; **kommandie'ren** befehlen.

Kommandi'tgesellschaft *n* Handelsgesellschaft, bei der ein od. einige Gesellschafter mit ihrem gesamten Vermögen, die anderen nur mit einer Einlage haften; **Kommanditi'st** *m* mit seiner Einlage haftender Gesellschafter einer Kommanditgesellschaft.

Komma'ndo *s* Befehl, -sgewalt; *mil.* Truppe für Sonderaufgaben.

Komme'nde *n* Ritterordensbezirk bzw. dessen Ordenshaus; *rel.* Pfründe ohne Verpflichtung zur Erfüllung kirchlicher Amtshandlungen.

kommensura'bel vergleichbar; **Kommensurabilitä't** *n* Vergleichbarkeit.

Komment *m* (koma'ñ) zusammenfassende Bezeichnung für studentische Bräuche.

Kommenta'r *m* Erläute-

rung(sschrift); **Kommenta'tor** *m* wer einen Kommentar verfaßt; **kommentie'ren** erläutern.

Komme'rs *m* student. Trinkgelage; **Komme'rsbuch** *s* student. Liederbuch.

Komme'rz *m* Handel; **kommerzie'll** (. . . i-e . . .) kaufmännisch; **Komme'rzienrat** *m* (. . . i-e . . .) Titel, der bis zum Ende des 1. Weltkrieges an Wirtschaftler und Industrielle verliehen werden konnte.

Kommilito'ne *m* Mitstudierender.

Kommis *m* (komih') Handlungsgehilfe; **Kommi'ß** *m* Militär(wesen) (*auch im abfälligen Sinne*).

Kommissa'r *m* Beauftragter f. Sonderaufgaben; Beamtendienstgrad; **Kommissaria't** *s* Dienstbereich, Dienstraum, Dienststelle eines Kommissars; **kommissa'risch** auftrags-, vertretungsweise; **Kommissio'n** *n* Ausschuß; Handelsauftrag; **Kommitte'nt** *m* Auftraggeber; **kommitte'ren** beauftragen.

kommo'd bequem; **Kommo'de** *n* mit Schubladen ausgestattetes Möbelstück; **Kommoditä't** *n* Bequemlichkeit.

Kommodo're *m* dienstältester Kapitän großer Reedereien; *Kriegsmarine*: Kapitän zur See, der die Dienststellung eines Admirals versieht; *Luftwaffe*: Geschwaderführer.

Kommotio'n *n med.* (Gehirn-)Erschütterung.

kommu'n gemeinschaftlich; **Kommuna'l** . . ., **k** . . . eine Gemeinde bzw. das Gemeindewesen betreffend; **Kommuna'rde** *m* Mitglied einer Kommune; **Kommu'ne** *n* Gemeinde;

sow. Kommunisten; *auch* in extrem sozialistischer Gemeinschaft lebende Menschengruppe, oft gekennzeichnet durch Ablehnung aller bürgerlichen Bindungen und Lebensformen: „Großfamilie"; Bezeichnung für revolutionäre Herrschaft in Paris 1871.

Kommunika'nt *m rel.* Teilnehmer am Abendmahl.

Kommunikatio'n *n* Verbindung, Verständigung, Mitteilung; zwischenmenschliches Verstehen; **Kommunikatio'nsforschung** *n* soziologisches Forschungsgebiet, das sich mit den Fragen zwischenmenschlichen Verstehens befaßt; **Kommunikatio'nsmittel** *s* Verständigungsmittel (z. B. Sprache, Presse, Funk, Fernsehen usw.); **kommunikati'v** um wechselseitige Verständigung bemüht; mitteilsam.

Kommunio'n *n rel.* Abendmahlsfeier.

Kommuniqué *s* (komühnikeh') amtl. Verlautbarung.

Kommuni'smus *m* klassenlose, auf Gütergemeinschaft beruhende Gesellschaftsordnung; **Kommuni'st** *m* Anhänger des Kommunismus; **kommuni'stisch** den Grundsätzen des Kommunismus entsprechend.

kommunizie'ren *rel.* das Abendmahl empfangen; *auch* in Verbindung stehen.

kommuta'bel vertauschbar; **Kommutatio'n** *n* Vertauschung; **kommutie'ren** vertauschen.

Komödia'nt *m* Schauspieler; *auch* Heuchler; **komödia'ntisch** schauspielerisch; **Komö'die** *n* (. . . i-e) Lustspiel.

Kompagnie' *rv* s. Kompanie; **Kompagnon** m (ko'mpanjoñ) Teilhaber.

kompa'kt fest, gedrungen.

Kompanie' *rv* Handelsgesellschaft; *mil.* Truppeneinheit.

kompara'bel vergleichbar; **Komparabilitä't** *rv* Vergleichbarkeit; **Komparatio'n** *rv* Vergleich; **Ko'mparativ** *gramm.* erste Steigerungsstufe.

komparie'ren *iur.* vor Gericht erscheinen.

Kompa'rse m *theat.* Statist; **Komparserie'** *rv* *theat.* Gesamtheit der Statisten.

Kompartime'nt s Abteil; abgeteilter Raum.

Ko'mpaß m der Feststellung der Himmelsrichtung dienendes Gerät.

kompati'bel vereinbar; **Kompatibilitä't** *rv* Vereinbarkeit.

kompendiö's in gedrängter Form; **Kompe'ndium** s Abriß, kurzes Lehrbuch.

Kompensatio'n *rv* Ausgleich, Verrechnung; **kompensato'risch** ausgleichend; **kompensie'ren** ausgleichen, verrechnen.

Kompete'nt m Mitbewerber; **kompete'nt** zuständig, maßgebend; **Kompete'nz** *rv* Zuständigkeit; **Kompete'nzstreitigkeit** *rv* Streit um Zuständigkeit.

Kompilatio'n *rv* Zusammentragung, Zusammenstellung; **kompilie'ren** zusammentragen.

Kompleme'nt s Ergänzung; **Komplementä'r** m mit seinem Vermögen haftender Gesellschafter einer Kommanditgesellschaft; **komplementä'r** ergänzend; **Komplementä'rfarbe** *rv* ergänzende Farbe; **kom-**

plementie'ren ergänzen.

Komplet s (koñpleh') Rock od. Kleid mit passender Jacke; **komple'tt** vollständig; **komplettie'ren** vervollständigen.

Komple'x m Zusammenfassung, Gesamtheit; *psych.* ins Unterbewußtsein verdrängte Vorstellungen; **komple'x** zusammengefaßt, umfassend.

Kompli'ce m Mitbeteiligter, Mitbeschuldigter.

Komplikatio'n *rv* Verwicklung.

Komplime'nt s Höflichkeitsbezeigung; **komplimentie'ren** Höflichkeitsbezeigungen erweisen.

Kompli'ze s. Komplice.

komplizie'ren verwickeln, erschweren,; **komplizie'rt** verwickelt, schwierig.

Komplo'tt s Verschwörung.

Kompone'nte *rv* Bestandteil; **komponie'ren** zusammensetzen; vertonen; **Komponi'st** m *mus.* Schöpfer von Tonwerken; **Kompositio'n** *rv* Zusammensetzung; künstler. Gestaltung; Tondichtung; **komposito'risch** zusammensetzend; eine Komposition betreffend; **Kompo'situm** s etwas Zusammengesetztes; *gramm.* zusammengesetztes Wort.

Kompo'st (auch Ko'mpost) m Dünger; **kompostie'ren** zu Dünger verarbeiten.

Kompo'tt s (mit Zucker) eingekochtes Obst.

komprehensi'bel erfaßbar, begreifbar.

kompre'ß gedrängt, zusammengedrängt; **Kompre'sse** *rv* (feuchter) Umschlag; **kompressi'bel** verdichtbar; zusammendrückbar; **Kompressio'n** *rv* Pressung, Verdichtung; **Kompre'ssor**

m *techn.* Verdichter; **Kompre'tte** *rv* Tablette; **komprimie'ren** zusammenpressen.

Kompromi'ß m/s Ausgleich; **kompromittie'ren** bloßstellen.

kompta'bel verantwortlich; **Komptabilitä't** *rv* Verantwortlichkeit.

Kompulsio'n *rv* Nötigung; **kompulsi'v** nötigend.

Komsomo'l m kommunistische Jugendorganisation in der UdSSR; **Komsomo'lze** m Angehöriger des Komsomol.

Komte'ß, Komte'sse *rv* ledige Tochter eines Grafen; (ledige) Gräfin.

Komtu'r m Verwalter eines Ritterordens; **Komturei'** *rv* Verwaltungsgebiet eines Komturs.

Kondemnatio'n *rv* Verdammung; **kondemnie'ren** verdammen; ein Schiff für seeuntüchtig erklären.

Kondensa't s Flüssigkeitsniederschlag; **Kondensatio'n** *rv* Verdichtung von Gasen zu Flüssigkeiten; **Kondensa'tor** m *techn.* Verdichter; **kondensie'ren** verdichten; **Konde'nsor** m Verdichter.

Konditio'n *rv* Bedingung; Zustand; körperliche Verfassung; **Konditiona'l** s *gramm.* Bedingungsform; **konditiona'l** od. **konditione'll** bedingend; **konditionie'ren** angestellt sein; **Konditio'nsgut** s Bedingt-, Kommissionsgut; mit Rückgaberecht bei Nichtverkauf gelieferte Ware.

Kondi'tor m Zucker-, Feinbäcker; **Konditorei'** *rv* Zucker-, Feinbäckerei.

Kondole'nz *rv* Beileidsbezeigung; **kondolie'ren** Beileid bezeigen.

Kondo'm m/s Gummischutz, Schutzüberzug

beim Geschlechtsverkehr.

Kondomi'nium s gemeinsame Herrschaft mehrerer Staaten über dasselbe Gebiet; das beherrschte Gebiet selbst.

Ko'ndor m zool. großer südamerikanischer Raubvogel.

Kondottie're m (... i-e ...) Söldnerführer.

Kondui'te ro Führung Betragen; **Kondu'kt** m Trauergeleit; **Kondukteur** m (... tö'r) Schaffner.

Kondylo'm s med. Feigwarze.

Konfabulatio'n ro erdichtete Erzählung; **konfabulie'ren** Erdichtetes erzählen.

Konfe'kt s Süßigkeiten; **Konfektio'n** ro Bekleidungsindustrie; Fertigkleidung; **konfektionie'ren** fabrikmäßig herstellen.

Konfere'nz ro Beratung; **konferie'ren** sich beraten.

Konfessio'n ro Glaubensbekenntnis; **Konfessionali'smus** m (übermäßig betonte) Bekenntnistreue; **konfessione'll** eine Konfession betreffend; **Konfessio'nsschule** ro Schule, in welcher der Unterricht im Sinne eines bestimmten Glaubensbekenntnisses erteilt wird.

Konfe'tti s/Mz. Papierschnitzel.

Konfide'nt m Vertrauensmann, Spitzel; **konfidentie'll** (... i-e ...) vertraulich; **Konfide'nz** ro Vertrauen, Vertraulichkeit.

Konfiguratio'n ro Gestaltung; **konfigurie'ren** gestalten.

Konfinatio'n ro iur. s. Konfinierung; **Konfi'nien** Mz. (... i-e ...) Grenzgebiete; **konfinie'ren** iur. auf einen bestimm-

---

ten Aufenthaltsort beschränken; **Konfinie'rung** ro iur. gerichtliche Aufenthaltsbeschränkung.

Konfirma'nd m der Einzusegnende; **Konfirmatio'n** ro rel. Einsegnung; **konfirmie'ren** einsegnen.

Konfiserie' ro Konditorei; Süßwarengeschäft.

Konfiskatio'n ro Beschlagnahme; **konfiszie'ren** beschlagnahmen.

Konfite'nt m rel. Beichtkind; **Konfi'teor** s rel. „ich gestehe ein": Sündenbekenntnis.

Konfitü're ro eingemachtes Obst.

konfligie'ren in Zwiespalt, Streit geraten; **Konfli'kt** m Zwiespalt; Streit.

Konflue'nz ro das Zusammenfließen (von Strömen); **konfluie'ren** zusammenfließen.

Konföderatio'n ro Staatenbund; **konföderie'ren** sich verbünden.

konfo'rm gleichförmig, übereinstimmend; **konformie'ren** anpassen; **Konformi'smus** m Streben nach Anpassung, nach Gleichförmigkeit; **Konformi'st** m wer sich anpaßt; **konformi'stisch** sich anpassend; **Konformitä't** ro Übereinstimmung, Anpassung.

Konfra'ter m rel. Mitbruder, Amtsbruder.

Konfrontatio'n ro Gegenüberstellung; **konfrontie'ren** gegenüberstellen.

konfundie'ren verwirren; **konfu's** verworren; **Konfusio'n** ro Verwirrung.

Konfutatio'n ro iur. Widerlegung.

kongenia'l geistesverwandt; **Kongenialitä't** ro Geistesverwandtschaft.

kongenita'l med. angeboren.

Kongestio'n ro med. Blutandrang.

Konglomera't s Gemenge; auch Zusammenschluß wirtschaftlicher Unternehmen verschiedener Zweige zu einem Konzern.

Konglutinatio'n ro med. Verklebung, Zusammenballung; **konglutinie'ren** med. verkleben, zusammenballen.

Kongregatio'n ro rel. (geistliche) Vereinigung; **Kongregationi'st** m rel. Angehöriger einer geistlichen Gemeinschaft.

Kongre'ß m Zusammenkunft, Tagung; Parlament der USA; auch uspr. Party, geselliges Beisammensein junger Leute; **kongre'ssen** uspr. an Kongressen teilnehmen; **Kongressi'tis** ro scherzhaft-ironische Bezeichnung für die „Sucht", immer häufiger und immer zahlreicher Kongresse zu veranstalten bzw. zu besuchen.

kongrue'nt (... u-e ...) übereinstimmend; **Kongrue'nz** ro (... u-e ...) Übereinstimmung; **kongruie'ren** übereinstimmen.

Konife're Mz. bot. Nadelhölzer.

ko'nisch kegelförmig.

Konjektu'r ro Vermutung, vermutlich richtige Textverbesserung; **konjizie'ren** vermuten.

konjuga'l ehelich; **Konjugatio'n** ro Verbindung; gramm. Beugung eines Zeitworts; **konjugie'ren** verbinden; gramm. ein Zeitwort beugen; **Konjunktio'n** ro Verbindung; gramm. Bindewort.

Ko'njunktiv m gramm. Möglichkeitsform eines Zeitwortes.

Konjunkti'va ro med. (Augen-)Bindehaut.

ko'njunktivisch *gramm.* in der Möglichkeitsform; den Konjunktiv betreffend.

Konjunktivi'tis *w med.* Bindehautentzündung.

Konjunktu'r *w* (günstige) wirtschaftl. Lage; **konjunkture'll** die wirtschaftliche Lage betreffend; **Konjunktu'rritter** *m* wer „sein Mäntelchen nach dem Wind hängt"; wer sich der jeweils herrschenden Gewalt anschließt.

Konjura'nt *m* Verschwörer; **Konjuratio'n** *w* Verschwörung.

konka'v nach innen gewölbt; **Konkavitä't** *w* Wölbung nach innen.

Konkla've *s* Versammlung der Kardinäle zur Papstwahl.

konklude'nt schlüssig; **konkludie'ren** einen Schluß ziehen; **Konklusio'n** *w* Schlußfolgerung; **konklusi'v** schließend.

konkorda'nt übereinstimmend; **Konkorda'nz** *w* Übereinstimmung; alphabet. Zusammenstellung aller in einem Schriftwerk vorkommenden Wörter bzw. den gleichen Gegenstand behandelnden Textstellen; **Konkorda't** *s* Vertrag zwischen einem Staat u. der kath. Kirche.

Konko'rdienbuch *s* (. . . i-e . . .) *rel.* Sammlung der lutherischen Bekenntnisschriften.

Konkreme'nt *s med.* „Zusammenhäufung": abgeschiedene, feste Masse (z. B. Gallensteine).

konkre't wirklich, greifbar, gegenständlich; **konkre'te Musik** *w mus.* aus Alltagsgeräuschen bestehende Komposition; **konkretisie'ren**

verwirklichen; **Konkre'tum** *s gramm.* etwas Gegenständliches bezeichnendes Hauptwort.

Konkubina't *s* wilde Ehe; **Konkubi'ne** *w* Geliebte.

Konkupisze'nz *w sex.* sexuelle Begierde, fleischliches Verlangen.

Konkurre'nt *m* Wettbewerber; **Konkurre'nz** *w* Wettbewerb; *auch* geschäftl. Gegner; **konkurrie'ren** wetteifern.

Konku'rs *m* Zahlungsunfähigkeit; *iur.* Verfahren zur Befriedigung der Ansprüche aller Gläubiger aus dem Vermögen (Konkursmasse).

konnata'l *med.* angeboren.

Konne'x *m* Zusammenhang; **Konnexio'n** *w* förderliche Beziehung.

konnive'nt *iur.* nachsichtig (gegenüber Verfehlungen Untergebener); **Konnive'nz** *w iur.* Nachsicht (gegenüber Verfehlungen Untergebener).

konnubia'l ehelich; **Konnu'bium** *s* eheliche Gemeinschaft.

Konnosseme'nt *s* Seefrachtbrief.

Ko'nrektor *m* „Mitrektor", Stellvertreter des Rektors.

Konsanguinitä't *w* Blutsverwandtschaft.

Konsekratio'n *w rel.* Weihung, Segnung; die Wandlung (in der kath. Messe); **konsekrie'ren** *rel.* weihen, segnen.

konsekuti'v folgernd, folgend; **Konsekuti'vsatz** *m gramm.* Folgesatz.

Konse'ns *m* Einwilligung; **konsentie'ren** erlauben.

konseque'nt folgerecht, zielstrebig; **Konseque'nz** *w* Folgerichtigkeit.

Konservati'smus *m pol.* an bestehenden Ordnungen festhaltende geistige Haltung; **konser-**

vati'v beharrend, am Hergebrachten festhaltend; **Konservativi'smus** *m s.* Konservatismus; **Konserva'tor** *m* mit der Instandhaltung der Kunstschätze betrauter Museumsbeamter; **Konservato'rium** *s* Musik(hoch)schule; **Konse'rve(n)** *w* (Mz.) haltbar gemachte Lebensmittel (*med. auch* Blut) in luftdicht verschlossenen Gefäßen; *auch* Aufzeichnung = Speicherung von Bild und Ton für spätere Übertragungen; **konservie'ren** vor Verderb schützen, erhalten.

Konsignatio'n *w* Übergabe von Waren zur Aufbewahrung bzw. zum Verkauf im Kommissionsgeschäft; *auch* Beglaubigung; **konsignie'ren** Waren zur Aufbewahrung bzw. zum Verkauf im Kommissionsgeschäft übergeben; *auch* beglaubigen.

Konsilia'rarzt *m* zur Beratung hinzugezogener Arzt; **Konsi'lium** *s* Beratung (mehrerer Ärzte über einen Krankheitsfall); Rat.

konsiste'nt fest, dicht; **Konsiste'nz** *w* Beschaffenheit.

Konsistoria'lrat *m* höherer evangelischer Kirchenbeamter; **Konsisto'rium** *s* oberste evang. Kirchenbehörde; Kardinalversammlung.

konskribie'ren *mil.* einschreiben, zum Militärdienst ausheben; **Konskriptio'n** *w mil.* Aushebung zum Militärdienst (mit der Möglichkeit der Stellvertretung bzw. des Loskaufs).

Konsolatio'n *w* Tröstung.

Konso'le *w* Wandbrett; Mauervorsprung.

Konsolidatio'n *w s.* Konsolidierung; **konsolidie'ren** sichern, festigen; **Konsolidie'rung** w Festigung.

Konsona'nt m Mitlaut.

Konso'rten Mz. Teilnehmer; **Konso'rtium** s (vorübergehende) Vereinigung.

Konspira'nt m Verschwörer; **Konspiratio'n** w Verschwörung; **konspirati'v** verschwörerisch; **konspirie'ren** sich verschwören.

Konsta'bler m mil. Büchsen-, Rohrmeister; Polizist.

konsta'nt beständig; **Konsta'nte** w fester Wert; **Konsta'nz** w Beständigkeit; **konstatie'ren** feststellen.

Konstellatio'n w Lage der Dinge; Stellung der Gestirne zueinander.

Konsternatio'n w Verblüffung, Bestürzung; **konsternie'ren** verblüffen; **konsternie'rt** verblüfft.

Konstipatio'n w med. Verstopfung.

konstituie'ren einsetzen, gründen; **Konstitutio'n** w Verfassung; med. allg. Beschaffenheit des menschl. Körpers; **Konstitutionali'smus** m pol. Staats- oder Regierungsform, bei der die Staatsgewalt durch eine Verfassung beschränkt ist; **konstitutione'll** verfassungsmäßig; **konstituti'v** begründend, grundlegend.

Konstriktio'n w Zusammenschnürung; **konstringie'ren** zusammenschnüren, zusammmenziehen.

konstruie'ren gestalten, aufbauen; **Konstrukteur** m (. . . tö'r) Gestalter, Entwerfer; **Konstruktio'n** m Gestaltung, Bau; **konstrukti'v** ordnend, aufbauend.

Ko'nsul m ständiger Vertreter eines Staates im Ausland zur Wahrnehmung der Interessen seiner Landsleute; höchster Beamter im alten Rom; **konsula'risch** den Konsul bzw. dessen Amt betreffend; **Konsula't** s Amt(ssitz) eines Konsuls; **Konsule'nt** m Ratgeber; **Konsulta'nt** m Ratsuchender; **Konsultatio'n** w (ärztl.) Beratung; **konsultati'v** beratend; **konsultie'ren** um Rat fragen.

Ko'nsum m Verkaufsstelle einer Konsumgenossenschaft; **Konsu'm** m Verbrauch; **Konsume'nt** m Verbraucher; **Konsumeri'smus** m neue, kritische, aus den USA stammende („Consumerism") Verbraucherbewegung; **Konsu'mgenossenschaft** w Verbraucherorganisation; **Konsu'mgesellschaft** w Verbrauchs-, Verbrauchergesellschaft; im Sprachgebrauch der Linken ein Synonym für die modernste Form der Unterdrückung des Volkes durch eine Industrie, die sich die übermäßige Produktion von Verbrauchsgütern, die Schaffung und Scheinbefriedigung künstlicher Konsumwünsche zum Ziel setzt, um das Volk von seinen Interessen abzulenken und es über die Machtlosigkeit seiner Lage hinwegzutäuschen; **konsumie'ren** verbrauchen; **Konsu'mterror** m (angeblicher) Zwang zur Steigerung des Verbrauchs; **Konsumtio'n** w Verbrauch; med. Aufbruch, Auszehrung; **konsumti'v** für den Verbrauch bestimmt.

Kontagio'n w med. Ansteckung(sstoff); **kontagiö's** med. ansteckend.

Konta'kt m Berührung, Fühlungnahme; **konta'k-** ten s. kontaktieren; **Konta'kter** m Werbefachmann; **Konta'ktglas** s opt. Haftglas, -schale; **kontaktie'ren** Beziehungen aufnehmen; **Konta'ktmann** m Verbindungsmann; **Konta'ktperson** w med. (möglicher) Krankheitsüberträger.

Kontaminatio'n w Verseuchung mit schädlichen Stoffen; Vergiftung; radioaktive Verunreinigung; **kontaminie'ren** verseuchen, verunreinigen.

konta'nt bar.

Kontemplatio'n w Betrachtung, Sichversenken; **kontemplati'v** betrachtend.

kontemporä'r zeitgenössisch.

Kontenance w (koñt°na'ñß) Gelassenheit, Haltung.

kontentie'ren zufriedenstellen.

Konter . . ., konter . . . Gegen . . ., gegen . . .

Ko'nteradmiral m mil. Flaggoffizier der Marine (im Range eines Generalmajors bei Heer und Luftwaffe).

Ko'nterbande w Bann-, Schmuggelware.

Konterfei' s (Ab-)Bild, Porträtphoto.

Ko'ntergewicht s Gegengewicht; **ko'ntern** einen Angriff durch Gegenangriff abwehren; **Ko'nterrevolution** w Gegenrevolution.

kontesta'bel iur. anfechtbar; **kontestie'ren** iur. anfechten.

Ko'ntext (auch Konte'xt) m Textzusammenhang, Zusammenhang (einer Schrift).

kontie'ren ein Konto führen bzw. benennen; **Kontie'rung** w Führung bzw. Benennung eines Kontos.

Kontiguitä't w Berührung.

Ko'ntinent m (od. -e'nt)

Festland; **kontinenta'l** festländisch; **Kontinenta'lklima** s Binnenklima (gekennzeichnet durch heiße Sommer und kalte Winter).

Kontine'nz *rv med.* Fähigkeit, Stuhl oder Urin zurückzuhalten.

Kontinge'nt s Anteil, Zuteilung; **kontingentie'ren** einteilen, zuteilen.

Kontinuatio'n *rv* Fortsetzung(slieferung); **kontinuie'ren** fortsetzen; **kontinuie'rlich** stetig; **Kontinuitä't** *rv* Stetigkeit.

Ko'nto s kaufmänn. Gegenüberstellung von Schulden und Forderungen; **Kontokorre'nt** s laufende Rechnung.

Konto'r s Geschäftszimmer; **Kontori'st** m Büroangestellter.

Kontorsio'n *rv med.* Verdrehung, Verrenkung; **Kontorsioni'st** m „Schlangenmensch".

Kontra ..., kontra ... Gegen..., gegen ...

Ko'ntrabaß m mus. Baßgeige; größtes und tiefstes Streichinstrument.

Kontradiktio'n *rv* Widerspruch; **kontradikto'risch** widersprüchlich; **kontradikto'risches Verfahren** iur. Verhandlung, bei der beide Parteien gehört werden.

Kontrahe'nt m Vertragschließender; Gegner; **kontrahie'ren** einen Vertrag schließen; zum Duell fordern.

Ko'ntraindikatio'n *rv* (... a-i ...) *med.* Gegenanzeige; **ko'ntraindizie'rt** *med.* eine Anwendung (als Heilmittel) ausschließend.

Kontra'kt m Vertrag; **Kontraktio'n** *rv* Zusammenziehung; **kontra'ktlich** vertraglich; **Kontraktu'r** *rv med.* Muskelzusammenziehung,

-kürzung und die dadurch bedingte Fehlstellung von Gelenken.

Ko'ntrapunkt m mus. Kunst, mehrere Stimmen gegeneinanderzuführen und zu einer Einheit zu gestalten; **kontrapunktie'ren** mus. mehrere Stimmen gegeneinanderführen und zu einer Einheit gestalten; **kontrapu'nktisch** den Kontrapunkt betreffend.

konträ'r gegensätzlich; **Ko'ntrasignatur** *rv* Gegenzeichnung; Mitunterzeichnung; **kontrasignie'ren** gegenzeichnen.

Kontra'st m Gegensatz, Unterschied; **kontrastie'ren** einen Gegensatz bilden; **Kontra'stmittel** s für Röntgenstrahlen undurchlässige Substanzen.

kontravenie'ren iur. zuwiderhandeln; **Kontraventio'n** *rv* iur. Zuwiderhandlung.

Kontrazeptio'n *rv med.* Empfängnisverhütung; **kontrazepti'v** *med.* empfängnisverhütend.

Kontribue'nt m Zahler einer Abgabe; Steuerzahler; **kontribuie'ren** beitragen; **Kontributio'n** *rv* aufgezwungene Geld- od. Sachleistung.

Kontritio'n *rv rel.* vollständige Reue.

Kontro'lle *rv* Überwachung; **Kontro'ller** m techn. Fahrschalter; **Kontrolleur** m (... ö'r) Überwacher; **kontrollie'ren** überwachen, nachprüfen.

kontrove'rs strittig; **Kontrove'rse** *rv* Streit, -frage.

Kontuma'z *rv* iur. Versäumung des Termins einer gerichtl. Verhandlung.

Kontu'r *rv* Umriß; **konturie'ren** umrei'ßen.

Kontusio'n *rv med.* Quetschung.

Ko'nus m Kegel.

Konvalesze'nz *rv med.* Genesung.

konvena'bel annehmbar, schicklich; **Konvenie'nz** *rv* (...i-e...) Bequemlichkeit, Schicklichkeit; **konvenie'ren** annehmbar sein.

Konve'nt m Zusammenkunft; **Konventi'kel** s geheime Zusammenkunft; **Konventio'n** *rv* Übereinkunft; **Konventiona'lstrafe** *rv* Vertragsstrafe; **konventione'll** herkömmlich, förmlich; **konventione'lle Waffen** *rv* Mz. mil. herkömmliche Waffen (im Gegensatz zu Kernwaffen).

konverge'nt zusammenstrebend; **Konverge'nz** *rv* das Zusammenstreben; **konvergie'ren** zusammenstreben.

Konversatio'n *rv* Unterhaltung; **Konversatio'nslexikon** s alphabet. geordnetes Handbuch des Wissens; **Konversatio'nsstück** s theat. Gesellschaftsstück; auf witzigen, geistreichen Dialogen aufgebautes Bühnenwerk; **konversie'ren** sich unterhalten.

Konversio'n *rv* Umwandlung; rel. Bekehrung; **Konve'rter** m techn. Umformer, Umwandler; „Bessemerbirne" (zur Stahlgewinnung aus Roheisen); **konverti'bel** austauschbar; **Konvertibilitä't** *rv* s. Konvertierbarkeit; **Konvertie'rbarkeit** *rv* Möglichkeit des Umtausches des Landeswährung in eine fremde Währung; **konvertie'ren** umwandeln; den Glauben wechseln; **Konverti't** m jmd., der zu einer anderen kirchl.

Gemeinschaft übergetreten ist.

konve'x nach außen gewölbt; **Konvexitä't** rv Wölbung nach außen.

Konvi'kt s Wohnheim für Studenten der Theologie.

Konvi'vium s Gastmahl, Gelage.

Konvoi' m (... weu') Geleitzug.

Konvokatio'n rv Zusammenrufung, Einberufung.

Konvolu't s Bündel von Schriftstücken oder Druckwerken.

Konvoy' m s. Konvoi.

Konvulsio'n rv med. Krampfanfall; **konvulsi'visch** med. krampfartig.

konzedie'ren zugestehen.

Konzentra't s chem. angereicherter Stoff; **Konzentratio'n** rv Anspannung, Zusammenballung; **Konzentratio'nslager** s Internierungslager (ursprünglich für Familien der auf gegnerischer Seite kämpfenden Soldaten bzw. für nichtkämpfende Angehörige eines Feindstaates, heute für aus politischen, rassischen oder religiösen Gründen Gefangene); **konzentrie'ren** sammeln; verdichten; **konzentrie'rt** ver-, gesammelt; aufmerksam; chem. angereichert; **konze'ntrisch** den gleichen Mittelpunkt habend.

Konze'pt s Entwurf, Fassung; **konzepti'bel** faßlich, begreifbar; **Konzeptio'n** rv geistiger Entwurf, Einfall; med. Empfängnis; **konzeptione'll** med. die Empfängnis betreffend; eine Konzeption betreffend.

Konze'rn m Zusammenschluß industrieller Unternehmungen; **konzernie'ren** einen Zusammenschluß industrieller Unternehmungen bilden.

Konze'rt s Musikaufführung; Musikstück für ein od. mehrere Instrumente; pol. Vertrag, Zusammenwirken; **konzerta'nt** mus. konzertartig; **konzertie'ren** mus ein Konzert ausführen; **konzertie'rt** im politischen bzw. wirtschaftspolitischen Sinn: die Partner („Solisten") verhalten sich so, daß ein Zusammenwirken („Konzert") zum angestrebten Erfolg führt: „konzertierte Aktion".

Konzessio'n rv Genehmigung, Zugeständnis, **Konzessionä'r** m wer eine Konzession erhalten hat; **konzessionieren** eine Genehmigung erteilen; **konzessi'v** gramm. einräumend; **Konzessi'vsatz** m gramm. Einräumungssatz.

Konzi'l s Kirchenversammlung.

konzilia'nt zugänglich, versöhnlich; **Konzilia'nz** rv Versöhnlichkeit.

konzipie'ren entwerfen; med schwanger werden.

konzi's kurzgefaßt.

Kooperatio'n rv (ko-o . . .) Zusammenarbeit; **kooperie'ren** (ko-o . . .) zusammenarbeiten.

Kooptatio'n rv (ko-o . . .) pol. Zu-, Ergänzungswahl; **kooptie'ren** (ko-o . . .) durch Zuwahl ergänzen.

Koordina'ten Mz. (ko-o . .) math. einander zugeordnete Größen, die die Lage eines geometrischen Punktes bestimmen; **Koordinatio'n** rv (ko-o . . .) Gleichschaltung; Abstimmung; **Koordina'tor** m (ko-o . . .) Mitarbeiter bei Rundfunk- und Fernsehsendern, welcher die Sendeprogramme aufeinander abstimmt; **koordinie'ren** (ko-o . . .) gleichschalten, abstimmen, zuordnen.

Kope'ke rv russische Münze.

kopernika'nisch die Sonne als Mittelpunkt des Weltalls betrachtend (nach dem Astronomen Kopernikus).

Kopia'lbuch s Urkundenabschriften enthaltendes Buch; **Kopie'** rv Ab-, Durchschrift; Nachbildung; **kopie'ren** ab-, durchschreiben; nachbilden.

Ko'pilot m Mitpilot, zweiter Pilot eines Flugzeuges.

Kopi'st m Abschreiber; Nachbildner.

Ko'pra rv zerkleinerte getrocknete Kokosnußkerne.

Koprämie' rv med. Selbstvergiftung infolge langdauernder Verstopfung; **Kopre'mesis** rv Erbrechen von Kot.

Ko'produktion rv gemeinschaftliche Herstellung.

Koprolalie' rv med., sex. zwangsartiges Sprechen obszöner Worte; **Koproli'th** m Kotstein: versteinerter Kot vorweltlicher Tiere; **Koprophagie'** rv med. Kotessen (bei Geisteskrankheiten); **Koprosta'se** rv med. Kotstauung.

Ko'ps m Garnkörper (aus aufgewickeltem Garn).

Ko'pten Mz. christliche Nachkommen der alten Ägypter; **ko'ptisch** die Kopten bzw. ihre Sprache betreffend.

Ko'pula rv gramm. (Satz-)Band; **Kopulatio'n** rv biol. Begattung; iur. eheliche Verbindung; **kopulie'ren** verbinden; biol. begatten.

Kora'lle rv zool. in warmen Meeren lebendes Hohltier, dessen (meist) rotes Skelett zu Schmuck verarbeitet wird.

Kora'n m heilige Schrift des Islams.

Ko'rd m gerippter Baumwollstoff.

kordia'l herzlich.

Kordon m (kordo'n) Postenkette; Ordensband.

Ko're w „Mädchen": Mädchenfigur in der altgriechischen Kunst.

Koria'nder m bot. aus dem Mittelmeerraum stammende Gewürzpflanze.

Kori'nthe w kleine Rosine.

Ko'rnea w s. Cornea.

Korne'tt m Reiterfähnrich; mus. ein Blechblasinstrument.

Koro'lle w bot. Blumenkrone.

Koro'na w (Strahlen-)Kranz; Zuhörerschar.

Korona'rsklerose w med. Verkalkung der Herzkranzgefäße.

Korpora'l m Unteroffizier.

Korpora'le w rel. Hostientuch.

Korporatio'n w Körperschaft; studentische Verbindung; **korporati'v** körperschaftlich, insgesamt; **korporie'rt** einer studentischen Verbindung angehörend.

Korps s (koh'r) Heeresabteilung; student. Verbindung; Standesgruppe; **Korpsgeist** m (koh'r . . .) Zusammengehörigkeitsgefühl.

korpule'nt beleibt; **Korpule'nz** w Beleibtheit; **Ko'rpus** m Körper; w im Schriftgrad; **Korpu'skel** s „Körperchen": kleinstes Teilchen; **korpuskula'r** aus kleinsten Teilchen bestehend.

Korra'l m Pferch, Gehege.

Ko'rreferat s (od. -a't) Mit-, Nebenbericht; **Ko'rreferent** m Mitberichter, Mitgutachter; **korreferie'ren** mitberichten.

korre'kt genau, einwandfrei; **Korre'ktheit** w einwandfreies Benehmen;

Korrektio'n w Verbesserung; **Korrektio'nsanstalt** w Besserungs-, (Zwangs-)Erziehungsanstalt; **Korrekti'v** s Besserungsmittel; **korrekti'v** (ver-)bessernd; **Korre'ktor** m für die Prüfung und Korrektur von Schriftsätzen verantwortlicher Druckereiangestellter; **Korrektu'r** w Verbesserung; Berichtigung von Druckfehlern.

Korrela't s Gegenstück; **Korrelatio'n** w Wechselbeziehung.

korrepetie'ren mus. mit jemandem eine Gesangsrolle am Klavier einüben; **Korrepetitio'n** w Einüben einer Gesangsrolle; **Korrepeti'tor** m wer mit jemandem eine Gesangsrolle am Klavier einübt.

korrespekti'v gemeinschaftlich.

Korresponde'nt m Briefschreiber; Berichterstatter; **Korresponde'nz** w Briefwechsel; Übereinstimmung; regelmäßige Belieferung einer Zeitung mit Berichten; **korrespondie'ren** Briefe wechseln; übereinstimmen.

Ko'rridor m Flur, Gang; schmaler Landstreifen.

Korrige'nda Mz. Druckfehler; **Ko'rrigens** s Zusatz zu einer Arznei, um deren Geschmack oder Geruch zu verbessern; **korrigie'ren** verbessern.

korrodie'ren chem. durch Korrosion zerstört werden; **Korrosio'n** w chem. Zerstörung von Werkstoffen (von der Oberfläche ausgehend); **korrosi'v** durch Korrosion zerstörend.

korrumpie'ren verderben, bestechen; **korru'pt** verdorben, bestechlich; **Korruptio'n** w Verdor-

benheit, Bestechlichkeit.

Korsage w (korsah'sh^e) (Kleid) Oberteil; Mieder, Leibchen, meist trägerlos.

Korsa'r m Seeräuber.

Korsele'tt s kleines Mieder; **Korse'tt** s Mieder.

Ko'rso m breite Straße; Schaufahrt.

Kortege w (kortäh'sh^e) Ehrengefolge.

Ko'rtex m biol., med. Rinde; **Kortikoi'd** s (. . . o-id) Nebennierenrindenhormon; **Kortikosteroi'd** s (. . . o-id) s. Kortikoid.

Koru'nd m sehr hartes Mineral, Edelstein.

Korve'tte w leichtes Kriegsschiff, Geleitschiff.

koryba'ntisch svw. tobend begeistert.

Koryphä'e w hervorragende Persönlichkeit (auf einem Fachgebiet).

Kosa'k m Angehöriger der südrussischen Kosakenstämme; Angehöriger der leichten russischen Reiterei.

Koschenille w (koscheni'lje) aus einer Schildlausart gewonnener roter Farbstoff.

ko'scher rein; den jüdischen Speisegesetzen entsprechend.

Ko'sinus m math. beim rechtwinkligen Dreieck: Verhältnis von Ankathete zu Hypotenuse.

Kosme'tik w Schönheitspflege; **kosme'tisch** die Schönheitspflege betreffend, ihr dienend; **Kosmetologie'** w Wissenschaft von der Schönheitspflege und den hierfür benutzten Mitteln.

ko'smisch das Weltall betreffend; **Ko'smobiologie'** w biol. Wissenschaft vom Leben auf außerirdischen Himmelskörpern, auch Wissenschaft vom Einfluß des Weltalls auf das irdische Leben; **Kosmodro'm** s „Weltraumbahnhof": russischer Startplatz für Raumfahrzeuge; **Kosmogonie'** rv Lehre von der Entstehung des Weltalls; **Kosmographie'** rv Weltbeschreibung; **Kosmologie'** rv Wissenschaft vom Weltall; **Ko'smomedizin** rv Raumfahrtmedizin; **Kosmonau't** m Weltraumfahrer; **Kosmopoli't** m Weltbürger; **kosmopoli'tisch** weltbürgerlich; **Ko'smos** m Weltall, -ordnung; **Kosmosophie'** rv phil. Weltweisheit; **Kosmother'smus** m (...-e-i...) rel., phil. Anschauung, nach der Gott und die Welt eine Einheit bilden.

Kosmotro'n s phys. Teilchenbeschleuniger.

kosta'l med. die Rippen betreffend.

Ko'stenexplosio'n rv sprunghafte, die wirtschaftliche Entwicklung überholende Kostensteigerung.

Kostü'm s Jackenkleid; Masken- od. Volkstracht; **kostümie'ren** verkleiden.

Ko'tangens m math. beim rechtwinkligen Dreieck: Verhältnis von Ankathete zu Gegenkathete.

Kotau' m (chines.) demütige Ehrenbezeigung.

Kotele'tt s gebratenes Rippenstück; **Kotele'tten** Mz. Backenbart.

Koterie' rv abfällig: Sippschaft.

Kothu'rn m hochsohliger Schuh altgriech. Schauspieler.

kotie'ren Wertpapiere zum Börsenhandel zulassen.

Kotillon m (ko'tiljoñ) Gesellschaftstanz.

Koxalgie' rv med. Hüft-

schmerz; **Koxi'tis** rv Hüftgelenkentzündung.

kra'cken (auch krä'k°n) chem. Kohlenwasserstoffe des Erdöls spalten, um Leichtöl zu gewinnen.

Kra'ke m zool. Tintenfisch.

Kra'l m afrikanisches Negerdorf.

krania'l med. dem Schädel zu gelegen; den Schädel betreffend; **Kraniologie'** rv med., psych. Schädellehre.

kraß auffallend, grob.

Kra'ter m trichterförmige Öffnung eines Vulkans; **Krate'r** m altgriech. Krug zum Mischen des Weines.

krau'len Hand über Hand schwimmen; auch streicheln.

Krawa'tte rv Halsbinde.

Kreatio'n rv Schöpfung; **kreati'v** schöpferisch; **Kreativität'** rv schöpferische Kraft; **Kreatu'r** rv Geschöpf; **kreatü'rlich** dem Wesen des Geschöpfes entsprechend.

Krede'nz rv Anrichte; **krede'nzen** darreichen.

Kredi't m Vertrauenswürdigkeit; befristete Überlassung von Geldern;

Kredi'thai m uspr. Vermittler von Krediten zu überhöhten Kosten; **kreditie'ren** Kredit geben; gutschreiben; **Kre'ditor** m Gläubiger.

Kre'do s rel. Glaubensbekenntnis.

kreie'ren (kreh-ih'ren) schaffen; theat. eine Rolle erstmals spielen; Mode: ein neues Modell entwickeln.

Kre'm m sahnige Süßspeise; Hautsalbe.

Krematio'n rv Einäscherung; **Kremato'rium** s Leichenverbrennungsstätte; **kremie'ren** (Leichen) verbrennen.

Kre'ml m Burg russischer Städte; Regierungssitz

der Sowjetunion in Moskau; svrv. Regierung der Sowjetunion.

Kreo'le m südamerik. Nachkomme romanischer Einwanderer.

krepie'ren bersten; uspr. auch: sterben, verrecken.

Krepp m gekräuselte Gewebeart; **Kre'ppapier** s angerauhtes, gekräuseltes Papier.

Kresze'nz rv Wachstum, Herkunft (von Weinen).

Kre'thi und Ple'thi im abfälligen Sinne: sehr gemischte Gesellschaft.

Kretin m (kretä'ñ) med. geistesschwacher Krüppel; **Kretini'smus** m med. mit körperlichen Mißbildungen verbundene Idiotie.

Kri'cket s engl. Ballspiel.

Kri'mi m (von Verleger W. Goldmann 1952 geprägte) Abk. v. Kriminalroman; **krimina'l** auf Verbrechen bezüglich; **Kriminali'st** m Strafrechtler; Kriminalbeamter; **Kriminali'stik** rv Lehre von den Verbrechern und Verbrechen; **kriminali'stisch** die Verbrechensbekämpfung betreffend; **Kriminalität't** rv Straffälligkeit; **Krimina'lpolizei** rv der mit der Verhütung und Aufklärung von Verbrechen beauftragte Zweig der Polizei; **krimine'll** verbrecherisch; **Kriminolo'ge** m Wissenschaftler auf dem Gebiet der Kriminologie; **kriminolo'gisch** die Wissenschaft von den Verbrechen betreffend; **Kriminologie'** rv Wissenschaft von den Straftaten.

Krinoli'ne rv Reifrock.

Kri'po rv Abk. f. Kriminalpolizei.

Kri's m malaiischer Dolch mit gewundener Klinge.

Kri'se rv Höhe-, Wendepunkt; schwierige Lage;

kri'seln: es kriselt eine schwierige Lage steht bevor; **Kri'sis** w s. Krise.

Krista'll m regelmäßiger, von ebenen Flächen begrenzter fester Körper; s geschliffenes Glas; **kristalli'n(isch)** aus Kristallen bestehend; **Kristallisatio'n** w Kristallbildung; **kristallisie'ren** Kristalle bilden; **Krista'llnacht** m nach den zahlreichen eingeworfenen Schaufensterscheiben jüdischer Geschäfte benannte Nacht des 9. November 1938, in der von der NSDAP organisierte Ausschreitungen gegen die Juden in Deutschland erfolgten; **Kristallographie'** w Kristallkunde.

Krite'rium s Kennzeichen; Prüfung; **Kriti'k** w Beurteilung; **Kritika'ster** m sww. „Meckerer"; **Kri'tiker** Beurteiler; **kri'tisch** prüfend; bedenklich; **Kritische Theorie** w von Adorno, Horkheimer und Marcuse entwickelte Wissenschaft von der Gesellschaft, die über die Auseinandersetzung mit den jeweils herrschenden Kräften und ihren Wirkungen auf die Unterdrückten zu einer Verneinung erstarrter gesellschaftlicher Zustände kommt; **kritisie'ren** beurteilen, bemängeln.

Krocke't s (auch kro'kᵉt) ein Gartenspiel mit Holzkugeln.

Kroka'nt m Süßigkeit aus Karamelzucker und Nuß- od. Mandelstückchen.

Kroke'tte w in Fett gebackene Klößchen.

Kroki' s Geländeskizze; **krokie'ren** eine Geländeskizze anfertigen.

Krokodi'lstränen Mz. sww.

heuchlerisch vergossene Tränen.

Kro'mlech m steinzeitliche Kultstätte.

Krö'sus m sww. steinreicher Mensch.

Krudelitä't w Grausamkeit; **Kruditä't** w Rohzustand, Roheit.

Kru'pp m med. Entzündung der Kehlkopfschleimhaut; sww. Diphtherie.

Krustaze'en Mz. zool. Krebstiere.

Kruzifi'x s Darstellung des gekreuzigten Christus.

Kry'obiologie w biol. modernes Teilgebiet der Biologie, das sich mit dem Verhalten von Lebewesen bei Unterkühlung, bei extrem niedrigen Temperaturen, befaßt; **Kryoli'th** m „Eisstein": grönländisches Mineral.

Kry'pta w Kirchengruft, unterirdischer Kirchenraum; **Kryptoga'men** Mz. bot. Sporenpflanzen; **Kryptogra'mm** s in Geheimschrift abgefaßter Text; **Kryptographie'** w Geheimschrift.

Krypto'n, Kry'pton s chem. ein Grundstoff (Kr), ein Edelgas.

Kryptorchi'smus m med. Zurückbleiben der Hoden in der Bauchhöhle oder im Leistenkanal.

Kubi'k . . ., kubi'k . . . math. in 3. Potenz.

ku'bisch würfelförmig; **Kubi'smus** m geometrische Formen bevorzugende neuere Kunstrichtung; **Kubi'st** m Künstler des Kubismus; **kubi'stisch** im Stil des Kubismus; **Ku'bus** m Würfel.

Kujo'n m Schuft; **kujonie'ren** wie einen Schuft behandeln; bösartig quälen.

Ku-Klux-Kla'n m amerikanischer Geheimbund, der mit terroristischen

Methoden die Gleichberechtigung der Neger sowie den Einfluß des Katholizismus in den USA bekämpft.

Ku'kuruz m Mais.

Kula'k m russisch: Großbauer.

kula'nt entgegenkommend; **Kula'nz** w entgegenkommendes Verhalten.

Ku'li m ostasiatischer Arbeiter; auch ausgenutzter Arbeitnehmer.

kulina'risch feinschmeckerisch.

Kuli'sse w theat. versetz- oder verschiebbare Bühnenwand.

Kulminatio'n w Höhepunkt; **kulminie'ren** gipfeln; den höchsten Stand erreichen.

Ku'lt m Gottesdienst, Verehrung; **ku'ltisch** den Gottesdienst betreffend; **kultivie'ren** bearbeiten, pflegen, bilden; **kultivie'rt** bearbeitet, gepflegt, gebildet; **Kultu'r** w Gesamtheit der geistigen od. schöpferischen Kräfte; (Boden-)Pflege, Anpflanzung; **kulture'll** die Kultur betreffend; **Ku'ltus** m s. Kult; **Ku'ltusministe'rium** s oberste Behörde für das Kirchen-, Kunst-, Bildungs- und Schulwesen.

Kumari'n s ein aus Pflanzen gewonnener Duftstoff.

Kumpa'n m Genosse; abfällig: Helfershelfer, Spießgeselle; **Ku'mpel** m Bergmann; auch sww. guter Kamerad.

Kumulatio'n w Anhäufung; **kumulati'v** anhäufend; **kumulie'ren** anhäufen; **Ku'mulus** m Haufenwolke.

Ku'myß m gegorene Stutenmilch.

kuneifo'rm (. . . e-i . . .) keilförmig.

Kunstkopfstereophonie' w „kopfbezogene Stereophonie": stereophones Aufnahmeverfahren, bei welchem die Mikrophone in einem dem menschlichen Kopf nachgebildeten Körper untergebracht sind.

Kuominta'ng *n* nationalchinesische Staatspartei, von Sun Yat-sen 1912 gegründete demokratischnationale Partei.

Kupee' *s* Abteil; **kupie'ren** abschneiden, verkürzen; Tieren den Schwanz oder die Ohren stutzen; **Kupo'n** *m* (kuhpo'ñ) (Zins-)Abschnitt (einer Aktie); Tuchrest.

Ku'ppel *w* gewölbte Dachkonstruktion.

Kur *w* Heilverfahren; **kura'bel** heilbar.

kura'nt umlaufend, gängig; **Kura'nt** *s* wertbeständige Münze, deren Metallwert dem Nennwert entspricht.

Kura're *s* indianisches Pfeilgift, in der modernen Medizin zur Herbeiführung (vorübergehender) Lähmungen (bei Narkosen) eingesetzt.

Kü'raß *m* Brustpanzer; **Kürassie'r** *m* gepanzerter Reiter.

Kurate'l *w* Vormundschaft; **kurati'v** *med.* heilend; **Kura'tor** *m* Pfleger; Verwalter einer Stiftung; **Kurato'rium** *s* Aufsichtsbehörde.

Küretta'ge *w* (. . . ah'sh^e) *med.* Ausschabung, Auskratzung; **Küre'tte** *w* *med.* „scharfer Löffel" für Ausschabungen; **kürettie'ren** ausschaben, auskratzen.

Kurga'n *m* vorgeschichtliches osteuropäisches Hügelgrab.

kuria'l die Kurie betreffend; **Ku'rie** *w* (. . . i-e) (Sitz der) päpstl. Regierung.

Kurie'r *m* Eilbote.

kurie'ren heilen.

kurio's merkwürdig; **Kuriositä't** *w* Merkwürdigkeit; **Kurio'sum** *s* etwas Seltsames.

Kurre'nde *w* geistl. Knabenchor.

Kurre'ntschrift *w* Schreibschrift.

Kurri'kulum *s* Lebensweg, -lauf.

Kurs *m* Richtung; Umlauf; Börsenpreis; jeweiliger Geldwert; *auch* Lehrgang; **Ku'rsbuch** *s* Fahrplanbuch; **u'mlaufen; kursi'v** schräg laufend; **Kursi've** *w* od **Kursi'vschrift** *w* schrägstehende Druckschrift; **kurso'risch** fortlaufend; *auch* flüchtig; **Ku'rsus** *m* Lehrgang.

Ku'rtaxe *w* in Kurorten von den Gästen erhobene Abgabe.

Karti'ne *w* mil. Teil eines Festungswalles.

Kurtisa'ne *w* vornehme Geliebte.

Kurvatu'r *w* Krümmung; **Ku'rve** *w* Krümmung, Biegung; **ku'rven** in Bogenlinien fahren; **Kurvimetrie'** *w* Kurvenmessung.

Kusi'ne *w* Base.

Kusto'den *Mz.* am Schluß einer Buchseite stehende Anfangswörter od. -silben der folgenden Seite; **Ku'stos** *m* wissenschaftlicher Verwalter (z. B. an Museen).

kuta'n *med.* die Haut betreffend.

Ku'tsche *w* Pferdewagen zur Personenbeförderung.

Ku'tter *m* *naut.* einmastiges, oft mit Motor ausgerüstetes kleines Segelschiff; mit Riemen und Besegelung ausgerüstetes Rettungsboot auf Kriegsschiffen.

Kuvert *s* (kuhwäh'r) Briefumschlag; Gedeck;

kuvertie'ren Briefe in einen Umschlag stecken; **Kuvertü're** *w* (Schokoladen-)Überzugsmasse.

Küve'tte *w* flache Schale.

kuvrie'ren verdecken.

Kux *m* Anteil an Bergwerken.

Kwa'ß *m* bierähnliches, aus gegorenem Brot hergestelltes russisches alkoholisches Getränk.

Kyberne'tik *w* Wissenschaftszweig, der die biologischen und technischen Regelungs- und Steuerungsvorgänge und deren Gesetzmäßigkeiten erforscht und sich mit deren praktischer Anwendbarkeit befaßt; **kyberne'tisch** steuernd, regelnd; die Kybernetik betreffend.

Kymographie' *w* *med.* Röntgendarstellung von sich bewegenden Organen (Herz usw.).

Ky'niker *m* Angehöriger einer den Verzicht auf alle Kulturgüter anstrebenden altgriechischen Philosophenschule; **ky'nisch** den Verzicht auf alle Kulturgüter anstrebend; **Kyni'smus** *w* Lehre der Kyniker.

Kynolo'ge *m* Hundekenner, -züchter; **Kynologie'** *w* Wissenschaft vom Hund.

Kypho'se *w* *med.* Wirbelsäulenverkrümmung (nach hinten), Buckel.

Ky'rie ele'ison (. . . ri^e . . .) „Herr erbarme dich": Bittruf am Beginn der kath. Messe.

kyri'llische Schrift *w* Schrift der griechisch-orthodoxen Slawen; in etwas vereinfachter Form: Schrift der Russen, Ukrainer, Bulgaren und Serben.

L

La'barum s Kreuzfahne des spätrömischen Heeres.

Label s (leh'b°l) Aufklekleber, Etikett.

Labia'l m gramm. Lippenlaut; **labia'l** die Lippen betreffend; **La'bien** Mz. (. . . i-en) Lippen.

labi'l schwankend, unbeständig; **Labilitä't** w Unbeständigkeit.

Labo'r s Kurzbezeichnung für: Laboratorium (s. dort); **Labora'nt** m Laboratoriumsgehilfe; **Laborato'rium**, auch **Labo'r** s Raum für naturwissenschaftliche und technische Arbeiten und Versuche; **laborie'ren** sich mit etwas abmühen; in einem Laboratorium arbeiten.

Labour Party w (leh'b°rpah'ti) „Arbeitspartei": Arbeiterpartei in England (etwa den deutschen Sozialdemokraten vergleichbar).

La'brum s Lippe.

La'bskaus s seemännisches Eintopfgericht aus Salzfleisch, Kartoffeln, Gurke, Fisch und/oder weiteren Beigaben.

Labyri'nth s Irrgarten, -gang; med. Innenohr; **lybyri'nthisch** verworren.

lacie'ren (laßih'r°n) bändeln, schnüren.

La'crimae Chri'sti m „Tränen Christi": eine süße italienische Weinsorte.

lädie'ren beschädigen.

Ladi'no m Mischling von Weißen und Indianern.

Lady w (leh'dih) svw. adlige Dame; **ladylike** (leh'dihlaik) damenhaft; **Ladykiller** m (leh'dih...) Frauenverführer, „Don Juan".

Lafe'tte w mil. Schießgerüst eines Geschützrohres; **lafettie'ren** mil. ein Geschützrohr mit einer

Lafette versehen.

La'go m italienisch: See.

Lagting s (lah'tiñ) norwegisches Oberhaus.

Lagu'ne w Strandsee (hinter einer Nehrung oder innerhalb eines Atolls).

Lai'e m Nichtfachmann; Nichtgeistlicher; **lai'enhaft** unfachmännisch; **Lai'enkelch** m rel. Gewährung des Kelches beim Abendmahl an Nichtgeistliche; **Lai'enrichter** m iur. an der Rechtsprechung Beteiligter, der keine rechtswissenschaftliche Ausbildung besitzt.

Laisser-faire s (läßeh-fäh'r) das Dahintreibenlassen; Ungezwungenheit; **laissez faire, laissez aller** (läßeh' fäh'r, läßeh'saleh') „laßt machen, laßt gehen": Schlagwort des Wirtschaftsliberalismus.

Laizi'smus m (la-i . . .) Bestrebungen nach Beseitigung kirchlicher Einflüsse auf den Staat.

Lakai' m herrschaftl. Diener; svw. Kriecher.

La'ke w Salzbrühe.

lako'nisch kurz, bündig.

Lakri'tze w Süßholzsaft.

Laktatio'n w med., biol. Stillzeit; **laktie'ren** med., biol. stillen; Milch abscheiden; **Laktobio'se** w chem. Milchzucker; **Lakto'se** w chem. Milchzucker.

Laku'ne w Lücke; Hohlraum.

La'ma m tibetan. Priester; s zool. kamelartiges südamerik. Huftier.

Lamai'smus m (. . . a-i . . .) tibetanischer Buddhismus.

Lamarcki'smus m biol. Abstammungslehre: „Vererbbarkeit erworbener Eigenschaften" (Umwandlung der Arten

durch Umwelteinflüsse); **lamarcki'stisch** der Abstammungslehre Lamarcks entsprechend.

La'mbda s dem „L" entsprechender Buchstabe des griechischen Alphabets.

Lambethwalk m (lä'mb°θ wök) englischer Modetanz.

La'mbitus m sex. Liebkosen und Reizen der Geschlechtsteile mit Lippen und Zunge.

Lamé' m mit Metallfäden durchwirktes Gewebe.

Lame'lle w feines Blättchen.

lamenta'bel bejammernswert; **lamentie'ren** jammern; **Lame'nto** s Klage.

Lame'tta s aus flach gewalzter Metallfolie geschnittene schmale Streifen; auch scherzhaft für: Orden, Abzeichen; **La'mina** w dünnes Plättchen; **Lamina'ria** w bot. Blattang; **laminie'ren** Buchdeckel mit einer (durchsichtigen) Folie überziehen.

Lampe'tte w Wasserkanne.

Lampion m (. . . o'ñ) aus Papier gefertigte Laterne.

Lampre'te w zool. Neunauge (ein Speisefisch).

Lä'n s schwedische Bezeichnung für: Verwaltungsbezirk (Provinz).

lancie'ren (lañßih'r°n) werfen; an eine bestimmte Stelle lenken; in Gang bringen; **Lancie'rrohr** s mil. Torpedoabschußrohr.

Landrover m (lä'ndroh w°r) geländegängiger Kraftwagen.

La'ndsmål s (. . . mol) auf westnorwegischen Dialekten beruhende norwegische „Landessprache" (Neunorwegisch/ Nynorsk).

Lange'tte *rv* Schlingstich zur Randbefestigung; **langettie'ren** einen Stoffrand mit Schlingstichen umstechen.

Langu'ste *rv* zool. scherenlose Hummerart.

Lanoli'n s Wollfett.

Lantha'n s chem. ein Grundstoff (La), ein Metall.

Lanze'tte *rv* med. zweischneidiges chirurg. Messerchen.

Laparosko'p s med. Instrument zur Bauchhöhlenuntersuchung; **Laparoskopie'** *rv* med. Bauchhöhlenuntersuchung mit einem Laparoskop; **laparosko'pisch** med. mit einem Laparoskop; **Laparotomie'** *rv* med. Bauchschnitt.

lapida'r wuchtig, kurz; **Lapidä'r** *m* „Steinschneider": von Uhrmachern benutzte Schleif- und Poliermaschine; **Lapida'rium** s Steindenkmälersammlung; **Lapida'rschrift** *rv* Monumentalschrift.

Lapi'lli Mz. kleine, bei Vulkanausbrüchen ausgeworfene Lavastückchen; **La'pis** m Stein.

Lapisla'zuli m blauer Halbedelstein.

Lappa'lie *rv* (. . . i-e) Kleinigkeit, Belanglosigkeit.

La'psus m Fehler; **La'psus ca'lami** m *srv.* Schreibfehler; **La'psus li'nguae** m *srv.* Sprechfehler.

La'ren Mz. altrömische Hausgötter.

larghe'tto mus. mäßig langsam; **La'rgo** s langsames Musikstück; **la'rgo** mus. langsam; breit.

larmoyant (larmoaja'nt) weinerlich.

l'art pour l'art (lah'r puhr lah'r) *srv.* Kunst als Selbstzweck.

La'rve m Maske; zool. Insektenpuppe (Insektenentwicklungssta-

dium); **larvie'ren** maskieren; verbergen; **larvie'rt** med. verborgen.

Larynga'l m Kehllaut; **larynga'l** med. den Kehlkopf betreffend; **Laryngektomie'** *rv* med. Kehlkopfentfernung auf operativem Wege; **Laryngi'tis** *rv* med. Kehlkopfentzündung; **Laryngologie'** *rv* med. Wissenschaft von den Kehlkopfkrankheiten; **Laryngoskopie'** *rv* mec. Kehlkopfspiegelung; **La'rynx** m med. Kehlkopf.

Laser m (leh'ser) phys. techn. „light amplification by stimulated emission of radiation = Lichtverstärkung durch angeregte Strahlenaussendung.

Lash-Verkehr m (lä'sch-) Seetransport mit Spezialschiffen, welche mit Containern beladene Lastkähne — Leichter — transportieren (Lighter aboard ship).

lasie'ren mit durchsichtiger Farbe übermalen.

Läsio'n *rv* Verletzung.

La'sso *rv/s* Wurfschlinge.

Lastadie' od. **Lasta'die** *rv* (. . . i-e) Be- und Entladeplatz für Schiffe.

La'stex s elastisches Gewebe aus umsponnenen Gummifäden.

last not least (lah'ßt not lih'ßt) *srv.* zuletzt, aber nicht am unwichtigsten.

Lasu'r *rv* durchsichtige Farbschicht; **Lasu'rfarbe** *rv* durchsichtige Farbe.

laszi'v schlüpfrig, unzüchtig; **Laszivitä't** *rv* Schlüpfrigkeit.

Läta're rel. „Freue dich . . .": 3. Sonntag vor Ostern, benannt nach Jesaja 66, Vers 10.

Latei'namerika s Sammelbezeichnung für die Spanisch bzw. Portugiesisch sprechenden süd- und mittelamerikanischen

Staaten.

La-Tène-Kultur *rv* (. . . täh'n . . .) eisenzeitliche, von den Kelten getragene europäische Kulturstufe.

late'nt verborgen; **Late'nz** *rv* med. Verborgensein einer Krankheit; **Late'nzzeit** s med. Zeitraum zwischen Ansteckung u. Ausbruch einer Krankheit.

latera'l seitlich.

Latera'n m (ehem.) Papstpalast in Rom.

Lateri't m tropischer bzw. subtropischer roter Verwitterungsboden.

Late'rna ma'gica *rv* Projektionsapparat einfachster Art.

La'tex m Milchsaft der kautschukliefernden Pflanzen.

Latifu'ndien Mz. (. . . i-en) (altrömische) große Landgüter.

Latime'ria *rv* zool. Quastenflosser.

latinisie'ren der lateinischen Sprache anpassen; **Latini'smus** m der lateinischen Sprache eigentümliche Ausdrucksweise (in einer anderen Sprache); **Lati'num** s (Ergänzungs-)Prüfung der Kenntnisse der lateinischen Sprache; Bezeichnung für die auf höheren Schulen vermittelten Lateinkenntnisse.

Latitü'de *rv* geographische Breite; **latitudina'l** die geographische Breite betreffend.

Latri'ne *rv* Abort(grube); **Latri'nenparole** *rv* Gerücht.

lauda'bel lobenswert; **Lauda'tio** *rv* Lobrede, Würdigung; **Lauda'tor** m Lobredner; **Lau'des** Mz. rel. Lobgesänge.

Laurea't m „der Lorbeergeschmückte": ausgezeichneter Dichter oder Wissenschaftler.

Lau'te *n* mus. ein Zupfinstrument.

La'va *n* zähflüssiger Auswurf der Vulkane.

Lava'bel *m* waschbare Stoffart; **Lava'bo** *s* Waschgefäß; *rel.* kultische Handwaschung.

Lave'ndel *m bot.* hellviolette Gewürz- und Heilpflanze.

lavie'ren geschickt steuern, sich durchwinden.

Lavoir *s* (lawoah'r) Waschbecken.

Lävulo'se *n chem.* Fruchtzucker.

Law and order (lô änd ôd°) Recht (Ruhe) und Ordnung.

Lawi'ne *n* stürzende Schnee- od. Steinmasse.

Lawn-Tennis *s* (lô'n ...) Rasentennis.

lax schlaff, locker; **La'xans** *s med.* Abführmittel; **Laxati'v(um)** *s med.* Abführmittel; **laxie'ren** *med.* abführen.

Layout *s* (leh-au't) gebrauchsgraphischer Entwurf; Text und Bildanordnung darstellende Entwurfsskizze (für Bücher, Anzeigen, Plakate usw.); **Layouter** *m* (leh-au't°r) Gebrauchsgraphiker; Gestalter eines Layouts.

Lazare'tt *s* (Militär-)Krankenhaus; **La'zarus** *m* *snn.* „armer Kerl".

Lazeratio'n *n med.* Zerreißung; **lazerie'ren** *med.* zerreißen.

Lazzaro'ne *m* (neapolitanischer) Bettler, Gelegenheitsarbeiter.

leasen (lih's'n) leihen, mieten; **Leasing** *s* (lih'siñ) Vermietung von Gegenständen (z. B. Kraftwagen, Fernsehgeräten usw.) oder Industrieanlagen.

Leathernecks *Mz.* (lä'θ°rnekß) *mil.* „Ledernacken": Angehörige des amerikanischen Marinekorps, einer Eliteeinheit der US-Wehrmacht.

Le'bensstandard *m* vom Einkommen abhängige Art der Lebensbedürfnisse.

Lecturer *m* (lä'ktsch°r°r) *englisch:* Dozent.

Legalisatio'n *n* Beglaubigung; **lega'l** gesetzlich; **legalisie'ren** rechtsgültig machen; **Legalisie'rung** *n* Beglaubigung; Bestätigung der Gesetzmäßigkeit; **Legalitä't** *n* Gesetzmäßigkeit; **Legalitä'tsprinzip** *s* Pflicht der Strafverfolgungsbehörden, strafbare Handlungen ohne Rücksicht auf Zweckmäßigkeit zu ahnden.

Legasthenie' *n psych. med.* angeborene (möglicherweise auch erworbene) Lese- und Rechtschreibeschwäche; **Legasthe'niker** *m* wer an Lese- und Rechtschreibeschwäche leidet; **legasthe'nisch** lese- und rechtschreibeschwach.

Lega't *m* päpstl. Gesandter; *s* Vermächtnis; **Legatio'n** *n* Gesandtschaft; **Legatio'nsrat** *m* Titel für im diplomatischen Dienst tätige Räte.

lega'to mus. gebunden.

le'ge a'rtis kunstgerecht.

Legenda'r *s* Legendensammlung; **legendä'r** sagenhaft; **Lege'nde** *n* fromme Erzählung; In-, Umschrift; Bilderklärung.

leger (leshäh'r) ungezwungen, lässig.

Le'ges *Mz.* Gesetze, Gesetzessammlung.

Le'ghorn *s zool.* eine Haushuhnrasse.

legie'ren Metalle durch Zusammenschmelzen mischen; **Legie'rung** *n* Metallmischung, -verschmelzung.

Legio'n *n* Heereseinheit im alten Rom; *snn.* große Menge; Söldner-, Freiwilligentruppe; **Legionä'r** *m* Soldat einer Legion.

Legislatio'n *n* Gesetzgebung; **legislati'v** gesetzgebend; **Legislati've** gesetzgebende Versammlung; **legislato'risch** gesetzgeberisch; **Legislatu'r** *n* Gesetzgebung; **Legislatu'rperiode** *n* Amtszeit der gesetzgebenden Versammlung.

legiti'm gesetzmäßig; **Legitimatio'n** *n* Ausweis, Berechtigung; **legitimie'ren** ausweisen; gesetzlich anerkennen; **Legitimi'st** *m pol.* Anhänger einer von ihm als allein rechtmäßig angesehenen (monarchischen) Herrschaftsform; **Legitimitä't** *n* Rechtmäßigkeit; **Legitimitä'tsprinzip** *s pol.* (meist historisch begründete) Rechtfertigung einer Herrschaftsordnung.

Legumino'sen *Mz. bot.* Hülsenfrüchtler.

Legwarmers *Mz.* (lä'g-wom°s) gestrickte Wollstumpen, Unterschenkel-, Wadenwärmer.

Lei'tfossil *s* Versteinerung von Tieren oder Pflanzen, die für eine bestimmte erdgeschichtliche Formation kennzeichnend ist.

Lektio'n *n* Lehrstunde; Aufgabe; Zurechtweisung; **Le'ktor** *m* Lehrbeauftragter; Verlagsmitarbeiter, der die Manuskripte zu prüfen und zu bearbeiten hat; **Lektora't** *s* für die Prüfung und Bearbeitung von Manuskripten verantwortliche Verlagsabteilung; **lektorie'ren** Manuskripte als Lektor prüfen und bearbeiten; **Lektü're** *n* Lesen, Lesestoff.

Le'mming *m zool.* skandinavische Wühlmaus.

Lemu'ren Mz. Geister Verstorbener; zool. Halbaffen; **lemu'renhaft** geisterhaft, gespensterhaft; **Lemu'ria** rv im Indischen Ozean vermuteter versunkener Erdteil.

Le'niens s (. . .i-e . . .) med. Linderungsmittel.

Lenini'smus m von Lenin entwickelte kommunistische Staats- und Parteilehre.

leniti'v med. lindernd.

Lenti'go rv med. Hautfleck, „Leberfleck".

le'nto mus. gedehnt, langsam.

Leonti'asis rv med. „Löwengesicht", verunstaltetes Gesicht Leprakranker.

Leopa'rd m zool. afrikanische und südasiatische Raubkatze.

Lepidopte'ren Mz. zool. Schmetterlinge.

Lepore'llo s zusammenfaltbare Bildreihe.

Le'pra rv med. Aussatz; **leprö's** med. aussätzig; **Leproso'rium** s Krankenhaus bzw. abgeschlossenes Wohngebiet für Aussätzige.

leptoso'm schlankwüchsig; **Leptoso'me** m/rv Schlankwüchsige(r).

Leptospi'ren Mz. med. schraubenförmige Mikroorganismen; **Leptospiro'se** rv med. durch Leptospiren hervorgerufene Krankheit.

le'sbisch sex. svrv. gleichgeschlechtlich (bei Frauen); **le'sbische Liebe** rv sex. gleichgeschlechtliche Liebe unter Frauen.

less „ganz ohne": svrv. splitternackt.

leta'l med. tödlich; **Letalitä't** rv med. Sterblichkeit.

L'Etat c'est moi! (lehta' ßämoa') „der Staat bin ich!": Schlagwort des

Absolutismus (angeblicher Ausspruch Ludwigs XIV. von Frankreich).

Lethargie' rv Teilnahmslosigkeit; **letha'rgisch** teilnahmslos; **Le'the** rv in der griech. Sage: Trank des Vergessens.

Le'tkiss (auch Letki'ss) m volkstanzähnlicher Gesellschaftstanz.

Le'tter rv Druckbuchstabe.

Le'ttner rv Lesepult; Chorschranke mittelalterlicher Kirchen.

Lettres de Cachet Mz. (lä'tr⁰ d⁰ kaschä') Verhaftungsbefehle der französischen Könige (vor 1789).

Leukämie' rv med. krankhafte Vermehrung der weißen Blutkörperchen; **leukä'misch** med. an Vermehrung der weißen Blutkörperchen leidend; **Leukopenie'** rv med. krankhafte Verringerung der weißen Blutkörperchen; **Leukopla'st** s Name eines Heftpflasters; **Leukotomie'** rv med. Durchschneidung der weißen Hirnsubstanz (bei bestimmten Psychosen); **Leukozy'ten** Mz. med. weiße Blutkörperchen; **Leukozyto'se** rv med. (zeitweilige) Vermehrung der weißen Blutkörperchen.

Leu'tnant m mil. unterster Offiziersdienstgrad.

Leva'de rv das Sichaufrichten eines Pferdes auf den Hinterbeinen.

Leva'nte rv Morgenland; Küstenländer des östlichen Mittelmeeres; **Levanti'ner** m Bewohner der Levante; **levanti'nisch** morgenländisch.

Levée en masse rv (l⁰weh' añ ma'ß) Massenaufgebot; **Lever** s (l⁰weh') Morgenaudienz am Hof

der französischen Könige.

Levia'than m mythologisches (Meer-)Ungeheuer.

Levira'tsehe rv Ehe einer kinderlos gebliebenen Witwe mit dem Bruder ihres verstorbenen Ehemannes, um einen Erben zu erzeugen.

Levitatio'n rv freies Schweben des menschlichen Körpers.

Levi'ten Mz.: jdm. die L. lesen: jdn. ernst ermahnen.

Levko'je rv bot. eine Gartenblume.

Le'x rv Gesetz.

lexika'lisch in Form eines Lexikons; **Lexikogra'ph** m Verfasser eines Lexikons; **Lexikographie'** rv das Verfassen eines Lexikons; **Le'xikon** s alphabet. geordnetes Nachschlagewerk.

Lezithi'n s chem., med. „Eigelbstoff": fettartiges, phosphorhaltiges Nervenkräftigungsmittel.

Liaison rv (liäso'ñ) Liebschaft.

Lia'ne rv bot. Schlingpflanze.

Libatio'n rv Trankopfer, Spende.

Libe'll s „Büchlein", Klage-, Schmähschrift.

Libe'lle rv (Teil einer) Wasserwaage; zool. Wasserjungfer.

Li'ber m Buch.

libera'l freisinnig; frei von Vorurteilen; **Libera'le** m/rv Anhänger(in) des Liberalismus; **Liberalisie'rung** rv Aufhebung von (Handels-)Beschränkungen; **Liberali'smus** m freisinnige, die Rechte des Einzelmenschen hervorhebende Bewegung;

liberalisie'ren Handelsbeschränkungen aufheben; **Liberali'st** m Vertreter des Liberalismus; **liberali'stisch** den Liberalismus vertretend; **Liberatio'n** rv Befreiung; **Li'bero** m Abwehrspieler beim Fußball, der sogenannte „freie Mann" ohne unmittelbare Deckungsaufgabe, der sich auch in das Angriffsspiel einschalten kann; **Libe'rtas** rv altrömische Göttin der Freiheit; **Libertä't** rv Freiheit.

Liberté, Egalité, Fraternité (. . . eh) Losung der Französischen Revolution: Freiheit, Gleichheit, Brüderlichkeit.

liberti'n zügellos, liederlich; **Libertin** m (libärtä'ñ) zügelloser, liederlicher Mensch; *auch* Freigeist; **Libertinage** rv (. . . ah'sh°) Zügellosigkeit, Liederlichkeit; **Libertini'smus** m Zügellosigkeit, Liederlichkeit.

libidinö's sex., med. wollüstig; **Libi'do** rv sex., med. Geschlechtstrieb.

Li'bra rv Pfund.

Libre'sse rv Führerin durch Buchausstellungen, Bibliotheken usw., die eine literarische Vorbildung (Hochschulbildung, Bibliothekarin oder Buchhändlerin) besitzt; **Libre'sso** s mit einer Buchhandlung verbundenes Kaffeehaus; **Libretti'st** m Textbuchverfasser; **Libre'tto** s (Opern-)Textbuch; **Li'bri** Mz. Bücher.

Lichenologie' rv bot. Wissenschaft von den Flechten.

Li'do m zwischen Meer und Lagune gelegener Landstreifen.

Li'en m med. Milz.

Lift m Fahrstuhl; Aufzug; **Liftback** s (li'ftbäk, liftbä'k) schräg nach hinten abfallendes, mit Ladeklappe versehenes Heck eines Personenkraftwagens; **li'ften** med. Falten durch eine kosmetische Operation beseitigen; **Lifting** s (li'ftiñ) med. kosmetische Operation zur Beseitigung von Falten.

Li'ga rv Bund; Wettkampfklasse in verschiedenen Sportarten.

Ligame'nt(um) s med. bindegewebiges, Knochen verbindendes Band; **Ligatu'r** Buchstabenverbindung (z. B.: ß, œ); med. Unterbindung.

Light Show rv (lai't schoh) „Lichtschau": (stimmungsbeeinflussende) farbige, wechselnde Licht- bzw. Beleuchtungseffekte während des Spielens von Beatmusik.

Ligi'st m Angehöriger einer Liga; **ligi'stisch** einer Liga angehörend, eine Liga betreffend.

Ligni'n s bot. Holzstoff: Hauptbestandteil des Holzes.

Ligni't m Braunkohlenart. **Li'gnum** s bot. Holz. **Ligu'ster** m bot. ein Ölbaumgewächs.

liie'ren (. . . i-i . . .) verbinden; **Liie'rung** rv (. . . i . . .) Verbindung.

Likö'r m süßer Branntwein.

Li'ktor m Amtsdiener höherer altrömischer Beamter; **Likto'renbündel** s Rutenbündel mit Beil, das Abzeichen der Liktoren.

li'la violett, fliederblau

Liliaze'en Mz. bot. Liliengewächse; **Li'lie** rv (. . . i-e) bot. Gartenpflanze aus der Pflanzenfamilie Liliazeen.

Li'liput s von Zwergen bewohntes Märchenland; **Liliput** . . . in Zusammensetzungen suv. winzig, im Kleinstformat; **Liliputa'ner** m zwergwüchsiger Mensch.

Li'merick m fünfzeiliges englisches bzw. irisches Gedicht humorvollen Inhalts.

Li'mes m Grenzwall; math. Grenzwert; **Li'mit** s Preisgrenze; **Limitatio'n** rv Begrenzung; **limitati'v** begrenzend; **limitie'ren** (Preise) begrenzen.

Limnime'ter s Pegel, Wasserstandsmesser; **Limnogra'ph** m Schreibpegel, Wasserstandsschreiber; **Limnolo'ge** m Wissenschaftler auf dem Gebiet der Seen- u. Süßwasserkunde; **Limnologie'** rv Seenkunde; Süßwasserkunde; **limnolo'gisch** die Seen-, Süßwasserkunde betreffend.

Li'mo rv Abk. v. Limonade; **Limona'de** rv Fruchtgetränk; **Limo'ne** rv bot. eine Zitronenart. **limo's** schlammig.

Limousi'ne rv Personenkraftwagen mit festem Verdeck.

limpi'd klar, durchsichtig.

Linea'l s Gerät zum Zeichnen gerader od. gekrümmter Linien; **linea'r** geradlinig.

Linge rv (lä'ñsh) Wäsche; **Lingerie** (läñsh°rih') Wäschekammer.

Li'ngua rv Sprache; med. Zunge; **lingua'l** med. zur Zunge gehörig; **Lingua'l** m Zungenlaut; **Lingui'st** m Sprachwissenschaftler; **Lingui'stik** rv Sprachwissenschaft; **lingui'stisch** die Sprachwissenschaft betreffend.

Li'nie rv (. . . i-e) Strich, Strecke, Zeile; Aufstellung nebeneinander; Abstammungsreihe; naut. suv. Äquator; **liniie'ren**

(. . . i-i . . .) Linien ziehen; **Liniie'rung** *n* (. . . i-i . . .) Linienziehung.

Linime'nt s *med.* Salbe, Einreibemittel.

Lino'leum s (. . . e-um) Gewebe mit aufgepreßter Schicht aus Korkmehl und Leinöl; **Lino'lschnitt** *m* Hochdruckverfahren, bei welchem das Bild in Linoleum eingeschnitten wird, wobei die zu druckenden Stellen stehenbleiben; der in diesem Verfahren hergestellte Abzug.

Linon s (lino'ñ) feines Leinen- oder Baumwollgewebe.

Linotype *n* (lai'notaip) Druckgewerbe: Setzmaschine für Zeilenguß.

Lipämie' *n* erhöhter Fettgehalt des Blutes; **lipä'misch** einen erhöhten Fettgehalt des Blutes aufweisend.

Lipi'de Mz. *chem., med.* Fette.

Lipizza'ner Mz. (nach dem Gestüt Lipizza bei Triest benannte) Pferderasse.

Lipoi'd s (. . . o-i . . .) *chem., med.* fettähnliche Substanz; **Lipoly'se** *n* *chem., med.* Fettspaltung.

Liquefaktio'n *n* *chem.* Verflüssigung.

li'quet „es ist klar".

Liquida'tor *m* wer eine Geschäftsauflösung durchführt; **liqui'd(e)** flüssig; **Liquidatio'n** *n* Geschäftsauflösung; Abrechnung; **liquidie'ren** ein Geschäft auflösen; abrechnen; *suw.* (gewaltsam) beseitigen; **Liquidie'rung** *n* Geschäftsauflösung, Abrechnung; *auch suw.* gewaltsame Beseitigung. **Liquidität'** *n* Wirtschaft: Flüssigkeit; die Möglichkeit, das

Vermögen in Geld umzuwandeln; **Li'quor** *m* Flüssigkeit; *med.* (Gehirn-, Rückenmarks-) Flüssigkeit.

Li'ster Methode *n* *med.* antiseptische Wundbehandlungsmethode.

Litanei' *n* Bittgebet; Klagelied.

Li'ter s/m Maßeinheit für Hohlräume und Flüssigkeiten: 1 Kubikdezimeter.

litera'risch das Schrifttum betreffend; **literarisie'ren** literarisch gestalten; **Litera't** *m* Schriftsteller (auch im abfälligen Sinne gebraucht); **Literatu'r** *n* Schrifttum; **Literatu'rproduzenten** Mz. Sammelbezeichnung für eine aus Autoren, Verlegern, Verlagsmitarbeitern und -angestellten bestehende Gruppe, welche in ihrer Zusammenarbeit sozialistische Formen und Inhalte anstrebt.

Lite'wka *n* leichter Uniformrock.

Lithi'asis *n* *med.* Steinkrankheit; **Li'thium** s *chem.* ein Grundstoff (Li), ein Metall (nach lithos = Stein benannt); **Litho . . ., litho . . .** Stein . . ., stein . . .; **lithoge'n** steinbildend, aus Stein entanden; **Lithogene'se** *n* Entstehung der Steine; **Lithogra'ph** *m* Steinzeichner, -drucker; **Lithographie'** *n* Steinzeichnung, -druck; **lithogra'phisch** im Steindruckverfahren (hergestellt); **Litholo'ge** *m* Gesteinswissenschaftler; **Lithologie'** *n* Gesteinswissenschaft; **litholo'gisch** gesteinswissenschaftlich; **Litholy'se** *n* *med.* Steinauflösung; **Lithosphä're** *n* Erdkruste, Gesteinsmantel der Erde.

Litigatio'n *n* *iur.* Streit-

fall; **litigie'ren** *iur.* einen Streitfall vor Gericht ausfechten.

Litora'l s Küstengebiet, Strandzone; **litora'l** die Küste, den Strand betreffend; **Litori'na** *n* *zool.* Strandschnecke

Lito'tes *n* Anwendung der doppelten Verneinung; zur verstärkten Bejahung (z. B. nicht unmöglich = sehr wohl möglich).

Litu'rg *m* *rel.* die Liturgie haltender Geistlicher; **Liturgie'** *n* Gottesdienstordnung; **Litu'rgik** *n* Lehre von der Ordnung des Gottesdienstes; **litu'rgisch** die Liturgie betreffend.

Live-Sendung *n* (lai'f . . .) Direktsendung beim Rundfunk und beim Fernsehen; **Living Theatre** s (li'wiñ θih'et'r) modernes, avantgardistisches Theaterspiel, gekennzeichnet durch Verzicht auf Kostümierung und Dialoge sowie durch Verwendung von Elementen des antiken Theaters.

Livree' *n* uniformartige Dienerkleidung; **livrie'rt** in Dieneruniform gekleidet.

Lizentia't s akademischtheologischer Grad; *m* wer das Lizentiat erworben hat; **Lize'nz** *n* Erlaubnis; **lizenzie'ren** genehmigen; **Lize'nzausgabe** *n* Sonderausgabe eines Buches in einem anderen als dem Originalverlag, zu der dieser die Erlaubnis gegen Zahlung einer Lizenzgebühr erteilt hat; **Lize'nzpresse** *n* Bezeichnung für die mit Lizenz der Alliierten erschienenen Zeitungen und Zeitschriften in Deutschland und Österreich (1945–1949); **Lize'nzspieler** *m* in der

Fußball-Bundesliga spielberechtigter, in einem Verein fest angestellter Spieler.

Lizitatio'n n öffentliche Versteigerung; **lizitie'ren** öffentlich versteigern.

Llano m (ljah'no) Grassteppe der tropischen und subtropischen Gebiete Amerikas.

LM s techn. Abk. v. „Lunar Module": Mondlandefähre, -boot.

Lo'bby n (Parlaments-) Wandelhalle; auch Sammelbezeichnung für alle Lobbyisten; **Lobbyi's-mus** m (. . . y-i . . .) sinv. Versuch der Abgeordnetenbeeinflussung für die „Lobby"); **Lobbyi'st** m wer als Vertreter von Interessengruppen Abgeordnete (in der „Lobby") zu beeinflussen sucht.

Lobektomie' n med. Entfernung eines Lungenlappens auf operativem Wege.

Lobe'lie n (. . . i-e) bot. ein Glockenblumengewächs; **Lobeli'n** s med., chem. aus einer Lobelienart gewonnenes Alkaloid.

Lobotomie' n med. Gehirnlappenschnitt; **Lo'-bus** m med. Organlappen.

Lockout m/s (lok au't) Aussperrung (streikender Arbeiter).

lo'co cita'to bei Literaturzitaten: am angegebenen Ort (eines Druck- oder Schriftwerkes); **lo'co sigi'lli** (Abk. L. S.) bei Abschnitten von Dokumenten: anstatt des Siegels.

Lo'cus commu'nis m Allgemeinplatz, sinv. allgemein bekannte Tatsache, abgegriffene Redensart.

Lo'g s naut. Instrument zum Messen der Schiffsgeschwindigkeit.

Logari'thmentafel n math. tabellarische Zusammenstellung von Logarithmen; **logarithmie'ren** math. Logarithmen bestimmen; mit Logarithmen rechnen; **Logari'th-mus** m math. Exponent einer Potenz.

Lo'gbuch s naut. Schiffstagebuch.

Loge n (loh'sh^e) abgeteilter Raum bzw. Platz; Freimaurervereinigung; **Logement** s (lohsh^{e}ma'ñ) Unterkunft, Bleibe.

Lo'gge n s. Log; **lo'ggen** naut. die Schiffsgeschwindigkeit mit einem Log messen.

Lo'gger m naut. Küstensegelschiff (mit Hilfsmotor).

Loggia n (lo'dsha) halboffener Balkon.

logieren (loshih'ren) wohnen.

Lo'gik n Denklehre.

Logis s (lohshih') Unterkunft; (lohshi'ß) naut. Mannschaftsunterkunft auf Schiffen.

lo'gisch folgerecht; **Logi'stik** n mathematische Logik; allg. u. mil. (Lehre vom) Versorgungs- und Nachschubwesen im weitesten Sinne; **logi'stisch** die Logistik betreffend.

Logogri'ph m Buchstaben-, Worträtsel; **Logo-pädie'** n med. Sprachheilkunde, -erziehung; **Lo'gos** m Wort; (göttliche) Vernunft.

Lohnexplosion n sprunghafte, die wirtschaftliche Entwicklung überholende Steigerung der Löhne und Gehälter.

Loi'pe n Skilanglaufbahn. -spur.

Lok n Abk. v. Lokomotive.

loka'l örtlich; **Loka'l** s Örtlichkeit; Gastwirtschaft; **Loka'lanästhesie** n med. örtliche Betäu-

bung; **Lokalisatio'n** n örtliche Begrenzung; **lokalisie'ren** örtlich begrenzen; **Lokalitä't** n Örtlichkeit; **Loka'lkolorit** s anschauliche, farbige Schilderung des Handlungsortes in Werken des Schrifttums; **Loka'lnachricht** n Nachricht aus dem örtlichen Bereich; **Loka'lpatriotis-mus** m (übertriebene) Begeisterung für die engere Heimat; **Loka'ltermin** m iur. gerichtlicher Termin am Tatort; gerichtliche Tatortbesichtigung im Beisein aller an der Gerichtsverhandlung Beteiligten; **Lokatio'n** n Stellung, Aufstellung, Vermietung; auch Wohnsiedlung; **Lo'kativ** m gramm. den Ort angebender Fall, Ortsfall.

Lokomobi'le n techn. fahrbare Dampfmaschine; **Lokomoti've** n Zugmaschine (auf Schienen).

Lo'kus m Ort; auch Abort.

Lokutio'n n Redeweise.

Loli'ta n sinv. „Kindfrau"; sehr junges, sexuell frühreifes Mädchen.

Lo'lli, Lo'lly m (Kurzform d. engl. „lollipop") Kaubonbon; „Dauerlutscher".

Lo'mbard m/s Kreditgewährung gegen Verpfändung; **lombardie'ren** beleihen, verpfänden.

Longdrink m (lo'ñdrink) mit Wasser, Mineralwasser, Soda oder Sekt „verlängertes" alkoholisches Getränk.

Longe n (lo'ñsh^e) zur Pferdedressur verwendete lange Laufleine; **longieren** (loñshih'r^{e}n) (Pferde) an der Longe laufen lassen.

Longimetrie' n Längenmessung; **longitudina'l** die geographische Län-

ge betreffend; der Länge nach.

Long-run-Analyse w (lo'nran...) sich über einen längeren Zeitraum erstreckende Untersuchung von Wirtschaftsvorgängen.

Longseller m (lo'nßäl^er) Buch, das lange Zeit gut verkäuflich bleibt.

Look m (lu'k) (Mode-)Stil, Aussehen, modische Richtung (z. B. „Astronauten Look").

Looping m (luh'piñ) Kunstflugfigur: Fliegen eines senkrechten Kreises.

Loquazität w (krankhafte) Geschwätzigkeit.

Lord m (lôd) englischer Adelstitel; naut. uspr. Seemann (wohl entstanden aus sailor/„Seelord"); **Lord-Mayor** m (lôd meh'^er) Erster Bürgermeister von London und einigen anderen britischen Großstädten.

Lordo'se w med. Rückgratverkrümmung nach vorn, „Hohlrücken".

Lo're w offener Feldbahnwagen.

Lorgnette w (lornjä'tte) Stielbrille; **Lorgnon** s (lornjo'ñ) Stielglas, Stielbrille.

Loss-leader m (lo'ß lihd^er) suw. Anreizartikel.

Lo'st m mil. ein chemischer Kampfstoff: „Gelbkreuz".

Lost generation w (... dshänereh'sch^en) „verlorene Generation": Bezeichnung für eine Gruppe vom Erlebnis des Ersten Weltkrieges geprägter junger amerikanischer Schriftsteller der 20er Jahre; auch die nach dem Ersten Weltkrieg aufwachsende junge Generation.

Lotio'n w (auch loh'sch^en) flüssiges Gesichtspflegemittel.

Lo'tos m bot. Seerosenart.

Lotterie' w Glücksspiel; **Lo'tto** s Zahlenlotterie; **Lotterie'kollekteur** m (.. tör) Lotterieeinnehmer.

Lo'tus bot. eine Kleeart.

Louis m (lu'ih) suw. Zuhälter.

Louis-Quatorze s (luikato'ːs) „Ludwig XIV": französischer Barockstil; **Louis-Quinze** s (luikä ñs) „Ludwig XV.": französischer Rokokostil; **Louis-Seize** s (luißäh's^e) „Ludwig XVI.": französischer Stil der Übergangszeit vom Rokoko zum Klassizismus.

Love-in s (law i'n) sex. suw. Sex-Party; mit sexueller Betätigung verbundenes geselliges Beisammensein.

Loxodro'me w alle Meridiane unter gleichem Winkel schneidende Kurve.

loyal (loajah'l) gesetzlich, redlich, treu; **Loyaliä't** w (loa...) Gesetzlichkeit, Rechtlichkeit, Treue.

LSD s s. Lysergsäurecimethyläthylen.

Lues m med. Syphilis; **luetisch** med. (...ue...) syphilitisch.

Lu'ffa w bot. Kürbispflanze mit schwammartigen Früchten („Luffagurken").

Luka'rne w Dachfenster.

lukrati'v einträglich.

Lukull m s. Lukullus; **lukullisch** schlemmerhaft; **Lukullus** m suw. Schlemmer.

Lullaby s (la'l^ebai) Schlaf-, Wiegenlied.

Lumba'go w med. Lendenschmerz, „Hexenschuß"; **lumba'l** med. die Lenden betreffend; **Lumba'lanästhesie** w (...ih) med. Rückenmarksanästhesie; **Lumba'lpunk-**

tion w med. Lendenstich (zwecks Liquorentnahme).

Lu'men s Licht; lichte Weite; hervorragender Geist; **Luminesze'nz** w Leuchten eines Körpers (ohne Temperaturerhöhung); **Luminopho'r** m Leuchtstoff; **luminö's** lichtvoll.

Lu'mme w zool. nordeuropäischer Seevogel, eine Alk-Art (in Deutschland auf Helgoland heimisch).

Lu'na w Mond; **luna'r** astr. den Mond betreffend; **Luna'r** m zur Erinnerung an die erste Mondlandung geprägte Gedenkmünze; **Luna'rium** s astr. Gerät zur Veranschaulichung der Bewegungen des Mondes um die Erde; **Luna'tiker** m med. Mondsüchtiger; **Lunatio'n** w astr. Mondumlauf; **luna'tisch** med. mondsüchtig; **Lunati'smus** m med. Mondsüchtigkeit.

Lunch m (la'ntsch) (leichtes) Mittagessen; **lunchen** (la'ntschen) ein (leichtes) Mittagessen einnehmen; **Luncheon** s (la'ntsch^en) Mittagessen.

Lüne'tte w „Möndchen": halbmondförmiges Feld über Türen und Fenstern; mil. Feldschanze; **Lunonau't** m Mondfahrer; **Lu'nula** w halbmondförmiger bronzezeitlicher Halsschmuck; **lunula'r** halbmondförmig.

Lupana'r s Freudenhaus im alten Rom.

Lu'pe w Vergrößerungsglas.

Luperka'lien Mz. (...ie...) altrömisches Hirtenfest.

Lupi'ne w bot. eine Futterpflanze.

Lu'pus m med. „Wolf": fressende Hautflechte,

Hauttuberkulose; **Lu'pus in fa'bula** m „der Wolf in der Fabel": *svrv.* unerwartetes Erscheinen dessen, von dem man gerade spricht.

Lu're rv altnordisches Blasinstrument.

Lü'ster m Kronleuchter; glänzendes Gewebe.

Lu'strum s altrömisches, alle fünf Jahre stattfindendes Sühneopfer; *auch* Jahrfünft.

Lux s *phys.* „Licht": Einheit der Beleuchtungsstärke.

Luxatio'n rv *med.* Verrenkung; **luxie'ren** *med.* verrenken.

luxuriö's verschwenderisch; **Lu'xus** m Verschwendung, Prunk.

Luze'rne rv *bot.* eine Futterpflanze.

luzi'd leuchtend, klar; **Luzidität** rv Klarheit, Helle.

Lu'zifer m Teufel; **luzife'risch** teuflisch.

Lyddi't s ein Sprengstoff.

Ly'mphe rv *med.* Gewebsflüssigkeit; Impfstoff; **lymphoi'd** (. . . o-i . . .) lymphartig; **Lymphozy'ten** *Mz. med.* Lymphzellen; **Lymphozyto'se** rv *med.* (krankhafte) Vermehrung der Lymphozyten.

ly'nchen ohne Richterspruch hinrichten; **Ly'nchjustiz** rv gesetzwidriges Volksgericht.

Ly'ra rv *mus.* altgriechisches Saiteninstrument;

auch Glockenspiel (der Militärkapellen).

Ly'rik rv gefühlsbetonte Versdichtung; **ly'risch** gefühlvoll, liedhaft.

Lysergsäuredimethyläthylen (LSD) s *chem. med.* eine Sinnestäuschungen verursachende Droge, als Rauschmittel bzw. als Heilmittel bei Geisteskrankheiten verwendet.

Ly'sis rv *med.* Krankheitsabfall, Nachlassen des Fiebers; *psych.* Auflösung der Persönlichkeit.

Lysofo'rm s ein Desinfektionsmittel.

Ly'ssa rv *med.* Tollwut.

Lyze'um s höhere Mädchenschule.

M

Mäa'nder m Fluß in Kleinasien; Flußwindung, -schlinge; Ornamentband aus rechtwinklig gebrochenen oder wellenförmigen Linien; **mäa'ndern** Windungen oder Schlingen bilden; **mäa'ndrisch** Windungen oder Schlingen bildend.

Macchie rv (ma'ki-e) *bot.* immergrüner Buschwald der Mittelmeerländer.

Machete rv (matscheh't^e) Hau-, Buschmesser.

Machiavelli'smus m (ch rvie in „ach") gewissenlose Machtpolitik; **Machiavelli'st** m gewissenloser Machtpolitiker; Anhänger des Machiavellismus; **machiavelli'stisch** dem Machiavellismus entsprechend.

Machinatio'n rv (ch rvie in „ach") Machenschaft.

Macho'rka m (ch rvie in „ach") russische Tabaksorte.

Mackintosh m (mä'kin-

tosch) *svrv.* wasserdichter Mantel.

Mada'm(e) rv Hausherrin, Frau; **Madame** m (ma-da'm) *franz. Anrede:* gnädige Frau.

made in . . . (meh'd in) hergestellt in . . .

Madeira m (mahdeh'ra) von der gleichnamigen Insel stammender Süßwein.

Mademoiselle rv (madmoasä'l) *franz. Anrede:* gnädiges Fräulein.

Mado'nna rv (Darstellung der) Jungfrau Maria.

Madriga'l s Hirten-, Chorlied.

Mae'stro m (ma-e . . .) Meister.

Mäeu'tik rv *phil.* Verfahren, den Gesprächspartner durch geschickte Fragestellung zur Erkenntnis zu führen; **mäeu'tisch** durch geschicktes Fragen zur Erkenntnis führend.

Ma'f(f)ia rv sizilianischer Geheimbund; *auch* in-

trigierende Gruppe innerhalb einer Partei oder einer Vereinigung.

Magazi'n s Lagerraum; Zeitschrift; *mil.* Patronenkammer bei Mehrlade- und Maschinenwaffen; **magazinie'ren** einlagern; **Magazi'nsendung** rv eine aus mehreren Elementen (Musik und Text, Nachrichten, Interviews, Kommentaren, Reportagen usw.) zusammengesetzte Rundfunk- bzw. Fernsehendung.

Ma'ghreb m westlicher Teil der arabisch-islamischen Welt (etwa Nordwestafrika).

Magie' rv Zauberkunst; **Ma'gier** m (. . . i-er) Zauberer; **ma'gisch** zauberhaft; **Magisches Dreieck** (*bzw. Viereck*) s wirtschaftlicher Idealzustand: Vollbeschäftigung, stabile Preise, ausgewogenes Verhältnis zwischen Im- und Exporten (und angemessenes Wirtschaftswachstum).

Magi'ster m Meister, Lehrer; akademischer Grad; **magistra'l** med. (Arzneimittel:) nach Vorschrift des Arztes zubereitet; **Magistra'lformeln** Mz. med. Zubereitungsvorschriften für Arzneien; **Magistra'le** w Hauptverkehrsstraße; Haupteisenbahnstrecke; **Magistra't** m Stadtverwaltung.

Ma'gma s geol. glutflüssiges Gestein des Erdinnern; **magma'tisch** vom Magma herstammend.

Ma'gna Cha'rta w (. . . ka'rta) altengl. Staatsgrundgesetz; auch Grundsatzerklärung; **ma'gna cum lau'de** akademische Bewertungsnote: „mit großem Lob", sehr gut; **Ma'gna Ma'ter** w „Große Mutter" = Kybele, kleinasiatische Göttin der Fruchtbarkeit.

Magna't m ungar. bzw. poln. Adliger, Großgrundbesitzer.

Magne'sia w chem. Magnesiumoxyd; **Magne'sium** s chem. ein Grundstoff (Mg), ein Leichtmetall (nach der griechischen Landschaft Magnesia benannt).

Magne't m phys. ein Stoff (z. B. Eisen) mit der Eigenschaft, einen anderen anzuziehen; **Magnetiseu'r** m (. . . ö'r) wer eine auf — angeblichem — Körpermagnetismus beruhende Heilbehandlung ausführt; **magnetisie'ren** magnetisch machen; **magne'tisch** (Eisen o. ä.) anziehend; **Magneti'smus** m Eigenschaft bestimmter Stoffe, andere anzuziehen; **Magnetopa'th** m s. Magnetiseur; **Ma-**

gnetopathie' w „med."

„Mesmerismus": Heilbehandlung durch angebliche magnetische Kräfte.

magnifik (manjifih'k) herrlich, großartig; **Magnifika't** s rel., mus. Lobgesang Marias; **Magni'fikus** m (eigentlich: rector magnificus) Hochschulrektor; **Magnifize'nz** w „Herrlichkeit": Titel der Hochschulrektoren.

Magno'lie w (. . . i-e) bot. ein Zier-, Parkbaum.

Ma'gog ein biblisches Volk (s. Gog und Magog).

Ma'got m zool. Berberaffe.

Mahabha'rata s Nationalepos der Inder.

Mahago'ni s tropische Holzart.

Mahara'dscha m indischer Fürstentitel; **Mahara'ni** w Gattin eines Maharadscha.

Maha'tma m indischer Ehrentitel.

Mahau't m indischer Elefantenführer.

Ma'hdi m nach islamischem Glauben: der Erlöser.

Mah-Jo'ng(g) s (. . .dshoñ) ein chinesisches Gesellschaftsspiel.

Maiden trip m (meh'd°n trip) naut. Jungfernreise (eines Schiffes).

Mail-order w (meh'l öd°r) Vertrieb postalisch bestellter Waren durch den Versandhandel.

Maire m (mäh'r) französischer Bürgermeister; **Mairie** w (mährih') Bürgermeisterei (in Frankreich).

Mai's m bot. eine Getreidepflanze, ein Getreidegras.

Maison(n)ette-Wohnung w (mäsonä't . . .) durch zwei Stockwerke führende, mit eigener Treppe verbundene Wohnung innerhalb eines

Wohn(hoch)hauses.

Maître de plaisir m (mähtr° d° plähsih'r) Festordner.

Majestä't w Erhabenheit; Titel von Kaisern u. Königen; **majestä'tisch** erhaben, würdevoll.

Majo'lika w eine Tonware, Fayence (s. dort).

Majo'r m mil. unterster Stabsoffiziersdienstgrad.

Ma'joran m bot. eine Gewürzpflanze.

Majora't s Ältestenrecht in der Erbfolge; das betr. Erbe, Gut; **Majordo'mus** m Hausmeier (in Frankreich); oberster Hofbeamter; auch Verwalter eines Besitztums **majore'nn** volljährig; **Majorennitä't** w Volljährigkeit; **Majoritä't** w Mehrheit.

Maju'skel w Großbuchstabe.

maka'ber totenähnlich, düster.

Makada'm m ein Straßenbelag; **makadamisie'ren** eine Straße mit einem Makadam(belag) versehen.

Make, not war! (mehk la'w, not wôr) „Mach(t) Liebe, nicht Krieg!"

Make-up s (mehk a'p) das Zurechtmachen der Frauen mit kosmetischen Mitteln.

Makkaro'ni Mz. Röhrennudeln.

Ma'kler m Geschäftsvermittler.

Ma'ko m ein Baumwollgewebe.

Makrobio'se w med. Langlebigkeit; **Makrobio'tik** w die Kunst, das Leben zu verlängern; auch besonders von den „Hippies" gepflegte „natürliche Lebensweise"; **makrobio'tische Ernährung** w svw. „Hippie-Diät", eine von diesen gepflegte „natürliche Ernährungsweise".

Makroko'smos m Weltall; **Makromelie'** n med. Großwüchsigkeit; **Ma'kromolekül'** s chem. Riesenmolekül; **makromolekula'r** aus Riesenmolekülen bestehend.

Makro'ne n ein Feingebäck.

makrosko'pisch mit bloßem Auge erkennbar; **Ma'krostruktur** n mit bloßem Auge erkennbare Struktur; **Makrozephalie'** n med. Großköpfigkeit.

Makulatu'r n Altpapier; auch Wertloses; **makulie'ren** einstampfen.

Malachi't m grünliches Mineral, Schmuckstein.

mala'de krank; **Maladie'** n med. Krankheit.

Maladjustment s (mä'l°d-shaßtm°nt) psych. Fehlanpassung.

ma'la fi'de iur. wider besseres Wissen.

Ma'laga m spanische Süßweinart.

Malaise n (maläh'se) Unbehagen, üble Lage.

Malakologie' n zool. Wissenschaft von den Weichtieren.

Mala'ria n med. Sumpf-, Wechselfieber.

Malazie' n med. Erweichung.

maledei'en verfluchen; **malede'tto!** verflucht; **Malediktio'n** n Verfluchung.

Malefika'nt m Übeltäter; **Malefi'z** s Übeltat, Verbrechen.

Malepa'rtus m Name der Höhle von Reineke Fuchs.

Malheur s (malö'r) Unglück; Mißgeschick.

Malice n (malih'ß°) Bosheit, Niederträchtigkeit.

mali'gne med. bösartig; **Malignitä't** n med. Bösartigkeit.

malizio's boshaft.

malkonte'nt unzufrieden.

Ma'lleus m (... e-u ...)

med. Rotzkrankheit.

Ma'lleus malefica'rum m (... e-us) „Hexenhammer": von den Inquisitoren Institoris und Sprenger verfaßte Schrift, die die Grundlage für den Hexenwahn und die Hexenverfolgungen bildete.

malo'chen arbeiten, schuften.

Malosso'l m eine Kaviarart.

malpro'per unsauber.

Malte'ser m Angehöriger des (katholischen) Johanniterordens; **Malte'serkreuz** s achtspitziges Kreuz.

Malthusiani'smus m wirtschaftspolitische Theorie, die davon ausgeht, daß sich die Menschheit in geometrischer und der Bodenertrag jedoch nur in arithmetischer Progression vermehre, so daß also die Bevölkerungszahl — sei es durch Geburteneinschränkung oder Vernichtung — begrenzt werden müsse.

maltriätie'ren mißhandeln.

Ma'lum s Übel, Krankheit.

Malvasie'r, Malvasi'a m süße Südweinart.

Ma'lve n bot. ein Ziergewächs mit lila, rosa oder weißen Blüten; **ma'lvenfarbig** stumpflila.

Ma'ma (auch **Mama'**) n Mutter.

Ma'mba n zool. afrikanische Giftschlange.

Ma'mbo m ein lateinamerikanischer Tanz.

Mamelu'ck m Leibwächter, Sklave; **Mamelu'cken** Mz. ursprünglich türkische Sklaven, die später das ägyptische Herrscherhaus stellten.

Mami'lla n med. Brustwarze; **Ma'mma** n med. Brustdrüse; **Mamma'lia** Mz. zool. Säugetiere; **Mammographie'** n Röntgendiagnostik der

weiblichen Brust(drüsen).

Ma'mmon m Geld(götze).

Ma'mmut s eiszeitliche Elefantenart.

Mamse'll n Fräulein, Wirtschafterin.

Ma'na s in lebenden Wesen und Gegenständen enthaltene geheimnisvolle Zauberkraft.

Mäna'de n rasendes Weib.

Management s (mä'nädshm°nt) (Kunst der) Unternehmensführung; **managen** (mä'nädsh°n) unternehmen, fertigbringen; **Manager** m (mä'nädsher) Unternehmer, Geschäftsführer, leitender Angestellter, Veranstalter; **Managerkrankheit** n „Krankheit der Verantwortlichen": durch ständige Überbelastung hervorgerufener Krankheitszustand bei Menschen in verantwortlicher Stellung.

manca'ndo mus. abnehmend.

Manchester m (mantschä'ßt°r, mä'ntschäßt°r) gerippter Baumwollsamt; **Manchestertum** s (män'tschäßt°r ...) schrankenlose Wirtschaftsfreiheit anstrebende Richtung des wirtschaftspolitischen Liberalismus.

Ma'ndala s kreisförmiges oder vieleckiges buddhistisches Sinnbild, als Meditationshilfe verwendet.

Manda'nt m Auftraggeber.

Mandari'n m chinesischer Würdenträger.

Mandari'ne n bot. apfelsinenartige Südfrucht.

Manda't s Auftrag; Abgeordnetensitz; **Mandata'r** m Beauftragter; **Manda'tsgebiet** s Treuhandgebiet; ehemaliges Kolonialgebiet, das bis zu dessen Selbständigkeit einem Staat zur treuhänderischen Verwaltung übergeben wurde.

Mandi'bula *w med.* Unterkiefer; **mandibula'r** *med.* zum Unterkiefer gehörend.

Mandoli'ne *w mus.* ein Zupfinstrument.

Ma'ndorla *w* (mandelförmiger) Heiligenschein.

Mandra'gora *w bot.* ein Nachtschattengewächs, dessen Wurzel oft menschenähnliche Form aufweist: Alraunwurzel.

Mandri'll *m zool.* meerkatzenartiger afrikanischer Affe.

Mandri'n *m med.* zur Reinigung und Offenhaltung von Spritzenkanülen dienender Draht.

Mandri't *m* (Einsiedler-) Mönch.

Manege *w* (maneh'sh^e) (Zirkus-)Reitbahn.

Ma'nen *Mz.* Geister der Verstorbenen.

Manga'n *s chem.* ein Grundstoff (Mn), ein Metall (nach manganesa = Braunstein benannt).

Ma'ngo *w bot.* eßbare Frucht des Mangobaumes.

Mangro've *w bot.* lange Stelzwurzeln besitzender Baum tropischer Küsten.

Mangu'ste *w zool.* asiatische Schleichkatze.

Manichä'er *Mz.* Anhänger des Manichäismus; **Manichäi'smus** *m rel.* Mischreligion aus christlichen, buddhistischen und persischen Glaubenselementen.

Manie' *w med.* Sucht; Besessenheit.

Manie'r *w* Gewohnheit, Eigenart; **Manie'ren** *Mz.* Umgangsformen; **manierie'rt** *w* gekünstelt; **Manierie'rtheit** *w* Künstelei; **Manieri'smus** *m* gekün-

stelte Stilnachahmung; **manieri'stisch** gekünstelt, nachahmend; **manie'rlich** wohlerzogen.

Manife'st *s* öffentliche Erklärung; **manife'st** offenbar, sichtbar; **Manifesta'nt** *m* wer eine grundsätzliche Erklärung abgibt; **Manifesta'tio'n** *w* Offenbarung; Offenbar-, Erkennbar-, Sichtbarwerdung; **manifestie'ren** offenbaren, kundgeben; offenbar werden.

Maniкü're *w* Handpflege; **manikü'ren** die Hände pflegen.

Mani'lahanf *m* zähe und feste Bastfaser der Faserbanane.

Manio'k *m* (auch *w*) *bot.* ein tropisches Wolfsmilchgewächs, aus dessen Wurzelknolle Stärkemehl gewonnen wird.

Mani'pel *m mil.* die etwa einer Kompanie entsprechende Unterabteilung einer römischen Kohorte.

Manipula'nt *m* wer etwas durch Machenschaften beeinflußt oder bewirkt; **Manipulatio'n** *w* Kunstgriff; Machenschaft, Beeinflussung; **Manipula'tor** *m techn., phys., med.* Instrument zur Übertragung von Bewegungen der Hand auf schwer- oder unzugängliche Gegenstände; **manipulie'ren** verfahren, handhaben, beeinflussen; auch verfälschen; **manipulie'rt** durch Machenschaften beeinflußt oder bewirkt; auch *svw.* verfälscht.

ma'nisch *med.* besessen; erregt; **ma'nisch-depressi'v** *med.* abwechselnd erregt und schwermütig.

Ma'nitu *m* "Großer Geist" der Indianer.

mankie'ren fehlen; **Ma'nko** *s* Fehlbetrag, Fehler.

Ma'nna *s/w* "Himmels-

brot": eßbare, süße Ausscheidung der Tamariskenschildlaus; Saft der Mannaesche (als Abführmittel verwendet).

Mannequin *s* (ma'n^eкän) Vorführdame.

Manome'ter *s techn.* Druckmesser; **manome'trisch** *techn.* mit einem Manometer gemessen.

Manö'ver *s mil.* Wehrmachtsübung; *naut.* mit einem Schiff durchgeführte Bewegung; Kunstgriff; **manövrie'ren** *mil.* Kriegsübungen durchführen; *naut.* Schiffsbewegungen, Fahrübungen durchführen; geschickt lenken.

Mansa'rde *w* Dachstube.

Mansche'tte *w* unterer Ärmelabschluß; Umhüllung; **Manschetten haben** scherzhaft für: Angst haben.

Ma'ntik *w* Kunst des Wahrsagens.

Mantilla *w* (manti'lja) Spitzenschleier der Spanierinnen; **Manti'lle** *w* (auch . . . ti'lje) kurzes, leichtes Frauenmäntelchen.

Ma'ntis *w zool.* Fangheuschrecke, "Gottesanbeterin".

Manti'sse *w math.* der rechts vom Komma stehende Teil eines Logarithmus.

Ma'ntra *s* indischer, religiöser Segens- od. Zauberspruch.

Manua'l(e) *s* Hand-, Lehrbuch; *mus.* Handtastatur einer Orgel; **manue'll** (. . . u-e . . .) mit der Hand; **Manufaktu'r** *w* auf Handarbeit beruhender Gewerbebetrieb; **manufakturie'ren** herstellen, anfertigen.

ma'nu pro'pria eigenhändig; **Manuskri'pt** *s* Handschrift; Druckvorlage.

Ma'o-Bibel *w* „Rotes Buch": die Worte des Vorsitzenden Mao (s. Maoismus); **Maoi'smus** *m* (... o-i ...) *pol.* auf der Ideologie Mao Tsetungs (das Rote Buch, „Mao-Bibel") beruhender chinesischer Kommunismus, von seinen Anhängern in aller Welt als die wahre Form des Kommunismus angesehen.

Mapai' *w pol.* sozialdemokratische Partei des Staates Israel; **Mapa'm** *w pol.* Arbeiterpartei des Staates Israel.

Maquette *w* (makä't°) Modell, Skizze.

Maquillage *w* (makijah'-sh°) Kennzeichnung von Spielkarten durch Falschspieler.

Maquis *m* (makih') franzöz. Partisanenbewegung im 2. Weltkrieg (*eigentlich* „Buschwald"); **Maquisard** *m* (makihsah'r) französischer Partisan des 2. Weltkrieges.

Ma'rabu *m zool.* eine tropische Storchart.

Marabu't *m* islam. Heiliger.

Marä'ne *w zool.* Felchen, lachsartiger Speisefisch.

Mara'nen *Mz.* s. Marranen.

mara'ntisch *med.* entkräftet; **Mara'smus** *m med.* allgemeiner Verfall der Körper- und Geisteskräfte; **mara'stisch** *med.* entkräftet.

Ma'rathonlauf *m* Langstreckenlauf (42,2 km).

Marché *m* (marscheh') französisch: Markt.

Marchese *m* (markeh's°) italienischer Adelstitel.

Ma'rcia *w* (... tscha) *mus.* Marsch.

Ma're *s* Meer; *Mz.* (die in ihrer dunklen Färbung Meeren ähnelnden) Mondebenen.

Mare'ngo *m* schwarzgrauer weicher Wollstoff.

Mareogra'ph *m* Flutmesser, -schreiber.

Margari'ne *w* aus Pflanzenfetten od. Tran hergestelltes butterähnliches Speisefett.

Ma'rge *w* (ma'rsh°) Spielraum, Verdienstspanne.

Margeri'te *w bot.* eine Wiesenblume.

margina'l am Rande; **Margina'lie** *w* (... i-e) Randbemerkung, -vermerk.

Marguerite *w* s. Margerite.

Mariage *w* (marjah's) „Heirat": die Folge Dame-König im Kartenspiel.

maria'nisch *rel.* Maria, die Mutter Jesu, betreffend.

Marihua'na *s* als Rauschdroge verwendetes getrocknetes Kraut der Blätter und Blüten des Indischen Hanfes.

Mari'lle *w bot.* (bes. in Österreich) Aprikose.

Marimbapho'n *s mus.* ein großes, mit Klangverstärker versehenes Xylophon.

mari'n das Meer betreffend.

Marina'de *w* Würzbrühe.

Mari'ne *w* Gesamtheit der Seeschiffe und des dazu gehörenden Personals; Flotte.

Maringo'tte *w* Zirkuswohnwagen.

marinie'ren in Marinade einlegen.

Marini'smus *m* Streben nach Seemacht.

Mariolatrie' *w rel.* Marienverehrung; **Mariologie'** *w rel.* (katholische) Lehre von Maria, der Mutter Jesu.

Marione'tte *w* Gliederpuppe; *auch* Mensch ohne eigenen Willen.

mariti'm das Meer bzw. Seewesen betreffend.

marka'nt kennzeichnend, bezeichnend.

Markete'nder(in) *m* (*w*) *mil.* Händler(in), der (die) die Truppe mit Genußmitteln und kleinen Bedarfsgegenständen versorgt.

Marketing *s* (mah'k°tiñ) Marktforschung; Erforschung der Verkaufs- oder Vertriebsaussichten für eine Ware.

markie'ren kennzeichnen; **Markie'rung** *w* Kennzeichnung.

Marki'se *w* Sonnendach.

Markö'r *m* Kellner; Schiedsrichter (beim Billard).

Marmela'de *w* Fruchtmus.

Ma'rmor *m* kristallinischer Kalkstein; **marmorie'ren** mit marmorartigen Verzierungen versehen; ädern.

maro'de ermattet; **Marodeur** *m* (... dö'r) Plünderer; **marodie'ren** plündernd umherschweifen.

Maro'ne *w* (geröstete) Eßkastanie.

Maroquin *m* (ma'rokäñ) gefärbtes, feines Leder.

Maro'tte *w* Schrulle, Laune.

Marquess *m* (mah'kwiß) englischer Adelstitel; **Marquis** *m* (markih') franz. Adelstitel; **Marquise** *w* (markih's°) Gattin eines Marquis.

Marquisette *m/w* schleierartiger Gardinenstoff.

Marra'nen *Mz.* (zwangsweise) getaufte spanische Juden.

Mars *m* altröm. Kriegsgott.

Marsa'la *m* süditalienischer Süßwein.

Marseillaise *w* (marßäjäh's°) französ. Nationalhymne.

Marshall-Plan *m* (ma'rschal ...) Plan für amerikan. Wirtschaftshilfe an europäische Staaten.

martia'lisch kriegerisch.

Ma'rtingal(e) *m*.(*auch* mah'tiñgehl) Sprungriemen, Hilfszügel des Pferdes.

Mä'rtyrer m Blutzeuge; **Marty'rium** s Opfertod; Leiden.

MARV mil. Abk. v. Manoeuvrable Re-entry Vehicles: bis zur Erreichung des Zieles noch lenkbare Einzelsprengköpfe der Mehrfachsprengköpfe von Raketenwaffen.

Marxi'smus m von K. Marx u. F. Engels geschaffene Theorie des wissenschaftl. Sozialismus; **Marxi'st** m Anhänger des Marxismus; **marxi'stisch** der Lehre des Marxismus entsprechend.

Marzipa'n s/m Süßigkeit aus Mandeln u. Zucker.

Maschi'ne m Vorrichtung zur selbständigen Verrichtung technischer Arbeitsgänge; **maschine'll** maschinenmäßig; **Maschi'nentelegraph** m naut. Signalgerät zur Übermittlung von Befehlen der Schiffsführung an den Maschinenraum; **Maschinerie'** m maschinell betriebene Vorrichtung; Zusammenfassung mehrerer Maschinen für einen bestimmten Arbeitszweck; **Maschini'st** m Maschinenmeister.

Maser m (meh's°r) phys., techn. „microwave amplification by stimulated emission of radiation = Kurzwellenverstärkung durch angeregte Strahlenaussendung.

Ma'ske m Verkleidung; im engeren Sinne: Gesichtsverkleidung; **Maskera'de** m Maskenball; Verkleidung; **maskie'ren** verkleiden; verbergen.

Masko'ttchen s od. **Masko'tte** m Glücksbringer, Talisman.

maskuli'n(isch) männlich; **Ma'skulinum, Maskuli'-**

num s gramm. männliches Geschlecht, Hauptwort männlichen Geschlechts.

Masochi'smus m sex. (ch wie in „ach") wollüstige Schmerzerduldung.

Ma'ssa m Herr.

Massage m (. . . ah'sh°) Kneten des Körpers; **Massa'gesalon** m heute oftmals Tarnbezeichnung für einen bordellähnlichen Betrieb; **Massa'gestab** m s. Vibrator.

Massa'ker s Gemetzel; **massakrie'ren** niedermetzeln.

Ma'ssel m sonw. Glück, „Schwein".

Massenkommunikationsmittel s Mz. s. Massenmedien.

Ma'ssenmedien Mz. (. . . i-en) Sammelbegriff für Presse, Rundfunk und Fernsehen, also die meinungsbildenden, informierenden, unterhaltenden und dadurch die große Masse beeinflussenden Einrichtungen.

Masse'ter m med. Kaumuskel.

Masseur m (maßö'r), **Masseurin** m (maßöh'rin), **Masseuse** m (maßöh's°) wer eine Massage ausübt; **massie'ren** (den Körper) kneten; anhäufen.

Massi'v s Gesteinsmasse, Gebirgsteil; **massi'v** fest, massig; **Massivitä't** m Festigkeit, Nachdruck

Masso'ra m s. Masora.

Ma'staba m altägyptisches Bankgrab.

Ma'ster m englischer bzw. amerikanischer akademischer Grad; als Anrede: junger Herr; Leiter einer Reitjagd.

Ma'stiff m zool. englische Dogge.

Mastikatio'n m med. das Kauen.

Masti'tis m med. Entzündung der Brustdrüsen.

Ma'stix m Harz des Mastixbaumes (Pistazienart); auch: eine Straßenbelagmischung.

Ma'stodon s zool. ausgestorbene Rüsseltierart.

Masturbatio'n m sex., med. geschlechtl. Selbstbefriedigung; **masturbie'ren** sich geschlechtlich selbst befriedigen.

Masu'rka m poln. Tanz.

Masu't m/s als Heizstoff dienender Rückstand bei der Erdöldestillation.

Matado'r m Hauptstierkämpfer; berühmter Mann.

Match m/s (mä'tsch) Wettkampf; **Matched groups** Mz. (mä'tsch°d gruhps) psych. Gruppe von Menschen, die möglichst viele gemeinsame Eigenschaften aufweisen; **Matching Design** s (mä'tschiñ disai'n) Farbharmonie verschiedenfarbiger, unterschiedlich gemusterter Stoffe.

Ma'te m aus den Blättern des Matestrauches hergestellter südamerikanischer Tee.

Ma'ter m Mutter; Pappform zum Abguß von Druckplatten; sonw. Matrize; **Ma'ter doloro'sa** m „schmerzensreiche Mutter" (Maria).

Materia'l s Werkstoff; Unterlagen; **Materialisatio'n** m Verstofflichung; **materialisie'ren** verstofflichen; **Materia'lismus** m Anschauung, die nur das Stoffliche als wirklich anerkennt; **Materiali'st** m Anhänger des Materialismus; auch eigennütziger Mensch; früher auch Lebensmittelhändler; **materiali'stisch** im Sinne des Materialismus; auch eigennützig; **Materialitä't** m Stofflichkeit.

Mate'ria me'dica m med.

Arzneimittellehre, -schatz; **Mate'rie** rv (... i-e) (Ur-)Stoff, Inhalt, Sache; **materie'll** (... i-ell) stofflich, inhaltlich, *auch*: genußsüchtig.

ma'tern *Buchdruck*: eine Mater (Matrize) anfertigen.

mate'rn mütterlich; **Maternität't** rv Mutterschaft.

Mathemati'k rv Lehre von den Raum- und Zahlengrößen; **Mathema'tiker** m Wissenschaftler auf dem Gebiet der Raum- und Zahlengrößen; **mathema'tisch** die Raum- und Zahlengrößen betreffend; **mathematischer Personalausweis** m s. Personalkennzeichen.

Matinee' rv Morgenveranstaltung.

Ma'tjes(hering) m junger Salzhering.

Matra'tze rv (Bett-)Polster.

Mätre'sse rv Geliebte.

matriarcha'lisch die Mutterherrschaft betreffend; **Matriarcha't** s Mutterherrschaft.

Matri'kel rv (Namen-)Liste; Liste der Studierenden.

matrimonia'l *iur.* die Ehe betreffend; **matrimonie'll** (... i-e ...) die Ehe betreffend.

Ma'trix rv Matrize (s. dort); *med.* Mutterboden.

Matri'ze rv *Buchdruck*: vertiefte Gußform; *math.* Anordnung von Zahlen und Funktionen in bestimmter Form.

Matro'ne rv würdige, ältere Frau.

mattie'ren glanzlos machen, abstumpfen.

Matu'r s. **Matu'ra** rv Abitur, Reifeprüfung; **maturie'ren** die Reifeprüfung ablegen; **Matu'ritas prae'cox** rv *sex.*, *med.* vorzeitige ge-

schlechtliche Reife; **Maturitä't** rv Reife; **Matu'rum** s Reifeprüfung, Abitur.

Matuti'n rv *rel.* Frühgottesdienst; **matutina'l** früh(morgendlich).

Ma'tze rv ungesäuertes Brot der Juden.

Mau'scheln s Karten-(glücks)spiel; **mau'scheln** „jüdeln"; Mauscheln spielen; *auch* svrv. betrügen.

Mausole'um s prunkvolle Grabstätte.

mauve (moh'w) malvenfarbig: stumpflila.

Maxi ... *in der Mode* svrv. bis zu den Füßen herabreichend (z. B. Maxirock, -kleid, -mantel); **Maxima'l** .., **maxima'l** ... Größt ..., Höchst ..., größt ..., höchst ...; **maximalisie'ren** bis zum Äußersten steigern; **Ma'xi'me** rv Grundsatz; **maximie'ren** den höchsten Wert zu erreichen suchen; **Ma'ximum** s das Höchste; Höchststand.

Mayday! (mehdeh') „Helft mir!": Sprechfunk-Notsignal.

Mayonnaise rv (majonäh'-s⁽ᵉ⁾) Würztunke aus Öl und Eigelb.

Mayor m (me'ʳr) Bürgermeister englischer und amerikanischer Städte.

Mäze'n m Kunstförderer; **Mäzena'tentum** s großzügige Kunstförderung; **mäzena'tisch** die Kunst großzügig fördernd.

Mazeratio'n rv Erweichung oder Auflösung organischer Gewebe.

Mazu'rka rv s. Masurka.

MBFR *mil., pol. Abk. v.* Mutual Balanced Forces Reduction: gegenseitige ausgewogene Truppenverminderung.

me'a cu'lpa *rel.* „durch meine Schuld".

Mecha'nik rv *phys.* Wissenschaft vom Gleich-

gewicht und der Bewegung der Körper; Feinmaschinenbau; Getriebe; **Mecha'niker** m wer mechanische Apparate herstellt, bedient oder instandhält; **mecha'nisch** den Gesetzen der Mechanik entsprechend; maschinenmäßig, gedankenlos; **mechanisie'ren** auf maschinellen Betrieb umstellen; **Mecha'nismus** m Triebwerk; **mecha'nistisch** alles Geschehen auf mechanische Ursachen zurückführend.

Medaille rv (meda'lj⁽ᵉ⁾) Denkmünze; **Medaillon** s (medaljo'ñ) Bildkapsel; *auch* rundes Fleischstück.

media'l die Mitte bildend; **media'n** in der Mittellinie befindlich.

media't mittelbar; **mediatisie'ren** einverleiben; der Hoheitsgewalt berauben.

mediäva'l mittelalterlich; **Mediävi'st** m Erforscher des Mittelalters; **Mediävi'stik** rv Wissenschaft vom Mittelalter.

Me'dienverbund m (meh'-di-en ...) Zusammenfassung verschiedener Lehr- und Lernmittel, welche auf ein gemeinsames Unterrichtsziel hin bearbeitet worden sind (z. B. audiovisuelle Lehrmittel: Tonfilme, Schallplatten oder Tonbänder in Verbindung mit Lehrbüchern usw.); Vereinigung verschiedener Kommunikationsmittel.

Medikame'nt s Arznei; **medikamentö's** *med.* mit Hilfe von Arzneien; **Medika'ster** m „Ärztling", Pfuscher; **Medikatio'n** rv Verordnung eines Arzneimittels; **Me'dikus** m Arzt.

Me'dio m/s Monatsmitte.

medio'ker mittelmäßig;

Mediokritä't w Mittelmäßigkeit.

Mediothe'k w Ausleihstelle für Bildungsmittel: Bücher, Filme, Diapositive, Schallplatten und Tonbänder.

Meditatio'n w Nachdenken, Sinnen; **meditati'v** nachdenkend, betrachtend, sinnend.

mediterra'n mittelmeerisch.

meditie'ren nachdenken, sinnend betrachten.

Me'dium s Mittel, Mittler, Mittelsperson.

Medizi'n w Heilkunde, -mittel; **Medizi'ner** m akademisch gebildeter Heilkundiger; Studierender der Medizin; **medizi'nisch** die Heilkunde betreffend; **Medizi'nmann** m heilkundiger Zauberpriester (bei Naturvölkern).

Medley s (mä'dleh) Mischmasch, Gemisch (ursprünglich im abfälligen Sinn gebraucht, heute im positiven Sinn verwendeter Ausdruck im Showgeschäft).

Médo'c m französischer Rotwein.

Medu'lla w med. Mark; **medulla'r** med. das (Rücken-)Mark betreffend.

Medu'sa w Ungeheuer der griech. Sage; **Medu'se** w zool. Qualle.

Meeting s (mih'tiñ) Versammlung, Treffen.

Megali'th m „Großstein"; **Megali'thgrab** s vorgeschichtliches „Großsteingrab"; **megali'thisch** aus Großsteinen bestehend; **Megali'thkultur** w jungsteinzeitliche Kulturstufe.

megaloma'n größenwahnsinnig; **Megaloma'ne** m Größenwahnsinniger; **Megalomanie'** w Größenwahn; **megaloma'nisch** größenwahnsinnig.

Megalo'polis w „große Stadt": Riesenstadt, Stadtstaat.

Megapho'n s Sprachrohr.

Megä're w böses Weib.

Me'garon s (indogermanisches) Vorhallenhaus.

Megathe'rium s urzeitliches Riesenfaultier.

Meio'se w biol. Reduktionsteilung der Zelle.

Melancholie w (... kolih') Trübsinn, Schwermut; **Melancholiker** m (... koh' ...) Trübsinniger, Schwermütiger; **melancholisch** (... koh'lisch) trübsinnig, schwermütig.

Melange w (mehla'ñsh^e) Mischung.

Melani'smus m med., biol. Schwarzfärbung; **Melano'se** w chem., biol. Schwarzfärbung von Organen und Geweben; **Melanurie'** w med. Schwarzwasserfieber.

Mela'sse w Rückstandsprodukt bei der Zuckergewinnung.

melie'ren mischen; **melie'rt** gemischt, scheckig.

Melini't m ein Sprengstoff.

Melioratio'n w (Boden-) Verbesserung; **meliorie'ren** (den Boden) verbessern.

Meli'sse w bot. Bienenkraut, eine Heil- und Gewürzpflanze; **Melitti'n** s chem. Hauptbestandteil des Bienengiftes.

Melodie' w Tonfolge, Lied; **Melo'dik** w Wohlklang; Melodielehre; **melodiö's** od. **melo'disch** wohlklingend; **Melodra'm(a)** s von Musik untermalte gesprochene Dichtung; **melodrama'tisch** in Art eines Melodram(a)s; das Melodram(a) betreffend.

Melo'ne w bot. kürbisartige Frucht.

Me'los s Melodie, Lied.

Me'lton m ein weiches Wollgewebe.

Member of Parliament s (mä'mb^er of pah'l^em^ent) „Parlamentsmitglied": Abgeordneter des englischen Unterhauses.

Membra'n(e) w Häutchen, dünnes Blättchen.

Me'mbrum s Mitglied; med. Glied; **Membrum viri'le** s med. männliches Glied.

Meme'nto s Gedenken, Erinnerung; **Me'mo** s Abk. v. Memora.;dum; **Meme'nto mo'ri!** „Gedenke des Todes!"; **Memoire** s (mehmoah'r) Denkschrift; **Memoiren** Mz. (mehmoah'ren) (Lebens-)Erinnerungen; **memora'bel** denkwürdig; **Memorabi'lien** Mz. (... i-en) Denkwürdigkeiten, Lebenserinnerungen; **Memora'ndum** s Denkschrift; **Memoria'l** s Merkbuch; **memorie'ren** auswendig lernen.

Menage w (menah'sh^e) Verpflegung; Tischgestell für Pfeffer und Salz, Essig und Öl; **Menagerie** w (mehnash^erih') Tierbude, -schau; **menagieren** (... shih'r^en) sparen; schonend behandeln.

Mena'rche w med. erstmalig auftretende Regelblutung.

Mendele'vium s chem. zu den Transuranen gehörender Grundstoff (Md) (nach dem russischen Chemiker Mendele'jew, einem der Entdecker des periodischen Systems der Elemente, benannt); **Mendeli'smus** m biol. auf den Mendelschen Gesetzen beruhende Vererbungslehre.

Menete'kel s sinnv. Warnung.

Me'nhir m aufrechtstehende Steinsäule der Vorzeit.

meningea'l med. die Hirn-

haut betreffend; **Menin-
gi'tis** ⋔ med. Hirnhaut-
entzündung; **Meni'n-
goenzaphali'tis** ⋔ med.
Entzündung des Ge-
hirns und seiner Häute;
Meni'ngomyeli'tis ⋔
med. Entzündung des
Rückenmarks und seiner
Häute.

Meni'skus m med. Knie-
gelenkknorpel; opt.
Linse mit zwei nach der-
selben Seite gekrümm-
ten Flächen.

Menjou-Bärtchen s (mañ-
shuh' . . .) kleiner,
schmaler Oberlippen-
bart.

Me'nnige ⋔ rote Rost-
schutzfarbe.

Mennoni'ten Mz. von
Menno Simons gegrün-
dete evangelische Reli-
gionsgemeinschaft.

me'no mus. weniger.

Menopau'se ⋔ med. Auf-
hören der Monatsblu-
tungen bei Beginn der
Wechseljahre.

Menorrhagie' ⋔ med.
übermäßig starke Re-
gelblutung; **Menorrhoe'**
⋔ med. Regel-, Monats-
blutung; **Menosta'se** ⋔
med. Ausbleiben der
Regelblutung.

Me'nsa ⋔ student. Mit-
tagstisch.

**Menschewi'ki, Mensche-
wi'sten** Mz. pol. ge-
mäßigte russische So-
zialisten (im Gegensatz
zu den Bolschewiki);
Menschewi'smus m pol.
gemäßigter russischer
Sozialismus.

Me'nsel ⋔ (Kartogra-
phie:) Meßtisch.

mensendie'cken Gymna-
stik nach dem System
von Bess Mensendieck
treiben.

Me'nses Mz. med. Regel-
blutungen.

**Mens sa'na in co'rpore
sa'no** „gesunder Geist
in gesundem Körper".

menstrua'l med. zur Regelblutung gehörend;

Menstruatio'n ⋔ med.
Monatsblutung; **men-
strue'll** (. . . u-e . . .)
med. die Regelblutung
betreffend; **menstruie'-
ren** med. die Regelblu-
tung haben.

Mensua'l s Buchführung:
Monatsjournal; **men-
sua'l** monatlich.

Mensu'r ⋔ „Messen",
„Maß"; svⓂ. student.
Zweikampf; chem.
Meßglas; **mensura'bel**
meßbar; **Mensurabilitä't**
⋔ Meßbarkeit; **mensu-
ra'l** das Messen betref-
fend; **mensurie'rt** (ab-)
gemessen.

menta'l den Geist betreffend; **Mentalitä't** ⋔
Denkweise, Geisteshal-
tung; **Menta'lreserva-
tion** ⋔ iur. geheimer
Vorbehalt; **Menta'lsug-
gestion** ⋔ svⓂ. Gedan-
kenübertragung; geisti-
ge Beeinflussung; **me'n-
te ca'ptus** geistesabwe-
send.

Mentho'l s Hauptbestandteil des Pfefferminzöls.

Mentizi'd s psych. „Gehirnwäsche": eine Art
seelischer Foltermetho-
de zur Änderung der
Denkweise des Betrof-
fenen (z. T. mit Anwen-
dung bewußtseinsän-
dernder Drogen).

Me'ntor m Berater.

Menu s (menüh'), **Menü'**
s Speisenfolge.

Menue'tt s (. . . u-e . . .)
aus Frankreich stam-
mender höfischer Tanz.

Mephi'sto m Teufel; **me-
phistophe'lisch** teuflisch.

Merca'torprojektion ⋔
winkeltreue Kartenpro-
jektion (z. B. für See-
karten).

Mercerie' ⋔ (märß°rih')
Kurzwarenhandlung.

Merchandiser m (mö'-
tsch°ndaiß°r) Waren-
gestalter; **Merchandising**
s (mö'tsch°ndaisiñ) Wa-
rengestaltung, -darbie-
tung.

merci (märßih') französisch: danke.

merde! (mä'rd°) französisch: „Scheiße!"

Meridia'n m Längen-,
Mittagskreis; **meridio-
na'l** den Längenkreis
betreffend; auch svⓂ.
südlich.

Meri'nge ⋔ Zuckergebäck,
Baiser (s. dort).

Meri'no(schaf) m (s)
Schaf mit feiner, krau-
ser Wolle.

Meri'ten Mz. Verdienste;
meritie'ren sich ver-
dient machen; **merito'-
risch** verdienstvoll; **Me'-
ritum** s das Verdienst.

merkanti'l kaufmännisch;
Merkantili'smus m den
Außenhandel, beson-
ders die Ausfuhr eige-
ner Waren förderndes
Wirtschaftssystem des
Absolutismus; **merkan-
tili'stisch** dem Merkan-
tilismus entsprechend.

Merku'r m römischer Gott
des Handels; nach die-
sem benannter Planet;
m/s chem. svⓂ. Queck-
silber; **Merkuriali'smus**
m med. Quecksilber-
vergiftung; **Merku'rstab**
m Sinnbild des Handels:
von Schlangen umwun-
dener geflügelter Stab.

Merla'n m zool. Schell-
fischart, ein Speisefisch.

Merli'n, auch **Me'rlin** m
zool. Falkenart; svⓂ.
Zauberer.

Merzerisatio'n ⋔ Verfahren zur Veredelung von
Baumwollgarnen; **mer-
zerisie'ren** Baumwoll-
garne veredeln.

Mesalliance ⋔ (mesal-
ja'ñß) ungeeignete Ver-
bindung, Mißheirat.

mescha'nt boshaft.

meschu'gge verrückt.

Mesenchy'm s med. em-
bryonales Bindegewebe;
Mesente'rium s med.
Gekröse.

Meska'l s Agavenbranntwein; **Meskali'n** s tropisches Rauschgift.

Mesmeri'smus m von Mesmer begründete Lehre vom tierischen Magnetismus; s. Magnetopathie.

Mesoli'thikum s mittlere Steinzeit; **mesoli'thisch** mittelsteinzeitlich.

Meso'nen Mz. phys. unbeständige Elementarteilchen, in ihrer Masse zwischen Elektronen und Protonen liegend.

Mesopota'mien s (. . . i-en) „Zwischenstromland": Gebiet zwischen Euphrat und Tigris.

Mesotho'rium s phys., chem. radioaktives Zerfallsprodukt des Thoriums; **Mesozo'ikum** s geol. erdgeschichtliches Mittelalter; **Me'sozone** w mittlere Schicht der Erdkruste.

Message w (mä'ß°dsh) „Botschaft": im Werbewesen Bezeichnung für eine Aussage oder Idee im Hinblick auf ihre Werbewirksamkeit.

Messali'na w svw. sittenlose, genußsüchtige Frau.

Me'sse w kath. Gottesdienst; religiöses Chorwerk; Offiziersspeiseraum; Großmarkt.

Messenger Boy (mä'ß°ndsh°r beu) Eilbote.

Me'sser m italienische Anrede: Herr.

Messia'de w die Erlösung der Menschheit durch Jesus Christus darstellende religiöse Dichtung; **Messiani'smus** m rel. Glaube an einen Erlöser; **Messi'as** m „der Gesalbte": Jesus Christus.

Messido'r m „Erntemonat": zehnter Monat des französischen Revolutionskalenders.

Messieurs Mz. (mäßjöh') französische Anrede: „meine Herren".

Me'ssing s eine Zink-Kupfer-Legierung.

Mesti'ze m Mischling (zwischen Weißen und Indianern).

Metabolie' w biol. Form-, Gestaltveränderung; **metabo'lisch** med., biol. veränderlich, den Stoffwechsel betreffend; **Metaboli'smus** m med. Stoffwechsel.

Metagene'se w biol. Generationswechsel.

Meta'geschäft s ein von zwei Vertragspartnern durchgeführtes Geschäft, an welchem diese zu gleichen Teilen am Gewinn oder Verlust beteiligt sind.

Me'takritik w phil. svw. Kritik der Kritik.

Meta'll s chem. ein — mit Ausnahme des Quecksilbers — fester Grundstoff mit charakteristischem Eigenschaften (z. B. Glanz, Wärmeleitvermögen, elektrische Leitfähigkeit); **meta'llen** aus Metall bestehend; **meta'llic** svw. metallisch glänzend (z. B. Autolackierung); **meta'llisch** metallartig; **metallisie'ren** mit einem Metallüberzug versehen; **Metallo'ge** m Metallwissenschaftler; **Metallogie'** w Metallwissenschaft; **Metallographie'** w ein Zweig der Metallkunde, der sich mit der Untersuchung des Aufbaues und der Eigenschaften der Metalle befaßt; **Metallu'rg** m Wissenschaftler auf dem Gebiet der Hüttenkunde; **Metallurgie'** w Hüttenkunde; Wissenschaft von der Verhüttung und Verarbeitung der Metalle; **metallu'rgisch** die Hüttenkunde betreffend.

metame'r biol. gleichartig; **Metamerie'** w zool. Aufbau des Körpers niederer Tiere aus gleichartigen, hintereinanderliegenden Teilen.

metamo'rph die Gestalt wandelnd; **Metamorpho'se** w Gestaltwandel.

metanoeite! (meta'neut°) „Kehrt um!" svw. Tut Buße!; **Meta'noia** w (. . . neua) Umkehr, Buße.

Meta'pher w anschaulicher, bildlicher Ausdruck; **Metapho'rik** w Veranschaulichung, Verbildlichung; **metapho'risch** anschaulich, bildlich.

Metaphra'se w Prosaübertragung einer Versdichtung; **Metaphysi'k** w Lehre vom Übersinnlichen; **metaphy'sisch** übersinnlich; **Metaplasie'** w med., biol. Gewebeumwandlung; **Meta'stase** w med. Tochtergeschwulst; Verschleppung eines Krankheitsvorganges an andere Stellen des Körpers; **metastasie'ren** med. Tochtergeschwülste bilden; **Metathe'se** w Lautumstellung in einem Wort; **Metatropi'smus** m psych., sex. Empfindungs-, Gefühlsumkehrung; **metaze'ntrisch** techn., naut. das Metazentrum betreffend; **Metaze'ntrum** s techn., naut. Schnittpunkt der Achse eines Schiffes mit der Auftriebsrichtung.

Metempsycho'se w Seelenwanderung.

Meteo'r m Sternschnuppe; **Meteori'smus** m med. Blähsucht; **Meteori't** m zur Erde fallender bzw. gefallener Meteorstein; **Meteorolo'ge** m Wissenschaftler auf dem Gebiet der Wetterkunde; **Meteorologie'** w Wetterkunde; **meteoro-**

lo'gisch wetterkundlich;
meteorotro'p wetter-
bedingt.
Me'ter s/m Längeneinheit
des metrischen Systems.
Metha'n s Gruben-,
Sumpfgas.
Metho'de ℔ Verfahren,
Plan; **Metho'dik** ℔ Lehre von den wissen-
schaftlichen Verfahren;
metho'disch planmäßig.

Methodi'st m Anhänger
des Methodismus; **Me-
thodi'smus** m prote-
stantische freikirchliche
Gemeinschaft; **metho-
di'stisch** den Methodis-
mus betreffend.
Methodologie' ℔ Methodenlehre; Lehre von
den wissenschaftlichen
Verfahren; **methodolo'-
gisch** die Methodenlehre
betreffend.
Methomanie' ℔ med. Säuferwahn.
Methu'salem m s℔℔.
uralter Mann.
Methy'lalkohol m einfachste (giftige) Alkohol-
art; Holzgeist; -sprit.
Metier s (mehtjeh') Hand-
werk, Beruf.
Metö'ke m zugewander-
ter Fremdling ohne po-
litische Rechte in Alt-
griechenland.
Metonomasie' ℔ Übersetz-
zung eines Eigennamens
in eine fremde Sprache
(z. B. Battenberg in
Mountbatten).
Metonymie' ℔ Vertau-
schung inhaltlich ver-
wandter Begriffe (z. B.
„Paragraphen" mit
„Recht").
Meto'pe ℔ rechteckiges
Relieffeld am Gebälk
altgriechischer Tempel.
Me'trik ℔ Verslehre;
me'trisch auf die Längeneinheit Meter bezüg-
lich; den Regeln der
Verslehre entsprechend.
Metri'tis ℔ med. Gebär-
mutter(muskel)entzün-
dung.
Me'tro ℔ s℔℔. Unter-

grundbahn.
Metrologie' ℔ Wissenschaft
vom Messen, von den
Maßen und Gewichten.
Metromanie' ℔ med., sex.
Mannstollheit.
Metropo'le ℔ Hauptstadt;
Metropoli't m Erz-
bischof.
Me'trum s (Vers-)Maß.
Mettage ℔ (mettah'sh℮)
Umbruch (eines Schrift-
satzes); **Metteur** m
(mettö'r) Schriftsetzer,
der einen gesetzten Text
„umbri'cht", d. h. auf
Seiten bzw. Spalten ver-
teilt.
Meublement s (möhbl℮-
ma'ñ) Wohnungsein-
richtung.
Meu'te ℔ Jagdhundeschar.
Mezzani'n s Halb-, Zwi-
schengeschoß.
Me'zzosopran m mus.
zwischen hohem Sopran
(Diskant) und Alt liegen-
de Frauensingstimme.
Mia'sma s (angeblich)
Seuchen verursachende
Ausdünstung; **miasma'-
tisch** verseuchend, giftig.
Micro ... in der Mode
s℔℔. extrem kurz.
Microfiche s. Mikrofiche.
Midi ... in der Mode s℔℔.
halblang.
Midine'tte ℔ Pariser Mo-
distin.
Midlife Crisis ℔ (mi'dlaif
krai'ßis) „Krise der Le-
bensmitte", hervorgeru-
fen durch erste Alters-
erscheinungen und
durch das Gefühl, das
gesteckte Lebensziel
nicht erreicht und im
Leben „etwas verpaßt"
zu haben.
Midra'sch ℔ rel. jüdische
gottesdienstliche Aus-
legung des Alten Testa-
ments.
mie's schlecht, ekelhaft.
Migmati'te Mz. Misch-
gesteine.
Mignon m (minjo'ñ) Al-
lerliebster; **Mignonne**
℔ (minjo'n) Allerliebste.
Migrä'ne ℔ med. Kopf-

schmerzanfall.
Migratio'n ℔ Wanderung;
migrato'risch wandernd;
migrie'ren wandern.
Mika'do m (europäische)
Bezeichnung des japa-
nischen Kaisers; ein
Unterhaltungsspiel mit
Stäbchen.
Mikro ..., mikro ...
Klein(st) ..., klein(st) ...
Mikroanaly'se ℔ chem.
Untersuchung mit klein-
sten Probenmengen.

Mikro'be ℔ Kleinstlebewesen; **Mikrobiolo'ge**
m Wissenschaftler, der
sich mit der Erforschung
der Kleinstlebewesen
befaßt; **Mikrobiologie'**
℔ Wissenschaft von den
Kleinstlebewesen; **mi-
krobiolo'gisch** die
Kleinstlebewesen be-
treffend; **Mikrokephalie'**
℔ med. Kleinköpfigkeit.
Mi'krofiche m (... fih'sch)
Mikrofilm mit reihen-
weise angeordneten
Mikrokopien (z. B. Mi-
krokopie eines Buches
auf einem einzigen Mi-
krofiche); **Mi'kroklima** s
Klima der bodennäch-
sten Luftschicht; **Mikrokopie'** ℔ verkleinertes
Photo von Drucksaiten;
mikrokopie'ren ein
Kleinphoto einer Buch-
oder Zeitschriftenseite
herstellen; **Mikroko's-
mos** m Kleinwelt; **Mikro-
li'th** m Kleinststeingerät
der mittleren Steinzeit;
Mi'kromanipulator m
biol., med. Instrument
zur Übertragung fein-
ster Bewegungen (s. Ma-
nipulator); **Mi'krome-
teori't** m winziger Me-
teorit(teil) (Durchmes-
ser 1 mm oder kleiner);
Mikrome'ter s Feinst-
meßgerät.
Mi'kron s ein tausendstel
Millimeter; **Mi'kroorga-
nismen** Mz. nur mit Hil-
fe eines Mikroskopes
erkennbare Kleinlebe-
wesen; **Mikropho'n** s

Gerät zur Umwandlung von Schallwellen in elektr. Schwingungen; **Mi'krophotographie'** *w* Aufnahme mikroskopisch kleiner Gegenstände durch eine mit einem Mikroskop verbundene Kamera; **Mi'krophysi'k** *w* Physik der atomaren Vorgänge; **Mikrosko'p** s opt. Vergrößerungsgerät; **Mikroskopie'** *w* mikroskopische Untersuchung; **mikroskopie'ren** Untersuchungen mit einem Mikroskop durchführen; **mikrosko'pisch** die Mikroskopie betreffend; nur mit dem Mikroskop zu erkennen; **Mikrosomie'** *w* med. Klein-, Zwergwuchs; **Mikroto'm** s Gerät zur Anfertigung dünnster Schnitte für mikroskopische Untersuchungen.

Mi'krozensus *m* statistische Untersuchung, die sich auf einen kleinen Personenkreis erstreckt, der jedoch nach Zusammensetzung und Eigenschaften als maßgeblich für einen großen Personenkreis anzusehen ist; **Mi'krowellen** Mz. phys. Sammelbegriff für Dezimeter-, Zentimeter- und Millimeterwellen; **Mikrozephalie'** *w* med. Kleinköpfigkeit.

Miktio'n *w* med. Harnlassen.

Mi'lan *m* zool. eine Falkenart.

Mi'les glorio'sus *m* „ruhmreicher Soldat" (im ironischen Sinne): *svw.* Aufschneider.

milia'r „hirsekorngroß"; **Milia'rtuberkulose** *w* med. Infektion des Körpers mit in allen Organen zahlreich auftretenden hirsekorngroßen Tuberkeln.

Milieu s (miljöh') Umgebung, Umwelt; **Milieu-**

theorie *w* (miljöh'...) psych. Lehre, nach der die seelische Entwicklung des Menschen (allein) durch seine Umwelt bedingt ist.

milita'nt kämpferisch; **Militä'r** s Kriegs-, Wehrwesen; *m* Soldat, Offizier; **Militä'rattaché** *m* (...ataschel') einer diplomatischen Vertretung beigegebener Offizier als Sachverständiger für militärische Angelegenheiten.

Milita'ria Mz. Bücher und Schriften, die sich mit militärischen Angelegenheiten befassen; **militä'risch** das Wehrwesen betreffend; **Militari'smus** *m* Überbetonung des militärischen Denkens u. Handelns; **Militari'st** *m* wer militärisches Denken und Handeln überbetont; **militari'stisch** den Militarismus betreffend; **Militä'rmission** *w* eine in einen fremden Staat entsandte Gruppe militärischer Berater; **Militä'rregierung** *w* militärische Kommandostelle, die in einem besetzten Gebiet die Regierungsgewalt ausübt; **Militä'rtribunal** s mil., iur. Militärgericht.

Military *w* (mi'litäri) reitsportl. Vielseitigkeitsprüfung; **Military Police** *w* (mi'litäri polih'ß) britische bzw. amerikanische Militärpolizei.

Mili'z *w* Volksheer, Bürgerheer.

Mi'lle s Tausend.

Millefio'riglas s „Tausend-Blumen-Glas": geblümtes, farbiges Kunstglas.

Mille'nnium s Jahrtausend.

Milliardä'r *m* Eigentümer von einer oder mehreren Milliarden; **Millia'rde** *w* 1000 Millionen.

Milliba'r s Maßeinheit für

die Luftdruckmessung; **Milligra'mm** s ein tausendstel Gramm; **Millimeter** *n*/*m* ein tausendstel Meter; **Millio'n** *w* 1000 mal 1000; **Millionä'r** *m* Eigentümer einer oder mehrerer Millionen.

Mi'me *m* Schauspieler; **mi'men** schauspielern.

Mime'se *w* biol. sich der Umgebung anpassende – dem Schutz dienende – Färbung oder Gestalt von Tieren.

Mi'mesis *w* Nachahmung von Gebärden oder Worten einer anderen Person; **Mi'mik** *w* Schauspielkunst; Mienen-, Gebärdenspiel.

Mi'mikry *w* Schutzfärbung, Tarnung.

mi'misch schauspielerisch.

Mimo'se *w* bot. gegen Berührung besonders empfindliche Pflanze; **mimo'senhaft** *svw.* überempfindlich.

Minare'tt s Turm einer Moschee.

Mi'ne *w* mil. unterirdischer, mit Sprengladung ausgefüllter Gang, Sprengstollen; Sprengkörper; Bergwerk; *auch*: Kugelschreiber-, Bleistiftfüllung; altgriechische Münze, altgriechisches Gewicht.

Minera'l s chemisch einheitlicher Stoff als Bestandteil der Erdrinde; **Mineralisatio'n** *w* (Vorgang der) Mineralbildung; **minera'lisch** aus Mineralien entstanden; Minerale enthaltend; **mineralisie'ren** zu einem Mineral werden; **Mineralo'ge** *m* Wissenschaftler auf dem Gebiet der Mineralogie; **Mineralogie'** *w* Wissenschaft von den Mineralien; **mineralo'gisch** die Mineralogie betreffend; **Minera'lwasser** s (Heil-)Quellwasser; *auch* mit

Kohlensäure versetztes künstlich zubereitetes Getränk.

Mine'stra *w* italienische (Reis-)Suppe mit Einlage.

Minestro'ne *w* italienische dicke Gemüsesuppe.

Mine'tte *w* lothringisches Eisenerz.

Mineur *m* (minö'r) *mil.* im Sprengstollenbau ausgebildeter Pionier.

Miniatu'r *w* Kleinmalerei, -bild; **Miniaturisie'rung** *w* techn. Herstellung elektronischer Geräte kleinster Abmessungen.

Mini . . . *in der Mode swv.* sehr kurz, sehr klein; **Mi'nibike** s (. . .baik) Kleinstmotorrad; **Mi'nibikini** *m* s. Minikini; **Mi'ni-Car** *m* Kleinmietwagen.

minie'ren unterhöhlen.

Mi'nigolf s Kleingolfspiel; **Mi'nikini** *m* (,,Mini-Bikini'') Bikini *(s. dort)* in allerkleinster Form; *auch swv.* Mo'nokini *(s. dort)*; **Mini-Klub, Miniclub** *m* eine Art Kindergarten, in dem die Kinder nicht nur von einer Kindergärtnerin, sondern in erster Linie von jeweils einer der Mütter (bzw. einem der Väter) betreut werden.

mini'm geringfügig; **minima'l** unbedeutend, mindest; **Mi'nimal Art** *w* moderne, allereinfachste monumentale Formen bevorzugende Richtung der Bildhauerkunst; **minimie'ren** verkleinern, verringern; **Mi'nimum** s das Mindeste; Tiefststand; **Mi'ni-Preis** *m* Kleinstpreis; **Mi'ni-Rock** *m* äußerst kurzer Rock; **Mi'nispion** *m* techn. Abhörgerät im Kleinstformat, ,,Wanze''.

Mini'ster *m* Regierungsmitglied; **Ministeria'le** *m* Angehöriger des mittelalterlichen niederen

Adels, des Dienstadels; **ministerie'll** (. . . i-e . .) das Ministeramt betreffend; **Ministe'rium** s Aufgabenbereich bzw. Dienststelle eines Ministers; **Mini'sterpräsident** *m* Regierungschef, -vorsitzender.

Ministra'nt *m* rel. kath. Meßdiener; **ministrie'ren** rel. Hilfsdienste bei der Messe leisten.

Minora't s iur. Jüngsten-(erb)recht.

minore'nn minderjährig; **Minorennitä't** *w* iur. Minderjährigkeit.

Minori't *m* rel. Angehöriger eines Franziskanerordens.

Minoritä't *w* Minderheit.

Minotau'ros, Minotau'rus *m* Ungeheuer der griechischen Sagenwelt: stierköpfiger Mensch.

Mi'nstrel *m* mittelalterlicher Spielmann.

Minue'nd *m* math. die (beim Abziehen) zu vermindernde Zahl.

Mi'nus s Fehlbetrag; **mi'nus** weniger; negativ.

Minu'skel *w* Kleinbuchstabe.

Minu'te *w* 1/60 Stunde; math. 1/60 Grad; **Minuteman-Rakete** (mi'nitmän-. . .) für militärische Zwecke bestimmte amerikanische Raketenart.

minutiö's peinlich genau.

minü'tlich in jeder Minute, jede Minute erfolgend.

minuziö's s. minutiös.

Mio'sis *w* med. Verengung der Pupille.

Mir *m* russische bäuerliche Dorfgemeinschaft.

Mirabe'lle *w* bot. eine Pflaumenart.

Mirabi'lien Mz. (. . . i-en) wunderbare Geschehnisse.

Mira'kel s Wunder; **mirakulö's** wunderbar.

MIRV mil. Abk. v. Multiple Independently-Targetable Re-entry

Vehicles; MIRV-Technik: ein Verfahren, Mehrfachsprengköpfe (MRV, s. dort) unabhängig voneinander ins Ziel zu lenken.

Mi'rza *m* persischer (Ehren-)Titel.

Misanthro'p *m* Menschenfeind; **Misanthropie'** *w* Menschenhaß; **misanthro'pisch** menschenfeindlich.

Mi'schna *w* rel. Teil des Talmud.

Mischpo'che, Mischpo'ke *w* Sippschaft, Klüngel, Gesindel.

misera'bel erbärmlich; **Mise're** *w* Elend, Jammer; **Misere's** s rel. ,,erbarme dich!'': Bußpsalm; *auch med.* das Erbrechen von Kot bei Darmverschluß.

Misoga'm *m* ehescheuer Mann; **Misogamie'** *w* Ehescheu; **Misogy'n** *m* psych., med. Weiberfeind; **Misogynie'** *w* (krankhafter) Weiberhaß.

Miss *w* engl.: Fräulein.

Mi'ssa *w* rel. Messe; **Missa'l(e)** s Meßbuch.

Mi'ssing li'nk s biol. fehlendes (Zwischen-)Glied in der Entwicklungskette vom Menschenaffen zum Menschen.

Missio'n *w* Sendung, Botschaft; Gruppe von Beauftragten; rel. Bekehrung; **Missiona'r** *m* rel. Sendbote; **missiona'risch** eine (religiöse) Mission betreffend; **missionie'ren** einen Glauben verbreiten; **Missio'nschef** *m* Leiter einer Gruppe von (Sonder-)Beauftragten.

Missi'v(e) s Sendschreiben.

Mi'ßkredit *m* übler Ruf.

Mister *m* engl.: Herr (Abk. Mr.).

Mistra'l, *auch* **Mi'stral** *m* kalter, trockener Fallwind der Provence u.

der französischen Mittelmeerküste.

Mi'stress rv (mi'ßis) engl.: Frau (Abk. Mrs.).

Misze'llen Mz. svv. Vermischtes, kleine Abhandlungen.

Mithrä'um s (unterirdische) Kultstätte des Lichtgottes Mithra(s).

Mitiga'ntia Mz. med. mildernde, lindernde Mittel; **Mitigatio'n** rv Milderung.

Mitocho'ndrien Mz. (. . . i-en) biol. für den Energiehaushalt der Zelle wichtige Protoplasmateile; **Mito'se** rv biol. eine Form der Zellkernteilung: indirekte Zellteilung; **mito'tisch** biol. die Mitose betreffend.

Mi'tra rv (Kopf-)Binde, Bischofsmütze.

Mitra'lklappe rv med. eine der Herzklappen; **Mitra'linsuffizie'nz** rv (. . . i-e . . .) med. Schließunfähigkeit der Mitralklappe; **Mitra'lsteno'se** rv med. Verengung der Öffnung zwischen Herzvorhof und Herzkammer.

Mitro'pa rv Kurzwort für: „Mitteleuropäische Schlafwagen- und Speisewagen AG" (1917 gegründet, heute nur noch in der DDR bestehend).

Mix m Kurzwort für Mischung.

Mixed Pickles Mz. (mi'kst pi'k°ls) od **Mixpickles** mz. (miks'pik°ls) in Essig eingelegtes Mischgemüse; **mi'xen** mischen; **Mi'xer** m Mischer.

Mixtu'r rv Mischung.

Mne'me rv Gedächtnis; **Mnemote'chnik** rv Kunst, das Gedächtnis zu stärken; Gedächtniskunst; **mnemote'chnisch** die Gedächtniskunst betreffend; **mne'stisch** das Gedächtnis betreffend.

Mo'a m (ausgestorbener) Riesenlaufvogel Neuseelands.

Mob m Pöbel.

Mö'bel s Einrichtungsgegenstand.

mobi'l beweglich; kriegsbereit; **Mo'bile** s moderner Raumschmuck: durch Luftzug leicht bewegliches Gebilde aus Metall, Papier, Holz, Leder, Federn usw.

Mobile Home s (mo'bil hoh'm) (als Dauerunterkunft dienende) fahrbare Wohnung.

Mobi'lgarde rv ehemalige, zum Schutz der Republik geschaffene französische Truppe.

Mobilia'r s Möbel; Hausrat.

Mobilisatio'n rv s. Mobilmachung, Mobilisierung; **mobilisie'ren** in Bewegung setzen; zu Geld machen; **Mobilisie'rung** rv Mobilmachung (s. dort); Beweglichmachung; Umwandlung von Kapitalwerten in Bargeld; **Mobi'lmachung** rv Herstellung der Kriegsbereitschaft.

möblie'ren Zimmer mit Einrichtungsgegenständen ausstatten.

Mocca double m (mo'ka duh'b°l) svv. sehr stark zubereiteter Mokka (s. dort).

Mockturtlesuppe rv (mo'ktöt°l . . .) nachgeahmte Schildkrötensuppe.

moda'l die Art und Weise bezeichnend; **Modalitä't** rv Art u. Weise; Ausführungsart; **Moda'lsatz** m gramm. Umstandssatz der Art und Weise.

Mo'de rv Brauch, Zeitgeschmack.

mode (moh'd) sandfarbig.

Mo'del rv (Hohl-)Form.

Mode'll s Muster, Vorbild; **Modellie'rbogen** m Ausschneidebogen zur

Herstellung von Modellen verschiedener Art (Gebäude, Flugzeuge, Schiffe usw.); **modellie'ren** Modelle verfertigen.

mode'llig (Bekleidungswirtschaft:) modellartig.

mo'deln gestalten, umwandeln.

Moderatio'n rv Mäßigung; **Modera'tor** m „Mäßiger": Leiter einer wissenschaftlichen oder politischen Diskussion; Leiter einer politischen Fernsehsendung; techn., phys. Verzögerer (bei Kernreaktionen); **moderie'ren** „mäßigen"; eine Diskussion oder politische Fernsehsendung leiten.

mode'rn modisch, zeitgemäß; **Mode'rne** rv Zeitgeist; Kunst der Gegenwart; **modernisie'ren** dem Zeitgeschmack anpassen; **Moderni'smus** m Bejahung alles Modernen; **Moderni'st** m wer alles Moderne bejaht; **moderni'stisch** alles Moderne bejahend; **Modern Jazz** m (mo'd°rn dshäh's) mus. Entwicklungsformen des Jazz seit Ende des 2. Weltkrieges.

mode'st bescheiden.

Modifikatio'n rv Änderung; **modifizie'ren** ändern, abwandeln.

mo'disch der Mode entsprechend; **Modi'stin** rv Putzmacherin.

Modu'l s techn., phys. (Grund-)Maß; Kennziffer; als Maßzahl dienender Zahlenwert.

Modulatio'n rv Abwandlung; mus. Übergang von einer Tonart in eine andere; **modulie'ren** mus. die Tonart wechseln.

Mo'dulor m ein von dem Architekten Le Corbusier auf der Grundlage des „Goldenen Schnittes" entwickeltes harmonisches Maßsystem, das die Größenverhältnisse des menschlichen Körpers auf die Architektur überträgt.

Mo'dus m Art und Weise; **Modus vive'ndi** m Art u. Weise eines erträglichen Zusammenlebens.

Mo'fa s Motorfahrrad (bis 25 km/h, Prüfbescheinigung, ab 15 Jahren).

mo'geln betrügen.

Mo'gul m orientalischer Herrschertitel.

Mo'hammed m Begründer des Islams; **Mohammeda'ner** m Anhänger des Islams; **mohammeda'nisch** die Lehre Mohammeds betreffend.

Moi'ra s Schicksal, Verhängnis.

Moiré m/s (moareh') Gewebeart mit schillernder Oberfläche; **moirie'ren** (moa . . .) Gewebe mit einer schillernden Oberfläche versehen.

moka'nt spöttisch.

Mo'kassin m indianischer Wildlederschuh.

Mo'kick s fahrradähnl. Leichtmotorrad (bis 40 km/h, Führerschein Kl. 4, ab 16 Jahren).

mokie'ren, sich sich lustig machen.

Mo'kka m starker Kaffee; hochwertige (arabische) Kaffeesorte.

Mo'l s chem. Grammmolekül; eine Basiseinheit des Internationalen Einheitensystems.

Mola'r m med. Mahlzahn.

Mola'sse m eine weiche Sandsteinart.

Mo'le m Hafendamm.

Molekü'l s chem. aus mehreren Atomen bestehendes kleinstes Teilchen einer chemischen Verbindung; **molekula'r** chem. die Moleküle betreffend; **Molekula'rbiologie** m biol., chem. Forschungszweig, der

sich mit den chemischen Eigenschaften der Organismen befaßt; **Molekula'rgenetik** m biol. Forschungszweig, der sich mit den chemischen Eigenschaften der Gene befaßt; **Molekula'rgewicht** s chem. Summe der Atomgewichte der ein Molekül bildenden Atome.

Mo'leskin m/s festes Baumwollgewebe.

molestie'ren belästigen.

Mo'll s mus. (,,weich" klingende) Tonart mit kleiner Terz.

Mollu'sken Mz. zool. Weichtiere.

Mo'loch m allesverschlingender Götze; Sinnbild der Unersättlichkeit.

Mo'lotow-Cocktail m (. . . ko'cktehl) behelfsmäßig aus einer Flasche mit Benzin- oder Flammölfüllung hergestellter Sprengkörper zur Bekämpfung von Panzern oder für Terrorzwecke.

Mo'lton m weiches Baumwollgewebe.

Moltopre'n s ein Schaumkunststoff.

Molybdä'n s chem. ein Grundstoff (Mo), ein Metall (nach molybdos = Blei benannt).

Mome'nt m Zeitpunkt, Augenblick; **Mome'nt** s sviv. wesentlicher Umstand; **momenta'n** augenblicklich.

Mona'de m phil. Urbestandteilchen (nach Lehre des Philosophen Leibniz); **Monadologie'** m phil. Monadenlehre.

Mona'rch m fürstlicher Alleinherrscher; **Monarchie'** m Alleinherrschaft; Staat, an dessen Spitze ein erblicher fürstlicher Herrscher steht; **mona'rchisch** m Monarchen betreffend; **Monarchi'st** m Anhänger der Monar-

chie; **monarchi'stisch** die Monarchie betreffend.

Monaste'rium s Kloster; **mona'stisch** mönchisch.

mondä'n weltgewandt; auffällig modern und elegant; **mondia'l** weltweit; **Mondovisio'n** m Gemeinschaftssendung aller Fernsehstationen der Welt.

monetä'r die Währung betreffend, geldlich; **Mone'ten** Mz. Geld; **monetisie'ren** Kapitalwerte in Geld umwandeln; **Monetisie'rung** m Umwandlung von Kapitalwerten in Geld.

Moneymaker m (ma'nimeh'k*r) ,,Geldmacher": gerissener Geschäftemacher.

Mongo'lenfalte m Hautfalte, die die inneren Augenwinkel verdeckt, Rassemerkmal der Mongoliden; **mongoli'd** mongolische Rassenmerkmale aufweisend; **Mongoli'den** Mz. Angehörige des mongolischen Rassenkreises; **Mongoli'smus** m med. eine angeborene Krankheit, gekennzeichnet durch mongolenartiges Aussehen und Idiotie der Kranken; **mongoloi'd** (. . . o-id) mongolenähnliche Rassenmerkmale aufweisend; **Mongoloi'den** Mz. (. . . o-i . . .) Angehörige einer Rasse mit mongolenähnlichen Merkmalen.

Monierbauweise m (monjeh' . . .) techn. Stahlbetonbauweise.

monie'ren rügen.

Moni'smus m phil. (All-) Einheitslehre; **moni'stisch** phil. den Monismus betreffend.

Mo'nitor m ,,Mahner": techn. Kontroll-, Registriergerät, besonders bei Fernsehsendungen;

naut. flachgehendes, mit schwerer Artillerie ausgerüstetes Küsten- oder Flußkampfschiff; **Monito'rium** *s* Mahnung, Mahnschreiben; **Mo'nitum** *s* Rüge, Mahnung.

Mon(o) . . ., mon(o) . . . allein, einzeln.

monochrom (. . . kroh'm) einfarbig; **monochroma'tisch** (. . . krom . . .) einfarbig; **Monochromie** *w* (. . . kromih') Einfarbigkeit.

Monodie' *w mus.* einstimmiger Gesang; **Monodra'ma** *s* Einpersonendrama.

monoga'm in Einehe lebend; einehig; **Monogamie'** *w* Einehe.

Monogenie' *w biol.* Erzeugung nur weiblicher oder nur männlicher Nachkommen; **Monogra'mm** *s* Namenszug, -zeichen; **Monographie'** *w* Einzeldarstellung; **monogra'phisch** in Form einer Einzeldarstellung; eine Monographie betreffend.

Mono'kel *s* Einglas; **Mo'nokini** *m* einteiliger „Bi‘‘-kini, nur aus Höschen mit Trägern bestehende Damenbadebekleidung; **monokli'n** die Achsenneigung betreffend; **Monokli'ne** *w* Neigung einer Gesteinsmasse nach einer Richtung; **Monokratie'** *w* Einzel-, Alleinherrschaft.

monokula'r einäugig, für ein Auge bestimmt; **Mo'nokultur** *w* „Einzelkultur‘‘: Anbau nur einer Kulturpflanzenart; **monolatera'l** einseitig; **Monolatrie'** *w* Verehrung einer einzigen Gottheit; **Monoli'th** *m* großer einzelner Steinblock; **monoli'thisch** wie ein Steinblock.

Monolo'g *s* „Alleinrede‘‘, Selbstgespräch; **mono-**

lo'gisch „alleinsprechend‘‘, in Form eines Selbstgespräches; **monoma'n** *med.* von einer einzigen Zwangsidee besessen; **Monoma'ne** *m* von einer einzigen Zwangsidee besessener; **Monomanie'** *w med.* einseitige Wahnvorstellung; **monoma'nisch** *s.* monoman; **monome'r** *chem.* aus einzelnen Molekülen bestehend; **mono'misch** *math.* eingliedrig.

Monopha'ge *m biol.* ein sich von nur einer Pflanzen- bzw. Tierart ernährendes Tier; **Monophagie'** *w biol.* sich nur auf eine Pflanzen- bzw. Tierart beschränkende Ernährungsweise; **Monophobie'** *w med.*, *psych.* Angst vor dem Alleinsein; **Monopla'n** *m* Eindecker (Flugzeug); **Monoplegie'** *w med.* Lähmung eines einzelnen Gliedes.

Monopo'l *s* Alleinrecht, -vertrieb; **monopolisie'ren** ein Monopol bilden; in einer Hand vereinigen; **Monopoli'st** *m* wer ein Monopol besitzt; **monopoli'stisch** ein Monopol anstrebend; **Monopo'lkapital** *s* Sammelbegriff für alle monopolistischen, marktbeherrschenden Wirtschaftsunternehmungen; **Monopo'lkapitalismus** *m* Entwicklungsstufe einer kapitalistischen Gesellschaft, in der alle wirtschaftliche und politische Macht durch das Monopolkapital (s. dort) ausgeübt wird; **Monopo'lkapitalist** *m* Kapitalist, der ein Monopol besitzt.

Mono'pteros *m* kleiner (Garten-)Tempel.

monosylla'bisch einsilbig; **Monosy'llabum** *s* einsilbiges Wort.

Monothei'smus *m* (. . . e-i' . . .) *rel.* Glaube an einen einzigen Gott; **Monothei'st** *m* (. . . e-i' . . .) wer an einen einzigen Gott glaubt; **monothei'stisch** (. . . e-i' . . .) an einen einzigen Gott glaubend.

monoto'n eintönig; **Monotonie'** *w* Eintönigkeit; **Mo'notype** *w* (mo'no-taip) Setzmaschine für Einzelbuchstaben; **monovale'nt** *chem.* einwertig.

Monroe-Doktrin *w* (mo'nroh . . .) Erklärung der USA, wonach außeramerikanischen Staaten die Einmischung in amerikanische Angelegenheiten verwehrt sein soll.

Monseigneur *m* (monßähnjö'r) französischer Titel hoher Geistlicher und fürstlicher Personen; **Monsieur** *m* (m'ßjöh') *franz. Anrede:* Herr; **Monsignore** *m* (monßinjoh'r'') Titel hoher katholischer Geistlicher.

Monstra'nz *w rel.* Hostienschrein.

monströs unförmig, ungeheuer; **Mo'nstrum** *s* Ungeheuer.

Monsu'n *m* halbjährlich seine Richtung ändernder Wind (in Südwestasien); **Monsu'nwald** *m* Wald tropischer Gebiete mit Regen- und Trockenzeiten.

Montage *w* (. . . ah'sh'') Auf-, Zusammenbau.

Montagnard *m* (monßtanjah'r) Bergbewohner; Angehöriger einer Partei der Französischen Revolution.

monta'n Bergbau und Hüttenwesen betreffend; **Monta'nindustrie** *w* Bergbau- und Hüttenindustrie; **Monta'nunion** *w* Zusammenschluß westeuropäischer Staaten zur Schaffung eines gemeinsamen Marktes für Kohle und Stahl.

Monteur m (montö'r) Facharbeiter zum Zusammenbau von Maschinen u. techn. Anlagen.

Montgolfiere w (mongolfjeh'r°) Heißluftballon.

montie'ren zusammenbauen.

Montu'r w Dienstkleidung.

Monume'nt s Denk-, Mahnmal; **monumenta'l** gewaltig; **Monumentalitä't** w gewaltige Größe.

Mo'p m ölgetränkter Besen zum Reinigen von Fußböden.

Mo'ped s Fahrrad m. Hilfsmotor, Leichtmotorrad (bis 40 km/h, Führerschein Kl. 4, ab 16 Jahren).

Mora'l w Sittenlehre; Nutzanwendung; **Morali'n** s scherzhafte Bezeichnung für geheuchelte Moral; **morali'nsauer** scherzhaft für: Moral heuchelnd; **mora'lisch** sittlich, die Sittenlehre betreffend; **moralisie'ren** Moral predigen; **Morali'smus** m phil. Sittenlehre; **Morali'st** m Moralprediger; phil. Sittenlehrer; **Moralitä't** w Sittlichkeit; **Mora'lphilosophie** w phil. Sittenlehre, Ethik; **Mora'ltheologie** w kirchliche Sittenlehre.

Morä'ne w Gletschergeröll.

Mora'st m Schlamm, Sumpf.

Morato'rium s Zahlungsaufschub.

morbi'd kränklich; **Morbiditä't** w med. Erkrankungsziffer; **Mo'rbus** m med. Krankheit.

Morde'nt m mus. kurzer Triller, Pralltriller.

More'lle w bot. Sauerkirschenart.

Mo'res Mz. Sitten, Anstand; **jemanden Mores lehren** jemandem Anstand und Sitten beibringen.

morgana'tisch unebenbürtig getraut.

Morgani'smus m biol. von dem Nobelpreisträger Th. H. Morgan begründete Vererbungslehre (u. a. Lehre von der geschlechtsgebundenen Vererbung).

Morgue w (mo'rg) Pariser Leichenschauhaus.

moribu'nd med. todgeweiht.

Mo'ritat w Bänkelsängerlied.

Mormo'nen Mz. nordamerikanische christliche Sekte.

moro's mürrisch, verdrossen; **Morositä't** w mürrisches Wesen.

Morphe' w Form, (äußere) Gestalt.

Mo'rpheus m griech. Gott des Schlafes; **Morphi'n** s Opiumalkaloid (s. Morphium); **Morphini'smus** m Morphiumsucht; **Morphini'st** m Morphiumsüchtiger; **Mo'rphium** s Betäubungsmittel, Rauschgift.

Morphogene'se w Formentwicklung; **morphogene'tisch** biol. gestaltbildend; **Morphogenie'** w s. Morphogenese; **Morphologie'** w Formen-, Gestaltlehre; **morpholo'gisch** die (äußere) Form betreffend.

Mo'rsealphabet s aus kurzen und langen Zeichen bestehendes Alphabet zur Übermittlung von Nachrichten und Signalen durch Funk- oder Blinkzeichen.

Morse'lle w aus Zucker und Beimengungen verschiedener Art bestehende Süßigkeit (z. B. Pfefferminzmorselle).

mo'rsen Nachrichten im

Morsealphabet übermitteln.

Mortade'lla w Zervelat-, Fleischwurst.

Mortalitä't w Sterblichkeit(sziffer).

Mosai'k s (. . . a-ik) aus bunten Steinchen zusammengefügtes Bild.

mosa'isch jüdisch.

Moschee' w mohammed. Gotteshaus.

Mo'schus m tierische Drüsenabsonderung; Riechstoff.

Mo'ses m naut. svw. Schiffsjunge.

Moski'to m Stechmücke.

Mo'slem m Mohammedaner; **moslemi'nisch, mosle'misch** mohammedanisch.

Mo'tel s Hotel für Kraftfahrzeugreisende.

Mote'tte w mehrstimmiges, auf einem Bibeltext beruhendes geistl. Lied.

Motilitä't w Beweglichkeit; **Motio'n** w Bewegung.

Moti'v s Beweggrund; künstlerischer Leitgedanke; **Motivatio'n** w Begründung; **Moti'vforschung** w psych. Erforschung der Gründe und Antriebskräfte für das Verhalten einer Person(engruppe); **motivie'ren** begründen; **Motivie'rung** w Begründung.

Moto-Cro'ss s Motorrad-Geländefahrt.

Mo'tor (od. **Moto'r**) m Kraftmaschine, Antrieb; **Moto'rik** w Bewegungsablauf; **moto'risch** bewegend; **motorisie'ren** mit Motoren bzw. Kraftfahrzeugen versehen.

Mo'tto s Leitspruch.

Mo'tupro'prio s „aus eigenem Antrieb" verkündeter päpstlicher Erlaß.

Moulage w (. . . ah'sh°) Abformung von Körperteilen in Wachs.

Mousseux m (mußöh')

Schaumwein; **moussieren** (mußih'ren) schäumen.

Moustérien s (mußtehriä'ñ) altsteinzeitliche Kulturstufe.

Movie s (muh'wih) Film, Kino; m „beweglicher" Arbeiter oder Angestellter: Arbeitnehmer, der an wechselnden Arbeitsplätzen beschäftigt wird.

Movime'nto s mus. Zeitmaß.

MRV mil. Abk. v. Multiple Re-entry Vehicles: Mehrfachsprengköpfe von Raketenwaffen.

Mue'zzin m (. . . u-e . . .) mohammed. Gebetsrufer.

Mu'fflon m zool. Wildschaf.

Mu'fti m islamischer Rechtsgelehrter.

mukö's med. schleimig; **mukopurule'nt** med. schleimig - eitrig; **Muko'sa** w med. Schleimhaut.

Mula'tte m Mischling (zwischen Weißen und Negern).

Mu'li s Maultier.

Mu'll m leichtes, feinfädiges Baumwollgewebe.

multidimensiona'l psych. vielschichtig; **multifi'l** vielfädig; **multilatera'l** vielseitig, mehrseitig; **Multilaterali'smus** m Handelssystem, welches die Verrechnung von Guthaben und Forderungen mehrerer Partnerstaaten ermöglicht; **multilinea'r** nach mehreren Richtungen verlaufend.

Multime'dia Mz. s. Medienverbund; **mu'ltinationa'l** „vielfachnational": bei voller Gleichberechtigung gemeinsam handelnd; **Multipara** w med. Mehrgebärende; Frau, die bereits mehrere Kinder hat.

multi'pel vielfältig; **Mul-**

---

ti₀le Choice (ma'ltip°l tschoi ß) Abk. MC, „Mehrfach-Wahl": Test-/Prüfmethode, bei der zu einer Frage mehrere Antwortmöglichkeiten gegeben sind, aus denen der Prüfling die richtige auswählen muß; **multi'ple Sklerose** w med. Erkrankung des Gehirns und Rückenmarks mit zahlreichen Entzündungsherden; **multiple'x** vielfach, zahlreich.

Multiplika'nd m math. die zu vervielfältigende Zahl; **Multiplikatio'n** w math. Malnehmen; **Multiplika'tor** m math. die Zahl, mit der malgenommen wird; **multiplizie'ren** math. malnehmen; **Multiplizitä't** w häufiges, mehrfaches Vorkommen.

Mu'ltis Mz. Kurzbezeichnung für „multinationale Konzerne": in mehreren Staaten ansässige wirtschaftliche Großunternehmen (z. B. Erdölkonzerne).

multivale'nt mehrwertig; **Multivale'nz** w Mehrwertigkeit.

Mu'lus m „Maulesel": suw. angehender Student

Mu'mie w (. . . i-e) einbalsamierte Leiche; **Mumifikatio'n** w Eintrocknung; Einbalsamierung; **mumifizie'ren** einbalsamieren; eintrocknen (lassen); **Mumifizie'rung** w Einbalsamierung.

munda'n, mundia'l die Welt betreffend, weltlich.

Munifize'nz w Freigebigkeit

Munitio'n w mil. Schießbedarf.

munizipa'l städtisch; **Munizipalitä't** w Stadtverwaltung, -obrigkeit; **Munizi'pium** s Stadtverwaltung.

MURFAAMCE mil., pol. Abk. v. Mutual Reduction of Forces and Armaments and Associated Measures in Central Europe: gegenseitige Verminderung von Streitkräften und Bewaffnung und damit zusammenhängende Maßnahmen in Mitteleuropa.

muria'tisch salzhaltig.

Musage't m „Musenführer": Beiname des Apollo.

Muscadet m (müßkadä') französische (Weiß-) Weinsorte.

Mu'schik m russischer Bauer.

Mu'se w eine der neun griech. Göttinnen der Künste.

musea'l zum Museum gehörig; auch museumsreif.

Mu'selman m Mohammedaner.

Musette w (musä't) „Dudelsack": „näselnde" französische Akkordeonmusik.

Mu'sica w Musik; **Musicbox, Musikbox** w (mjuh'sik . . .) Münzautomat zum Abspielen von Schallplatten in Gaststätten.

Musical s (mjuh'sik°l) moderne Form der Operette; singspielartiges, aktuelle oder klassische Stoffe verwendendes revuehaftes Bühnenstück.

Musi'k w Tonkunst; **musika'lisch** musikbegabt; **Musika'lien** Mz. (. . . i-en) gedruckte oder handschriftliche Musikwerke; **Musikalitä't** w musikalische Begabung, musikalisches Empfinden; **Musika'nt** m (leicht abschätzig für:) Tonkünstler.

Mu'siker m Tonkünstler.

Musi'ktherapie w med. psych. seelische Heilbehandlung durch Musik.

mu'sisch künstlerisch (veranlagt).

musizie'ren Musik machen.

Muskari'n s Fliegenpilzgift.

Muska't m trop. Gewürz; **Muskate'ller** m süße Weinsorte.

Mu'skel m med., biol. der Bewegung von Körperteilen dienendes fleischiges Gewebe.

Muske'te ℔ Handfeuerwaffe (früherer Jahrhunderte); **Mu'sketier** m mil. (ursprünglich mit Muskete bewaffneter) Fußsoldat.

muskulä'r med. die Muskeln betreffend; **Muskulatu'r** ℔ med. Gesamtheit der Muskeln; **muskulö's** sv℔. sehr kräftig.

Mu'slim s m. Moslem.

Musseli'n m leichtes, feinfädiges Gewebe.

Mu'stang m nordamerikan. Präriepferd.

muta'bel veränderlich; **Mutabilitä't** ℔ Veränderlichkeit; **Mutatio'n** ℔ biol. sprunghafte Änderung einer Erbanlage; med. Stimmwechsel; **mutati'v** sich sprunghaft ändernd; **Mutazi'smus** m med. Versagen des Sprechvermögens; **mutie'ren** sich erblich verändern; die Stimme wechseln.

Mutilatio'n ℔ Verstümmelung; **mutilie'ren** verstümmeln.

Muti'smus m s. Mutazismus; **Mutitä't** ℔ med. Stummheit.

mutua'l od. **mutue'll** (. . . u-e . . .) gegenseitig; **Mutualitä't** ℔ Gegenseitigkeit.

Myalgie' ℔ med. Muskelschmerz; **Myasthenie'** ℔ med. Muskelschwä-

che.

Mydri'asis ℔ med. Pupillenerweiterung.

Myeli'tis ℔ med. Entzündung des Rückenmarks; **Myelographie'** ℔ med. röntgenologische Darstellung des Rückenmarks bzw. Wirbelkanals; **Myelo'm** s med. Knochenmarkgeschwulst; **Myelomalazie'** ℔ med. Rückenmarkerweichung; **Myelomeningi'tis** ℔ med. Entzündung des Rückenmarks und seiner Häute; **Myelopathie'** ℔ med. Erkrankung des Rücken- bzw. Knochenmarks.

Mykolo'ge m Pilzwissenschaftler; **Mykologie'** ℔ Wissenschaft von den Pilzen; **mykolo'gisch** pilzwissenschaftlich; **Myko'se** ℔ med. durch Pilze hervorgerufene Erkrankung.

Mylady (mileh'di) „meine Dame": englische Anrede „gnädige Frau"; **Mylord** (milô'd) „mein Herr": englische Anrede „gnädiger Herr".

Myogelo'se ℔ med. Muskelverhärtung.

Myoka'rd s med. Herzmuskulatur; **Myoka'rdinfarkt** m med. Herzmuskelinfarkt, s. Herzinfarkt; **Myokardi'tis** ℔ med. Herzmuskelentzündung.

Myologie' ℔ med. Lehre von den Muskeln; **Myo'm** s med. Muskelgeschwulst.

myo'p med. kurzsichtig.

Myopathie' ℔ med. Muskelleiden.

Myopie' ℔ med. Kurzsichtigkeit.

Myotonie' ℔ med. Mus-

kelspannung.

Myria'de ℔ Zehntausend; Unzahl.

Myringi'tis ℔ med. Trommelfellentzündung.

My'rrhe ℔ aromatisches Gummiharz.

My'rte ℔ bot. immergrüner Strauch.

Mysophobie' ℔ med. krankhafte Angst vor Beschmutzung oder Ansteckung.

Mystago'ge m Lehrer einer Geheimlehre.

Myste'rien Mz. (. . . i-en) Geheimkulte; **Myste'rienspiel** s (. . . ri-en . . .) geistliches Schauspiel; **mysteriö's** geheimnisvoll; **Myste'rium** s Geheimnis; **Mystifikatio'n** ℔ Täuschung; **mystifizie'ren** täuschen; **My'stik** ℔ Gottschau durch sinnende Betrachtung; **my'stisch** geheimnisvoll; **Mystizi'smus** m Schwärmerei, Wunderglaube; **mystizi'stisch** schwärmerisch, wundergläubig.

My'the ℔ (Götter- und Helden-)Sage, Überlieferung aus Urzeiten; Legende; **my'thisch** sagenhaft; **Mythologie'** ℔ Sagenkunde, Götterlehre; **mytholo'gisch** die Sagenkunde bzw. Götterlehre betreffend; **Mythomanie'** ℔ med., psych. Lügensucht; **My'thos** m s. Mythe; **My'thus** m s. Mythe.

Myxöde'm s med. mit Hautanschwellung verbundene Schilddrüsenkrankheit; **Myxomato'se** ℔ med., biol. Kaninchen und Hasen befallende Viruskrankheit.

Myze'ten Mz. bot., med. Pilze; **Myzeti'smus** m Pilzvergiftung.

N

Na'bob m *suv.* reicher Mann.

Na'chrichtensatelli't m *techn., phys.* in eine Erdumlaufbahn gebrachter Raumflugkörper zur Übermittlung bzw. Weiterleitung von Funksignalen, Fernsehbildern usw.

Nadi'r m dem Zenit gegenüberliegender Punkt der Himmelskugel: Fußpunkt.

naiv (na-ih'f) unbefangen, harmlos; **Naive** *rv* (na-ih'we) *theat.* Darstellerin unbefangener, junger Mädchen; **Naivität** *rv* (na-iw...) Unbefangenheit, Harmlosigkeit.

Naja'de *rv* Quellnymphe der griech. Sage.

Nagai'ka *rv* Kosakenpeitsche.

Name-dropping s (neh'm droppiñ) (bloße) Aufzählung von Namen.

Nami'bia s *pol.* UNO-Bezeichnung für das z. Z. noch von Südafrika verwaltete, demnächst unabhängige Südwest-Afrika, das frühere deutsche Schutzgebiet Deutsch-Südwest-Afrika.

Na'ndu m *zool.* südamerikanischer Straußvogel.

Nä'nie *rv* (...i-e) altrömischer Klagegesang.

Nani'smus m *med.* Zwergwuchs.

Na'palm s *mil.* Brandbombenfüllung aus Benzin u. Natriumpalmitat.

Na'phtha s Erdöl; **Naphthali'n** s *chem.* fester Kohlenwasserstoff des Steinkohlenteers (für Farb- u. Riechstoffe sowie als Desinfektionsmittel verwendet).

Napoleondo'r m französische Goldmünze mit dem Kopf Napoleons.

Napolitain s (napolitä'ñ) Schokoladentäfelchen.

Na'ppaleder s Glacéleder.

Na'rde *rv* *bot.* wohlriechende Pflanzen(-teile).

Nargi'leh (*od.* ... eh') s/*rv* orientalische Wasserpfeife

Narkoanaly'se *rv* *med. psych.* psychoanalytische Befragung unter Narkose; **Narkolepsie'** *rv* *med.* Schlafanfälle; **Narkologie'** *rv* *med.* Wissenschaft von der Betäubung; **Narkomanie'** *rv* *med.* Rauschgift-, Betäubungsmittelsucht; **Narko'se** *rv* *med.* Betäubung; **Narko'tikum** s Betäubungsmittel; **narko'tisch** betäubend; **Narkotiseur** m (...sö'r) *med.* die Narkose durchführender Arzt; **narkotisie'ren** betäuben.

Naro'dniki Mz. russische Sozialisten; Bewegung zur sozialen Erneuerung des Bauerntums im alten Rußland.

Na'rwal m *zool.* Zahnwal mit Stoßzähnen.

Narzi'ß m (krankhaft) in den eigenen Körper Verliebter; eitler Selbstbewunderer.

Narzi'sse *rv* *bot.* Gartenblume (ein Zwiebelgewächs).

Narzi'ßmus m *med. psych.* krankhaftes Verliebtsein in den eigenen Körper; **Narzi'ßt** m *med. psych.* krankhaft in den eigenen Körper Verliebter; **narzi'ßtisch** *med. psych.* krankhaft in den eigenen Körper verliebt.

Nasa'l m Nasenlaut; Nasallaut; **nasa'l** die Nase betreffend; durch die Nase gesprochen; **nasalie'ren** näseln; durch die Nase sprechen.

Nasi gore'ng s indonesisches Reisgericht.

Nastie' *rv* *bot.* durch einen Reiz ausgelöste Pflanzenkrümmungsbewegung.

Nasty m (nah'ßtih) „unartig, gemein!: ein Modetanz, gekennzeichnet durch lebhafte Hand- und Armbewegungen.

naszie'rend im Entstehen begriffen.

Natalitä't *rv* Geburtenhäufigkeit.

Na'tes Mz. *med.* Gesäß-, Hinterbacken.

Natio'n *rv* Staatsvolk, Sprach- u. Kulturgemeinschaft; **nationa'l** vaterländisch; die Nation betreffend; **Nationa'le** *rv* Sammelbezeichnung für: Personalangaben; **Nationa'lgarde** *rv* Bürgerwehr in Frankreich (bis 1871); Miliz in den USA; **Nationa'lhymne** *rv* National- und Staatsbewußtsein ausdrückendes feierliches Lied; **nationalisie'ren** verstaatlichen; einbürgern; **Nationalisie'rung** *rv* Verstaatlichung; Einbürgerung; **Nationali'smus** m übertriebenes nationales Bewußtsein; **Nationali'st** m Anhänger des Nationalismus; **nationali'stisch** übertrieben nationalbewußt; **Nationalitä't** *rv* Volks- bzw. Staatsangehörigkeit; Volksgruppe; **Nationalitä'tenstaat** m mehrere Volksgruppen umfassender Staatsverband; **Nationa'lökonomie** *rv* Volkswirtschaftslehre; **Nationa'lstaat** m nur eine Volksgruppe umfassender Staat.

nati'v *med.* angeboren; **Native** m (neh'tiw) Eingeborener.

Nativi'smus m *phil. psych.*

eine Theorie, nach der bestimmte Vorstellungen und seelische Vorgänge nicht auf Lernvorgängen beruhen, sondern angeboren sind; **Nativi'st** *m* Anhänger der Theorie des Nativismus.

Nativitä't *w* Astrologie: Stellung der Sterne zum Zeitpunkt der Geburt.

NA'TO *w* Abk. *f.* North Atlantic Treaty Organization (Nordatlantik-Pakt-Organisation).

Na'trium *s chem.* ein Grundstoff (Na), ein Metall; **Natriumchlori'd** *s chem.* Kochsalz; **Na'tron** *s chem.* doppelkohlensaures Natrium.

Natu'r *w* Schöpfung, Welt; Wesensart; **Natura'lien** Mz. (. . . i-en) Natur-, Bodenerzeugnisse; **Naturalisatio'n** *w* Einbürgerung; **naturalisie'ren** einbürgern; **Naturalisie'rung** *w* s. Naturalisation; **Naturali'smus** *m* wirklichkeitsgetreue Darstellung anstrebende Kunstrichtung; **naturali'stisch** wirklichkeitsgetreu; **Natura'lleistung** *w* Leistung in Sachgütern; **Natura'lwirtschaft** *w* auf Gütertausch beruhendes Wirtschaftssystem.

nature'll natürlich, unverändert; **Nature'll** *s* Veranlagung.

Naturi'smus *m* Freikörperkultur; **Naturi'st** *m* Anhänger der Freikörperkultur.

Naua'rch *m* Flottenführer.

Naumachie' *w* (Aufführung, Darstellung einer) Seeschlacht.

Nause'a *w* med. Übelkeit.

Nau'tik *w* Schiffahrtskunde; **Nau'tiker** *m* Seemann mit Befähigungszeugnis zur Schiffsführung; **Nautiquitä't** *w*

nautische Antiquität (z. B. alte Seekiste o. ä.); **nau'tisch** schiffahrtskundlich.

Navel-Apfelsine *w* (neh'-w°l . . .) bot. kernlose Apfelsinenart.

Navicert *s* (nä'wißöt) britische Bescheinigung für neutrale Handelsschiffe in Kriegszeiten.

Navigatio'n *w* Schiffsbzw. Flugzeugführung; Standorts- und Kursbestimmung bei Schiffen bzw. Flugzeugen; **Naviga'tor** *m* für die Orts- und Kursbestimmung verantwortliches Besatzungsmitglied; **navigie'ren** ein Schiff (auch Flugzeug) führen.

Nae'vus *m* med. Muttermal.

Nazare'ner *m* Beiname Jesu; Bezeichnung für Vertreter einer deutschen romantisch-christlichen Kunstrichtung im 19. Jahrhundert.

Nazi'smus *m* abschätzige Bezeichnung für Nationalsozialismus; **nazi'stisch** abschätzige Bezeichnung für nationalsozialistisch.

nebulö's nebelhaft, unklar, undurchsichtig.

Necessaire *s* (neßeßäh'r) Behälter mit Reisegebrauchsgegenständen.

Necking *s* (nä'kiñ) sex. Austausch von Zärtlichkeiten (Küssen, Streicheln, „Händchenhalten") zwischen Liebespaaren.

Negatio'n *w* Verneinung; **ne'gativ** verneinend, ergebnislos; **Ne'gativ** *s* phot. Kehrbild; **negie'ren** verneinen.

Negligé *s* (neglisheh') Morgenkleidung; *svw.* mangelhafte Bekleidung; **Neglige'nz** *w* Nachlässigkeit; **negligie'ren** (. . . shih'r°n) vernachlässigen.

Negozia'nt *m* Kaufmann.

negri'd zum Rassenkreis der Neger gehörend; **Négritude** *w* (nehgrituh'd°) Sammelbezeichnung für die kulturellen Werte der Negervölker; **negroi'd** (. . . o-id) negerähnlich; **Negro Spiritual** *s* (nih'gro ßpi'-ritju°l) geistl. Lied amerik. Neger.

Ne'gus *m* Titel des ehem. Kaisers von Äthiopien.

Nekrolo'g *m* Nachruf; **Nekropo'le** *w* vorgeschichtl. Gräberfeld; **Nekrologie'** *w* Lehre von den Todesursachen; **Nekromantie'** *w* Weissagung durch Totenbeschwörung; **Nekrophilie'** *w* sex. „Leichenliebe": sexuelle Liebe zu Leichen; **Nekropsie'** *w* Leichenöffnung; **Nekro'se** *w* med. Absterben von Geweben od. Körperteilen; **nekro'tisch** med. abgestorben.

Ne'ktar *m* Göttertrank; Blütensaft.

Ne'kton *s* biol. „das Schwimmende": Sammelbezeichnung für die im Meer schwimmenden Tiere.

Nemato'den Mz. zool. Fadenwürmer.

Ne'mesis *w* strafende Gerechtigkeit.

Neo . . ., neo . . . Neu . . ., neu . . .; Jung . . ., jung . . .

Neody'm *s* chem. ein Grundstoff (Nd), ein Metall.

Neofaschi'smus *m* pol. Sammelbezeichnung für faschistische Parteien und Bewegungen nach dem 2. Weltkrieg; **Neofaschi'st** *m* Anhänger des Neofaschismus; **neofaschi'stisch** Neofaschismus betreffend.

Neoli'thikum *s* Jungsteinzeit.

Neologie' *w* Neubildung, Neuerung; **Neologi's-**

mus m neugebildetes Wort.

Ne'on s chem. ein Grundstoff (Ne), ein Edelgas (nach neon = das Neue benannt).

Neopla'sma s med. (bösartige) Gewebeneubildung.

Neopre'n s kautschukähnlicher Kunststoff.

Neozo'ikum s geol. erdgeschichtliche Neuzeit.

Nephri't m grünliches Gestein.

Nephralgie' w med. Nierenschmerz, -kolik; **Nephri'tis** w med. Nierenentzündung; **Nephrolithi'asis** w med. Nierensteinbildung; **Nephropathie'** w med. Nierenerkrankung; **Nephro'se** w med. mit Gewebeentartung einhergehende Nierenerkrankung; **Nephrotomie'** w med. Nierenschnitt.

Nepoti'smus m Vetternwirtschaft.

Neptu'n m römischer Gott der Meere.

Neptu'nium s chem. ein zu den Transuranen gehörender instabiler Grundstoff (Np) (nach dem Gott Neptun benannt).

Nerei'de w (... e-i ...) Meerjungfrau.

Ne'rv m med. strangartige Faser zur Übermittlung von Reizen vom Gehirn und Rückenmark zu Körperorganen; **ne'rvig** kraftvoll; **nervö's** svw. reizbar; **Nervosität't** w svw. Reizbarkeit; **Ne'rvus re'rum** m Hauptsache; scherzhaft für Geld.

Ne'ssusgewand s svw. schadenbringendes Geschenk.

Ne'stor m Ältester einer Gemeinschaft.

ne'tto rein, ohne Abzug bzw. Verpackung; mus. rein, sauber; **Ne'ttogewicht** s Reingewicht der Ware (ohne Verpackung) **Ne'ttopreis** m Preis nach Abzug des Rabattes; (fester) Endpreis; auch Einkaufspreis; **Ne'ttoregistertonne** w raut. Nutzraumgehalt eines Schiffes (Abk. NRT).

Neu me w mus. mittelalterliches Tonschriftzeichen.

neura'l med. die Nerven betreffend; **Neuralgie'** w med. Nervenschmerz; **neura'lgisch** med. auf Neuralgie beruhend; svw. hochempfindlich; **Neura'lpathologie** w med. Lehre von der Abhängigkeit der Krankheiten vom Nervensystem; **Neura'ltherapie** w med. Heilbehandlungsmethode durch Einwirkung auf das Nervensystem; **Neurasthenie'** w Nervenschwäche; **Neuri'tis** w med. Nervenentzündung; **neuroge'n** med. von den Nerven herrührend; **Neurolo'ge** m Nervenarzt; **Neurologie'** w med. Lehre von den Nervenkrankheiten; **Neuro'm** s med. Geschwulst der Nerven; **Neuropa'th** m med. Nervenkranker; **Neuropathie'** w Nervenerkrankung; **Neuropa'thologie** w med. Krankheitslehre vom Nervensystem; **Neuro'se** w med. seelische Gleichgewichtsstörung; **Neuro'tiker** m med. an einer Neurose Leidender; **neuro'tisch** med. eine Neurose betreffend; **Neurotoxi'n** s med. Nervengift; **neurotro'p** med. nervenbeeinflussend, auf Nerven wirkend; **neurovegetati'v** med. das vegetative Nervensystem betreffend.

neutra'l unbeteiligt, unparteiisch, unwirksam; **Neutralisatio'n** w Aufhebung, Unwirksammachung; (Sport) Unterbrechung, Stillstand; **neutralisie'ren** unwirksam machen; für neutral erklären; **Neutralisie'rung** w s. Neutralisation; Schaffung des Zustands der Neutralität; **Neutrali'smus** m pol. grundsätzliche Unparteilichkeit; **Neutrali'st** m Anhänger des Neutralismus; **neutrali'stisch** den Grundsatz der Unparteilichkeit entsprechend; **Neutralität't** w Nichtbeteiligung, Unparteilichkeit.

Neutri'no s phys., chem. Elementarteilchen ohne elektrische Ladung.

Neu'tron s ungeladenes Teilchen eines Atomkerns; **Neutro'nenwaffe** w mil. auch als Neutronenbombe bezeichnet: eine von den USA entwickelte, für den taktischen Einsatz bestimmte Kernwaffe, welche durch Strahlenwirkung alles Leben im Wirkungsbereich auslöscht, wohingegen Bauten und andere Anlagen erhalten bleiben.

Neu'trum s sächliches Geschlecht, sächl. Hauptwort.

Newcomer m (njuh'ka-mᵉr) Neuling.

New Deal m (njuh dih'l) Wirtschafts- und Sozialprogramm des amerikanischen Präsidenten F. D. Roosevelt (seit 1933); **New Look** m (njuh lu'k) „neues Aussehen": Moderichtung; **News** Mz. (njuh's) Nachrichten.

Ne'xus m Verknüpfung, Verbindung.

Ni'ckel s chem. ein Grundstoff (Ni), ein Metall (nach dem schwedischen Wort koppernickel [Nickel = Kobold] benannt).

Nidatio'n *w* med. „Einnistung": Einbettung des befruchteten Eies in die Schleimhaut der Gebärmutter.

Ni'gger *m* abfällig für: Neger.

Nightclub *m* (nai'tklab) Nachtklub.

Nihili'smus *m* eine alle Werte verneinende Weltanschauung; **Nihili'st** *m* alle Werte Verneinender; **nihili'stisch** alle Werte verneinend.

Ni'ke *w* griech. Siegesgöttin.

Nikoti'n *s* Tabakgift; **Nikotini'smus** *m* Nikotinvergiftung.

ni'l admira'ri „sich über nichts wundern"; **nil noce're!** nicht schaden!

Ni'mbus *m* Ansehen, Glanz; *auch* Regenwolke.

Ni'mrod *m* *svw.* leidenschaftlicher Jäger.

Nio'bium *s* chem. ein Grundstoff (Nb), *auch* als Colu'mbium (Cb) bezeichnet; ein Metall (nach der sagenhaften griechischen Königin Ni'obe benannt; C. nach der Bezeichnung Colu'mbia = Amerika benannt).

Nippes *Mz.* (ni'pß) Kleinkunstgegenstände.

Nirwa'na *s* „Erlöschen" des Lebens (nach buddhist. Glauben).

Nisa'n *m* Monat des Passahfestes.

Nitra't *s* chem. Salpetersäuresalz; **Nitri'd** *s* chem. Verbindung von Stickstoff mit einem Metall; **nitrie'ren** chem. organische Substanzen mit Stickstoffgruppen verbinden; **Nitri't** *s* chem. Salz der salpetrigen Säure; **Nitroge'nium** *s* chem. ein Grundstoff (N): Stickstoff; **Nitroglyzeri'n** *s* Sprengstoff; med. gefäßerweiterndes Mittel; **Nitrozellulo'se** *w* chem. „Schießbaumwolle".

nitsche'wo! russisch: „macht nichts!"

Niveau *s* (niwoh') ebene Fläche; Rang, Wert.

Nivellement *s* (. . . ma'n͂) Höhenbestimmung durch Winkelmessung und deren Ergebnis; **nivellie'ren** ebnen, gleichmachen; Höhenunterschiede im Gelände messen.

Nivome'ter *s* Schneemeßgerät; **Nivôse** *m* (niwoh's) „Schneemonat": vierter Monat des Kalenders der Französischen Revolution.

no'bel freigebig, vornehm; **No'belgarde** *w* adlige päpstliche Garde.

Nobe'lium *s* chem. ein Grundstoff (No) (nach dem schwed. Chemiker Nobel benannt); **Nobe'lpreis** *m* (von Nobel gestifteter) internat. Preis für besondere Leistungen auf den Gebieten der Physik, Chemie, Medizin/Physiologie, Literatur, Wirtschaftswissenschaften u. für besondere Verdienste um den Weltfrieden.

No'biles *Mz.* altrömische Adlige; **No'bili** *Mz.* italienische Adlige; **Nobilitä't** *w* Adel; **Nobilitatio'n** Adelsverleihung; **nobilitie'ren** adeln; **Nobilitie'rung** *w* Adelsverleihung; **Nobi'lity** *w* hoher englischer Adel.

Noble'sse *w* Vornehmheit; Adel; **Noblesse oblige** (noble'ß oblih'sh) „Adel verpflichtet".

Noctilu'ca *w* zool. Meeresleuchttierchen.

no'ctu med. „bei Nacht" (auf ärztl. Rezepten).

nodö'ses med. bot. knötchenbildend; **No'dus** *m* med. bot. Knoten.

No'esis *w* phil. Denkvorgang; **Noe'tik** *w* (No-e . . .) phil. Denklehre; **noe'tisch** (no-e . . .) phil. die Denklehre betreffend.

no future (noh fjuh'sch^e) Schlagwort Jugendlicher als Ausdruck ihrer Abneigung gegen eine Gesellschaft, in der sie sich angeblich keine Zukunft versprechen.

noir (noah'r) schwarz (beim Roulettespiel).

no-iron . . . (noh ai'r^en) „kein Eisen": *svw.* bügelfrei.

NOK *s* Abk. v. Nationales Olympisches Komitee.

Noktambuli'smus *m* med. Schlafwandeln.

Noktu'rn *w* rel. Teil des katholischen Breviergebetes; **noktu'rn** nächtlich; **Noktu'rne** *w* mus. Nachtmusik.

no'lens vo'lens *svw.* wohl oder übel; **no'li me ta'ngere** „berühr mich nicht!"

Noma'de *m* Angehöriger eines Wanderstammes; **nomadisie'ren** umherziehen.

Nom de guerre *m* (non͂ d^e gäh'r) „Kriegsname": Deckname.

no'men est o'men *svw.* bereits der Name sagt alles.

nomenklato'risch die Nomenklatur betreffend; **Nomenklatu'r** *w* Namenverzeichnis; Wörterverzeichnis; Fachsprache; **Nomenklatu'ra** *w* herrschende Klasse der Sowjetunion; **nomina'l** den Namen betreffend; zum Nennwert; **Nomina'lkatalog** *m* alphabetisch nach Namen geordnetes Bücherverzeichnis; **Nomina'lwert** *m* Nennwert.

Nominatio'n *w* Ernennung; Benennung; **No'minativ** *m* gramm. 1. Fall, Werfall; **nomine'll** nur dem Namen nach; **nominie'ren** ernennen, benennen; **No-minie'rung** *rv* Ernennung, Benennung.

Nomogra'mm s *math.* zeichnerische Darstellung mathematischer Werte, Schaubild; **Nomographie'** *rv math.* zeichnerische Lösung mathematischer Aufgaben.

No'mos *m* Ordnung, Gesetz.

No-names-Waren (noh neh'ms ...) Waren ohne Markennamen, billiger als Markenartikel.

Nonchalance *rv* (noñscha'ñß) Ungezwungenheit; **nonchalant** (noñschala'ñ) ungezwungen, nachlässig.

Non-Cooperation *rv* (nonko-op°reh'sch°n) Nicht-Zusammenarbeit, Nichtbeteiligung.

No'ne *rv mus.* neunte Stufe der Tonleiter; Tonintervall von neun Tönen.

Non-books Mz. (no'n bukß) von Buchhandlungen geführte Waren, die keine Bücher sind: Schallplatten, Poster, Spiele; **Nonfiction** *rv* (no'nfiktsch°n) *svrv.* Sachbuchliteratur; **Non-Food-Abteilung** *rv* (... fud ..) ,Nicht-Lebensmittel-Abteilung' der Supermärkte.

No'nius *rv* Meßvorrichtung zum Messen von Zehnteln der Maßeinheit des Hauptmaßstabes.

Nonkonformi'smus *m* mit herrschenden Ansichten nicht übereinstimmende Denk- und Handlungsweise; **Nonkonformi'st** *m* Anhänger des Nonkonformismus; Einzelgänger; **nonkonformi'stisch** den Nonkonformismus betreffend.

non o'let ,,es stinkt nicht'': *svrv.* man merkt es dem Geld nicht an, wenn es

auf unsaubere Weise erworben worden ist.

Nonpareille *rv* (noñparä'j) kleiner Schriftgrad (6 typographische Punkte).

Nonplusu'ltra s *svrv.* Unübertreffliches.

Non-Pro'fit-Organisation *rv* Unternehmen ohne Gewinnstreben; gemeinnütziges Unternehmen.

non po'ssumus *rel.* ,,wir können nicht'': Weigerungsformel der päpstlichen Behörde gegenüber weltlicher Macht.

Nonproliferation *rv* (nonprolif°reh'sch°n) ,,Nichtweitergabe'' (von Atomwaffen durch Atommächte an andere, keine Kernwaffen herstellende Mächte).

non scho'lae, sed vi'tae di'scimus (non sk ... ...) ,,nicht für die Schule, sondern für das Leben lernen wir''.

No'nsens *m* Unsinn.

Nonsto'pflug *m* Flug ohne Halt, ohne Zwischenlandung.

Nonvale'nz *rv* Zahlungsunfähigkeit.

No'rm *rv* Regel, Richtschnur; **norma'l** regelrecht, üblich; **Norma'lien** Mz. (... i-en) Regeln, Vorschriften; **normalisie'ren** den normalen Zustand wiederherstellen.

Norma'l-Null s (*Abk.* NN) Ausgangsfläche für Höhenmessungen auf der Oberfläche der Erde.

normativ maßgebend; **no'rmen** vereinheitlichen; **No'rmenkontrolle** *rv* jur. gerichtliche Prüfung der Übereinstimmung einer Rechtsnorm mit einer übergeordneten Rechtsnorm; **No'rmung** *rv* Vereinheitlichung.

Nosographie' *rv med.* Beschreibung einer Krankheit; **Nosologie'** *rv med.* Krankheitslehre; **Noso-**

manie' *rv med.* Krankheitswahn; **Nosophobie'** *rv med.* Krankheitsfurcht.

No'-Spiel s altjapanisches Theaterspiel.

Nostalgie' *rv* (romantisches) Heimweh; (romantische) Sehnsucht nach der ,,guten alten Zeit''; **nosta'lgisch** Heimweh empfindend.

Nostrifikatio'n *rv* Anerkennung einer ausländischen Urkunde; Einbürgerung; **nostrifizie'ren** eine ausländische Urkunde anerkennen; einbürgern.

No'ta *rv* Vermerk, Rechnung.

nota'bel bemerkenswert; **Nota'beln** Mz. die Vornehmen, Angesehenen.

notabe'ne wohlgemerkt!

Notabilitä't *rv* Angesehenheit, Vornehmheit.

Nota'r *m* freiberuflicher Jurist, der bestimmte amtliche Befugnisse ausübt, z.B. Beurkundungen und Beglaubigungen; **Notaria't** s Amt des Notars; **notarie'll** von einem Notar beglaubigt oder beurkundet.

Notatio'n *rv* Aufzeichnung; *mus.* Notenaufzeichnung.

No'te *rv* Kennzeichen; Tonzeichen; Urteil; Geldschein; schriftl. Mitteilung von Regierung zu Regierung; **notie'ren** aufschreiben, vormerken; *mus.* Noten aufzeichnen; Kurs oder Preis festsetzen.

Notie'rung *rv* Aufzeichnung; Aufzeichnung des Kurses von Wertpapieren; *mus.* Notenaufzeichnung; **Notifikatio'n** *rv* Mitteilung; Übermittlung einer Note; **notifizie'ren** mitteilen; eine Note übermitteln.

Noti'z *rv* Aufzeichnung, Nachricht; **Noti'zbuch** s

Merkbuch.

noto'risch offenkundig, allbekannt.

Nottu'rno s *mus*. Nachtmusik.

Nou'gat m/s Süßigkeit aus Nüssen od. Mandeln, Zucker und Honig, mit oder ohne Kakao.

Nouveauté *rv* (nuhwohteh') (Mode-)Neuheit.

nouvelle vague *rv* (nuwäl wah'g) „Neue Welle": Bezeichnung für das Filmschaffen junger (vorwiegend französischer) Regisseure, die thematisch und herstellungsmäßig vom Herkömmlichen abweichende Filme produzieren.

No'va *rv astr*. neuer Stern; **Novatio'n** *rv* Erneuerung.

Nove'lle *rv* kleinere Prosaerzählung; ergänzender od. verändernder Nachtrag zu einem Gesetz; **novelli'ren** *iur*. Gesetze ändern bzw. ergänzen; **Novelli'st** Verfasser einer Novelle; **Novelli'stik** *rv* Kunst der kleinen Prosaerzählung; **novelli'stisch** in der Art einer Novelle.

Novitä't *rv* Neuheit, Neuerscheinung.

Novi'ze m Mönch während der Probezeit; Neuling; **Novizia't** s die der Aufnahme in einen geistlichen Orden vorangehende Probezeit; **Novi'zin** *rv* Nonne während der Probezeit.

Novocai'n od. **Novokai'n** s (... a-in) *med*. Betäubungsmittel.

No'vum s etwas Neues.

No'xe *rv med*. Schädlichkeit; Ursache der Krankheitserregung; **Noxi'ne** *Mz. med*. den Körper schädigende Giftstoffe (aus Körpereiweißzerfall herrührend).

Noyaden *Mz*. (noaja'd^e^n) „Ertränkungen": Massenhinrichtungen von

Gegnern der Französischen Revolution.

Nuance *rv* (nüa'ñß^e^) Abstufung, feiner Unterschied; **nuancieren** (nüañßih'ren) fein abstufen.

Nu'buk s Wildlederart.

Nucle ..., nucle ... s. Nukle ..., nukle ...

Nudi'smus m Nacktkultur, Freikörperkultur (*Abk*. FKK); **Nudi'st** m Anhänger der Nackt-, Freikörperkultur; **nudi'stisch** die Nackt-, Freikörperkultur betreffend; **Nuditä't** *rv* Nacktheit; etwas Schlüpfriges.

Nu'gat m/s s. Nougat.

Nugget s (na'g^i^t) Goldklumpen.

Nuklea'r ..., nuklea'r ... den (Atom-)Kern betreffend; **Nuklea'rchemie** *rv* Kernchemie; **Nuklea'rmedizin** *rv* Anwendung der auf dem Gebiet der Atomkernforschung gewonnenen Erkenntnisse auf die Heilkunde; **Nuklea'rphysik** *rv* Kernphysik; **Nuklea'rtechnik** *rv* Anwendung der auf dem Gebiet der Atomkernforschung gewonnenen Erkenntnisse auf die Technik.

Nuklei'nsäure *rv* (... e-i ...) *biol. chem*. in Zellkernen vorkommende Säure; **Nukleo'nik** *rv phys*. Atomkernwissenschaft; **Nu'kleus** m (. , - e-us) Kern; *biol*. Zellkern.

nu'lla poe'na si'ne le'ge „keine Strafe ohne Gesetz": rechtsstaatlicher Grundsatz.

Nu'lldiät *rv med*. Diätkur, bei deren Durchführung jegliche Aufnahme von Nahrungsmitteln verboten ist, nur Mineralwasser erlaubt.

Nullifikatio'n *rv iur*. Ungültigkeits-, Nichtig-

keitserklärung; **nullifizie'ren** *iur*. für ungültig erklären.

Nulli'para *rv med*. Frau, die noch nicht geboren hat.

Nu'llmeridia'n m Anfangsmeridian: Längenkreis von Greenwich; **Null ouvert** s (... uwäh'r) „Nullspiel": Skatspiel, bei dem der Spieler nach dem ersten Stich die Spielkarten offen hinlegen muß; **Nu'llpunkt** m Ausgangs-, Anfangspunkt einer Meßskala; *auch* Tiefstpunkt; **Nu'lltarif** m „zum Nulltarif": *svrv*. kostenlos, z. B. kostenlose Benutzung aller öffentlichen Verkehrsmittel: da bei niedrigen Fahrpreisen ohnehin keine Kostendeckung erreichbar ist, soll der Betrieb mit öffentlichen Mitteln finanziert, andererseits der mit der Einziehung der Fahrgelder verbundene Personal- und Verwaltungsaufwand eingespart werden.

Nu'men s göttliches Walten, göttliches Wesen.

Numera'le s Zahlwort; **Nu'meri** *Mz. rel*. „Zählungen": Bezeichnung für das 4. Buch Mose; **numerie'ren** beziffern; **nume'risch** zahlenmäßig; **Nu'merus** m Zahl; Zahlform; **Nu'merus clau'sus** m beschränkte Anzahl (z. B. bei der Vergabe von Studienplätzen).

numino's göttlich; **Numino'se** s das Göttliche.

Numisma'tik *rv* Münzenkunde; **Numisma'tiker** m Münzkundler; **numisma'tisch** münzkundlich.

Nu'mmer *rv* Zahl; Kennzahl; Note; Einzeldarbietung; **Nu'mmerung** *rv* Kennzeichnung (aller Staatsbürger) durch Kennziffern.

Nuntiatu'r *rv* Amt des Nuntius; **Nu'ntius** *m* päpstlicher Botschafter, Gesandter.

nuptia'l hochzeitlich.

Nura'g(h)e *rv* jungsteinzeitlicher und bronzezeitlicher Wohnturm auf Sardinien, Korsika und in Italien.

Nurse *rv* (nö'ß) Kinderschwester, -pflegerin.

Nu'tria *rv* zool. Sumpfbiber(pelz).

Nutrime'nt s Nahrung; **Nutrime'ntum spi'ritus**

s „Nahrung des Geistes"; **Nutritio'n** *rv* Ernährung; **nutriti'v** nährend.

NVA *rv* Abk. v. Nationale Volksarmee (der DDR).

Nyktalopie' *rv* med. Tagblindheit; **Nyktophobie'** *rv* med. krankhafte Angst vor Dunkelheit.

Nylon s (rai'lon) Kunststoffaser.

Ny'mphae Mz. med. die kleinen Schamlippen;

Ny'mphe *rv* altgriechisch, weibl. Naturgöttin; **nymphoma'n** sex. mannstoll; **Nymphomanie'** *rv* sex. Mannstollheit; **Nymphoma'nin** *rv* sex. mannstolle Frau.

Ny'norsk s Neunorwegisch: auf norwegischen Dialekten beruhende norwegische Schriftsprache (früher: Landsmål).

Nysta'gmus *m* med. Augenzittern.

O

OAS *rv* pol. Abk. v. Organization of American States: Organisation Amerikanischer Staaten.

Oa'se *rv* fruchtbare Stelle in der Wüste.

OAU *rv* Abk. v. Organization of African Unity: Organisation der Afrikanischen Einheit: Zusammenschluß der unabhängigen afrikanischen und madegassischen Staaten.

Obduktio'n *rv* Leichenöffnung.

Obduratio'n *rv* med. Verhärtung; **obdurie'ren** med. verhärten.

Obduze'nt *m* eine Leichenöffnung vornehmender Arzt; **obduzie'ren** eine Leiche zwecks Feststellung der Todesursache öffnen.

Obedie'nz *rv* (. . . i-e . . .) rel. geistlicher Gehorsam.

Obeli'sk *m* Spitzsäule.

Obfuskatio'n *rv* Verdunkelung.

O'bi m/s zum Kimono gehörender breiter Seidengürtel.

o'biit (. . . i-it) „ist gestorben".

Obje'kt s Gegenstand, Sache; **objekti'v** sachlich; unparteiisch; **Ob-**

jekti'v s Vorderlinse opt. Geräte; **objektivie'ren** zu einem Objekt machen; versachlichen; vergegenständlichen; **Objektivitä't** *rv* Sachlichkeit.

Objektkunst *w* zeitgenössische Kunstrichtungen, die Gegenstände durch besondere Anordnung zum Kunstwerk erheben (z. B. die Werke von J. Beuys).

objizie'ren entgegnen.

Obla'te *rv* re.. Abendmahlsbrot; Feingebäck; Siegelmarke; med. Arzneimittelhülle; **Obla'te** *m* einem Kloster übergebenes Kind (im Mittelalter); Angehöriger einer Klostergenossenschaft; **Oblatio'n** *rv* rel. Opfergabe.

obliga't erforderlich, verbindlich; **Obligatio'n** *rv* Verpflichtung; Schuldverschreibung; **obligato'risch** verpflichtend, verbindlich; **O'bligo** s Verpflichtung.

oblique (oblih k) schräg; abhängig; **Obliquitä't** *rv* Schrägstellung; Abhängigkeit.

Obliteratio'n *rv* Tilgung; med. Verwachsung, Ausfüllung von Hohl-

räumen; **obliterie'ren** tilgen; med. verwachsen, ausfüllen.

oblo'ng länglich; länglichrund.

Obo'e *rv* mus. ein Holzblasinstrument; **Oboi'st** *m* (. . . o-i . . .) Oboespieler.

O'bolos *m*, **O'bolus** *m* svrv. Scherflein.

Obsekratio'n *rv* Beschwörung; **obsekrie'ren** beschwören.

observa'bel „beobachtbar", bemerkenswert; **Observa'nz** *rv* Gewohnheit, Regel; **Observatio'n** *rv* Beobachtung; **Observato'rium** s Beobachtungsstelle; Sternwarte; **observie'ren** beobachten.

Obsessio'n *rv* med. psych. Zwangsvorstellung.

Obsidia'n *m* glasiges Ergußgestein.

obsku'r dunkel, verdächtig; **Obskura'nt** *m* Dunkelmann; Feind der Aufklärung; **Obskuranti'smus** *m* feindliche Haltung gegenüber der Aufklärung; **Obskuritä't** *rv* Dunkelheit.

obsole't veraltet; nicht mehr üblich.

Obsta'kel s Hindernis.

Obste'trik *rv* med. Geburtshilfe.

obstina't hartnäckig; **Obstinatio'n** *w* Hartnäckigkeit.

Obstipatio'n *w med.* Stuhlverstopfung.

obstruie'ren entgegenarbeiten; **Obstruktio'n** *w* Widerstand, Verhinderung, Verschleppung; **obstrukti'v** hindernd, hemmend.

obszö'n unzüchtig; **Obszönitä't** *w* Unzüchtigkeit.

Obturatio'n *w med.* Verstopfung von Hohlräumen des Körpers; **Obtura'tor** *m med.* Apparat zum Verschluß von Gaumenlücken oder anderen Körperöffnungen; **obturie'ren** *med.* verstopfen, verschließen.

O'bus *m Abk. f.* Oberleitungsomnibus.

Ochra'na *w* zaristischrussische Geheimpolizei.

O'culi *s.* Okuli.

O.D. *w Abk. v.* Overdose *(s. dort)*.

Odali'ske *w* weiße Sklavin eines türk. Harems.

O'dds *Mz.* ungleiche Wette; Vorgabe (bei Rennen).

O'de *w* feierliche Dichtung, Preislied.

Odei'on *s s.* Odeon.

Ŏde'm *s med.* Wassersucht; **ödematö's** *med.* Ödeme aufweisend.

Ode'on, Ode'um *s* Gebäude zur Aufführung von Schauspielen und anderen künstlerischen Darbietungen (Musik, Tanz usw.).

Odeur *s* (ohdö'r) Wohlgeruch.

odio's, odiö's verhaßt, widerlich, unausstehlich.

Ŏ'dipuskomplex *m psych.* bei männlichen Personen auftretende übermäßig starke Bindung an die Mutter, verbun-

den mit Eifersucht gegenüber dem Vater.

O'dium *s* Makel, Haß.

Odontalgie' *w med.* Zahnschmerz; **odontoge'n** *med.* von den Zähnen herrührend; **Odontolo'ge** *m med.* Wissenschaftler auf dem Gebiet der Zahn(heil)kunde; **Odontologie'** *w med.* Zahn(heil)kunde.

O'dor *m med.* Geruch.

Odyssee' *w* altgriech. Heldengedicht; Irrfahrt.

OECD *w pol. Abk. v.* Organization for Economic Cooperation and Development: Organisation für wirtschaftliche Zusammenarbeit und Entwicklung. Durch Umwandlung der OEEC entstandene Organisation. Mitglieder: europäische Staaten (mit Ausnahme der Ostblockstaaten), USA, Kanada, Japan; assoziiert: Finnland und Jugoslawien.

OEEC *w Abk. f.* Organization for European Economic Cooperation (Organisation für europäische wirtschaftliche Zusammenarbeit)

Œuvre (ö'wr⁰) Gesamtwerk eines Künstlers.

offensi'v angreifend; **Offensi've** *w* Angriff.

Offere'nt *m* Anbietender; **offerie'ren** anbieten; **Offe'rte** *w* Angebot.

Offerto'rium *s rel.* „Opferdarbietung": Teil der kath. Messe.

Office *s* (o'fiß) Büro.

Offizia'l *m rel.* katholischer hoher bischöflicher Beamter; **Offiziala't** *m rel.* katholische bischöfliche Gerichtsbehörde.

Offizia'ldelikt *s iur.* von Amts wegen zu verfolgende Straftat; **Offizia'lmaxime** *w*, **Offizia'lprinzip** *s iur.* Verpflich-

tung zur Verfolgung von Straftaten von Amts wegen; **Offizia'lverteidiger** *m iur.* von Amts wegen bestellter Verteidiger.

Offizia'nt *m* kleiner Beamter.

offizie'll (. . . i-ell) amtlich, förmlich.

Offizie'r *m* Angehöriger der Führerschaft militärischer oder militärähnlicher Verbände; *naut.* Inhaber eines seemännischen Patentes; **Offizie'rkorps** *s* (. . . kohr) Gesamtheit der Offiziere.

Offizi'n *w* Werkstatt; Buchdruckerei; Apotheke; **offizine'll** als Heilmittel zugelassen.

offiziö's halbamtlich.

Offi'zium *s* Pflicht; *rel.* Heiliges Offizium: höchste Kardinalskongregation zur Reinhaltung der Glaubenslehren.

Off Li'mits! Zutritt verboten!

O'ffsetdruck *m* ein Flachdruckverfahren, bei dem der Druck von der Druckplatte zum Papier von einem Gummituch übertragen wird.

off shore (off schör) vor der Küste, von der Küste entfernt; **Off-shore-Aufträge** *Mz.* (. . . schör . . .) von den USA an Länder „außerhalb der (amerikanischen) Küste" erteilte Wirtschaftsaufträge; **Off-shore-Geschäft** *s* (off schö'r . . .) Geschäft mit der Erschließung der vor den Küsten im Meer vorhandenen Vorkommen an Erdöl, Erdgas, Manganknollen und anderen Stoffen.

O'ger *m* Menschenfresser (in Märchen).

ogiva'l in Form eines Spitzbogens.

Ohr-Akupunktur *w med.*

Heilverfahren durch Einstechen feiner Metallnadeln in die Ohren zwecks reflektorischer Beeinflussung von Organerkrankungen; auch zur Entwöhnung von Suchten (z. B. Nikotin) angewandt.

O. K., o.k. *Abk. v.* okay.

Oka'pi s *zool.* kurzhalsige afrikanische Giraffenart.

Okari'na *rv mus.* tönerne Flöte.

okay (ohkeh') (*Abk.* o. k.) *svrv.* ist in Ordnung.

Okkasio'n *rv* Gelegenheit; günstiges Angebot; **okkasione'll** gelegentlich.

Okklusio'n *rv* Umschließung, Sperrung, Verschluß; **okklusi'v** umschließend, sperrend, verschließend; **Okklusi'vpessa'r** s *med.* den Muttermund von der Scheide abschließendes Pessar (s. dort) zur Empfängnisverhütung.

okku'lt geheim, verborgen; **Okkulti'smus** *m* Beschäftigung mit dem Übersinnlichen; **Okkulti'st** *m* wer sich mit über-, außersinnlichen Dingen befaßt; **okkulti'stisch** den Okkultismus betreffend; **Okku'lttäter** *m iur.* wer sich unter Ausnutzung des Aberglaubens gegen das Strafrecht vergeht.

Okkupa'nt *m* wer fremdes Gebiet gegen den Willen der Bewohner besetzt; **Okkupatio'n** *rv* Besetzung, (gewaltsame) Besitzergreifung; **okkupie'ren** besetzen, (gewaltsam) in Besitz nehmen.

Ökologie' *rv* (. . . gih') Umweltlehre; Lehre von den Beziehungen der Lebewesen zu ihrer Umwelt; **ökolo'gisch** die Umwelt betreffend.

Ökono'm *m* Verwalter; Landwirt; **Ökonomie'** *rv* Wirtschaft(skunde);

Sparsamkeit; **Ökono'mik** *rv* Wirtschaftskunde; **ökono'misch** wirtschaftlich, sparsam; **ökonomisches Prinzip** s Streben nach Erzielung eines größtmöglichen Ertrags mit dem geringsten Aufwand.

Ö'kosystem s natürliche Lebensgemeinschaft von unbelebter und belebter Umwelt, deren Faktoren durch gegenseitige Abhängigkeit und Beeinflussung ein ausgewogenes System bilden.

Ökotage *rv* (. . . tah'she) zusammengesetzt aus Ökologie (Wissenschaft von den Beziehungen der Lebewesen zu ihrer Umwelt) und Sabotage (absichtliche Störung od. Zerstörung); *svrv.* (gewaltlose) Notwehr gegen Umweltverschmutzer.

Ökotrophologie' *rv* Haushalts- und Ernährungswissenschaft.

Oktae'der *m* (. . . a-e . . .) von acht Flächen (gleichseitigen Dreiecken) begrenzter Körper.

Okta'nzahl *rv* die Klopffestigkeit eines Kraftstoffes angebende Maßzahl.

Okta'v s ein Buchformat; **Okta've** *rv mus.* 8. Stufe der Tonleiter und das entsprechende Intervall.

Okto'berrevolution *rv pol.* bolschewistische Revolution in Rußland vom 7./8. November 1917 (= 25./26. Oktober nach dem alten russischen Kalender)

Oktroi *m* (oktroa') Bewilligung; Binnenzoll auf Lebensmittel.

oktroyieren (oktroajih'ren) aufzwingen, aufdrängen; *auch* bewilligen.

Okula'r s dem Auge zugewandte Linse eines opt. Gerätes; **okula'r** das

Auge betreffend; **Okulatio'n** *rv* Pflanzenveredelung; **O'kuli** „Augen": 4. Sonntag vor Ostern, benannt nach dem Wort des 24. Psalmes / 15. Vers: „Meine Augen sehen stets zu dem Herrn"; **okulie'ren** (Pflanzen) veredeln; **Okuli'st** *m* Augenarzt.

Ökume'ne *rv* gesamte bewohnte Erde; gesamte Christenheit; **Ökumenischer Rat der Kirchen** *m* s World Council of Churches; **ökumenische Trauung** *rv* kirchliche Eheschließung bekenntnisverschiedener Brautpaare, die von je einem Geistlichen beider Konfessionen vollzogen wird.

O'kzident *m* Abendland; **okzidenta'l** abendländisch.

okzipita'l *med.* das Hinterhaupt betreffend.

Oldie *m* (oh'ldih) alter Schlager; Alter, alter Mann; *auch svrv.* Oldtimer (s. dort).

Oldtimer *m* (oh'ldtaime'r) Bezeichnung für eine „aus alter Zeit" stammende Person oder Sache, z. B. Kraftwagen aus der Frühzeit des Automobilbaues, Schiffe aus der Zeit der Segelschiffahrt oder frühen Dampfschiffahrt usw., *auch svrv.* „altbewährter Streiter".

olé! *spanisch:* Hurra!

Olea'nder *m bot.* Rosenlorbeer.

O'leum s (. . . e-um) Öl.

Olfaktometrie' *rv med.* Geruchssinnmessung; **Olfakto'rium** s *med.* Riechmittel.

Olifa'nt *m mus.* mittelalterliches Signalhorn.

Oligämie' *rv med.* Blutarmut: Verringerung der gesamten Blutmenge.

Oligarchie' *rv* Herrschaft einiger weniger Menschen; **oliga'rchisch** die Herrschaft einiger weniger Menschen betreffend.

Oligomenorrhoe' *rv* med. seltene oder spärliche Monatsblutungen; **Oligophrenie'** *rv* med. Sammelbezeichnung für Formen des Schwachsinns.

Oligopo'l s Marktform, bei der der Markt von einigen wenigen Unternehmen beherrscht wird.

Oligospermie' *rv* med. Verminderung der Zahl der Samenfädchen; **Oligotrophie'** *rv* med. Mangel an Nährstoff; **Oligurie'** *rv* med. verminderte Harnmenge.

o'lim einst, ehemals: „seit Olims Zeiten": seit undenklichen Zeiten, seit grauer Vorzeit.

Oli'sbos m künstlicher Ersatz für das männliche Glied (in Alt-Griechenland).

Oli've *rv* bot. Frucht des Ölbaums.

Oly'mp m Sitz der altgriech. Götter; **Olympia'de** *rv* vierjähriger Zeitraum zwischen den Olympischen Spielen; Olympische Spiele; **Oly'mpier** m (. . . i-er) *svrv.* erhabener, göttlicher Mann; **oly'mpisch** göttlich; den Olymp betreffend.

Ombrogra'ph m Niederschlags-, Regenschreiber; **Ombrome'ter** s Niederschlags-, Regenmesser.

O'mbudsman(n) m Parlamentsbeauftragter skandinavischer Staaten, der die Bürger vor Behördenwillkür und gegen Verletzung ihrer verfassungsmäßigen Rechte schützen soll (mit ähnlichen Aufgaben betraute Persönlichkeiten besitzen auch Großbri-

tannien, Neuseeland, Guyana, Alberta/Kanada, die USA und — im militärischen Bereich — auch die Bundesrepublik Deutschland).

O'mega s dem langen „o" entsprechender letzter Buchstabe des griechischen Alphabets.

Omele'tt(e) s (*rv*) Eierkuchen.

O'men s Vorzeichen, Vorbedeutung.

O'mikron s dem kurzen „o" entsprechender Buchstabe des griechischen Alphabets.

ominö's unheilverkündend, bedenklich, anrüchig.

Omissio'n *rv* Auslassung; Unterlassung.

Om ma'ni pa'dme hum Lamaistische Gebetsund Segensformel.

O'mnibus m „für alle": vielsitziger Personenkraftwagen.

omnilatera'l allseitig; **omnipote'nt** allmächtig; **Omnipote'nz** *rv* Allmacht; **Omnipräse'nz** *rv* (göttliche) Allgegenwart.

O'mnium s radsportlicher Mehrkampf.

omnivo'r alles fressend; **Omnivo'ren** Mz. zool. Allesfresser (fleisch- und pflanzenfressende Tiere).

O'mphalos m „Nabel": im alten Griechenland als Mittelpunkt der Welt betrachteter heiliger Stein in Delphi; **Omphaloskopie'** *rv* Nabelbeschau (eine Art der Meditation).

O'nager m altrömische Wurfmaschine; zool. asiatischer Wildesel.

Onanie' *rv* med. geschlechtl. Selbstbefriedigung; **onanie'ren** med. sich geschlechtlich selbst befriedigen; **Onani'st** m

sex. wer geschlechtliche Selbstbefriedigung betreibt.

On dit s, **Ondit** s (oñdih') *svrv.* Gerücht.

Ondulatio'n *rv* Wellung (des Haares); **ondulie'ren** (Haare) wellen.

onerö's beschwerlich.

Onkolo'ge m med. Wissenschaftler auf dem Gebiet der Geschwulstforschung; **Onkologie'** *rv* med. Wissenschaft von den Geschwülsten; **onkolo'gisch** med. Geschwülste betreffend.

Önologie' *rv* Weinkunde; **Önomanie'** *rv* med. Säuferwahn.

Onomasiologie' *rv* sprachliche Bezeichnungslehre; **Onoma'stik** *rv* Namenlehre; **Onoma'stikon** s Namenverzeichnis; **Onomatologie'** *rv* Namenwissenschaft; **Onomatopöie'** *rv* svrv. Lautmalerei.

Önome'ter s Gerät zum Messen des Alkoholgehaltes des Weines.

on the rocks (on θᵉ ro'kß) „auf den Felsen": (Getränke) auf Eiswürfel aufgegossen und serviert.

o'ntisch phil. seiend; **Ontogene'se** *rv* biol. Keimesgeschichte: Entwicklung des Einzelwesens vom Ei bis zur Geschlechtsreife; **Ontologie'** *rv* phil. Lehre vom Seienden.

O'nus s Last, Mühe.

O'nychophagie' *rv* med. Nägelkauen.

O'nyx m schwarz-weißer Halbedelstein.

Oogamie' *rv* (o-o . . .) Fortpflanzung durch befruchtete Eier; **Oogene'se** *rv* (o-o . . .) biol. Eizellenbildung; **Oologie'** *rv* (o-o . . .) zool. Wissenschaft von den Eiern; **Oopho'ron** s (o-o . . .) med. Eierstock.

opa'k undurchsichtig.

Opa'l m schillernder, durchscheinender Halbedelstein; **Opalesze'nz** m opalartiges Schillern; **opalisie'ren** opalartig schillern.

Opa'nke m sandalenartiger, geflochtener Schuh.

Op-art m (. . . aht) Optical Art = optische Kunst: moderne Kunstrichtung, bei der durch graphische Elemente optische Eindrücke hervorgerufen werden sollen.

OPEC Abk. f. Organization of Petroleum Exporting Countries (Organisation der Erdöl exportierenden Staaten).

Open-air . . . sv. im Freien (stattfindend).

Open-end-Diskussion m (ohp°n ä'nd . . .) Diskussion ohne Festlegung des Schlusses.

O'per m dramatisches musikalisches Bühnenwerk; Opernhaus; **O'pera** mus. Oper; **~ bu'ffa** komische Oper.

opera'bel med. operierbar; **Operateur** m (. . . tö'r) operierender Arzt; auch Filmvorführer, Kameramann; **Operatio'n** m Unternehmung; med. chirurgischer Eingriff.

Operations-research m (op°reh'sch°ns rißö'tsch) moderne Bezeichnung für Unternehmensforschung.

operati'v med. auf chirurgischem Wege; eine Operation betreffend; mil. sv. strategisch.

Opere'tte m heiteres musikalisches Bühnenwerk; kleine Oper.

operie'ren unternehmen, verfahren; med. eine Operation durchführen.

O'phir sagenhaftes biblisches Goldland.

Ophthalmie' m med. Augenentzündung; **Ophthalmolo'ge** m med. Augenarzt; **Ophthalmologie'** m med. Augenheilkunde; **Ophthalmosko'p** s med. Augenspiegel; **Ophthalmoskopie'** m med. Augenspiegelung.

Opia't s med. Opium enthaltendes Arzneimittel.

Opinionleader m (opi'nj°nlihd°r) Meinungsforscher, -beeinflusser.

O'pium s Rauschgift, Betäubungsmittel.

Opo'ssum s zool. amerikanische Beuteltiere.

Oppone'nt m Gegner-, Widersacher; **opponie'ren** entgegnen, widersprechen.

opportu'n nützlich, zeitgemäß; **Opportuni'smus** m Nützlichkeitssinn; Gesinnungslosigkeit; **Opportuni'st** m nur von Nützlichkeitserwägungen beeinflußter Mensch; auch Gesinnungslump; **opportuni'stisch** dem Opportunismus entsprechend; gesinnungslos; **Opportunitä't** m günstige Gelegenheit, Nützlichkeit; **Opportunitä'tsprinzip** s iur. Rechtsgrundsatz, nach dem die Strafverfolgung dem Ermessen der Staatsanwaltschaft anheimgestellt wird.

Oppositio'n m Gegnerschaft, Widerrede; Gegenpartei; **oppositione'll** gegensätzlich; zur Widerrede neigend.

Oppressio'n m Unterdrückung; **oppressi'v** unterdrückend.

Opta'nt m wer sich in einem abgetretenen Gebiet für seine zukünftige Staatsbürgerschaft entscheidet; **o'ptativ, optati'v** wünschend.

O'pticus m s. Optikus.

optie'ren sich für eine bestimmte Staatsangehörigkeit erklären; wünschen.

O'ptik m Lehre vom Licht; Linsenteil optischer Geräte; optische Wirkung; **O'ptiker** m fachlich geschulter Hersteller u. Verkäufer optischer Instrumente; **O'ptikus** m med. Sehnerv.

optima'l bestmöglich; **Optimi'smus** m Lebensbejahung.

Optima'ten Mz. altrömischer Senatorenadel.

optimi'stisch lebensbejahend, hoffnungsfroh; **O'ptimum** s das Beste.

Optio'n m Wahl der Staatsangehörigkeit; iur. Voranwartschaft.

o'ptisch das Licht betreffend; **Optoelektro'nik** m s. Optronik; **Optometrie'** m Bestimmung der Sehkraft, -weite; **Optro'nik** m phys. techn. wissenschaftliches Forschungsgebiet, das sich mit der Verbindung optischer und elektronischer Vorgänge befaßt (Lichtspeicher, -verstärker, -wandler, Bildspeicher, -verstärker, -wandler, Photozelle).

opule'nt üppig; **Opule'nz** m Üppigkeit.

Opu'ntie m (. . . i-e) bot. Feigenkaktus.

O'pus s (künstlerisches, literarisches) Werk; **Opu'sculum, Opu'skulum** s „Werkchen": kleines Werk, Schriftchen.

o'ra et labo'ra bete und arbeite!

Ora'kel s Weissagung(sort); rätselhafter Ausspruch; **ora'kelhaft** rätselhaft, mehrdeutig; **ora'keln** rätselhaft reden, weissagen.

ora'l den Mund betreffend; durch den Mund; **ora'le Phase** m psych., sex. erste Phase der sexuellen Entwicklung, gekennzeichnet durch Interesse an der Mundregion; **Ora'lero'tik** *rv* sex. Gewinnung von Lustgefühlen durch den Bereich des Mundes.

Orange *rv* (ora'n̄sh^e) Apfelsine; **ora'nge** (ora'n̄sh^e) rotgelb, goldgelb; **Orangeade** *rv* (oran̄-shah'd^e) Orangensaftgetränk; **Orangerie** *rv* (oran̄sh^erih') Gewächshaus.

O'rang U'tan *m* zool. „Waldmensch": rotbrauner indonesischer Menschenaffe.

o'ra pro no'bis! rel. bitte für uns!

Ora'tor *m* antiker Redner; **orato'risch** rednerisch; **Orato'rium** *s* opernähnliche Komposition für Orchester, Chor u. Einzelstimmen; Betraum.

O'rbis *m* Kreis; **O'rbis pi'ctus** *m* „gemalte Welt": Welt in Bildern; **O'rbis terra'rum** *m* Erdkreis.

O'rbita *rv* med. Augenhöhle; **orbita'l** med. die Augenhöhle betreffend.

Orchester *s* (orkä'ßter) Musikkapelle; der für das O. bestimmte Raum vor der Bühne; **orche-stra'l** (ork . . .) mus. orchestermäßig; das Orchester betreffend; **Orchestratio'n** *rv* (ork . . .) mus. Instrumentierung; Bearbeitung eines Musikwerkes für ein Orchester; **orchestrie'ren** (ork . . .) mus. instrumentieren; ein Musikwerk für ein Orchester bearbeiten; **Orchestrie'-rung** *rv* (ork . . .) s. Orchestration; **Orche'strion** *s* (ork . . .) mus. automatisches Musikwerk (mit Orgel, Flöten u. Schlagzeug).

Orchide'e *rv* bot. tropische Zierblume.

O'rchis *m* med. Hoden; **Orchi'tis** *rv* med. Hoden-

entzündung; **Orchito-mie'** *rv* med. Hodenentfernung; Kastration.

Orda'l *s* Gottesurteil.

O'rder *rv* Auftrag, Befehl; **o'rdern** einen Auftrag erteilen.

Ordina'lzahl *rv* math. Ordnungszahl.

ordinä'r gewöhnlich, gemein.

Ordinä'rpreis *m* Verkaufspreis (im Buchhandel).

Ordinaria't *s* bischöfliches Amt; Amt des Ordinarius; **Ordina'rius** *m* ordentlicher Professor; Klassenlehrer; **Ordina'te** *rv* Senkrechte eines Achsenkreuzes; **Ordinatio'n** *rv* Priesterweihe; ärztl. Verordnung, Sprechstunde; **ordinie'ren** in ein geistl. Amt einsetzen; ärztl. verordnen.

O'rdo *m* Ordnung; Rangordnung.

Ordonna'nz *rv* mil. Befehlsüberbringer, Melder; Befehl; **Ordonna'nzoffizier** *m* mil. Stabsoffizieren zugeteilter jüngerer Offizier.

Ordre *rv* (o'rdr^e) s. Order.

Ö're *s* Münze in Dänemark, Norwegen und Schweden.

Orea'de *rv* Bergnymphe der altgriechischen Sage.

Orga'n *s* Sinneswerkzeug, Körperteil; Stimme; Fachzeitschrift.

Orga'ndy *m* feines durchsichtiges Baumwoll- oder Kunstseidengewebe.

Orga'nik *rv* phil. Lehre vom Organismus; chem. organische Chemie (= Chemie der Kohlenstoffverbindungen); **Orga'niker** *m* auf dem Gebiet der organischen Chemie tätiger Chemiker.

Organisatio'n *rv* Ordnung, Einrichtung, Gestaltung; zweckbestimmter Zusammenschluß; **Organi-**

sa'tor *m* Ordner, Gestalter; **organisato'risch** ordnend, die Organisation betreffend; **orga'nisch** geordnet, naturhaft; **organisie'ren** ordnen, planen; auch etwas auf unlautere Weise beschaffen; **Organi'smus** *m* eine lebendige Einheit, Lebewesen.

Organi'st *m* Orgelspieler.

Orga'nneurose *rv* med. durch seelische Einflüsse hervorgerufene krankhafte Veränderung von Organen.

organoge'n aus Organismen gebildet; **Organo-gene'se** *rv* biol. Organbildung; **Organographie'** *rv* biol. Organbeschreibung; **organogra'phisch** biol. Organe beschreibend; **organoi'd** (. . . o-id) biol. organähnlich.

O'rganon *s* Mittel, Werkzeug; Nachschlagwerk; **Orga'notherapie'** *rv* med. Behandlung durch aus tierischen Organen gewonnene Heilmittel; **organotro'p** med. organwirksam; **Orga'ntherapie'** *rv* s. Organotherapie; **Orga'ntransplantatio'n** *rv* med. Übertragung eines Organs von einem (lebenden oder toten) Spender auf einen lebenden Menschen.

O'rganum *s* mus. Orgel.

Orga'nza *m* feines dünnes Seidengewebe.

Orga'smus *m* med. sex. Höhepunkt geschlechtl. Erregung; **orga'stisch** med. sex. den Höhepunkt geschlechtlicher Erregung betreffend.

O'rgel *rv* mus. Tasteninstrument mit durch Luftdruck betriebenen Pfeifen.

orgia'stisch ausgelassen, zügellos; **O'rgie** *rv* (. . . i-e) Ausschweifung, wüstes Gelage.

O'rient m (. . . i-e . . .) Morgenland; Vorder- und Mittelasien; **Orienta'le** m (. . . i-e . . .) Bewohner des Orients; **orienta'lisch** (. . . i-e . . .) den Orient betreffend; aus dem Orient stammend; **Orientali'st** m (. . . i-e . . .) Wissenschaftler, der sich mit den Sprachen und Kulturen des Orients befaßt; **Orientali'stik** m (. . . i-e . . .) Orientkunde; **orientali'stisch** (. . . i-e . . .) die Orientkunde betreffend.

orientie'ren aufklären, unterrichten, sich zurechtfinden; **Orientie'rung** m Unterrichtung, Ortung; **Orientie'rungsstufe** m (in Gesamtschulen:) das 5. und 6. Schuljahr.

Orifi'cium s Mündung, Öffnung.

Origina'l s Urbild, Urfassung; auch Sonderling; **origina'l** ursprünglich, echt; **Origina'lien** Mz. (. . . i-en) Originalarbeiten, Originalschriftwerke; **Originalitä't** m Eigenart; **originä'r** ursprünglich; **origine'll** eigenartig, wunderlich.

Orka'n m sehr starker Sturm.

O'rkus m Unterwelt; Totenreich.

O'rlog m Krieg.

Orname'nt s Verzierung; **ornamenta'l** zierend; **ornamentie'ren** mit Verzierungen versehen; **Orname'ntik** m Kunst der Verzierung.

Orna't m Amtstracht; **ornie'ren** schmücken.

Ornitholo'ge m Vogelkundler; **Ornithologie'** m Vogelkunde; **ornitholo'gisch** vogelkundlich; **Ornitho'se** m med. von Vögeln auf Menschen übertragene Krankheit (z. B. Papageienkrankheit).

oroge'n gebirgsbildend; **Orogene'se** m Gebirgsbildung; **orogene'tisch** gebirgsbildend; **Orogeni'e'** m Gebirgsentstehung; **Orographie'** m Gebirgsbeschreibung; Beschreibung des Reliefs der Erdoberfläche; **orogra'phisch** die Orographie betreffend; **Orometrie'** m Gebirgsmessung; **orome'trisch** die Gebirgsmessung betreffend.

Orphe'um s Musikhalle.

O'rplid s svw. Traumland.

Orthochromasie' m (. . . kro . . .) Farbrichtigkeit; **orthochroma'tisch** (. . . kro . . .) farbrichtig.

Orthodonti'e m med. Kieferorthopädie, Zahnregulierung.

orthodo'x streng-, rechtgläubig; **Orthodoxie'** m Streng-, Rechtgläubigkeit.

Orthodro'me m math. naut. kürzeste Verbindungslinie zwischen zwei Punkten auf einer Kugel (z. B. der Erdoberfläche), Großkreis.

Orthogene'se biol. Anschauung, nach der eine stammesgeschichtliche Entwicklungsrichtung unbeeinflußbar ist.

Orthogo'n s math. Rechteck; **orthogona'l** rechtwinklig; **Orthographie'** m Rechtschreibung; **orthogra'phisch** auf die Rechtschreibung bezüglich.

Orthopä'de m med. Facharzt f. Orthopädie; **Orthopädie'** m med. Wissenschaft von der Verhütung, Besserung und Heilung von Gliedergebrechen; **orthopä'disch** med. die Orthopädie betreffend; **Orthopädi'st** m Orthopädiehandwerker; Hersteller orthopädischer Hilfsmittel (Prothesen usw.).

Orthopte'ren Mz. zool.

Geradflügler.

Orthoptik m med. (ort o'ptik) „Augenorthopädie": Schielbehandlung durch Augentraining; **Orthopti'st(in)** m (m) eine die Orthoptik ausführende nichtärztliche Fachkraft.

Orthosta'se m med. aufrechte Körperhaltung; **orthotro'p** bot. senkrecht (nach oben oder unten) wachsend.

O'scar m für künstlerische Einzelleistungen jährlich von der „Academy of Motion Picture Art and Sciences", Hollywood, verliehene Statuette.

Osculogie' m Lehre vom Kuß.

Osma'ne m Türke; **osma'nisch** türkisch.

O'smium s chem. ein Grundstoff (Os), schwerstes Metall (nach osme = Geruch benannt); **Osmologie'** m Wissenschaft von den Riech- und Duftstoffen.

Osmo'se m biol. Konzentrationsausgleich zweier Flüssigkeiten durch halbdurchlässige (Zell-) Wände hindurch; **Osmotherapie'** m med. Heilbehandlung, bei der durch Einspritzungen der osmotische Druck im Blut erhöht wird (Anwendung bei Ödemen u. a.); **osmo'tisch** Osmose betreffend; auf Osmose beruhend.

ösopha'gisch med. die Speiseröhre betreffend; **Ösophagi'smus** m med. Speiseröhrenkrampf; **Ösophagi'tis** m med. Speiseröhrenentzündung; **Ösophagosko'p** s med. Speiseröhrenspiegel; **Ösophagoskopie'** m med. Speiseröhrenspiegelung; **Öso'phagospa'smus** m med. Speiseröhrenkrampf; **Öso'phagotomie'** m med. Speiseröhrenschnitt; **Öso'pha-**

gus *m* med. Speiseröhre.

ossa'l *med.* Knochen betreffend; **Ossa'rium** *s* Beinhaus; **Ossifikatio'n** *rv med.* Verknöcherung; **ossifizie'ren** *med.* verknöchern; **Ossua'rium** *s* Beinhaus; **Ostealgie'** *rv med.* Knochenschmerz.

ostensi'bel offensichtlich; **ostentati'v** betont, herausfordernd.

Osteoarthri'tis *rv med.* Knochen- und Gelenkentzündung; **osteoge'n** *med.* Knochen bildend bzw. aus Knochen entstanden; **Osteogene'se** *rv* Knochenbildung; **Osteolo'ge** *m med.* Wissenschaftler auf dem Gebiet der Knochenforschung; **Osteologie'** *rv med.* Wissenschaft von den Knochen; **osteolo'gisch** *med.* Knochen betreffend; **Osteomalazie'** *rv* Knochenerweichung; **Osteomyeli'tis** *rv med.* Knochenmarkentzündung; **Osteopathie'** *rv med.* Knochenleiden; **Osteoporo'se** *med.* Knochengewebeschwund.

Ostina'to *m/s mus.* ständig wiederkehrendes Motiv.

Osti'tis *rv med.* Knochenentzündung.

O'stium *s med.* Mündung, Eingang.

Ostraki'smos *m s.* Ostrazismus; **O'strakon** *s* altgriechisches, als Schreibmaterial benutztes Tontäfelchen; **Ostrazi'smus** *m* „Scherbengericht" im antiken Athen, durch das über die Verbannung von Bürgern entschieden wurde.

Östroge'n *s biol., med.* brunsterregendes Hormon; weibliches Geschlechtshormon; Follikelhormon; **Ö'strus** *m biol., med.* Brunst.

Oszillatio'n *rv phys.* Schwingung; **Oszilla'tor** *m phys.* Schwingungs-

erreger; **oszillie'ren** *phys.* schwingen; **Oszillogra'mm** *s phys.* aufgezeichnetes Schwingungsbild; **Oszillogra'ph** *m phys.* Gerät zur Schwingungsaufzeichnung.

Otalgie' *rv med.* (nervlich bedingter) Ohrenschmerz; **Otia'ter** *m med.* Ohrenarzt; **Otiatrie'** *rv med.* Ohrenheilkunde; **otia'trisch** *med.* ohrenärztlich; **Oti'tis** *rv med.* Ohrenentzündung.

O'tium *s* Muße; **O'tium cum dignita'te** „Muße mit Würde": verdienter Ruhestand.

otoge'n *med.* vom Ohr ausgehend; **Otolo'ge** *m med.* Ohrenarzt; **Otologie'** *rv med.* Ohrenheilkunde; **otolo'gisch** *med.* ohrenärztlich; die Ohrenheilkunde betreffend; **Otorhinolaryngologie'** *rv med.* Ohren-Nasen-Hals-Heilkunde (meist Hals-Nasen-Ohren-Heilkunde [HNO] genannt); **Otosklero'se** *rv med.* Schwerhörigkeit durch Verknöcherung im Ohr; **Otosko'p** *s med.* Ohrspiegel; **Otoskopie'** *rv med.* Ohrspiegelung.

Out *s* (aut) Sport: das Aus; **out** (aut) aus, draußen.

Outcast *m* (au'tkahßt) „außerhalb der Kaste": Ausgestoßener; **Outlaw** *m* (au'tlô) „außerhalb des Gesetzes": Geächteter.

Output *s/m* (au't . . .) „Ausstoß": Ausstoß von Produktionsgütern; Ausgabe von Daten aus einer Datenverarbeitungsanlage.

outrie'ren übersteigen, übertreiben.

Outsider *m* (au'tßaider) Außenseiter.

Ouvertü're *rv* Vorspiel.

Ouzo *m* (uh'soh) griechi-

scher Anisbranntwein.

Ova'l *s* Eirund; **ova'l** eirund.

Ova'r *s med.* Eierstock; **ovaria'l** *med.* den Eierstock betreffend; **Ovaria'linsuffizie'nz** *rv* (. . . i-e . . .) *med.* nicht ausreichende Leistung des Eierstocks; **Ovaria'ltumor** *m med.* Eierstockgeschwulst; **Ovariekto-mie'** *rv* (. . . -ek . . .) *med.* Eierstockentfernung; **Ovariotomie'** *rv med.* Eierstockschnitt; **Ova'rium** *s med.* Eierstock.

Ovatio'n *rv* Huldigung.

Overall *m* (oh'w°rôl) einteiliger Schutz-, Arbeitsanzug.

Overdose *rv* (oh'w°rdohs) (Rauschdrogen-)Überdosis.

o'verdressed, overdre'ssed (. . . drä'ßt) „übergekleidet": *svrv.* bei einem gegebenen Anlaß allzu aufwendig gekleidet (überspitzt: wer z. B. bei einer Einladung zum Nachmittagskaffee Frack oder großes Abendkleid trägt).

O'verkill *s* „übertöten": Möglichkeit, gleiche Ziele mit Waffensystemen (z. B. Kernwaffen) mehrfach vernichten zu können.

Over-Twen *m* Bezeichnung für jemanden, der älter als ein „Twen" (*s. dort*) ist, also für Personen ab 30.

ovipa'r *biol.* eierlegend; **Oviparie'** *rv biol.* Fortpflanzung durch gelegte Eier.

Ovulatio'n *rv med., biol.* Ausstoßung eines reifen Eies aus dem Eierstock; Eisprung.

O'vum *s med., biol.* Ei.

Oxala't *s* Kleesäuresalz; **Oxa'lsäure** *rv chem.* eine organische Säure: Kleesäure.

O'xer *m* Stangenhindernis

beim Springreiten.
Oxi'd s fachsprachliche Schreibung von Oxyd (s. d.).
O'xtailsoup, O'xtailsuppe *ro* (... tehl ...) Ochsenschwanzsuppe.
Oxy'd s chem. Sauerstoffverbindung; **Oxydatio'n** *ro* chem. Verbindung mit Sauerstoff; **oxydie'ren** chem. mit Sauerstoff verbinden; auch suv. beschlagen, verbrennen,

rosten; **Oxydu'l** s chem. sauerstoffarmes Oxyd; **Oxyge'n(ium)** s chem. ein Grundstoff (O): Sauerstoff.

Oxyu're *ro* med. Maden-, Springwurm; **Oxyuri'asis** *ro* med. (Maden-, Spring-)Wurmkrankheit.

Ozae'na *ro* med. „Stinknase".

O zean m Weltmeer;

ozea'nisch auf das Weltmeer bezüglich; **Ozea-na'rium** s (großes) Meerwasseraquarium; **Ozeanogra'ph** m Meereskundler; **Ozeanographie'** *ro* Meereskunde.

O'zelot m zool. amerikanische Raubkatzenart; deren Pelz.

Ozo'n m chem. dreiwertiger Sauerstoff; **ozonisie'ren** mit Ozon anreichern bzw. behandeln.

P

PAA *ro* Abk. f. Pan American World Airways Inc. (amerikanische Luftfahrtgesellschaft).
Pä'an m altgriechischer feierlicher Gesang.
Pace m (peh'ß) Schritt, Gang, Gangart; **Pacemaker** m (peh'ßmehk°r) med. (Herz-)Schrittmacher (zum Anregen der Herztätigkeit auf künstlichem Wege); **Pacer** m (peh'ß°r) im Schritt bzw. Paßgang gehendes Pferd (im Trabrennen).
Pachyde'rme m zool. Dickhäuter; **Pachydermie'** *ro* med. Hautverdickung; meist: Elefantiasis, Elephantiasis (s. dort); **Pachyme'ter** s techn. Dickenmeßgerät.
Package-Tour *ro* (pä'-kidsh ...) von einem Reisebüro oder einer Kraftfahrervereinigung organisierte Einzel-Pauschalreise im eigenen Kraftwagen.
Pädago'ge m Erzieher, Lehrer; **Pädago'gik** *ro* Erziehungslehre; **pädago'gisch** erzieherisch; die Pädagogik betreffend; **Pädago'gium** s Erziehungsanstalt; höhere Privatschule.
Pa'ddel s freihändig gebrauchtes Ruder zur Fortbewegung kleiner

Boote; **pa'ddeln** ein Boot durch Paddel fortbewegen; auch suv. (wie ein Hund) schwimmen.
Paddock m (pä'dok) (Pferde-)Gehege.
Pädera'st m sex. homosexueller Mann; Knabenliebhaber; **Päderastie'** *ro* sex. männliche Homosexualität, Knabenliebe.
Pädia'ter m med. Kinderarzt **Pädiatrie'** *ro* med. Kinderheilkunde; **Pädodontie'** *ro* med. Kinderzahnheilkunde.
Pädogene'se, Pädoge'nesis *ro* biol. eine Form der Jungfernzeugung, bei der bereits im Larvenstadium die Fortpflanzung erfolgt.
Pädolo'ge m Wissenschaftler auf dem Gebiet der Kinder- bzw. Jugendkunde; **Pädologie'** *ro* Wissenschaftsgebiet, das sich mit der Medizin und Psychologie des Kindes- und Jugendalters befaßt; **pädolo'gisch** die Kinder- und Jugendkunde betreffend.
pädophi'l sex. zur Unzucht mit Kindern veranlagt; **Pädophilie'** *ro* sex. Unzucht mit Kindern.
Pa'dre m „Vater": italienischer Ordenspriester;

Padro'na *ro* Hausfrau; Wirtin; **Padro'ne** m Hausherr; Wirt; Arbeitgeber.
Paella *ro* (paä'lja) spanisches Reisgericht mit verschiedenen Beilagen.
Pagai'e *ro* Stechpaddel.
Pagani'smus m Heidentum; auch Fortleben heidnischer Bräuche und Anschauungen im Christentum.
Page m (pah'sh°) junger Hoteldiener, Botenjunge; Edelknabe.
Pa'gina *ro* Seite; **paginie'ren** mit Seitenzahlen versehen.
Pago'de *ro* asiat. Tempel; auch: Götzenbild.
Paidei'a *ro* Ideal altgriechischer geistiger und körperlicher Erziehung.
paille (pah'j) strohgelb.
Pailletten Mz. (pahjä'tten) Flitterblättchen.
pair (päh'r) gleich, gerade (beim Roulettespiel).
Pair m (päh'r) altfranzösischer hoher Adliger; **Pairie'** *ro* (pährih') Pairswürde.
Pairing s (päh'riñ) Partnerschafts-Training: Übung zu neuen Formen des Miteinander.
Pa'kt m Vertrag; Bündnis; **paktie'ren** übereinkommen; ein Bündnis schließen.
PAL s (Phase Alternation

Line) von W. Bruch entwickeltes deutsches Farbfernsehsystem.

Paläanthropologie' *w* s. Paläoanthropologie.

Paladi'n *m* *suw.* Gefolgsmann.

Palais s (paläh') s. Palast.

Palanki'n *m* indischer Tragstuhl.

Paläoanthropologie' *w* Wissenschaft von den vorzeitlichen Menschen; **Paläobiologie'** *w* Wissenschaft von den vorzeitlichen Lebewesen; **Paläobota'nik** *w* Wissenschaft von der vorzeitlichen Pflanzenwelt. **Paläogeographie'** *w* Lehre von der vorzeitlichen Gestaltung der Erdoberfläche; **Paläographie'** *w* Wissenschaft von den alten Schriften. **Paläoklimatologie'** *w* Wissenschaft von den vorzeitlichen Klimavorgängen.

Paläoli'thikum s Altsteinzeit; **paläoli'thisch** altsteinzeitlich; **Paläontolo'ge** m Wissenschaftler, der sich mit der Erforschung der urzeitlichen Lebewesen befaßt; **Paläontologie'** *w* Wissenschaft von den urzeitlichen Lebewesen; **paläontolo'gisch** die urzeitlichen Lebewesen betreffend; **Paläozo'ikum** s geol. erdgeschichtliches Altertum; **Paläozoologie'** *w* Wissenschaft von der vorzeitlichen Tierwelt.

Pa'las *m* Hauptwohngebäude einer Burg; **Pala'st** m Schloß, Prachtbau.

Palä'stra *w* altgriechische Ringschule.

Palata'l m Gaumenlaut.

Palati'n *m* Pfalzgraf; **Palatina't** s Pfalzgrafschaft.

Palatschi'nke *w* mit Früchten oder Fleisch gefüllter Eierkuchen.

Pala'ver s *suw.* (unnützes) Gerede, Geschwätz; **pala'vern** schwätzen.

Pala'zzo m italienische Bezeichnung für Palast.

Paleozä'n s älteste Tertiärzeit.

Paletot m (pa'l^etoh) Überzieher; dreiviertellanger Mantel.

Pale'tte *w* Scheibe zum Mischen von Farben; *auch* Platte zum Stapeln und Befördern von Versandgütern; **palettie'ren** Versandgüter auf Platten stapeln.

Palimpse'st m/s abgeschabtes und wiederbeschriebenes Pergament.

Palindro'm s Wort (*od.* Satz), das (*bzw.* der) vor- und rückwärts gelesen gleichlautet.

Palingene'se, Palinge'nesis *w* Wiedergeburt; *biol.* Wiederholung alter stammesgeschichtlicher Formen in der Keimentwicklung.

Palinodie' *w* Widerruf.

Palisa'de *w* Schanzwerk aus Pfählen.

Palisa'nder m südamerikanisches Edelholz.

Pa'lla *w* altrömischer Frauenumhang.

Palla'dium s *suw.* Schutzbild; *chem.* ein Grundstoff (Pd), ein Metall (nach dem Stern Pallas benannt).

Pa'llasch m schwerer Reiterdegen.

palliati'v (schmerz-)lindernd; **Palliati'v(um)** s *med.* (schmerz-)linderndes Mittel.

Pa'llium s altrömischer Überwurf; mittelalterlicher Krönungsmantel; *rel.* liturgisches Amtszeichen höchster katholischer Geistlicher.

Palma'rum *rel.* Palmsonntag; **Palme'tte** *w* palmblattähnliches Ornament.

Palmi'n s Kokosfett.

Palo'lowurm m *zool.* eßbarer Borstenwurm der Südsee.

palpa'bel tastbar; **Palpatio'n** *w* *med.* Untersuchung durch Betasten; **palpato'risch** *med.* tastend; **palpie'ren** *med.* durch Betasten untersuchen; **Palpitatio'n** *w* *med.* (Herz-)Klopfen; **palpitie'ren** klopfen.

Pa'mpa *w* südamerikanische Grassteppe.

Pampelmu'se *w* *bot.* apfelsinenartige tropische Zitrusfrucht.

Pamphle't s Schmähschrift; **Pamphleti'st** m Verfasser einer Schmähschrift.

Pan ..., **pan...** All.., all ...; Gesamt..., gesamt...

Pa'n m polnisch: Herr.

Pana'de *w* steifer Semmelbrei zur Umhüllung von Füllungen (z. B. Fleisch, Käse usw.).

Pa'nama m eine Gewebeart; **Pa'namahut** m aus Palmblattfasern verfertigter Hut; **Pa'namarin-.de** *w* Seifenbaumrinde.

Panari'tium s *med.* Fingernagelgeschwür; „Umlauf''; *auch* allgemein: eitrige Entzündung.

panaschie'ren *pol.* auf einem Wahlstimmzettel Kandidaten verschiedener Parteien die Stimme geben.

Panathenä'en Mz. Hauptfest im alten Athen.

Panaze'e, Panazee' *w* *med.* *suw.* „Allheilmittel''.

panchroma'tisch (. . . kro ...) allfarbig; für alle Farben empfindlich (Filme usw.).

Pa'nda m *zool.* indischer Kleinbär.

Pandämo'nium s Aufenthaltsort aller (bösen) Geister.

Pande'kten Mz. gesammelte Sprüche des römischen Rechts; **Pandek-**

ti'st m Pandektenkundler

Pandemie' w med. weit verbreitete Seuche; **pande'misch** med. weit verbreitet.

Pa'ndit m Titel indischer Gelehrter.

Pando'ra w Unheil ausschüttende Frauengestalt der griech. Sage.

Pandu'r m leichtbewaffneter ungarischer Soldat; auch Leibwächter.

Panee'l s Holztäfelung; **paneelie'ren** täfeln.

Panegy'rikus m Lobrede; **Panegy'riker** m Lobredner; **Panegy'rikon** s rel. Predigtbuch der orthodoxen Kirche; **panegy'risch** lobrednerisch.

Panel s (pä'n'l) kleiner, für eine bestimmte Gruppe als repräsentativ anzusehender ausgewählter Personenkreis.

pa'nem et circe'nses „Brot u. Spiele" (zur Ablenkung der Massen).

Paneuro'pa s svw. „Vereinigte Staaten von Europa".

Pa'nflöte w mus. aus mehreren Pfeifen zusammengesetzte Hirtenflöte.

Pangermani'smus m pol. Streben nach Vereinigung aller Deutschen (bzw. aller germanischen Völker) in einem Staat.

Panie'r s Banner; auch Wahlspruch.

panie'ren Fleisch od. Fisch in Mehl od. geriebener Semmel umwenden.

Pa'nik w plötzl. Schrecken, allg. Verwirrung.

Panislami'smus m pol. Streben nach Zusammenschluß aller islamischen Völker.

Pa'nje m russischer od. polnischer Bauer; **Pa'njepferd** s russisches bzw. polnisches Bauernpferd; **Pa'njewagen** m russi-

scher od. polnischer Bauernwagen.

Pankra'tion s altgriechischer Freistil-Ring- und Faustkampf.

Pa'nkreas s med. Bauchspeicheldrüse; **Pankreati'tis** w med. Bauchspeicheldrüsenentzündung.

Pa'nne w Betriebsstörung (bes. bei Kraftfahrzeugen).

Pano'ptikum s Wachsfigurenschau.

Panora'ma s Rundblick, -gemälde.

Panpsychi'smus m phil. Allbeseelungslehre; **Pansexuali'smus** m psych. fast ausschließlich sexuelle Triebkräfte annehmende Frühform der Psychoanalyse.

Pansophie' w Allweisheit.

Panslawi'smus m pol. Streben nach Zusammenschluß aller slawischen Völker.

Pa'nta rhei' „alles fließt".

Panthei'smus m (. . . e-i . . .) Lehre, daß Gott u. Welt eins seien; **Panthei'st** m (. . . e-i . . .) Anhänger des Pantheismus; **panthei'stisch** (. . . e-i . . .) den Pantheismus betreffend.

Pa'ntheon s Ehrentempel.

Pa'nther m zool. Raubkatze: Leopard.

Pantine w Holzpantoffel.

Panto'ffel m absatzloser leichter Schuh.

Pantogra'ph m Storchschnabel: Gerät zum Übertragen, Verkleinern oder Vergrößern einer Zeichnung.

Pantokra'tor m „Allherrscher".

Pantole'tte w leichter Schuh (ohne Ferse).

Pantomi'me w durch Gebärden dargestellte Handlung; **pantomi'misch** durch Gebärden dargestellt.

Pantry w (pä'ntrih) Anrichte (auf Schiffen).

Panty s (pä'ntih) Damenhöschen, Miederhöschen.

Päo'nie w (. . .i-e) bot. Pfingstrose.

Pa'pa m rel. Papst; auch orthodoxer Pope.

Papaga'llo m italienischer, stets zu Flirts und Liebesabenteuern aufgelegter junger Mann.

Papagei' m zool. buntgefiederter, krummschnäbeliger Tropenvogel.

papa'l päpstlich; **Papa't** m/s Papstwürde.

Papa'ver m bot. Mohn; **Papaveraze'en** Mz. bot. Mohngewächse; **Papaveri'n** s chem. med. ein Opiumalkaloid, als krampflösendes Mittel angewandt.

Papaya, Papaye w (papah'-ja, papah'j'e) bot. Melonenbaum.

Pa'pel w med. kleines Hautknötchen.

Paperback s (peh'p'rbäk) kartoniertes Buch, Taschenbuch.

Papeterie' w Schreibwaren(handlung).

Papie'r s pol. svw. schriftliche Verhandlungsunterlage; Verhandlungsnotiz; **Papiermaché** s (papjeh'masccheh') formbare Papiermasse; **Papie'rtiger** m uspr. Person, deren Drohungen oder drohende Gebärden nicht ernst zu nehmen sind.

Papilionaze'en Mz. bot. Schmetterlingsblüter.

Papi'lla w med. warzenartige Erhebung; **Papi'lla ma'mmae** w med. Brustwarze; **papilla'r** warzenförmig; **Papi'lle** w med. s. Papilla; **Papillo'm** s med. gutartige Warzengeschwulst; Geschwulst mit zerklüfteter Oberfläche; **papillö's** Warzen aufweisend, warzig.

Papillote w (papijoh't'e)

Haarwickel.

Papiro'ssa *n* mit langem Hohlmundstück versehene Zigarette.

Papi'smus *m* abschätzig für: Papsttum; **Papi'st** *m* päpstlich Gesinnter; **papi'stisch** päpstlich (gesinnt).

Pa'ppmaché *s* (... scheh') s. Papiermaché.

Pa'prika *m* bot. Pfefferart, Pfeffergewächs.

Papyrolo'ge *m* Papyrusforscher; **Papyrologie'** *n* Wissenschaft von den Papyrusschriftstücken; **papyrolo'gisch** die Papyrusforschung betreffend; **Papy'rus** *m* schilfartige Pflanze; daraus hergestelltes altägypt. Schreibmaterial; Schriftstück aus diesem Material.

Pa'ra *m* kleine Münze (Türkei, Jugoslawien); *mil. Abk.* für Parachutiste (s. dort).

Para'bel *n* Gleichnis; *math.* ein Kegelschnitt.

Parabe'llum *n* eine Pistolenart (Selbstladepistole).

Parabio'se *n* biol. Zusammenleben zweier miteinander verwachsener gleichartiger Lebewesen.

parabo'lisch in Art einer Parabel; parabelförmig.

Parachuti'st *m* verdeutschte Form von Parachutiste (paraschüti'ßt): Fallschirmjäger (*Abk.* Para).

Para'de *n* Truppen-, Flottenschau; Abwehr eines Angriffs.

Paradei'ser *m* svn. Tomate.

Paradenti'tis *n* s. Parodontitis; **Paradento'se** *n* s. Parodontose.

Para'depferd *s* svn. etwas, womit man Eindruck machen will; **paradie'ren** an einer Parade teilnehmen; mit etwas prunken.

Paradie's *s* Gottesgarten;

Himmel; Ort ungetrübten Glücks; **Paradie'sapfel** *m* bot. eine Zwergapfelart; *auch* Tomate; **paradie'sisch** himmlisch.

Paradi'gma *s* Musterbeispiel; **paradigma'tisch** beispielhaft.

Parado'r *m* staatliches Touristenhotel in Spanien.

parado'x (tatsächlich *od.* scheinbar) widersinnig; **Paradoxie'** *n* svn. Widersinnigkeit; **Para'doxon** *s* widersinnige Aussage.

Paraffi'n *s* wachsartiges Gemisch; **paraffinie'ren** mit Paraffin behandeln.

Paragene'se *n* (typisches) gemeinsames Vorkommen von Erzen, Mineralien oder Gesteinen nebeneinander.

Parageusie' *n* med. veränderte Geschmacksempfindung.

Paragnosie' *n* psych. außersinnliche Erkenntnis; **paragno'stisch** psych. außersinnlich.

Paragra'ph *m* Abschnitt in Gesetzen, Verträgen usw.; **Paragra'phenreiter** *m* sich streng an seine Vorschriften haltender kleinlicher, pedantischer Mensch; **paragraphie'ren** in Abschnitte — Paragraphen — einteilen.

Parakle't *m* rel. Helfer, Fürsprecher.

Parakusie' *n* med. falsches Wahrnehmen akustischer Eindrücke; Ohrenklingen.

Paralalie' *n* med. Wortverwechslung; Danebenreden.

Paralipo'mena Mz. Nachträge, Ergänzungen.

paralla'ktisch die Parallaxe betreffend; **Paralla'xe** *n* Abweichung; Winkel zwischen zwei auf den gleichen Punkt gerichte-

ten Geraden *od.* Sehstrahlen.

paralle'l gleichlaufend; **Paralle'le** *n* gleichlaufende Gerade *od.* Ebene; Vergleich; **Paralle'lepiped** *s* math. von drei Paaren paralleler Ebenen begrenzter Teil des Raumes; **Paralleli'smus** *m* gleicher Verlauf; Übereinstimmung; **Paralle'lkreis** *m* Breitenkreis; **Parallelitä't** *n* Gleichlauf; gleicher Verlauf; **Parallelogra'mm** *s* math. Viereck, dessen gegenüberliegende Seiten parallel sind.

Paralogi'smus *m* phil. Fehlschluß, Trugschluß.

Paraly'se *n* med. vollständige Lähmung; **paralysie'ren** lähmen; unwirksam machen; **Paraly'sis a'gitans** *n* med. Schüttellähmung; **Paraly'sis progressi'va** *n* med. zur Verblödung führende Geistesstörung: „Gehirnerweichung"; **Paraly'tiker** *m* med. an Paralyse Erkrankter; **paraly'tisch** med. auf Paralyse beruhend; gelähmt.

Parame'nt *s* Altarstoff; kath. Meßgewand; **Parame'ntik** *n* Paramentenkunde; Paramentenkunst.

Parametri'tis *n* med. Entzündung des seitlich der Gebärmutter befindlichen Bindegewebes; *auch* Entzündung des Beckenbindegewebes; **Parame'trium** *s* med. das seitlich der Gebärmutter befindliche Bindegewebe.

pa'ramilitärisch militärartig, militärähnlich.

Paramnesie' *n* med., psych. Erinnerungsfälschung.

Paräne'se *n* rel. ermahnender Teil einer Predigt; **paräne'tisch** rel. ermahnend.

Paranoi'a *n* (... neua)

med. Verrücktheit, Wahnsinn, Wahnvorstellungen (Größen-, Verfolgungswahn usw.); **paranoi'd** (. . . o-id) paranoiaartig; **Parano'iker** *m med.* an Paranoia Leidender; **parano'isch** verrückt, verwirrt, an Wahnvorstellungen leidend; die Paranoia betreffend.

Pa'ranuß *m bot.* Samen der südamerikanischen Paranußbaumarten.

Parape'tt s *mil.* Brustwehr eines Festungswalles.

Paraphasie' *m med.* mit Verwechslung von Buchstaben und Wörtern verbundene Sprachstörung.

Para'phe *m* Namenszeichen; **paraphie'ren** *pol.* mit Namenszeichen unterzeichnen; einen Vertragsentwurf abzeichnen.

Paraphimo'se *m med.* Einschnürung des Penis (s. dort) durch eine zu enge Vorhaut: „Spanischer Kragen".

Paraphra'se *m* Umschreibung; **Paraphrasie'** *m med.* Wortneubildungen Geisteskranker; **paraphrasie'ren** umschreiben.

Paraplasie' *m med.* abnorme Bildung, Mißbildung; **Paraplegie'** *m med.* Querlähmung, dopelseitige Lähmung.

Parapluie *m* (paraplüh') Regenschirm.

Pa'rapsycholo'ge *m* Forscher auf dem Gebiet der Parapsychologie; **Parapsychologie'** *m* Lehre von der Erforschung angeblich übersinnlicher Erscheinungen; **pa'rapsycholo'gisch** übersinnlich; die Parapsychologie betreffend.

Parasi'ti *m med., zool., bot.* Schmarotzer; **parasitä'r** durch Schmarotzer hervorgerufen; **parasi'tisch**

schmarotzerartig; **Parasiti'smus** *m* Schmarotzertum; Parasitenbefall; **Parasitolo'ge** *m* Wissenschaftler auf dem Gebiet der Parasitologie; **Parasitologie'** *m biol.* Wissenschaft von den Parasiten; **parasitolo'gisch** die Parasitologie betreffend; **parasito'p** gegen Parasiten gerichtet.

Paraso'l *m* Sonnenschirm.

Parästhesie' *m* abnorme Körperempfindung: „Einschlafen" von Gliedern Kribbeln usw.

para't bereit, fertig.

Pa'ratyphus *m med.* typhusähnliche Infektionskrankheit.

Paravent *m* (parawa'ñ) Windschutz, spanische Wand.

par avion (parawio'ñ) französisch: „durch Luftpost".

Parazente'se *m med.* Trommelfelldurchstechung.

parbleu! (parblöh') *svm.* donnerwetter!

Parcours *m* (parkuh'r) die bei einem Jagdspringen zu bewältigende Hindernisstrecke.

par distance (par dißta'ñß) von weitem, aus der Ferne.

Pardon *m* (pardo'ñ) Verzeihung; Gnade; **pardona'bel** verzeihlich; **pardonie'ren** begnadigen.

Parenchy'm s Gewebeteile eines Organs.

parenta'l elterlich; **Parente'l** *m* Abkömmlinge eines gemeinsamen Stammvaters.

parentera'l *med.* außerhalb der Verdauungswege.

Parenthe'se *m* Einschaltung; Klammern (im Schriftsatz); **parenthe'tisch** eingeschaltet.

Pare'o *m* (aus der Südsee stammendes) Hüfttuch, das den Körper von den

Hüften bis zu den Waden bedeckt.

Pare'rga *Mz.* Anhang, kleine Schriften.

Pare'se *m med.* nicht vollständige Lähmung; Schwäche; **pare'tisch** *med.* nicht vollständig gelähmt; geschwächt.

par excellence (paräkße'la'ñß) in hervorragendem Maße; **par exemple** (paräkßa'ñp'l) zum Beispiel; **par exprès** (paräkßprä'ß) durch Eilboten; **par force** (parfo'rß) gewaltsam; **Parforcejagd** *m* (parfo'rß . . .) Hetzjagd.

Parfum s (parfö'ñ), **Parfü'm** s Duft(stoff), Duftwasser; **Parfümerie'** *m* Parfüme herstellender bzw. verkaufender Betrieb; **Parfümeur** *m* (. . . ö'r) Parfümhersteller; **parfümie'ren** mit Parfüm behandeln, besprengen.

pa'ri bei *Wertpapieren:* Kurswert gleich dem Nennwert.

Pa'ria *m* Angehöriger der niedrigsten ind. Kaste; *svm.* Rechtloser.

parieren gehorchen, abwehren.

Pa'ries *m* (. . . i-es) *med., biol.* Wand; **parieta'l** (. . . i-e . . .) *med.* zur Körperwand hin liegend, zur Wand gehörend; *auch* dem Scheitel zu liegend, zum Scheitelbein gehörend; *bot.* wandständig.

Pa'rikurs *m* dem Nennwert entsprechender Kurs; **Parität't** *m* Gleichstellung; Wertverhältnis zweier Währungen; **parität'tisch** gleichgestellt, -berechtigt.

Parka *m/m* knielanger Anorak mit Kapuze.

Park-and-ride-System s (pah'kändrai'd . . .) Abstellen von Kraftfahrzeugen außerhalb des Stadtzentrums; der Weg ins Zentrum wird dann mit öffentlichen Verkehrsmitteln zurückgelegt; **pa'rken** ein Kraftfahrzeug (vorübergehend) auf einem Standplatz abstellen.

Parke'tt s getäfelter Fußboden; *theat.* vordere Saalplätze; **parkettie'ren** mit einem getäfelten Fußboden versehen.

Parkinsoni'smus *m med.* Schüttellähmung und andere Symptome der Paralysis agitans (s. dort) als Folge anderer Krankheiten (z. B. epidemischer Gehirnentˈzündung).

Parkinsons Gesetz s *suw.* (scherzhafte) Regel für das Wachstum der Bürokratie.

Parkome'ter s Parkuhr.

Parkplatz-Hyä'nen *Mz. uspr. suw.* Autoplünderer, -räuber; **Pa'rkstudium** s von Studenten gewähltes Studienfach zur Überbrückung der Zeit bis zur Zulassung zu dem an sich angestrebten Neigungs-Studienfach.

Parlame'nt s Volksvertretung; **Parlamenta'r** *m* Unterhändler; **Parlamenta'rier** *m* (. . . -i-er) Volksvertreter; **parlamenta'risch** die Volksvertretung betreffend; von der Volksvertretung ausgehend; **Parlamentari'smus** *m* Regierungsform, bei der die Regierung vom Vertrauen der Volksvertretung abhängig ist; **parlamentie'ren** unterhandeln.

Parla'ndo s *mus.* Sprechgesang.

parlie'ren (in fremder Sprache) sprechen.

Parmä'ne *w bot.* eine Apfelsorte.

Parmesa'n *m* italienischer Hartkäse, Reibkäse.

Parna'ß *m* altgriechischer Musensitz.

parochia'l (ch wie in „ach") zur Kirchengemeinde gehörend; **Parochia'lkirche** *w* (ch wie in „ach") Pfarrkirche; **Parochie** *w* (ch wie in „ach") Kirchspiel, Pfarrei, Kirchengemeinde.

Parodie' *w* scherzhafte Umdichtung, Nachahmung; **parodie'ren** scherzhaft nachahmen; **Parodi'st** *m* Verfasser oder Vortragender von Parodien; **parodi'stisch** in Form einer Parodie.

Parodonti'tis *w med.* Zahnbettentzündung; **Parodontopathie'** *w med.* Zahnbetterkrankung; **Parodonto'se** *w med.* zu Zahnlockerung führende Zahnbetterkrankung.

Paro'le *w* Losung, Kennwort; **Pa'roli bieten** *suw.* Widerstand leisten.

Parömie' *w* „Nebenrede", (altgriechisches) Sprichwort; **Parömiologie'** *w* Wissenschaft von den Sprichworten.

par o'rdre auf Befehl.

Parorexie' *w med.* Verlangen nach ungewöhnlichen Nahrungsmitteln (besonders in der Schwangerschaft).

Paro'tis *w med.* Ohrspeicheldrüse; **Paroti'tis** *w med.* Entzündung der Ohrspeicheldrüse: „Ziegenpeter".

paroxysma'l *med.* anfallsweise; **Paroxy'smus** *m med.* Höhepunkt eines Anfalls; Höhepunkt eines Vulkanausbruches; **paroxy'stisch** *med.* anfallsweise.

Parrici'da *m* (auch . . . zida) *suw.* Verwandten-, Vatermörder.

Pa'rse *m* indischer Anhänger der parsischen Religion; **Parsi'smus** *m* von Zarathustra begründete altpersische Religion.

pars pro to'to „ein Teil

fürs Ganze" (Begriff der Sprachlehre: z. B. „Hände" für „Mensch", „Kiel" für „Schiff").

Part *m* Teil, Anteil; **partagieren** (. . . shih'rᵉn) teilen; **pa'rte** *mus.* „Teil" eines Tonstücks; Stimme; **Partei'** *w* Vereinigung politisch Gleichgesinnter; *iur.* Kläger od. Beklagter in Rechtsstreitigkeiten; Vertragschließender; **Parteichinesisch** s *uspr.* dem Außenstehenden unverständliche Ausdrucksweise von Parteifunktionären und -organen; **Parteienprivileg** s *pol.* im Grundgesetz für die Bundesrepublik Deutschland enthaltene Bestimmung, daß politische Parteien nur vom Bundesverfassungsgericht, nicht aber von der Exekutive, verboten werden dürfen; *auch* (vermeintliches) Vorrecht der politischen Parteien, allein zur Aufstellung der zu wählenden Kandidaten für eine Volksvertretung berechtigt zu sein; **partei'isch** *suw.* einseitig, voreingenommen; **partei'lich** zu einer Partei gehörend; *auch* befangen, voreingenommen; **Partei'lichkeit** *w* Befangenheit, Voreingenommenheit; **Partei'ung** *w* Bildung gegnerischer Gruppen.

Pa'rtenreederei *w naut.* Reederei, an der mehrere Reeder (Mitreeder) beteiligt sind.

Parterre s (partä'r) Erdgeschoß; *theat.* hintere Saalplätze; **parterre** (. . . tä'r) zu ebener Erde.

Parthenogene'se od. **-ge'nesis** *w biol.* Jungfernzeugung; **parthenogene'tisch** *biol.* durch Jungfernzeugung (= aus unbefruchteten Keimzellen) entstehend.

partia'l teilweise.

Participation ⁿ (partiß-paßjo'ñ) „Mitbestimmung": Beteiligung des Volkes in seinen Ständen und Berufen an den demokratischen Einrichtungen (französischer sozialpolitischer Begriff für Teilhaberschaft, Mitspracherecht).

Partie' ⁿ Spiel; Warenanzahl; Ausflug; Heirat.

partie'll (... i-ell) teilweise; **partie'ren** teilen, einteilen; **Parti'kel** s Teilchen; **partikula'r** (nur) einen Teil des Ganzen betreffend; **Partikulari'smus** m pol. Streben staatlicher Teilgebiete (z. B. der Länder) nach möglichst großer Selbständigkeit innerhalb eines Bundesstaates; Sondertümelei; gelegentlich auch: ⁿ. Kleinstaaterei; **Partikulari'st** m pol. Anhänger des Partikularismus; **partikulari'stisch** pol. den Partikularismus betreffend.

Partikulier m (partiküljeh') Rentner; Privatmann.

Partisa'n m Freischärler; **Partisa'ne** ⁿ alte Stoßwaffe mit Klinge.

Partitio'n ⁿ (Ein-)Teilung **partiti'v** teilend; eine Teilung bezeichnend.

Partitu'r ⁿ Aufzeichnung aller Stimmen eines Tonwerkes.

Partizi'p s gramm. Mittelwort eines Zeitwortes.

Partizipatio'n ⁿ Teilnahme; Teilhaberschaft; **partizipie'ren** Anteil haben.

Pa'rtner m Teilhaber, -nehmer; Mitspieler; **Pa'rtnerlook** m (... luk) Mode: gleichartige Bekleidung für sie und für ihn.

partout (partuh') durchaus.

Part-publikation ⁿ (pah't pablikeh'sch°n) in Form regelmäßig erscheinender Hefte herausgegebenes Nachschlage- bzw. Bildungswerk, dessen Verbreitung vorwiegend durch den Zeitschriftenhandel erfolgt.

Pa'rtus m med. Geburt.

Partwork s (pah'twök) ein in Lieferungen oder Teilbänden erscheinendes Verlagswerk.

Party ⁿ (pah'tih) gesellige Veranstaltung in zwangloser Form; **Party Flair** s (pah'tih fläh'r) Gespür für echte, gute Partys.

Parü're ⁿ (französisch: parür'r) (zerlegbares) Schmuckstück.

Parusie ⁿ rel. „Anwesenheit": Christi Wiederkehr zum Jüngsten Gericht.

Parvenü' m Emporkömmling.

Pa'rze ⁿ Schicksalsgöttin der Antike.

Parze'lle ⁿ (kleines) Grundstück; **parzellie'ren** in kleine Grundstücke aufteilen.

Pas m (pa') Schritt; Tanzschritt.

Pa'scha m türkischer Ehrentitel; auch Mann, der sich von Frauen bedienen läßt.

pa'schen schmuggeln; **Pa'scher** m Schmuggler.

pascho'll marsch! vorwärts!

Pas de deux m (pa d° döh') Tanz zu zweit.

Pa'so do'ble m „Doppelschritt": ein lateinamerikanischer schneller Gesellschaftstanz.

Pasqui'll s Schmähschrift.

Paß m Grenzübertrittsausweis, Personalausweis; Gebirgsübergang; **pass'a'bel** gangbar, erträglich.

Passacaglia ⁿ (paßaka'lja) alter italienischer Tanz; mus. Tanzstück.

Passage ⁿ (paßah'sh°) Durchfahrt, -gang; Überfahrt; **Passagier** m (paßashih'r) Fahrgast.

Pa'ssah s rel. jüdisches Fest zur Erinnerung an den Auszug der Israeliten aus Ägypten.

Passa'nt m Fußgänger, Vorübergehender.

Passa't m tropischer beständiger Ostwind.

passé (paßeh') vergangen, vorüber.

Passepartout m (paßpartuh') Hauptschlüssel; Freipaß; Wechselrahmen; **Passeport** m (paßpo'r) Paß, Passierschein; **passie'ren** vorbeigehen, -fahren; durchreisen; sich ereignen; durchpressen, durchseihen.

Passiflo'ra ⁿ bot. „Passionsblume".

pa'ssim (bei Literaturangaben:) an verschiedenen Stellen.

Passio'n ⁿ Leiden Christi; Leidenschaft; **passio'ne: con ~** mus. mit Leidenschaft; **passiona'to** mus. leidenschaftlich; **passionie'rt** leidenschaftlich.

Pa'ssiv s gramm. Leideform eines Zeitwortes; **pa'ssiv** od. **-i'v** untätig; leidend; **Passi'va** Mz. kaufmännische Schulden; Verbindlichkeiten; **passi'visch** gramm. in der Leideform (stehend); **Passivitä't** ⁿ Teilnahmslosigkeit, Untätigkeit.

Passome'ter s Schrittmesser.

Pa'ssus m Abschnitt eines Schriftsatzes.

Pa'sta ⁿ s. Paste; **Pastasciutta, Pasta asciutta** ⁿ (paßtaschu'ta) italienisches Gericht aus Spaghetti, gehacktem Fleisch und Tomaten; **Pa'ste** ⁿ knetbare bzw. streichfähige Masse.

Paste'll s Farbstiftmalerei.

Paste'te ⁿ Fleisch-, Fisch-

od. Gemüsespeise in gebackener Teighülle.

Pasteurisatio'n *rv* (paßtöri . . .) Entkeimung durch kurze Erhitzung; **pasteurisi'eren** (paßtörisih'r°n) durch kurzes Erhitzen keimfrei machen.

Pasti'lle *rv* Pille, Plätzchen.

Pa'stor m „Hirt"; Geistlicher, Seelsorger; **pasto-ra'l** hirtenmäßig; ländlich idyllisch; seelsorgerisch; **Pastora'le** s *mus.* „Hirtenstück": musikalisches Schäferspiel; ländlich idyllisches Tonstück; *rv* Bezeichnung der 6. Symphonie Beethovens; **Pastora't** s Amt bzw. Wohnung eines Pastors.

pasto's teigig, dick aufgetragen; **pastö's** *med.* aufgeschwemmt, teigig.

Patchwork s (pä'tschwök) Flick(en)werk, -arbeit.

Pate'lla *rv med.* Kniescheibe.

Pate'ne *rv rel.* Hostienschale.

Pate'nt s Schutzrecht f. Erfindungen; Ernennungsurkunde; Befähigungsnachweis; Bestallungsurkunde; **pate'nt** tüchtig, schneidig; **patentie'ren** ein Patent erteilen.

Pa'ter m Ordensgeistlicher; **Paternitä't** *rv* Vaterschaft; **Paterno'ster** s Vaterunser; **Paterno'ster(aufzug)** *rv* Aufzug mit ständig umlaufenden Kabinen; **Pa'ter pecca'-vi!** „Vater, ich habe gesündigt": s *rv.* Sündenbekenntnis.

pathe'tisch leidenschaftlich, feierlich; *auch* schwülstig.

pa'thisch leidend; **Pathobiochemie'** *rv med.* Lehre von den gestörten chemischen Vorgängen im Körper; **pathoge'n** *med.* krankheitserregend; **Pathoge'se** *rv med.* Krankheitsentste-

hung; **pathogene'tisch** *med.* die Krankheitsentstehung betreffend; **Pathogno'mik** *rv med.* Lehre von den charakteristischen Merkmalen der Krankheiten; **pathogno'misch, pathognomo'-nisch** *med.* für eine Krankheit charakteristisch; **Pathographie'** *rv med.* Krankheitsbeschreibung, -geschichte mit Darstellung des Einflusses der Krankheit auf die Lebensgeschichte des betr. Menschen; **Patholo'ge** m *med.* Wissenschaftler auf dem Gebiet der Krankheitslehre; **Pathologie'** *rv med.* Krankheitslehre; **patholo'gisch** *med.* krankhaft; **Pathophobie'** *rv med.* Furcht vor Krankheiten; **Pathophysiologie'** *rv med.* Lehre von den gestörten Funktionen.

Pa'thos s Leidenschaft, Überschwang.

Patience *rv* (paßja'ñß) Kartengeduldspiel; **Patient** m (pazje'nt) Kranker.

Pa'tina *rv* Edelrost; **patinie'ren** eine Patina künstlich — auf chemischem Wege — erzeugen.

Patio m (pa'tjoh) Innenhof spanischer Häuser.

Patisserie' *rv* feines Kleingebäck; *auch:* Verkaufsstelle für Feingebäck.

Patois s (patoa') französisch: Mundart, Dialekt.

Patria'rch m Erz-, Stammvater; hoher orthodoxer Geistlicher; **patriarcha'-lisch** altehrwürdig, altväterlich; **Patriarcha't** s Patriarchenwürde, Amt eines Patriarchen; Vaterherrschaft.

patrimonia'l ererbt, väterlich; **Patrimo'nium** s väterliches Erbe.

Patrio't m vaterländisch Gesinnter; **patrio'tisch**

vaterlandsliebend; **Patrioti'smus** m Vaterlandsliebe.

Patri'stik *rv* Kirchenväterkunde; **patri'stisch** die Kirchenväter betreffend.

Patri'ze *rv* „Vaterform": Stempel zur Herstellung einer Matrize (s. dort).

Patrizia't s Bürgeradel; **Patri'zier** m (. . . i-er) vornehmer Bürger.

Patrologie' *rv* s. Patristik.

Patro'n m Schutzherr, Gönner; *auch* armseliger Kerl; **Patronage** *rv* (patronah'sh°) Begünstigung; **Patrona't** s Schutzherrschaft; **Patro'ne** m Munition, bei der Geschoß, Treibladung und Zündung mit einer Hülse zu einem Stück vereinigt sind; **Patro'nin** *rv* Schutzherrin, Gönnerin; **patroni-sie'ren** begünstigen.

Patrouille *rv* (patru'lj°) Streiftrupp; **patrouillie-ren** (patruljih'r°n) eine Streife gehen.

Patrozi'nium s Fest zu Ehren des Kirchenpatrons.

Patt s Schachspiel: als unentschieden gewertete Stellung, aus der nur noch mit dem König ins Schach gezogen werden kann, also Zugunfähigkeit besteht; politisch *auch* im übertragenen Sinne gebraucht: politisch-militärische Lage zweier gleichstehender gegnerischer Großmächte, in der keine gegen die andere einen Krieg führen kann, ohne die eigene Vernichtung zu riskieren (z. B. Atompatt USA—UdSSR).

Pa'tte *rv* Ärmelaufschlag, Taschenklappe.

Pattern s (pä'tern) (*auch psych.*) Muster, Modell, Denkschema.

Pauka'nt m studentischer Mensurfechter.

pauli'nisch *rel.* den Apo-

stel Paulus und dessen
Lehre betreffend.

Pauperi'smus m Verarmung großer Teile der
Bevölkerung; **Paupertä't** rv Armut.

pauscha'l svrv. alle Einzelkosten einbegriffen; **Pauscha'le** rv Gesamtbetrag;
pauschalie'ren Teilbeträge zu einem Gesamtbetrag zusammenlegen.

Pause rv (kurze) Unterbrechung, Rast; **pausie'ren** (kurz) unterbrechen,
rasten.

Pa'vian m zool. afrikanische Affenart.

Pavillon m (pa'wiljoñ)
Gartenhaus; Einzelgebäude auf Ausstellungen; Einzelgebäude
einer aus mehreren Gebäuden bestehenden
Krankenhausanlage.

Pa'vor m med. Schreck.

Pax rv Friede; **Pax Chri'sti**
rv ,,Friede Christi": eine
katholische Friedensbewegung; **Pax vobi'scum**
rel. ,,Friede sei mit
euch!"

Pazi'fik, Pa'zifik m der
Stille Ozean; **Pazifikatio'n** rv Befriedung; **pazi'fisch** den Stillen
Ozean betreffend; **Pazifi'smus** m Bewegung zur
Erhaltung des Friedens
(um jeden Preis); **Pazifi'st** m Anhänger des
Pazifismus; **pazifi'stisch**
den Pazifismus vertretend, den Pazifismus betreffend; **pazifizie'ren**
befrieden.

Peace Corps s (pih'ß kôr)
Friedenskorps: amerikanischer freiwilliger
Hilfsdienst zum Einsatz
in Entwicklungsländern.

Peak m (pihk) Bergspitze.

Peda'l s Fußhebel, Tretkurbel.

Peda'nt m kleinlicher
Mensch, **Pedanterie'** rv
kleinliche Genauigkeit;
peda'ntisch kleinlich,
peinlich genau.

Pede'll m Hausmeister.

Pedigree m (pä'digrih)
biol. Stammbaum.

Pedikulo'se rv med. Läusebefall und die dadurch
hervorgerufenen Symptome.

Pedikü're rv Fußpflege;
Fußpflegerin; **pedikü'ren** Fußpflege betreiben; **Pediskri'pt** s mit
den Füßen (z. B. von
Armamputierten) Geschriebenes.

Pedologie' rv Bodenkunde.

Pe'dum s rel. Krummstab
eines Bischofs.

Peep-Show rv (pih'pschoh)
sex. ,,Guckkasten-
Schau": sexuelle Schauvorführung od. Striptease-Darbietung, die
von Zuschauern aus
Einzelkabinen beobachtet werden kann; auch
Einzelbetrachten durch
einen Kino-Automaten
dargebotener Sex-
(Kurz-)Film.

Peer m (pih'r) Mitglied
des engl. Hochadels.

Pe'gasus m geflügeltes
Dichterroß.

Pe'gel m Wasserstandsmesser.

Pei'es Mz. Schläfenlocken
der strenggläubigen Juden.

Pejoratio'n rv Verschlechterung; **pejorati'v** verschlechternd.

Peke'sche rv mit Verschnürungen verzierte
Jacke.

Pekine'se m zool. chinesische (Zwerg-)Hunderasse.

Pekti'n s bot. chem. in
Pflanzen enthaltene
chemische Verbindung,
die das Gelieren von
Fruchtsäften bewirkt; in
der Medizin zur Förderung der Blutgerinnung
verwendet.

pektora'l med. die Brust
betreffend; **Pektora'le** s
rel. Brustkreuz hoher

katholischer Geistlicher.

pekuniä'r geldlich.

pekzie'ren sündigen; sich
vergehen.

Pelagia'l s biol. das Meer
und seine Lebewesen;
pela'gisch biol. im Meer
lebend.

Pelargo'nie rv (. . . i-e) bot.
Pflanze aus der Familie
der Geraniengewächse.

pêle-mêle (pähl-mähl)
durcheinander, gemischt.

Peleri'ne rv Umhang.

Pe'likan m zool. Vogel der
Gattung Ruderfüßer,
gekennzeichnet durch
Kehlsack am Unterschnabel.

Pella'gra rv med. Vitaminmangelkrankheit, die zu
Veränderungen der
Haut, des Verdauungsweges und Nervensystems führt.

Pelli'cula rv biol. Häutchen.

Pelo'ta rv baskisches Nationalspiel: ein Ballspiel
mit am Arm befestigten
korbartigen Schlägern
gegen eine Wand.

Peloton s (peloto'ñ) Schützentrupp.

Pelo'tte rv med. Druckpolster.

Pelvimetrie' rv med. Bekkenmessung; **Pe'lvis** m
med. Becken.

Pe'mmikan m gedörrtes
und zerstampftes
Fleisch.

Pe'mphigus m med. Blasenausschlag.

Pena'ten Mz. römische
Hausgötter; der eigene
Herd.

PEN-Club m (auch P E.N.)
internationaler Schriftstellerverband (PEN =
Abk. v. Poets, Essayists, Novelists) (mit nationalen Sektionen).

Pendant s (pañda'ñ) Gegenstück.

Pendule rv (pañdüh'l)
Stutz-, Pendeluhr.

penetra'nt durchdringend;

Penetra'nz w Durchdringung; **Penetratio'n** w Durchdringung, Eindringen; **penetrie'ren** durch-, eindringen.

peni'bel beschwerlich, peinlich, gewissenhaft; **Penibilitä't** w peinliche Genauigkeit, Gewissenhaftigkeit.

Penicilli'n s bakterienhemmendes Heilmittel; **Penici'llium** s Pinselschimmelpilz.

Pe'nis m med. „Schwanz": das männl. Glied.

Penna'l s svw. höhere Schule; **Pennä'ler** m Schüler einer höheren Schule; **Pe'nne** w abfällig für: Schule; Gaunersprache: Herberge, Schlafstelle.

Pe'nny m britische Münzeinheit.

Pension w (pañsioh'n) Ruhegehalt, -stand; Fremdenheim; Unterkunft und Verpflegung; **Pensionä'r** m (pañ . . .) Beamter im Ruhestand; **Pensiona't** s (pañ . . .) Mädchenerziehungsheim; **pensionie'ren** (pañ . . .) in den Ruhestand versetzen.

Pe'nsum s Aufgabe, Lehrstoff.

Pe'ntagon s Fünfeck; svw. Kriegsministerium der USA; **pentagona'l** fünfeckig; **Pentagra'mm** s „Drudenfuß"; fünfzackiger Stern; **Penta'meter** m fünffüßiger Vers; **Pentateu'ch** m rel. die 5 Bücher Mosis des Alten Testaments; **Pentato'nik** w mus. Fünftonsystem; **Pente're** w antikes Kriegsschiff mit fünf Rudererreihen übereinander.

Pe'nthaus s verdeutschte Form von Penthouse; **Pe'nthouse** s (. . . hauß) auf einem Hochhausdach befindliche Appartementwohnung; oberstes Stockwerk eines Wolkenkratzers.

Penu'nzen Mz. uspr. Geld.

Penu'ria, Penurie' w Mangel.

Peo'n m südamerikanischer Tagelöhner.

Pep m Schwung, Elan, Mumm.

Pepero'ni Mz. eingelegte Paprikaschoten.

Pepi'ta m/s kleinkariertes Gewebe.

Pe'plos m altgriechisches ärmelloses Gewand.

Pepsi'n w Ferment des Magensaftes; **pe'ptisch** med. verdauungsfördernd; die Verdauung betreffend.

per durch, für, mit u. a.; **per Adresse** über die Anschrift von . . . zu erreichen; **per a'spera ad a'stra** „durch Mühsal zu den Sternen"; **per ava'l** gegen Bürgschaft.

Perche w (pä'rsch) lange, elastische Bambusstange (für artistische Darbietungen).

perdu (perdüh') verloren.

Pe'reat s Niederruf; **pe'reat, pe'reant** er (sie, es) möge(n) zugrunde gehen; nieder!

Perem(p)tio'n w iur. Verfall (von Klageansprüchen); **perem(p)to'risch** aufhebend, zwingend, vernichtend.

perennie'rend überdauernd.

Pe'rfekt s gramm. zweite Vergangenheit eines Zeitwortes; **perfe'kt** vollkommen, gültig; **Perfektio'n** Vollkommenheit, Vollendung; **perfektionie'ren** vervollkommnen; **Perfektioni'smus** m Streben nach Vervollkommnung; **perfektioni'stisch** äußerst vollkommen, vollständig.

perfi'd(e) treulos; **Perfidie'** w od. **Perfiditä't** w Treulosigkeit, Hinterlist.

Perforatio'n w Durchbohrung, -löcherung; **perforie'ren** durchbohren, -löchern.

Pergame'nt s bearbeitete Tierhaut; alte Handschrift.

Pe'rgola w Laubengang.

perhorreszie'ren verabscheuen.

Pe'ri . . ., pe'ri . . . svw. um, herum; **Periarthri'tis** w med. Entzündung der Gelenkumgebung; **Pericard . . .** s. Perikard

Peri'culum in mo'ra! „Gefahr im Verzuge" (= wenn gezögert wird zu handeln).

perifoka'l med. einen Herd umgebend.

Perihe'l s astr. Sonnennähe; der Sonne am nächsten liegender Punkt einer Planetenbahn.

Perika'rd s med. Herzbeutel; **perikardia'l** med. zum Herzbeutel gehörig; **Perikardi'tis** w med. Herzbeutelentzündung.

Perika'rp s bot. Fruchtwand.

perikulö's gefährlich.

Perime'ter m math. Umfang; s med. Gesichtsfeldmeßinstrument; **Perimetrie'** w med. Gesichtsfeldmessung; **Perimetri'tis** w med. Entzündung des Bauchfellüberzuges der Gebärmutter; **Perime'trium** s med. Bauchfellüberzug der Gebärmutter.

perinata'l med. „um die Geburt herum": (Zeit) kurz vor, während und nach der Geburt; **Perinatalogie'** w med. Teilgebiet der Frauenheilkunde und Geburtshilfe, das sich mit den medizinischen Vorgängen vor, während und nach der Geburt beschäftigt, um durch frühzeitige dia-

gnostische und thera-
peutische Maßnahmen
die Säuglingssterblich-
keit verringern zu hel-
fen.

Perio'de *w* Kreislauf, Zeitabschnitt; regelmäßig
Wiederkehrendes; *med.*
Monatsblutung; **Perio'-
dika** *Mz.* Zeitschriften;
perio'disch regelmäßig
wiederkehrend; vor-
übergehend; **periodizie'-
ren** in zeitliche Abschnitte einteilen; **Periodizi-
tä't** *w* regelmäßige Wiederkehr.

Periodonti'tis *w med.*
Wurzelhautentzündung.

Periö'ke *m* Angehöriger
einer politisch rechtlosen
Bevölkerungsschicht
Spartas.

Perio'st *s med.* Knochen-
haut, **Periosti'tis** *w med.*
Knochenhautentzün-
dung.

Peripate'tiker *m phil.* Anhänger der Lehre des
Aristoteles; **peripate'-
tisch** *phil.* die Anhänger
der Lehre des Aristote-
les betreffend; **Peri'pa-
tos** *m* Wandelhalle der
Schule des Aristoteles.

Peripetie' *w* entscheidende
Schicksalswende.

periphe'r am Rande liegend; **Peripherie'** *w* Um-
kreis; Randgebiet; **Peripherie'geräte** *s Mz.* für
Datenverarbeitungsan-
lagen erforderliche Er-
gänzungs- und Hilfsge-
räte.

Periphra'se *w* Umschreibung; **periphrasie'ren**
umschreiben; **periphra'-
stisch** umschreibend.

Periprokti'tis *w med.* Entzündung des Bindege-
webes um den Mast-
darm.

Pe'riplus *m* nautischen
Zwecken dienende Be-
schreibung der Küsten,
Inseln, Häfen, Landmar-
ken usw. im Altertum.

Peri'pteros *m* von einer

Säulenreihe umgebener
griechischer Tempel.

Perista'ltik *w med.* von
oben nach unten fort-
schreitende Zusammen-
ziehungen von Hohlor-
ganen, um deren Inhalt
vorwärts zu bewegen;
perista'ltisch *med.* die
Peristaltik betreffend.

Perisko'p *s* Sehrohr.

Peristy'l *s* die den Hof eines röm. od. griech. Hau-
ses umgebende Säulen-
halle.

peritonea'l *med.* das
Bauchfell betreffend,
zum Bauchfell gehörend;
Peritone'um *s* Bauchfell;
Peritoni'tis *w* Bauchfell-
entzündung.

Perjura'nt *m iur.* Mein-
eidiger; **Perjuratio'n** *w*
Meineid.

Perkola't *s* Pflanzenaus-
zug; **Perkolatio'n** *w* Gewinnung von Pflanzen-
auszügen durch ein
ständig fließendes Lö-
sungsmittel; **Perkola'tor**
m Gerät zur Gewinnung
von Pflanzenauszügen;
perkolie'ren Pflanzen-
auszüge durch Perkola-
tion herstellen.

Perkussio'n *w med.* Untersuchen durch Beklopfen;
Stoß, Schlag.

perkuta'n *med.* durch die
Haut.

perkutie'ren *med.* durch
Beklopfen untersuchen.

perlingua'l *med.* durch die
Zunge.

Pe'rlon *s* eine Kunstfaser.

Perlustratio'n *w* (genaue)
Durchsuchung; **perlu-
strie'ren** (genau) durch-
suchen.

Perm *s* jüngster Abschnitt
des erdgeschichtlichen
Altertums.

Pe'rmafrost *m* Dauerfrost,
Zustand ständiger Er-
starrung; **permane'nt**
dauernd; **Permane'nz** *w*
Dauer.

Permangana't *s chem.* Salz
der Permangansäure.

permea'bel durchlässig;

Permeabilitä't *w* Durchlässigkeit.

Permi'ß *m* Erlaubnis; **Per-
missio'n** *w* Erlaubnis;
permissi'v *soz.* (sehr)
freizügig, liberal, tole-
rant; **Permi't** *s* Erlaubnisschein; **permittie'ren**
erlauben.

permuta'bel austauschbar;
Permutatio'n *w* Aus-
tausch, Vertauschung;
permutie'ren austau-
schen; **Permuti't** *s chem.*
ein Ionenaustauscher
zur Wasserreinigung
bzw. -enthärtung.

pernasa'l *med.* durch die
Nase.

perniziö's *med.* bösartig.

Pernod *m* (pärnoh') französischer Apéritif aus
Wermut mit Aniszusatz.

Peroni'smus *m* nach dem
argentinischen Staats-
präsidenten Perón be-
nannte politische und
soziale Bewegung in Ar-
gentinien.

perora'l *med.* durch den
Mund.

Peroratio'n *w* Schluß-,
Schulrede; **perorie'ren**
eine Schluß- od. Schul-
rede halten; laut und
wichtigtuerisch reden.

Pe'roxyd *s chem.* Verbindung, die mehr Sauer-
stoff als üblich aufweist.

per pe'des zu Fuß; **per
pe'des apostolo'rum** zu
Fuß wie die Apostel.

Perpendi'kel *m/s* Lot;
Pendel; **perpendikula'r**
lotrecht, senkrecht.

perpetrie'ren ver-, ausüben.

perpetue'll (. . . u-ell)
unaufhörlich; **perpe-
tuie'rlich** unaufhörlich;
Perpe'tuum mo'bile *s*
(. . . u-um . . .) „das
dauernd Bewegliche":
Maschine, die — im Wi-
derspruch zu allen Na-
turgesetzen — imstande
sein soll, Arbeit ohne
Energiezufuhr zu lei-
sten.

perple'x bestürzt, verdutzt; **Perplexitä't** *w* Bestürzung.

per procu'ra (*Abk.* ppa) Zusatz bei Unterschrift durch einen Prokuristen: „in Vollmacht".

per re'ctum *med.* durch den Mastdarm.

Perron *m* (pero'ñ) Bahnsteig, Plattform.

per sa'ldo zum Ausgleich.

per se durch sich; selbstverständlich.

Persekutio'n *w* Verfolgung; **Persekutio'nsdeli'rium** *s med.* Verfolgungswahn; **persekuti'v** verfolgend.

Perse'nning *w* Segeltuchhülle.

Persevera'nz *w* Beharrlichkeit; **Perseveratio'n** *w* das Beharren; *med.* Haftenbleiben an einem Begriff, Wiederholungszwang; **perseverie'ren** beharren.

Persia'ner *m* Fell der kurz nach der Geburt getöteten Karakullämmer.

Persiflage *w* (. . . flah'sh⁰) Verspottung; **persiflie'ren** verspotten.

Pe'rsipan *s* marzipanähnliche Süßigkeit.

persiste'nt beharrlich, hartnäckig; **Persiste'nz** *w* Beharrlichkeit, Hartnäckigkeit; **persistie'ren** beharren.

Perso'n *w* der Mensch (im Gegensatz zur Sache); **Perso'na gra'ta** willkommene Person; **Perso'na grati'ssima** höchst willkommene Person; **Perso'na ingra'ta** (auch i'ngrata) *w* unwillkommene Person; **Persona'l** *s* Gesamtheit der Angestellten; **Persona'lien** *Mz.* (. . . i-en) Angaben über die persönlichen Verhältnisse; **Personalitätsprinzip** *s iur.* Rechtsgrundsatz, wonach für die rechtliche Stellung einer Person das Recht seines Hei-

matstaates maßgebend ist.

persona'liter persönlich; **Personality-Show** *w* (pörßona'litih schoh) Rundfunk- oder Fernsehsendung, die auf eine Einzelperson zugeschnitten ist od. von dieser allein gestaltet wird.

Persona'lkredit *m* Kredit, der allein (im zu begründenden) Vertrauen auf die Zahlungsfähigkeit des Schuldners gegeben wird; **Persona'lpronomen** *s gramm.* persönlich. Fürwort; **Persona'lunion** *w* Vereinigung mehrerer Aufgabenbereiche in einer Hand; Verbindung zweier Staaten durch die Person des Herrschers bei fortbestehender staatsrechtl. Trennung; **Persona'rium** *s* Gesamtheit der bei einem Theaterstück mitwirkenden Personen; **persone'll** das Personal oder eine Person betreffend.

Perso'nenkult *m* übermäßige Verehrung politischer Herrscher bzw. führender Persönlichkeiten; **Personifikatio'n** *w* Verkörperung, Vermenschlichung; **personifizie'ren** verkörpern; **Personifizie'rung** *w* Verkörperung, Vermenschlichung.

Perspekti'v *s opt.* Taschenfernrohr; **Perspekti've** *w* Aussicht, -blick; zeichnerische Darstellung räumlicher Gegenstände; **perspekti'visch** die Perspektive betreffend; **Perspektogra'ph** *m* Zeichengerät zur Anfertigung des perspektivischen Bildes eines Gegenstandes aus Grund- und Aufriß.

Perspikuitä't *w* Durchsichtigkeit.

Perspiratio'n *w med.*

Hautatmung; **perspirie'ren** *med.* ausdünsten.

persuadie'ren überreden; **Persuasio'n** *w* Überredung.

Pertine'nz *w iur.* Zubehör.

Perturbatio'n *w* Störung, Verwirrung.

Pertu'ssis *w med.* Keuchhusten.

Perü'cke *w* künstl. Haaraufsatz.

per u'ltimo am Monatsletzten (fällig).

perve'rs widernatürlich; **Perversio'n** *w s.* Perversität; **Perversität'** *w* etwas Widernatürliches (bes. auf geschlechtl. Gebiet); **pervertie'ren** verdrehen; vom Normalen abweichen; **Pervertie'rung** *w s.* Perversität.

per vi'as natura'les auf natürlichem Wege.

Perviti'n *s med.* stark wirkendes Anregungsmittel; ein Weckamin.

Perze'nt *s s.* Prozent.

perzepti'bel wahrnehmbar, vorstellbar; **Perzeptibilitä't** *w* Wahrnehmbarkeit, Vorstellbarkeit; **Perzeptio'n** *w* geistige Wahrnehmung, Vorstellung; **perzepti'v** wahrnehmend, sich etw. vorstellend; die Perzeption betreffend; **perzepto'risch** *s.* perzeptiv; **Perzipie'nt** *m* (. . . i-ent) Empfänger; **perzipie'ren** wahrnehmen, sich etw. vorstellen; empfangen.

pesa'nte *mus.* schwer.

Pese'ta *w*, **Pese'te** *w* spanische Währungseinheit.

Pe'so *m* Währungseinheit zahlreicher süd- und mittelamerikanischer Staaten.

Pessa'r *s med.* Stütz- od. Verschlußring an der Gebärmutter.

Pessimi'smus *m* lebensverneinende Haltung, Schwarzseherei; **Pessimi'st** *m* Schwarzseher;

lebensverneinender Mensch; **pessimi'stisch** lebensverneinend, schwarzseherisch.

Pest *w* s. Pestilenz; **Pestile'nz** *w* med. Pest; durch Ratten übertragene sehr schwere Infektionskrankheit; schlimme Seuche; **pestilenzia'lisch** verpestet; (stinkend) wie die Pest; verpestend; **Pestizi'd** s Schädlingsvernichtungsmittel.

Pete'nt *m* Bittsteller.

Petersi'lie *w* (. . . i-e) bot. ein Küchengewürzkraut.

Petit *w* (p°tih') ein kleiner typographischer Schriftgrad.

Petite'sse *w* unbedeutende Kleinigkeit, Geringfügigkeit.

Petitio'n *w* Bittschrift, Gesuch; **petitionie'ren** eine Bittschrift einreichen.

Petit mal s (p°tihma'l) med. leichter epileptischer Anfall.

Peti'tor *m* Kläger, Bewerber.

Petit point s (p°tihpoä'ñ) feine Nadel-, Stickereiarbeit; Wiener Arbeit.

Petits fours Mz. (p°tihfuh'r) kleine Feinbackware.

Petrefa'kt s Versteinerung; **Petrifikatio'n** *w* das Versteinern; **petrifizie'ren** versteinern.

Petrochemie' *w* Erdöl- und Erdgaschemie; **Petrogene'se** *w* Entstehung der Gesteine; **Petrogra'ph** *w* Gesteinskundler; **Petrographie'** *w* Gesteinskunde.

Petro'leum s (. . . e-um) Destillationsprodukt des Erdöls; **Petrologie'** *w* Wissenschaft von den physikalischen und chemischen Vorgängen bei der Gesteinsentstehung; **petrophi'l** biol. steinigen Untergrund bevorzugend.

Pe'tschaft s Siegelstem-

pel; **petschie'ren** mit einem Siegelstempelabdruck versehen.

Petticoat *w* (pä'ttikoht) gesteifter Unterrock.

Petting s (pä'tiñ) sex. Austausch weitgehender Zärtlichkeiten (Betastungen der Körperregionen des Intimbereichs) zwischen Liebespaaren mit dem Ziel geschlechtlicher Befriedigung ohne Coitus (s. dort).

Fetula'nz *w* Heftigkeit; Mutwille; Übermut.

Petu'nie *w* (. . . i-e) bot. ein krautiges Nachtschattengewächs, als Balkon- und Gartenpflanze weit verbreitet.

peu à peu (pöh a pöh') nach und nach.

Pha'eton *m* leichte, vierrädrige Kutsche.

Pha'gen Mz. med. „Fresser": Bakteriophagen: bakterienvernichtende virusähnliche Kleinstlebewesen; **Phagoly'se** *w* med. Auflösung von Phagozyten; **Phagozy'ten** Mz. med. „Freßzellen": Zellen mit der Fähigkeit, Fremdstoffe (z. B. Bakterien) in sich aufzunehmen und damit unschädlich zu machen; **Phagozyto'se** *w* med. Aufnahme und Unschädlichmachung von Fremdstoffen durch Phagozyten.

Pha'lanx *w* geschlossene Schlachtreihe, Kerntruppe; med. Zehen- od. Fingerglied.

pha'llisch den Phallus betreffend; **pha'llische Phase** *w* psych., sex. Phase in der kindlichen Sexualentwicklung, gekennzeichnet durch Interesse an den eigenen Geschlechtsorganen; **Pha'llus** *m* das männliche Glied (als Sinnbild der Zeugungskraft);

Pha'lluskult *m* religiöse Verehrung des Phallus.

Phaneroga'men Mz. bot. Samenpflanzen.

Phänologie' *w* biol. Wissenschaft, die sich mit den Beziehungen zwischen dem Jahreslauf und den Lebenserscheinungen bei Pflanzen und Tieren befaßt.

Phänome'n s Erscheinung; Wunder; außergewöhnliche Persönlichkeit; **phänomena'l** außergewöhnlich; wunderbar; **Phänomenologie'** *w* phil. Forschungsrichtung, die sich mit der streng sachlichen Darstellung von Gegebenheiten befaßt; **phänomenolo'gisch** Gegebenheiten streng sachlich erforschend und darstellend.

phänoty'pisch das Erscheinungsbild betreffend; **Phä'notyp(us)** *m* biol. Erscheinungsbild (im Gegensatz zum Erbbild).

Phantasie' *w* Einbildungskraft; Trugbild; **phantasie'ren** ersinnen, träumen; irrereden; **Phanta'sma** s Trugbild, Hirngespinst; **Phantasmagorie'** *w* Truggebilde, Wahnbild **Phanta'st** *m* Schwärmer, überspannter Mensch; **Phantasterei'** *w* Schwärmerei, Überspanntheit; **Phanta'stika** Mz. med. Träume, Trug- und Wahnbilder erzeugende, seelisch erregende Mittel; **phanta'stisch** schwärmerisch, überspannt; großartig; **Phanto'm** s Hirngespinst; med. künstl. Nachbildung eines Körperteils zu Lehrzwecken.

Pha'rao m Titel altägypt. Könige; s ein Kartenspiel; **pharao'nisch** altägyptische Könige betreffend.

Pharisä'er m abw. selbstgerechter Mensch,

Heuchler; **pharisä'isch** svw. heuchlerisch.

Pha'rmakochemie' w med. pharmazeutische Chemie; Arzneimittelchemie; **Pharmakodyna'mik** w med. Arzneimittelwirkung; **pha'rmakodyna'misch** med. die Arzneimittelwirkung betreffend; **Pharmakognosie'** w med. Drogenkunde; **pharmakogno'stisch** med. die Drogenkunde betreffend; **Pharmakokine'tik** w med. Lehre von den sich in einem Organismus abspielenden Vorgängen bei Eingabe von Arzneimitteln.

Pha'rmakolo'ge m med. Wissenschaftler auf dem Gebiet der Arzneimittellehre; **Pha'rmakologie'** w med. Arzneimittellehre; **pha'rmakolo'gisch** med. die Arzneimittellehre betreffend; **Pha'rmakon** s med. Arzneimittel; **Pharmakopöe** w (. . . öh') Arzneibuch.

Pha'rmakopsychologie' w med. Wissenschaft von der Beeinflussung seelischer Vorgänge durch Arzneimittel; **Pharmakotherapie'** w Behandlung mit Arzneimitteln.

Pharmazeu't m Apotheker; **Pharmazeu'tik** w med. s. Pharmazie; **pharmazeu'tisch** die Bereitung und Abgabe von Arzneimitteln betreffend; **Pharmazie'** w med. Arzneikunde, Lehre von der Bereitung und Abgabe der Arzneimittel.

Pha'rus m svw. Leuchtturm.

Pharyngologie' w Wissenschaft von den Rachenkrankheiten; **Pharyngosko'p** s med. Rachenspiegel; **Pharyngoskopie'** w med. Rachenspiegelung; **Pha'rynx** m

med. Rachen, Schlundkopf; **Pha'rynxtonsi'lle** w med. Rachenmandel.

Pha'se w Abschnitt, Entwicklungsstufe; **pha'sisch** in regelmäßigen Zeitabschnitten wiederkehrend.

Phenazeti'n s med. Arzneimittel gegen Fieber und Schmerzen.

Pheno'l s chem. Karbolsäure.

Phi s dem ph entsprechender Buchstabe des griechischen Alphabets.

Phia'le w flache Schale.

Philanthro'p m Menschenfreund; **Philanthropie'** w Menschenfreundlichkeit; **philanthro'pisch** menschenfreundlich.

Philatelie' w Briefmarkenkunde; **Philateli'st** m Briefmarkensammler; **philateli'stisch** das Sammeln von Briefmarken betreffend.

Philharmonie' w Vereinigung von Musikfreunden und deren Gebäude; **Philharmo'niker** m Mitglied eines philharmonischen Orchesters; **philharmo'nisch** musikliebend; die Philharmonie betreffend.

Philhelle'nen Mz. „Griechenfreunde": Ausländer, die den Freiheitskampf der Griechen gegen die Türken (ab 1821) unterstützten; **Philhelleni'smus** m Bewegung zur Unterstützung des Freiheitskampfes der Griechen gegen die Türken.

Phili'ppika w strafende Rede.

Phili'ster m svw. Spießbürger; **philiströ's** svw. spießbürgerlich.

Phillumenie' w das Sammeln von Streichholzschachteln bzw. deren Etiketten; **Phillumeni'st** Streichholzschachtelsammler; **phillumeni'-**

stisch das Sammeln von Streichholzschachteln betreffend.

Philode'ndron s bot. tropisch-amerikanisches Aronstabgewächs.

Philolo'ge m Sprach- u. Literaturwissenschaftler, akademisch gebildeter Lehrer dieser Fächer; **Philologie'** w Sprach- und Literaturwissenschaft; **philolo'gisch** die Philologie betreffend.

Philosemi't w Judenfreund.

Philoso'ph m Denker, Weiser; **Philosophie'** w „Liebe zur Weisheit": Weltweisheit, Weltanschauung, Denkwissenschaft; **philosophie'ren** Philosophie betreiben; **philoso'phisch** die Philosophie betreffend; weise.

Phimo'se w med. Verengung der Vorhaut.

Phio'le w birnenförmige Glasflasche mit langem Hals.

Phlebektomie' w med. operative Entfernung einer Vene bzw. eines Venenstückes; **Phlebi'tis** w med. Venenentzündung; **phleboge'n** med. von den Venen ausgehend; **Phlebographie'** w med. Venendarstellung auf röntgenologischem Wege; **Phlebologie'** w med. Wissenschaft von den Venen und den Venenerkrankungen.

Phle'gma s Trägheit, Gleichgültigkeit; **Phlegma'tiker** m träger, gleichgültiger Mensch; **phlegma'tisch** träge, gleichgültig.

Phlegmo'ne w med. Zellgewebsentzündung.

phlogogen w med. entzündungserregend.

Phlox w/m bot. Flammenblume.

Phobie' w krankhafte Angst.

Pho'n s Lautstärkeneinheit; **Phonasthenie'** w

med. Stimmschwäche;
Phone'm s Laut; **Phone'-tik** *w* Lautlehre, Lautbildungslehre; **phone'tisch** lautgetreu.

Phö'nix *m* sagenhafter Vogel, der sich selbst verbrennt, um aus der Asche verjüngt hervorzugehen: Sinnbild für Auferstehung und Unsterblichkeit.

phonoge'n geeignet zum Sprechen, zum Vortrag.

Phonogra'mm s aufgezeichneter Ton, aufgezeichneter Schall; **Phonogra'ph** *m* Gerät zur Aufnahme von Tönen; **Phonographie'** *w* Schall-, Tonaufnahme; **phonogra'phisch** die Schall- od. Tonaufzeichnung betreffend.

Phonome'ter s Schall-bzw. Tonmeßgerät; **Phonometrie'** *w* vergleichende Schall- bzw. Tonmessung; **phonome'trisch** die Schall-bzw.Ton-messung betreffend.

Phonophobie' *w med.* Stottern.

Phonothe'k *w* Sammlung von Tonaufzeichnungen, Tonbandarchiv.

Phonotypi'stin *w* nach einem Diktiergerät arbeitende weibliche Schreibkraft.

Phosge'n s *chem.* giftiges Kohlenoxydchlorid; lungenwirksamer Kampfstoff („Grünkreuz"); **Phospha't** s *chem.* Phosphorsäuresalz, wichtig als Düngemittel; **Pho'sphor** *m chem.* ein Grundstoff (P) (= Lichtträger); **Phosphoresze'nz** *w* Nachleuchten (nach vorangegangener Bestrahlung); **phosphoreszie'ren** nachleuchten.

Pho'to s s. Photographie.

Photobiologie' *w* Lehre von der Wirkung des Lichts auf Lebewesen; **Photochemie'** *w* Lehre

von den chemischen Wirkungen des Lichts; **Photochemigraphie'** *w* Herstellung von Ätzungen auf photographischem Wege; **Photoelektrizitä't** *w phys.* durch Licht erzeugte elektrische Ströme; **Pho'toelement** s *phys.* Lichtzellen, die Licht in elektrische Energie umwandeln.

photoge'n geeignet zum Photographieren; bildwirksam.

Photogrammetrie' *w* Luftbildherstellung und -auswertung für Vermessungszwecke; Meßbildverfahren.

Photogra'ph *m* Lichtbildhersteller; **Photographie'** *w* Lichtbildkunst; Lichtbild; **photographie'ren** Lichtbilder aufnehmen; **photogra'phisch** das Lichtbild(wesen) betreffend; **Photokopie'** *m* auf photographischem Wege hergestelltes originalgetreues Zweitbild einer Schrift- oder Bildvorlage; **photokopie'ren** eine Photokopie herstellen.

Photoly'se *w chem.* Zersetzung durch Licht.

photomecha'nisch Lichtbilder mechanisch vervielfältigend; **Pho'tomodell** s wer sich für künstlerische oder Werbezwecke photographieren läßt; **Photomontage** *w* (... montah'sh^e) Zusammensetzung eines Bildes aus mehreren Photos.

Photo'n s *phys.* Lichtquant.

Photophobie' *w med.* Lichtscheu.

Photopsie' *w med.* Wahrnehmung von (nicht vorhandenen) Licht- und Farbenerscheinungen; **Photosphä're** *w astr.* strahlende äußere Son-

nenschicht; **Photosynthe'se** *w biol., chem.* Aufbau chemischer Verbindungen durch (Sonnen-)Lichtenergie; **Photothe'k** *w* Lichtbildsammlung.

Phototherapie' *w med.* Lichtheilverfahren; **Phototropi'smus** *m bot.* die Fähigkeit einer Pflanze, sich dem Licht zuzuwenden; **Photovolta'ik** *w techn.* Umwandlung von Licht in elektrischen Strom mit Hilfe von Sonnenzellen; **Pho'tozelle** *phys.* lichtelektrische Zelle.

Phra'se *w* Redewendung; leeres Gerede; **Phraseologie'** *w* Ausdruckslehre; Sammlung von Redewendungen.

Phrenesie' *w med.* Wahnsinn; **phrene'tisch** *med.* wahnsinnig (nicht zu verwechseln mit frenetisch!).

Phre'nikus *m med.* Zwerchfellnerv; **Phre'nikusex(h)aire'se** *w med.* operative Entfernung eines Teiles des Zwerchfellnervs.

Phrenologie' *w* Schädellehre; Lehre von der Erkennung geistiger Fähigkeiten aus der Schädelform.

Phtiri'asis *w med.* Läusebefall.

Phthi'se *w med.* Schwindsucht; **Phthi'siker** *m med.* Schwindsüchtiger; **Phthi'sis** *w* s. Phthise; **phthi'sisch** *med.* schwindsüchtig.

Phyllobiologie' *w bot.* Biologie der Blätter; **Phyllopha'gen** *Mz. biol.* Pflanzen-, Blattfresser; **Phyllopo'den** *Mz. zool.* Blattfüßer.

Phylloxe'ra *w zool.* Reblaus.

Phylogene'se *w biol.* Stammesgeschichte;

phylogene'tisch biol. stammesgeschichtlich; **Phylogenie'** w s. Phylogenese.

Physia'ter m med. Naturheilkundler; **Physiatrie'** w Naturheilkunde.

Physi'k w Lehre von den Naturerscheinungen (soweit es sich dabei nicht um stoffliche Veränderungen handelt); **physika'lisch** die Physik betreffend; **Phy'siker** m Wissenschaftler auf dem Gebiet der Physik; **Phy'sikum** s ärztliche Vorprüfung; **Phy'sikus** m med. alte Bezeichnung für Kreis-, Amtsarzt.

physioge'n med., psych. körperlich bedingt.

Physiognomie' w psych. Gesichtsausdruck; äußere Erscheinung; **Physiogno'mik** w psych. Lehre vom Gesichtsausdruck und der äußeren Erscheinung.

Physiographie' w Naturbeschreibung.

Physiokrati'smus m Volkswirtschaftslehre, nach der die Landwirtschaft Quelle des Wohlstandes ist.

Physiolo'ge m Wissenschaftler auf dem Gebiet der normalen Lebensvorgänge; **Physiologie'** w Wissenschaft von den normalen Lebensvorgängen; **physiolo'gisch** die Physiologie betreffend; den Lebensvorgängen entsprechend.

Physiotherapie' w med. Heilbehandlung durch Massage, Gymnastik, Bäder und Bestrahlungen.

Phy'sis w Natur; **phy'sisch** natürlich, körperlich.

phytoge'n aus Pflanzen entstanden; **Phytologie'** w Pflanzenkunde; **Phytomedizi'n** w bot. Erforschung und Bekämpfung der Pflanzenkrankheiten; **Phy'topathologie'** w bot. Wissenschaft von den Pflanzenkrankheiten; **Phytopha'gen** Mz. biol. Pflanzenfresser; **Phytopla'nkton** s biol. im Wasser schwebende pflanzliche Lebewesen; **Phytotherapie'** w med. Heilbehandlung durch pflanzliche Wirkstoffe.

Pi s der P entsprechender Buchstabe des griechischen Alphabets; math. Ludolfsche Zahl (= 3,14 ...) zur Kreisberechnung.

pi'a deside'ria fromme (= nicht erfüllbare) Wünsche; **pi'ae memo'riae** frommen Angedenkens.

Pia'ffe w Reitsport: trabartige Bewegung auf der Stelle.

pi'a fraus frommer Betrug.

Piani'no s mus. kleines Piano, Klavier; **piani'ssimo** (pp) mus. sehr leise; **Piani'st** m Klavierspieler; **pia'no** (p) mus. leise; **Pia'no** s Klavier; **Pianoakko'rdeon** s mus. mit Klaviertasten versehenes Akkordeon; **Pianofo'rte** s mus. Klavier, Hammerklavier.

Piassa'va, Piassa've w bot. zur Herstellung von Besen und Bürsten dienende Palmblattfaser.

Pia'ster m kleine Währungseinheit mehrerer Staaten.

Pia'zza w Platz, Marktplatz.

Pica'dor m Stierkampf: mit Lanzen bewaffneter Reiter.

Piccadilly (pikᵉdi'li) elegante Geschäftsstraße in London.

pi'ccolo klein.

Pi'cknick s Mahlzeit im Freien; **pi'cknicken** eine Mahlzeit im Freien abhalten.

picobe'llo sw. tadellos, großartig, prima.

Pidgin-Englis(c)h s (pi'-dshin...) auf der engl. Sprache beruhende Mischsprache in Afrika und Ostasien.

Pie w (pai) warme Pastete.

Piece w (piä'ßᵉ) (Musik-)Stück; **Pièce de résistance** w (pjäh'ß de rehsißta'nß) Hauptstück, -gericht.

Piedesta'l s (pi-e...) Sokkel, Grundlage.

Pie'r m/w Landungsbrükke, Hafendamm.

Pierrette w (pi-erä'tᵉ) weibliche Komödienfigur; **Pierrot** m (pi-ä'ro) männliche Komödienfigur.

Pietà' w (pi-e...) Darstellung der Maria mit dem Leichnam Christi; **Pietä't** w (pi-e...) Ehrfurcht, Rücksicht, Frömmigkeit.

Pieti'smus m (pi-e...) rel. protestantische Bewegung zur Erneuerung des frommen Lebens; auch sw. Frömmelei; **Pieti'st** m (pi-e...) Anhänger des Pietismus; auch sw. Frömmler; **pieti'stisch** (pi-e...) den Pietismus betreffend; auch sw. frömmelnd.

Piezoelektrizitä't w (pi-e...) phys. durch mechanischen Druck bei manchen Kristallen entstehende Elektrizität.

Pigme'nt s (auch biol.) Farbstoff, -körper; **Pigmentatio'n** s Ablagerung von Farbstoffen; biol. Farbstoffablagerung in Geweben (Augen, Haaren, Haut); **pigmentie'ren** durch Pigmente verfärben; **Pigmentie'rung** w biol. Verfärbung durch Ablagerung von Farbstoffen in Geweben.

Pik s Farbe im Kartenspiel; m Gipfel, Bergspitze; auch (verborgener) Groll.

pika'nt scharf gewürzt, reizvoll, schlüpfrig; **Pikanterie'** w Würze; Schlüpfrigkeit.

Pi'ke w Langspieß.

Pikee' m/s erhaben gemustertes Gewebe.

Pikenie'r mit Pike bewaffneter Fußsoldat.

Pike'tt s mil. kleine Truppenabteilung; Bereitschaftstrupp; Vorposten.

pikie'rt gereizt, beleidigt.

Pi'kkolo m Kellnerlehrling; **Pi'kkoloflöte** w mus. kleine, hohe Querflöte.

Pikö'r m Jäger, der bei einer Reitjagd die Hunde führt.

Pikri'nsäure w chem. Bittersäure; eine explosible chemische Verbindung.

Piktogra'mm s Begriffs-, Bildsymbol (z. B. ein Blitz als Symbol für Starkstromgefahr, Symbol auf Verkehrszeichen usw.; **Piktographie'** w Symbol-, Bilderschrift.

Pi'laf, Pi'law m orientalisches Gericht aus Reis und Hammelfleisch.

Pila'ster m Wandpfeiler.

Pile m (pail) phys. Uranbrenner; Reaktor.

Pilo't m Flugzeugführer; Steuermann, Lotse; **Pilo'tballon** m der Messung von Höhenwinden dienender kleiner unbemannter Ballon; **Pilo'tstudie** w Probebefragung, -untersuchung.

Pi'lum s altrömischer Wurfspieß.

Pime'nt m/s pfefferartiges Gewürz.

Pimperne'll m, **Pimpine'lle** w bot. Gewürz-, Heilund Gemüsepflanze der Doldenblütergattung.

Pin m (getroffener) Kegel beim Bowling.

Pinakothe'k w Gemäldesammlung.

Pina'sse w großes Kriegsschiffsbeiboot.

Pince'nez s (pänßneh') Kneifer, „Zwicker".

Pineapple m (pai'näp°l) bot. Ananas.

Pi'ngpong s Tischtennis.

Pingui'n m zool. antarktischer flugunfähiger Meeresvogel, Riesenalk.

Pi'nie w (. . . i-e) bot. im Mittelmeerraum beheimateter Kiefer mit flacher, schirmförmiger Krone.

Pint w (auch s) (pai'nt) englisches Hohlmaß (= 0,568 l).

Pin-up-girl s (pin a'p görl) weibl. Schönheit, deren Bild zum Anheften (u. häufigen Betrachten (u. verlockt.

pi'nxit (Abk. pinx.) „hat (es) gemalt": bei Gemäldesignaturen dem Namen des Malers vorangestellt.

Pinze'tte w kleine Federzange.

Pionie'r m Bahnbrecher; mil. Soldat einer techn. Truppe.

Pipeline w (pai'plain) Erdölleitung.

Pipe'tte w kleiner Stechheber.

Pira'nha m zool. (. . . nja) südamerikanischer Raubfisch.

Pira't m Seeräuber; **Piratensender** m Bezeichnung für einen staatlich nicht genehmigten Rundfunk- oder Fernsehsender, der außerhalb der Hoheitsgewässer eines Staates betrieben wird; **Piraterie'** w Seeräuberei.

Piray'a w s. Piranha.

Piro'ge w indianischer Einbaum.

Piro'gge w russische, gefüllte Pastete.

Piroue'tte w Drehsprung, Kreiselbewegung; **pirouettie'ren** eine Pirouette vollführen.

Pi'sang m bot. eine Obstbanane.

Pissoir s (pißoa'r) Bedürfnisanstalt für Männer.

Pista'zie w (. . . i-e) bot. im Mittelmeerraum beheimateter immergrüner Strauch mit Steinfrüchten.

Pi'ste w Rennstrecke; Start- u. Landebahn f. Flugzeuge; Manegenrand.

Pisto'le w Faustfeuerwaffe; auch alte spanische Münze.

Piston s (pißto'ñ) mus. Blechblasinstrument mit Pumpventilen.

Pitava'l m Sammlung bemerkenswerter Kriminalfälle.

Pitchpine s (pi'tschpain) bot. Holz der amerikanischen Pechkiefer.

Pitheka'nthropus m „Affenmensch", Urmensch.

Pitotrohr s (pitoh' . . .) phys. techn. Gerät zum Messen des Staudrucks in Strömungen.

pitoyabel (pitoajah'b°l) bedauernswert.

pittore'sk malerisch.

Pityri'asis w med. schuppende Hautflechte, Kleienflechte.

Pivot s/m (pihwoh') Drehzapfen.

Piz m Bergspitze, Gipfel.

Pi'zza w italienisches warmes Hefegebäck; **Pizzeri'a** w Gaststätte, in der dies Gebäck hergestellt und verzehrt wird.

Pizzica'to s mus. mit den Fingern gezupftes Spiel bei Streichinstrumenten.

PK w Abk. v. Psychokinese (s. dort).

PKZ s Abk. v. Personalkennzeichen (s. dort).

PL/1 w (Abk. v. Programming Language One) eine Programmiersprache (s. dort), welche Merkmale der Programmiersprachen ALGOL, COBOL und FORTRAN (s. dort) in sich vereinigt, um mit dieser „Sprache" sowohl technisch-wissenschaftliche als auch kommerzielle Probleme zu lösen..

Placebo s (plazeh'bo) med. Scheinarzneimittel: dem Patienten verabreichtes, einem bestimmten Arzneimittel nachgebildetes und keinerlei wirksame Stoffe enthaltendes „Medikament", um die objektiv-pharmakologische Wirkung von der nur suggestiven trennen zu können.

Placement s (plaß°ma'ñ) Unterbringung; Kapitalanlage.

Placenta ɯ s. Plazenta.

pla'cet (pla'zet) genehmigt!; **pla'cido** mus. ruhig; **placie'ren** an einen Platz stellen; unterbringen; (Kapitalien) unterbringen, anlegen; **sich placieren** einen der ersten Plätze (bei Wettkämpfen) erkämpfen; **Placie'rung** ɯ s. Placement; Erringung eines vorderen Platzes (bei Wettkämpfen).

plädie'ren für jmdn. od. etwas eintreten, verteidigen; **Plädoyer** s (plädoajeh') Schlußrede des Verteidigers u. Staatsanwaltes in der Hauptverhandlung eines Prozesses.

Plafond m (plafo'ñ) Zimmerdecke.

Plagia't s Diebstahl geistigen Eigentums; **Plagia'tor** m wer ein Plagiat begeht; **plagiie'ren** (...i-i...) ein Plagiat begehen.

Plaid s/m (pleh'd) Reisedecke.

Plaka't s Aushang, Anschlag(zettel); **plakatie'ren** öffentl. aushängen; **plakati'v** ein Plakat bzw. die Plakatkunst betreffend; plakatartig; besonders herausgestellt; **Plake'tte** ɯ Täfelchen, Erinnerungszeichen.

pla'n flach, eben.

Plane't m astr. Wandelstern; **planeta'risch** astr. Planeten betreffend; wie ein Planet; **Planeta'rium** s (Gebäude mit) Gerät zur Darstellung der Sternbewegungen; **Planetoi'd** m (...o-id) astr. klein(st)e sich um die Sonne bewegende Planeten.

planie'ren einebnen; **Planime'ter** s math. Gerät zur Berechnung ebener Flächen.

plankonka'v opt. mit einer ebenen und einer nach innen gewölbten Seite (versehen); **pla'nkonvex** opt. mit einer ebenen und einer nach außen gewölbten Seite (versehen).

Pla'nkton s biol. Gesamtheit der im Meer schwebenden Kleinlebewesen; **plankto'nisch** biol. im Meer schwebend.

pla'no ungefalzt, glatt, flach; **pla'nparalle'l** math., opt. mit parallelen ebenen Flächen.

Pla'nta ɯ med. Fußsohle.

Plantage ɯ (plantah'sh°) Pflanzung.

Pla'num s ebene Fläche; eingeebnete Fläche (bei Ausgrabungen oder als Unterlage für Straßen- und Gleisbauten).

Pläsanterie' ɯ Vergnügen, Belustigung; **Pläsie'r** s Vergnügen.

Pla'sma s biol., med. Protoplasma (s. dort) der Zelle; gerinnbare Flüssigkeit (z. B. im Blut); grüner Jaspis (Halbedelstein); **plasma'tisch** biol., med. zum (Proto-) Plasma gehörig; **Plasmo'dium** s biol. med. Protoplasmakörper; med. Erreger der Malaria.

Pla'st m (in der DDR übliche Bezeichnung für) Kunststoff; **Plastics** Mz. (plä'ßtikß) Kunststoffe;

Plastik .. Kunststoff ..

Pla'stik ɯ Bildhauerei, Bildwerk; med. operative Wiederherstellung von Körperformen; **Pla'stikbombe** ɯ mil. Sprengkörper aus elastischer Sprenggelatine; **Pla'stiker** m Bildhauer; Former; **Plastili'n** s Modellierknetmasse; **pla'stisch** bildhaft, anschaulich; **Plastizitä't** ɯ Formbarkeit; Geschmeidigkeit; Anschaulichkeit.

Plastron s/m (plaßtro'ñ) breiter Schlips; Brustlatz; auch Schutzpolster (beim Fechten).

Plata'ne ɯ bot. ein Laubbaum.

Plateau s (platoh') Hochebene.

Platforming s (plätfô'min) chem., techn. Verfahren zur Herstellung flüssiger Treibstoffe aus Gasen unter Verwendung von Platin als Katalysator.

Pla'tin s chem. ein Grundstoff (Pt), ein Metall (nach platina = „Silberchen" benannt); **platinie'ren** mit Platin überziehen.

Platitü'de ɯ Plattheit; Gemeinplatz.

plato'nisch der Lehre des Plato entsprechend; **plato'nische Liebe** rein geistige, nicht sinnliche, Liebe.

plattie'ren edle Metalle mit einem unedlen (Schutz-)Metall vereinigen; minderwertige Fäden mit hochwertigen umspinnen.

plausi'bel einleuchtend.

Playback s (plehbä'k) nachträgliche Abstimmung einer Film- oder Fernsehaufzeichnung mit einer vorliegenden Tonaufnahme; auch Stützung oder Unterstützung einer Sängerstimme durch Abspielen einer begleitenden Tonaufzeichnung (Chor und oder Orchester).

Playboy m (pleh'beu) „Spieljunge": nicht arbeitender, nur seinem Vergnügen nachgehender junger, reicher Mann; **Playgirl** s (pleh'görl) „Spielmädchen": nur seinem Vergnügen als „Gespielin" junger, reicher Männer nachgehendes hübsches junges Mädchen; **Playmate** s (pleh'meht) als „Spielgefährtin" junger Männer sich betätigendes junges hübsches Mädchen.

Plaze'nta rv med. Nachgeburt; Mutterkuchen; **plazenta'r** med. die Plazenta betreffend.

Pla'zet s Zustimmung.

plazie'ren s. placieren.

Plebe'jer m svrv. ungehobelter Kerl; **plebe'jisch** pöbelhaft; **Plebiszi't** s Volksabstimmung; **plebiszitä'r** durch eine Volksabstimmung; eine Volksabstimmung betreffend; **Plebs** m svrv. Pöbel.

Pleinair-Malerei rv (plänäh'r . . .) Freilichtmalerei.

Pleinpouvoir s (plänpuwoah'r) Vollmacht, „freie Hand".

Plei'te rv Zahlungsunfähigkeit; Reinfall; **plei'te** zahlungsunfähig.

Pleja'den Mz. astr. Siebengestirn.

Ple'ktron s mus. Plättchen zum Anreißen der Saiten von Zupfinstrumenten.

Plena'rsitzung rv Vollsitzung; **Plenilu'nium** s astr. Vollmond; **Plenipote'nz** rv Vollmacht; **plenipote'nt** bevollmächtigt; **Ple'num** s Gesamtheit der Abgeordneten; Vollversammlung.

Pleomorphi'smus m biol. Vielgestaltigkeit; **Pleona'stisch** überflüssig, überbeladen.

Pleo'ptik rv med. Sehschwächenbehandlung durch Sehübungen.

Plesia'nthropus m biol. südafrikanischer Frühmensch der jüngeren Tertiärzeit; **Plesiosau'rus** m zool. Saurier des Juras.

Plessime'ter s med. bei einer mittelbaren Perkussion (s. dort) benutzes Klopfplättchen aus Hartgummi, Holz o. ä.

Pleu'ra med. Brustfell.

Pleureuse rv (plöröh'se) lang herabhängender Straußenfederschmuck auf Damenhüten.

Pleuri'tis rv med. Brustfellentzündung; **Pleuroly'se** rv med. Beseitigung von Brust-Rippenfell-Verwachsungen auf operativem Wege; **Pleuropneumonie'** rv med. gleichzeitige Rippenfell- und Lungenentzündung.

Ple'xiglas s durchsichtiger glasähnlicher Kunststoff.

Ple'xus m med. (Nerven-, Gefäß-)Geflecht.

Fli m svrv. Schliff, feines Benehmen.

pliie'ren (. . . i-i . . .) falten.

Plissee' s Preßfaltung von Stoff; **plissie'ren** Falten in Stoff einpressen.

PLO rv Abk. v. Palestine Liberation Organization: Palästinensische Befreiungs-Organisation.

Plombage rv (plombah'sh°) Plombe, Verplombung; **Plo'mbe** rv Bleisiegel; Zahnfüllung; **plombie'ren** verschließen, versiegeln.

Plu'mbum s chem. ein Grundstoff (Pb): Blei.

Plumeau s (plühmoh') Fe-

derbett.

Plu'mpudding m (auch pla'm . . .) englischer gewürzter Rosinenpudding.

Plu'ral m gramm. Mehrzahl; **Pluraleta'ntum** s gramm. ein nur in der Mehrzahl vorkommendes Wort (z. B. Leute); **plura'lisch** gramm. in der Mehrzahl vorkommend; die Mehrzahl betreffend.

Plura'lis maiesta'tis m „Mehrzahl der Erhabenheit": z. B. „Wir, Ludwig, von Gottes Gnaden . . ."; **Plura'lis mode'stiae** m „Mehrzahl der Bescheidenheit": z. B. „Wir sind zu der Ansicht gekommen . . .": von einem Autor zur Bezeichnung der eigenen Person gebrauchte Mehrzahlform, um das Wort „Ich" zu vermeiden.

Plurali'smus m Lehre, nach der eine Gesellschaft oder ein Staat aus einer Vielheit von Interessengruppen besteht; **plurali'stisch** aus einer Vielheit von Interessengruppen bestehend; **Pluralitä't** rv Mehrheit; Vielheit.

Plus s Überschuß, Mehr: **plus** zuzüglich, mehr; **Plu'squamperfekt** s gramm. Zeitform der vollendeten Vergangenheit.

Plutokra't m wer auf Grund seines Reichtums Macht ausübt; **Plutokratie'** rv Geldherrschaft; **plutokra'tisch** durch Reichtum Macht ausübend; die Plutokratie betreffend.

Plutoni'smus m Vulkanismus der tiefen Zonen der Erdrinde; **Pluto'nium** s chem. zu den Transuranen gehörender instabiler Grundstoff (Pu) (nach dem Stern Pluto benannt).

Pluvia'le s rel. mantelähnliches Obergewand, Überwurf katholischer Geistlicher; **Pluviogra'ph** m Regenschreiber, Niederschlagsmesser mit selbsttätiger Aufzeichnung; **Pluviome'ter** s Regen-, Niederschlagsmesser; **Pluviose** m (plüwioh's) „Regenmonat" des Kalenders der Französischen Revolution.

Pneu' m Abk. für Pneumatik bzw. Pneumothorax; **Pneu'ma** s Hauch, Geist.

Pneumarthro'sis rv med. Ansammlung von Luft oder Gas in den Gelenken.

Pneuma'tik m/rv techn. luftgefüllter Reifen.

Pneumatisatio'n rv med. Bildung luftgefüllter Hohlräume in Geweben; **pneuma'tisch** die Luft betreffend, mit Luft gefüllt, durch Luft bewirkt; **Pneumatome'ter** s med. Instrument zum Messen des Einatmungszuges und des Ausatmungsdruckes; **Pneumatometrie'** rv med. Atmungszug- und -druckmessung.

Pneumektomie' rv med. Entfernung eines kranken Lungenflügels auf operativem Wege; **Pneumokonio'se** rv med. Staublungenkrankheit; **Pneumoly'se** rv med. Loslösung der Lunge von der Brustwand auf operativem Wege; **Pneumonie'** rv med. Lungenentzündung; **Pneumotho'rax** m med. künstl. od. krankhafte Füllung des Brustraumes mit Gas bzw. Luft.

Pö'bel m gemeines Volk, Gesindel; **pö'beln** sich pöbelhaft, gemein be-

nehmen; **pö'belhaft** gemein, roh.

Pochette rv (poschä't⁰) mus. Taschen-, Tanzmeistergeige.

pochieren (poschih'r⁰n) Eier in kochendes Wasser schlagen und gar werden lassen.

Pocketbook s (po'k⁰tbuk) Taschenbuch.

Po'dagra rv med. Fuß-, Zehengicht.

Pode'st s Treppenabsatz.

Po'dex m Gesäß, Hinterteil.

Po'dium s Erhöhung, Plattform.

Podome'ter s Schrittmesser, -zähler.

Poe'm s (...o-em) Gedicht; **Poesie'** rv (...o-e...) Dichtung; **Poe't** m (...o-et) Dichter; **Poe'ta laurea'tus** m (...o-e...) „lorbeergekrönter Dichter", Hofdichter; **Poe'tik** rv (po-e...) Lehre von der Dichtung; **poe'tisch** (po-e...) dichterisch.

Pogro'm s blutige Verfolgung eines Bevölkerungsteiles.

Poilu m (poalüh') Spitzname für den französ. Soldaten.

Point m (poä'ñ) Punkt, Stich (im Spiel); **Point d'honneur** m (poä'ñdonõ'r) Ehrensache.

Pointe rv (poä'ñt⁰) Hauptsache, Kern; **pointie'ren** (poäñtih'r⁰n) stark betonen; zuspitzen; **pointiert** (poäñtih'rt) zugespitzt.

Pointilli'smus m (poäñ...) Malweise des Impressionismus, bei der Farbpunkt neben Farbpunkt gesetzt wird.

Point of Sale m (point of ßeh'l) „Verkaufspunkt": Lage des Platzes, an dem eine Ware im Laden dem Verbraucher präsentiert wird (besonders günstige Verkaufspunkte sind Plätze in

Augenhöhe oder an der Kasse).

Poka'l m Becher, Kelch; **pokulie'ren** zechen.

Po'ker s ein Kartenglücksspiel; **po'kern** Poker spielen.

Pol m Endpunkt, Drehpunkt, Ruhepunkt; Endpunkt der Erdachse; Endklemme einer elektrischen Stromquelle; Endpunkt eines Magneten.

Pola'cca rv mus. Polonäse; polonäsenartiges Tonstück.

pola'r die Pole betreffend; entgegengesetzt wirkend; **Polarisatio'n** rv opt. Beschränkung der Schwingungen des Lichts auf eine bestimmte Ebene; **Polaritä't** rv Gegensätzlichkeit.

Polarographie' rv chem. ein elektrochemisches Untersuchungsverfahren zur qualitativen und quantitativen Analyse.

Polaroi'dverfahren s (...ro-i'...) photographisches Aufnahmeverfahren, bei dem einige Sekunden später das positive, entwickelte und fixierte Bild vorliegt.

Pole'mik rv Meinungsstreit; **Pole'miker** rv wer an einem Meinungsstreit teilnimmt; **pole'misch** streitend; **polemisieren** streiten.

Pole'nta rv italienischer Maisbrei.

Pole'nte rv gaunersprachlich: Polizei.

Police rv (polih'ß⁰) Versicherungsschein.

Polie'r m aufsichtführender Bauhandwerker.

polie'ren glätten.

Po'liklinik rv öffentliche Krankenanstalt zur Untersuchung u. ambulanten Behandlung durch Fachärzte.

Po'lio rv med. Abk. für Poliomyelitis; **Poliomyeli'tis** rv med. Kinderlähmung.

Polio'sis *tv* med. Grauwerden der Haare.

Po'lis *tv* Stadt, Stadtstaat.

Poli'tbüro s maßgebende Führungsstelle der Kommunistischen Partei.

Politesse *tv* Höflichkeit; im Außendienst für begrenzte Aufgabenbereiche (z. B. Kontrolle des ruhenden Straßenverkehrs) eingesetzte Polizistin.

Politi'k *tv* Staatskunst; Regelung des öffentl. Lebens; **Politika'ster** *m* polit. Schwätzer; Stammtischpolitiker; **Poli'tiker** *m* wer Politik betreibt; *auch:* Staatsmann; **Poli'tikum** s eine polit. Angelegenheit; **poli'tisch** das Staatsleben betreffend; **politisches Happening** s (... hä'p°niñ) organisierte, öffentliche, unsinnige Handlung, die mit parodistischen oder satirischen Mitteln das Publikum politisch aufrütteln will; **politisie'ren** sich mit Politik befassen; etw. zu einer Angelegenheit der Politik machen; **Poli'toffizier** *m* mil. für die politische Schulung und Ausrichtung verantwortlicher Offizier in Stäben der Nationalen Volksarmee der DDR; **Politolo'ge** *m* Politikwissenschaftler; **Politologie'** *tv* Wissenschaft von der Politik; **Politru'k** *m* politischer Offizier bei Truppenteilen der Roten Armee.

Politu'r *tv* Glätte, Schliff.

Polizei' *tv* mit der Aufrechterhaltung der öffentlichen Ordnung und Sicherheit beauftragte Behörde; **Polizei'staat** *m* Staat, der nicht auf der Grundlage einer — unverletzliche Grundrechte der Bürger enthaltenden — Verfassung, sondern durch Verwal-

tungsanordnungen regiert wird; **Polizi'st** *m* Polizeibeamter.

Po'lka *tv* ein Rundtanz.

Po'llen *m* bot. Blütenstaub; **Po'llenanaly'se** *tv* Untersuchung von Blütenstaubvorkommen zur Bestimmung des vorzeitlichen Pflanzenwuchses einer Landschaft; **Pollutio'n** *tv* med. unwillkürlicher Samenerguß.

Po'lo s Treibballspiel.

Polonä'se *tv* ein geschrittener Tanz.

Polo'nium s chem. ein radioaktiver Grundstoff (Po) (nach Polo'nia = Polen — der Heimat M. Curies — benannt).

Poltron *m* (poltro'ñ) feiger Großsprecher.

Poly..., **poly...** Viel..., viel...

Polyami'd s chem. zu Fasern (z. B. Nylon, Perlon) verspinnbarer Kunststoff.

Polyandrie' *tv* sex. (eheliche) Verbindung einer Frau mit mehreren Männern; Vielmännerei.

Polyarchie' *tv* Vielherrschaft, Herrschaft mehrerer.

Polyarthri'tis *tv* med. Entzündung mehrerer Gelenke.

polychrom (... kroh'm) vielfarbig; **Polychromie'** *tv* (... kro...) Vielfarbigkeit.

Polydaktylie' *tv* s. Hyperdaktylie; **Polydipsie'** *tv* krankhafter Durst.

Polye'der *m* math. vielflächiger Körper; **polye'drisch** math. vielflächig.

Polye'ster Mz. chem. aus mehrwertigen Säuren und Alkoholen gebildete Stoffe, für Herstellung von Kunststoffasern, Gießharzen usw. von Bedeutung.

Polygalaktie' *tv* med. über-

mäßige Absonderung von Milch beim Stillen.

polyga'm in Vielehe lebend; **Polygamie'** *tv* Vielehe; **Polygami'st** *m* in Vielehe lebender Mann.

polyglo'tt vielsprachig; **Polyglo'tte** *tv* mehrsprachige Textausgabe.

Polygo'n s math. Vieleck; **polygona'l** math. vieleckig.

Polygra'ph *m* Angehöriger graphischer Gewerbezweige; auch sov. „Lügendetektor"; **Polygraphie'** *tv* Sammelbezeichnung für die graphischen Gewerbezweige.

polygy'n in (ehelicher) Verbindung mit mehreren Frauen lebend; **Polygynie'** *tv* sex. (eheliche) Verbindung eines Mannes mit mehreren Frauen; Vielweiberei.

Polyhi'stor *m* umfassend gebildeter Gelehrter; mehrere Wissensgebiete beherrschender Gelehrter; Vielwisser.

Polymastie' *tv* med. Überzahl von Brustwarzen; **Polymelie'** *tv* med. Überzahl an Gliedmaßen; **Polymenorrhoe'** *tv* med. zu häufige Regelblutung.

polyme'r „vielteilig": chem. aus Groß-, Riesenmolekülen bestehend; **Polymerie'** *tv* chem. Verbundensein vieler gleichartiger Moleküle in einem Großmolekül; biol. durch mehrere gleichartige Erbfaktoren bedingtes erbliches Merkmal; **Polymerisatio'n** *tv* chem. Zusammenschluß von Molekülen zu Großmolekülen; **polymerisie'ren** chem. gleichartige Moleküle zu einem Großmolekül zusammenschließen.

polymo'rph vielgestaltig; **Polymorphie'** *tv*, **Poly-**

morphi'smus m Vielge-
staltigkeit.

Polyneuri'tis ro med. Entzündung mehrerer Ner-
venbereiche.

Polyno'm s math. mehr-
gliedriger mathemati-
scher Ausdruck; **poly-
no'misch** math. viel-
gliedrig.

polynuklea'r biol. vielker-
nig.

Poly'p m zool. Kopffüßler,
Krake; med. gestielte
Geschwulst; Wuche-
rung; auch soro. Polizist.

Polyphagie' ro krankhafte
Gefräßigkeit.

polypho'n mus. mehr-,
vielstimmig; **Polypho-
nie'** ro mus. Mehr-, Viel-
stimmigkeit; **polypho'-
nisch** s. polyphon.

Polyploidie' ro (. . . o-i . . .)
biol. Vervielfachung der
Chromosomensätze.

Polypragmasie' ro med.
Ausprobieren von vie-
lerlei Behandlungsme-
thoden; Vielgeschäftig-
keit.

Polysacchari'd s chem. aus
einfachen Zuckern auf-
gebauter Mehrfachzuk-
ker.

Polyspermie' ro biol., med.
Befruchtung eines Eies
durch mehrere Samen-
fäden.

Polystyro'l m chem. durch
Polymerisation des Sty-
rols entstandener kla-
rer, vielseitig verwend-
barer Kunststoff.

Polyte'chniker m wer eine
höhere technische Fach-
schule besucht (hat); **Polyte'chnikum** s höhere
technische Fachschule;
polyte'chnisch mehrere
Teilgebiete der Technik
betreffend; **polytechni-
scher Unterricht** m wirt-
schaftlich-technischer
Unterricht an höheren
Schulen (z. B. in der
UdSSR und DDR).

Polythei'smus m (. . . e-
i . . .) Vielgötterei; **Poly-**

thei'st m (. . . e-i . . .)
wer mehrere Götter an-
erkennt und verehrt;
polythei'stisch (. . . e -
i . .) mehrere Götter anerkennend und vereh-
rend.

Polytonalitä't ro mus. verschiedene Tonarten in
gleichzeitig erklingen-
den Stimmen eines Ton-
werkes.

polytro'p biol. „vielwen-
dig", anpassungsfähig;
Polytropi'smus m biol.
Anpassungsfähigkeit.

Polyurie' ro med. Vermehrung der Harnmenge.

polyvale'nt med. mehr-
fachwirksam, gegen
mehrere Bakterien
wirksam, in mehrfacher
Hinsicht wirksam.

Polyviny'lchlorid s ein besonders beständiger, ge-
gen Feuer und Chemi-
kalien widerstandsfähi-
ger Kunststoff (für
Rohrleitungen, Isolie-
rungen, Regenschutzbe-
kleidung usw. und als
Fußbodenbelag verwen-
det).

Poma'de ro Haarsalbe; **poma'dig** soro. träge, langsam.

Pomera'nze ro bot. bittere
Orangenart.

Po'mbe s afrikanisches
Hirsebier, Negerbier.

Pommes frites Mz. (pom-
frih't) in Fett gebacke-
ne Kartoffelschnitzel.

Pomolo'ge m Obstkenner;
Pomologie' ro Obstbau-
kunde; **pomolo'gisch**
obstkundlich.

Po'mp m Prunk.

pompö's prunkhaft.

Pompadour m (po'ñpa-
duhr) beutelförmige Da-
menhandtasche.

Pompon m (po'ñpoñ) kugelförmige Quaste,
Troddel.

pompo'so mus. prunkvoll,
pompös.

pöna'l die Strafe bzw. das
Strafrecht betreffend.

ponceau (poñßoh') hoch-

rot.

Poncho m (po'ntscho) ärmelloser Umhang mit
Kopfschlitz.

Pond s (Abk. p) phys.
frühere Maßeinheit für
die Kraft.

pondera'bel wägbar; **Pon-
derabi'lien** Mz. (. . . i-en)
Wägbarkeiten; bere-
chenbare Dinge.

Pönite'nt m Büßer; **Pönite'nz** ro Buße.

Ponticello m (pontitschä'-
lo) mus. Steg der
Streichinstrumente.

Po'ntifex m Oberpriester;
Po'ntifex ma'ximus m
Oberster Priester;
Papsttitel; **pontifika'l** bischöflich; **Pontifika'lamt**
s von einem Bischof ze-
lebrierte Messe; **Ponti-
fika't** s Amt bzw. Amts-
zeit des Papstes oder
eines Bischofs.

po'ntisch steppenhaft.

Po'ntok m halbkugelige
Hütte der Hereros, Hot-
tentotten und Kaffern.

Ponton m (poñto'ñ)
Schwimmkörper.

Po'ny s kleines Pferd; m
(meist Mz.) in die Stirn
gekämmte kurzgeschnit-
tene Haare; **Po'ny-trek-
king** s (. . . iñ) Wandern
zu Pferd, auf Ponies.

Pool m (puh'l) wirtschaftl.
Interessengemeinschaft;
poolen (puh'l°n) die von
einem Pool erwirtschaf-
teten Gewinne zusam-
menlegen und verteilen.

Pop, pop (= popular:
volkstümlich) Sammel-
bezeichnung für eine
moderne, besonders die
Jugendlichen ansprec-
hende Form der bilden-
den Kunst; Musik und
Mode (s. auch Pop-Art).

Po'panz m Schreckgestalt,
Trugbild.

Po'p-art (= Popular Art:
volkstümliche Kunst)
moderne, besonders die
Jugendlichen ansprec-
hende, von industriel-

len Formen beeinflußte Kunstrichtung, die sich auch – in Weiterentwicklung der Op-Art – komplementärer Farben und Farbphantasien als künstlerischer Ausdrucksform bedient.

Popcorn s (po'pkŏn) gerösteter Mais.

Po'pe m griech.-kath. Geistlicher.

Po'pfarbe w svw. stark auffallende, krasse Farbe; **Pop-Musik** w moderne, aus der technischen Kultur der Gegenwart stammende und diese zum Ausdruck bringende Musik; auch die sogenannten „Protest Songs" (s. dort) gehören zum Bereich der Pop-Musik.

Popeli'n m **Popeli'ne** w feingeripptes Gewebe.

po'ppig pop-artig; Stilelemente der Pop-Art verwendend.

Po'psender m Rundfunksender, der vorwiegend Pop-Musik ausstrahlt;

populä'r volkstümlich; **popularisie'ren** allgemein verständlich machen; **Popularitä't** w Beliebtheit; **Populatio'n** w Bevölkerung; biol. Bestand einer Art oder Rasse innerhalb eines Bereichs.

Po're w med. feinste Öffnung (in der Haut).

Pornogra'ph m Verfasser unzüchtiger Schriften; **Pornographie'** w unzüchtiges Schrifttum; **pornogra'phisch** unzüchtig.

porö's durchlässig; **Porosi-tä't** w Durchlässigkeit.

Po'rphyr (auch **Porphy'r**) m ein Eruptiv-, Ergußgestein.

Po'rree m bot. (südeuropäische) Gemüsepflanze, Lauch.

Porridge m (po'ridsh) Brei aus Hafergrütze und Milch.

Port m Hafen; Zuflucht.

Portable s (porta'b°l) tragbares, kleines Fernsehgerät.

Porta'l s Haupt-, Prunktor.

Portame'nto (di voce) s (.....woh'tsch°) mus. das „Hinüberschleifen" von einem Ton zum andern.

Porta'tile s tragbarer Altar.

porta'to mus. „getragen": Töne sind einzeln nacheinander zu bringen.

Portati'v s mus. tragbare kleine Orgel.

Portechaise w (portschä-s°) Sänfte, Tragstuhl; **Portefeuille** s (portfö'j) Brieftasche; Ministeramt; Geschäftsbereich; **Portemonnaie** s (portmonäh') Geldtäschchen; **Portepee'** s Riemen mit Quaste am Griff der Offizierseitenwaffe.

Po'rter m/s englisches Starkbier.

Porteur m (portö'r) Träger.

Portfo'lio s Brieftasche.

Portier m (portjeh') Pförtner; **Portiere** w (portjeh r°) Türvorhang.

Po'rtikus m Säulenvorhalle.

Portio'n w Anteil; zugeteilte Menge; **portionie'ren** (in Portionen) einteilen.

Po'rto s Postbeförderungsgebühr.

Porträt s (porträ') Bildnis; **porträtie'ren** ein Bildnis anfertigen; **porträti'st** m Bildniskünstler.

Portula'n m mittelalterliches Schifferhandbuch.

Po'rtwein m portugiesischer schwerer Rot- oder Weißwein.

Porzella'n s weiße, durchscheinende, sehr harte Tonware.

Posame'nten Mz. Besatzwaren; **Posamenterie'** w Besatzwarenhandlung;

posamentie'ren Besatzwaren anfertigen.

Posau'ne w mus. tiefes Blechblasinstrument; **Posauni'st** m Posaunenbläser.

Po'se w gezierte Haltung; **posie'ren** sich aufspielen, schauspielern; **Poseur** m (posö'r) Angeber, Wichtigtuer.

Positio'n w Stellung, Lage; Einzelposten; **positione'll** stellungsmäßig.

Po'sitiv s phot. lichtrichtiges Bild; gramm. Grundstufe eines Eigenschaftswortes; mus. kleine Orgel.

po'sitiv wirklich; bejahend; **Positivi'smus** m phil. Denkweise, die nur Tatsachen und Erfahrungen anerkennt.

Positu'r w Haltung, Stellung.

Po'sse w Schwank.

Possessio'n w Besitz; **possesi'v** besitzanzeigend; **Possessi'vpronomen** s besitzanzeigendes Fürwort; **possesso'risch** Besitz betreffend.

possi'bel möglich; **possi'bile** mus. möglich; **Possibilitä't** w Möglichkeit.

possie'rlich spaßhaft.

Post w Einrichtung zur Nachrichtenübermittlung, Abwicklung von Geldverkehr, Beförderung von Personen und Gütern; **posta'lisch** das Postwesen betreffend.

Postame'nt s Sockel.

post Chri'stum na'tum nach Christi Geburt.

postdatie'ren nachdatieren.

Poster m/s (poh'ßt°r) Plakat; plakatartige Darstellung künstlerischer Motive (oft revolutionärer, erotischer, psychedelischer oder nostalgischer Tendenz); plakatartig aufgemachte Schautafel für Lehrzwecke.

poste restante (poßt räßta'nt) postlagernd.

Posterio'ra Mz. *svrv.* Gesäß; **Posteriorität't** *rv svrv.* Nachstehen im Range; **Posterität't** *rv* Nachwelt, Nachkommenschaft.

Poster Session *rv* (poh'ßt^er ßä'sch^en) Ausstellung von Plakaten bzw. plakatartigen Darstellungen zu bestimmten Themen oder Problemen; **Poster-Shop** *m* (poh'ßt^er schop) Plakatladen.

Postexiste'nz *rv* Fortbestand der Seele nach dem Tode.

post fe'stum *svrv.* zu spät, nachträglich.

Postglazia'l s Nacheiszeit; **postglazia'l** nacheiszeitlich.

Posthi'tis *rv med.* Entzündung der Vorhaut.

postie'ren aufstellen.

Posti'lle *rv* Predigtbuch.

Postill(i)on *m* (po'ßtiljon) Postkutscher; **Postillon d'amour** (. . . damuh'r) „Liebesbote": Überbringer von Liebesbriefen oder -botschaften.

postindustrie'll (. . . i-e . . .) postindustrielle Gesellschaft: Volkswirtschaft, i. d. mehr Beschäftigte in Dienstleistungsgewerben als i. d. Produktion tätig sind.

Postlu'dium s *mus.* Nachspiel.

Postmoderne *w* neuere Architektur, die auch wieder ältere Stilelemente verwendet.

postmorta'l nach dem Tode; **post mo'rtem** nach dem Tode; **postnata'l** nach der Geburt; **postnumera'ndo** nachträglich (zahlbar); **postoperati'v** *med.* nach einer Operation; **post pa'rtum** *med.* nach der Geburt.

Postskri'pt(um) s Nachschrift (*Abk.* PS).

posttrauma'tisch *med.* nach einer Verletzung.

Postula't s Forderung; **postulie'ren** fordern.

postu'm nachgeboren, nachgelassen.

postvakzina'l *med.* als Folge einer (Pocken-)Impfung (auftretend).

Pot s (po't) *svrv.* Marihuana (s. dort).

Potage *rv* (potah'sh^e) Suppe.

Pota'tor *m* Trinker, Säufer.

Potemkinsche Dörfer Mz. (patjo'mkin . . .) *svrv.* Blendwerk.

pote'nt mächtig, fähig; *biol., med.* zeugungsfähig; **Pote'ntia coeu'ndi** *rv* (. . . o-e-u . . .) *med.* Beischlafunfähigkeit; **Pote'ntia genera'ndi** *rv med.* Zeugungsunfähigkeit.

Potenta't *m* Machthaber; Fürst.

Potentia'l s Kraft, Leistungsfähigkeit; **potentia'l** eine Möglichkeit besitzend oder ausdrückend; **potentie'll** (. . . iell) möglich; denkbar.

Pote'nz *rv* Leistungsfähigkeit; *biol., med.* Zeugungsfähigkeit; *math.* Produkt einer Anzahl gleicher Faktoren; *med.* Verdünnungsgrad eines homöopathischen Medikaments; **potenzie'ren** steigern; *math.* Zahlen mit sich selbst malnehmen; *med.* Medikamente in einen bestimmten Verdünnungsgrad versetzen.

Pote'rne *rv mil.* beschußsicherer unterirdischer Gang einer Festung.

Po'tpourri s Kunterbunt, (musikalisches) Allerlei.

Poujadismus *m pol.* (puhshadi'ßmuß) mittelständische Protestbewegung in Frankreich gegen das Vordringen moderner Großbetriebsformen.

Poula'rde *rv* gemästete, verschnittene Junghenne.

Poulet s (puleh') junges Masthuhn.

Pound s (pound) britische Gewichtseinheit; **Pound Sterling** s (. . . ßtö'rliñ) britische Währungseinheit.

Pour le mérite *m* (puhr le mehrih't) „für das Verdienst": hoher preuß.-deutscher Orden, dessen „Friedensklasse" noch heute in der Bundesrepublik Deutschland besteht.

Poussa'ge *rv*, **Poussage** *rv* (pußah'sh^e) Liebelei, Geliebte; **poussie'ren** (voran-)treiben; den Hof machen; **Poussie'rstengel** *m* wer gern mit jemandem anbändelt, flirtet.

po'wer arm, ärmlich.

Prä. . ., prä. . . Vor. . ., vor. . .

Präa'mbel *rv* Vorspruch; Einleitung.

Präbe'nde *rv rel.* Pfründe.

Praeceptor Germa'niae *m* (präze'ptor . . .) „Lehrer Deutschlands": ehrender Beiname.

prae'cox *med.* vorzeitig, frühreif.

Prädestinatio'n *rv* Vorbestimmung; **Prädestinatio'nslehre** *rv rel.* christliche Lehre, daß durch den Willen Gottes das Schicksal des Menschen (Seligkeit oder Verdammung) vorherbestimmt ist; **prädestinie'ren** vorherbestimmen; **prädestinie'rt** (zu etwas) vorherbestimmt; wie geschaffen (für etwas).

Prädeze'ssor *m* Vorgänger (im Amt).

prädika'bel lobenswert; **Prädika'nt** *m* Prediger; **Prädika't** s Urteil; *gramm.* Satzaussage; **prädikatisie'ren** bewerten, eine Note erteilen.

Prädilektio'n *rv* Bevorzugung, Vorliebe.

prädisponie'ren vorausbestimmen; **prädisponie'rt** vorausbestimmt; med. für eine Krankheit anfällig; **Prädispositio'n** w Vorausbestimmung; med. Anfälligkeit für eine Krankheit.

prädominie'ren vorherrschen.

Präexiste'nz w rel., phil. früheres Dasein, Bestehen der Seele bereits vor der Geburt.

Präfatio'n w rel. liturgische Vorrede.

Präfe'kt w hoher Verwaltungsbeamter (in Frankreich und Italien); hoher Beamter im alten Rom; **Präfektu'r** w Amt und Amtssitz eines Präfekten.

Präfere'nz w Bevorzugung, Vorrang.

Präfi'x s Vorsilbe.

Präformatio'n w biol. Vor-, Vorherbildung; **präformie'ren** biol. (im Keim) vorbilden; **präformie'rt** biol. (im Keim) vorgebildet.

Pragma'tik w Sachkunde, Geschäftsordnung (im Staatsdienst); **pragma'tisch** sachlich; den Ursachen nachgehend; **Pragmati'smus** m phil. Lehre, nach der Denken und Theorie dem Tun und Handeln des Menschen untergeordnet sind, das Denken habe praktische Erfordernissen zu dienen.

prägna'nt kurz und bündig; bedeutungsvoll; **Prägna'nz** w Kürze im Ausdruck; Bedeutungsfülle.

Prähisto'rie w (. . . i-e) Vorgeschichte; **prähisto'risch** vorgeschichtlich.

Prähomini'nen Mz. Vormenschen.

Prairial m (präria'l) „Wiesenmonat" des Kalen-

ders der Französischen Revolution.

Präjudi'z s Vorurteil; Vorentscheidung; **präjudizie'ren** vorgreifen, maßgebend sein.

Präkanzero'se w med. „Vorkrebskrankheit": Krankheit, die sich zu einem Krebs entwickeln kann.

Präkautio'n w Vorsicht(s-maßregel); **Präklusio'n** w jur. Rechtsverwirkung b. Fristversäumnis.

Präkonisatio'n w rel. feierliche Verkündigung einer Bischofsernennung durch den Papst; **präkonisie'ren** rel. feierlich vor den Kardinälen zum Bischof ernennen.

Pra'ktik w Handhabung; Kunstgriff; **praktika'bel** brauchbar, ausführbar; **Praktika'nt** m Berufsanfänger, der sich in der Praxis seines Berufes ausbildet; **Pra'ktiker** m erfahrener Fachmann; **Pra'ktikum** s dem Erlernen der Berufspraxis dienende Ausbildungszeit; Lehrgang mit praktischen Übungen; **Pra'ktikus** m praktisch veranlagter Mensch; **pra'ktisch** zweckdienlich; ausübend; **praktizie'ren** ausüben, betreiben; **Praktizi'smus** m Unterschätzung von Theorie zugunsten von praktischer Tätigkeit; allgemeiner: die Beschränkung aller Vorstellungen auf ihre praktische Anwendbarkeit.

Präla't m geistl. Würdenträger; **Prälatu'r** w Amt(ssitz) eines Prälaten.

prälimina'r einleitend; **Prälimina'rien** Mz. (. . . i-en) Vorverhandlungen; **präliminie'ren** vorläufig festlegen.

Pralí'ne w, **Pra'linee** m (s) schokoladenüberzogene

Süßigkeit mit verschiedener Füllung.

präludie'ren mus. mit einem Vorspiel einleiten; **Prälu'dium** s mus. Vorspiel.

prämatu'r med. vor der Reife, frühreif, vorzeitig; **Prämaturitä't** w med. vorzeitige Reife, Frühreife.

Prä'mie w (. . . i-e) Belohnung; Versicherungsgebühr; **präm(i)ie'ren** belohnen.

Prämi'sse w Voraussetzung.

Prämola'ren Mz. med. vordere Backenzähne.

prämorbi'd med. vor einer Krankheit; **prämorta'l** med. vor dem Tode; **pränata'l** med. vor der Geburt.

Präno'men s Vorname.

pränumera'ndo im voraus (zahlbar); **Pränumeratio'n** w Vorauszahlung; **pränumerie'ren** im voraus zahlen.

Präokkupatio'n w Voreingenommenheit; **präokkupie'rt** voreingenommen.

präoperati'v med. vor einer Operation.

Präpara'nd m wer sich in der Vorbereitung befindet; **Präpara't** s Zubereitetes; **Präparatio'n** w Zu-, Vorbereitung; **Präpara'tor** m Hersteller naturwissenschaftlicher Präparate; **präparie'ren** herrichten, vorbereiten; zerlegen; haltbar machen.

Präpondera'nz w Übergewicht.

Präpositio'n w Verhältniswort; **Praepo'situs** m Vorsteher, Propst.

Präpu'tium s med. Vorhaut.

Prärie' w Grassteppe.

Prärogati've w (herrscherliches) Vorrecht.

Prä'sens s gramm. Gegenwart; **Präse'nt** s Geschenk; **präse'nt** anwesend; **Präsenta'tor** m wer, z. B. im Fernsehen, dem Publikum die Künstler, Darsteller und Darbietungen lediglich vorstellt, ohne sich selbst künstlerisch oder darstellerisch zu betätigen; **präsentie'ren** überreichen; mil. Ehren bezeigen; **Präsentie'rung** w Überreichung, Darbietung; **Präse'nz** w Anwesenheit; **Präse'nzbibliothek** w Bibliothek, in der Bücher nur im Lesesaal gelesen werden dürfen.

Praseody'm s chem. ein Grundstoff (Pr)

Präservati'v s Schutz-, (Empfängnis-)Verhütungsmittel, Kondom (s. dort); **präservati'v** schützend, verhütend.

Präse'rve w Halbkonserve.

Prä'ses m od. **Präsi'de** m Vorsitzender; **Präside'nt** m Vorsitzender, Staatsoberhaupt einer Republik; **Präsidi'alsystem** s pol. Regierungsform, bei der der Präsident die Regierung unabhängig vom Vertrauen der Volksvertretung ausübt; **präsidie'ren** vorstehen, leiten; **Präsi'dium** s den Vorsitz führende Personengruppe; Amt(ssitz) eines Präsidenten.

präskribie'ren vorschreiben; iur. für verjährt erklären; **Präskriptio'n** w Vorschrift; iur. Verjährung.

prästabilie'ren vorher festsetzen; vorausbestimmen.

prästie'ren bewirken, leisten.

präsumie'ren voraussetzen, annehmen; **Präsum(p)tion** w Annahme, Vermutung; **präsum(p)ti'v** vermutlich, voraussichtlich.

Prätende'nt Bewerber;

Thronanwärter; **prätendie'ren** Anspruch erheben; **Prätentio'n** w Anspruch; **prätentiö's** anspruchsvoll.

Präte'ritum s gramm. Zeitwortform: Vergangenheit.

praeternatura'lis med. widernatürlich, künstlich.

prä'ter pro'pter ungefähr.

Präte'xt m Vorwand.

Prä'tor w höchster altrömischer Justizbeamter; **Prätoria'ner** m Leibgardist altrömischer Herrscher und Feldherren; auch svw. seinem Anführer ergebener Soldat.

Prau' w malaiisches Segelboot.

prävale'nt überwiegend; **Prävale'nz** w Übergewicht; **prävalie'ren** überwiegen.

Prävarikatio'n w iur. Parteiverrat, Untreue im Amt.

Präveni're s Zuvorkommen; **prävenie'ren** zuvorkommen; **Präventio'n** w Zuvorkommen; iur. Vorbeugung; **präventi'v** vorbeugend, zuvorkommend; **Präventi'vkrieg** m mil. dem feindlichen Angriff zuvorkommender Krieg; **Präventi'vmedizin** w vorbeugende Medizin; **Präventi'vmittel** s med. Empfängnisverhütungsmittel.

Pra'xis w Ausübung, Erfahrung, Tätigkeitsbereich.

Präzede'nz w Rangfolge; **Präzede'nzfall** m Musterfall, Vorgang; **Präzede'nzstreitigkeit** w Rangstreitigkeit.

Präze'ptor m Lehrer.

Präzessio'n w astr., phys. Abweichung, die die Rotationsachse eines Kreisels unter dem Einfluß einer äußeren Kraft erfährt.

Präzipita't s chem. Nieder-

schlag; **Präzipitatio'n** w chem., med. Ausflockung, Niederschlagsbildung.

präzi's(e) genau, pünktlich; **präzisie'ren** genau angeben; **Präzisio'n** w Genauigkeit.

prekä'r heikel, unsicher.

Pre'lude s (prehlüh'd) mus. Vorspiel.

Preludi'n s med., chem. ein Weck-, Anregungsmittel; **Pre'lus** Mz. uspr. Weckmittel (als Suchtstoff).

Premiere w (prᵉmjäh'rᵉ) Erst-, Uraufführung.

Premierleutnant m (prᵉmjeh'...) mil. Oberleutnant; **Premier(minister)** m (prᵉmjeh'...) Ministerpräsident.

Presbyaku'sis w med. Altersschwerhörigkeit; **Presbyopie'** w med. Altersweitsichtigkeit.

Pre'sbyter m rel. Kirchenältester; Kirchenratsmitglied; **Presbyte'rium** s Gemeindekirchenrat; Chorraum.

Pre-shave s (prihscheh'w) vor der Rasur zur Hautpflege angewendetes Gesichtswasser.

pressa'nt dringend; **pressa'nte** mus. dringend, drängend.

Pre'sse w Druckvorrichtung; Zeitungswesen.

pressie'ren eilen, drängen; **Pressio'n** w Druck.

Pressure group w (prä'schᵉr gruhp) politischen Druck ausübende außerparlamentarische Interessengemeinschaft.

Prestidigitateur w (präßtidishitatö'r) Taschenspieler.

Prestige s (präßtih'shᵉ) Ansehen; **Prestigedenken** s nur vom Streben nach äußerem Ansehen beherrschte Denkweise; auch die sogenannten „Statussymbole" (s. dort) sind ein Ausdruck dieses Denkens.

presti'ssimo *mus.* sehr schnell; **Pre'sto** s *mus.* schnelles Tonstück.

Pretio'sen *Mz.* Wertsachen.

preziö's geziert.

Pri'apus m antiker Fruchtbarkeitsgott.

Prim *rv* Fechtthieb; *rel.* Frühgebet.

Pri'ma *rv* dem 12. und 13. Schuljahr entsprechende Klassen (Unter- und Oberprima) höherer Schulen; ursprünglich: letzte Schulklasse; **pri'ma** erstklassig.

Primaballeri'na *rv* erste Solotänzerin eines Balletts; **Primado'nna** *rv* Sängerin der weiblichen Hauptrolle einer Oper; *auch* verwöhnte, eitle Frau; **Prima'ner** m Schüler einer Prima (s. dort).

primä'r ursprünglich, anfänglich; **Primä'reffekt** m med. erstes Anzeichen einer Krankheit, besonders der Syphilis.

Prima'rarzt m *svrv.* Chefarzt, leitender Arzt.

Primä'rliteratur m *svrv.* Originaltexte.

Pri'mas s oberster Bischof eines Landes; *auch* erster Geiger einer Zigeunerkapelle.

Prima't m/s Vorrang.

Prima'ten *Mz. zool.* höchstentwickelte Säugetiere.

pri'ma vi'sta „auf den ersten Blick"; Wechsel: bei Sicht (= Vorlage) zu zahlen; *mus.* vom Blatt zu spielen oder singen.

Pri'mel *rv lat.* Schlüsselblume (und ähnliche Gewächse).

Pri'mgeiger m erster Geiger eines Streichorchesters.

Pri'mipara *rv med.* Erstgebärende.

primiti'v urtümlich, dürftig; **Primitivitä't** *rv* Dürftigkeit.

Primi'z *rv* erste Messe eines neugeweihten kath. Priesters.

Primogenitu'r *rv* (Recht der) Erstgeburt.

Pri'mus (i'nter pa'res) m Erster (unter Gleichberechtigten).

Pri'mzahl *rv math.* eine nur durch 1 und sich selbst teilbare Zahl.

Prince of Wales m (prinß cw u-eh'ls) Titel des englischen Kronprinzen.

princi'piis o'bsta! (. . . i-i . . .) „widerstehe den Anfängen!"

Pri'nte *rv* eine Lebkuchenart.

principa'le (. . . tschi . . .) *mus.* Haupt . . .; **principa'liter** (. . . zi . . .) grundsätzlich.

Prinzi'p s Grundsatz; **Prinzipa'l** m Lehrherr, Vorgesetzter; **Prinzipa't** m/s Vorrang; **prinzipie'll** (. . . i-e . . .) grundsätzlich; **Prinzi'pienreiter** m (. . . i-e . . .) kleinlicher, seine Grundsätze nie verlassender Mensch.

Pri'nzregent m mit der Wahrnehmung der Herrscherpflichten eines an der Amtsausübung verhinderten Monarchen betrauter Prinz.

Pri'or m Klostervorsteher; Vertreter eines Abts.

Prioritä't *rv* Vorrang, -recht.

Pri'se *rv* im Seekrieg erbeutetes Schiff; *auch:* kleine Menge.

Pri'sma s *opt.* keilförmiger, durchsichtiger und lichtbrechender Körper; **prisma'tisch** in Form eines Prismas.

Prisoner of war (*Abk.* PW) m [pri's°n°r ow wô'r] englisch: Kriegsgefangener; **Prisonnier de guerre** (*Abk.* PG) m (prisonjeh' d° gä'r) französisch: Kriegsgefangener.

priva't nichtöffentlich; persönlich; vertraulich; **Priva'tdozent** m zu Vorlesungen berechtigter, nicht beamteter Hoch-

schullehrer; **Privatier** m (priwatjeh') berufsloser bzw. einen Beruf nicht (mehr) ausübender Mann, Rentner; **priva'tim** nichtöffentlich: zu Hause; vertraulich; **Priva'tio'n** *rv* Beraubung; **privatisie'ren** Staats- in Privatvermögen umwandeln; **Privatisie'rung** *rv* Umwandlung von Staats- in Privatvermögen; **Privati'ssimum** s Vorlesung für einen kleinen Hörerkreis.

Privile'g s Vor-, Sonderrecht; **privilegie'ren** bevorrechten.

Prix m (prih') Preis.

Pro s das Für; das Pro und das Kontra: das Für und Wider; **pro** für.

proba'bel wahrscheinlich; **Probabilitä't** *rv* Wahrscheinlichkeit.

Proba'nd m „der erprobt werden soll": jemand, für den eine Ahnentafel aufgestellt werden soll; Prüfling.

proba't erprobt; **Probatio'n** *rv* Bewährung.

Proble'm s Frage, Aufgabe; **Problema'tik** *rv* Fraglichkeit; Fragwürdigkeit; **problema'tisch** fragwürdig.

Problemsolvers *Mz.* (pro'bl°m ßolw°s) „Problemlöser": von dem ehem. USA-Präsidenten Nixon eingesetzte Arbeitsgruppe zum Studium aller Fragen, die die Verbesserung der Lage der sozial benachteiligten Gesellschaftsschichten der amerikanischen Bevölkerung betreffen.

Pro'dekan m Vertreter des Dekans (oft sein Vorgänger im Amt).

pro di'e pro Tag.

pro do'mo *svrv.* in eigener Sache.

Prodro'm s med. Vorbote (einer Krankheit).

Producer m (prodjuh'ß°r) Hersteller; **Produ'kt** s Erzeugnis; *math.* Multiplikationsergebnis; **Produktio'n** ɯ Erzeugung; **produkti'v** ergiebig, schöpferisch; **Produktivitä't** ɯ Leistungskraft, Ergiebigkeit; **Produkti'vkräfte** Mz. alle die Produktion entwickelnden, in Gang setzenden, erhaltenden und weitertreibenden Menschen oder Gruppen; **Produ'kttest** m eine an einer Anzahl ausgewählter Testpersonen vorgenommene Untersuchung zur Ermittlung der Reaktion dieses Personenkreises auf eine bestimmte Ware; **Produze'nt** m Hersteller, Erzeuger; **produzie'ren** herstellen, erzeugen.

profa'n weltlich; alltäglich; **Profanatio'n** ɯ Entweihung; **profanie'ren** entweihen; **Profanie'rung** ɯ s. Profanation.

Profe'ß m *rel.* Ablegung eines Gelübdes.

Professio'n ɯ Beruf; **Professiona'l** m (auch profä'sch°n°l) Berufssportler; **Professionali'smus** m Berufssportlertum; **professione'll** berufsmäßig; **professionie'rt** berufsmäßig.

Profe'ssor m Hochschullehrer; für besondere wissenschaftliche od. künstlerische Verdienste verliehener Titel; Amtsbezeichnung für leitende Beamte an einigen Forschungsinstituten und Behörden; *gelegentlich auch noch:* Lehrer an höheren Schulen; **professora'l** professorenhaft; **Professu'r** ɯ Lehrstuhl, Lehramt eines Professors.

Pro'fi m *Abk.* für: Professional (s. dort).

Profi'l s Seitenansicht, Querschnitt; **profilie'rt** *sɯɯ.* geformt, ausgeprägt.

Profi't m Nutzen, Gewinn; **profita'bel** gewinnbringend; **profitie'ren** gewinnen, Nutzen haben.

pro for'ma der Form wegen.

Profo's, Profo'ß m die Polizeigewalt innerhalb einer Truppe ausübender Militärbeamter oder Soldat; Stockmeister; **Profo'sin** ɯ früher: (Ober-)Aufseherin in Frauengefängnissen; Stockmeisterin.

profu'nd tief, gründlich.

profu's *med.* übermäßig, sehr reichlich.

Progene'se ɯ *med.* vorzeitige Geschlechtsentwicklung.

Progenie' ɯ *med.* Vorstehen des Unterkiefers.

Progenitu'r ɯ Nachkommenschaft.

Progerie' *med.* vorzeitige Vergreisung.

Progestero'n s *med.* Gelbkörperhormon.

Prognathie' ɯ *med.* Vorstehen des Oberkiefers.

Progno'se ɯ Vorhersage (einer zukünftigen Entwicklung); **Progno'stik** ɯ Lehre von der Vorhersage; **progno'stisch** vorhersagend, vorauserkennend; **prognostizie'ren** vorhersagen.

Progra'mm s Plan; Arbeitsplan; Programmfolge; *math.* Bezeichnung für die einem Rechenautomaten gegebenen verschlüsselten Anweisungen; **programma'tisch** dem Programm entsprechend, richtungweisend; **programmie'ren** einen Arbeitsplan aufstellen; *math.* einen Rechenautomaten mit verschlüsselten Anweisungen versehen; **Programmie'rer** m mathematisch-tech-

nische Fachkraft zur Vorbereitung und Durchführung von Programmierungen; **Programmie'rsprache** ɯ im „Programmierungshandbuch" eines Computers enthaltenes Verzeichnis der Wörter, Symbole usw., durch die das „Programm" für einen Computer formuliert werden kann. Man unterscheidet problemorientierte (vom Computertyp unabhängige) und computertypgebundene (vom Computertyp abhängige) Programmiersprachen; **Programmie'rung** ɯ *math.* Speisung von Rechenautomaten mit verschlüsselten Anweisungen; **Programmie'rungstechnik** ɯ *math., techn.* Fachgebiet, das sich mit allen technischen Fragen der Programmierung befaßt

Progre'ß m Fortschritt; **Progressio'n** ɯ Stufenfolge, Steigerung; **progressi'v** fortschreitend, zunehmend, fortschrittlich.

prohibie'ren verhindern, verbieten; **Prohibitio'n** ɯ Verhinderung, Verbot, (prohibi'sch°n) Verbot der Herstellung und des Verkaufs von Alkohol in den USA (1919–1933); **prohibiti'v** od. **prohibito'risch** verhindernd, verbietend.

Proje'kt s Plan, Entwurf; **projektie'ren** planen; **Proje'ktgruppe** ɯ planende Gruppe (besonders – im außerparlamentarischen Bereich – für revolutionäre Vorhaben).

Projektio'n ɯ Abbildung (sverfahren); Bildvorführung mit Bildwerfer. **Proje'ktor** m Bildwerfer; **projizie'ren** entwerfen; Bilder mit Bildwerfer vorführen.

Proklamatio'n *tv* Verkündigung; Aufruf; **proklamie'ren** verkünden; aufrufen; **Proklamie'rung** *tv* Verkündigung; Aufruf.

Prokru'stesbett s (nach der altgriechischen Sage) *svtv.* Zwangslage; gewaltsames Hineinpressen in ein Schema.

Proktologie' *tv med.* Wissenschaft von den Erkrankungen des Mastdarms.

Proku'ra *tv* Geschäftsvollmacht; **Prokura'tor** *m* Sachwalter, Bevollmächtigter; **Prokuri'st** *m* Geschäftsbevollmächtigter.

Prola'ps *m med.* Vorfall, Heraustreten eines Organs.

Prolego'mena Mz. Vorbemerkungen.

Prole't *m svtv.* roher, ungebildeter Mensch; **Proletaria't** s besitzlose Volksschicht; **Proleta'rier** *m* (...i-er) Angehöriger der besitzlosen Volksschicht; **proleta'risch** das Proletariat betreffend; **proletarisie'ren** verelenden.

Proliferatio'n *tv med., biol.* Sprossung, Wucherung; **proliferie'ren** *med., biol.* sprossen, wuchern.

Prolo'g *m* Vorspruch; Vorrede.

Prolongatio'n *tv* (Frist-) Verlängerung; **prolongie'ren** (eine Frist) verlängern.

Promena'de *tv* Spazierweg, -gang; **promenie'ren** spazierengehen.

Prome'sse *tv* urkundliches Versprechen einer Leistung.

promethe'isch titanenhaft, dem Himmel trotzend; **Prome'thium** s *chem.* ein radioaktiver, instabiler Grundstoff (Pm) (nach Prometheus benannt).

Promi'lle s „vom Tausend" ($^1/_{10}$ Prozent), oft als Kurzbezeichnung für den Alkoholgehalt des Blutes

benutzt; **pro mille** „für tausend"; **Promi'lleschlucker** *m* uspr. Präparat, das den Blutalkoholgehalt wirksam senken soll.

promine'nt hervorragend; **Promine'nz** *tv* hervorragende Größe; Gesamtheit der maßgebenden Persönlichkeiten.

Promiskuitä't *tv sex.* geschlechtliche Bindungslosigkeit, Vermischung; wechselnder Geschlechtsverkehr mit verschiedenen Partnern.

promo'ten werbend für jemanden oder etwas tätig sein; fördern, unterstützen; **Promo'ter** *m* Veranstalter von Boxu. Ringkämpfen; **Promotio'n** *m* Verleihung der Doktorwürde; **promovie'ren** die Doktorwürde verleihen bzw. erlangen.

prompt bereit, pünktlich, sofort

Promulgatio'n *tv* öffentliche Bekanntmachung; **promulgie'ren** öffentlich bekanntgeben.

Prono'men s Fürwort.

prononcie'ren (pronoñß h'r'n) scharf betonen; **prononciert** (pronoñßih'rt) scharf betont; ausgeprägt.

Pronunziamie'nto s (...i-e...) (Militär-) Putsch.

pronunzia'to mus. ausgeprägt; **ben ~** gut hervorgehoben.

Propädeu'tik *tv* Einführung, Vorübung; **propädeu'tisch** einführend, vorbereitend.

Propaga'nda *tv* Werbung; besonders: politisch werbende Tätigkeit; **Propagandi'st** *m* Werber; **propagandi'stisch** werbend; **Propagatio'n** *tv* Aus-, Verbreitung; **propagie'ren** werben, verbreiten.

Propa'n(gas) s *chem.* als

Treib-, Heiz-, Brenn- und Leuchtstoff verwendeter Kohlenwasserstoff.

pro pa'tria „für das Vaterland".

pro'per sauber, ordentlich.

Prophe't *m* Seher; **Prophetie'** *tv* Weissagung; **prophe'tisch** voraussehend; **prophezei'en** weissagen, vorhersagen.

prophyla'ktisch vorbeugend; **Prophyla'xe** *tv* Vorbeugung.

proponie'ren vorschlagen.

Proportio'n *tv* Größenverhältnis; **proportiona'l** verhältnismäßig; **proportionie'rt** ausgeglichen; ebenmäßig; **Propo'rz** *m* Verhältniswahl.

Propositio'n *tv* Vorschlag, Angebot.

pro'pre sauber, ordentlich.

Proprietä't *tv* Eigentum (srecht).

Pro'pst *m* Titel für höhere ev. Geistliche; kath. Stifts-, Klostervorsteher. **Propstei'** *tv* Propstwürde, Amtssitz und -bereich eines Propstes.

Propulsio'n *tv* Vorantreiben; **propulsi'v** vorantreibend.

Propu'sk *m* (russische Bezeichnung für:) Erlaubnisschein.

Propylä'en Mz. Vorhalle.

Pro'rektor *m* Stellvertreter eines Hochschulrektors (meist dessen Vorgänger).

Prorogatio'n *tv iur.* Aufschub; **prorogati'v** iur. aufschiebend.

Pro'sa *tv* Sprache in nicht gebundener Form; **prosa'isch** in Prosa; alltäglich.

Prose'ktor *m* Leichenöffnungen durchführender Arzt; **Prosektu'r** *tv* Raum, in dem Leichenöffnungen ausgeführt werden.

Prosekutio'n *tv iur.* gerichtliche Verfolgung.

Prosely't *m rel.* Neubekehrter; zu einem anderen Glaubensbekenntnis Übertretender.

Pro'seminar s einführende Hochschulübung.

pro's(i)t! wohl bekomm's!

proskribie'ren ächten; **Proskriptio'n** w Ächtung.

Proskyne'se w demütiger Fußfall.

Prospe'kt m Werbedrucksache; Aussicht; theat. gemalter Bühnenhintergrund.

prospektie'ren Lagerstätten von Bodenschätzen erkunden; **Prospektie'rung** w Erkundung der Lagerstätten von Bodenschätzen; **Prospektio'n** w s. Prospektierung; **prospekti'v** der Möglichkeit nach.

prosperie'ren gedeihen; **Prosperitä't** w Wohlstand, wirtschaftl. Blüte.

Pro'stata w med. Vorsteherdrüse; **Pro'statahypertrophie'** w med. Vergrößerung der Prostata; **Prosta'tiker** m med. wer an einer Vergrößerung der Prostata leidet; **Prostati'tis** w med. Entzündung der Prostata.

Prosternatio'n w demütiger Fußfall.

prostituie'ren preisgeben, bloßstellen; sich zur Unzucht anbieten; **Prostituie'rte** w/m wer sich zur Unzucht gegen Bezahlung anbietet; w Dirne; **Prostitutio'n** w gewerbsmäßige Unzucht.

Prosze'nium s theat. Vorbühne.

Protagoni'st m Hauptdarsteller; Vorkämpfer.

Protakti'nium s (...t-a...) chem. ein radioaktiver Grundstoff (Pa).

Protegé m (proteh-sheh') Schützling, Günstling; **protegieren** (proteh-shih'ren) fördern, begünstigen.

Protei'n s (...e-in) chem.

(einfacher) Eiweißkörper; **Protei'd** s (...e-id) chem. (zusammengesetzter) Eiweißkörper.

Protektio'n w Begünstigung; **Protektioni'smus** m Schutz der einheimischen Wirtschaft gegen ausländische Konkurrenz; Schutzzollpolitik; **protektioni'stisch** den Protektionismus betreffend; die einheimische Wirtschaft schützend; **Prote'ktor** m Schutzherr, Förderer; **Protektora't** s Schutzherrschaft.

Proteoly'se w chem. Aufspaltung von Eiweißkörpern.

Prote'st m Einspruch; **Protesta'nt** m Angehöriger der lutherischen oder reformierten Kirche; **protesta'ntisch** der lutherischen oder reformierten Kirche angehörend; **Protestanti'smus** m aus der Reformation hervorgegangene christliche Kirchen und Religionsgemeinschaften; **protestie'ren** Einspruch erheben; **Prote'stsong** m gesellschaftskritisches, gegen die bestehenden gesellschaftspolitischen Zustände protestierendes Lied.

Prothe'se w med. künstl. Ersatz eines verlorengegangenen Körperteils; **Prothe'tik** w med. handwerkliche bzw. ärztliche Kunst des Ersatzes verlorengegangener Körperteile; **prothe'tisch** med. (Körperteile) ersetzend.

Proti'sten Mz. biol. einzellige Lebewesen.

Protoko'll s Verhandlungsniederschrift; svw. diplomatisches Zeremoniell; **Protokolla'nt** m Schriftführer; **protokolla'risch** schriftlich festgelegt; das diplomatische Zeremoniell betreffend; **pro-**

tokollie'ren eine Niederschrift aufnehmen; beurkunden.

Pro'ton s phys. positiv geladenes Elementarteilchen.

Protopla'sma s biol. lebender Stoff der Zelle; **Pro'totyp** m Urbild, Muster; **Protozo'en** Mz. zool. einzellige Urtierchen.

protrahie'ren verzögern; **protrahie'rt** verlängert, verzögert; **Protraktio'n** w Verzögerung.

Protubera'nz w astr. aus der Sonne emporschießende leuchtende Gasmasse; med. Hervorragung.

Provenie'nz w (...i-e...) Herkunft, Ursprung.

Prove'rb s Sprichwort; **proverbia'l, proverbie'll** (...i-e...) sprichwörtlich.

Provia'nt m Mundvorrat, Verpflegung.

providentie'll (...i-ell) von der Vorsehung bestimmt; **Provide'nz** w Vorsehung.

Provi'nz w Landesteil, Verwaltungsbereich; Land (als Gegensatz zur Hauptstadt); auch: rückständiges Gebiet; **provinzie'll** (...i-ell) die Provinz betreffend; auch: rückständig; **provi'nzlerisch** svw. rückständig, hinterwäldlerisch.

Provisio'n w Vermittlungsgebühr.

Provi'sor m angestellter Apotheker; Apothekenverwalter.

proviso'risch vorläufig; **Proviso'rium** s einstweiliger Zustand.

Provokatio'n w Herausforderung; **provokato'risch** herausfordernd; **provozie'ren** herausfordern.

proxima'l med. zum Mittelpunkt hin gelegen; in der Nähe.

Prozedu'r w Verfahren.

Prozent s Hundertstel; **prozentua'l, prozentue'll** in Hundertsteln ausgedrückt.

Proze'ß m Rechtsstreit; Verlauf; **prozessie'ren** einen Rechtsstreit führen; **Prozessio'n** w feierlicher kirchlicher Umzug; **prozessua'l** einen Prozeß betreffend.

prü'de zimperlich; **Prüderie'** w Zimperlichkeit.

Pruri'go m med. stark jukkende Hautflechte; **Pru'ritus** m med. Hautjucken.

Prytane'um s Sitz der regierenden Behörden im alten Griechenland.

Psalm m geistl. Lied; **Psalmi'st** m Psalmendichter; **psalmodie'ren** sw. eintönig singen; **Psa'lter** m, **Psalte'rium** s Psalmensammlung; Harfenart.

Pseud(o)..., pseud(o)... unecht, falsch; **Pseudologie'** w med. krankhafte Sucht zu lügen.

Pseudony'm s Deckname; **pseudony'm** unter einem Decknamen (verfaßt).

Psi s dem „ps" entsprechender Buchstabe des griechischen Alphabets.

Psi, auch PSI Sammelbegriff für parapsychologische, übersinnliche Erscheinungen, Vorgänge und Fähigkeiten (z. B. Hellsehen, Psychokinese, Telepathie u. a.).

Psittako'se w med. Papageienkrankheit.

Psori'asis w med. Schuppenflechte.

Psychago'gik w psych. Seelenführung, Führung durch seelische Beeinflussung.

Psy'che w Seele; **Psychedelic** w (pßaik°de'lik) durch Drogen od. rauschhafte Reize erzeugte Bewußtseinserweiterung; **psychede'lisch** bewußt-

seinserweiternd durch optischen und akustischen Rausch; rauschhaft.

Psychia'ter m med. Facharzt für Geisteskrankheiten; **Psychiatrie'** w med. Wissenschaft v. d. Geisteskrankheiten; **psychia'trisch** med. die Geisteskrankheiten betreffend.

psy'chisch seelisch; **Psychoanaly'se** w med. Verfahren zur Untersuchung seelischer Vorgänge welche sonst kaum zugänglich sind; eine Behandlungsmethode neurotischer Störungen, die sich auf diese Untersuchung gründet; eine Reihe von psychologischen, auf solchem Wege gewonnenen Einsichten, die allmählich zu einer neuen wissenschaftlichen Disziplin zusammenwachsen (S. Freud 1923); **psychoanalysie'ren** durch Psychoanalyse behandeln; **Psychochirurgie'** w hirnchirurgische Behandlung Geisteskranker.

Psychodiagno'stik w med., psych. Lehre von der Erkennung seelischer Vorgänge bzw. seelisch bedingter Erkrankungen; **Psychodra'ma** s psych., w red. von seelisch Erkrankten unter Leitung eines Psychotherapeuten aufgeführtes Laienspiel; eine gruppentherapeutische Methode, die der Selbstheilung dient bzw. Aufschluß über eine einzuleitende gezielte Behandlung gibt; **psychoge'n** seelisch bedingt.

Psychohygie'ne w (...i-e...) med., psych. seelischer Gesundheitsschutz; Sammelbegriff für alle Maßnahmen, die der Er-

haltung der seelischen Gesundheit dienen; **Psychokine'se** (PK) w psych. Bewegung von Gegenständen ohne mechanische Einwirkung, allein durch psychischen Einfluß eines Menschen.

Psycholo'ge m Wissenschaftler, der sich mit dem seelischen Leben befaßt; **Psychologie'** Wissenschaft vom Seelenleben; **psycholo'gisch** seelenkundlich; **Psychologi'smus** m Überbewertung psychologischer Erkenntnisse und ihrer Anwendungsmöglichkeiten.

Psychometrie' w Messung seelischer Vorgänge.

Psychopa'th m seelisch abartiger Mensch; **Psychopathie'** w med., psych. seelische Abartigkeit; **Psychopathologie'** w med. Wissenschaft vom gestörten, kranken Seelenleben.

Psychopharmakologie' w med. Wissenschaft von den auf die Seele einwirkenden Arzneimitteln; **Psychopha'rmakon** s med. auf die Seele einwirkendes Arzneimittel.

Psycho'se w Geisteskrankheit.

Psychosoma'tik w Lehre von den Wechselbeziehungen zwischen Seele und Körper; **psychosoma'tisch** med. Seele und Körper betreffend; **Psychote'chnik** w prakt. Anwendung der Psychologie.

Psychotherapeu't m med., psych. die Psychotherapie ausübender Arzt od. Psychologe; **psychotherapeu'tisch** seelisch beeinflussend; **Psychotherapie'** Krankenbehandlung durch seel. Beeinflussung.

Psycho'tiker m med. Geisteskranker; **psycho'tisch** *med.* geisteskrank.

Psychoto'nika *Mz. med., chem.* „seelisch stärkende" Medikamente; Weck-, Aufputschmittel.

Psychrome'ter *s* Meßinstrument zur Bestimmung der Luftfeuchtigkeit.

Pteroda'ktylus *m zool.* Flugsaurier.

Pub *s* (pab) Kurzbezeichnung für „public house": Gastwirtschaft, Kneipe (in England).

Pubertä't *rv med.* (Eintritt der) Geschlechtsreife; **pubertie'ren** *med.* sich in der Pubertät befinden.

Pu'bes *Mz. med.* Schamgegend, -behaarung.

Pubesze'nz *rv med.* Geschlechtsreife.

pu'blice (...ze) „öffentlich"; **Publicity** *rv* (pabli'ßitih) (Bekanntwerden in der) Öffentlichkeit, Reklame; **Public Relations** *Mz.* (pa'blik rihleh'sh°ns) (Pflege der) Beziehungen zur Öffentlichkeit.

Public School *rv* (pa'blik skuh'l) *in England:* höhere, private Internatsschule.

publi'k öffentlich; **Publikatio'n** *rv* Veröffentlichung; **Pu'blikum** *s* Öffentlichkeit, Zuhörerschaft;; **publizie'ren** veröffentlichen; **Publizie'rung** *rv* Veröffentlichung; **Publizi'st** *m svrv.* Journalist (s. dort); **Publizi'stik** *rv* Zeitungswesen, -wissenschaft; **Publizitä't** *rv* Öffentlichkeit, Offenlegung.

Puck *m* Spielscheibe beim Eishockey.

Pud *s* früheres russisches Handelsgewicht (= 16,38 kg).

Pu'ddeln *s techn.* Verfahren zur Stahlgewinnung aus Roheisen.

Pu'dding *m* im Wasserbad zubereitete Mehlspeise;

kalte Süßspeise.

pueri'l (...u-e...) kindisch, unreif.

puerpera'l (pu-e...) *med.* das Wochenbett betreffend; **Puerpe'rium** *s* (pu-e...) *med.* Wochenbett.

Pulk *m* Haufen; *mil.* Kampfflugzeug-, Kampfwagen-, Truppen-, Schiffsverband.

Pull *m* Schlag, Stoß.

Pu'llmanwagen *m* komfortabler Eisenbahnwagen.

Pu'lli *m Abk. f.* Pullover; **Pullo'ver** *m* gestrickte Überziehbluse; **Pullunder** *m* (pulla'nd°r) (kurzer) ärmelloser Pullover, der auch unter dem Jackett getragen werden kann.

Pu'lmo *m med.* Lunge; **Pulmologie'** *rv med.* Lungenheilkunde; **pulmona'l** *med.* die Lunge betreffend.

Pulp *m* faseriger Brei, breiige Masse.

Pu'lpa *rv med.* Zahnmark; **Pulpi'tis** *rv med.* Entzündung des Zahnmarks.

Pulque *m* (pu'lk°) aus gegorenem Agavensaft gewonnenes mexikanisches Getränk.

Puls *m med.* stoßartiges Einpressen des Blutes in die Schlagadern bei jeder Herzzusammenziehung.

pulsie'ren schlagen, sich lebhaft bewegen.

pulverisie'ren zerstäuben, staubfein mahlen.

Pumps *Mz.* (pö'mpß *od.* pa'mpß) (Damen-) Schlupfschuhe.

Punch *m* (pa'ntsch) Schlag, *auch svrv.* Kasperle (in England).

Punchingball *m* (pa'ntsching...) Übungsball f. Boxer.

Pu'nctum sa'liens *s* (..i-e..) „der springende Punkt", Kernpunkt.

Punk(er) *m* (pa'nk(er)) durch auffallende Kleidung, buntgefärbtes Haar, Lebensweise und Musik die Verachtung aller gesellschaftl. Zwänge zum Ausdruck bringende Jugendliche.

Punk Rock *m* (pa'nk...) besonders harte, ‚brutale' Rock-Musik *(s. dort)*

Punkta't *s med.* durch Punktion gewonnene Körperflüssigkeit.

Pu'nktdiät *rv* eine einfach durchzuführende Schlankheitsdiät, bei der jedem Nahrungsmittel ein bestimmter Punktwert zugeschrieben wird.

punktie'ren tüpfeln; *med.* Flüssigkeiten aus Körperhöhlen absaugen; **Punktio'n** *rv med.* Absaugung von Flüssigkeiten aus Körperhöhlen durch eine Hohlnadel.

punktue'll (...u-e...) punktweise.

Punsch *m* alkoholisches Heißgetränk.

Pupi'lle *rv med.* Sehöffnung des Auges.

pur lauter, rein.

Püree' *s* Brei.

Purgatio'n *rv* Reinigung; **purgati'v** *med.* abführend; **Purgati'v(um)** *s med.* Abführmittel.

Purgato'rium *s rel.* Fegefeuer; **purgie'ren** *med.* abführen, reinigen.

Purifikatio'n *rv* Läuterung.

Puri'm *s* jüdisches Freudenfest.

Puri'smus *m* übertriebener Eifer um die Reinhaltung der Muttersprache.

purita'nisch *svrv.* sittenstreng.

Purple Hearts *Mz.* (pŏ'p°l hah'ts) „Purpurherzen": *svrv.* Weckmittel (als Suchtstoff).

Pu'rpur *m* roter Farbstoff; *auch* mit diesem gefärbtes Gewand(stück).

purule'nt *med.* eitrig.

Pushball *m* (pu'sch...) „Stoßball": amerikani-

sches Mannschaftsball-
spiel.
Pusher m (pu'sch^{e}r)
Rauschgifthändler (mit
‚harten' Drogen, z. B.
Heroin).
Pu'stel w med. Eiterbläs-
chen.
Pu'ßta w ungar. Steppe.
putati'v irrtümlich.
Putresze'nz w biol. Fäulnis; **putri'd** faulend,
jauchig.
Pu'tte w, **Pu'tto** m geflügelte, nackte Kinderge-
stalt (in der Kunst).

puzzeln (pa's^{e}ln, auch
pu'seln) etwas mit Mühe
zusammensetzen; ein
Puzzle(spiel) zusammen-
setzen; **Puzzle(spiel)** s
(pa's^{e}l, auch pu'sel . . .)
Geduldsspiel, bei dem
kleine Teilstücke zu
einem Ganzen zusam-
menzusetzen sind.

Pyämie' w med. Infektion
mit Eiterbakterien.
Pyelonephri'tis w Nieren-
und Nierenbeckenent-
zündung.
Pygmä'e m Zwerg; **pygmä'isch** zwergwüchsig.
Pyja'ma m (pidshah'ma)
Schlafanzug; **Pyja'ma-
party** w Party (s. dort),
bei der die Gäste Nacht-
bekleidung tragen.
Py'kniker m gedrungener
Menschentyp; **py'knisch**
gedrungen.
Pylo'n m **Pylo'ne** w Pfei-
ler, Turm, von Türmen
eingefaßtes Tor.
pyroge'n med. eitererre-
gend.
Pyrami'de w altägypt.
Grabbauwerk; Körper
mit dreieckigen – in
einer gemeinsamen Spit-

ze endenden – Seiten-
flächen; **pyramida'l** wvw.
riesig, großartig.
Pyri't m Eisenkies.
Pyromanie' w med. psych.
Brandstiftungstrieb;
Pyrophobie' w med.
krankhafte Furcht vor
Feuer; **pyroge'n** med.
fiebererzeugend; **Pyro'-
sis** w med. Sodbrennen;
Pyrote'chnik w Feuer-
werkerei.
Py'rrhussieg m Scheinsieg.
Pytha'goras m math. Bezeichnung für den pytha-
goreischen Lehrsatz zur
Berechnung rechtwink-
liger Dreiecke.
Py'thia w weissagende del-
phische Priesterin; **py'-
thisch** geheimnisvoll,
orakelhaft.
Py'thon m zool. eine Riesenschlange.

Q

Qua'cksalber m Kurpfu-
scher.
Qua'der m rechteckig be-
hauener Steinblock.
Quadrage'sima w rel. vor-
österliche vierzigtägige
Fastenzeit.
Quadra'nt m Viertelkreis;
Winkelmeßinstrument;
Quadrat . . . math. svw.
in zweiter Potenz;
Quadra't s gleichseitiges
Rechteck; **quadra'tisch**
gleichseitig rechteckig;
Quadratu'r w math. Umwandlung einer Fläche in
ein Quadrat mit gleichem
Flächeninhalt; **Quadratur
des Kreises** w svw. un-
lösbare Aufgabe.
Quadra'twurzel w math.
zweite Wurzel einer Zahl
(z. B. 5 ist die Quadrat-
wurzel von 25); **Qua-
dra'tzahl** w math. Er-
gebnis der zweiten Po-
tenz einer Zahl (z. B. 25
ist die Quadratzahl von
5); **quadrie'ren** math.

eine Zahl in die zweite
Potenz erheben.
Quadri'ga w Viergespann;
Quadrille w (kadri'lj^e)
von vier Paaren getanz-
ter Gesellschaftstanz.
Quadrophonie' w „verdop-
pelte Stereophonie" (s.
dort) Tontechnik, wel-
che – u. a. durch Ver-
wendung von vier Laut-
sprechern – ein ver-
vollkommnetes Hören
ermöglicht.
Quadruma'nen Mz. „Vier-
händer": Affen; **Qua-
drupe'den** Mz. zool.
„Vierfüßer": Säugetiere.
quadru'pel vierfach.
Quai m (keh) Kai (s. dort);
Quai d'Orsay m (keh
corßeh') svw. französi-
sches Außenministe-
rium.
Quä'ker m Angehöriger
einer englisch-amerik.
christlichen Sekte;
Quaker Oats Mz.
(kweh'k^{e}r ohtß) Hafer-

flockensorte.
Qualifikatio'n w Befähigung; Befähigungsnach-
weis; **qualifizie'ren** be-
fähigen; **sich qualifizie'-
ren** sich als fähig erweisen; **qualifizie'rt** befä-
higt; urteilsfähig; **qualifizie'rte Mehrheit** w
Mehrheit, die über die
Hälfte hinausgeht, also
z. B. ^{2}/$_3$ od. ^{3}/$_4$ aller
Stimmen beträgt; **Quali-
fizie'rung** w s. Qualifi-
kation; **Qualitä't** w Beschaffenheit, Güte;
qualitati'v dem Werte
nach.

Quant s phys. kleinste
Menge, kleinstes Teil-
chen; **Qua'ntentheorie** w
phys. von Max Planck
begründete Theorie des
physikalischen Verhal-
tens kleinster Teilchen;
Quantitä't w Menge;
quantitati'v mengenmä-
ßig.
Quantité négligeable w

(kañtiteh' nehglishah'bl) etwas Belangloses;
Qua'ntum s Menge.

Quarantä'ne *w* (karañ . . .) (ursprünglich 40tägige) Absonderung zum Schutz gegen Seucheneinschleppung.

Qua'rt s ein Viertel eines Ganzen; ein Viertel(papier)bogen; altes Flüssigkeitsmaß; *w* ein Fechthieb.

Qua'rta *w* dem siebenten Schuljahr entsprechende Klasse höherer Schulen; **Quarta'l** s Vierteljahr; **Quarta'lssäufer** *m* wer sich in regelmäßigen Zeitabständen betrinkt.

quarta'n alle vier Tage wiederkehrend; **Quarta'na** *w* med. Quartanfieber: Malariaart, Wechselfieber mit Fieberanfällen am 1., 4., 7. Tag usw.

Quarta'ner *m* Schüler einer Quarta.

Quartä'r s geol. erdgeschichtliche Neuzeit.

Quartero'n(e) *m* Mischling eines Weißen und einer Terzeronin (s. dort): ⁷/₈ Weißer.

Quarte'tt s ein Kartenspiel; mus. vierstimmiges Tonstück; Gemeinschaft von 4 Musikern od. Sängern.

Quartie'r s Unterkunft; Stadtviertel; **Quartier latin** s (kartjeh' latä'ñ) Pariser Universitätsviertel.

Quasa'r *m* astr. „quasistellare Radioquelle": quasistellares Objekt: unerklärte Energiequelle innerhalb ferner Milchstraßensysteme.

qua'si gleichsam, gewissermaßen.

Quästio'n *w* (Streit-)Frage.

Quä'stor *m* Schatzmeister; **Quästu'r** *w* Universitätskasse.

Quate'mber *m* rel. Buß- u. Fastentage zu Beginn der

---

vier Jahreszeiten.

Quattrocento s (kwatrotschä'nto) das 15. Jahrhundert und seine Kunst (in Italien).

Quebracho s (kebra'tscho) südamerikanischer Baum mit dunkelrotem, schwerem Hartholz.

Queen *w* (kwih'n) (engl.) Königin.

Que'mpas *m* (aus: Quem pastores laudavere . . .: den die Hirten lobten...) volkstümlicher weihnachtlicher Wechselgesang.

Quere'le *w* (oft Mz.) Klage, Streiterei, Gezänk; **Querula'nt** *m* Nörgler; hartnäckiger Verfechter eines (angeblichen) Rechtsanspruches; **Querulatio'n** *w* Nörgelei; **querulato'risch** nörglerisch; **querulie'ren** nörgeln.

questo, questa mus. dieser, diese.

Queue s (köh') Billardstock; *w* svw. Nachhut.

Quilla'ja(rinde) *w* Seifenbaum(rinde).

Quibble s (kwi'b°l) fadenscheinige Ausrede; auch geistvoll-witziges Wortspiel.

Qui'ckstep *m* ein schneller Gesellschaftstanz.

Qui'dam *m* ein gewisser Jemand.

Quidproquo' s svw. Verwechslung, Mißverständnis.

Quiesze'nz *w* (. . . i-e . . .) Ruhe(stand); **quieszie'ren** (. . . i-e . . .) in den Ruhestand versetzen; **Quieti'smus** *m* rel. Suche nach gottergebener Ruhe; **quie'to** (. . . i-e . . .) mus. ruhig.

quinkelie'ren trällern; auch Winkelzüge machen.

Quinquage'sima *w* rel. 50. (genau 49.) Tag vor Ostern: „Estomihi"; **Quinque'nnium** s Jahrfünft.

Quint(e) *w* mus. Intervall

---

von fünf Tönen; ein Fechthieb.

Qui'nta *w* dem sechsten Schuljahr entsprechende Klasse höherer Schulen; ursprünglich: fünftletzte Schulklasse; **Quinta'ner** *m* Schüler einer Quinta.

Qui'ntessenz *w* das Wichtigste, der Kern einer Sache.

Quinte'tt s mus. fünfstimmiges Tonstück; Gemeinschaft von 5 Musikern oder Sängern; **quintu'pel** fünffach.

Quiproquo' s Personenverwechslung.

Qui'pu *m* (ki'pu) altperuanische Knotenschrift.

Quirina'l *m* Palast des ital. Staatspräsidenten.

qui s'excuse, s'accuse (kih ßeksküh's ßaküh's) „wer sich entschuldigt, klagt sich an".

Qui'sling *m* svw. Kollaborateur (s. dort).

Quisqui'lien Mz. (. . . i-en) Nichtigkeiten.

quitt miteinander fertig, ausgeglichen.

quittie'ren bescheinigen; (ein Amt) aufgeben; **Qui'ttung** *w* (Empfangs-) Bescheinigung.

Quivive s (kiwih'f) (Postenruf) „Wer da?"; **auf dem Quivive sein** svw. auf der Hut sein.

Quiz s (kwi's) Ratespiel, Denksport; **Qui'zmaster** *m* (Fernsehen, Rundfunk) Leiter eines Ratespiels.

qui ta'cet, consenti're vide'tur „wer schweigt, scheint zuzustimmen".

quod e'rat demonstra'ndum „was zu beweisen war".

Quo'dlibet s aus der Vereinigung verschiedenartiger Lieder und Texte entstandenes scherzhaftes Musikstück; Mischmasch.

quod li'cet Jo'vi, non li'cet bo'vi „was dem Jupiter

erlaubt ist, ist (noch lange) nicht einem Ochsen gestattet".

Quotatio'n rv (Börse) Kursnotierung.

quot ca'pita, tot se'nsus

„soviel Köpfe, soviel Meinungen".
Quo'te rv Anteil.
quotidia'n täglich.
Quotie'nt m (. . . i-e . .)
math. Teilzahl, Teilungsergebnis.

quotie'ren (Börse) den Kurs notieren; **Quotie'rung** rv (Börse) Kursnotierung.

quo va'dis? „(Herr,) wohin gehst du?"

R

rabaissieren (rabäßih'r°n) Preise herabsetzen.
Raba'tt m Preisnachlaß; **Raba'tte** rv schmales Beet; **rabattie'ren** Preisnachlaß gewähren.
Raba'tz uspr. Krach, lärmendes Verhalten.
Rabau'ke m grober, gewalttätiger Kerl.
Ra'bbi m rel. Ehrentitel jüdischer Schriftgelehrter.
Rabbina't s rel. Amt(ssitz) eines Rabbiners; **Rabbi'ner** m jüdischer Geistlicher; **rabbi'nisch** rel. rabbinerhaft; einen Rabbiner betreffend.
rabia't wütend; **Ra'bies** rv (. . . i-eß) med. Tollwut.
Rabuli'st m Haarspalter, Rechtsverdreher; **Rabuli'stik** rv Rechtsverdreherei, Haarspalterei; **rabuli'stisch** das Recht verdrehend; haarspalterisch.
Rachi'tis rv med. engl. Krankheit.
Racket s (rä'kit) Tennisschläger; *auch* Gangsterbande; **Racketeer** m (räk°tih'r) Gangster, Schieber, Erpresser.
Rack-jobber m (rä'k . . .) Regal-Großhändler: Unternehmer, der ein jeweils branchenfremdes Warensortiment in Einzelhandelsgeschäften in dafür vorgesehenen gemieteten oder gelieferten Regalen oder Ständern unterbringt.
Ra'dar od. **Rada'r** s (engl. Abk. f. „radio detecting and ranging"): Funkortung und -entfernungs-

messung; Funkmeßgerät, -verfahren.
radia'l strahlenförmig; **Radia'lgeschwindigkeit** rv astr. Geschwindigkeit von Himmelskörpern in Richtung auf die Erde bzw. von der Erde weg.
Radia'nt m math. der zu einem Kreisbogen gehörende Winkel; Einheit des Winkels im Bogenmaß.
Radiästhesie' rv (angebliche) Befähigung von Personen, Ausstrahlungen von Wasser und Bodenschätzen durch „Wünschelruten" oder Pendel wahrzunehmen; **radiästhe'tisch** die Radiästhesie betreffend, auf ihr beruhend.

Radiatio'n rv Strahlung; **Radia'tor** m Heizkörper.
radie'ren wegschaben; ätzen; **Radie'rung** rv der von einem Kupferstich gewonnene Abdruck.
radika'l gründlich; bis zum Äußersten gehend; med. eine Wurzel betreffend; **Radikali'nski** m scherzhaft für: gewalttätiger, rücksichtsloser Extremist; **radikalisie'ren** radikal machen; **Radikali'smus** m eine ein (politisches) Ziel rücksichtslos verfolgende Haltung.
Radika'nd m math. Zahl, deren Wurzel gezogen werden soll.
Ra'dio s Rundfunk(gerät).
radioakti'v Strahlen aussendend; **Radioaktivitä't** rv Aussendung von

Strahlen bei Atomkernzerfall.

Radioastronomie' rv astr. Forschungsgebiet, das sich mit der Messung der von Himmelskörpern ausgehenden Kurzwellenstrahlung befaßt; **Radiobiologie'** rv Strahlenbiologie: Forschungsgebiet, das sich mit den Einflüssen radioaktiver Strahlen auf Lebewesen befaßt; **Radiochemie'** rv Chemie der radioaktiven Stoffe; **Ra'dioelement** s chem. radioaktiver Grundstoff; **Radiogoniometrie'** rv phys., techn. Winkelmessung durch Funkpeilung; **Radiogra'mm** s phys., techn. Funktelegramm; auch Röntgenbild.
Radiola'rien Mz. (. . . i-e .) zool. Strahlentierchen.
Radiolo'ge m Strahlenforscher; med. Facharzt für Strahlenheilkunde; **Radiologie'** rv Wissenschaft von den Strahlen (und ihrer Anwendung in der Heilkunde); **radiolo'gisch** phys., med. mit Strahlen (untersuchend oder behandelnd); die Radiologie betreffend.
Radiome'ter s phys. Instrument zum Messen (optischer) Strahlung.
Radionukli'de Mz. phys. radioaktive Atomkerne; **Radiophonie'** rv phys., techn. Funktelephonie; **Ra'diosonde** rv meteorologisches Beobachtungsgerät: Pilotballon (s. dort) mit angehängten

Meßgeräten und einem Kurzwellensender.

Radiotelegraphie' *w* phys., techn. drahtlose Telegraphie; Funktelegraphie; **Radiotelephonie'** *w* phys., techn. drahtlose Telephonie; Funktelephonie; **Radioteleskop** s astr. parabolisch gekrümmte Antenne zum Empfang der Kurzwellenstrahlung der Himmelskörper; **Radiotherapie'** *w* med. Heilbehandlung durch Strahlen.

Ra'dium s chem. ein radioaktiver Grundstoff (Ra) (nach radius = Strahl benannt: „das Strahlende"); **Radiumemanatio'n** *w* s. Radon.

Ra'dius m Kreishalbmesser.

Ra'dix *w* biol., med., math. Wurzel; **radizie'ren** math. aus einer Zahl die Wurzel ziehen.

Rado'n, Ra'don s chem. ein radioaktiver Grundstoff (Rn): ein Edelgas (Abk. f. Radiumemanation).

Radotage *w* (radotah'sh*e*) Faselei; **radotie'ren** faseln, drauflos reden.

Ra'dscha m indischer Fürstentitel.

Raffina'de *w* gereinigter Zucker; **Raffinatio'n** *w* chem., techn. Reinigung, Verfeinerung, Läuterung; **Raffinement** s (rafinema'ñ) Verfeinerung; Gerissenheit; **Raffinerie'** *w* Anlage zum Reinigen und Veredeln von Zucker oder Erdöl; **Raffine'sse** *w* Gerissenheit; Verfeinerung; **raffinie'ren** reinigen, veredeln; **raffinie'rt** gereinigt, veredelt; auch gerissen.

Rage *w* (rah'sh*e*) Wut.

Ra'glan m sportlich geschnittener Mantel.

Ragnarö'k *w* „Göttergeschick, -geschichte": Untergang der Götter, Welt-

untergang (in der nordischen Mythologie).

Ragout s (raguh') gewürztes Mischgericht; **Ragout fin** s (ragufä'ñ) in Muschelschalen serviertes überbackenes feines Ragout.

Ragtime m (rä'gtaim) scharf rhythmisierter Jazz.

Raid m (reh'd) Handstreich, Überfall.

Raillerie *w* (raj*e*rih') Spötterei, Scherz.

Raison *w* s. Räson.

Ra'jah m s. Radscha.

Rake'te *w* durch Rückstoß angetriebener Flugkörper; Feuerwerkskörper; **Rake'tenapparat** m Gerät zur Rettung Schiffbrüchiger, mit dem von Land aus eine Leine zu dem Schiff hinübergeschossen wird.

Ra'ki m türkischer Branntwein.

Rallye *w* (rä'li) (Kraftwagen-)Sternfahrt.

Ramada'n m rel. mohammedanischer Fastenmonat.

ramassie'ren sammeln, zusammenfassen; **ramassie'rt** gedrungen, dick.

Ramequin m (ram*e*kä'ñ) gebackener Käseauflauf.

Ramie' *w* (...ih') bot. Chinagras; Bastfaser aus den Stengeln ostasiatischer Nesselpflanzen.

Ramifikatio'n *w* bot., med. Verzweigung, Verästelung; **ramifizie'ren** bot., med. verzweigen, verästeln.

ramponie'ren beschädigen; **ramponie'rt** beschädigt, „mitgenommen".

Ra'msch m Ausschußware, Schund; auch ein Spiel beim Skat; **ra'mschen** billig aufkaufen.

Ranch *w* (rä'ntsch) nordamerikanische (Vieh-)Farm; **Rancher** m (rä'ntsch*e*r) nordamerikanischer Farmer, Viehzüchter; **Rancheria** *w* (ran-

tsch*e*ri'a) südamerikanisches Landgut; **Ranchero** m (rantscheh'ro) Besitzer eines Landgutes in Südamerika.

Rand m (rä'nd) südafrikanische Währungseinheit.

Randa'l m Lärm, Unfug; **randalie'ren** lärmen, Unfug verüben.

Ranger m (reh'ndsh*e*r) berittener amerikanischer Polizist.

rangieren (rañshih'r*e*n) ordnen, einreihen; Eisenbahnwagen verschieben.

Rankü'ne *w* Bosheit, Groll.

Ranu'nkel *w* bot. Hahnenfußgewächs.

Ranzio'n *w* Lösegeld; **ranzionie'ren** freikaufen.

Ra'phia *w* bot. Nadel-, Bambuspalme.

rapi'd(e) schnell; **Rapiditä't** *w* Blitzesschnelle.

Rapie'r s Fechtwaffe, Degen.

Rappo'rt m Meldung; psych. Kontakt, Beziehung; **rapportie'ren** melden, berichten.

Rapprochement s (raprosch*e*ma'ñ) Wiederannäherung, Versöhnung.

Ra'ptus m Rappel; med. plötzlich einsetzende geistige Störung: Wutanfall.

rar selten; **ra'ra a'vis** *w* „seltener Vogel": etwas Besonderes, Seltenes.

Rarefikatio'n *w* med. Verdünnung, Gewebeschwund; **rarefizie'ren** med. verdünnen, schwinden.

Raritä't *w* Seltenheit.

rasa'nt (Flugbahn, Kurve) flach verlaufend, gestreckt; fälschlich für: rasend, sehr schnell; **Rasa'nz** *w* Gestrecktheit (einer Flugbahn oder Kurve); fälschlich für: rasende Geschwindigkeit.

Raser m (reh's*e*r) chem., techn. „radio amplification by stimulated emission of radiation = Radioverstärkung durch angeregte Strahlenaussendung'': chemischer Radiowellen-Verstärker; durch chemische Reaktionen erzeugte ultrakurze elektromagnetische Wellen.

rasie'ren Haare abschaben; auch dem Erdboden gleichmachen.

Räson w (räso'ñ) Vernunft; **räsona'bel** vernünftig; **räsonie'ren** schimpfen.

Ra'spa w lateinamerikanischer Gesellschaftstanz.

Ra'sse w biol. Untergruppe einer Art, die sich durch bestimmte Erbmerkmale von anderen unterscheidet; **ra'ssig** edel, von edler Art; **ra'ssisch** die Rasse betreffend; **Rassi'smus** m übersteigerte Bewertung der Rasse; politisches, nicht biologisches, Rassedenken; **rassi'stisch** den Rassismus betreffend.

Ra'ster m Glasplatte mit feinem Gitternetz zur Herstellung von Netzätzungen (um z. B. Lichtbilder im Druck wiederzugeben); **ra'stern** ein Bild durch einen Raster zerlegen.

Rastra'l s fünfzinkiges Zeicheninstrument zum Ziehen von Notenlinien.

Rasu'r w Abschabung von Körperhaaren; auch Ausradieren, ausradierte Stelle.

Ra'te w Teilbetrag.

Ratifikatio'n w Bestätigung (eines völkerrechtlichen Vertrages); **ratifizie'ren** (einen völkerrechtlichen Vertrag) bestätigen; **Ratifizie'rung** w s. Ratifikation.

Rating s (reh'tiñ) psych. Beurteilung, Einschätzung.

Ra'tio w Vernunft.

Ratio'n w zugeteilte Menge.

rationa'l vernunftgemäß; **rationalisie'ren** vernünftig d. h. zweckmäßig gestalten, einrichten; vereinfachen, straffen; **Rationalisie'rung** w Ersetzung bisheriger Verfahren durch vernünftigere, d. h. zweckmäßigere; Vereinfachung, Straffung; **Rationali'smus** m Vernunftglaube; **ratione'll** zweckmäßig.

rationie'ren ein-, zuteilen.

Ravelin s (raw'lä'ñ) mil. dem Schutz einer Festung dienendes Außenwerk.

Ravio'li Mz. gefüllte Nudelteigtaschen.

Rayé m (rajeh') gestreifte Gewebeart.

Rayon m (räjo'ñ) Abteilung, Bereich; mil. Festungsvorfeld.

Ra'zzia w polizeilicher Streifzug.

Re..., **re**... Wieder..., wieder...; Zurück..., zurück...

Reader m (rih'd°r) wissenschaftliches „Lesebuch' (mit Literaturauszügen).

Reage'ns od. **Reage'nz** s Prüfmittel; eine chem. Rückwirkung hervorrufender Stoff; **Reage'nzglas** s Prüf-, Probierglas.

reagie'ren rückwirken; (auf etwas) ansprechen; **Reaktio'n** w Rückwirkung; pol. Rückschritt; **Reaktionä'r** pol. Rückschrittler, rückständiger Mensch; **reaktionä'r** pol. rückschrittlich; **Reaktio'nsgeschwindigkeit** w Geschwindigkeit, mit der ein (chemischer) Vorgang abläuft; **Reaktio'nszeit** w Zeitspanne zwischen der Erteilung eines inneren oder äußeren Reizes auf einen Organismus und dessen seelischer oder körperlicher Rückwirkung.

reaktivie'ren wieder anstellen, wieder wirksam machen.

Rea'ktor m suw. Uranbrenner, Atommeiler.

rea'l wirklich, sachlich; **Rea'leinkommen** s wirkliche Kaufkraft des Einkommens; **Rea'lenzyklopädie'** w Nachschlagewerk, das alle Sachbegriffe eines Wissenschaftsgebietes enthält; **Rea'lgymnasium** s neusprachliches oder mathematisch-naturwissenschaftliches Gymnasium; **Rea'lien** Mz. (...ien) Tatsachen.

Rea'linju'rie w (...i-e) iur. tätliche Beleidigung.

Realisatio'n w Verwirklichung; Umwandlung in Geld; **realisie'rbar** durchführbar, ausführbar; **realisie'ren** verwirklichen; auch zu Geld machen; **Realisie'rung** w Verwirklichung; Umwandlung in Geld.

Reali'smus m Wirklichkeitssinn; Sinn für gegebene Tatsachen; **Reali'st** m wer Wirklichkeitssinn besitzt; **reali'stisch** der Wirklichkeit entsprechend; **Realitä't** w Wirklichkeit, Tatsache.

Rea'lkatalog m Sachkatalog; nach Sachgebieten geordnetes Bücherverzeichnis; **Rea'lkredit** m durch Vermögenswerte gesicherter Kredit; **Rea'llexikon** s s. Realenzyklopädie; **Rea'lpolitik** w die gegebenen Tatsachen entsprechende Politik; **Rea'lschule** w Mittelschule, zur mittleren Reife führende Schule; **Rea'lsteuer** w Ertragssteuer; **Rea'lwert** m wirklicher Wert.

Reanimatio'n w med. Wiederbelebung; **Reanimatio'nszentrum** s med. klinische Wiederbelebungsabteilung.

rearmie'ren wiederbewaffnen, -ausrüsten.

Reassekura'nz *w* Rückversicherung.

Réaumur (reh'ohmühr) eine Temperaturmaßeinheit.

Re'bbach *m* jiddisch: Gewinn.

Rebe'll *m* Aufständischer, Empörer; **rebellie'ren** sich auflehnen; sich empören; **Rebellio'n** *w* Aufruhr, Empörung; **rebe'llisch** aufrührerisch.

Re'bus *m/s* Bilderrätsel; **re'bus sic sta'ntibus** *swm.* bei dieser Sachlage.

Recall *m* (rikô'l) Abberufung eines Wahlbeamten vor Ablauf seiner Amtszeit durch die Wähler.

Rechaud (reschoh') Wärmer, Wärmplatte.

Recherche *w* (reschä'rsch*e*) Ermittlung; **Rechercheur** *m* (reschärschö'r) Ermittler; **recherchie'ren** (reschärschih'r*e*n) Ermittlungen anstellen.

re'cipe! (*Abk.* Rp.) *med. auf Rezepten:* nimm!

Recitati'vo s (retschi . . .) *mus.* Rezitativ; zwischen Sprechen und Singen liegende Vortragsweise

recommandé (r*e*komañdeh') Post: eingeschrieben.

Reconquista *w* (rekonki'ßta) „Wiedereroberung": Freiheitskampf der Bevölkerung der Pyrenäenhalbinsel gegen die Araberherrschaft.

Reco'rder *m* (rikô'd*e*r) *phys., techn.* (Ton-, Schrift-)Wiedergabegerät; u. a. *auch* Tonbandgerät, Plattenspieler.

re'cte richtig.

Re'ctor magni'ficus *m* Titel der Hochschulrektoren.

Recycling *s* (rihßai'kliñ) „geschlossener Stoffkreislauf": Wiedergewinnung und -verwertung von Abfallstoffen zwecks Verringerung der Abfallmengen und Rückgewinnung von Rohstoffen.

Redakteur *m* (. . .tö'r) Schriftleiter; **Redaktio'n** *w* Schriftleitung; **redaktione'll** die Schriftleitung betreffend; vom Schriftleiter verfaßt oder bearbeitet; **Reda'ktor** *m* Herausgeber eines wissenschaftlichen Werkes; **Re diesis minore** *mus.* Tonart: dis-Moll; **redigie'ren** (druckreif) bearbeiten.

redimie'ren freikaufen.

Redingote *m* (redäñgo't) auf Taille gearbeiteter Mantel bzw. Überrock.

Redintegratio'n *w* Wiederherstellung (des Rechts); Erneuerung (völkerrechtlicher Verträge).

Redisko'nt *m* Weiterverkauf von Wechseln durch eine Bank; **rediskontie'ren** Wechsel weiterverkaufen.

redivi'vus wiedererstanden.

Redou'te *w* Maskenball; *auch* Festungsswerk.

Redressement *s* (redräße'ma'ñ) *med.* Wiederherstellung der normalen Lage; Einrenkung; **redressie'ren** die normale Lage wiederherstellen; wieder einrenken.

redublie'ren verdoppeln.

Reduit *s* (redüih') Kernwerk einer Festung.

Reduktio'n *w* Zurückführung, Verminderung.

Redunda'nz *w* Überfluß; Weitschweifigkeit.

Reduplikatio'n *w* *gramm.* Wortverdopplung.

reduzie'ren zurückführen, vermindern.

ree'll (-e-e-..) wirklich; zuverlässig.

Re'export *m* Wiederausfuhr importierter Waren; **reexportie'ren** (re-e-..) importierte Waren wieder ausführen.

Refait *s* (r*e*fä') unentschiedenes Spiel.

Refekto'rium *s* Speisesaal eines Klosters.

Refera't *s* Bericht, Kurzbericht; Arbeitsgebiet; **Referenda'r** *m* Akademiker im staatlichen Vorbereitungsdienst; **Refere'ndum** *s* Volksabstimmung; **Refere'nt** *m* Berichterstatter, Sachbearbeiter; **Refere'nz** *w* Auskunft, Empfehlung; **referie'ren** berichten.

Re'finanzierung *w* Geldbeschaffung, um Kredite geben zu können.

Reflekta'nt *m* Bewerber; **reflektie'ren** spiegeln; etwas begehren; nachdenken; **Refle'ktor** *m* Rückstrahler; **reflekto'risch** reflexartig, durch einen Reflex bedingt.

Refle'x *m* Widerschein; *med.* unwillkürliches Ansprechen auf einen bestimmten Reiz; **Reflex, bedingter,** *m* *med., psych.* durch Gewöhnung oder Dressur hervorgerufener Reflex.

Reflexio'n *w* Rückstrahlung; Erwägung.

reflexi'v rückbezüglich; **Reflexi'vpronomen** *s* *gramm.* rückbezügliches Fürwort.

Reflu'x *m* *med.* Rückfluß.

Refo'rm *w* Erneuerung; Umgestaltung; **Reformatio'n** *w* „Wiederherstellung", (Glaubens-) Erneuerung; **Reforma'tor** *m* (Glaubens-)Erneuerer; **reformato'risch** (den Glauben) erneuernd, umgestaltend; **Refo'rmer** *m* Erneuerer, Umgestalter; **refo'rmerisch** erneuernd, umgestaltend; **reformie'ren** umgestalten, erneuern; **reformie'rt** *rel.* die Lehre Calvins und Zwinglis betreffend; nichtlutherisch evangelisch; **Reformie'rte** *Mz. rel.* Anhänger der Lehre Calvins und Zwinglis.

Reformi'smus m Bewegung zur Verbesserung sozialer Zustände durch Reformen, nicht durch Revolution; **reformi'stisch** Verbesserung sozialer Zustände durch Reformen, nicht durch Revolution, anstrebend.

Refrain m (r^{e}frä'ñ) Kehrreim.

refraktä'r med. nicht beeinflußbar; **Refraktio'n** ɯ phys., opt. Strahlenbrechung; **Refraktome'ter** m phys., opt. Instrument zur Bestimmung der Brechzahl, des Brechungsindexes; **Refraktometrie'** ɯ phys., opt. Bestimmung der Brechzahl, des Brechungsindexes; **Refra'ktor** m astronomisches Fernrohr.

Refrakturie'rung ɯ med. Wiederzerbrechen von nach Bruch schlecht verheilten Knochen.

Refrigeratio'n ɯ med. Abkühlung, Erkältung.

Refugié m (refüshjeh') des Glaubens wegen (aus Frankreich) geflüchteter Protestant.

Refu'gium s Zufluchtsort.

refundie'ren zurückerstatten.

Refus (r^{e}füh'|ß), **Refü's** m Ablehnung; **refüsie'ren** ablehnen; **Refusio'n** ɯ Rückerstattung.

Refutatio'n ɯ Widerlegung, Zurückweisung.

Rega'l s Bücher-, Warengestell; mus. kleine Tragorgel; Orgelregister; Hoheitsrecht; **Rega'lien** Mz. (... i-en) Hoheitsrechte (Zoll-, Münzrecht u. a.).

regalie'ren bewirten.

Rega'tta ɯ Wettsegeln, -rudern.

Regeldetri' ɯ math. Dreisatz(rechnung).

Regeneratio'n ɯ Erneue-

rung, Wiedergeburt; **regenerati'v** erneuernd; **regenerie'ren** erneuern.

Rege'nt m Herrscher; Stellvertreter eines Monarchen; **Rege'ntschaft** ɯ Amt(szeit) eines Regenten.

Rege'sten Mz. Sammlung von Urkunden(auszügen).

Re'ggae m ein Modetanz, paarweise oder in Gruppen getanzt.

Regie' ɯ (rehshih') (öffentliche) Verwaltung; theat. Spielleitung; **regie'ren** herrschen, beherrschen; **Regie'rung** ɯ Staatsleitung; **Regime** s (rehshih'm) Regierungsform; Lebensweise; **Regimekritiker** m gegen staatliche Mißstände protestierender Bewohner eines totalitär regierten Staates; **Regime'nt** s Herrschaft; Truppeneinheit.

Regio'n ɯ Gegend, Bereich; **regiona'l** gebietsmäßig; med. ein bestimmtes Gebiet betreffend.

Regisseur (rehshißÖh'r) Spielleiter.

Regi'ster s Verzeichnis (in alphabet. Ordnung); auch Stimmenzug an der Orgel; **registered** (redshi'Et^{e}rd) amtlich eingetragen; Post: eingeschrieben; **Regi'stertonne** ɯ naut. Schiffsraummaß; **Registra'tor** m Register führender und Akten verwaltender Beamter; **Registratu'r** ɯ Aktensammel- bzw. -ablagestelle; **Registrie'rballon** m meteorologischen Forschungen dienender mit Meßinstrumenten versehener Freiballon; **registrie'ren** einordnen, aufzeichnen, vermerken.

Reglement s (regle'ma'ñ) Anweisung, Dienstvor-

schrift; **reglementie'ren** behördlich anweisen; beaufsichtigen; **Reglementie'rung** ɯ behördliche Aufsicht.

Regle'tte ɯ schmaler Bleistreifen, der zwischen die Zeilen eines Schriftsatzes gelegt wird („Durchschuß").

Regre'ß m Rückgriff; (Schaden-)Ersatz; **Regressio'n** ɯ langsamer Rückzug des Meeres und dadurch hervorgerufene Trockenlegung des Meeresbodens; **regressi'v** zurückgehend, -weichend; sich zurückbildend; **regre'ßpflichtig** (schaden)ersatzpflichtig.

regulä'r regel-, ordnungsmäßig; **Regularitä't** ɯ Regelmäßigkeit, Ordnungsmäßigkeit; **Regulatio'n** ɯ Regelung, Anpassung; **Regulati'v** s regelnde Verfügung; Ausgleichsmittel; **regulati'v** regelnd; **Regula'tor** m Pendeluhr; techn. Regler; **regulie'ren** regeln, ordnen; **Regulie'rung** ɯ Regelung, Begradigung.

Rehabilitatio'n ɯ Wiederherstellung; Ehrenerklärung; Wiedereingliederung (auch med.); **rehabilitie'ren** (den guten Ruf) wiederherstellen; wiedereingliedern (auch med.); **Rehabilitie'rung** ɯ s. Rehabilitation.

Reimplantatio'n ɯ (re-i...) med. Wiedereinpflanzung; **reimplantie'ren** (re-i...) wiedereinpflanzen.

Reimpo'rt m (re-i...) Wiedereinfuhr ausgeführter Waren; **reimportie'ren** ausgeführte Waren wiedereinführen.

Reineclaude ɯ (rän^{e}kloh'd^e) bot. eine hochwertige Pflaumenart.

Reine'tte ɯ (renä't^e) bot.

süße, hochwertige Apfelsorte.

Reinfektio'n w (re-i...) med. Wiederansteckung.

Reinkarnatio'n w (re-i...) rel. Wiederverkörperung.

reinstallie'ren (re-i...) wiedereinsetzen.

Reintegratio'n w (re-i...) Wiederherstellung, Wiedereingliederung.

Rekapitulatio'n w Wiederholung; **rekapitulie'ren** wiederholen.

Reklamatio'n w Beanstandung, Beschwerde; **Rekla'me** w Anpreisung, Werbung; **reklamie'ren** beanstanden, zurückfordern.

Rekognitio'n w Anerkennung, Erkennung; **rekognoszie'ren** erkunden; **Rekognoszie'rung** w Erkundung.

Rekommendatio'n w Empfehlung; (Post) Einschreiben; **rekommandie'ren** empfehlen; (Post) einschreiben.

rekonstruie'ren wiederherstellen; **Rekonstruktio'n** w Wiederherstellung.

Rekonvaleszen't m med. Genesender.

Reko'rd m Höchstleistung; **Reko'rdspritze** w med. für Injektionen bestimmte Glasspritze mit eingeschliffenem Kolben.

Rekreatio'n w Erfrischung.

Rekrudeszen'z w med. Verschlimmerung.

Rekru't m Soldat in der Grundausbildung; **rekrutie'ren** Soldaten ausheben; **sich ~** sich zusammensetzen (aus).

rekta'l med. durch den Mastdarm; den Mastdarm betreffend.

Re'ktapapier s auf den Namen des Berechtigten ausgestelltes, nicht übertragbares Wertpapier.

Rektaszensio'n w astr. gerades Aufsteigen

eines Sternes.

Rektifikatio'n w Berichtigung, Reinigung; **rektifizie'ren** berichtigen; reinigen.

Re'ktor m Schulleiter; Hochschulleiter; **Rektora't** s Amt, Amtssitz, -zeit eines Rektors.

Rekultivie'rung w Wiederumwandlung unfruchtbar gewordenen Bodens in fruchtbare Fläche.

Reku'rs m iur. Rechtsmittel; Einspruch.

Relais s (r°läh') techn. elektr. Schalteinrichtung; **Relaisstation** w (r°läh'...) Pferdewechsel(station); Zwischenstelle zur Weiterleitung von (Funk-)Nachrichten.

Rela'ps m med. Rückfall.

Relatio'n w Verhältnis, Beziehung; **relati'v** verhältnismäßig, bedingt; **relativie'ren** in eine Beziehung zu etwas bringen; **Relativitä't** w Bedingtheit; Bezüglichkeit; **Relativitä'tstheorie** w phys. von Einstein begründete Theorie über die relative Struktur von Raum und Zeit; **Relati'vpronomen** s gramm. rückbezügliches Fürwort.

Rela'x s/m (auch: rihlä'kß), **Relaxatio'n** w körperliche und seelische Entspannung; **rela'xen** (sich) entspannen.

Release(-Center) s (rilih'ß Bänt°r) zentrale Aufnahme- und Behandlungsstelle Drogenabhängiger.

Relegatio'n w Verweisung von einer (Hoch-)Schule; **relegie'ren** von einer (Hoch-)Schule verweisen.

relevan't wichtig, bedeutungsvoll; **Relevan'z** w Wichtigkeit.

Relie'f s (...i-ef) erhaben hervortretendes Bildwerk; Oberflächenge-

staltung.

Religio'n w Glaube, Bindung an eine übersinnliche Macht; **religiö's** gläubig, fromm; **Religiositä't** w Gläubigkeit; **religio'so** mus. religiös, andächtig.

Reli'kt s Überbleibsel; **Reliquia'r** s Reliquienbehälter, -schrein; **Reli'quie** w (...i-e) Überrest; heiliges Andenken.

Remake s (rimeh'k) Neuverfilmung eines bereits früher verfilmten Stoffes; Zweitfassung, -ausführung eines Kunstwerkes.

remanen't (zurück-)bleibend; **Remanen'z** w Rest, Rückstand.

remarka'bel bemerkenswert.

Rembours m (rañbuh'r) Rückerstattung; Deckung von Auslagen u. im Überseehandel entstehenden Forderungen durch eine Bank.

remedie'ren med. heilen; **Reme'dium** s med. Heilmittel; **Remedu'r** w Abhilfe.

Remigran't m wieder in seine Heimat zurückkehrender Emigrant; **Remigratio'n** w Heimkehr aus der Emigration; **remigrie'ren** wieder in die Heimat zurückkehren.

remilitarisie'ren wiederaufrüsten, wiederbewaffnen; **Remilitarisie'rung** w Wiederbewaffnung.

Reminiszen'z w Erinnerung; **Remini'szere** rel. „gedenke": 5. Sonntag vor Ostern (nach den Worten aus Psalm 25,6).

Remi's s (r°mih') unentschiedener Schach- oder Sportwettkampf; **remis** (r°mih') unentschieden.

Remi'se w Wagenschuppen.

Remissio'n w Rücksendung; med. zeitweilige

Besserung einer Krankheit; **Remitte'nde** *rv* vom Buchhändler an den Verlag zurückgesandtes unverkauft gebliebenes oder fehlerhaftes Buch; **remittie'ren** zurücksenden.

Remonstratio'n *rv* Einwand, Gegenvorstellung; **remonstrie'ren** Einwände machen.

Remo'nte *rv* mil. junges Militärpferd; **remontie'ren** mil. den Pferdebestand einer Truppe durch junge Pferde ergänzen.

Remontoiruhr *rv* (r^{e}moñtoah'r ...) mit einem Kronenaufzug versehene Taschenuhr.

Remorqueur *m* (r^{e}morkö'r) naut. kleiner Schlepper.

removie'ren wegbewegen, entfernen.

Remuneratio'n *rv* Vergütung; **remunerie'ren** vergüten.

Ren *s* zool. Rentier, Hirschart nördlicher, kalter Gebiete.

Renaissance *rv* (r^{e}näßa'ñß) „Wiedergeburt": Erneuerung antiken Geistes anstrebende kulturelle Bewegung des 15. u. 16. Jahrhunderts.

Renda'nt *m* Kassenführer.

Rendezvous (rañd^{e}wuh') Stelldichein; **Rendezvous-Manöver** *s* (rañd^{e}wuh'...) Begegnung bzw. Zusammenkopplung von Raumschiffen im Weltraum.

Rendi'te *rv* Ertrag, Verzinsung.

Renega't *m* Abtrünniger.

Reneklo'de *rv* s. Reineclaude.

Rene'tte *rv* s. Reinette.

renite'nt widerspenstig; **Renite'nz** *rv* Widerspenstigkeit.

Renkontre *s* (rañko'ñtr^e) Zusammenstoß.

Renommee' *s* Ansehen, Ruf; **renommie'ren** prahlen; **renommie'rt**

in gutem Ruf stehend; **Renommi'st** *m* Prahlhans.

renoncieren (r^{e}noñßih'r^{e}n) verzichten.

Renovatio'n *rv* s. Renovierung; **renovie'ren** erneuern, instand setzen; **Renovie'rung** *rv* Erneuerung, Instandsetzung.

Renseignement *s* (rañßänj^{e}ma'ñ) Auskunft.

renta'bel einträglich; **Rentabilitä't** *rv* Einträglichkeit.

Re'nte *rv* Ertrag, Einkommen.

Re'ntier *s* (nicht: Renntier!) zool. s. Ren.

Rentier *m* (rentjeh') Rentner, Empfänger einer Rente.

rentie'ren, sich sich lohnen.

Renumeratio'n *rv* Rückzahlung.

Reokkupatio'n *rv* mil. Wiederbesetzung; **reokkupie'ren** mil. wiederbesetzen.

Reorganisatio'n *rv* Neuordnung; **reorganisie'ren** um-, neugestalten.

repara'bel wiederherstellbar; **Reparatio'n** *rv* Entschädigung; **Reparatu'r** *rv* Ausbesserung; **reparie'ren** ausbessern; **Reparie'rung** *rv* Ausbesserung.

repartie'ren aufteilen, umlegen; **Repartitio'n** *rv* Aufteilung, Umlage.

repatriie'ren (in die Heimat) zurückführen; **Repatriie'rung** *rv* Zurückführung in die Heimat.

Reperkussio'n *rv* Rückprall; mus. Tonwiederholung.

Repertoire *s* (... toah'r) theat. Spielplan, Rollenvorrat; **Reperto'rium** *s* Nachschlagewerk.

repeta'tur (rep.) med. auf Rezepten: „es soll wiederholt werden".

Repete'nt *m* sitzengebliebener Schüler, der eine Klasse wiederholen

muß; **repetie'ren** wiederholen; **Repetie'rgewehr** *s* Mehrladegewehr; **Repetie'ruhr** *rv* mit einem Schlagwerk versehene Taschenuhr; **Repetitio'n** *rv* Wiederholung; **Repeti'tor** *m* „Einpauker", Nachhelfer; **Repetito'rium** *s* Wiederholungsbuch.

Repli'k *rv* Erwiderung; auch Neuschaffung, Wiederholung eines Kunstwerkes; **replizie'ren** erwidern.

reponi'bel med. wiedereinrichtbar; **reponie'ren** med. wiedereinrichten.

Repo'rt *m* Bericht; **Reportage** *rv* (...ah'sh^e) Bericht(erstattung); **Repo'rter** *m* Berichterstatter.

Repositio'n med. Wiedereinrichtung; **Reposito'rium** *s* Aktengestell.

repräsenta'bel ansehnlich, würdig; **Repräsenta'nt** *m* Vertreter; **Repräsenta'nz** *rv* Vertretung; **Repräsentatio'n** *rv* Vertretung; Auftreten; Aufwand; **repräsentati'v** vertretend; ansehnlich; **repräsentie'ren** ver-, auftreten.

Repressa'lie *rv* (...i-e) Vergeltung; **Repressio'n** *rv* Abwehr, Unterdrückung; **repressi'v** abwehrend, unterdrückend.

Reprima'nde *rv* Verweis.

Reprint *m* (ripri'nt) Neudruck, originalgetreuer Nachdruck eines Buches.

Repri'se *rv* Wiederholung (bes. eines früheren Films od. Theaterstückes).

reprivatisie'ren Erwerbsunternehmen aus öffentlicher Hand wieder in Privatbesitz überführen; **Reprivatisie'rung** *rv* Rücküberführung aus öffentlicher Hand in Privatbesitz.

Re'pro *s* Kurzwort für eine photographische Reproduktion.

Reprobatio'n *w* *iur.* Verwerfung.

Reproduktio'n *w* Nachbildung, Wiedergabe; *biol.* Fortpflanzung; **reprodukti'v** nachbildend; wiedererzeugend; **reproduzie'ren** nachbilden; *biol.* fortpflanzen.

Reprographie' *w* Kopie, Kopierverfahren.

Repti'l *s* *zool.* Kriechtier; **Repti'lienfonds** *m* (...i-enfoñ) *suw.* politischer Geheimfonds.

Republi'k *w* Frei-, Volksstaat; **Republika'ner** *m* Anhänger der republikanischen Staatsform; **republika'nisch** die Republik betreffend; der republikanischen Staatsform anhängend.

Repudiatio'n *w* *iur.* Abweisung, Zurückweisung.

Repulsio'n *w* *techn.* Zurückstoßung; **repulsi'v** zurückstoßend.

Reputatio'n *w* Ansehen.

Re'quiem *s* (...i-em) *rel.* Totenmesse.

requirie'ren anfordern; beschlagnahmen; **Requisi't** *s* Zubehör; **Requisiteur** *m* (...tö'r) *theat.* Verwalter der Requisitenkammer; **Requisitio'n** *w* Beitreibung, Beschlagnahme.

Res *w* Sache, Angelegenheit.

Research *s* (rihßö'tsch) Forschung; wirtschaftliche Meinungsforschung; **Researcher** *m* (rihßö'-tsch^er) Forscher; wirtschaftlicher Meinungs-forscher.

Resektio'n *w* *med.* (teilweise) Ausschneidung eines Organs.

Reserva't *s* Vorbehalt, Sonderrecht; **Reserva'tio menta'lis** *w* *suw.* geheimer Vorbehalt; **Reservatio'n** *w* Schutzbezirk; **Rese'rve** *w* Rückhalt; Ersatz; *mil.* einsatzbereite

Ersatztruppe; **reservie'ren** zurückbehalten, belegen; **reservie'rt** zurückhaltend, -behalten; **Reservi'st** *m* *mil.* ausgebildeter Soldat, der nicht aktiv dient; **Reservoir** *s* (...oah'r) Sammelbecken.

Reside'nt *m* Statthalter; Vertreter einer Regierung; **Reside'nz** *w* Wohnsitz eines Fürsten od. hohen Würdenträgers; **Reside'nzpflicht** *w* Wohnpflicht am Amtssitz; **residie'ren** wohnen.

Resi'duum *s* (...u-um) *med., phys., chem.* Rückstand.

Resignatio'n *w* Entsagung; **resignie'ren** entsagen; **resignie'rt** gefaßt, ergeben.

Résistance *w* (...ta'ñß) französische Widerstandsbewegung im 2. Weltkrieg.

resiste'nt widerstandsfähig; **Resiste'nz** *w* Widerstand(sfähigkeit); **Resiste'nza** *w* italienische Widerstandsbewegung im 2. Weltkrieg; **resistie'ren** widerstehen.

reskribie'ren zurückschreiben; verfügen; **Reskri'pt** *s* Antwortschreiben; Verfügung.

resolu't beherzt, entschlossen; **Resolutio'n** *w* Beschluß; **resolvie'ren** beschließen.

Resona'nz *w* Widerhall; *mus., phys.* Mitschwingen.

Resopa'l *s* harter, unempfindlicher Kunststoff.

resorbie'ren aufsaugen; **Resorptio'n** *w* Aufsaugung.

resozialisie'ren Straffällige wieder in die Gesellschaft, in die Lebensgemeinschaft eingliedern; **Resozialisie'rung** *w* Wiedereingliederung Straffälliger in die Gesellschaft, in die Lebens-

gemeinschaft.

Respe'kt *m* Achtung; Rücksicht; **respekta'bel** angesehen, ansehnlich; **Respektabilitä't** *w* Ansehen, Ansehnlichkeit; **respektie'ren** achten, anerkennen; **respektie'rlich** ansehnlich; **respekti've** beziehungsweise, oder; **Respe'ktsperson** *w* angesehene, achtunggebietende Persönlichkeit.

Respiratio'n *w* *med.* Atmung; **Respira'tor** *m* *med.* Beatmungsgerät; **respirie'ren** *med.* atmen.

respondie'ren antworten; **responsa'bel** verantwortlich; **Responso'rium** *s* *rel.* kirchl. Wechselgesang.

Ressentiment *s* (reßañtima'ñ) Groll, Haßgefühl.

Ressort *s* (reßoh'r) Fach, Amtsbereich; **ressortie'ren** zu einem Fach-, Amtsbereich gehören.

Ressource *w* (reßu'rß^e) Hilfsquelle; *auch* gesellige Vereinigung.

resta'nt (mit der Zahlung) rückständig; **restie'ren** im Rückstand sein.

Restaurant *s* (räßtora'ñ) Gaststätte; **Restauratio'n** *w* Wiederherstellung; *auch* Gaststätte; **restaurati'v** wiederherstellend; **Restaura'tor** *m* Wiederhersteller beschädigter Kunstwerke; **restaurie'ren** wiederherstellen; **Restaurie'rung** *w* Wiederherstellung.

restituie'ren zurückerstatten; **Restitutio'n** *w* Rückerstattung, Wiederherstellung.

Restriktio'n *w* Ein-, Beschränkung; **restrikti'v** ein-, beschränkend; *med.* zusammenziehend.

Resulta'nte *w* *phys.* Summe zweier Kräfte; **Resulta't** *s* Ergebnis; **resultie'ren** folgen; sich ergeben.

Resümee' *s* Zusammenfassung; **resümie'ren** zusammenfassen.

Resurrektio'n *rv* rel. Auferstehung.

retablie'ren wiederherstellen; **Retablissement** *s* (retabliß°ma'ñ) Wiederherstellung.

Retardatio'n *rv* Verzögerung, Verlangsamung; **retardie'ren** verzögern, verlangsamen.

Retentio'n *rv* Zurückhaltung, Zurückbehaltung.

retikulä'r netzförmig; **Re'tina** *m* med. Netzhaut des Auges.

Retira'de *rv* Rückzug; *auch* Abort; **retirie'ren** sich zurückziehen.

Retorsio'n *rv* Wiedervergeltung.

Reto'rte *rv* chem. zur Destillation verwendetes Glasgefäß; **Reto'rtenbaby** *s* ein außerhalb des Mutterleibes durch künstl. Befruchtung gezeugtes Kind.

retou'r zurück; **Retourkutsche** *rv* uspr. gleichartige Zurückgabe eines Vorwurfs; **retournie'ren** zurücksenden.

Retraite *rv* (r°träh't°) Rückzug; Zapfenstreichsignal.

Retraktio'n *rv* med. Schrumpfung, Verkürzung.

Retransfusio'n *rv* med. Eigenblutübertragung.

Retributio'n *rv* Rückgabe.

retrodatie'ren zurückdatieren.

retrogra'd rückläufig; **retrospekti'v** zurückblickend.

retrovertie'ren zurückwenden.

retrozedie'ren wieder abtreten; **Retrozessio'n** *rv* Wiederabtretung; Rückversicherung.

Retu'sche *m* Nachbesserung; **Retuscheur** *m* (. . . ö'r) wer eine Nachbesserung ausführt; **retuschie'ren** nach-, verbessern.

reunie'ren (re-u . . .) wie-

---

dervereinigen; **Reunio'n** *rv* (re-u . . .) Wiedervereinigung; (re-ünjo'ñ) gesellschaftliche Veranstaltung.

reüssie'ren Erfolg haben.

Rev. *Abk. v.* Reverend (s. *dort*).

revalie'ren eine Schuld decken; in Rechnung stellen; **Revalie'rung** *rv* Schuldendeckung.

revalorisie'ren den Wert wiederherstellen; **Revalorisie'rung** *rv* den Wert einer abgesunkenen Währung wiederherstellen.

Revalvatio'n *rv* Aufwertung; **revalvie'ren** aufwerten.

Revanche *rv* (rewa'ñsch°) Vergeltung; **revanchie'ren, sich** vergelten; sich erkenntlich zeigen; **Revanchi'smus** *m* pol. auf Vergeltung bedachte politische Haltung; **Revanchi'st** *m* wer auf Vergeltung bedacht ist; **revanchi'stisch** pol. auf Vergeltung bedacht.

Reveille *rv* (r°wäh'j°) mil. Signal zum Wecken.

Revelatio'n *rv* Enthüllung; Offenbarung.

Revenuen *Mz.* (r°w°nü'°n) Einkünfte.

Reverend (rä'w°r°nd) **Revere'nd** *m* Titel englischer und amerikanischer Geistlicher.

Revere'nz *rv* Ehrerbietung.

Reverie *rv* (räw°rih') mus. „Träumerei“: träumerisches Tonstück.

Reve'rs *m* Verpflichtungserklärung; Münzenrückseite; **Revers** *s* (r°wäh'r) Krager-, Mantel-, Jackenaufschlag.

reversi'bel umkehrbar; **Reversibilitä't** *rv* Umkehrbarkeit; **Reversible** *m* (rewärsih'b°l) beidseitig tragbares Gewebe bzw. Kleidungsstück.

revidie'ren nachprüfen.

Revie'r *s* Bereich, Gebiet; (Bergbau) Abbaugebiet; Jagdgebiet; kleine Polizeidienststelle; mil. Krankenstube.

Review *rv* (riwjuh') Revue (Zeitschrift), Übersicht, Rundschau.

Revirement *s* (rewihrma'ñ) Stellenwechsel, Umbesetzung (im diplomat. Dienst).

revisi'bel iur. anfechtbar; **Revisio'n** *rv* Nachprüfung; iur. Rechtsmittel zur Nachprüfung von Berufungsurteilen; **Revisioni'smus** *m* pol. Streben nach Änderung bestehender Zustände oder Verträge; **Revisioni'st** *m* pol. wer Änderung bestehender Zustände oder Verträge anstrebt; **revisioni'stisch** pol. Änderung bestehender Zustände oder Verträge anstrebend; **Revi'sor** *m* Prüfer.

Revokatio'n *rv* Widerruf.

Revo'lte *rv* Aufstand; **revoltie'ren** sich empören.

Revolutio'n *rv* (Staats-) Umsturz; **Revolutionä'r** *m* Umstürzler; **revolutionä'r** umwälzend; umstürzend; **revolutionie'ren** umwälzen, umstürzen; **Revolu'zzer** *m* abschätzig für: Berufsrevolutionär; wer an einer Revolution nur zur Zerstörung einer bestehenden Ordnung, nicht aber zum Aufbau einer neuen Ordnung teilnimmt.

Revo'lver *m* mehrschüssige Faustfeuerwaffe; **Revo'lverblatt** *s* reißerisch aufgemachte Zeitung; **Revo'lverpresse** *rv* reißerisch aufgemachte Sensationszeitungen herausgebende Presseunternehmen.

revolvie'ren sich laufend erneuern; techn. zurückdrehen.

revozie'ren widerrufen.

Revue *rv* (rewüh') Rund-

schau; Zeitschrift; *theat.*
Ausstattungsstück; *mil.*
Truppenschau.

Rex m König.

Reyon m/s (räjo'ñ) Kunstseide.

Rezense'nt m Beurteiler; **rezensie'ren** beurteilen, besprechen; **Rezensio'n** *ro* Beurteilung, Besprechung; **Rezensio'nsexemplar** s Besprechungsstück; Freiexemplar für eine Rezension.

reze'nt neu, gegenwärtig.

Reze'pt s (ärztl.) Verordnung, Kochvorschrift; **rezeptie'ren** ein Rezept ausschreiben.

Rezeptio'n *ro* Auf-, Übernahme; Empfangsbüro.

rezepti'v empfangend, empfänglich; **Rezeptivitä't** *ro* Aufnahmefähigkeit; Empfänglichkeit; **Reze'ptor** m Empfänger; *biol.* Empfangsorgan zur Aufnahme von Reizen.

Rezeptu'r *ro* Arzneizubereitung nach Rezept.

Reze'ß m „Rücktritt": *iur.* Vergleich; **Rezessio'n** *ro* Rückgang der Wirtschaftskonjunktur; **rezessi'v** *biol.* über-, verdeckt; zurücktretend, -weichend.

Rezidi'v s *med.* Rückfall; **rezidi'v** *med.* rückfällig; **rezidivie'ren** *med.* wiederkehren.

Rezipie'nt m (…i-ent) *phys., chem.* Glasgefäß zum Herstellen eines luftleeren Raumes.

rezipro'k wechselseitig; **Reziprozitä't** *ro* Wechselseitigkeit.

Rezitatio'n *ro* (künstlerischer) Vortrag; **Rezitati'v** s Sprechgesang; **Rezitator** m Vortragender; **rezitie'ren** vortragen, hersagen.

Rhaga'de *ro* *med.* Schrunde, Hauteinriß.

Rhapso'de m epische Gedichte vortragender fahrender Sänger; **Rhapso-**

die' *ro* Heldenlied; musikal. Phantasie über Volksweisen; **Rhapso'-dik** *ro* Rhapsodien-Dichtkunst; **rhapso'disch** die Rhapsodie betreffend; *auch* bruchstückhaft, nicht zusammenhängend.

Rhe'nium s *chem.* ein Grundstoff (Re), ein Metall (nach Rhenus = Rhein benannt).

Rheologie' *ro* *phys.* Fließwissenschaft; Teilgebiet der Mechanik, das sich mit dem Verhalten nahezu fester und noch flüssiger Stoffe befaßt.

Rheosta't m *phys.* elektr. Widerstandsregler für genaueste Messungen.

Rhe'sus(affe) m *zool.* meerkatzenartiger indischer Affe; **Rhe'susfaktor** (Rh-Faktor) m *med.* erbliche Blutkörpercheneigenschaft, deren Nichtbeachtung bei Bluttransfusionen zur Unverträglichkeit von Spender- und Empfängerblut führt; Blutgruppenunverträglichkeit der Eltern kann bei Schwangerschaften zu schweren Krankheitserscheinungen beim Kind führen.

Rhe'tor m Redner; **Rheto'-rik** *ro* Redekunst; **Rheto'-riker** m Lehrer der Redekunst; **rheto'risch** rednerisch.

Rheuma'tiker m *med.* an Rheumatismus Erkrankter; **rheuma'tisch** *med.* den Rheumatismus betreffend; durch Rheumatismus bedingt; **Rheumati'smus** m (*Abk.* Rheu'ma s) *med.* Gliederreißen; entzündliche, vorwiegend Muskeln und Gelenke befallende schmerzhafte Erkrankung; **Rheumatologie'** *ro* *med.* Wissenschaft vom Rheumatismus.

Rhini'tis *ro* *med.* Nasen-

schleimhautentzündung; Schnupfen; **rhinoge'n** *med.* von der Nase ausgehend; **Rhinologie'** *ro* *med.* Nasenheilkunde.

Rhino'zeros s *zool.* Nashorn.

Rho s dem „R" entsprechender Buchstabe des griechischen Alphabets.

Rho'dium s *chem.* ein Grundstoff (Rh), ein Metall (nach rhodeos = rosenfarben benannt).

Rhodode'ndron m *bot.* ein Zierstrauch: Alpenrose, ein Heidekrautgewächs.

rho'mbisch rautenförmig; **Rhomboi'd** s *math.* Parallelogramm mit ungleichen Seitenpaaren; **Rho'mbus** m *math.* Raute, gleichseitiges Parallelogramm.

Rhy'thmik *ro* Lehre vom Rhythmus; **rhy'thmisch** taktmäßig; **Rhy'thmus** m Gleichmaß, gleichförmige Bewegung, Takt(folge).

Ribi'sel *ro*/s *bot.* Johannisbeere.

Ribonuklei'nsäure *ro* (…n-e-i'…) *biol., chem.* Bestandteil des Zellplasmas und des Zellkerns.

Ricercare s (ritschärka'r°) *mus.* Instrumentalstück mit einer Folge imitierender Themen: eine Vorform der Fuge.

Ricke'ttsien Mz. (…i-e.) *med.* eine Mittelstellung zwischen Bakterien und Viren einnehmende Gruppe von Mikroorganismen: Fleckfiebererreger.

Ridikü'l m/s Strickbeutel; **ridikü'l** lächerlich.

rien ne va plus (ria'ñ n°wa plüh) „nichts geht mehr": Ansage beim Roulette, daß nichts mehr gesetzt werden kann.

right or wrong, my country! (rai't ôr roñ, mai ka'ntrih) *politisches Schlagwort:* „Recht oder

Unrecht − (es handelt sich um) mein Vaterland!"

rigi'd med. starr, unnachgiebig; **Rigidită't** w Starrheit, Steifheit.

rigo'len den Erdboden tief lockern.

rigoro's sehr streng; **Rigorosită't** w Strenge; **rigoro'so** mus. streng; **Rigoro'sum** s strenge Prüfung; mündliche Doktorprüfung.

Rika'mbio m Rückwechsel.

rikoschettie'ren mil. (mehrfaches) Abprallen von Geschossen.

Ri'kscha w zweirädiges, von Menschenhand gezogenes asiatisches Gefährt zur Personenbeförderung.

Riksmål s (rih'kßmol) „Reichssprache", Buchsprache: aus dänischen und norwegischen Wörtern gemischtes Norwegisch.

Rime'sse w in Zahlung gegebener Wechsel.

Rinascime'nto s (rinaschime'nto) „Wiedergeburt": Renaissance.

Ripie'no s (...i-eno) mus. voll besetztes Orchester.

Ripo'ste w Gegenstoß beim Fechten.

Ri'ps m geripptes Gewebe.

Risali't m hervortretender Gebäudeteil.

Ri'siko s Wagnis; **riska'nt** gewagt; **riskie'ren** wagen.

Risorgimento s (rißordshime'nto) „Wiedererhebung": Streben nach staatlicher Einheit Italiens im 19. Jahrhundert.

Riso'tto m (auch: s) italienisches Reisgericht.

ristornie'ren rückbuchen; **Risto'rno** s Rückbuchung, Rückgabe einer Versicherungsprämie.

ri'te vorgeschrieben; feierlich; (Prüfungsnote) bestanden.

Ritorne'll s mus. Wiederholungssatz.

Ritua'l s Gesamtheit religiöser Bräuche; **ritua'l** einen religiösen Brauch betreffend; **ritue'll** dem Ritual gemäß; **Ri'tus** m religiöser Brauch.

Riva'le m Nebenbuhler; **rivalisie'ren** wetteifern; **Rivalită't** w Wettstreit.

Rizi'n s Giftstoff des Rizinussamens; **Ri'zinus** m bot. „Christpalme": ein Wolfsmilchgewächs; **Ri'zinusöl** s Kastoröl; aus den kaltgepreßten Samen des Rizinus gewonnenes Öl, als wirksames Abführmittel und als Schmiermittel verwandt.

Roastbeef s (roh'ßtbihf) Rostbraten.

Ro'be w Fest-, Amtstracht.

Robi'nie w (...i-e) bot. Zierbaum, -strauch: oft fälschlich als Akazie bezeichnet.

Ro borans s med. Kräftigungsmittel; **roborie'rend** med. kräftigend.

ro'boten schwer arbeiten; **Ro'boter** m Schwerarbeiter; künstlicher Mensch: Maschinenmensch; **Ro'boterarzt** m med. für medizinisch-diagnostische Zwecke eingesetzte Datenverarbeitungsanlage (Computer).

robu'st stämmig, widerstandsfähig.

Rocaille w (rokah'j°) muschelförmiges Ornament des Rokoko; Muschelverzierung.

Rocha'de w (ch wie in „ach") (Schach) Doppelzug mit dem König und einem Turm.

Rocher de bronce m (rosche̱h' d° bro'nß) „eherner Fels": svw. unerschütterliche Festigkeit.

rochie'ren (ch wie in „ach") eine Rochade (s. dort) ausführen.

ro'cken Rockmusik spielen, nach Rockmusik tanzen.

Ro'cker m Angehöriger einer zu Gewalttätigkeiten reigenden Bande

„halbstarker" Jugendlicher.

Rock 'n' Roll m rhythmischer Modetanz.

Rock-Musik w eine Art des modernen Musizierens unter bevorzugter Verwendung erregender, aufreizender Klang- und Stilelemente.

Ro'cks Mz. säuerliche Bonbonart; Eisstückchen.

Ro'deo s Cowboy-Reiterschau.

Rodomonta'de w svw. Prahlerei.

Roga'te rel. „bittet": 5. Sonntag nach Ostern, benannt nach dem Eingangsgesang nach Johannes 16, 24.

Ro'koko od. **Roko'ko** s Kunststil des 18. Jahrhunderts.

Ro'llo, Rollo' s s. Rouleau.

Roll-on-roll-off-Hafen m zur Abfertigung von Roll-on-roll-off-Schiffen bestimmte und entsprechend ausgerüstete Hafenanlage; **Roll-on-roll-off-Schiff** s Frachtschiff, das durch unmittelbares Hinein- bzw. Herausfahren der Container beladen bzw. gelöscht wird.

Ro'ma aete'rna w „das Ewige Rom".

Roma'n m umfangreiche, eine Entwicklung, eine Zeit- oder Weltbild darstellende Prosaerzählung; **Romancier** m (romañßjeh') Romanschreiber.

Ro'mani, Roma'ni s Zigeunersprache.

Roma'nik w Kunststil des 11./12. Jahrhunderts; **roma'nisch** im Stil der Romanik; den Stil der Romanik betreffend.

Romani'stik w Wissenschaft von den romanischen Sprachen und Kulturen.

Roma'ntik w Kunst- und Geistesrichtung des ersten Drittels des 19. Jahr-

hunderts; **Roma'ntiker** m
Dichter der Romantik;
auch svw. Schwärmer,
das Gefühl überbetonen-
der Mensch; **roma'ntisch**
auf die Romantik bezüg-
lich; auch gefühlsbetont,
malerisch.

Roma'nze m volkstümlich
erzählende Lyrik; ro-
mantisches, schwärmeri-
sches Liebeserlebnis.

Rommé s (ro'meh) ein Kartenspiel.

Ro'nde m (auch ro'ñdᵉ)
mil. Kontrollrundgang;
auch der kontrollierende
Offizier (mit seiner Be-
gleitung).

Ronde'll s Rundbau, -fläche.

Ro'ndo s mus. (Schluß-)
Satz eines Instrumental-
stückes, in welchem das
Thema — gelegentlich
variiert — immer wieder-
kehrt.

Rö'ntgen s phys. internationale Dosiseinheit der
Röntgenstrahlung: Zei-
chen „r"; **rö'ntgen** phys.,
med. mit Röntgenstrah-
len durchleuchten; **Rönt-
gendiagno'stik** m med.
die Verwendung von
Röntgenstrahlen zur
Krankheitserkennung;
Röntgenolo'ge m med.
Facharzt auf dem Gebiet
der Röntgenologie;
Röntgenphotographie' m
phys., med. Photographie
mit Hilfe von Röntgen-
strahlen; **Röntgenthera-
pie'** m med. Heilbehand-
lung mit Röntgenstrah-
len.

Rooming-in-Prinzip s (ruh-
miñ i'n . . .) med. Rege-
lung in Entbindungssta-
tionen, bei der Säuglin-
ge räumlich nicht von der
Mutter getrennt werden;
auch: Regelung in Kin-
derkrankenhäusern, wo-
nach die Mütter der er-
krankten Kinder eben-
falls dort untergebracht
werden und ihre Kinder
betreuen dürfen.

Roquefort m (ro'kfor,

rokfo'r) mit Edelschim-
mel durchsetzter fran-
zösischer Schafsmilch-
käse.

Ro-Ro-Hafen m Abk. v.
Roll-on-roll-off-Hafen
(s. dort).

Ro'sa m Rose; s rosa Farbe; **Rosa'rium** s Rosen-
garten, -pflanzung; **Ro-
saze'en** Mz. bot. Rosen-
pflanzen.

rosé (roseh') blaßrot;
Rosé m, **Roséwein** m
(roseh' . . .) blaßroter
Wein.

Rose'tte m rosenförmige
Verzierung.

Rosina'nte m svw. Schind-
mähre, Klepper.

Rosi'ne m getrocknete
Weinbeere.

Ro'stra m Rednertribüne
im alten Rom.

Ro'ta m rel. oberste Gerichtsbehörde der römi-
schen Kurie (u. a. zuständig für Aufhebung ka-
tholischer Ehen).

Ro'tang m bot. südostasia-
tische Rohrpalmenart,
die u. a. das Peddigrohr
liefert.

Rotapri'nt m Kleinoffset-
druckmaschine.

Ro'tary-Club m (auch:
roh't°rih) internatio-
nale, unpolitische Ver-
einigung einflußreicher
Persönlichkeiten unter
dem Leitspruch des
Dienens.

Rotatio'n m Umdrehung;
rotie'ren sich drehen;
Rotatio'nsellipsoi'd s
(. . . o-id) math. durch
Drehung einer Ellipse
um eine ihrer beiden
Achsen entstehender
Körper; **Rotatio'ns-
maschine** m techn. auf
Rollenpapier druckende
Zeitungsdruckmaschine;
Rotato'rien Mz. (. . . i-en)
zool. Rädertierchen;
rotato'risch drehend.

Ro'tel Tour m Autobus-
reise mit Übernachtung
in mit Bettkojen ausge-
stattetem Autobus (an-

hänger).

Rotisserie' m Braterei,
Grillrestaurant.

Ro'tor m techn. umlaufen-
der (rotierender) Maschi-
nenteil, Drehzylinder.

Rotu'nde m Rundbau;
auch Bedürfnisanstalt.

Roué m (ruh-eh') Lebemann; Wüstling.

Rouge s (ruh'sh) rote
Schminke; **rouge** (ruh'sh)
rot (beim Roulettespiel),
Rouge et noir s (ruh'she-
noah'r) „Rot und
Schwarz": ein Karten-
glücksspiel.

Roula'de m Fleischrolle;
Rouleau s (ruhloh') Roll-
vorhang; **Roulett(e)** s
(ruhlä't) ein Glücks-
spiel; **roulie'ren** umlaufen.

Round-Table-Konferenz m
(raund teh'bl . . .) Beratung Gleichberechtigter
am runden Tisch.

round-the-clock (raund θᵉ
klo'k) „rund um die
Uhr": während des gan-
zen Tages, Tag und
Nacht.

Rou'te m (ru . . .) Weg-
strecke.

Routi'ne m (ru . . .) Fertig-
keit, Gewandtheit; **Rou-
tinier** m (rutinjeh') ge-
übter Praktiker; **routi-
nie'rt** geübt, gewandt.

Rowdy m (rau'di) Raufbold.

royal (roaja'l, reu'ᵉl) könig-
lich; **Royalismus** m
(roajali'ßmuß) Königs-
treue; **Royalist** m (roajali'st) Königstreuer; **roya-
li'stisch** (roaja . . .) sich
zum Königtum beken-
nend.

Royalty m (reu'ᵉlti) Tantieme, Vergütung.

Rp. Abk. v. recipe (s. dort).

Rubber m (ra'b°r) Gummi,
Kautschuk.

Rube'ola(e) m (Mz.) med.
Röteln.

Rubi'dium s chem. ein
Grundstoff (Rb), ein Me-
tall; **Rubi'n** m ein roter
Edelstein.

Rubri'k *rv* Spalte; Überschrift; **rubrizie'ren** einordnen; **Ru'brum** s kurze Inhaltsangabe als Aufschrift (auf Aktenstücken, Büchern).

Rudime'nt s Rest; Anfangsgrund; Verkümmerung; **rudimentä'r** unausgebildet, verkümmert.

Rugby s (ra'gbi) Mannschaftsspiel mit ovalem Ball.

Rui'n *m* Untergang, Verderb; **Rui'ne** *rv* verfallenes Bauwerk; **ruinie'ren** verderben; **ruinö's** verderblich.

Ru'mba *rv/m* lateinamerikanischer Gesellschaftstanz.

Ruminatio'n *rv* med., zool. das Wiederkäuen.

Rumo'r *m* Lärm; **rumo'ren** lärmen.

Rumpsteak s (ru'mpßtehk) gebratenes Rumpfstück.

Run *m* (ra'n) Ansturm.

Ru'ne *rv* germanisches Schrift- bzw. Zauberzeichen.

Runway *rv/m* (ra'nweh) Start- und Landebahn für Flugzeuge.

Ru'pie *rv* (. . . i-e) Währungseinheit mehrerer südasiatischer Staaten.

Ruptu'r *rv* med. Zerreißung.

rura'l ländlich.

Rush-hour *rv* (ra'sch au°) ,,Stunde der Hetze'': Hauptverkehrszeit, besonders zur Zeit des Arbeitsbeginns bzw. -schlusses.

rustika'l ländlich.

Ruthe'nium s chem. ein Grundstoff (Ru), ein Metall (nach Ruthe'nien [= Ukraine] benannt).

S

Sabadi'll *m* bot. amerikanisches Liliengewächs: ,,Läusekraut''.

Sa'sbbat *m* jüdischer Ruhetag (= Freitag- bis Samstagabend).

Sabotage *rv* (sabotah'sh°) absichtliche Zerstörung od. Betriebshemmung; **Saboteur** *m* (sabotö'r) wer Sabotage treibt; **sabotie'ren** Sabotage treiben.

Sacchara'se *rv* Rohrzucker in Trauben- und Fruchtzucker aufspaltendes Enzym; **Sa(c)chari'n** s Süßstoff; **Saccharo'se** *rv* Rohrzucker.

Sacerdo'tium s Priestertum.

SACEUR *m* Abk. v. Supreme Allied Commander Europe: Oberster alliierter Befehlshaber Europa, ein Organ der NATO.

Sacrifi'cium s rel. kultisches Opfer.

Sa'cro egoi'smo *m* (. . . o-i . . .) pol. ,,geheiligter Egoismus'': Schlagwort zur Kennzeichnung einer nur von nationalen Interessen bestimmten Politik.

Sa'debaum *m* bot. wacholderartiger Nadelbaum.

Sadhu *m* (sa'du) Bezeichnung für einen indischen Asketen.

Sadi'smus *m* sex. widernatürliche Lust an Grausamkeit; **Sadi'st** *m* sex. (aus widernatürlicher Anlage) grausamer Mensch; **sadi'stisch** sex. grausam (aus widernatürlicher Anlage).

Safa'ri *rv* Karawanenauch Gesellschaftsreise in Afrika.

Safe s (ßeh'f) Geldschrank; Schließfach.

Sa'ffian *m* Ziegenleder.

Sa'fran *m* bot. eine Krokusart: Gewürz- und Heilpflanze.

Sa'ga *rv* altisländische Form der großen Erzählung; Familienchronik in literarischer Form.

Sagazi'tät *rv* Scharfsinn.

Sage-femme *rv* (ßah'sh fa'm) ,,weise Frau'': Hebamme, Geburtshelferin.

sagitta'l bicl. ,,pfeilrecht'': parallel zu einer Mittelachse verlaufend.

Sagra'carinde *rv* Faulbaumrinde, als Abführmittel verwendet.

Sahel-Zone *rv* von Dürrekatastrophen betroffenes nordafrikanisches

– vom Atlantik bis zum Sudan reichendes – Gebiet südlich der Sahara.

Sa'hib *m* Herr, Freund: indische Anrede für Europäer.

Saillant *m* (ßaja'ñ) mil. vorspringender Winkel bei Festungsanlagen.

Saint . . . (ßänt) englisch: Heilig . . .; **Saint(e)** . . . (ßä'ñ[t]) französisch: Heilig . . .

Saison *rv* (ßähso'ñ) Jahres-, Haupt-, Spielzeit; **saisonal** (ßäsona'l) jahreszeitlich; die Saison betreffend.

Sa'ke *m* japanischer Reiswein.

Sa'kko *m/s* Herrenjackett.

sakra'l den Gottesdienst, die Religion betreffend; med. das Kreuzbein betreffend; **Sakra'lanästhesie'** *rv* med. Leitungsanästhesie im Bereich des Kreuzbeins; **Sakrame'nt** s rel. heilige Handlung; göttliches Gnadenzeichen; **sakramenta'l** rel. heilig; ein Sakrament betreffend; **Sakramenta'lien** Mz. (. . . i-en) rel. kultische Handlungen; geweihte oder gesegnete Dinge; **sakrie'ren** heiligen, segnen, weihen; **Sakrifi'-zium** s *rel.* kultisches Opfer; **Sakrile'g** s Gotteslästerung; Entweihung; **sakrile'gisch** *rel.* gotteslästerlich; entweihend; **Sakrista'n** m Küster; **Sakristei'** *rv* Kirchenraum für den Geistlichen und die Kirchengeräte; **sakrosa'nkt** geheiligt; unverletzlich.

säkula'r alle 100 Jahre wiederkehrend; weltlich; **Säkula'rfeier** *rv* Hundertjahrfeier, Jahrhundertfeier; **Säkularisatio'n** Verstaatlichung (geistlicher Besitztümer); Verweltlichung; **säkularisie'ren** verstaatlichen, -weltlichen; **Sä'kulum** s Jahrhundert.

Sal s Salz.

Salama'nder m *zool.* Schwanzlurch; **Salama'nder reiben** studentischer Kneipbrauch: ein Trinkritual zu Ehren einer Persönlichkeit.

Sala'mi *rv* hart geräucherte Fleischwurst; **Sala'mitaktik** *rv pol.* außenpolitische Taktik, durch kleine Schritte große Ziele zu erreichen.

Salä'r s Lohn, Gehalt; **salarie'ren** entlohnen.

Salazitä't *rv med.*, *sex.* Geilheit.

saldie'ren den Unterschied zwischen der Soll- und der Habenseite eines Kontos errechnen und durch Gegenbuchung ausgleichen; **Sa'ldo** m Rechnungsabschluß: Unterschied zwischen der Soll- und der Habenseite eines Kontos: Restbetrag.

Sa'lem m *arabischer Gruß*: „Friede!", „Heil!"; **Sa'lem ale'ikum** mohammedanische Grußformel: Friede über euch! (richtig: Selam ...).

Sales Manager m (ßeh'ls mä'n^edsh^er) Verkaufsleiter; **Sales Promoter**

m (ßeh'ls promoh't^er) Vertriebsleiter, Verkaufsförderer.

Sali'ne *rv* Salzwerk; **sali'nisch** salzartig, -haltig.

Salizy'lsäure *rv chem.* Oxybenzoesäure: zur Herstellung zahlreicher Arzneimittel sowie in der Parfümerie verwendet.

Salm m *zool.* Lachs; *auch* langweiliges Gerede.

Sa'lmiak m *(auch: s) chem.* salzsaures Ammonium; Ammoniumchlorid; **Sa'lmiakgeist** m wäßrige Lösung von Ammoniak.

Salmone'llen Mz. Gruppe krankheitserregender Darmbakterien (z. B. Typhuserreger).

salomo'nisch *svrv.* weise.

Salo'n m (salo'ñ) Empfangs-, Ausstellungsraum; **Salo'nlöwe** m von Frauen umschwärmter eleganter Gesellschafter.

Saloon m (ßäluh'n) Kneipe, Alkoholausschank.

salo'pp nachlässig, lässig, ungezwungen.

Salpe'ter m *chem.* Salpetersäuresalz: Rohstoff für Düngemittel, Farb- und Sprengstoffe; **Salpe'tersäure** *rv chem.* sehr starke Stickstoffsäure: „Scheidewasser".

Sa'lpinx *rv med.* Eileiter; Ohrtrompete; *mus.* altgriechische Bronze- bzw. Eisentrompete.

Sa'lta s ein Brettspiel.

Sa'lto m freier Überschlag, Sprung; **Sa'lto morta'le** m „Todessprung": gefährlicher Sprung in der Artistik; *auch svrv.* lebensgefährliches Wagnis.

Salu't m *mil.* Ehrengruß; **salutie'ren** *mil.* grüßen; **Salutatio'n** *rv* Begrüßung; **Saluti'st** m Angehöriger der Heilsarmee.

Salvarsa'n s *med.* von Ehr-

lich und Hata dargestellte organische Arsenverbindung: Arzneimittel gegen die Syphilis und weitere Krankheiten.

Salvatio'n *rv* Errettung, Rettung, Erlösung;

Salvation Army *rv* (ßälweh'sch^en ah'mi) „Heilsarmee", eine militärisch organisierte religiöse Gemeinschaft; **Salva'tor** m *rel.* Heiland, Erlöser; s eine Starkbierart; **salvato'risch** nur aushilfsweise bzw. ergänzend geltend; **salvatorische Klausel** *rv iur.* Rechtssatz oder Vertragsbestimmung, die nur gilt, sofern andere Normen keinen Vorrang haben (z. B. Schlußformel in Verhandlungen zwischen Berlin (West) und der DDR, um Einigung in praktischen Fragen zu ermöglichen, ohne daß ein Partner seinen Rechtsstandpunkt aufgeben muß).

sa'lva ve'nia „mit Verlaub".

sal've „sei gegrüßt!"

Sa've *rv mil.* gleichzeitiges Abschießen mehrerer Feuerwaffen.

salvie'ren, sich sich in Sicherheit bringen.

Samari'ter m (freiwilliger) Krankenpfleger.

Sama'rium s *chem.* ein Grundstoff (Sm), ein Metall (nach dem russischen Forscher Sama'rski benannt).

Sa'mba *rv/m* ein Modetanz.

Samae'l m (... a-e'l) oberster Teufel.

Sa'miel m (... i-el) (Ober-)Teufel (eigentlich: Samael).

Samisdat m russ. *Abk. f.* Samoje isdatelstwo: Selbstverlag: Bezeichnung für die (illegale)

Herstellung und den Vertrieb literarischer und politischer, auch systemkritischer Schriften in der UdSSR.

Sa'misen *n* *mus.* japanische Gitarrenart.

Sa'mos *m* griechische Süßweinsorte.

Samowa'r *m* russische, mit Holzkohle beheizte Teemaschine.

Sa'mpan *m* chinesisches (Haus-)Boot.

Sample *s* (ßäh'mp°l) repräsentative Stichprobe, Probeauswahl, Warenprobe, Muster.

Sa'mum *m* trocken-heißer Wüstenwind.

Samurai' *m* Angehöriger des altjapanischen adligen Kriegerstandes.

San ... italienisch bzw. spanisch: Heilig ....

Sanato'rium *s* Heilstätte.

Sa'ncta *n* *rel.* Heilige ... (mit nachgestelltem Namen); **Sa'ncta Se'des** *m* *rel.* Heiliger Stuhl, höchste Behörde der katholischen Kirche; **sa'ncta simpli'citas** heilige Einfalt; **Sa'nctum Offi'cium** *s* *rel.* Heiliges Offizium (s. dort); **Sa'nctus** *m* Heiliger ... (mit nachgestelltem Namen); *rel.* Lobgesang in der kath. Messe.

Sanda'le *n* Riemenschuh; **Sandale'tte** *n* leichter sandalenartiger Schuh.

Sa'ndelholz *s* *bot.* duftende Holzart; **Sa'ndelöl** *s* aus dem Sandelholz gewonnenes Öl (für Duftstoffe).

Sa'ndschak *m* türkische Standarte (als Souveränitätszeichen); türkischer Verwaltungsbezirk.

Sandwich *s* (ßä'ndwitsch) Weißbrotdoppelschnitte mit Belag; belegtes Brötchen; **Sandwichman(n)** *m* (ßä'ndwitschmän od.

... mann) Träger von vor der Brust und auf dem Rücken angebrachten Werbeschildern.

sanforisie'ren Gewebe durch Hitze einschrumpfen lassen, damit es später nicht mehr einlaufen kann.

Sangui'niker *m* Mensch mit lebhaftem, leichtblütigem, heiterem Temperament; **sangui'nisch** lebhaft, leichtblütig, heiter.

Sa'ni *m* *Abk.* *v.* Sanitäter.

sanie'ren heilen, bessern; gesunde Wohn- und Lebensverhältnisse schaffen; einem wirtschaftlichen Unternehmen aus einer Notlage heraushelfen; **Sanie'rung** *n* Heilung, Besserung; Schaffung gesunder Wohn- und Lebensverhältnisse; Hilfe für ein in Not geratenes wirtschaftliches Unternehmen; **sanitä'r** gesundheitlich; **Sanitä'ter** *m* Krankenpfleger; *mil.* Heilgehilfe; **Sanitä'tsoffizier** *m* Militärarzt (im Offiziersrang).

Sa'nka *m* *mil.* Kurzbezeichnung für Sanitätskraftwagen.

Sankt .. Heiliger ...., heilig ...; **Sanktifikatio'n** *n* Heiligsprechung; **sanktifizie'ren** heiligsprechen.

Sanktio'n *n* Genehmigung; Zwangsmaßnahme; **Sanktio'nen** *Mz.* Zwangsmaßnahmen; **sanktionie'ren** bestätigen, anerkennen.

Sankti'ssimum *s* *rel.* das Allerheiligste.

Sansculotte *m* (ßañkülo'tt°) „ohne Kniehosen": Bezeichnung für den keine Kniehosen, sondern lange Hosen tragenden Republikaner der Französischen Revolution.

Sansevie'r(i)a *n* (...wi-e...)

bot. Liliengewächs der afrikanischen und asiatischen Tropen.

sans gêne (ßañ shäh'n) ungezwungen.

Sa'nskrit *s* altindische Hochsprache; **Sanskriti'st** *m* Sanskritforscher.

Sant' ... *s.* San ...; **Sa'nta** ... italienisch bzw. spanisch: heilig, Heilige(r) ...; **Santa Claus** *m* (ßänt° klô'ß) amerikanische Bezeichnung für Weihnachtsmann;

Sa'nto ... italienisch bzw. spanisch: heilig ..., Heilige(r) ...; **São** ... (ßa'u) portugiesisch: heilig, Heiliger ...

Sa'pere au'de! „Wage es, weise zu sein!"

Saphi'r, Sa'phir *m* Edelsteinart: blauer Korund.

Saponi'ne *Mz.* *chem.* stickstofffreie Glukoside pflanzlicher Herkunft, in wäßriger Lösung schäumend (für Arzneien und Waschmittel verwendet).

Sa'ppe *n* *mil.* feindwärts vorgetriebener Laufgraben; **Sappeur** *m* (ßapö'r) *mil.* *svm.* Pionier; im Bau von Feldstellungen und Befestigungen besonders ausgebildeter Soldat.

sa'pphisch die altgriechische, auf Lesbos lebende Dichterin Sappho betreffend; *sex.* lesbisch; **Sapphi'smus** *m* *sex.* lesbische Liebe, gleichgeschlechtliche Liebe zwischen Frauen.

Sapro'bie *n* (...i-e) *biol.* in faulenden Stoffen lebender Organismus; **sapro'bisch** *biol.* in faulenden Stoffen lebend; **saproge'n** *biol.* fäulniserregend; **Sapropha'gen** *Mz.* *biol.* sich von faulenden Stoffen ernährende Organismen; **Saprophy't** *m* *bot.* sich von faulenden Stoffen ernährender pflanzlicher Organismus; **Saprozo'on**

s *zool.* sich von faulenden Stoffen ernährender tierischer Organismus.

Saraba'nde *w mus.* langsamer Gesellschaftstanz des 17./18. Jahrhunderts; *auch* Satz einer Suite.

Sarafa'n *m* russisches Frauenkleid (18./19. Jahrhundert).

Saraze'ne *m* mittelalterliche Bezeichnung für Mohammedaner des Mittelmeerraumes.

Sarde'lle *w zool.* kleiner Heringsfisch, Anchovis; **Sardi'ne** *w zool.* kleiner Heringsfisch, kl. Pilchard.

sardo'nisch hämisch, krampfhaft; **sardo'nisches Lachen** *med.* scheinbares Lachen, hervorgerufen durch krampfhafte Zusammenziehung der Lachmuskeln.

Sardo'nyx *m* ein Halbedelstein: gestreifter Chalzedon.

Sa'ri *m* indisches Wickelgewand (Frauentracht).

Sarka'smus *m* beißender Spott; **sarka'stisch** beißend spöttisch.

Sarko'm *s med.* bösartige Geschwulst.

Sarkopha'g *m* prunkvoller (Stein-)Sarg.

Sa'rong *m* rockähnliches indonesisches Kleidungsstück.

Sa'schen *m* altes russisches Längenmaß (2,13 m).

Sa'ssafras *m bot.* nordamerikanisches Lorbeergewächs.

Sa'tan *m* Teufel; **sata'nisch** teuflisch; **Satani'smus** *m* Teufelsverehrung.

Satelli't *m* Begleiter, Höriger; *astr.* Planetenmond, Raumsonde, künstl. Erdmond; **Satelli'tenbild** *s* von einer Raumsonde aufgenommenes Bild; **Satelli'tenstaat** *m* einer Großmacht höriger Staat; **Satelli'tenstadt** *w* außerhalb des

alten Stadtgebietes geschaffene, fast ausschließlich Wohnzwecken dienende Großsiedlung.

Sa'temsprachen *Mz.* eine der beiden indogermanischen Sprachgruppen, nach dem iranischen Wort für „100" benannt.

Satin *m* (satä'n) glänzender Stoff; **satinie'ren** glätten; **Satinage** *w* (satinah'sh^e) (Papier-)Glättung.

Sati're *w* Spottschrift; **Sati'riker** *m* Spötter; **sati'risch** spöttisch.

Satisfaktio'n *w* Genugtuung.

Satra'p *m* altpersischer Statthalter; *auch* selbstherrlicher Statthalter bzw. Verwalter eines größeren Herrschaftsgebietes; **Satrapie'** *w* Herrschaftsgebiet eines Satrapen.

Saturatio'n *w* Sättigung; *techn.* Verfahren in der Zuckerherstellung; **saturie'ren** sättigen; **saturie'rt** gesättigt; *pol.* keine Ansprüche mehr stellend.

Saturna'lien *Mz.* (...i-en) altrömisches Fest zu Ehren Saturns.

Sa'tyr *m* altgriechischer Wald- und Feldgott; *auch* sinnl. Mensch; **Satyri'asis** *w sex.* krankhaft übersteigerter männlicher Geschlechtstrieb.

Sauce *w* (soh'ß^e) *s.* Soße.

Sau'rier *m* (...i-er) vorzeitliche Riesenechse.

sautieren (ßohtih'r^en) (in Fett) rösten.

Sauvegarde *w* (ßohwga'rd) Schutzwache; Schutzbescheinigung; **sauve qui peut!** (ßoh'wkipöh') „Rette sich, wer kann!"

Sava'nne *w* (tropische) Baumsteppe.

Savoir-faire *s* (ßawoarfäh'r) Gewandtheit, Geschicklichkeit, das „Ge-

wußt wo und wie"; **Savoir-vivre** *s* (ßawoarwih'wr^e) Lebenskunst, -klugheit.

Saxifra'ga *w bot.* Pflanzengattung Steinbrech.

Saxopho'n *s mus.* Blechblasinstrument; **Saxophoni'st** *m mus.* Saxophonbläser.

sazerdota'l *rel.* priesterlich; **Sazerdo'tium** *s rel.* Priesteramt.

Sbi'rre *m* Häscher, Scherge, Polizeidiener (in Italien).

Sca'la *w* Bezeichnung für die Mailänder Oper; **sca'la** *mus.* Tonleiter.

Sca'mpi *Mz. zool.* Krebschen.

Sca'ndium *s s.* Skandium.

Scene *w* (ßih'n) *engl.* Szene (*s.* dort).

Scha'bbes *m sw.* Sabbat (*s.* dort).

Schablo'ne *w* ausgeschnittenes Muster; herkömmliche Form; **schablon(is)ie'ren** nach einer Schablone arbeiten; *auch* geistlos, nur nach Vorlage arbeiten.

Schabra'cke *w* verzierte Satteldecke.

Schach *s* ein Brettspiel.

Scha'cher *m* Feilscherei, Geschäftemacherei, „Kuhhandel"; **scha'chern** feilschen.

Schä'chten *s* jüdische rituelle Schlachtung, bei der das Schlachttier voll ausblutet; **schä'chten** rituell schlachten.

Scha'dchen *m* jüdischer Heiratsvermittler.

Schafo'tt *s* Richtstätte, Blutgerüst.

Schah (-in-Schah) *m* persischer Herrschertitel.

Schaka'l *m zool.* Wildhundeart, hundeartiges Raubtier.

Schä'ker *m* wer gern schäkert; Schelm; **schä'kern** sich freundschaftlich necken; tändeln.

Schalo'm! *hebräischer* Gruß: „Frieden!".

Schalo'tte w bot. Lauchart; kleine Zwiebelart.

Schalu'ppe w naut. großes Boot.

Schama'de w Signal zum Zeichen der Ergebung, der Übergabe.

Schama'ne m Zauberpriester; **Schamani'smus** m Religion, die sich der Zauberpriester zur Abwehr von Dämonen und böser Geister bedient.

Scha'mbock m afrikanische Nilpferdpeitsche.

Schamo'tt(e) m (w) gebrannter, feuerfester Ton; auch swv. Abfall, wertloser Kram; **schamottie'ren** mit Schamottesteinen ausmauern.

Schampon, schamponieren s. Schampun, schampunieren.

Schampu'n s Haarwaschmittel; **schampunie'ren** Haare mit Schampun waschen (s. auch Shampoo(n), shampoonieren).

Scha'mpus m Champagner, Sekt, Schaumwein.

schanghai'en Seeleute mit Gewalt anheuern.

Scha'nker m med. eine Geschlechtskrankheit: durch Geschlechtsverkehr übertragenes Geschwür.

Schara'de w Silbenrätsel.

Schä're w flaches Felsinselchen vor der schwedischen und finnischen Küste.

Scha'rlatan m Marktschreier, Kurpfuscher; **Scharlatanerie'** w Marktschreierei, Kurpfuscherei.

Scha'rm m Reiz, Zauber; **scharma'nt** reizend; **scharmie'ren** schöntun, entzücken.

Scharmü'tzel s Geplänkel; **scharmutzie'ren** plänkeln, umschmeicheln.

Scharnie'r s Drehgelenk.

Scharpie' w durch Zerrupfen von Leinwand gewonnenes Verbandmittel.

Scha'schlik m auf einem Holzspieß aufgereihte gebratene Fleischstückchen.

scha'ssen wegjagen, 'rausschmeißen; **schassie'ren** sich beim Gesellschaftstanz mit kurzen, gleitenden Schritten fortbewegen.

Schatu'lle w Schmuckkästchen; Privatkasse eines Fürsten.

Schau'te w swv. geckenhafter Mensch; Narr.

Sche'becke w mittelmeerisches Segelschiff.

Scheck m Zahlungsanweisung.

Scheich m Beduinenhäuptling; Ortsvorsteher; auch höherer islamischer Geistlicher.

Schelf s/m der vom Meer überspülte Rand des Festlandsockels; **Sche'lfmeer** s flaches Randmeer.

Sche'llack m indisches Baumharz, das zur Herstellung von Lacken, Firnissen, Kitten usw. verwendet wird.

Sche'ma s Muster, Norm; **schema'tisch** nach einem Muster behandelt; übersichtlich; **schematisie'ren** nach einem Muster, einer Norm behandeln; **Schemati'smus** m (geistloses) Formenwesen.

Sche'men m (auch: s) wesenloses Schattenbild (kein Fremdwort!).

Scheri'f m (Titel der) Nachkommen Mohammeds; **scheri'fisch** die Nachkommen Mohammeds bzw. deren Herrschaftsgebiete betreffend.

Sche'rzo s (sk...) mus. heiteres Tonstück.

sche'sen eilen.

Schi m Schneeschuh.

Schi'a w eine der beiden Glaubensrichtungen des Islams.

Schibbo'leth s swv. Losung, Erkennungszeichen.

Schick m Eleganz, modische Feinheit; **schick** elegant, modisch; fein, nett.

Schii'smus m (...i-i...) islamische Glaubensrichtung der Schiiten; **Schii'ten** Mz. (...i-i...) Anhänger der Schia (s. dort).

Schika'ne w böswillig bereitete Schwierigkeit; **schikanie'ren** ärgern, quälen; **schikanö's** gemein, boshaft.

Ski'jöring s (schih'jöring) Schilauf mit vorgespanntem Pferd oder Kraftfahrzeug.

Schimä're w Wahnbild, Hirngespinst.

Schintoi'smus m (...o-i...) „Weg der Götter": japanische Volksreligion (bis 1945 Staatsreligion).

Schiro'kko m warmer Südsturm im Mittelmeerraum.

Schi'rting m grobes Baumwollgewebe.

Schi'sma s (Kirchen-)Spaltung; **Schisma'tiker** m Anhänger einer von der Kirche abgespaltenen Glaubensrichtung; Abtrünniger; **schisma'tisch** das Schisma betreffend; abtrünnig.

schizoge'n biol. durch Spaltung entstanden; **schizoi'd** (...o-id) med. seelisch gespalten; kontaktarm; **Schizomyze'ten** Mz. biol., med. Spaltpilze, Bakterien; **schizophre'n** med. an Spaltungsirresein leidend; auch swv. verrückt, unverständlich; **Schizophrenie'** w med. Spaltungsirresein.

Schla'chta w ehemaliger polnischer Adel; **Schlachtschi'tz** m polnischer Edelmann.

Schlama'ssel s Durcheinander, Unglück.

Schle'mihl m swv. Pechvogel.

Schmo'ck m gesinnungsloser Journalist.

Schmo'llis! studentischer Trinkgruß (beim Brüderschaftschließen).

Schmo'nzes m leeres Gerede, Geschwätz; **Schmonze'tte** w svw. Kitschfilm, kitschiges Bühnenstück.

Schmu' m leichter Betrug.

Schmu's m Gerede, fade Schmeichelei.

Schock m (Nerven-)Erschütterung; **schocka'nt** empörend, anstößig; **scho'cken** med. mit künstlich erzeugten Schocks behandeln; **Scho'cker** m Schauerstück (Roman, Film, Theater); **schockie'ren** in Entrüstung versetzen.

Schofa'r m (im jüdischen Kult verwendetes) Widderhorn.

scho'fel(ig) schäbig, knauserig.

Scho'gun m Angehöriger des altjapanischen Militäradels, der die Herrschaftsgewalt für den entmachteten Kaiser ausübte; **Schoguna't** s Amt eines Schoguns; Regierung durch den Militäradel.

schoka'nt s. schockant.

Schola'r m fahrender Schüler bzw. Student im Mittelalter; **Schola'rch** m Schulvorsteher; **Schola'stik** w mittelalterliche Kirchenphilosophie; Schulweisheit; **schola'stisch** die Scholastik betreffend; auch spitzfindig.

Scho'lien Mz. (. . . i-en) erläuternde Anmerkungen zu Werken antiker Schriftsteller.

Scho'ner m mehrmastiges Segelschiff (mit Gaffeltakelung).

Scho'se w Sache, Angelegenheit.

Scho'tt m nordafrikanischer Salzsumpf.

schraffie'ren stricheln; **Schraffu'r** w Strichelung.

Schrapne'll s mit Kugeln gefülltes Sprenggeschoß.

Schredder s. Shredder.

Schulcha'n Aru'ch m (ch in Schulchan wie in „ach") rel. für das orthodoxe Judentum maßgebende Sammlung von Gesetzen und Ritualvorschriften.

Schuner m naut. s. Schoner.

Schwadrona'de w Prahlerei, wortreiches Gerede; **Schwadroneur** m (. . . -nö'r) Prahlhans, Angeber

Schwulitä't w „Klemme", schwierige Lage.

Science-fiction w (ßai'°nß fi'ktsch°n) im Schrifttum: naturwissenschaftlich-technische Utopie.

Scotch m (ßko'tsch) schottischer Whisky.

Scotchterrier m (ßko'tsch-. . .) schottischer kleiner Haus- und Jagdhund.

Scotland Yard m (ßko'tländ jah'd) Londoner (Kriminal-)Polizei; deren Gebäude.

Scout m (ßkau't) Späher, Pfadfinder.

Script . . . s. Skript . . .

Scy'lla w s. Skylla.

Seal m/s (ßih'l) Bärenrobbe(nfell).

Sealab s (ßih'läb) Kurzbezeichnung für: unter Wasser befindliches Meeresforschungslaboratorium.

Sealskin m/s (ßih'lßkin) Fell der Bärenrobbe.

Séance w (ßeh-a'nß) spiritistische Sitzung.

Season w (ßih's°n) Saison, Jahreszeit.

sec (ßäk) trocken, herb (bei alkoholischen Getränken)

SECAM Abk. f. „Séquentiel à Mémoire" (aufeinanderfolgend mit Gedächtnis[speicherung]): von Franzosen entwickeltes Farbfernsehsystem.

se'cco (auch mus.) trocken.

Secento s s. Seicento.

Secondhand-Shop m (ßäk°nd hä'nd schop) Ladengeschäft, in dem mit Gebrauchtwaren gehandelt wird.

Secret Service m (ßih'krit ßö'rwiß) brit. Geheimdienst.

Se'ctio au'rea w math. der „Goldene Schnitt" (= Teilung einer Strecke, daß sich der kleinere Abschnitt zum größeren wie der größere zur ganzen Strecke verhält).

seda't ruhig; **sedati'v** med. beruhigend; **Sedati'vum** s med. Beruhigungsmittel.

sedentä'r seßhaft; **Se'des** w Sitz, Stuhl; **Se'des Aposto'lica** w rel. der „Heilige Stuhl".

Sedime'nt s Ablagerung, Niederschlag, Bodensatz; **sedimentä'r** durch Ablagerung entstanden, abgelagert; **Sedimentatio'n** w Ablagerung, Bodensatz-, Niederschlagsbildung; **sedimentie'ren** (sich) ablagern, einen Bodensatz od. Niederschlag bildend.

Sedisvaka'nz w rel. Zeitraum, während dessen der päpstliche oder ein bischöflicher Stuhl nicht besetzt ist.

Seduktio'n w Verführung.

Se'dum s bot. dickblättriges Gewächs: „Hauswurz", „Fetthenne".

seduzie'ren verführen.

Segme'nt s (Kreis-, Kugel-) Abschnitt; med. Körperabschnitt; **segmenta'l** zu einem Segment gehörig; segmentförmig; **segmentä'r** zu einem Segment gehörig; aus Segmenten gebildet.

Segregatio'n w Trennung, Absonderung; gesellschaftliche Absonderung; **segregie'ren** (ab-) trennen, absondern.

Seicento s (ße-itschä'nto) das 17. Jahrhundert (in

der italienischen Kunst).
Seigneur m (ßänjö'r) sɒɰ.
vornehmer Herr;
seigneural (ßänjörah'l)
vornehm, herrschaftlich.
Sei'smik ɰ Erdbeben-
kunde; **sei'smisch** durch
Erdbeben hervorgerufen;
Seismizitä't ɰ Erdbeben-
tätigkeit; **Seismogra'ph**
m Erdbebenanzeiger;
seismogra'phisch durch
einen Erdbebenmesser
aufgezeichnet; **Seismo-
gra'mm** s Erdbebenwel-
lenaufzeichnung; **Seis-
mologie'** ɰ Wissenschaft
von den Erdbeben; **seis-
molo'gisch** die Wissen-
schaft von den Erdbeben
betreffend; **Seismome'ter**
m Erdbebenmesser.
Sejm m (ßaim, ße'im)
Volksvertretung der
Volksrepublik Polen.
Seka'nte ɰ math. eine Gerade, die eine Kurve od.
Fläche (an mindestens
2 Punkten) schneidet.
Se'kel m altvorderasiati-
sches Gewicht.
sekre't geheim; **Sekre't**
s med. (Drüsen-)Abge-
sondertes; **Sekretä'r** m
(Geheim-)Schreiber;
mittl. Beamter; Ge-
schäftsführer; Schreib-
schrank; **sekretie'ren**
absondern, als geheim
behandeln; med. aus-
scheiden, absondern;
Sekretio'n ɰ med. (Drü-
sen-)Absonderung.
Sekt m Schaumwein.
Se'kte ɰ kleine Glaubensgemeinschaft; **Sektie'rer**
m Sektenangehöriger;
Eigenbrötler; **sektie're-
risch** einer Sekte ange-
hörend; eigenbrötlerisch.
Sektio'n ɰ Abteilung;
med. Leichenöffnung.
Se'ktor m Bezirk; math.
(Kreis-, Kugel-)Aus-
schnitt.
Seku'nda ɰ dem 10. u. 11.
Schuljahr entsprechende
Klassen (Unter- und
Obersekunda) höherer

Schulen; ursprünglich:
vorletzte Schulklasse;
Sekunda'ner m Schüler
einer Sekunda.
Sekunda'nt m Helfer im
Zweikampf; **Sekunda'nz**
ɰ Unterstützung.
sekundä'r an zweiter Stelle stehend.
Sekundä'rliteratur ɰ
Schrifttum über Litera-
turwerke.
Sekunda'rstufe ɰ die den
ersten vier Schulklas-
sen folgenden Klassen
bis zum Abschluß.
Seku'nde ɰ ¹/₆₀ Minute.
sekundie'ren helfen.
seku'ndlich, sekü'ndlich
alle Sekunde, in jeder
Sekunde.
Seku'ndogenitu'r ɰ Zweit-
nachkommenschaft; für
die 2. Linie einer Adels-
familie bestimmte Ver-
mögensmasse.
Sekuri't s splittersicheres
Glas; **Sekuritä't** ɰ Sicherheit.
Se'la s Musikzeichen in
den Psalmen; auch sɒɰ.
abgemacht! Schluß!
Selado'n m schmachtender
Verliebter; s grüne chi-
nesische Porzellanart.
Se'lam s. Salam.
Selamli'k, Se' lamlik m
Empfangszimmer in vor-
nehmen mohammedani-
schen Häusern.
Sele'kta ɰ Spitzenklasse,
zusätzliche Oberklasse
für Begabte; **Selekta'ner**
m Schüler einer Selekta.
selektie'ren auswählen;
Selektio'n ɰ Auswahl;
selektionie'ren s. selek-
tieren; **Selektio'ns-
theorie** ɰ biol. Darwinis-
mus; Theorie, nach der
die stammesgeschicht-
liche Entwicklung durch
Auslese erfolgt; **selek-
ti'v** auswählend.
Sele'n s chem. ein Grundstoff (Se).
Selenographie' ɰ Mond-
beschreibung; **Seleno-
lo'ge** ɰ Mondforscher;

Selenologie' ɰ Mond-
forschung; **selenoze'n-
trisch** auf den Mond als
Mittelpunkt bezogen.
Selfgovernment s (ßä'lf-
gaw°rnment) Selbstre-
gierung, -verwaltung.
Selfmademan m (ße'lf-
mehdmän) durch eigene
Kraft emporgekomme-
ner Mann.
Sema'ntik ɰ Wortbedeutungslehre; **Sema'ntiker**
m Wissenschaftler auf
dem Gebiet der Seman-
tik; **sema'ntisch** die
Wortbedeutungslehre
betreffend, bedeutungs-
mäßig; **Semasiologie'**
ɰ s. Semantik; **sema-
siolo'gisch** s. semantisch.
Semeiographie' ɰ Zei-
chen-, Notenschrift.
Semeio'tik ɰ psych. Lehre
vom Ausdruck.
Se'men s biol. Samen.
Seme'ster s Halbjahr.
Se'mifina'le s (Sport) Vor-
schlußrunde.
Se'mi-Kini m „falscher
Bikini": einteiliger Da-
menbadeanzug, der wie
ein zweiteiliger wirkt.
Semiko'lon s Strichpunkt.
semiluna'r halbmond-
förmig.
Semina'r s Bildungsstätte;
(Hochschulinstitut für)
wissenschaftl. Übungen;
Seminari'st m Teilneh-
mer an einem Seminar.
Semiologie' ɰ s. Semiotik;
Semio'tik ɰ med. Lehre
von den Krankheitszei-
chen.
Semi't m Angehöriger
einer asiat.-afrikan.
Völkergruppe; **semi'tisch**
zur Völkergruppe der
Semiten gehörig; die
Semiten betreffend;
Semiti'st m Wissen-
schaftler, der die semi-
tischen Sprachen und
Schriftwerke erforscht;
Semiti'stik ɰ Wissen-
schaft von den semiti-
schen Sprachen und
Schriftwerken; **semi-**

ti'stisch die Semitistik betreffend.

se'mper a'liquid hae'ret „immer bleibt etwas hängen!" se'mper i'dem „immer derselbe!"

Sen m kleine ostasiatische Münzeinheit.

Sena't m oberste Stadt- u. Landesbehörde; Erste Kammer einer Volksvertretung (z. B. USA); Professoren-, Richterkollegium; Sena'tor m Senatsmitglied; Sena'tus Populu'sque Roma'nus (Abk. S.P.Q.R.) „der römische Senat und das römische Volk".

Senesze'nz m med., biol. das Altern.

Senhor m (ßinjoh'r) portugiesisch: Herr; Senhora m (ßinjoh'ra) portugiesisch: Frau, Dame; Senhorita m (ßinjorih'ta) portugiesisch: Fräulein.

seni'l greisenhaft; Senilitä't m Greisenhaftigkeit.

Se'nior m „der Ältere"; Vorsitzender; Senio'ren Mz. svm. Ruheständler, alte Menschen; -heim s svm. Altersheim.

Se'nium s Greisenalter.

Señor m (ßänjoh'r) spanisch: Herr; Señora m (ßänjoh'ra) spanisch: Frau, Dame; Señorita m (ßänjorih'ta) spanisch: Fräulein.

Sensa'l m Makler; Sensa'rie m (. . . i-e) Maklergebühr.

Sensatio'n m aufregender, erstaunlicher Vorgang; sensatio'nell aufsehenerregend.

sensi'bel empfindsam; sensi'bile mus. empfindlich, gefühlvoll; sensibilisie'ren empfindlich machen; Sensibilitä't m Empfindsamkeit; sensibilme'nte mus. empfindlich, gefühlvoll; sensiti'v (sehr) empfindlich; sensitivie'ren hochempfindlich machen; Sensitivitä't m (gesteigerte) Empfind-

lichkeit.

Se'nsor m techn. hochempfindliches Kontrollgerät; hochempfindlicher Auslöser; senso'rie'll (. . . i-ell) med. auf Sinne(swahrnehmungen) bezüglich; senso'risch s. sensoriell; Sensuali'smus m phil. Lehre, daß alle Erkenntnisse auf Sinneswahrnehmungen beruhen; sensue'll (. . . ue'll) sinnlich wahrnehmbar.

Sente'nz m Denkspruch; sentenziö's reich an Sentenzen; wie eine Sentenz.

Sentimenta'le m theat. Darstellerin weiblicher Empfindsamkeit; Sentiment s (ßañtima'ñ) Gefühl; sentimenta'l (senti . . .) gefühlvoll, rührselig; Sentimentalitä't m Rührseligkeit.

separa't abgesondert, einzeln; Separati'st m pol. Anhänger des Separatismus; separati'stisch die Abtrennung von Staatsteilen betreibend; Separati'smus m pol. Streben nach Abtrennung von Staatsteilen.

Separa'tor m techn. Zentrifuge (s. dort); Separa'tum s Sonderdruck; Separatio'n m Absonderung; Separée' s abgeteilter Raum; separie'ren abtrennen; absondern.

Sephardi'm Mz. Juden Spaniens und Portugals.

Se'pia m zool. Tintenfisch; aus dem Farbbeutel des Tintenfisches gewonnener brauner Farbstoff; se'pia (dunkel-)braun; Se'piaschale m „Schulp", Rückenplatte eines Tintenfisches.

Sepoy m (ßih'poi) eingeborener Soldat der früheren britisch-indischen Kolonialtruppe.

Se'psis m med. Blutvergiftung.

septenna'l siebenjährig; Septenna't s Zeitraum von sieben Jahren; Septe'nnium s s. Septennat.

septentriona'l nördlich.

Septe'tt s mus. siebenstimmiges Tonstück; Gemeinschaft von 7 Musikern oder Sängern; Septi'me m mus. 7. Stufe der diatonischen Tonleiter; von der 1. zur 7. Stufe reichendes Intervall.

se'ptisch med. eine Sepsis betreffend; Fäulnis erregend; nicht aseptisch.

Septuage'sima m rel. „der siebzigste (Tag)"; neunter Sonntag vor Ostern; Septuagi'nta m rel. „Siebzig": griechische Übersetzung des Alten Testaments (angeblich von etwa 70 Übersetzern durchgeführt).

Sepu'lcrum s Grabmal, -stätte; Reliquiengruft.

Seque'nz m Aufeinanderfolge; mus. Wiederholung einer Tonfolge auf anderen Tonstufen; sequenzie'ren mus. eine Tonfolge auf anderen Tonstufen wiederholen.

Seque'ster m Zwangsverwalter; s med. abgestorbenes Knochenstückchen; Sequestratio'n m Beschlagnahme, Zwangsverwaltung; med. Abstoßen eines abgestorbenen Knochenstückchens; sequestrie'ren zwangsverwalten.

Sequo'ia m, Sequo'ie m (. . . i-e) bot. Mammutbaum.

Serail m (ßera'hj) Sultanspalast.

Serapei'on, Serape'um s Tempel des Serapis, des ägyptischen Gottes der Unterwelt.

Se'raph m Engel; sera'phisch engelhaft.

sere'n heiter.

Serena'de rv mus. (Abend-) Ständchen.

Sereni'ssimus m „Gnädigster": Titel eines regierenden Fürsten; *scherzhaft für:* Kleinstaatfürst.

Serenitä't rv Heiterkeit.

Serge rv (ßä'rsh) Futterstoff aus Seide oder Kunstseide (gelegentlich auch aus anderen Gewebearten).

Sergeant m (ßärsha'nt, engl.: ßah'dsh°nt) mil. Unteroffizier; Unterfeldwebel.

Se'rie rv (...i-e) Reihe, Folge.

serie'lle Musik rv (...i-e...) mus. eine auf dem Prinzip der Reihung aller zwölf Töne beruhende Form der Zwölftonmusik.

Seri'fe rv Abschlußstrich an Kopf und Fuß von Druckbuchstaben.

seriö's ernsthaft, gediegen; **Seriositä't** rv Ernsthaftigkeit, Gediegenheit; **serio'so** mus. ernsthaft.

Sermo'n m Rede.

Serolo'ge m med. Wissenschaftler auf dem Gebiet der Serologie; **Serologie'** rv med. Wissenschaft vom Blutwasser; **serö's** med. serumartig, aus Blutwasser bestehend.

Serpe'nt m mus. schlangenartig gewundenes Blasinstrument.

Serpenti'n m grünliches, in Faser- oder Blättchenform auftretendes Mineral.

Serpenti'ne rv Windung, Kehre.

Serrade'lla rv bot. eine Futter- und Düngungspflanze.

Se'rum s med. Blutwasser; Lymphwasser; Impfstoff.

Serva'nte rv kleine Anrichte; Beistelltischchen.

Service s (serwih'ß) Tafelgeschirr; m (ßö'rwiß) Kundendienst.

servie'ren auftragen, bedienen; **Servie'rerin** rv Kellnerin.

Servie'tte rv (...i-ette) Mundtuch.

servi'l unterwürfig, kriecherisch; **Servilitä't** rv unterwürfige Ergebenheit.

Servi's m Verpflegungs-, Orts-, Wohngeldzulage.

Serviteur m (särwitö'r) „Diener": kleine Anrichte; auch Vorhemd.

Servi'tium s Dienstbarkeit; Sklaverei; **Servitu't** rv Dienstbarkeit; iur. Nutzungsrecht.

Se'rvomechanismus m techr. Hilfsgerät, Hilfsmotcr zur Regelung und Steuerung größerer Kräfte (Servomotor, Servobremse, Servosteuerung, Servolenkung u. a.).

Se'rvus! Gruß: „Ihr, Dein Diener": svrv. Guten Tag!

sessi'l biol. seßhaft, sitzend; **Sessilitä't** rv Seßhaftigkeit, sitzende Lebensweise im Wasser lebender Tiere.

Sessio'n rv Sitzung; Sitzungsdauer.

Seste'rz m altrömische Münze.

Set m (ßä't) Satz (zusammengehöriger Dinge).

Settecento s (ßätetschä'nto) das 18. Jahrhundert (in der italienischen Kunst).

Settlement s (ße'tlm°nt) Siedlung, Niederlassung.

Sex m sex. Geschlecht; geschlechtliche Ausstrahlung Geschlechtstrieb; svrv. Sex-Appeal (s. dort).

Sexage'sima rv rel. „der sechzigste (Tag)": 3. Sonntag vor Ostern; **sexagesima'l** das Sexagesimalsystem betreffend, auf diesem beruhend; **Sexagesima'lsystem** s auf der Grundlage der Zahl 60 beruhendes Zahlensystem; **Sexago'n** s math. Sechseck.

Sex-and-Crime (ßäkßänd-

krai'm) Sexualität und Verbrechen ...

Sex-Appeal m sex. (ßä'kß°pihl) Anziehungskraft auf das andere Geschlecht.

Se'xbombe rv sex. starken sexuellen Reiz ausstrahlande Frau; **Sexboutique** rv (...butih'k) s. Sexshop.

Sexercises Mz. (ßä'kß°r-ßais°s) sex. „Liebesübungen": Gymnastische Übungen zur Steigerung der Fähigkeiten zum Geschlechtsverkehr bzw. um bei diesem zu größerer Befriedigung zu gelangen.

Sexi'smus m von der amerikanischen Frauenbewegung geprägter Begriff für die Bevorrechtigung bzw. Benachteiligung eines Menschen aufgrund seines Geschlechtes.

Se'xmuffel m jemand, der spießerhaft zu Fragen des Geschlechtslebens eingestellt ist.

Sexologie' rv sex., med. Wissenschaft vom normalen und krankhaften Geschlechtsleben.

Sex-Party rv (ßä'kß pah'tih) sex. mit sexueller Betätigung verbundenes geselliges Beisammensein.

Sex Shop m (... schop) Laden- oder Versandgeschäft für alle das Sexualleben betreffenden Waren (hygienische Artikel, reiz- und luststeigernde Mittel und Geräte, „Reizwäsche", Sexfilme und -literatur usw.).

Se'xta rv dem 5. Schuljahr entsprechende Klasse höherer Schulen; **Se'xte** rv mus. 6. Stufe der diatonischen Tonleiter; von der 1. zur 6. Stufe reichendes Tonintervall; **Sexte'tt** s mus. sechsstimmiges Tonstück; Gemeinschaft von 6 Mu-

sikern oder Sängern.
Sexua'l..., **sexua'l...** med.,
sex. Geschlechts..., ge-
schlechts..., geschlecht-
lich.

Sexua'lethik w Sittenlehre
des Geschlechtslebens;
Verhältnis des Ge-
schlechtslebens zur Sitt-
lichkeit; **Sexua'lforscher**
m sex. das normale und
krankhafte Geschlechts-
leben erforschender Wis-
senschaftler; **Sexua'lhor-
mon** s med. Geschlechts-
hormon; **Sexua'lhygiene**
w (...i-ene) med., sex.
Hygiene des Geschlechts-
lebens; Lehre von den
das Geschlechtsleben be-
treffenden Gesundheits-
fragen; **Sexualitä't** w
sex., med. Geschlechtlich-
keit; **Sexua'lneurose** w
med., sex. auf Störungen
des Geschlechtslebens
beruhende seelische Stö-
rung; **Sexua'lorgan** s
med., sex. Geschlechts-
organ, -teil; **Sexua'l-
pathologie'** w med., sex.
Lehre von den krankhaf-
ten Vorgängen im Ge-
schlechtsleben; **Sexua'l-
pädago'gik** w sex. ge-
schlechtliche Aufklärung;
Belehrung über alle mit
dem Geschlechtsleben zu-
sammenhängenden ge-
sundheitlichen und sitt-
lichen Fragen; **Sexua'l-
protz** m uspr. svw. ein
Mann, der sich offen
seiner zahlreichen se-
xuellen Erlebnisse und
Erfolge rühmt; **Sexua'l-
psychologie'** w psych.,
sex. Psychologie des Ge-
schlechtslebens; **Sexua'l-
wissenschaft** w sex. s.
Sexologie; **sexue'll**
(...u-e...) med.,
sex. geschlechtlich;
Sexuologie' w sex. s.
Sexologie; **Se'xus** m sex.,
biol. Geschlecht; **se'xy**
sex. (von Frauen und
Mädchen gesagt:) star-
ken sexuellen Reiz aus-
strahlend; erotisch sehr

attraktiv, körperlich
reizvoll.

sezernie'ren absondern,
entfernen; **Sezessio'n** w
Absonderung, (Ab-)
Trennung (von einer
Gemeinschaft); **Sezes-
sioni'st** m wer sich
von einer Gemeinschaft
gelöst hat; **sezessioni'-
stisch** eine Sezession anstrebend; von einer Ge-
meinschaft losgelöst;
sezie'ren med. zerschnei-
den, zergliedern.

Sgraffi'to s Kratzputz:
Wandmalerei, bei der
auf eine gefärbte Putz-
schicht eine weitere auf-
getragen wird, in welche
die Bildkonturen — bis
zur unteren Schicht
durchgehend — einge-
kratzt werden.

Shag m (schä'g) feinge-
schnittener Pfeifenta-
bak; **Shagpfeife** w
(schä'g...) zum Rau-
chen feingeschnittenen
Tabaks bestimmte Pfeife
mit kleinem Kopf.

Shake m (scheh'k) moderner, durch Schüttelrhyth-
men gekennzeichneter
Tanz; **Shakehands** s od.
Mz. (scheh'khänds)
Händeschütteln; **Shaker**
m (scheh'k^er) Mix-
becher.

Shalom s. Schalom.

Shampoo(n) s (schäm-
puh'[n]) Haarwasch-
mittel; **shampoonieren**
(schämpunih'r^en) mit
einem Shampoo(n) wa-
schen (s. auch Scham-
pun, schampunieren).

Shamrock m (schä'mrok)
dreiblättriges Kleeblatt
(Wahrzeichen der Iren).

Shanty s (schä'ntih) See-
mannslied.

SHAPE s Abk. v. Supreme
Headquarters Allied
Powers Europe: Ober-
stes Hauptquartier der
verbündeten Mächte
Europas, ein Organ der
NATO.

Share m (schä'r) Anteil,
Aktie.

Shawl m (schô'l) s. Schal.

Sheddach s (...d-d...)
Satteldach, dessen Flä-
chen verschiedene Nei-
gung haben: ,,Sägedach".

Sheriff m (schä'rif) mit
richterlichen und ver-
waltungsmäßigen Befug-
nissen ausgestatteter
Vollzugsbeamter (Groß-
britannien, USA).

She'rpa m (als Träger bei
Hochgebirgsexpeditio-
nen tätiger) Angehöriger
eines tibetanischen
Volksstammes.

Shetlandpony s (schä'tl^en-
poni) zool. Kleinpferd-
rasse.

Shi'lling m (sch...) britische Münzeinheit.

Shi'mmy m (sch...) durch
Schüttelbewegungen ge-
kennzeichneter Mode-
tanz der 20er Jahre.

Shirt s (schöt) kurzärme-
liges Hemd.

Shit s/m (schi't) englisch:
,,Scheiße!"; svw. Ha-
schisch (s. dort).

Shock m s. Schock.

shocking (scho'kiñ) peinlich, anstößig.

Shop m (scho'p) Laden,
Einzelhandelsgeschäft;
Shop-in-Shop-Center s
aus selbständigen La-
dengeschäften bestehen-
des Einkaufszentrum;
Shop-in-(the-)Shop m
selbständig tätiges La-
dengeschäft innerhalb
eines Kaufhauses, Su-
permarktes o. ä.

Shopping s (scho'ppiñ)
Einkauf(sbummel);
Sho'pping Center m
(scho'piñ ßä'nt^er) Ein-
kaufs-, Verkaufszentrum.

Shorts Mz. (scho'rts) kurze
Hose; **Shorty** s (schô'-
tih) kurzes Damennacht-
gewand.

Shortstory, **Short story** w
(angelsächsische Be-
zeichnung für) Kurzge-
schichte.

Show w (schoh') Unterhaltungsschau, Darbietung; **die Show stehlen** uspr. sprv. jemanden ausstechen; bei gleichzeitigem Auftreten erfolgreicher als ein Mitbewerber sein; mehr Beifall als ein gleichzeitig auftretender anderer Künstler erreichen.

Showbusineß s (schoh'bisniß) „Schaugeschäft": Unterhaltungsgeschäft, -industrie; **Showman** m (schoh'män) Schausteller, vielseitiger Unterhaltungskünstler; **Showmaster** m (schoh'mahßt°r) wer eine unterhaltende Darbietung leitet.

Shredder m (schrä'dd°) „Reißwolf" zur Zerstückelung ausgedienter Kraftwagen.

Shunt m (scha'nt) techn. Nebenwiderstand in elektrischen Stromkreisen; Nebenschluß; med. abnorme arteriovenöse Verbindung.

Shuttle s. Space Shuttle.

Shylock m (schai'lock) sprv. erbarmungsloser Gläubiger, Geldverleiher.

SI Abk. v. Système International d'Unités: Internationales Einheitensystem (s. dort).

Si'al s Silicium und Aluminium enthaltende obere Zone der Erdkruste.

siame'sische Zwillinge Mz. med. sprv. zusammengewachsene Zwillinge.

Sibila'nt m Zischlaut.

Siby'lle rv sprv. weissagende Frau; **sibylli'nisch** sprv. weissagend.

sic! „so (und nicht anders)!"; **sic tra'nsit glo'ria mu'ndi!** „So vergeht die Herrlichkeit der Welt!"

Sideboard s (ßai'dbôd) Anrichte, Büfett.

side'risch astr. die Sterne betreffend; **side'risches Jahr** s astr. Sternenjahr; **side'risches Pendel** s ein

an einem dünnen Faden aufgehängter Metallgegenstand (Ring oder Kugel: durch Pendelausschläge lassen sich — angeblich — Wasser- und Metalladern nachweisen.

Sicerologie' rv Wissenschaft vom Eisen und seiner Gewinnung.

Siderosphä're rv sprv. Erdkern.

Siderurgie' rv techn. Eisenbearbeitung.

sie'na (si-ena) rotbraun; **Sie'na** s (si-ena) rotbraune Farbe.

Sie'rra rv (si-erra) „Säge": langgestreckter Gebirgszug.

Sie'sta rv (si-esta) Mittagsruhe.

S.'gel s Kurzschriftkürzel; festgelegtes Abkürzungszeichen.

Sightseeing s (ßai'tßi-iñ) Besichtigung von Sehenswürdigkeiten; **Sightseeing Tour** rv Reise, Ausflug, Spaziergang zur Besichtigung von Sehenswürdigkeiten.

Sigi'll s Siegel; **sigillie'ren** siegeln, versiegeln; **Sigi'llum** s Siegel.

Si'gma s dem „s" entsprechender Buchstabe des griechischen Alphabets; **Sigmati'smus** m med., psych. fehlerhaftes Aussprechen der s-Laute.

Signa'l s (Melde-)Zeichen; **Signalement** s (... ma'ñ) Personenbeschreibung; **signalisie'ren** Zeichen geben, ankündigen.

Signata'r m Unterzeichner (eines Vertrages); **Signata'rstaat** m Staat, der einen zwischenstaatlichen Vertrag unterzeichnet (hat).

Signatu'r rv Merkzeichen; Unterschrift.

Signe't s Verleger-, Drukkerzeichen.

signie'ren kenn-, unterzeichnen.

signifika'nt bezeichnend.

Signor m (ßinjoh'r) italienisch: Herr; **Signora** rv (ßinjoh'ra) italienisch: Frau, Dame; **Signorina** rv (ßinjorih'na) italienisch: Fräulein.

Si'gnum s Zeichen.

Sigri'st m Mesner, Küster.

Sikh rv „Schüler", „Jünger": Angehöriger einer nordindischen mohammedanisch-hinduistischen Religionsgemeinschaft.

Sikkati'v s das Trocknen von Farben beschleunigendes Mittel.

Silage rv (silah'sh°) Futterkonservierung durch Einsäuerung in einem Silo; Gärfutter.

Si'ld m junger Hering.

Sile'n m trunkener, dickbäuchiger „Pferdemensch" der griechischen Sage: Begleiter des Bacchus.

Silhouette rv (siluä'tt°) Schattenriß.

Sili'cium s s. Silizium.

silie'ren Futter zwecks Konservierung in einem Silo einlagern.

Silika't s chem. Kieselsäuresalz; **Siliko'ne** Mz. chem. siliziumhaltige, wärmebeständige und wasserabweisende Kunststoffe; **Siliko'se** rv med. Staublungenkrankheit: durch Einatmen von kieselsäurehaltigem Staub hervorgerufene Lungenerkrankung; **Sili'zium** s chem. ein Grundstoff (Si) (nach silex = Kiesel benannt).

Si'lo m Großspeicher; Gärfutterbehälter.

Silu'r s geologische Formation des erdgeschichtlichen Altertums.

Silve'ster m/s letzter Tag des Jahres.

Si'ma s Silicium und Magnesium enthaltende untere Zone der Erdkruste.

Si'mili s/m Nachgeahmtes,

Nachahmung; Edelsteinnachahmung.

simi'lia simi'libus cura'ntur „Ähnliches wird mit Ähnlichem geheilt"; Leitgedanke der Volksheilkunde und der Homöopathie.

Si'milistein m nachgeahmter Edelstein.

Simónie' w rel. Kauf und Verkauf geistlicher Güter, Ämter oder Sachen.

Si'mpel m einfältiger Mensch; **si'mpel** schlicht, einfältig; **Si'mplex** s gramm. einfaches, nicht zusammengesetztes Wort; **simpli'citer** einfach, schlechthin; **Simplifikatio'n** w Vereinfachung; **simplifizie'ren** vereinfachen; **Simplifizie'rung** w Vereinfachung; **Simplizitä't** w Einfachheit; Einfalt.

Simula'nt m wer sich verstellt; wer eine Krankheit vortäuscht; **Simulatio'n** w Verstellung; Vortäuschung einer Krankheit; **Simula'tor** m Anlage zur wirklichkeitsnahen Ausbildung von Flugzeugführern, Raumfahrern u. Kraftfahrzeugführern, durch die normale, Unfall- und Gefahrensituationen sowie in der Natur bestehende Verhältnisse vorgetäuscht werden können; **simulie'ren** sich verstellen; eine Krankheit vortäuschen.

simulta'n gleichzeitig, gemeinsam; **Simulta'ndolmetschen** s gleichzeitiges Übersetzen in verschiedene Sprachen (bei Verhandlungen, Kongressen usw.); **Simultaneitä't** w (...-e-i...) Gleichzeitigkeit, Gemeinsamkeit.

Simulta'nkirche w für Gläubige verschiedener Bekenntnisse bestimmte Kirche; **Simulta'nschule** w Gemeinschaftsschule

(für Schüler aller Glaubensbekenntnisse);

Simulta'nspiel s Schachspiel, das gegen verschiedene Gegner gleichzeitig gespielt wird.

Sina'nthropus m „chinesischer Mensch": Pekingmensch; eine Frühform des Menschen.

si'ne ohne; **si'ne a'nno** ohne Angabe des Erscheinungsjahres (eines Buches oder einer literarischen Arbeit); **si'ne i'ra et stu'dio** svw. sachlich, unparteiisch.

Sineku're w von Pflichten freie Pfründe; svw. einträgliche, mühelose Stellung.

si'ne te'mpore (Abk. s. t.) „ohne Zeit": svw. pünktlich.

Sinfonie' w mus. aus mehreren Sätzen bestehendes Orchesterwerk; **Sinfonie'orchester** s mus. großes Orchester, dessen Besetzung die Aufführung aller Instrumentalwerke, insbesondere von Sinfonien, ermöglicht; **Sinfo'nik** w mus. Lehre vom Aufbau sinfonischer Tonsätze; **sinfo'nisch** mus. eine Sinfonie betreffend; in Art einer Sinfonie komponiert.

Single ..., single ... (ßi'ñgel) Einzel ..., einzel ...; **Single** s Einzelspiel zweier Spieler beim Sport; w (kleine) Schallplatte mit nur einem Stück od. Song je Seite; m alleinstehender Mensch.

Sing Sing s (siñsi'ñ) New Yorker Staatsgefängnis.

Si'ngular m gramm. Einzahl; **singulä'r** vereinzelt; **singula'risch** gramm. in der Einzahl...; die Einzahl betreffend; **Singularitä't** w Einmaligkeit, Besonderheit.

sini'ster links; unheilvoll; **sini'stra (mano)** mit der linken Hand.

Sinologie' w Wissenschaft von der chinesischen Sprache, Literatur und Kultur.

Si'nti Mz. und **Ro'ma** Mz. Name der in Deutschland lebenden Zigeuner.

Si'nus m Meerbusen; med. Vertiefung; math. beim rechtwinkligen Dreieck: Verhältnis von Gegenkathete zu Hypotenuse (eine Winkelfunktion).

Si'pho m zool. Röhre: röhrenförmiges Organ bestimmter Muscheln und Tintenfische zum Ansaugen bzw. Ausstoßen des Wassers.

Si'phon, Sipho'n m (...foñ) techn. Druckheber, Geruchverschluß; Getränkekanne mit Kohlensäure.

Sir (ßö'r) engl. Anrede: mein Herr; engl. Adelstitel; **Sire** (ßih'r) franz. Anrede: Majestät.

Sire'ne w Signalgerät; auch svw. Verführerin; zool. Seekuh.

Sirta'ki m griechischer Volkstanz; jetzt auch als moderner Gemeinschaftstanz eingeführt.

Si'rup m Zucker(rüben)saft; Fruchtsaft.

Si'sal(hanf) m zähe, aus Agavenblättern gewonnene Faser.

sistie'ren iur. einstellen; festnehmen; med. zum Stehen, Stillstand bringen; **Sistie'rung** w iur. Einstellung (eines Verfahrens); Festnahme.

Si'syphusarbeit w vergebliche, sinnlose Schwerarbeit.

Sit-in s (ßit i'n) Demonstrationsform, bei der sich die Demonstranten gewaltsam Zugang zu einem Gebäude, Haus oder Raum verschaffen, sich dort hinsetzen und dadurch Abbruch ihnen nicht genehmer Veranstaltungen erzwingen wollen.

Sitophobie' *tv med.* Nahrungsverweigerung (aus Furcht vor Vergiftung).

sit ti'bi te'rra le'vis! Grabinschrift: „Möge die Erde dir leicht sein!"

Situatio'n *tv* Lage, Zustand; **Situatio'nsangst** *tv med., psych.* (krankhafte) Angst vor bestimmten Situationen; **situie'ren** unterbringen, eine Stellung geben; **situie'rt** in der Lage, gestellt.

Sixdays *Mz.* (ßi'kß deh's) *stv.* Sechstagerennen.

Ska'bies *tv* (... i-es) *med.* Krätze.

skål! (ßkoh'l) in den skandinavischen Sprachen: „Pros(i)t!"

Ska'la *tv* Stufenfolge, Maßeinteilung; *mus.* Tonleiter.

Ska'lde *m* altnordischer Dichter.

skalie'ren einstufen.

Ska'lp *m* abgezogene Kopfhaut mit Haaren; *auch stv.* Kopf, Leben, Existenz.

Skalpe'll *s* chirurg. Messer.

skalpie'ren die Kopfhaut abziehen.

Skanda'l *m* Ärgernis, Lärm; **skandalie'ren** lärmen; **Ska'ndalon** *s* Ärgernis.

skandie'ren dem Versmaß entsprechend vortragen.

Ska'ndium *s chem.* ein Grundstoff (Sc) (nach Scandia = Skandinavien benannt).

Skapulie'r *s* Schulterbehang (der Mönchstracht).

Skarabä'us *m zool.* ägyptischer Mistkäfer, „Pillendreher", als Symbol des Sonnengottes angesehen.

Ska't *m* ein Kartenspiel.

Skateboard *s* (ßkeh'tbôd) Rollerbrett.

Skato'l *s chem.* durch Fäulnis entstehende übelriechende chemische Verbindung.

Skele't *s s.* Skelett.

Skeleton *m* (ßkä'l°t°n) Sportschlitten.

Skele'tt *s* Knochenbau, Gerippe; **skelettie'ren** das Gerippe freilegen.

Ske'psis *tv* Zweifel(sucht); **Ske'ptiker** *m* Zweifler; **ske'ptisch** zweifelnd.

Sketch *m* (ßkä'tsch) kurzes humorvolles Bühnenstück.

Ski *m s.* Schi.

Ski'ff *s* leichtes, schmales Einmannruderboot; Rennenner.

Ski'pper *m* Kapitän eines Sportbootes, einer Jacht.

Ski'zze *tv* Entwurf, Umriß, flüchtige Zeichnung; **skizzie'ren** entwerfen, umreißen.

Skla've *m* Leibeigener; **Sklaverei'** *tv* Leibeigenschaft, Knechtschaft.

Sklero'se *tv med.* krankhafte Verhärtung; Verkalkung; **Sklero'tiker** *m med.* wer an Sklerose leidet; **sklero'tisch** *med.* verhärtet, verkalkt.

Skolio'se *tv med.* (seitliche) Wirbelsäulenverkrümmung.

skontie'ren Preisnachlaß bei Barzahlung gewähren; **Sko'nto** *m/s* Preisnachlaß bei Barzahlung.

Sko'ntro *s* (Buchführung:) Nebenbuch zur Verbuchung der Ein- und Ausgänge; **skontrie'ren** (Buchführung:) in ein Skontro eintragen; fortschreiben.

Skooter *m* (ßkuh't°r) elektrisch angetriebenes Kleinauto auf Rummelplätzen.

Skopolami'n *s chem., med.* Bilsenkrautalkaloid mit pupillenerweiternder bzw. narkotischer Wirkung.

Skorbu't *m med.* eine Vitaminmangelkrankheit.

Skorpio'n *m* Spinnentier; *auch* Stachelpeitsche.

Skoto'm *s med.* dunkler Fleck im Gesichtsfeld.

Skribe'nt *m* Vielschreiber, Schreiberling; **Skri'pt** *s s.* Skriptum; **Skriptgirl** *s*

(ßkri'ptgörl) Sekretärin der Filmregie (während der Aufnahmen); **Skri'ptum** *s* Schriftstück; *auch* Vorlesungsniederschrift, Repetitorium; **Skriptu'r** *tv* Schrift.

skrofulö's *med.* die Skrofulose betreffend; an Skrofulose erkrankt; **Skrofulo'se** *tv med.* eine Drüsenkrankheit: Haut und Lymphknotenerkrankung.

skrota'l *med.* die Hoden betreffend; **Skro'tum** *s med.* Hodensack.

Skru'pel *m* Bedenken; **skru'pellos** bedenken-, rücksichtslos.

Sku'ller *m* Sportboot mit paarweise Rudern; **sku'llen** rudern.

Skulptu'r *tv* Bildhauerkunst, -werk.

Sku'nk *m zool.* amerikanisches marderartiges Raubtier: „Stinktier".

skurri'l possenhaft; **Skurrilitä't** *tv* Possenhaftigkeit.

Skyeterrier *m* (ßkai'tärier) englische Terrierrasse.

Skyjacker *m* (ßkai'dschä'k°r) *stv.* Luftpirat; **Skylab** *s* (ßkai'läb) „Himmelslabor": Forschungslaboratorium im Weltraum; **Skylight** *s* (ßkai'lait) *naut.* Oberlicht auf Schiffen; **Skyline** *tv* (ßkai'lain) „Himmelslinie": Horizont, Kontur.

Sky'lla *tv* Seeungeheuer der antiken Sage; **zwischen Skylla und Charybdis** *stv.* in ausweglöser Lage.

Skysurfing, Sky surfing *s* (ßkai'ßöfiñ) *stv.* „Wellenreiten in der Luft": Flüge mit Hängegleitern.

Slacks *Mz.* (ßlä'kß) lange, weite (Damen-)Hosen; Frauenarbeitshose.

Sla'lom *m* Schi-Torlauf,

Kanu-Geschicklichkeits-
fahren; Zickzackfahrerei.

Slang m/s (ßlä'ñ) Um-
gangssprache.

Slapstick m (ßlä'pßtik)
Pritsche (des Clowns); in
Wortzusammensetzun-
gen *suv.* derb, komisch.

slawisie'ren slawisch machen; **Slawi'st** m Wissenschaftler auf dem Gebiet
der slawischen Sprachen
und Schrifttumswerke;
Slawi'stik *tv* Lehre von
den slawischen Sprachen
und Schrifttumswerken;
slawi'stisch die Slawi-
stik betreffend.

Sli'bowitz m serbokroat.
Pflaumenschnaps.

Slip m Abrechnungs-, Be-
stellzettel; sehr kurzes,
knappes Unterhöschen;
techn. Schiffsaufschlepp-
anlage.

Sli'pper m bequemer, un-
verschnürter bzw. span-
genloser Schuh mit fla-
chem Absatz; Schlupf-
schuh.

Slogan m (ßloh'g°n) (Wer-
be-)Schlagwort.

Sloop *tv* (ßluh'p) Küsten-,
Fischereisegelschiff.

Slop m ein moderner Tanz:
Reihentanz.

Slowfox m (ßloh'fokß)
langsamer Foxtrott.

Slum m (ßla'm) Elends-
viertel.

Small Talk s (ßmôl tô'k)
unverbindliches Geplau-
der; „Partygespräch".

Smara'gd m ein grüner
Edelstein.

sma'rt geschäftstüchtig,
gerissen; flott.

Smash m (ßmä'sch) ge-
schmetterter Schlag.

Smo'g m aus Rauch (smo-
ke) und Nebel (fog) be-
stehende Dunstschicht.

Smoke-in s (ßmohk i'n)
Beisammensein zum
Zwecke gemeinsamen
Haschischrauchens.

Smo'king m Gesellschaftsanzug.

Snack m (ßnä'k) Imbiß;
Snackbar *tv* (ßnä'k . . .)

Imbißstube.

Sni'ffing s „Schnüffeln":
das Einatmen von
Dämpfen leichtflüchtiger
Stoffe zur Erlangung
von Rauschzuständen.

Sno'b m Geck, eingebilde-
ter od. extravaganter
Mensch; **Snob-Appeal**
m Anziehungskraft auf
Snobs; *suv.* Extravagan-
tes; was Extravaganz
ausstrahlt oder darstellt;
Snobi'smus m Gecken-
haftigkeit; Extravaganz;
snobi'stisch geckenhaft,
eingebildet, extravagant.

Snow m (ßnoh) „Schnee";
suv. Kokain; *auch* jede
weiße pulverförmige
Rauschdroge.

Soci'etas Je'su *tv* „Gesellschaft Jesu": Name des
Jesuitenordens.

Society *tv* (ßoßai'°tih) Gesellschaft; Vereinigung.

So'da *tv/s* chem. Natrium-
karbonat; *auch suv.* So-
dawasser.

Soda'le m Genosse, Bruder
(einer geistl. Bruder-
schaft); **Sodalitä't** *tv*
geistl. Bruderschaft, Ge-
nossenschaft.

Sodomie' m sex. widernatürliche Unzucht mit Tie-
ren; **Sodomi't** m sex. wer
Sodomie treibt; **sodomi'-
tisch** sex. Sodomie be-
treffend, Sodomie trei-
bend.

Soffi'tte *tv* theat. Bühnen-
himmel; **Soffi'ttenlampe**
tv Glühlampe in Röhren-
form.

Soft Drink m (ßo'ft . . .)
süßliches alkoholisches
Getränk (z. B. Likör),
Aperitif.

Softie m (ßo'ftih) uspr.
suv. empfindsamer, sich
feminin gebender junger
Mann.

Software *tv* (ßo'ftwä°) Pro-
gramme u. „Programmpa-
kete" f. elektron. Daten-
verarbeitungsanlagen;
auch: redaktionelles Material f. Film- u. Tonver-
arbeitung, bespielte Vi-

deokassetten u. a.

soigniert (ßoanjih'rt) gepflegt.

Soiree *tv* (ßoareh') Abend-
gesellschaft, -veranstal-
tung.

So'ja *tv* bot. ostasiatische
Nutzpflanze; **So'jabohne**
tv Fett-, Ölbohne.

So'kol m „Falke": Name
slawischer nationalisti-
scher Jugendverbände.

Sokra'tik *tv* phil. von So-
krates begründete Philo-
sophierweise; **sokra'tisch**
die Sokratik betreffend.

so'la fi'de rel. „allein durch
den Glauben".

Solani'n s chem. giftiges
Glykolalkaloid verschie-
dener Nachtschattenge-
wächse.

sola'r auf die Sonne bezogen; **Sola'r-Energie** *tv*
Sonnenenergie.

Sola'rfarm w Sonnenener-
giekraftwerk.

Sola'rium s Raum für Son-
nenbäder durch künst-
lich erzeugte Ultravio-
lett-Strahlung.

Sola'rjahr s astr. Sonnenjahr.

Solarple'xus m med. Son-
nengeflecht.

So'lawechsel m eigener
Wechsel.

Soldate'ska *tv* rohes Kriegs-
volk.

sole'nn feierlich; **Solenni-
tä't** *tv* Feierlichkeit.

Solfata'ra *tv* vulkanische
Aushauchung von
Schwefelgas.

Solfe'ggio s (solfä'dsho)
mus. Gesangsübung auf
Tonsilben.

solida'risch gemeinsam, ge-
samtverbindlich; **solida-
risie'ren** füreinander ein-
stehen; verbrüdern; **So-
lidaritä't** *tv* Gefühl der
Zusammengehörigkeit.

soli'd(e) gediegen, zuverlässig; **Solidä't** *tv* Gediegenheit, Zuverlässig-
keit.

Solilo'quium s Selbstgespräch.

Solipsi'smus m phil. Ichbezogenheit.

Soli'st m Einzelvortragender.

Solitä'r m einzeln gefaßter Edelstein; **solitä'r** einzig; *biol.* einsam (lebend).

Sollizita'nt m Bittsteller **Sollizitatio'n** m Bitte, Ersuchen; **sollizitie'ren** bitten, ersuchen.

Solmisatio'n m mus. Methode zur Bezeichnung der Stufen der Tonleiter durch Tonsilben (do-re-mi-fa-sol-la-si); **solmisie'ren** mus. eine Tonleiter durch Tonsilben bezeichnen; Tonsilben verwenden.

So'lo s Einzelvortrag; Alleinspiel; **so'lo** allein.

solo'nisch svw. sehr weise (nach Solon, dem Gesetzgeber Athens).

Solsti'tium s astr. Sonnenwende.

solu'bel löslich; **Solutio'n** m med., chem. (Arzneimittel-)Lösung.

Solutréen s (ßolütreä'ñ) altsteinzeitliche Kulturstufe.

solva'bel chem. löslich; **So'lvens** s med. schleimlösendes Arzneimittel.

solve'nt zahlungsfähig; **Solve'nz** m Zahlungsfähigkeit.

solvie'ren chem. (auf-)lösen.

So'ma s med. Körper, Leib; **soma'tisch** körperlich, leiblich; **Somatologie'** m Lehre vom menschl. Körper.

Sombre'ro m breitrandiger Strohhut.

somnambu'l med. schlafwandlerisch; **Somnambu'le** m med. Schlafwandler(in); **somnole'nt** med. krankhaft schläfrig, benommen.

Sona'r s mil., naut. mit Schallwellen arbeitendes Unterwasser-Ortungsgerät.

Sona'ta, Sona'te m mus. aus mehreren Sätzen bestehendes Instrumentalmusikstück; **Sonati'ne** m mus. kleine Sonate.

So nde m Untersuchungsgerät med. dünnes Stabcder röhrenförmiges Gerät zum Untersuchen von Körperhöhlen und Wunden; **sondie'ren** ausforschen, vorfühlen; **Sondie'rung** m Untersuchung.

Sone'tt s eine Gedichtform: vierzehnzeiliges Gedicht.

Sorg m (ßo'ñ) mus. (balladeskes) Lied, oft im Spredgesang vorgetragen.

So'nnenkollektor m techn. Einrichtung zum Auffangen von Sonnenstrahlung, um damit z. B. Wasser zu erwärmen.

Sonnyboy m (ßa'nibeu, ßo'nibeu) strahlendfröhlicher junger Mann mit sonnigem Gemüt.

Sonome'ter s techn. Gerät zum Messen der Schallstärke.

sono'r klangvoll.

Sophi'st m svw. spitzfindiger (Schein-)Gelehrter; Wortverdreher; **Sophisterei'** m svw. Spitzfindigkeit Wortverdreherei; **Sophi'stik** m s. Sophisterei; **sophi'stisch** spitzfindig.

Sophrosy'ne m „Weisheit": Klugheit in der Selbstbeherrschung (antiker Tugendbegriff).

Sopra'n m mus. hohe Singstimme; **Soprani'st(in)** m (m) mus. Sopransänger(in).

Soprapo'rte m Wandfeld oberhalb einer Tür; auch das in dieses eingelassene Bild oder Relief.

Sorbet(t) m/s (so'rbet, sorbä't, ßorbä') eisgekühltes Fruchtsaftgetränk.

Sorbi'nsäure m chem. als Konservierungsmittel verwendete organische Verbindung.

So're m Gaunersprache:

Hehlerware, „heiße Ware".

Sorptio'n m chem. Aufnahme eines Stoffes durch Ab- oder Adsorption (s. dort).

So'rte m Art, Gattung; **So'rten** Mz. ausländ. Zahlungsmittel; **sortie'ren** sichten, ordnen.

Sortile'gium s Weissagung durch Lose.

Sortime'nt s Warenauswahl; Buchhandlung; Verkaufslager; **Sortime'nter** m (Laden-) Buchhändler.

SOS internationales Notsignal; s svw. Hilferuf in großer Not.

So'ße m Tunke.

Sote'r m rel. Heiland, Erlöser; **Soteriologie'** m rel. Lehre von der Erlösung (durch Christus).

So'tnie m (...i-e) „Hundertschaft": Kosakenschwadron.

Sotti'se m (ß...°) Dummheit.

Sou m (ßuh') französische Münze (= 5 Centimes).

Soubre'tte m (ß...) theat. Sängerin heiterer Rollen.

Soufflé s (ßufleh') Auflauf, leichte Mehlspeise.

Souffleur m (ßuflö'r), **Souffleuse** m theat. (ßuflöh's°) Vorsager, -in; **soufflie'ren** vorsagen.

Soul m (ßohl) mus. „Seele": das Empfinden der Negerbevölkerung Nordamerikas ausdrückender moderner Musikstil.

Sound m (ßau'nd) mus. Ton, Schall; Klangrichtung, -art.

soulagieren (ßulashih'r°n) unterstützen.

Souper s (ßuhpeh') anspruchsvolles Abendessen; **soupie'ren** ein Souper einnehmen.

Sour m (ßau'°r) (starker, kräftiger Cocktail (s. dort).

Sousapho'n s (ßuhßa...) mus. Baßtuba in Helikonform (nach dem amerikanischen Komponisten Sousa benanntes Blechinstrument).

Sous-Pants Mz. (βuh'-päntß) als Futter unter langen Damenhosen getragene Unterhosen.

Soutache ɯ (βuta'sch*) Besatzschnur.

Souta'ne ɯ (β . . .) Gewand kath. Geistlicher.

soutenie'ren (βu . . .) unterstützen.

Souterrain s (βut*rä'n̄) Kellergeschoß.

Souveni'r s (β . . .) Andenken.

souverä'n (β . . .) unumschränkt; überlegen; **Souverä'n** m Landesherr; **Souveränitä't** ɯ Unabhängigkeit, Staatsgewalt.

Sovereign m (βo'wrin) englische Goldmünze.

Sowcho'se ɯ (β . . .) staatlicher landwirtschaftlicher Großbetrieb in der Sowjetunion.

So'wjet od. **Sowje't** m (β . . .) „Rat": Abgeordnetenversammlung in der UdSSR; **sowje'tisch** die UdSSR bzw. die Sowjets betreffend; **sowjetisie'ren** nach sowjetischem Muster umgestalten; **Sowjetisie'rung** ɯ Umgestaltung nach sowjetischem Muster.

sozia'bel gesellig, umgänglich; **Soziabilitä't** ɯ Geselligkeit, Umgänglichkeit.

sozia'l gesellschaftlich, gesellschaftsverbunden; **sozial sein** uspr. svɯ. nett sein.

Sozia'lanthropologie ɯ Wissenschaft, die sich mit den Zusammenhängen zwischen Erblichkeit und Zugehörigkeit zu bestimmten Gesellschaftsgruppen befaßt; **sozia'le Indikatio'n** ɯ med. Heilanzeige, die sich aus den gesellschaftlichen und wirtschaftlichen Verhältnissen des Patienten er-

gibt; **sozia'le Marktwirtschaft** ɯ die vom ersten Bundeswirtschaftsminister Ludwig Erhard verfochtene und im wesentlichen auch gegenwärtig betriebene Wirtschaftspolitik: freier Wettbewerb, staatliche Eingriffe nur dort, wo es zur sozialen Sicherung der Bevölkerung erforderlich ist; **soziale Normen** ɯ Mz. als verbindlich geltende Regeln für das Zusammenleben in einer Gruppe oder Gesellschaft; **Sozialer Wohnungsbau** m Bau guter und billiger Wohnungen auf privatwirtschaftlicher Grundlage mit Hilfe öffentlicher Mittel; **soziale Symmetrie'** ɯ Begriff der Wirtschaftspolitik: durch zeitlich begrenzte Stillhalteabkommen erreichter Zustand, in dem Löhne und Gewinne gleichmäßig an einem Wirtschaftsaufschwung teilhaben; **Sozia'lethik** ɯ phil. Lehre von den Pflichten gegenüber den Mitmenschen; **Sozia'lgeographie'** ɯ Lehre von den Zusammenhängen zwischen Menschengruppen und den von ihnen bewohnten Gebieten; **Sozia'lhygiene** ɯ (. . .-ene) med. öffentliche Gesundheitspflege: Teilgebiet der Gesundheitslehre, das sich mit dem Einfluß der Umwelt auf Menschengruppen befaßt; **Sozialisatio'n** ɯ Vorgang des Erlernens sozialen Verhaltens; **sozialisie'ren** vergesellschaften; verstaatlichen; **Sozialisie'rung** ɯ Vergesellschaftung; Verstaatlichung; **Soziali'smus** m auf Gemeineigentum u. -wirtschaft gegründete Gesellschaftsordnung;

Soziali'st m Anhänger des Sozialismus; **soziali'stisch** dem Sozialismus entsprechend; **soziali'stischer Reali'smus** m künstlerische Richtung in kommunistischen Staaten, die vor allem Laienkunst durch die Partei fördert.

Sozia'lkritik ɯ Gesellschaftskritik; **sozia'lkritisch** gesellschaftskritisch; **Sozia'lkunde** ɯ Gemeinschaftskunde; **Sozia'lökonomie** ɯ Teilgebiet der Wirtschaftswissenschaft, das sich mit den Beziehungen zwischen Wirtschaft und Gesellschaft befaßt; **Sozia'lplan** m Plan für Maßnahmen zur Abwendung od. Milderung wirtschaftlicher Nachteile für Arbeitnehmer bei Betriebsveränderungen.

Sozia'lpolitik ɯ Sammelbegriff für alle Maßnahmen, die der Verbesserung der sozialen Verhältnisse dienen; **sozia'lpolitisch** der Verbesserung der sozialen Lage dienend; **Sozia'lprodukt** .s (Geldwert der) Gesamtheit der von einer Volkswirtschaft hergestellten Güter und geleisteten Dienste.

Sozia'lpsychologie ɯ Teilgebiet der Psychologie, das sich mit den sozialen Verhaltensweisen befaßt; **Sozia'lreform** ɯ Gesellschaftsreform, die eine Verbesserung der sozialen Verhältnisse anstrebt; **Sozia'lstaat** m pol. der soziale Sicherheit aller Bürger anstrebender demokratischer Staat.

Sozietä't ɯ Genossenschaft.

Soziogra'mm s graphische Darstellung sozialer Gegebenheiten.

Soziole'kt m besondere Sprachform einer sozialen Schicht.

Soziolo'ge m Wissenschaftler auf dem Gebiet der Soziologie; **Soziologie'** Gesellschaftslehre; Lehre vom Zusammenleben bes. der Menschen, aber auch der Tiere und Pflanzen untereinander; **soziolo'gisch** gesellschaftswissenschaftlich.

Soziopathie' w soz. Leiden an den gesellschaftlichen Zuständen.

So'zius m Teilhaber; Beifahrer.

Spacelab s (ßpeh'ßläb) Abk. v. Space Laboratory: bemanntes Raumlaboratorium; **Space Shuttle** m (ßpeh'ß scha't°l) Weltraum-„Pendelverkehr" mit Rückkehr zum Startplatz.

Spaga't m/s Beinspreizen bis in waagerechte Stellung.

Spalie'r s Gitterwerk; Ehrengasse (von Personen gebildete Doppelreihe).

Spa'niel m (... i-el) eine Jagdhundeart.

Spa'rring s Übungsboxkampf.

Spartakia'de w großer sportlicher Wettbewerb der Ostblockstaaten; **Spartaki'st** m Angehöriger des linksradikalen Spartakusbundes, des Vorgängers der kommunistischen Partei Deutschlands.

sparta'nisch svrw. streng, hart.

Spa'rte w Abteilung; Fachgebiet.

spa'smisch med. krampfhaft; **Spa'smus** m med. Krampf; **spa'stisch** med. krampfhaft.

spatiie'ren (... i-i ...) Druckwesen: sperren, Buchstabenzwischenräume vergrößern.

Spätkapitalismus m svrw. heutige Ausdrucksform des Kapitalismus in den westlichen Industrieländern, gekennzeichnet curch Massenproduktion und Massenwohlstand

Speaker m (ßpih'ker) Sprecher, Vorsitzender des brit. Unterhauses bzw. des Repräsentantenhauses der USA.

spedie'ren befördern; **Spedi'teur** m (... öh'r) Verfrachter von Gütern; **Speditio'n** w Verfrachtung; Versandabteilung.

Speech m (ßpih'tsch) Ansprache.

Speed m (ßpih'd) Geschwindigkeit; Spurt (s. dort); **Speedway-Rennen** s (ßpih'dweh ...) neuere Bezeichnung für „Dirt-Track"(-Rennen) (s. dort).

spekta'bel ansehnlich; **Spektabilitä't** w Ansehnlichkeit: Anrede an einen Hochschuldekan.

Spekta'kel m Lärm; s Schauspiel; **spekta'keln** lärmen; **spektakulä'r** in die Augen fallend; **Spekta'kulum** s sehenswertes Schauspiel.

Spektra'lanalyse w Untersuchung der Zusammensetzung chem. Stoffe mit Hilfe ihres Spektrums; **Spektra'lfarben** Mz. phys., opt. die sich bei Lichtzerlegung ergebenden reinen Farben; **Spe'ktrum** s durch Lichtzerlegung hervorgerufenes farbiges Band.

Spekula'nt m gewagte Geschäfte durchführender Kaufmann; auch wer unsichere, gewagte Handlungen begeht; **Spekulatio'n** w gewagtes Geschäf; vage Berechnung; Überlegur g; **spekulati'v** waghalsig; vage berechnend; grüblerisch; **spekulie're**n gewagte Geschäfte machen; grübeln, nachsinnen; auch

auskundschaften.

Spe'kulum s med. „„Spiegel": Instrument zum Betrachten von Körperhohlräumen.

Speläologie w Höhlenkunde.

Spelu'nke w verrufenes Lokal.

spenda'bel freigebig; **spendie'ren** spenden.

Spe'nzer m kurzes Jäckchen.

Spere'nzchen Mz. Umstände, Schwierigkeiten.

Spe'rma s biol. menschl. u. tierischer Samen; **spermatoge'n** biol. Samen bildend; aus Samen entstanden; **Spermatogene'se** w biol., med. Samenbildung; **Spermatozo'on** s biol., med. Samentierchen, -fädchen; männliche Keimzelle; **Spe'rmium** s biol., med. männliche Keimzelle, Geschlechtszelle.

Spezerei' w Gewürz(ware).

Spe'zi m (Abk. f. Spezialfreund) besonders guter Freund.

Spezial... Sonder..., Einzel...

spezialisie'ren sondern, unterscheiden; **sich spezialisie'ren** sich auf einem Gebiet besonders ausbilden; sich auf ein Fachgebiet beschränken; **Speziali'st** m Fachmann; **Spezialitä't** w Besonderheit; med. fabrikmäßig hergestelltes Arzneimittel; **spezie'll** (... i-e'll) besonders.

Spe'zies w (... i-es) Art, Gattung.

Spezifikatio'n w Aufzählung, -gliederung; **spezi'fisch** eigentümlich, arteigen; **spezifizie'ren** aufzählen, zergliedern; **Spezifizie'rung** w Aufzählung, -gliederung.

Spe'zimen s Probe.

Sphä're w (Himmels-)Kugel; Wirkungskreis; **Sphä'rik** w math. Geometrie der Kugeloberfläche; **sphä'risch** auf die (Himmels-)Kugel bezogen; himmlisch; *math.* kugelig, auf eine Kugel bezogen; **Sphäroi'd** s (...o-id) *astr., math.* Rotationsellipsoid: durch Drehung einer Ellipse um ihre Achse entstehender Körper (z. B. die durch Rotation an den Polen abgeplattete Erdkugel); **Sphärologie'** *rv math.* Kugellehre.

Sphi'nkter m *biol., med.* Schließ-, Ringmuskel.

Sphi'nx *rv* Fabelwesen; Rätselhaftes.

Sphragi'stik *rv* Siegelkunde.

Spider m (ßpai'd°r) offener Sportwagen.

Spieliothe'k *rv* Spiel-Ausleihe; Sammlung von Spielen, die zur Ausleihe bestimmt sind.

Spikes Mz. (ßpai'kß) Lauf-, Rennschuhe; *techn.* in Kraftwagenreifen eingearbeitete Metallstifte zur Erhöhung der Rutschfestigkeit bei Glatteis.

Spi'na *rv med.* (dornartiger) Knochenvorsprung; **spina'l** *med.* das Rückgrat betreffend; **spina'le Kinderlähmung** *rv med.* Lähmung durch Erkrankung des Rückenmarks.

Spine'tt s kleines Klavier.

Spi'nnaker m *naut.* zusätzliches Vorsegel auf Jachten.

spinö's schwierig, spitzfindig; *auch* (altjüngferlich) schwierig im Umgang.

spintisie'ren „spinnen", grübeln.

Spio'n m Späher, Kundschafter; **Spionage** *rv* (...ah'sh°) Ausspähung **spionie'ren** spähen, auskundschaften.

Spira'le *rv* Schnecken-, Schraubenlinie; **spira'lig** schraubenförmig.

Spira'nt m Reibelaut.

Spiri'llen Mz. *med.* starre,

schraubenförmige Bakterien.

Spiriti'smus m Geisterglaube; **Spiriti'st** m Anhänger des Geisterglaubens; **spiriti'stisch** den Geisterglauben betr.

Spiritual s (ßpi'ritju°l) geistl. Lied nordamerak. Neger; **spiritua'l** *rel.* geistig, den (Heiligen) Geist betreffend; **Spiritua'lien** Mz. (...i-en) *rel.* geistliche Dinge und Einrichtungen.

spiritualisie'ren vergeistigen; **spiritue'll** (...u-ell) geistig, geistlich.

Spirituo'sen Mz. geistige Getränke; **spirituo'so** *mus.* geistvoll.

Spi'ritus m Geist; Weingeist; **Spi'ritus re'ctor** m *svrv.* treibende Kraft; **Spi'ritus sa'nctus** m *rel.* Heiliger Geist.

Spirochae'ten Mz. *med.* biegsame, sich aktiv bewegende schraubenförmige Bakterien.

Spirome'ter s *med.* Atemmesser; **Spirometrie'** *rv* Atemmessung.

Spleen m (ßplih'n) Schrulle, Verschrobenheit.

splendi'd freigebig, glänzend; **Sple'ndid Isolation** *rv* (...aißoleh'-sch°n) „glänzendes Alleinsein": *pol. svrv.* Bündnislosigkeit.

Splendidität't *rv* Freigebigkeit.

spli'tten aufspalten; **Spli'tting** s Steuerberechnungsverfahren, bei dem die Einkünfte der Ehegatten zusammengezogen und dann zur Versteuerung halbiert werden; Aufteilung der Erst- und Zweitstimmen bei Wahlen.

Spoiler m (ßpoi'l°r) *techn.* Blech- oder Kunststoffschürze an Kraftwagen, um zu erreichen, daß die Räder besser auf den Boden gepreßt werden.

Spoils system s (ßpeu'ls ßi'st°m) „Beutesystem": *pol. svrv.* Parteibuchwirtschaft, „Futterkrippensystem".

Spo'lien Mz. (...i-en) Nachlaß eines Geistlichen; **Spo'lium** s Beute(stück).

Sponde'us m aus zwei langen Silben bestehender Versfuß.

Spo'ndyli'tis *rv med.* Wirbelentzündung; **Spondylo'sis** *rv med.* (altersbedingte) Veränderung der Wirbelgelenke.

Spongiologie' *rv biol.* Wissenschaft von den Schwämmen; **spongiö's** *biol., med.* schwammig.

Spo'nsor m Bürge, *auch svrv.* Mäzen (s. dort).

sponta'n aus eigenem Antrieb; **Spontaneität't** *rv* (...e-i...) Tätigkeit aus freiem Antrieb; **Spo'ntis** Mz. zur Durchführung spontaner Aktionen gebildete Gruppierungen Radikaler.

Sponton m (ßpoñto'ñ) *mil.* von Infanterieoffizieren im 18. Jahrhundert geführte Pike.

spora'disch vereinzelt, verstreut.

Spo'rteln Mz. Gebühren; Nebeneinkommen.

sporti'v Modewort für „sportlich".

S.P.Q.R. *Abk. v.* Senatus Populusque Romanum („Senat und römisches Volk") (s. dort).

Spot m Fleck, Stelle; kurzer Werbefilm, kurze Werbesendung; **Spo'tlight** s (...lait) Punktlicht zur Hervorhebung einer Person oder eines Requisits; **Spo'tmarkt** m Börse in Rotterdam für vertraglich ungebundene Rohölmengen, die dort zu freien Preisen gehandelt werden.

Spra'chbarriere *rv* geringere sprachliche Ausdrucksfähigkeit, durch die eine Person gesellschaftlich benachteiligt ist; **Spra'chlabor(atorium)** s päd. mit Tonbandgeräten ausgestattete Sprachlehranlage zum Erwerb fremdsprachlicher Kenntnisse.

Spray m (ßpreh') Zerstäuber; zerstäubte Flüssigkeit; **spray'en** (ßpreh'ᵉn) (eine Flüssigkeit) zerstäuben.

Spri'nkler m Berieselungsanlage.

Spri'nt m Kurzstreckenlauf; **spri'nten** Kurzstrecken laufen; *svrw.* sehr schnell laufen; **Spri'nter** m Kurzstrekkenläufer.

Spri't m Abk. f. Spiritus; *auch* Treibstoff.

Spurt m Tempobeschleunigung (im Rennen); **spu'rten** das Tempo beschleunigen.

Spu'tnik m „Begleiter": erster russischer künstlicher Erdsatellit.

Spu'tum s med. Auswurf; Ausgespucktes.

Square m (ßkwäh'r) (viereckiger) Platz, Quadrat; **Square-Dance** m (ßkwäh'r dah'nß) der Quadrille (s. dort) ähnlicher amerikanischer Volkstanz.

Squatter m (ßkwô't'r) nordamerikanischer Ansiedler.

Squaw w (ßkwô') Indianerfrau.

Staa'tskapitalismus m Wirtschaftsform, bei der sich alle Produktionsmittel in Händen des Staates befinden und dieser sich als alleiniger Unternehmer betätigt.

Sta'bat ma'ter s „die Mutter (Jesu) stand (am Kreuz)": Anfang eines katholischen nach diesen Worten benannten Kirchengesanges.

stabi'l standfest, dauerhaft; **stabilie'ren** festigen; **Stabilisatio'n** w s.

Stabilisierung; stabilisie'ren festigen; **Stabilisie'rung** w Festigung; **Stabilitä't** Beständigkeit.

Sta'dion s sportl. Kampfstätte.

Sta'dium s Entwicklungsstufe: Abschnitt.

Sta'dtguerilla(s) Mz. (.. gehri'lja) pol. anarchistische, radikale, gewalttätige Gruppen in Städten, welche die Beseitigung der bestehenden gesellschaftlichen Ordnung mit Mitteln der Gewalt anstreben (s. auch Tupamaros).

Stafe'tte w Eilbote; Staffel.

Staffage w (... ah'sh°) Beiwerk (zur Bildbelebung); **staffie'ren** ausstatten.

Stagflatio'n w Geldentwertung bei gleichzeitigem wirtschaftlichem Stillstand; von Preissteigerungen und zunehmender Arbeitslosigkeit begleitete Inflation.

Stagione w (ßtadshoh'n°) italienisch: Spielzeit; *auch* Ensemble.

Stagnatio'n w Stockung; **stagnie'ren** stocken.

stainless (ßteh'nleß) rostfrei.

Stakes Mz. (ßteh'kß) Wetteinsatz; Einsatz bei Pferderennen.

Stake't s Lattenzaun.

Stalagmi't m emporwachsender Tropfstein; **Stalakti't** m herabwachsender Tropfstein.

Stalini'smus m Herrschaftsform des Bolschewismus in der UdSSR unter Stalin; Auffassung Stalins von der Durchführung des Marxismus.

Sta'mokap m Abk. v. staatsmonopolistischer Kapitalismus: extrem linksgerichtete Gruppe der Jusos (s. dort).

Sta'ndard m Durchschnittsbeschaffenheit, Richtschnur.

Standardisatio'n w Vereinheitlichung, Normung;

standardisie'ren vereinheitlichen, normen; **Standardisie'rung** w Vereinheitlichung, Normung.

Sta'ndardwerk s Muster-, Hauptwerk.

Standa'rte w Reiterfahne; Flagge der Staatsoberhäupter; *auch* Fuchs-, Wolfsschwanz.

Standing s (ßtä'ndiñ) Rang, Ruf, Stellung; **Standing Order** w (ßtä'ndiñ ôd°r) Dauerauftrag.

Stannio'l s Zinnfolie; **Sta'nnum** s chem. ein Grundstoff (Sn), ein Metall: Zinn.

sta'nte pe'de „stehenden Fußes": eiligst, sofort.

Star m „Stern": Bühnen-, Filmgröße; **Sta'rallüren** Mz. launenhaftes Verhalten eines Stars (s. dort).

Starfighter m (ßtah'rfait°r) amerikanisches Kampfflugzeug mit Überschallgeschwindigkeit.

Sta'rlet s „Sternchen": angehende Bühnen- oder Filmgröße.

Stars and Stripes Mz. (ßtah's and ßtrai'pß) „Sterne und Streifen": Nationalflagge der USA.

Sta'rt m Ausgangspunkt, Beginn; **sta'rten** anfangen; abfliegen; **Sta'rter** m wer das Zeichen zum Beginn eines Wettkampfes gibt; techn. Anlasser.

State Department s (ßteh't dipah'rtm°nt) Auswärtiges Amt der USA.

statie'ren theat. als Statist tätig sein.

Sta'tik w phys. Gleichgewichtslehre; **Sta'tiker** m die Festigkeitsberechnungen für Bauwerke ausführender Bauingenieur.

Statio'n w Haltestelle, Standort, Abschnitt; Kost und Wohnung; **stationä'r** ortsfest, beständig; **stationie'ren** aufstellen, unterbringen;

Stationie'rungskosten Mz. s. Devisenausgleich.

statiö's stattlich.

sta'tisch *phys.* das Gleichgewicht betreffend.

Stati'st *m theat.* Schauspieler ohne Sprechrolle; Nebenperson; **Statisterie'** *m theat.* Gesamtheit aller Statisten.

Stati'stik *m* zahlenmäßige Übersicht; **Stati'stiker** *m* Wissenschaftler oder Fachmann auf dem Gebiet der Erstellung und Auswertung von Statistiken; **stati'stisch** die Statistik betreffend, zahlenmäßig.

Stati'v *s* Stützgestell.

statua'risch standbildhaft; **Sta'tue** *m* (...u-e) Standbild; **Statue'tte** *m* (...u-e...) kleines Standbild; **statuie'ren** aufstellen; **Statu'r** *m* Gestalt, Wuchs.

Sta'tus *m* Zustand, Stand, Rang, Stellung; **Sta'tus nasce'ndi** *m* Zustand im Augenblick des Entstehens; **Sta'tus quo (a'nte)** gegenwärtiger (früherer) Zustand.

Sta'tussymbo'l *m* Zeichen, das den Stand, den Wert oder die Stellung eines Menschen im Ansehen der Umwelt betont.

Statu't *s* Satzung; **statuta'risch** satzungsgemäß.

Steadyseller *m* (ßtä'dih-ßällᵉr)Buch, das sich lange gleichmäßig gut verkaufen läßt.

Steak *s* (ßteh'k) gebratenes Fleischstück.

Steam *m* (ßtih'm) Dampf; **Steamer** *m* (ßtih'mᵉr) Dampfer, Dampfschiff.

Steari'n *s chem.* aus Stearin- und Palmitinsäure bestehende Masse.

Steeplechase *m* (ßtih'pᵉl-tschehß) Hindernisrennen.

Ste'le *m* Grabsäule; freistehende Säule.

Ste'lla *m* Stern.

Stellage *m* (...ah'shᵉ) Ge-

stell.

Ste'lla ma'ris *m* „Stern des Meeres": Polarstern; **stella'r** *m astr.* die Fixsterne betreffend; **Stella'rastronomie'** *m* Fixsternkunde.

Stenogra'mm *s* aufgenommene Kurzschrift; **Stenogra'ph** *m* wer Kurzschrift schreibt; **Stenographie'** *m* (auch -fie) Kurzschrift; **stenographie'ren** (auch -fieren) Kurzschrift schreiben; **stenogra'phisch** kurzschriftlich; **Ste'nokontoristin** *m* Büroangestellte mit Kenntnissen in Stenographie (und Maschine(n)schreiben).

Steno'se *m med.* Verengung.

Stenotypi'st(in) *m (m)* Büroangestellte(r) mit Kenntnissen in Stenographie und Maschine(n)schreiben.

Ste'ntorstimme *m* Donnerstimme.

Step *m* „Schritt": stark rhythmisch betonter Tanz; **ste'ppen** Step tanzen.

Ste'reo *s* (Druckereiwesen:) Kurzbezeichnung f. Stereotypplatte: Ausguß einer Mater (s. dort).

Ste'reoaku'stik *m phys.* Lehre von der räumlichen Klangwirkung; **Ste'reochemie'** *m* Lehre von der räumlichen Anordnung der Atome in einem Molekül.

Ste'reofilm *m* räumlicher, plastischer Film; **Ste'reokamera** *m* photographischer Apparat zur Aufnahme von räumlich scheinenden Bildern.

Ste'reometrie *m math.* Geometrie der räumlichen Gebilde; Raumlehre; **Stereophonie'** *m* räumliches Hören; Tontechnik, welche räumliches Hören ermöglicht; **Stereophotogrammetrie'** *m* Auswertung von

Raumbildern in der Kartographie.

Stereosko'p *s* Raumbildbetrachtungsgerät; **Ste'reoskopie'** *m* Raumbildtechnik; **stereosko'pisch** räumlich, körperlich erscheinend.

Ste'reoty'p *s sm.* feststehende Meinung, Vorurteil; **stereoty'p** feststehend; auch abgedroschen; **Stereotypie'** *m* (Druckereiwesen:) Ausgießen von Matern; **Ste'reoty'pplatte** *m s.* Stereo.

steri'l keimfrei, unfruchtbar; **Sterilisatio'n** *m* Entkeimung; Unfruchtbarmachung; **Sterilisa'tor** *m* Entkeimungsapparat; **sterilisie'ren** entkeimen; unfruchtbar machen; **Sterilisie'rung** *m s.* Sterilisation; **Sterilitä't** *m* Keimfreiheit; Unfruchtbarkeit.

Steri'ne Mz. *chem., biol.* in allen pflanzlichen und tierischen Zellen vorkommende organische Verbindungen.

Sterling *m* (ßtö'liñ) britische Währungseinheit.

Sterna'lpunktion *m med.* Brustbeinpunktion zur Entnahme von Sternalmark.

Steroi'de Mz. (...o-ide) *chem.* Abkömmlinge der Sterine (s. dort).

Stethosko'p *s med.* Hörrohr.

Steward *m* (ßtjuh'art), **Stewardeß** *m* (ßtjuh-ar-de'ß) Aufwärter(in) od. Betreuer(in) auf Schiffen oder in Flugzeugen.

Sti'bium *s s.* Antimon.

Sti'cker *m* (selbstklebender) Aufkleber, Ansticker.

Sti'ckoxydu'l *s chem., med.* Stickgas.

Sti'gma *s* Wundmal, Kennzeichen; **Stigmatisatio'n** *m* Kennzeichnung (mit den Wundmalen Christi); **stigmatisie'ren** (mit den Wundmalen Christi) kennzeichnen.

Stil m Schreibart; Kunstrichtung; Darstellungsweise.

Stile'tt s kleine Dolchart.

stilisie'ren kunstgerecht formen; vereinfachen; **Stili'stik** w Stilkunde; **stili'stisch** stilgemäß.

Sti'lus m Griffel.

Sti'mulans s med. Anregungsmittel; **Stimulatio'n** w s. Stimulierung; **stimulie'ren** anregen; **Stimulie'rung** w Anregung.

Stipendia't m Stipendiumempfänger; **Stipe'ndium** s Studienbeihilfe; Freistelle.

Stipulatio'n w Vereinbarung; **stipulie'ren** festsetzen, vereinbaren.

Sto'a w Wandelhalle im alten Athen; die nach dieser benannte Philosophenschule.

Stocha'stik w math. ein die Wahrscheinlichkeitsrechnung und Statistik zusammenfassender Begriff zur Analyse von Massenerscheinungen auf naturwissenschaftlichem, technischem und wirtschaftlichem Gebiet.

Stöchiometrie' w chem. Lehre von der mengenmäßigen Zusammensetzung chemischer Verbindungen.

Sto'ck m Grundkapital; Grundlage; Warenlager; **Stock Exchange** (ßto'k ikßtscheh'nsh) Effektenbörse; **Stockpiling** s (ßto'kpailiñ) staatliche Bevorratung von Rohstoffen.

Sto'iker m Angehöriger der Philosophenschule der Stoa (s. dort); svw. gleichmütiger Mensch; **sto'isch** svw. gleichmütig; **Stoizi'smus** w (sto-i...)

---

phil. Lehre der Philosophenschule der Stoa.

Sto'la w Gewandstück des kath. Geistlichen; breiter Schal.

STOL-Flugzeug s (Short Take-Off and Landing) Flugzeug, das nur eine kurze Start- und Landebahn benötigt.

Sto'lgebühren Mz. Abgaben für geistliche Amtshandlungen.

Stoma'titis w med. Mundschleimhautentzündung.

Sto'mp m mus. rhythmische Technik in der Jazzmusik; **Sto'mper** m die rhythmische Technik im Stomp anwendender Jazzmusiker.

stop(p)! halt!; **Stop-and-go-Verkehr** m Bezeichnung für den Ablauf des Kraftfahrzeugverkehrs während der Hauptverkehrszeiten: der Kraftfahrer ist gezwungen, in häufigem Wechsel zu bremsen und wieder Gas zu geben; **sto'ppen** anhalten.

Store m (ßtoh'r) Vorhang; englisch: Laden, Lager.

stornie'ren rückgängig machen **Sto'rno** s Rückbuchung.

Storting s (ßtuh'rtiñ) norweg. Volksvertretung.

Story w (ßtô'rih) Erzählung, Geschichte.

Stout m (ßtau't) dunkles, bitteres englisches Bier.

Strabi'smus m med. Schielen.

Stradiva'ri w der Werkstatt des italienischen Geigenbauers Stradivari entstammende Geige.

Stra'fmandat s iur. Strafverfügung; **Stra'fporto** s Nachgebühr.

Strami'n m gitterartiges Gewebe (f. Stickereien).

Strangulatio'n w Erdrosselung; **strangulie'ren** erdrosseln.

Strapa'ze w große Anstrengung **strapazie'ren** an-

---

strengen; abnutzen; **strapaziö's** anstrengend.

Straps Mz. (ßträ'pß) Strumpfbänder, -halter; Ärmelstreifen (an Uniformen); **Stra'pse** Mz. umgangssprachl. Verdeutschung von Straps.

Strate'ge m Feldherr; **Stratege'm** s Kriegslist; **Strategie'** w höhere Kriegskunst; **strate'gisch** die Strategie betreffend; der Kriegsentscheidung dienend.

Stratifikatio'n w Schichtbildung von Gesteinen; **Stratigraphie'** w geol. Schichtenlehre; **Stratosphä're** w mittlere Schicht der Lufthülle der Erde; **Stratovisio'n** w Übertragung von Fernsehsendungen über große Strecken mit Hilfe hochfliegender Flugzeuge oder Nachrichtensatelliten als Relaisstationen.

Stra'tus m Schichtwolke.

Streetworker m (ßtrih't wök*r) Sozialarbeiter, der die ihm anvertrauten Personen in ihren Lebensbereichen aufsucht und betreut.

Streik m Arbeitseinstellung als Kampfmittel der Arbeitnehmer; **strei'ken** die Arbeit einstellen.

Streptoko'kken Mz. med. in Ketten angeordnete kugelförmige Spaltpilze.

Stress m Überbeanspruchung; starke seelische oder körperliche Belastung.

Stre'tch m (ßträ'tsch) äußerst dehnfähige Web- und Wirkwaren aus gekräuselten Kunststofffasern.

stri'kt(e) genau, streng.

stringe'ndo (string.) mus. drängend, eilend; **stringe'nt** streng, bündig;

Stringe'nz _w_ Strenge; Bündigkeit.

Stri'nger _m_ Längsversteifung (beim Schiff- und Flugzeugbau).

stri'ppen eine Entkleidung vorführen (in einem Varieté, Nachtlokal o. ä.); **Stri'pperin** _w s._ Stripteaseuse; **Striptease** _s/m_ (ßtri'ptihs) Entkleidungsvorführung in einem Varieté oder Nachtlokal; **Stripteaseuse** _w_ (ßtriptisöh's°) Frau, die in einem Varieté oder Nachtlokal eine Entkleidung vorführt.

Strobosko'p _s phys., opt._ zum Messen schneller Bewegungsabläufe bestimmtes Gerät.

Stro'ntium _s_ (. . . zium) _chem._ ein Grundstoff (Sr), ein Metall (nach dem englischen Ort Strontian benannt).

Strophanthi'n _s chem., med._ herzwirksames Glykosid aus dem Samen der afrikanischen Strophanthus-Pflanze.

Stro'phe _w_ eine Gruppe von Versen; **stro'phisch** in Strophen gegliedert.

Struggle for life _m_ (ßtra'g°l fôr lai'f) „Kampf ums Dasein".

Struktu'r _w_ Gefüge, Aufbau; Gliederung; **struktu're'll** das Gefüge betreffend; **Struktu'rformel** _w chem._ den Aufbau chemischer Verbindungen darstellende Formel; **strukturie'ren** mit einer Gliederung, einem Gefüge versehen; **Struktu'rstoff** _m_ Gewebe mit genarbter Oberfläche.

Stru'ma _w med._ Kropf.

Strychni'n _s chem., med._ giftiges Alkaloid des Brechnußbaumes.

Stude'nt _m_ Hochschüler; **Stude'nten-Neurose** _w med._ durch Prüfungsangst, Leistungsdruck, sexuelle Störungen, aber auch Sucht und Perversionen hervorgerufene Neurose bei Studierenden.

Stu'die _w_ (. . . i-e) Übung, Entwurf.

Stu'dienassessor _m_ (..i-e..) Anwärter für das Lehramt an höheren Schulen nach der zweiten Staatsprüfung; **Stu'dienrat** _m_ (. . . i-e . . .) beamteter (akademisch gebildeter) Lehrer an höheren Lehranstalten; **Stu'dienreferendar** _m_ (. . . i-e . . .) Anwärter für das Lehramt an höheren Schulen nach der ersten Staatsprüfung.

studie'ren lernen, forschen; **Stu'diker** _m svw._ Student.

Stu'dio _s_ Arbeitsraum (eines Künstlers); Sende-, Aufnahmeraum.

Studio'sus _m svw._ Student.

Stu'dium _s_ Erforschung; wissenschaftl. Ausbildungsgang; **Stu'dium genera'le** _s heute:_ dem Fachstudium vorangehende bzw. dieses ergänzende grundwissenschaftliche Vorlesungen.

Stukkateur _m_ (ßtukatö'r) Stuckfacharbeiter; Stuckkünstler; Gipser.

Stuntman _m_ (ßta'ntmän) _svw._ Double (s. dort); wer beruflich gefährliche Szenen an Stelle des Hauptdarstellers filmt.

stupe'nd erstaunlich.

stupi'd(e) dumm, stumpfsinnig; **Stupiditä't** _w_ Stumpfsinn; **Stu'por** _m med._ körperliche und geistige Unbeweglichkeit.

stuprie'ren schänden; vergewaltigen; **Stu'prum** _s_ Schändung, Notzucht; Vergewaltigung.

Style _m_ (ßtai'l) Stil; **Styling** _s_ (ßtai'liñ) (künstlerische und technische) Formgestaltung; **Stylist** _m_ (ßtai'lißt) Formgestalter.

Sty'ptikum _s med._ blutstillendes Mittel.

Styropo'r _s_ der mit einem Treibmittel versetzte Kunststoff Polystyrol (wegen seiner Leichtigkeit und Isolierfähigkeit vorwiegend für Verpakkungs- und Isolationszwecke verwendet).

Styx _m_ Unterweltsfluß.

Sua'da _w_ Redefluß.

subaku't (sub-. . .) _med._ nicht sehr heftig verlaufend.

subalte'rn (sub-. . .) untergeordnet, unselbständig.

subanta'rktisch (sub-. . .) zwischen dem Südpolargebiet und der südlichen gemäßigten Zone liegend.

subaqua'l (sub-. . . .) unter Wasser.

suba'rktisch (sub-. . .) zwischen dem Nordpolargebiet und der nördlichen gemäßigten Zone liegend.

Su'bdiako'n _m_ Gehilfe eines katholischen Priesters, welcher die erste der höheren Weihen erhalten hat.

subdura'l _med._ unter der harten Hirnhaut befindlich.

subfossi'l (erst) in geschichtlicher Zeit ausgestorben.

subglazia'l unter dem Gletschereis (vor sich gehend).

Subhastatio'n _w_ Zwangsversteigerung; **subhastie'ren** zwangsversteigern.

Subje'kt _s_ Satzgegenstand; (denkende u. handelnde) Person; _auch_ heruntergekommener Mensch; **subjekti'v** auf das Subjekt bezüglich; persönlich, unsachlich; **Subjekti'vismus** _m_ Ichbezogenheit; **subjektivi'stisch** ichbezogen; **Subjektivitä't** _w_ persönliche Auffassung; Unsachlichkeit.

Su'bkontinent _m_ „Unterkontinent": Teil eines

Kontinents, der auf Grund seiner Größe und Beschaffenheit Selbständigkeit aufweist.

Su'bkultur *w* „Unterkultur": Einzelkultur einer übergeordneten Kulturgruppe; *auch* Kultur im negativen Sinne: „Kultur" unterhalb der Kultur; Lebensform von Gruppen, welche bestehende gesellschaftliche Normen bewußt verletzen bzw. nicht anerkennen.

subkuta'n *med.* unter die bzw. der Haut.

subli'm erhaben, fein.

Sublima't *s chem., med.* (als Desinfektionsmittel verwendetes) Quecksilber-II-Chlorid.

Sublimatio'n *w psych., sex.* Umwandlung des (unbefriedigten) Geschlechtstriebes in geistige Leistung; **sublimie'ren** erheben, verfeinern; *psych., med.* den (unbefriedigten) Geschlechtstrieb in geistige Leistung umwandeln; **Sublimitä't** *w* Erhabenheit, Verfeinerung.

sublingua'l *med.* unter der Zunge (befindlich).

submari'n unterseeisch.

Submersio'n *w* Untertauchung.

submikrosko'pisch mit einem Mikroskop nicht mehr erkennbar.

submi'ß untertänig; unterwürfig; **Submissio'n** *w* Untertänigkeit, Unterwürfigkeit; *auch* Angebot, Verdingung; **submittie'ren** sich um ein Angebot bewerben.

Subordinatio'n *w* (sub-...) Unterordnung; **subordinie'ren** unterordnen.

subpola'r zwischen den Polen und den gemäßigten Zonen befindlich.

subsidiä'r unterstützend, helfend; **Subsi'dien** Mz. (...i-en) Hilfsgelder.

sub sigi'llo „unter dem

Siegel (der Verschwiegenheit)".

Subsiste'nz *w* Lebensunterhalt; *phil.* das Bestehen durch und aus sich selbst; **subsistie'ren** sein Auskommen haben; *phil.* durch und aus sich selbst bestehen.

Subskribe'nt *m* Vor-, Vorausbesteller (eines Buches oder mehrbändigen Werkes); **subskribie'ren** (ein Buch oder mehrbändiges Werk) vor- bzw. vorausbestellen (vor Erscheinen oder vor Ablauf der Subskriptionsfrist); **Subskriptio'n** *w* Vorbestellung (eines Buches oder mehrbändigen Werkes); Ausschreibung; **Subskriptio'nspreis** *m* ermäßigter Preis für ein vor Erscheinen bzw. vor Ablauf der Subskriptionsfrist bestelltes Buch od. mehrbändiges Werk.

Substant.alitä't *w* Wesentlichkeit; **substantie'll** (...i-e...) wesentlich; **substantiie'ren** (...i-ie...) durch Tatsachen belegen.

Su'bstantiv(um) *s gramm.* Hauptwort; **su'bstantivisch** *gramm.* hauptwörtlich; **Substa'nz** *w* Stoff, Wesenskern.

substituie'ren er-, einsetzen; **Substitu't(in)** *m (w)* Stellvertreter(in); *auch* Verkaufsleiter(in); **Substitutio'n** *w* Stellvertretung; Ersetzung.

Substra't *s* Grundlage; Unterlage; **Substruktio'n** *w* Unterbau.

subsumie'ren einbegreifen, einbeziehen; *iur.* einen Tatbestand rechtlich prüfen; **Subsumtio'n** *w* Einbeziehung; *iur.* rechtliche Prüfung eines Tatbestandes; **subsum(p)ti'v** einbegreifend; einbeziehend; unterstellend.

Subteens Mz. (ßa'btihns) ältere Kinder, aber jün-

ger als Teenager, also etwa 10–12 Jahre alt.

subti'l fein, zart; **Subtilitä't** *w* Feinheit, Zartheit.

Subtrahe'nd *m math.* Zahl, die von einer anderen abgezogen wird; **subtrahie'ren** *math.* abziehen; **Subtraktio'n** *w math.* Abziehen; **subtrakti'v** *math.* abziehend.

Su'btropen Mz. Übergangszone zwischen den Tropen und der gemäßigten Klimazone; **su'btropisch** in den Subtropen gelegen; die Subtropen betreffend.

sub utra'que spe'cie (... spe'zi-e) *rel.* „unter beiderlei Gestalt" (Abendmahl).

subvenie'ren zu Hilfe kommen, unterstützen; **Subventio'n** *w* (geldl.) Unterstützung; **subventionie'ren** (geldl.) unterstützen.

Subversio'n *w* Umsturz; Unterwühlung; **subversi'v** umstürzlerisch, wühlerisch.

Su'ccus *m* Saft.

Sudatio'n *w med.* Schwitzen; **Su'dor** *m med.* Schweiß.

Süffisance *w* (...sa'nß) Dünkel, Selbstgefälligkeit; **süffisa'nt** dünkelhaft, selbstgefällig.

Suffi'x *s* Nachsilbe.

suffizie'nt *med.* ausreichend; **Suffizie'nz** *w* (...i-enz) *med.* ausreichende Funktion, ausreichendes Vermögen.

Suffrage'tte *w* Frauenrechtlerin; **Suffra'gium** *s* Stimmrecht, Abstimmung.

suggerie'ren (seelisch) beeinflussen; **suggesti'bel** (seelisch) beeinflußbar; **Suggestibilitä't** *w* (seelische) Beeinflußbarkeit; **Suggestio'n** *w* (seelische) Beeinflussung; **suggesti'v** (seelisch) beeinflussend.

Suici'd *lat. m/s* Selbstmord.

Suitcase *rv* (ßjuh'tkehß) Handköfferchen.

Sui'te *rv* (ßwih't°) Gefolge; *mus.* mehrsätziges Instrumentalstück.

Suizi'd *lat. m/s* Selbstmord.

Sujet *s* (ßühsheh') künstlerischer Stoff, Gegenstand, Thema.

Sukka'de *rv* kandierte Schale von Früchten.

Sukko'th *Mz.* Laubhüttenfest, das jüdische Erntedankfest.

Su'kkubus *m* „untenliegend": weiblicher Buhldämon.

sukkule'nt *bot.* saftreich; **Sukkule'nten** *Mz. bot.* Pflanzen, die in der Lage sind, in ihren Geweben Wasser zu speichern.

Sukku'rs *m* Unterstützung; **Sukkursa'le** *rv* *srv.* Filiale, Filialgeschäft.

sukzedie'ren nachfolgen; **Sukze'ss** *m* Erfolg; **Sukzessio'n** *rv* Nach-, Thronfolge; **sukzessi'v(e)** allmählich; **Sukze'ssor** *m* Nachfolger.

Sulfa't *s* chem. Salz der Schwefelsäure; **Sulfi'd** *s* chem. Salz der Schwefelwasserstoffsäure; **Sulfi't** *s* chem. Salz der schwefligen Säure.

Sulfonami'd *s* ein chem. Arzneimittel gegen Infektionskrankheiten.

Su'lfur *s* chem. ein Grundstoff (S): Schwefel.

Su'lky *s* (auch ßa'lkih) Trabrennwagen.

Su'ltan *m* mohammedanischer Herrschertitel; **Sultani'ne** *rv* getrocknete, kernlose Rosine.

Su'mach *m* bot. Gerbstoffe, Firnis, Talg oder Farbstoff lieferndes Holzgewächs.

Su'mma *rv* Summe; **su'mma cum lau'de** Prüfungsnote: mit höchstem Lob.

Summa'nd *m* math. Zahl, die einer anderen hinzuzuzählen ist.

summa'risch kurz zusammengefaßt; **su'mma summa'rum** alles in allem; **Summatio'n** *rv* math. Summenbildung; **Su'mme** *rv* math. Ergebnis einer Addition; (Geld-)Betrag; **summie'ren** zusammenzählen.

Su'mmus Epi'scopus *m* oberster Bischof.

sumptuö's *s* verschwenderisch.

Su'nna *rv* eine der beiden Glaubensrichtungen des Islams; **Sunni'ten** *Mz.* Anhänger der Sunna (s. dort).

süpe'rb vorzüglich.

Su'perhet(erodynempfänger) *m* techn. besonders hochwertiger (Rund-)Funkempfänger.

Superintende'nt *m* die Aufsicht über einen Kirchenbezirk führender evang. Geistlicher; **Superintendentu'r** *m* Amt, Amtssitz, Amtsbereich eines Superintendenten.

Supe'rior *m* (Kloster-)Vorsteher; **Superiorität't** *rv* Überlegenheit.

Superka'rgo *m* vom Versender bevollmächtigter Frachtkontrolleur und -begleiter.

Su'perlativ *m* gramm. höchste Steigerungsstufe; **superlati'visch** übertreibend.

Superman *m* (ßjuh'p°rmän) **Su'permann** *m* Übermensch, -mann; Mann mit stärkster Ausprägung aller männlichen Eigenschaften.

Super-Market *m* (ßjuh'p°r mah'k°t), **Su'permarkt** *m* höchstentwickelte Form der Selbstbedienungs-Verkaufstechnik; großes Selbstbedienungswarenhaus mit umfangreichem Warenangebot und niedrigen Preisen.

Supernumera'r *m* Beam-

tenanwärter.

Su'peroxyd *s* chem. sauerstoffreiche Verbindung.

Superstitio'n *rv* Aberglaube; **superstitiö's** abergläubisch.

Supervisor *m* (ßju'p°r-wais°r) Aufseher, Kontrolleur.

Supper *s* (ßa'p°r) Abendessen.

Suppleme'nt *s* Ergänzung; Nachtrag; **supplementä'r** ergänzend; **supplie'ren** ergänzen.

Suppli'k *rv* Bittschrift; **Supplika'nt** *m* Bittsteller; **Supplikatio'n** *s.* Supplik; **supplizie'ren** bitten.

Supply „ (ß°plai') Versorgung, Vorrat, Zuschuß.

supponie'ren voraussetzen; **Supposítio'n** *rv* Voraussetzung; **Supposito'rium** *s* med. Arznei-, Stuhlzäpfchen.

Suppressio'n *rv* Unterdrückung; **suppressi'v** unterdrückend; **supprimie'ren** unterdrücken.

Su'praleitung *rv* phys. widerstandslose, unendlich große Stromleitfähigkeit.

supranationa'l übernational.

Suprapo'rte *s.* Sopraporte.

Suprema't *m/s*, **Suprematie'** *rv* (päpstl.) Obergewalt.

Su'rditas *rv* med. Taubheit; **Surdomu'titas** *rv* med. Taubstummheit.

Su're *w* Koranabschnitt.

Surfbrett *s* Segelbrett.

Surfing *s* (ßö'fiñ), **Surfriding** *s* (ßö'fraidiñ) Wassersportart: Wellen-, Brandungsreiten auf einem Brett.

Surgicenter *s* (ßö'dshi ßä'nt°r) „Chirurgisches Zentrum": klinische Einrichtung für „Eintagschirurgie", für ambulante chirurgische Behandlung.

Surplus *m* (ßö'pl°ß) Überschuß.

Surprise-Party w (ßőprai's-pahti) mit Überraschungen für die Gäste bzw. den Gastgeber verbundene Party; überraschende, improvisierte Party (s. dort).

Surreali'smus m moderne, Traum und Wirklichkeit vermengende Kunstrichtung; **Surreali'st** m Künstler des Surrealismus; **surreali'stisch** den Surrealismus betreffend; svw. traumhaft.

Surroga't s Ersatz(mittel).

su'rsum co'rda ,,empor die Herzen!''

Survival-Training s (ßŏwai'w^el...) ,,Überlebenstraining'': Erlernen der Fähigkeit, ohne Hilfsmittel sein Leben in freier Natur zu fristen.

suspe'kt verdächtig.

suspendie'ren zeitweilig des Dienstes entheben; aufschieben; **Suspensio'n** w (einstweilige) Enthebung vom Dienst; med. Aufhängung (des Körpers oder von Gliedern); chem. Aufschwemmung fester Teilchen in einer Flüssigkeit; **suspensi'v** aufschiebend; **Suspenso'rium** s med. Tragevorrichtung (z. B. f. d. Brust oder den Hodensack).

Suta'ne w s. Soutane.

Suu'm cuique (su-u...) ,,jedem das Seine!''

Suzerä'n m Staat, der die Oberhoheit über einen abhängigen Staat besitzt; **suzerä'n** oberherrlich, oberherrschaftlich.

SWAPO w pol. Abk. v. South West Africa People's Organization: Volks-Organisation Südwestafrikas: eine sich auf Teile der Ovambo stützende marxistische Befreiungsbewegung in Südwestafrika (Namibia).

Swa'stika w Hakenkreuz.

Sweater m (ßwä't^er) Strickjacke, Pullover.

Sweet m (ßwih't) ,,süßlicher'' Jazz.

Swimming-Pool m (ßwi'miñpuhl) Schwimmbecken.

Swing m (ßwi'ñ) moderner Tanz(musik)stil; Kreditgrenze bei zweiseitigen Handelsverträgen.

Sykomo're w bot. ein Feigenbaum.

Sycopha'nt m svw. verleumderischer Ankläger.

syllabie'ren in Silben sprechen.

Sy'labus m Verzeichnis.

Syllogi'smus m Schlußfolgerung.

Sy'lphe w/m Luftgeist **Sylphi'de** w weiblicher Luftgeist.

Symbio'nt m biol. Lebewesen, das mit einem anderen zu beiderseitigem Nutzen zusammenlebt; **Symbio'se** w biol. Zusammenleben verschiedener Lebewesen zu beiderseitigem Nutzen; **symbio'tisch** biol. zu beiderseitigem Nutzen ständig zusammenlebend.

Symbo'l s Sinnbild; **Symbo'lik** w Sinnbildlichkeit; **symbo'lisch** sinnbildlich; **symbolisie'ren** versinnbildlichen.

Symme'trie' w Ebenmaß, Spiegelbildlichkeit; **symme'trisch** ebenmäßig, spiegelbildlich.

sympathe'tisch geheimkräftig; **Sympathie'** w Neigung, Mitgefühl; auch geheimnisvolle Einwirkung; **Sympa'thikus** m med. aus dem Grenzstrang und peripheren Geflechten bestehender Teil des vegetativen Nervensystems; **Sympathisa'nt** m wer den Ansichten einer Einzelperson oder Gruppe wohlwollend und zustimmend gegenübersteht;

sympa'thisch zusagend, mitfühlend; med. den Sympathikus betreffend; **sympathisie'ren** zuneigen, mitfühlen.

Symphonie' w s. Sinfonie; **Symphonie'orchester** s s. Sinfonieorchester; **Sympho'nik** w s. Sinfonik; **Sympho'niker** m s. Sinfoniker; **sympho'nisch** s. sinfonisch.

Sympo'sion s, **Sympo'sium** s ursprünglich: ein von geistvollen Gesprächen begleitetes Trinkgelage; heute: wissenschaftliche Tagung.

Sympto'm s Anzeichen, Merkmal; **Symptoma'tik** w s. Symptomatologie; **symptoma'tisch** kennzeichnend; **Symptomatologie'** w med. Lehre von den Krankheitszeichen, -merkmalen.

Synago'ge w jüd. Tempel.

synchron (...kroh'n) gleichzeitig, übereinstimmend; **Synchronisatio'n** w (...krohn...) Gleichschaltung; Herstellung der (zeitlichen) Übereinstimmung von Bild und Ton im Film bei Übertragung der Sprechpartien in eine andere Sprache; **synchronisie'ren** (...krohn...) gleichschalten, Bild und Ton eines Films übereinstimmend machen.

Synchroni'smus m (...krohn...) Gleichzeitigkeit, Gleichlauf; **Synchrotro'n** s (...kro...) phys., techn. Gerät zur Beschleunigung von Elektronen u. Protonen.

Syndika't s Vereinigung; Absatzorganisation eines Kartells; auch Gewerkschaft (in roman. Ländern).

Sy'ndikus m Rechtsberater (einer Körperschaft).

Syndro'm s med. Symptomenkomplex; aus mehreren charakteristischen

Symptomen sich erge-
bendes Krankheitsbild.

Syne'drion s Ratsbehörde
im alten Griechenland;
Hoher Rat der Juden;
Syne'drium s Hoher Rat
der Juden.

Synergie' w Zusammen-
wirken verschiedener
Kräfte oder Organe;
synerge'tisch gleichsin-
nig zusammenwirkend;
Synergi'smus m s. Synergie.

Synko'pe w mus. Beto-
nungsverschiebung;
med. tiefe Ohnmacht;
synkopie'ren mus. die
Betonung verschieben;
synko'pisch mus. Syn-
kopen verwendend.

Synkreti'smus m Vermischung verschiedener
philosophischer Lehren
bzw. verschiedener Re-
ligionen.

Syno'd w oberste Kirchenbehörde der orthodoxen
Ostkirche; **synoda'l** die
Synode betreffend;
Synoda'le m Mitglied
einer Synode; **Syno'de** w
aus Geistlichen u. Laien
bestehende evang. Kir-
chenversammlung.

Synony'm s sinnverwand-
tes Wort; **synony'm**
sinnverwandt.

Syno'pse w od. -o'psis w
vergleichende Nebenein-
anderstellung; **Syno'p-
tiker** Mz. rel. die in der
Wiedergabe der Evange-
lien weitgehend überein-
stimmenden Evange-
listen Matthäus, Markus
und Lukas; **syno'ptisch**
vergleichend nebenein-
andergestellt.

Synta'gma s Schriften-

sammlung.

Sy'ntax w gramm. Satz-
kunde: Lehre vom Bau
und der Gliederung der
Sätze.

Synthe'se w Aufbau, Vereinigung, Zusammenfü-
gung; **Synthe'tics** Mz.
Kunstfasergewebe;
synthe'tisch chem. künstlich hergestellt; zusam-
menfügend; **synthe'ti-
sche Methode** w päd.
Methode des Erstlese-
und -schreibunterrichts,
bei der mit dem Erler-
nen der einzelnen Buch-
staben begonnen wird,
die dann zu Wörtern
zusammengesetzt wer-
den.

Sy'philis w med. eine
durch Spirochäten her-
vorgerufene sehr schwe-
re Geschlechtskrankheit;
Syphili'tiker m med. an
Syphilis Erkrankter.

Syri'nge w bot. Flieder,
Sträucher der Gattung
Ölbaumgewächse.

Syringi'tis w med. Entzündung der Ohrtrompete;
Syringomyelie' w med.
eine Rückenmarkerkran-
kung.

Sy'rinx w Panflöte; zool.
Stimmorgan der (Sing-)
Vögel.

Syste'm s planvolle Ordnung; phil. Lehrgebäude;
pol. Regierungsform;
Systema'tik w Ordnungs-
lehre; **Systema'tiker** m
wer etwas planmäßig
ordnet bzw. ordnen will;
systema'tisch planmäßig;
planmäßig geordnet;
systematisie'ren planmäßig ordnen; **syste'm-
immane'nt** einer Gesell-

schaftsordnung oder po-
litischen Ordnung inne-
wohnend; in einer ge-
sellschaftlichen oder po-
litischen Ordnung ent-
halten, einbegriffen
sein; **Syste'mkritiker** m
wer ein politisches bzw.
gesellschaftliches Sy-
stem bzw. eine Ideolo-
gie öffentlich kritisiert.

Systo'le w med. die rhythmisch erfolgende Zusam-
menziehung des Her-
zens.

Szena'rio s Anlage eines
Planspiels; Entwurf
möglicher Zukunftsmo-
delle; **Szena'r(ium)** s
theat. Verzeichnis des
für ein Bühnenstück er-
forderlichen Beiwerks,
Bühnenbuch; **Sze'ne** w
Schauplatz, Auftritt,
auch Vorhaltungen;
Milieu, Bereich (z. B.
Rausch-Szene, Pop-
Szene u. a.); **Szenerie'**
w Bühnenbild, Schau-
platz; **sze'nisch** bühnen-
mäßig.

Szienti'smus m (ßziän...)
phil. durch Wissen und
auf wissenschaftlichem
Wege Erkenntnis anstre-
bende philosophische
Haltung; auch Lehre der
„Christlichen Wissen-
schaft" (Christian
Science), einer in den
USA begründeten christ-
lichen Gemeinschaft.

Szintillatio'n w astr., phys.
Flimmern, Funkeln, Auf-
blitzen; **szintillie'ren**
astr., phys. flimmern,
funkeln, aufblitzen.

Szy'lla w s. Skylla.

T

Tabagie w (tabaßih') sw.
Kneipe (ursprünglich:
Gasthaus, in dem das
Rauchen gestattet war);
Ta'bak (auch **Taba'k**) m
bot. Nachtschattenge-
wächs der Gattung Nico-

tiana; der aus dessen
Blättern hergestellte
Rauch-, Schnupf- und
Kautabak; **Tabatiere** w
(...tjeh'r°) Tabaksbe-
hälter.

tabella'risch in Tabellen-

form; übersichtlich;
tabellarisie'ren in Tabel-
lenform bringen; über-
sichtlich anordnen; **Ta-
be'lle** w Verzeichnis in
übersichtlicher Form.

Taberna'kel s kath. Sakramentshäuschen; Hostienbehältnis.

Tabe'rne *w* Weinschenke.

Ta'bes *w med.* Rückenmarkschwindsucht; **ta'bisch** *med.* rückenmarkschwindsüchtig.

Tableau *s* (tabloh') Bild; Tafel; ~! Ausruf des Staunens.

Table d'hôte *w* (tahbldoh't) für alle Gäste gemeinsame Speisetafel eines Gasthauses.

Table'tt *s* Tragbrett; **Table'tte** *w* Arzneipille; **tablettie'ren** (Arzneimittel) in Tablettenform pressen.

Tabloid *s* (te'blo-id) *svw.* Bild(er)zeitung.

Tä'bris *m* eine Perserteppichart.

tabu' unantastbar, unverletzlich; **Tabu'** *s* Unantastbares, Unverletzliches; etwas, über das nicht gesprochen wird; **tabuisie'ren** einen Begriff der Erörterung entziehen, indem man ihn für unantastbar erklärt.

ta'bula ra'sa „reiner Tisch".

Tabula'tor *m techn.* Einrichtung an einer Schreibmaschine zum Tabellenschreiben; **Tabulatu'r** *w* alte Notenschrift.

Tabure'tt *s* Hocker.

Ta'cheles reden *svw.* offen miteinander sprechen.

Tachismus *m* (taschi'ßmuß) eine Richtung der modernen gegenstandslosen Malerei: Ausdruck seelischer Regungen durch Farbflecken; **Tachist** *m* (taschi'ßt) Künstler des Tachismus.

Ta'cho *m* Kurzform von Tachometer; **Tachogra'ph** *m* Geschwindigkeitsschreiber; Fahrtschreiber; **Tachome'ter** *s/m* Geschwindigkeitsmesser.

Tachyme'ter *s* Vermessungsinstrument zur Messung von Seitenwinkeln, Höhenwinkeln und Entfernungen.

Ta'ft *m* glänzendes Seidengewebe.

Taifu'n *m* Wirbelsturm in Ost- und Südostasien.

Tai'ga *w* sibirisches Urwaldgebiet.

Taille *w* (ta'lj^e) schmalste Rumpfstelle, Gürtelweite; Mieder; **Tailleur** *m* (tajö'r) Schneider; *s* Jackenkleid.

Tailor *m* (teh'l^er) Schneider; **Tailormade** *s* (teh'l^ermehd) Schneiderkleid; **tailor-made** (teh'l^er mehd) nach Maß gearbeitet.

Takelage (...lah'sh^e) die Masten und dazugehörigen Segel eines Schiffes.

Take-off *s* (tehk o'f) Abheben des Flugzeugs von der Startbahn.

Ta'kt *m* Zeit-, Tonmaß; Feingefühl; **taktie'ren** zweckmäßig vorgehen, geschickt verhandeln; *mus* den Takt angeben.

Ta'ktik *w* Lehre von der Führung *milit.* Verbände im Gefecht; Geschick.

takti'l *med.* den Tastsinn betreffend.

ta'ktisch die Taktik betreffend; geschickt, planvoll.

Tala'r *m* Amtstracht.

Tale'nt *s* Begabung; **talentie'rt** begabt.

Talio'n *w* *iur.* Vergeltung von Gleichem mit Gleichem

Ta'lisman *m* Glücksbringer, zauberkräftiges Schutzmittel.

Ta'lje *w* *naut.* Flaschenzug.

talken (tö'k^en) sprechen, sich unterhalten; **Talk-Master** *m* (tö'k ...) Leiter einer Talk-Show; **Talk-Show** *w* (tö'k schoh) eine Unterhaltungssendung: improvisierte Unterhaltung mit prominenten Gästen.

Talk *m*, **Ta'lkum** *s* weiches, schuppiges, sich fettig anfühlendes Mineral.

Ta'llymann *m*, **Tallyman** *m* (tä'limän) Beauftragter einer Ladungskontrollfirma, der das Laden und Löschen der Schiffsfracht beaufsichtigt.

Ta'lmi *s* Unechtes; wertloser Kram.

Ta'lmud *m* *rel.* Gesetzbuch der Juden; **talmu'disch** *rel.* den Talmud betreffend; **Talmudi'smus** *m* Lehre des Talmuds.

Talon *m* (talo'ñ) Abschnitt, Zinsschein.

Tamari'nde *w* *bot.* tropische Pflanze der Hülsenfrüchtegattung; **Tamari'ske** *w* *bot.* Strauchbzw. Baumgewächs des Mittelmeergebietes, Afrikas und Asiens.

Ta'mbour *m* (... buhr) Trommler; Trommel; zylindrischer Unterbau einer Kuppel; **Ta'mbourmajor** *m* Führer eines Spielmannszuges; **Tamburi'n** *s* kleine Trommel.

Tampon *m* (tampo'ñ) Watte-, Mullbausch; **Tampona'de** *w* *med.* Ausstopfung von Wunden mit Tampons.

Tamta'm *s* Gong, Schlagbecken; *auch* marktschreierische Angeberei.

Ta'nagrafigur *w* antikes Tonfigürchen.

Ta'ndem *s* Fahrrad mit zwei Sitzen hintereinander.

Tang *m* *bot.* Algenpflanze.

Ta'nga *m* *svw.* Kleinst-Bikini, Mini-Kini (s. dort).

Ta'ngens *m* *math.* beim rechtwinkligen Dreieck: Verhältnis von Gegenkathete zu Ankathete; **Tange'nte** *w* *math.* Gerade, die eine Kurve in einem Punkt berührt; **tangentia'l** *math.* eine Kurve betreffend; **tangie'ren** berühren.

Ta'ngo *m* ein lateinamerikanischer Gesellschaftstanz.

Tank m Flüssigkeitsbehälter; Kampfwagen; **ta'nken** mit Treibstoff füllen; **Ta'nker** m Tankschiff.

Ta'ntal s *chem.* ein Grundstoff (Ta), ein Metall (nach dem sagenhaften griechischen König Tantalos benannt).

Ta'ntalusqualen Mz. *svw.* qualvoller Wunsch nach Unerreichbarem.

Tantieme m (tañtjäh'm^e) Gewinnanteil.

Tao s (tau) chinesisch-philosophischer Begriff; **Taoi'smus** m chinesische Philosophie und Religion; **Tao-te-ki'ng** s das (angeblich) von Lao-tse verfaßte Werk, Grundlage des Taoismus.

Tape s (teh'p) Papierstreifen zur Aufnahme der Zeichen bzw. Buchstaben des Morseapparats und Fernschreibers; *auch* Tonband.

Tape't s Tischdecke; **aufs Tapet bringen** *svw.* zur Sprache bringen.

Tape'te m Wandbekleidung; **tapezie'ren** mit Tapete beziehen od. bekleben; **Tapezie'rer** m Handwerker, der tapeziert.

Tapio'ka m Stärkemehl aus der Wurzelknolle des (*od.* der) Maniok (s. dort).

Tapisserie' m Wandteppich; Stickarbeit; *auch* Handarbeitsladen.

Ta'ra m Verpackungsgewicht.

Tara'ntel m *zool.* giftige Spinnenart; **Tarante'lla** m ein italienischer Tanz.

Ta'rbusch m fezartige orientalische Kopfbedekkung.

tarda'ndo *mus.* verzögernd.

tarie'ren Verpackungsgewicht feststellen.

Tari'f m Lohnsatz; Preis (-verzeichnis); **Tari'fautonomie** m Recht der Gewerkschaften und Arbeitgeberverbände, aus eigener Machtvollkommenheit Tarifverträge miteinander abzuschließen; **tarifie'ren** einen Tarif festsetzen; **tari'flich** dem Tarif entsprechend.

Ta'rlatan m steifes, durchsichtiges Gewebe.

Taro'ck m/s skatähnliches Kartenspiel.

Tarrago'na m spanische Süßweinart.

Tartan m (tah't^en) schottisch-karierte Wolldecke, Umhang; **Tartanbahn** m (tah't^en . . .) auf Sportplätzen: Laufbahn aus Kunststoff.

Ta'rtarus m Unterwelt.

Tartü'ff *od.* **Tartuffe** m (. . .tü'f) *svw.* Heuchler, scheinheiliger Betrüger.

Tastatu'r m Gesamtheit der Tasten einer Maschine bzw. eines Musikinstrumentes.

Ta'ste m *techn., mus.* Druckhebel; **ta'sten** herumfühlen.

Tata'r s aus rohem, gewürztem Schabefleisch hergestelltes Beefsteak.

Tata'rennachricht m unverbürgte Schreckensnachricht.

tatauie'ren s. tätowieren; **tätowie'ren** Haut mit eingeritzten u. gefärbten Bildern od. Mustern verzieren; **Tätowie'rung** m in die Haut geritzte Verzierung.

Ta'ttersall m Reitschule.

Tattoo' m (tätuh') englisch: Zapfenstreich.

Tau s dem „t" entsprechender Buchstabe des griechischen Alphabets.

tauschie'ren Metallgegenstände durch Einlagen von Edelmetallen verzieren.

Tautologie' m Bezeichnung einer Sache durch mehrere gleichsinnige Wörter.

Tave'rne m Weinschenke.

Taxame'ter m Kraftdroschke, Mietwagen; Fahrpreisanzeiger.

Taxatio'n m Preisabschätzung; **Taxa'tor** m Abschätzer.

Ta'xe m Gebühr, Preisordnung; Kraftdroschke, Mietwagen; **Ta'xi** s Kraftdroschke, Mietwagen.

taxie'ren abschätzen.

Taylor-System s (teh'l^er...) betriebswirtschaftliches System zur Erzielung bestmöglicher Leistungen.

Teach-in s (tihts^h i'n) Demonstrationsform, bei der sich die Demonstranten gewaltsam Zugang zu einem Hörsaal verschaffen, um dort eine Lehrveranstaltung in ihrem Sinne durchzuführen.

Teakholz s (tih'k . . .) *bot.* südasiatisches, sehr hartes, widerstandsfähiges Edelholz.

Team s (tih'm) Mannschaft; **Teamwork** s (tih'mwörk) Gemeinschaftsarbeit.

Tea-room m (tih'ruhm) Teestube.

Techne'tium s *chem.* ein radioaktiver instabiler Grundstoff (Tc), ein Metall.

Te'chnik m Nutzanwendung naturwissenschaftlicher Gesetze; Ingenieurwissenschaften; Kunstfertigkeit.

Te'chniker m Fachmann auf dem Gebiet der Technik; **Te'chnikum** s *techn.* Fachschule; **te'chnisch** die Technik betreffend; fachmännisch; **technisie'ren** für technischen Betrieb bzw. für Maschineineinsatz einrichten bzw. umstellen.

Technokra't m Vertreter der Technokratie; **Technokratie'** m Beherrschung der Gesellschaft durch die Technik.

Technologie' m Wissen

schaft von den technisch-naturwissenschaftlichen Verfahrensweisen; Wissenschaft von der Verarbeitung der Rohstoffe zu Fertigwaren; Verfahrenstechnik; *auch sวิท.* Technik.

Techtelme'chtel *s* Liebelei.

Tede'um *s* christl. Lobgesang.

TEE *Abk. v.* Trans-Europ(a)-Express (*s. dort*).

Teenager *m/s* (tih'n-ehdsh^er) junges Mädchen (*auch* Junge) der Altersgruppe v. 13 bis 19 Jahren; **Teenager-Sprache** *w* Sammelbezeichnung für Wortneubildungen, die von Jugendlichen in der Umgangssprache verwendet werden; teilweise handelt es sich hierbei um vorhandene Wörter, die einen neuen Sinn bzw. eine neue Bedeutung erhalten (z. B. Regierung = Eltern); **Teens** *Mz.* (tih'ns) *sวิท.* Teenager (*s. dort*).

Tefi'llin *Mz.* Gebetsriemen der Juden.

Tei'n *s* (te-ih'n) Koffein der Teeblätter.

Teint *m* (tä'n) Farbe und Beschaffenheit der Gesichtshaut.

Tekto'nik *w* Lehre vom Bau der Erdkruste; Baukonstruktionslehre.

Tektu'r *w* Deckblatt, -streifen (zum Ersatz falscher oder nicht mehr gültiger Textstellen eines Buches).

Te'le . . ., te'le . . ., Fern . . ., fern . . .; **telege'n** für Fernsehaufnahmen geeignet.

Telegra'mm *s* Draht- oder Funknachricht; **Telegra'ph** *m* Fernschreiber; **telegraphie'ren** drahten od. funken; **telegra'phisch** fernschriftlich; drahtlos; durch Funk.

Telekine'se *w* angebl. durch

übersinnliche Kräfte bewirktes Bewegen entfernter Gegenstände; **Te'lekolleg** *s* „Bildungsfernsehen": Einrichtung des Fernsehens, durch die in Verbindung mit Fernunterrichtsmethoden gehobene Allgemeinbildung oder fachtheoretische Aus- und Fortbildung vermittelt wird.

Te'lemark *m* ein Schwung beim Schilauf.

Teleme'ter *s/m* Entfernungsmesser; **Te'leobjektiv** *s phot.* Linsensystem für Fernaufnahmen.

Teleologie' *w phil.* Lehre, daß alles Geschehen zweckbestimmt ist.

Telepathie' *w sวิท.* Gedankenübertragung.

Telepho'n *s* Fernsprecher; **Telephona't** *s* Ferngespräch; **Telephonie'** *w* Fernsprechen, Fernsprechwesen; **telephonie'ren** fernsprechen; **telepho'nisch** fernmündlich.

Telepho'nseelsorge *w* durchgehend besetzter kirchlicher Telephonanschluß für Hilfe- und Ratsuchende zur fernmündlichen Konfliktberatung und Selbstmordverhütung.

Telephotographie' *w* Fernphotographie.

Teleprocessing *s* (. . . pro-ßä'ßin) Datenfernverarbeitung.

Telesko'p *s* Fernrohr.

Televisio'n *w*, **Television** *w/s* (tehl'wi'shn) Fernsehen **Te'lex** *s* Fernschreibanschluß, Fernschreibnetz; Fernschreiben.

Te'll *m* vorgeschichtlicher Ruinenhügel (vorwiegend in Vorderasien).

Tellu'r *s chem.* ein Grundstoff (Te) (nach tellus = Erde benannt); **tellu'risch** die Erde betreffend; **Tel-**

lu'rium *s* Gerät, mit dem die Mondbewegung um die Erde und der Umlauf der Erde um die Sonne dargestellt werden kann.

Te'mpel *m* (nichtchristliches) Gotteshaus.

Te'mpera(malerei) *w* Malerei mit Deckfarben.

Temperame'nt *s* Wesensart, Lebhaftigkeit; **Temperatu'r** *w* Wärmegrad; **Tempere'nz** *w* Mäßigkeit; **Tempere'nzler** *m* Anhänger einer Mäßigkeitsbewegung; **temperie'ren** mäßigen; (die Temperatur) regeln.

Te'mpern *s techn.* Wärmebehandlung von Metallen bzw. Glas zur Erzielung besonderer Oberflächen bzw. Gefügeeigenschaften.

tempie'ren *mil.* den Zünder eines Sprengkörpers oder Geschosses auf eine bestimmte Zeit einstellen.

Te'mpi passa'ti *Mz.* vergangene Zeiten.

Te'mpo *s* Zeitmaß, Schnelligkeitsgrad; **Te'mpolimit** *s* allgemeine Geschwindigkeitsbegrenzung.

tempora'l zeitlich; **Tempora'lsatz** *m* gramm. eine Zeitbestimmung enthaltener Nebensatz; **temporä'r** zeitweilig.

Te'mpus *s* gramm. Zeit, Zeitform (eines Zeitwortes).

Tena'kel *s* Manuskripthaltevorrichtung für den Setzer.

Tenazitä't *w* Zähigkeit.

Tende'nz *w* Streben, Entwicklungsrichtung; *auch* Börsenstimmung; **Tende'nzbetrieb** *m* überwiegend politischen, wissenschaftlichen, publizistischen, künstlerischen oder wohltätigen Zwecken dienendes Unternehmen, dessen Arbeitnehmer nur eingeschränkte Mitbestimmungsrechte genießen; **tendenzie'll** (... i-ell) der Tendenz entsprechend; **tendenziö's** einseitig; eine bestimmte Absicht verfolgend.

Te'nder m Anhänger der Lokomotive für Kohlen und Wasser; Zubringer-, Begleitschiff.

tendie'ren streben, hinneigen.

Te'nnis s mit Schlägern durchgeführtes Ballspiel.

Te'nno m japanischer Kaisertitel.

Teno'r m mus. hohe Männerstimme; **Te'nor** m Inhalt, Wortlaut.

Tensio'n ro techn. Spannung.

Tenta'kel s/m biol. Tast-, Fangfäden niederer Tiere bzw. fleischfressender Pflanzen.

Tenta'men s Vor-, Zwischenprüfung; Versuch; **tentie'ren** versuchen.

Tenue ro (t^enüh') Haltung, Kleidung.

Tepida'rium s warmer Luftbaderaum römischer Bäder; auch Gewächshaus.

Tequila m (tekih'la) mexikanisches alkoholisches Getränk aus Agavensaft.

teratoge'n med. Mißbildungen verursachend; **Teratologie'** ro med., biol. Wissenschaft von den Mißbildungen.

Te'rbium s chem. ein Grundstoff (Tb), ein Metall.

Term m math. Teil einer Formel; phys. Energiezustand eines Moleküls, Atoms oder Atomkerns; festgelegter wissenschaftlicher Begriff.

Te'rme ro Grenzstein.

Termi'n m Zeitpunkt; Gerichtstag.

Terminal m (tö'min°l) Zielbahnhof, Zielhafen; auch Flughafen; Abfertigungshalle; Ein- und Ausgabeeinheit einer Datenverarbeitungsanlage.

Terminatio'n ro Begrenzung; **terminie'ren** begrenzen, befristen.

Terminologie' ro Fachsprache; **Te'rminus** m Grenze, Begriff, Fachwort; **Te'rminus te'chnicus** m Fachausdruck.

Termi'te ro zool. weiße Ameise.

ternä'r dreifach.

Terpenti'n s eine Harzart.

Terpsi'chore ro Muse des Tanzes.

Te'rra ro Erde; **Terrain** s (tärä'ñ) Gelände, Boden; **Te'rra inco'gnita** ro unerforschtes Gebiet; **Terrako'tta** od. **Terrako'tte** ro gebrannter Ton; Bildwerk aus gebranntem Ton; **Terrama'ren** Mz. bronzezeitliche Siedlungsform Norditaliens; **Terra'rium** s Kriechtierbehälter; **Te'rra sigilla'ta** ro römisches rotes Tongeschirr mit eingepreßtem Stempel des Herstellers.

Terra'sse ro erhöhter Platz; Erdstufe(n); **terrassie'ren** in Terrassenform anlegen.

Terra'zzo m fugenloser Kunststeinbelag für Fußböden und Wände.

Terre des Hommes (tärdeso'mm) Name eines privaten internationalen Kinderhilfswerkes.

terre'strisch die Erde bzw. das Festland betreffend.

terri'bel schrecklich.

Te'rrier m (...i-er) englische Jagdhundrasse.

Terri'ne ro Suppenschüssel.

Territio'n ro Bedrohung, Ängstigung.

territoria'l zu einem Gebiet gehörend; **Territoria'l-Armee** ro mil. nur für den Einsatz im Heimatkriegsgebiet bestimmte Truppe; Heimwehr; **Territoria'l-Gewässer** Mz. Hoheitsgewässer; **Territorialitä't** ro Staatszugehörigkeit eines Gebietes; **Territo'rium** s (Staats-)Gebiet.

Te'rror m Schrecken(sherrschaft); **terrorisie'ren** Schrecken durch Verübung von Gewalttaten verbreiten; durch Gewalttaten einschüchtern; **Terrori'smus** m Schreckensherrschaft; Verbreiten von Schrecken durch Verübung von Anschlägen und Anwendung von Gewaltmaßnahmen zur Erreichung politischer Ziele; **Terrori'st** m wer eine Schreckensherrschaft ausübt oder Terroranschläge verübt; **Te'rrormultis** Mz. Terroristengruppe multinationalen Ursprungs; weltweite Terroristengruppe.

Te'rtia ro dem 8. u. 9. Schuljahr entsprechende Klassen höherer Schulen.

Tertiä'r s die der erdgeschichtlichen Gegenwart (Quartär) vorangehende erdgeschichtliche Formation.

Te'rtius gau'dens „der lachende Dritte".

Terz ro mus. Intervall von Grundton und dritter Tonstufe; auch ein Fechthieb.

Terzero'l s kleine Pistole.

Terzero'ne m Mischling eines Weißen und einer Mulattin (s. dort): ³/₄ Weißer.

Terze'tt s dreistimmiges Tonstück; Gemeinschaft von 3 Musikern od. Sängern.

Te'sching s/m Kleinkalibergewehr.

Tessa'r s besonders hochwertiges, lichtstarkes u. scharfzeichnendes Photoobjektiv.

Test m Probe; Prüfversuch.

Testame'nt s letztwillige Verfügung; rel. Bibelteil: Bund Gottes mit den Menschen; **testa-**

menta'risch letztwillig verfügt.

Testa't s Zeugnis, Bescheinigung; **Testa'tor** m wer ein Testament verfaßt (hat); **te'sten** prüfen; **Te'ster** m Prüfer; **testie'ren** bescheinigen.

Testi'kel m med. Hoden; **Testi'kelhormon** s med. männliches Geschlechtshormon.

Testimo'nium s iur. Bescheinigung, Zeugnis.

Testostero'n s med. männliches Geschlechtshormon.

Te'stpilot m Flugzeugführer zum Einfliegen neuer Flugzeugmuster.

Tetanie' ro med. Krampfanfälle; **Te'tanus** m med. Wundstarrkrampf.

Tete ro (täh't[°]) „Kopf", Spitze; **Tête-à-Tête** s (tähtätäh't) „Kopf an Kopf": vertrauliches Zusammensein.

Te'tra . . ., te'tra . . . Vier . . ., vier . . .; **Tetrae'der** m (. . . a-e . . .) math. „Vierflächner": von vier gleichseitigen Dreiecken begrenzter Körper; **Tetrago'n** s math. Viereck; **Tetralogie'** ro Folge von vier innerlich zusammenhängenden Dramen; **Tetra'rch** m „Vierfürst", über den vierten Teil eines Staates herrschender Fürst.

Text m Wortlaut; **te'xten** (Werbe-, Schlager-) Texte verfassen; **Te'xter** m Verfasser von (Werbe-, Schlager-)Texten.

texti'l Webwaren betreffend; **Texti'lien** Mz. (. . . i-en) Webwaren.

thalassoge'n durch das Meer hervorgerufen; **Thalassographie'** ro beschreibende Meereskunde; **Thalassokratie'** ro Seeherrschaft; auf Seeherrschaft beruhende

Macht; **Tha'latta! Tha'latta!** „das Meer, das Meer!", Ausruf der griechischen Söldner Xenophons beim Anblick des Schwarzen Meeres.

Thali'a ro Muse des Schauspiels.

Thalidomi'd s med. (für Mißbildungen verantwortlich gemachter) Bestandteil von Schlaf- und Beruhigungsmitteln (in Deutschland unter dem Handelsnamen Contergan hergestellt und aus dem Handel gezogen).

Tha'llium s chem. ein Grundstoff (Tl), ein Metall.

Thanatologie' ro „Todeslehre": Wissenschaft vom Problem des Todes und des sterbenden Menschen; Teilgebiet der Medizin, das es sich zum Ziel setzt, das Problem des Todes für den Patienten, dessen Angehörige und den behandelnden Arzt zu erleichtern.

Thea'ter s Schaubühne; Vorstellung; auch Unruhe, Getue; **Theatra'lik** ro Gespreiztheit; übertriebenes schauspielerisches Gehabe; **theatra'lisch** schauspielerhaft; gespreizt.

Thein s (te-'n) (s. Tein).

Thei'smus m (. . . e-i . . .) Glaube an einen die Welt lenkenden Gott.

The'ke ro Laden-, Schanktisch.

The'lema s phil. Wille.

The'ma s Leitgedanke, Aufgabe; **Thema'tik** ro Themastellung; Behandlung eines Themas; **thema'tisch** dem Thema entsprechend.

Theobromi'n s dem Koffein verwandter Wirkstoff der Kakaobohnen.

Theodizee' ro Rechtfertigung Gottes.

Theodoli't m Winkelmeßgerät.

Theognosie' ro Erkenntnis Gottes; **Theogonie'** ro Abstammungslehre der Götter; **Theokratie'** ro Priesterherrschaft.

Theolo'ge m Gottesgelehrter, Geistlicher, Religionswissenschaftler; **Theologie'** ro Lehre von Gott; Religionswissenschaft; **theolo'gisch** die Theologie betreffend, religionswissenschaftlich.

Theomanie' ro med. religiöser Wahn; **Theophanie'** ro Erscheinung Gottes.

Theore'm s Lehrsatz.

Theore'tiker m (wissenschaftliche) Probleme rein gedanklich behandelnder Mensch; auch wirklichkeitsfremder Mensch; **theore'tisch** gedanklich; auch wirklichkeitsfremd; **theoretisie'ren** Probleme rein gedanklich bearbeiten; **Theorie'** ro Überlegung; Lehrmeinung.

Theosophie' ro „Gottesweisheit": mystische Gotteslehre.

Therapeu't m med. Heilbehandler; **therapeu'tisch** med. der Heilbehandlung dienend; **Therapie'** ro med. Heilbehandlung.

therma'l die Wärme betreffend; **Therma'lbad** s von einer warmen Quelle gespeistes Bad; **Therma'lquelle** ro warme Quelle.

The'rme ro warme Quelle.

The'rmen Mz. (altrömische) Warmbäder; (moderne) Badeanlagen.

Thermido'r m „Hitzemonat": der 11. Monat des Kalenders der Französischen Revolution.

The'rmik durch Sonnenbestrahlung bewirkte Luftströmung; **the'rmisch** phys. die Wärme betreffend.

Thermi't s chem. bei Verbrennung sehr starke

Hitze entwickelndes Gemisch aus Aluminiumpulver und einem Metalloxyd (u. a. als Brandbombenfüllung verwendet).

The'rmochemie' *rv* chem. die Zusammenhänge zwischen Wärme und chemischer Energie erforschendes Teilgebiet der Chemie; **Thermodyna'mik** *rv* phys., chem. Lehre von der Umwandlung der Wärme in mechanische Energie; **Thermogra'ph** *m* Temperaturschreiber; **thermolabi'l** phys. wärmeunbeständig.

Thermome'ter s phys., med. Temperatur-, Wärmemesser; **Thermometrie'** *rv* phys., med. Temperatur-, Wärmemessung.

thermonuklea'r phys. die bei Atomkernzertrümmerung auftretende Wärme betreffend, Kernreaktionen durch Wärme anregend; **thermophi'l** biol. wärmeliebend; **Thermopho'r** *m* phys., med. Wärmespeicher, wärmespeicherndes Gerät oder Behältnis; **thermopla'stisch** chem. bei Erwärmung weich und formbar werdend.

The'rmosflasche *rv* Flasche zum Warm- bzw. Kühlhalten von Getränken.

thermostabi'l phys. wärmebeständig; **Thermosta't** *m* phys., techn. Wärmeregler; **Thermotherapie'** *rv* med. Wärmebehandlung.

thesaurie'ren horten; **Thesaurie'rung** *rv* (Geld-) Hortung; **Thesau'rus** *m* Schatz, Wortschatz.

The'se *rv* Lehrsatz; (zu beweisende) Behauptung; **The'sis** *rv* englisch: Doktorarbeit, Dissertation.

The'spiskarren *m* Wanderbühne.

The'ta s dem „th" entsprechender Buchstabe des griechischen Alphabets.

Theurgie' *rv* (. . . e-u . . .) Götterbeschwörung.

Tho'los *m* altgriechischer, mit einem Säulenumgang versehener Rundbau.

Tho'ra *rv* rel. die 5 Bücher Mosis.

Tho'rax *m* med. Brust(korb).

Tho'rium s chem. ein radioaktiver Grundstoff (Th), ein Metall (nach dem altnordischen Gott Thor benannt).

Thriller *m* (θri'l'r) Schauerroman, -film, -bühnenstück; spannender Reißer.

Thrombo'se *rv* med. Bildung eines Blutgerinnsels.

Thu'lium s chem. ein Grundstoff (Tm), ein Metall (nach der Insel Thule der altnordischen Sage benannt).

Thy'mian *m* bot. Quendel, eine Heil- und Gewürzpflanze.

Thymopathie' *rv* med. Gemütskrankheit.

Thy'mus(drüse) *m* (*rv*) med. innere, besonders während der Wachstumszeit tätige Brustdrüse.

Thy'rsos, Thy'rsusstab *m* mit Efeu und Weinkraut umwundener Stab des Dionysos und der Bacchantinnen.

Tia'ra *rv* die dreifache Papstkrone.

Tick *m* Eigenheit, Schrulle.

Ti'cket s Fahrkarte, Zettel, Flugschein.

Tiers État *m* (tjärsehta')

„Dritter Stand": Bürgertum (in der Französischen Revolution).

ti'gern mit Streifen versehen; *auch svrv.* umherstreifen.

Timbre s (tä'ñbr) Klangfarbe.

Time is money! (tai'm is ma'ni) „Zeit ist Geld"; **Time-lag** s (tai'mläg) zeitliche Verzögerung; **timen** (tai'm'n) eine Zeit festlegen, messen.

timi'd(e) furchtsam; **Timiditä't** *rv* Furchtsamkeit.

Timing s (tai'miñ) Zeitfestsetzung, -messung; *svrv.* die Wahl des richtigen Zeitpunktes.

Timokratie' *rv* Staatsform, in der die politischen Rechte der Bürger den Vermögensverhältnissen entsprechend abgestuft sind.

tingie'ren chem. färben; **Tinktio'n** *rv* chem. Färbung; **Tinktu'r** *rv* Färbung; med. aus Arzneipflanzen od. tierischen Stoffen hergestellter Auszug.

Ti'nnef *m* Schund, wertloses Zeug.

Tip *m* Wink, Vorhersage.

Ti'pi s indianisches kegelförmiges Zelt.

ti'ppen vorhersagen, wetten, vermuten.

Tira'de *rv* Worterguß.

Tirailleur *m* (tihrajö'r) mil. Plänkler; in geöffneter Ordnung kämpfender leichtbewaffneter Soldat; **tiraillieren** (tihrajih'r'n) mil. plänkeln.

Tiro'nische No'ten Mz. altrömische Kurzschrift.

Tita'n s chem. ein Grundstoff (Ti), ein Metall (nach dem Göttergeschlecht der Titanen der altgriechischen Sage benannt); **Tita'n(e)** *m* Riese; **tita'nisch** riesig.

Ti'tel *m* Überschrift; Buch (-name); Rangbezeichnung; Rechtsgrund; **Titelei'** *rv* die dem Buchtext vorangestellten Seiten; **ti'teln** mit Titeln versehen.

Ti'ter *m* chem. Gehalt einer Flüssigkeit an darin aufgelöster Substanz.

Titoi'smus m (...o-i...)
pol. nach dem jugoslawi-
schen Staatschef Tito be-
nannte Form eines nicht
von der UdSSR abhän-
gigen Kommunismus.

Titratio'n ro chem. Titerbe-
stimmung durch Maß-
analyse; **titrie'ren** den
Titer durch Maßanalyse
bestimmen.

Titula'r m Titelträger;
Titula'rbischof m auf ein
erloschenes Bistum ge-
weihter Bischof; **Titula-
tu'r** ro Betitelung; Titel-
anrede; **titulie'ren** betiteln, benennen.

Ti'voli s nach der mittel-
italienischen Stadt be-
nannter Vergnügungs-
park (bes. in Kopenha-
gen); auch ein Kugel-
spiel.

Tja'lk ro naut. dickbauchi-
ges, einmastiges, flach-
gehendes Küstensegel-
schiff der Nordsee.

Toast m (toh'ßt) Trinkspruch; geröstete Brot-
scheibe; **toasten** (toh'ß-
ten) einen Trinkspruch
ausbringen; Brot rösten;
Toaster m (toh'ßt^{e}r)
elektrischer Brotröster.

Tobo'ggan m (kanadischer)
Schlitten.

Tocca'ta ro s. Tokkata.

To'ddy m grogartiges Getränk; Palmwein.

Toffee m (to'fi) weiche
Sahnekaramelle.

To'ga ro altröm. Obergе-
wand.

To'huwabo'hu s Wirrwarr;
Unordnung; Durchein-
ander.

Toilette ro (toale'tt^e) (Da-
men-)Gesellschaftsklei-
dung; Putztisch; Abort,
Waschraum; Körper-
reinigung.

Tokai'er, Toka'jer m ungarischer Süßwein.

Tokka'ta ro mus. frei ge-
staltetes Musikstück für
Tasteninstrumente.

tolera'bel erträglich; **tolera'nt** duldsam; **Tolera'nz**
ro Duldsamkeit; techn.

zulässige Maßabwei-
chung; **Tolera'nzdosis** ro
med. phys. Strahlen-
menge, der ein Lebewe-
sen ohne Gefährdung
ausgesetzt werden
kann; **tolerie'ren** dul-
den; techn. abweichen.

Tomahawk m (to'mahôk)
Streitaxt, -kolben nord-
amerik. Indianer.

To'mbak m kupferreiche
Messingart.

To'mbola ro Verlosung.

To'mmy m Spitzname des
englischen Soldaten.

To'mus m Einzelband
eines mehrbändigen
Schriftwerkes.

tona'l mus. auf eine Grund-
tonart bezogen.

To'nic s kohlensäurehal-
tiges Wasser (zum Ver-
dünnen alkoholischer
Getränke).

To'nika ro mus. Grundton
einer Tonart.

To'nikum s med. Kräftigungsmittel; **to'nisch**
med. kräftigend; den
Tonus (s. dort) betref-
fend; **tonisie'ren** med.
kräftigen.

Tonnage ro (...ah'sh^e)
Raumgehalt eines Schif-
fes; auch Gesamtschiffs-
raum einer Handels-
od. Kriegsflotte.

Tonographie' ro med. eine
Methode der Augen-
druckmessung.

Tonsi'lle ro med. Mandel;
Tonsillektomie' ro med.
operative Entfernung
der Gaumenmandeln;
Tonsillotomie' ro med.
operatives Kappen der
Gaumenmandeln.

Tonsu'r ro runder Haar-
ausschnitt kathol. Geist-
licher.

To'nus m med. Spannung,
Spannungszustand.

Topa's m ein (gelblicher)
Edelstein.

topfit (to'pfi't) (Sportler:)
in Höchstform.

To'pik ro Lehre von den
Gemeinplätzen in der
antiken Rhetorik; Be-

weisführungslehre;
Lehre von Wort- und
Satzstellung.

Topinambu'r ro bot. Knol-
len tragende Futter- und
Gemüsepflanze.

topless (top'läß) „oben
ohne": sro. mit entblöß-
tem Oberkörper; busen-
frei.

Top-Management s (to'p-
mänidshm^{e}nt) Führungs-
spitze der Großunter-
nehmen; **To'p-Modell** s
Spitzen-(Photo-)Modell.

Topogra'ph m Landmesser,
Vermessungsingenieur;
Topographie' ro Ortsbe-
schreibung; Lehre von
der kartenmäßigen Dar-
stellung der Erdober-
fläche; med. Lehre von
den Lagebeziehungen
der Körperteile; **Topo-
logie'** ro math. „Wissenschaft von den Orten":
Wissenschaft von der
Lage geometrischer Ge-
bilde im Raum.

top-secret (to'pßikrit)
streng geheim.

tordie'ren verdrehen.

Toreado'r, Tore'ro m
Stierkämpfer.

To'rkret m Spritzbeton.

Torna'do m nordamerikanischer Wirbelsturm.

Torni'ster m Ranzen.

To'ro m spanisch: Stier.

torpedie'ren mit einem
Torpedo treffen; auch
verhindern, vernichten;
Torpe'do m mit Eigenan-
trieb versehenes Unter-
wassersprenggeschoß.

torquie'ren (ver-)drehen;
quälen.

Torsio'n ro Verdrehung.

To'rso m Rumpf; Bruchstück; unvollendetes
Werk.

Tort m Unrecht.

Tortele'tt s Törtchen; mit
Obst o. ä. gefülltes
Mürbeteigschälchen.

Tortu'r ro Folter, Qual.

To'ry m engl. Konservati-
ver.

tota'l völlig, gänzlich.

Totalisa'tor m (Abk. Toto)

Wetteinrichtung; **totali-
sie'ren** (Sport, Wirt-
schaft:) zusammenzäh-
len.

totalitä'r allumfassend;
Totalitä't Vollständig-
keit.

To'tem s indianisches, unverletzliches und ver-
ehrtes Stammeszeichen.

To'to m/s s. Totalisator.

touchie'ren (tuschih'r°n)
berühren, betasten;
med. auch ätzen.

Touch m (ta'tsch) suw. An-
flug, Beigeschmack; per-
sönliche Note; auch
Schwäche (für etwas).

touchieren (tuschih'r°n)
berühren, betasten;
med. auch ätzen.

Toupet s (tupeh') künstliches Haarteil, Haar-
ersatz; **toupie'ren** Haare
aufbauschen.

Tour w Umdrehung; Ausflug; Strecke; **Tour de
Ville** w (tuhrd°wih'l)
Stadtrundfahrt, -gang;
Touri'smus m Fremden-
verkehr, (organisiertes)
Reisewesen; **Touri'st** m
Wanderer, Vergnügungs-
reisender; **Touri'stik** w
(organisiertes) Reisewe-
sen; Reisen, Wandern,
Bergsteigen u. ä.; **touri'-
stisch** das Fremdenver-
kehrs-, Reisewesen be-
treffend; **Tournee'** w
Rund-, Gastspielreise.

Towa'rischtsch m russisch:
Kamerad, Genosse, Ge-
nossin.

Tower m (tau'°r) Zitadelle
von London; auch Abk.
für: Control Tower
(s. dort).

Town-Meeting s (tau'n
mihtiñ) Bürgertreffen:
Veranstaltung, bei der
der Staats- oder Regie-
rungschef von den Bür-
gern gestellte Fragen
unmittelbar beantwor-
tet.

Tox(ik)ämie' w med. Blutvergiftung; **Toxikolo'ge**
m med. Wissenschaftler
auf dem Gebiet der Toxi-

kologie; **Toxikologie'** w
Wissenschaft von den
Giften; **toxikolo'gisch**
med. die Gifte, die Toxi-
kologie betreffend;
Toxikomanie' w Gift-,
Drogensucht; **To'xikum**
s med. Gift; **Toxi'n** s
med. Bakterien-Gift-
stoff; **to'xisch** giftig;
Toxizitä't w Giftigkeit;
Toxoplasmo'se w med.
durch Protozoen hervor-
gerufene Krankheit bei
Tieren und Menschen,
die bei werdenden Müt-
tern zu Schädigungen
oder zum Tod der Lei-
besfrucht führen kann.

Traba'nt m Begleiter, Leibwächter; **Traba'nten-
stadt** w s. Satelliten-
stadt.

Tracer m (treh'ß°r) radioaktive bzw. radioaktiv
gemachte Markierungs-
stoffe (in der medizini-
schen Diagnostik, der
Werkstoffprüfung, der
Biologie usw. angewen-
det).

Tracheotomie' w Luft-
röhrenschnitt.

Tracho'm s med. „Körner-
krankheit": durch Viren
hervorgerufene schwere
Augenbindehautentzün-
dung.

Track m (trä'k) Seever-
kehrsweg zwischen zwei
Häfen; auch (Trab-)
Rennbahn, Fahrweg,
Spur.

Trademark w (treh'd...)
Fabrikmarke, Warenzei-
chen; auch Bezeichnung
des Herkunftslandes
einer Ware; **Trade-
Union** w (treh'd-ju'nj°n)
englisch: Gewerkschaft.

tradie'ren überliefern, wei-
tergeben; **Traditio'n** w
Herkommen, Überliefe-
rung; **Traditionali'smus**
m sich der Tradition ver-
pflichtet fühlende Ein-
stellung; **traditione'll**
herkömmlich, überlie-
fert; **Traduktio'n** w
Übersetzung.

Traffic m (träh'fik) englisch: Verkehr; **Trafi'k**
m/w Handel, Laden,
(staatliche) Tabakver-
kaufsstelle (in Öster-
reich); **Trafika'nt** m Besitzer eines (einer) Tra-
fik.

Tra'fo m s. Transformator.

Traga'nt m bot. Stragel,
Bocksdorn; das aus den
Absonderungen dieser
Pflanze gewonnene Bin-
demittel für Farben,
Klebstoffe, Konditor-
waren u. a.

Tra'gik w Verhängnis; er-
schütterndes Geschehen;
Tra'giker m Dichter von
Trauerspielen; **tra'giko-
misch** halb traurig, halb
komisch; **Tragikomö'die**
w (...i-e) halb trauriges,
halb lustiges Schauspiel;
tra'gisch erschütternd;
Tragö'de m tragische
Rollen spielender Schau-
spieler; **Tragö'die** w
(...i-e) Trauerspiel.

Trailer m (treh'l°) „Vor-
spann": Ankündigung
einer Fernsehsendung,
Filmvorführung o. ä.

Train m (trä'ñ) Troß.

Trainee m (treh'nih) wer
an einem innerhalb ei-
nes Großbetriebes
durchgeführten Übungs-
und Ausbildungspro-
gramm für Führungs-
kräfte teilnimmt; **Trai-
ner** m (treh'ner) Aus-
bilder; **trainie'ren** (trä...)
ausbilden durch Üben;
Training s (treh'niñ)
Üben.

Traité m (träteh') Abhandlung, Vertrag.

Traje'kt s/m Fährschiff.

Trakt m Zug, Strecke.

trakta'bel leicht zu behandeln, fügsam; **Trakta-
me'nt** s Bewirtung, Ver-
pflegung; auch Löhnung;
Trakta't m/s Abhand-
lung, Schrift.

Traktä'tchen s religiöses
Schriftchen.

traktie'ren behandeln; bewirten; auch mißhandeln.

Tra'ktor m Schlepper, Zugmaschine.

Tra'm(bahn) w Straßenbahn.

Tramp m (auch trä'mp) Landstreicher; **tra'mpen** (auch trä'mpen) Fahrzeuge anhalten, um sich mitnehmen zu lassen; **Tra'mper** m (auch trä'mpᵉr) „Anhalter"; wer „per Anhalter" reist.

Trampoli'n s Federsprungbrett, -tuch.

Tra'mpschiff s (auch trä'mp-...) Schiff für Gelegenheitsfrachten.

Tramway w (trä'mweh) englisch: Straßenbahn.

Trance w (tra'ñß) Traumzustand; schlafähnlicher Dämmerzustand.

Tranche w (tra'ñsch) Abschnitt; Fleisch-, Fischscheibe; Teil einer Anleihe; **tranchie'ren** (trañschih'rᵉn) zerlegen.

Tranquilitä't w Ruhe; **Tranquilizer** m med., chem. (trä'nkilais°) beruhigendes, entspannendes Medikament.

Transaktio'n w Geschäftsunternehmung; großes Geld- bzw. Bankgeschäft.

transatla'ntisch überseeisch; jenseits des Atlantik; über den Atlantik hinweg.

Trans-Europ(a)-Express m internationaler Fernschnellzug.

Transfe'r m Geldüberweisung (ins Ausland); Übertragung; **transfera'bel** in fremde Währung übertragbar; **transferie'ren** überweisen, verrechnen; **Transfe'rstraße** w techn. automatische industrielle Fertigungsstraße, bestehend aus einer Folge von Werkzeugmaschinen und Transporteinrichtungen.

Transfiguratio'n w rel. Verklärung Christi.

Transformatio'n w Umformung; **Transforma'tor** m techn. Umformer; **trans-**

formie'ren umformen.

Transfusio'n w med. (Blut-)Übertragung.

transgala'ktisch astr. jenseits der Milchstraße liegend.

transgredie'nt (...i-ent) über etwas hinausgehend; **transgredie'ren** (Festlandsteile) überfluten; **Transgressio'n** w Überflutung (von Festlandsteilen).

Transi'stor m techn. Kristallverstärker, Halbleiterverstärker mit der Wirkung einer Elektronenröhre; **transistorie'ren** mit Transistoren ausrüsten.

Transi't m Durchfuhr; **tra'nsitiv** gramm. zielend (d. h. ein Objektiv im Akkusativ bei sich habend); **Tra'nsitiv, Transiti'vum** s gramm. transitives Zeitwort; **Transi'tkommission** w po.. eine aus Vertretern der Bundesrepublik Deutschland und der DDR bestehende Kommission, die Schwierigkeiten und Meinungsverschiedenheiten bei der Anwendung oder Auslegung des zwischen beiden Staaten abgeschlossenen Transit-Vertrages klären soll und auch Fragen der Planung und Entwicklung dieses Verkehrs beraten kann; **transito'risch** vorübergehend.

transkontinenta'l einen Kontinent überquerend.

transkribie'ren in eine andere Schrift bzw. in Lautschrift übertragen; mus. ein Tonwerk für ein oder mehrere Instrumente bearbeiten; **Transkriptio'n** w Übertragung einer Schrift in eine andere bzw. in Lautschrift; mus. Bearbeitung eines Tonwerkes für ein oder mehrere Instrumente.

Translatio'n w Übertra-

gung, Übersetzung; auch Verschiebung; phys. fortschreitende, geradlinige Bewegung (eines Körpers); **Transla'tor** m Übersetzer.

Transliteratio'n w buchstabengetreue Umwandlung einer Schrift in eine andere.

Translokatio'n w Versetzung, Verlagerung; **translozie'ren** versetzen, verlagern.

transluna'risch astr. jenseits des Mondes liegend.

Transmissio'n w techn. (Vorrichtung zur) Kraftübertragung; **transmittie'ren** (Kräfte) übertragen.

Transpare'nt s durchsichtiges Bild; Spruchband; **transpare'nt** durchsichtig; **Transpare'nz** w Durchsichtigkeit, Durchlässigkeit; Verdeutlichung, Deutlichkeit.

Transpiratio'n w med., biol. Schwitzen; **transpirie'ren** med., biol. schwitzen.

Transplanta't s med. zu überpflanzendes Gewebe, Organ usw.; **Transplantatio'n** w med. Gewebe-, Organüberpflanzung; **transplantie'ren** med. über-, verpflanzen.

transponie'ren mus. in eine andere Tonart bringen.

Transpo'rt m Beförderung; **transporta'bel** beförderbar, transportfähig; **Transpo'rter** m Transportfahrzeug, -schiff, -flugzeug; **Transporteur** m (...tö'r) Winkelmesser; **transportie'ren** befördern.

Transpositio'n w mus. Übertragung in eine andere Tonart; med. Verlagerung.

Transsubstantiatio'n w rel. Verwandlung des Abendmahlbrotes und -weines in Leib und Blut Christi.

Transsuda't s med. (nicht

entzündliche) Ansammlung bzw. Absonderung von Flüssigkeiten in Körperhöhlen.

Transura'ne Mz. (tranßu...) chem. radioaktive Grundstoffe jenseits des Urans (d. h. mit einer höheren Ordnungszahl als 92).

transversa'l schräg, querlaufend; **Transversa'le** w math. eine Gerade, die eine geometrische Figur schneidet.

transve'stieren sex. sich wie ein Angehöriger des anderen Geschlechts kleiden (und benehmen); **Transvesti'smus** m s. Transvestitismus; **Transvesti't** m sex. wer sich wie ein Angehöriger des anderen Geschlechts kleidet (und benimmt); **transvestiti's-mus** m sex. Trieb zum Tragen der Kleidung (u. zum Benehmen) des anderen Geschlechts.

transzende'nt übersinnlich, jenseitig; **transzendenta'l** s. transzendent; **Transzende'nz** w das Übersinnliche, Jenseitige.

Trape'z s Schaukelreck; math. Viereck mit einem Paar paralleler, ungleicher Seiten.

Tra'pper m nordamerik. Fallensteller, Pelzjäger.

Trappi'st m Angehöriger eines Mönchsordens (mit Schweigepflicht).

Trassa'nt m Aussteller eines gezogenen Wechsels; **Trassa't** m Bezogener eines Wechsels.

Tra'sse w abgesteckter Weg.

trassie'ren die Linienführung eines Verkehrsweges festlegen; einen Wechsel ausstellen.

träta'bel leicht zu behandeln, fügsam; **Träteur** m (trätö'r) Speisegastwirt; **trätie'ren** behandeln, bewirten.

Tra'tte w gezogener

Wechsel; **Trattori'a** w italienische Gastwirtschaft.

Trau'ma s med., psych. Verletzung; **trauma'tisch** med., psych. durch körperliche oder seelische Verletzung entstanden; **Traumatologie'** w med. Wissenschaft von den Verletzungen; Unfallheilkunde.

Travellerscheck (trä'w°l°r-...) Reisescheck.

trave'rs quer(gestreift); **Trave'rse** w Querstück; mil. Schulterwehr; **Trave'rsflöte** w mus. Querflöte; **traversie'ren** über-, durchqueren; durchreiten.

Traverti'n m Kalksinter, ein Tuffstein.

Travestie' w scherzhafte Umdichtung; **travestie'-ren** scherzhaft umdichten; svw. ins Lächerliche ziehen.

Trawl s (trô'l) Schleppnetz; **Trawler** m (trô'ler) Schleppnetz-Fischereifahrzeug.

Treatment s (trih'tm°nt) dem endgültigen Drehbuch vorangehende schriftliche Festlegung des Ablaufes einer Handlung, der darstellenden Personen usw.

Trecento s (tretschä'nto) das 14. Jahrhundert in der italienischen Kunst.

trei'fe den jüdischen Speisegesetzen nicht entsprechend, unrein, verboten.

Tre'ma s liegender Doppelpunkt: Trennzeichen für Selbstlaute.

tremola'ndo mus. zitternd; **tremola'nte** mus. zitternd; **tremolie'ren** mus. zittern, beben; ein Tremolo singen bzw. spielen; **Tre'molo** s mus. Zittern, Beben eines Tones.

Trenchcoat m (trä'ntschkoht) Regenmantel.

Tre'nd m Entwicklungs-, Bewegungsrichtung;

Tre'ndsetter m (..ßä'tt°r) wer od. was eine Entwicklungsrichtung bestimmt.

Tre'nse w einfache Zäumung des Pferdes.

Trepanatio'n w med. Durchbohrung der Schädeldecke.

Tre'pang m zool. getrocknete Seewalze, -gurke (in Ostasien als Nahrungsmittel dienend).

Treso'r m Geldschrank.

Tre'sse w mit Metallfäden durchzogene Besatzborte.

Treu'ga De'i w „Gottesfriede".

Trevi'ra s ein Gewebe aus Kunststoffasern.

Tri..., tri... Drei..., drei...

Tria'de w Dreiheit, Dreiergruppe.

Trial s (trai'°l) Geschicklichkeitsprüfung für Kraftfahrer.

Tri'angel m mus. „Dreieck": ein aus einem dreieckig gebogenen Metallstab bestehendes Schlaginstrument; **triangulä'r** dreieckig; **Triangulatio'n** w Dreiecksaufnahme (im Vermessungswesen); **triangulie'ren** eine Dreiecksaufnahme durchführen.

Tria'rier Mz. (...i-er) im dritten Glied stehende Kerntruppe einer römischen Legion.

Tri'as w Dreiheit, Dreizahl; eine Formation des erdgeschichtlichen Mittelalters.

Tribadie' w, **Tribadi'smus** m sex. gleichgeschlechtl. Liebe unter Frauen.

Tribulatio'n w Quälerei; **tribul.** ren quälen.

Tribu'n m Volksführer; **Tribuna'l** s Gerichtshof; **Tribü'ne** w Zuschauerbühne.

Tribu't m Abgabe; **tribu-tä'r** abgabepflichtig.

Trichi'ne w Fadenwurm; **trichinö's** von Fadenwürmern befallen; **Trichi-no'se** *w* *med.* Fadenwurmkrankheit.

Trichotomie' *w* (Lehre von der) Dreiteilung (des Menschen in Leib, Seele und Geist).

Trick *m* Kunstgriff; Kniff; **tri'cksen** einen Gegner beim Fußballspiel durch täuschende, geschickte Ballstöße umspielen.

Tri'cktrack *s* ein Brettspiel: Puff.

Tride'nt *m* Dreizack.

Tri'duum *s* (...u-um) Zeitraum von drei Tagen.

trienna'l (...i-e...) dreijährlich; **Trie'nnium** *s* (..i-e...) Zeitraum von drei Jahren.

Trie're *w* (...i-ere) Dreiruderer: mit drei Reihen Ruderern ausgerüstetes antikes Kriegsschiff.

Trifo'lium *s* *bot.* „Dreiblatt": Klee(blatt).

Trige'minus *m* *med.* Drillingsnerv: der fünfte Gehirnnerv.

trigona'l dreieckig; **Trigonometrie'** *w* *math.* Dreiecksberechnung; **trigonome'trisch** *math.* die Dreiecksberechnung betreffend.

Trikli'nium *s* altrömisches Speisezimmer mit hufeisenförmig angeordneten Speisesofas.

Trikolo're *w* dreifarbige Nationalflagge (im engeren Sinne: die französische Flagge).

Trikot *m/s* (trikoh') Wirkware; *s* enganliegendes, hemdartiges Kleidungsstück aus Trikot; **Trikotage** *w* (trikotah'sh*ᵉ*) Wirkwaren.

Trillio'n *w* eine Million Billionen; **Trillia'rde** *w* tausend Trillionen.

Trilogie' *w* dreiteilige Dichtung.

Trime'ster *s* Zeitraum von drei Monaten.

Tri'mm *m* *naut.* Schwimmlage eines Schiffes; ordnungsgemäßer Zustand;

Trimm-Aktion *w* vom Deutschen Sportbund getragene Aktion zur Förderung zwangloser sportlicher Betätigung im Alltagsleben (u. a. Spaziergänge, Schwimmen, Leibesübungen); für die Erledigung eines bestimmten Pensums wird die „Trimm-Spirale" verliehen; **tri'mmen** *naut.* ein Schiff in ordnungsgemäßen Zustand bringen; Lasten (an Bord) befördern (z. B. Kohlen von den Bunkern zu den Kesseln); *auch* Hunde putzen, scheren, herrichten.

trinä'r dreifach.

Trinitä't *w* *rel.* Dreieinigkeit, Dreifaltigkeit; **Trinita'tis(fest)** *s* der als Dreifaltigkeitsfest gefeierte erste Sonntag nach Pfingsten.

Trinitrotoluo'l *s* *chem., mil.* ein wichtiger Sprengstoff.

Trino'm *s* *math.* dreigliedrige Zahlengröße.

Tri'o *s* *mus.* dreistimmiges Tonstück; Gemeinschaft von drei Musikern oder Sängern; *m* *vulgär:* Tripper; **Trio'le** *w* *mus.* Gruppe von drei Tönen mit einem Zeitwert von zwei oder vier Noten; **Trioli'smus** *m* *sex.* gleichzeitiger Geschlechtsverkehr von drei Personen miteinander (mit z. T. hetero-, z. T. homosexuellen Handlungen verbunden).

Tri'p *m* Ausflug, Reise; *auch sw-w.* Rausch, Rauschzustand; (für einen Rauschzustand ausreichende) Rauschdrogenportion.

Tri'pel *s* Dreiheit; **Tri'pelallianz** *w*, **Tri'pelentente** *w* (añta'fit) *pol.* Dreibund.

triphi'bisch *mil.* zu Lande, zu Wasser und in der Luft.

Triplika't *s* dritte Ausfertigung (= 2. Kopie) eines Schreibens; **Triplikatio'n** *w* Verdreifachung; dreimalige Wiederholung; **Triplizitä't** *w* dreifaches Vorhandensein; **Tri'plum** *s* Dreifaches.

Tripo'den *Mz.* Dreifüße (= *Mz.* von Tripus, s. dort).

Tri'ptik *s.* Tri'ptyk.

Tri'ptychon *s* dreiteiliges Bild.

Tri'ptyk *s* Grenzübergangsschein für Kraft- und Wasserfahrzeuge.

Tri'pus *m* Dreifuß.

Trire'me *w* *s.* Triere.

Trisektio'n *w* *math.* Dreiteilung.

trist traurig, trostlos.

Tri'stichon *s* dreizeiliger Vers.

trisy'llabisch dreisilbig.

Tri'ton *m* griechischer Meeresgott: halb Mensch, halb Fisch.

Triu'mph *m* Siegesfreude; **triumpha'l** sieghaft; **Triumpha'tor** *m* römischer Feldherr, dem ein Triumph (Ehreneinzug) bewilligt war; triumphierender Sieger; **triumphie'ren** siegen, jubeln.

Triumvi'r *m* Mitglied eines Triumvirats; **Triumvira't** *s* Dreimännerherrschaft.

triva'lent *chem.* dreiwertig.

trivia'l alltäglich, platt; **Trivialitä't** *w* Alltäglichkeit, Plattheit; **Trivia'lliteratur** *w* Unterhaltungsliteratur; literarisch anspruchslose Literatur.

Tri'zeps *m* *med.* „dreiköpfiger" Muskel.

Trochä'us *m* ein aus einer betonten und einer unbetonten Silbe bestehender Versfuß.

Troglody't *m* Höhlenbewohner.

Troi'ka *w* russisches Dreigespann.

Troka'r m med. ein Stich-instrument zum Ent-leeren von Flüssigkeiten oder Gasen aus Körper-höhlen: eine in einer Ka-nüle steckende, vorn dreikantige Nadel.

Trolleybus m (tro'leh ...) Oberleitungsautobus.

Tro'mbe w Luftwirbel; Wind-, Wasserhose.

Trompe'te w mus. Blech-blasinstrument.

Tro'pen Mz. heiße Zone der Erde; **Tro'penkoller** m als Folge tropischer Lebensbedingungen bei Europäern auftretender Erregungszustand.

Trophä'e w Siegeszeichen.

tro'phisch med., biol. (ge-webs-)ernährend.

tro'pisch die Tropen (s. dort) betreffend; heiß.

Tropi'smus m biol. Bewe-gung auf eine äußere Reizquelle hin.

Tro'posphäre w untere Schicht der Lufthülle der Erde (in welcher sich alles Wettergeschehen abspielt).

tro'ppo mus. zu sehr.

Tro'ß m mil. Heeresge-folge; der Truppenver-sorgung dienender Fahr-zeugpark und dessen Personal.

Trotteur m (trotö'r) Lauf-schuh, bequemer Stra-ßenschuh; **Trottoir** s (trotoah'r) Bürgersteig.

Trotzki'smus m pol. von der festgelegten Partei-richtlinie politisch und ideologisch abweichende Form des Kommunismus (nach dem Revolutionär Trotzki benannt).

Troubadour m (truhba-duh'r) provenzalischer Minnesänger.

Troupier m (truhpjeh') mil. alterfahrener Soldat.

Troy'er m Unterjacke bzw. (warmes) Unterhemd der Seeleute.

Truck m (tra'k) amerik. Lastwagen; engl. Tausch; **Truck-System** s

(tra'k ...) Form der Ent-lohnung durch Waren anstelle eines Barlohns.

Trumeau m (trühmoh') Pfeilerspiegel.

Trust m (tra'ßt) Zusam-menschluß wirtschaftl. Unternehmen zur Markt-beeinflussung; **Trustee** m (traßtih') Verwalter, Treuhänder; **Trustee-ship** w (tra'ßtischip) Treuhänderschaft.

Tryponoso'men Mz. med. Geißeltierchen (Blut-parasiten): u. a. Erreger der Schlafkrankheit.

Tsa'ntsa w Schrumpfkopf: nach Entfernung der Schädelknochen mumifi-zierter Kopf südameri-kanischer Indianer.

Tscha'ko m helmartige le-derne Kopfbedeckung; **Tscha'pka** w mil. polni-sche Uniformmütze mit quadratischem Deckel; Ulanenhelm.

Tsche'ka w politische Poli-zei der UdSSR (bis 1922).

Tscherke'ßka w mil. tscher-kessischer langer Uni-formrock mit über der Brust gekreuzten Patro-nenbändern; Uniform-rock der Kosaken.

Tscherwo'nez m frühere (sowjet-)russische Wäh-rungseinheit.

Tschi'buk m lange türki-sche Tabakspfeife.

Tse'tsefliege w zool. tro-pische Stechfliege, u. a. Überträgerin der Schlaf-krankheit.

T-Shirt s (tih' schöt) (T-förmiges) Trikot-Unter-hemd, auch als Oberbe-kleidung (Sporthemd) getragen.

Tu'a res a'gitur! „Um dei-ne Sache handelt es sich!"

Tu'ba w mus. ein Blechblas-instrument; med. Ohr-trompete; **Tu'be** w röh-renförmiger Behälter aus biegsamem Material für pastenartige Stoffe; med. Ohrtrompete; Ei-leiter.

Tube'rkel m med. Tuber-kuloseknötchen; **Tuber-kuli'n** s med. aus Tuber-kulosebakterien herge-stelltes Präparat zur Diagnose der Tuberku-lose; **tuberkulö's** med. an Tuberkulose leidend, zur Tuberkulose gehö-rend; **Tuberkulo'se** w med. durch Tuberkelbak-terien hervorgerufene ansteckende Krankheit, auch Schwindsucht.

Tu'bus m Röhre; an opti-schen Geräten befind-liche Röhre, die als Fas-sung für Linsen dient.

Tuff m vulkanisches Ge-stein; poröser Kalkstein, Kalkablagerung.

Tu'mba w sarkophagarti-ges Mal über einem Grab.

Tu'mor m med. Ge-schwulst; Anschwellung.

Tumu'lt m Lärm, Aufruhr; **Tumultua'nt** m Unruhe-stifter; **tumultua'risch** lärmend.

Tu'mulus m vorgeschicht-liches Hügelgrab.

Tu'ndra w Sumpfsteppe.

tunen (tjuh'n°n) die Lei-stung eines Kraftfahr-zeuges durch Umbau und technische Ände-rungen am Motor stei-gern.

Tuner m (tjuh'n°r) Kanal-wähler (an Rundfunk- und Fernsehgeräten).

Tu'ngsten s svw. Wolfram (s. dort).

Tu'nika w altröm. Unter-gewand.

Tuning s (tjuh'niñ) Steige-rung der Leistung eines Kraftfahrzeuges durch Umbau und technische Änderungen am Motor.

Tu'nnel m unterirdische Strecke eines Verkehrs-weges; Unterführung.

Tupama'ros Mz. anarchi-stische aufständische in Montevideo, nach de-nen sich radikale, ge-walttätige Gruppen in anderen Ländern be-nannt haben; auch

Stadtguerillas (*s. dort*).

Tu'rban m orientalische bzw. indische Kopfbedeckung.

Turbatio'n ro Störung.

Turbi'ne ro techn. Energie in Drehbewegung umwandelnde Maschine; **Turbopro'p-Triebwerk** s Turbinen-Propeller-Luftstrahltriebwerk für Flugzeuge.

turbule'nt stürmisch, lärmend; **Turbule'nz** ro Wirbelbildung, -strömung; Unruhe, aufgeregte Betriebsamkeit.

Turf m Pferderennsport; Rennbahn.

Türki's m ein blaugrüner Edelstein.

Turmali'n m ein Mineral; Schmuck-, Edelstein.

Turn m (tö'n) Umdrehung, Kehre (beim Kunstflug).

Turnie'r s Kampfspiel, Wettkampf.

Turnü're ro Polster zum Aufbauschen des Kleides am oberen Teil des Gesäßes; *auch* gewandtes Benehmen, Haltung.

Tu'rnus m Reihenfolge, Wechsel.

tuschie'ren s. touchieren.

Tu'skulum s svro. stiller Landsitz.

Tu'ssis ro med. Husten.

Tute'l ro Vormundschaft; **Tu'tor** ro Betreuer, Erzieher; als Ratgeber und Betreuer junger

Studenten eingesetzter älterer Student.

Tu'tti s mus. alle Stimmen, das volle Orchester; (Orgel) volles Werk mit sämtlichen Registern.

Tu'ttifru'tti s aus vielen Früchten bestehende Speise; *auch* Gefrorenes aus mehreren Speiseeissorten.

Tutu s (tütüh') kurzes Ballettröckchen.

Tweed m (twih'd) ein Wollgewebe.

Twen m junger Mann (*auch* junges Mädchen) im Alter zwischen 20 und 29 Jahren; **Twe'nnie** ro junges Mädchen im Alter von 20 bis 29 Jahren.

Twi'nset ro (... ßet) Pullover u. Strickjacke von gleicher Farbe u. aus gleichem Material.

Twi'st m Baumwollgarn; *auch* ein Modetanz; **twi's'ten** Twist tanzen.

Twostep m (tuh'ßtäp) ein Gesellschaftstanz im ²/₄ Takt.

Ty'che ro Glücks-, Zufallsgöttin

Ty'mpanon s Bogen-, Giebelfeld über einer Tür oder einem Fenster; **Ty'mpanum** s med. Trommelfell, Paukenhöhle.

Ty'p m Urbild, Grundform; *uspr.* svro. Person, Mensch, Mann o. ä.;

Ty'pe ro Gußbuchstabe; *auch* wunderlicher Mensch.

Typhli'tis ro med. Blinddarmentzündung.

typhoi'd (... o-id) med. typhusartig.

Typho'n s naut. Schallsignalgerät, Schiffssirene, Heuler.

typhö's med. Typhus betreffend, typhusartig; **Ty'phus** m med. eine schwere, fieberhafte Infektionskrankheit.

Ty'pik ro psych. Typenlehre; **ty'pisch** kennzeichnend; **typisie'ren** vereinheitlichen; psych. nach Typen einteilen.

Typisie'rung ro Vereinheitlichung, Beschränkung auf wenige Muster; psych. Typenlehre; **Typogra'ph** m Schriftsetzer; **Typographie'** ro Buchdruckerkunst; Schriftsatzgestaltung; **Typologie'** ro psych. Typenlehre; **typolo'gisch** psych. die Typenlehre betreffend; **Ty'pus** m s. Typ.

Tyra'nn m Zwingherr, Gewaltherrscher; **Tyrannei'** ro Gewaltherrschaft; **Tyra'nnis** ro Gewaltherrschaft (in Altgriechenland); **tyra'nnisch** herrschsüchtig, unterdrückend, grausam; **tyrannisie'ren** unterjochen.

U

u'bi be'ne, i'bi pa'tria „wo es mir gut geht, da ist mein Vaterland".

Ubiqui'st m biol. Pflanzen- oder Tierart, die über die gesamte Erde verbreitet ist; **ubiquitä'r** biol. über die gesamte Erde verbreitet; **Ubiquitä't** ro Verbreitung über die gesamte Erde; rel. Allgegenwart Gottes bzw. Jesu Christi.

UDA Abk. v. „Ulster De-

fence Association": eine militante protestantische Organisation in Nordirland.

UFO s Abk. v. „Unidentified Flying Object": unbekanntes Flug-Objekt; **Ufologie'** ro Erforschung der UFOS, Beschäftigung mit dem Problem der UFOS (s. dort).

U'kas m Befehl, Erlaß.

Ukule'le s mus. kleine Hawaiigitarre.

UKW Abk. v. Ultrakurzwelle(n) (s. dort).

Ula'n m mil. Lanzenreiter; **Ula'nka** ro mil. Uniformrock der Ulanen.

U'lema m islam. Rechtsgelehrter.

U'lkus s med. Geschwür.

U'lster m weiter Herrenmantel.

u'ltima ra'tio ro äußerstes, letztes Mittel; letzte Zuflucht; **ultimati'v** in Form eines Ultimatums;

Ultima'tum s befristete Forderung; **U'ltimo** m letzter Monatstag.

U'ltra m pol. Extremist; **Ultraku'rzwellen** (UKW) Mz. phys. elektromagnetische Wellen, deren Länge weniger als 10 m beträgt; **Ultramari'n** s kornblumenblaue Mineralfarbe; **U'ltramikroskop** s phys. Übermikroskop.

ultramonta'n suw. streng päpstlich gesinnt, streng katholisch; **Ultramontani'smus** m streng päpstliche Gesinnung.

U'ltrarot s phys. jenseits des Rot befindlicher (unsichtbarer) Teil des Spektrums; **U'ltraschall** m phys. Schall jenseits der menschlichen Hörgrenze; **U'ltrastrahlung** w phys., astr. Höhenstrahlung; **U'ltraviolett** s phys. jenseits des Violett befindlicher (unsichtbarer) Teil des Spektrums.

Ulzeratio'n w med. Geschwürbildung; **ulzerie'ren** med. Geschwüre bilden.

U'mbra w astr. dunkler Sonnenfleckenkern.

Umbra'lglas s opt. gegen das Ultraviolett schützendes Sonnenbrillenglas.

U'mfunktionalisie'rung w eine Handlungsweise, die dazu dient bzw. dazu führt, einer Veranstaltung einen anderen als den vorgesehenen Sinn zu geben; **u'mfunktionieren** einer Veranstaltung einen anderen als den vorgesehenen Sinn geben.

U'miak s/m fellbespannter Kajak der Eskimofrauen.

u'mpolen techn. elektrische Anschlüsse vertauschen; auch urspr. etwa zum Entgegengesetzten verändern.

u'mstrukturie'ren eine andere Struktur (Gliederung, Aufbau) verleihen; **U'mstrukturie'rung** w Verleihung einer anderen Struktur (Gliederung, Aufbau).

UN w Abk. f. United Nations (s. UNO).

unani'm (un-...) einhellig.

u'nartikuliert (un-...) ungegliedert, undeutlich.

U'na Sa'ncta w kirchliche Bewegung, die (als Fernziel) die Vereinigung der christlichen Kirchen anstrebt.

Uncle Sam m (ankl Bä'm) scherzhafte Bezeichnung der USA.

Undatio'n w wellige Faltung der Erdkruste.

Underground m (a'nd°rgraund) „Untergrund": Lebenshaltung, Literatur und Kunst, die sich zu herkömmlich verschwiegenen, mißbilligten, verbotenen oder mit Strafe bedrohten Dingen bekennen (w. z. B. zu Sex, Pornographie, Rauschgiftgenuß usw.).

Understatement s (and°rßteh'tm°nt) Untertreibung (Gegensatz zu: Übertreibung), Leidenschaftslosigkeit.

Undi'ne w weiblicher Wassergeist (von menschlicher Gestalt, aber ohne unsterbliche Seele).

Undulatio'n w Wellenbewegung; phys. Schwingung; **undulie'ren** wellenförmig verlaufen.

UNE'SCO w Abk. f. United Nations Educational, Scientific and Cultural Organization (= Organisation der Vereinten Nationen für Erziehung, Wissenschaft und Kultur).

unfair (u'n- od. a'nfähr) unlauter, unehrlich.

Ungue'ntum s (...u-e...) med. Salbe.

U'ni w uspr. Kurzform von Universität.

uni (ühnih') einfarbig, ungemustert.

UNICEF w Abk. f. United Nations International Children's Emergency Fund (= Internationaler Kinderhilfsfonds der Vereinten Nationen).

unie'ren vereinigen; **unie'rt** rel. einer unierten Kirche oder Glaubensgemeinschaft angehörend (in der Lutheraner und Reformierte vereinigt sind); vereinigt.

unifizie'ren vereinheitlichen; **Unifizie'rung** w Vereinheitlichung.

Unifo'rm w einheitliche Dienstkleidung; **unifo'rm** gleichförmig; **uniformie'ren** einheitlich kleiden; gleichförmig machen; **Uniformitä't** w Gleichförmigkeit.

Unika't s Urschrift, einzige Ausfertigung eines Schriftstückes; **U'nikum** s Einmaliges; eigenartiger Mensch.

unilatera'l einseitig.

Unio'n w Vereinigung, Bund; **Union Jack** m (juh'nj°n dshä'k) Bezeichnung der brit. Flagge.

unipola'r phys. einpolig.

Unique Selling Proposition w (juh'nik Bä'lliñ proposi'sch°n) s. Copy-Platform.

Unisex m s. Partnerlook.

Uniso'no s mus. Einklang, Gleichklang (auch im übertragenen Sinne); **uni'sono** (un.) gleichklingend, im Einklang.

unitä'r s. unitarisch; **unita'risch** pol. Einheit, Einigung anstrebend; **Unitari'smus** m pol. Streben nach einem Einheitsstaat.

United Nations Mz. (juhnai'tid neh'sch°ns) Abk. UN „Vereinte Nationen"; **United Nations Organization** w (juhnai'tid neh'sch°ns ôg°naiseh'sch°n) Organisation der Vereinten Nationen (*Abk.* UNO).

United States (of America) *Mz.* (juhnai'tid ßteh'tß [ow ᵉmä'rikᵉ]) *Abk.* US(A) „Vereinigte Staaten von (Nord-)Amerika".

unitisie'ren vereinheitlichen, einheitlich machen, standardisieren.

univale'nt *chem.* einwertig.

universa'l allgemein, umfassend; **Universa'lgenie** s (. . . sh'nih) *sów.* Alleskönner.

Universali'smus *m* umfassendes Wissen; *phil.* Lehre, die das Ganze dem Einzelnen überordnet; **Universalitä't** *ro* umfassende Bildung; Gesamtheit; **universe'll** allgemein, umfassend.

Unive'rsitas littera'rum „Gesamtheit der Wissenschaften" *sów.* Universität; **Universitä't** *ro* Hochschule (für die Gesamtheit der Wissenschaften); **Unive'rsum** s Weltall.

Unktio'n *ro med.* Einsalbung, -reibung.

UNO *ro Abk.* für United Nations Organization (s. dort).

U'nperson *ro* aus dem öffentlichen Bewußtsein verdrängte Person.

UNRRA *ro Abk. f.* United Nations Relief and Rehabilitation Administration (= Verwaltung der Vereinten Nationen für Hilfe und Wiederherstellung [Hilfsorganisation für Flüchtlinge und Verschleppte]).

unterminie'ren unterhöhlen.

u'nterprivilegiert minderberechtigt; benachteiligt, unterdrückt.

u'nus pro mu'ltis einer für viele.

U'nze *ro* altes Maß und Gewicht (besonders Apothekergewicht).

Unzia'le *ro* durch Abrun-

dung der römischen bzw. griechischen Buchstaben entstandene mittelalterliche Großbuchstabenschrift.

Upanischa'den *Mz.* altindische philosophisch-religiöse Texte.

Uppercut *m* (a'perkat) ein von unten nach oben geführter Boxschlag.

Upper ten (thousand) *Mz.* [a'pᵉᵣ tä'n [ßau'sᵉnd]) „die oberen Zehntausend": *sów.* Oberschicht einer Gesellschaft.

up to date (ap tu deh't) auf der Höhe, zeitgemäß.

Urämie' *ro med.* Vergiftung des Körpers durch Harnbestandteile.

Ura'n s *chem.* ein radioaktiver Grundstoff (U), ein Metall (nach dem Stern Uranus benannt); **Ura'nbrenner** *m phys., chem., techn.* mit Uran betriebener Kernreaktor; **Ura'nbatterie** *ro* s. Uranbrenner; **Ura'nia** *ro* Muse der Sternkunde.

Urani'smus *m sex.* gleichgeschlechtliche Liebe zwischen Männern.

Ura'nmeiler s s. Uranbrenner; **Uranographie'** *ro astr.* Himmelsbeschreibung; **Uranologie'** *ro astr.* Himmelswissenschaft.

Ura'ı s *chem., med.* Harnsäuresalz.

urba'n „städtisch": gebildet, höflich; **urbanisie'ren** verfeinern, städtisch machen; **Urbanisie'rung** *ro* Verstädterung; **Urbanitä't** *ro* Bildung, Lebensart.

Urba'r(ium) s Grundbuch.

u'rbi et o'rbi „der Stadt (Rom) und dem Erdkreis": Anfang eines päpstlichen Segens.

Ure'ter *m med.* Harnleiter; **Ure'thra** *ro med.* Harnröhre; **Urethri'tis** *ro med.* Harnröhrenentzündung.

urge'nt dringend; **Urge'nz** *ro* Dringlichkeit; **urgie'-**

ren drängen.

Uri'asbrief *m sów.* unheilbringender Brief.

Uri'n *m med.* Harn; **Urina'l** s *med.* Behälter zum Auffangen des Harnes; **urinie'ren** *med.* harnen.

U'rne *ro* Gefäß für die Leichenasche; Stimmzettelkasten.

U'rning *m sex.* gleichgeschlechtlich veranlagter Mann; **u'rnisch** *sex.* gleichgeschlechtlich veranlagt.

Uroli'th *m med.* Harnstein; **Urolo'ge** *m* Facharzt für Erkrankungen der Harnorgane; **Urologie'** *ro med.* Wissenschaft von den Erkrankungen der Harnorgane.

Urtika'ria *ro med.* Nesselfieber, -ausschlag.

US(A) *Abk.* f. United States (of America) s. dort.

Usance *ro* (üsa'ñßᵉ) Handelsbrauch; **usa'ncemäßig** (üsa'ñßᵉ . . .) handelsüblich; **usue'll** (. . . u-ell) gebräuchlich; **User** *m* (juh'ßᵉr) (gewohnheitsmäßiger) Haschischraucher); **Usu'r** *ro med.* Abnutzung.

Usurpatio'n *ro* widerrechtl. Aneignung; **Usurpa'tor** *m* wer widerrechtlich die Macht ergreift; **usurpie'ren** widerrechtlich aneignen.

U'sus *m* Brauch.

Utensi'lien (. . . i-en) *Mz.* Geräte, Gebrauchsgegenstände.

uteri'n *med.* die Gebärmutter betreffend; **U'terus** *m med.* Gebärmutter.

utilisie'ren gebrauchen; aus etwas Nutzen ziehen; **Utilitari'smus** *m phil.* Nützlichkeitslehre; **Utilitä't** *ro* Nützlichkeit.

Uto'pia s *sów.* Traumland; **Utopie'** *ro* Wunschbild, Hirngespinst; **uto'pisch** unerreichbar, unerfüllbar; **Utopi'smus** *m* Hang zu Wunschvorstellungen.

V

*— sofern nicht anders vermerkt, Aussprache stets
wie „W" —*

va banque (spielen) (wa-ba'ñk) *svw.* alles auf eine Karte setzen; gefährliche Wagnisse eingehen.

va'cat „es fehlt": leer, unbedruckt.

Vademe'cum s „geh mit mir!": Taschenbuch, Ratgeber, Begleiter.

Vae vi'ctis! „wehe den Besiegten!"

Vagabu'nd m Landstreicher; **vagabundie'ren** sich herumtreiben; **Vaga'nt** m fahrender Schüler oder Sänger; **va'ge** unbestimmt, schwankend; **vagie'ren** umherschweifen.

Vagi'na *rv med.* weibl. Scheide; **vagina'l** *med.* die Scheide betreffend.

Va'gus m *med.* der zehnte Hirnnerv, der Hauptnerv des parasympathischen Systems.

vaka'nt unbesetzt; **Vaka'nz** *rv* unbesetzte Stelle; Urlaub; **Va'kuum** s (... u-um) (luft-)leerer Raum.

Vakzinatio'n *rv med.* Schutzimpfung; **Vakzi'ne** *rv med.* Impfstoff; Lymphe; **vakzinie'ren** *med.* (mit einer Vakzine) impfen.

va'le! lebe wohl!; **Valediktio'n** *rv* Abschiedsrede; **valedizie'ren** verabschieden; eine Abschiedsrede halten.

Vale'nz *rv chem.* Wertigkeit.

Vale't, Va'let s Lebewohl.

Valeur m (walö'r) Wert; Wertpapier; **vali'd** kräftig, gültig; *iur.* rechtskräftig; **validie'ren** *iur.* rechtskräftig machen; **Validitä't** *rv iur.* Rechtskraft; **valie'ren** wert sein; **Va'lor** m Wert; **Valo'ren** *Mz.* Wertge-

genstände, Wertpapiere; **Valorisatio'n** *rv* Aufwertung; Preisstützung; **valorisie'ren** aufwerten; Preise stützen.

Valu'ta *rv* Währung; **Valutaklausel** *rv* Geldwertvereinbarung; Goldklausel; Wertsicherungsvereinbarung; **valutie'ren** bewerten.

Valvatio'n *rv* Schätzung, Wertbestimmung; **valvie'ren** abschätzen, den Wert bestimmen.

Vamp m (wä'mp) dämonische Frau; **Va'mpir, Vampi'r** m Fledermausart; *auch* Blutsauger, blutsaugendes Gespenst; Wucherer; **Vampiri'smus** m *sex.* auf den Anblick oder Geschmack des Blutes des Partners gerichteter Geschlechtstrieb.

Vana'dium s *chem.* ein Grundstoff (V), ein sehr widerstandsfähiges, hartes Metall (nach Vanadis benannt).

Vanda'le m Angehöriger des ostgermanischen Volkes der Vandalen; fälschlich für: Verwüster, zerstörungswütiger Mensch; **Vandali'smus** m *svw.* Zerstörungswut.

Vanille *rv* (wani'lje) *bot.* Gewürzpflanze; ein Gewürz.

Vanity-Fair (wä'niti fär) „Jahrmarkt der Eitelkeiten".

Vaporisatio'n *rv* Verdampfung; **vaporisie'ren** verdampfen.

Va'ria *Mz.* Verschiedenes.

varia'bel veränderlich; **Variabilitä't** *rv* Veränderlichkeit; **Varia'ble** *rv math.* veränderliche Größe; **Varia'nte** *rv* Abart; **Varia'nz** *rv* Veränderlichkeit; **varia'tio dele'ctat** „Abwechslung erfreut".

Variatio'n *rv* Abwand-

lung; **Variet'ät** *rv* (... i-e ...) Verschiedenheit; Abart; **Varieté** s (war-jehteh') *svw.* bunte Bühne; **variie'ren** (... i-i ...) abwandeln, abweichen; verschieden sein.

Vari'ola *rv med.* Pocken, Blattern.

Variome'ter s Gerät zur Messung der Steig- bzw. Sinkgeschwindigkeit eines Flugzeugs.

Varize'llen *Mz. med.* Windpocken; **Vari'zen** *Mz. med.* Krampfadern.

Vasa'll m Lehnsmann, Abhängiger; **Vasa'llenstaat** m von einer Großmacht abhängiger Staat.

Va'se *rv* Zier-, Blumengefäß.

Vasomoto'ren *Mz. med.* Gefäßnerven.

va'st weit, ausgedehnt; wüst; **Vastatio'n** *rv* Verwüstung.

Vatika'n m päpstl. Palast, päpstl. Regierung.

Vatizi'nium s Prophezeiung, Weissagung.

Vaudeville s (wohd°wih'l) Singspiel, komische Oper.

vazie'ren dienstfrei, beschäftigungslos sein.

VCR *Abk. v.* Video Cassette Recording: Bild-Ton-Kassetten-Aufnahme- und Wiedergabesystem.

Vede'tte *rv mil.* Kavallerieposten, Vorposten, Feldwache; *theat.* Bühnenstar, Filmstar.

Vedu'te *rv* naturgetreues Bild einer Stadt oder Landschaft.

vegetabi'l pflanzlich; **vegetabi'lisch** pflanzlich; **Vegetabi'lien** *Mz.* (... i-en) pflanzl. Nahrungsmittel. **Vegeta'rier** m (... .i-er) von Pflanzenkost Lebender; **vegeta'risch** pflanzlich; **Vegetari'smus** m Ernährung durch pflanzliche Kost; ernährungsreformerische Bewegung, die die vegetarische Ernährung propagiert; **Vegetatio'n** w Pflanzenwelt.

vegetati'v naturhaft, instinktmäßig; med. das vegetative Nervensystem betreffend; (Nerven) vom Willen unabhängig; **vegetati've Dystonie'** w Gleichgewichtsstörung des vegetativen Nervensystems.

vegetie'ren dürftig leben; dahinleben.

veheme'nt heftig; **Veheme'nz** w Heftigkeit.

Vehi'kel s Fahrzeug.

Ve'ktor m math. eine mathematische Größe: Strecke bestimmter Lage und Richtung (durch Pfeil dargestellt).

Vela'r m Hintergaumenlaut.

Velin s (welä'ñ) weiches, pergamentartiges Papier.

Ve'lo s Abk. f. Veloziped (s. dort).

Velodro'm s Radrennbahn.

Velours m (weluh'r) Samtart; **Velourleder** s (weluh'r . . .) Leder mit samtartiger Oberfläche.

Velozipe'd s Fahrrad.

Ve'lum s. rel. zum Bedecken der Abendmahlsgeräte verwendetes Tuch; Schultertuch katholischer Priester.

Ve'lvet m/s Baumwollsamt; **Ve'lveton** m imitiertes Samtgewebe. ·

vena'l käuflich, bestechlich.

Vendémiaire m (wañdehmiäh'r) „Wein(lese)monat": der 1. Monat des Kalenders der französischen Revolution.

Vende'tta w Blutrache.

Ve'ne w med. Blutader.

Vene'num s med. Gift.

venera'bel ehrwürdig; **Veneratio'n** w Verehrung; **venerie'ren** (als heilig) verehren.

vene'risch med. geschlechts-

krank; **Venerolo'ge** m med. Facharzt für Geschlechtskrankheiten; **Venerologie'** w med. Wissenschaft von den Geschlechtskrankheiten; **venerolo'gisch** med. die Geschlechtskrankheiten betreffend.

Ve'nia lege'ndi w Recht, an einer Hochschule Vorlesungen zu halten.

Veni, vidi, vici „ich kam, ich sah, ich siegte".

venö's med. die Venen betreffend.

Venti'l s techn. Luft-, Dampfklappe, Absperrvorrichtung; **Ventilatio'n** w Lüftung; **Ventila'tor** m Lüfter; **ventilie'ren** lüften; eine Frage erörtern; **Ventilie'rung** w Erörterung einer Frage, Erwägung.

Ventose m (wañtoh's) „Windmonat": der 6. Monat des Kalenders der Französischen Revolution.

ventre à terre (wañtratäh'r) „Bauch an der Erde": sww. sehr schnell, in gestrecktem Galopp.

Ventri'kel m Herz-, Hirnkammer.

Ventri'loquist m Bauchredner.

Ve'nus w röm. Liebesgöttin; Planet.

verabsolutie'ren etwas als unbedingt, uneingeschränkt gültig hinstellen.

Vera'nda w (verglaster) Vorbau.

Verazitä't w Wahrheitsliebe.

Ve'rb s Zeit-, Tätigkeitswort; **verba'l** mündlich; als Zeitwort gebraucht.

Verba'linjurie w (. . . i-e) mündl. Beleidigung.

Verba'linspiration w rel. göttliche Willensmitteilung durch wörtliche Übermittlung heiliger Texte (z. B. der Bibeltexte).

Verbali'smus m Neigung zum Wortemachen, „Sprücheklopfen"; **verba'liter** wörtlich.

Verba'lnote w (mündlich vorgetragene) vertrauliche diplomatische Note.

verbo's wortreich.

Ve'rbum s s. Verb.

Verdi'kt s Urteil.

verfi'lmen (f . . .) (einen Roman, ein Schauspiel, eine Oper) als Film gestalten.

Verifikatio'n w Beglaubigung, Bewahrheitung; **verifizie'ren** beglaubigen, bestätigen.

Veri'smus m die Wirklichkeit in krasser Schonungslosigkeit darstellende Richtung der bildenden und darstellenden Kunst; **veri'stisch** kraß wirklichkeitstreu; den Verismus betreffend.

verita'bel wahrhaft, wirklich.

verklausulie'ren (f . . .) einen Vertragstext durch viele Vorbehalte einschränken und durch unübersichtliche Formulierung unklar und schwer verständlich machen.

Vernissage w (wärnißah'sh) Eröffnungsbesichtigung einer Kunstausstellung.

verpo'pt (f . . .) popartig (s. dort) (um-)gestaltet.

Ve'rs (f . . .) metrisch gegliederte Wortreihe einer Dichtung.

Ver sa'crum m „heiliger Frühling": altitalischer Brauch, den Ertrag eines Frühlings an Erntegut, Vieh und Kindern den Göttern in schweren Zeiten zu weihen.

Versa'lien Mz. (. . . i-en) Großbuchstaben.

versati'l beweglich, wendig.

Verse'tto s mus. „Verschen": Strophe; kleines Orgelstück.

versie'rt bewandert, beschlagen.

Versio'n w Lesart; auch

Übersetzung.

versno'bt vom Hang zum Extravaganten besessen; den bürgerlichen Geschmack verachtend.

Ve'rso s Rückseite eines (Papier-)Blattes.

verta'tur! „man wende!"; **ve'rte!** „wende!"; **vertebra'l** med. die Wirbelsäule betreffend.

Vertebra'ten Mz. zool. Wirbeltiere.

Vertika'le w Senkrechte; **vertika'l** senkrecht; **vertika'le Preisbindung** w Preisbindung der zweiten Hand; **Vertikali'smus** m Hervorhebung der senkrechten Gliederung eines Bauwerks.

Ve'rtiko s mit einem Aufsatz versehener mittelhoher Zierschrank.

vertru'sten (fertra'ßt^en) zu einem Trust (s. dort) vereinigen.

Ve'rve w Schwung, Begeisterung.

Ve'sper w (f...) Nachmittags-, Abendmahlzeit; rel. Abendgottesdienst; **ve'spern** (f...) eine Nachmittags-, Abendmahlzeit einnehmen.

Vestibü'l s Vorhalle.

vesti'gia te'rrent! „die Spuren schrecken ab!"

Vetera'n m altgedienter Soldat; alter ehemaliger Kriegsteilnehmer; Altbewährter.

Veterinä'r m Tierarzt; **Veterinä'rmedizin** w Tierheilkunde.

Ve'to s Einspruch.

Vexie'rbild Scherz-, Suchbild; **vexie'ren** irreführen, necken.

via... (auf dem Wege) über ..; **Via doloro'sa** w Leidensweg Christi.

Viadu'kt m/s Überführung, Talbrücke; **Via'tikum** s Wegzehrung; rel. letzte Kommunion, die einem Sterbenden erteilt wird.

Vibratio'n w Schwingung;

Vibra'to s mus. das Schwingen oder Beben eines Tones; **vibra'to** mus. schwingend, bebend; **Vibra'tor** m phys., techn., med. Schwingungserzeuger; Massagestab (auch zur sexuellen Erregung und Selbstbefriedigung dienend); **vibrie'ren** schwingen, zittern.

vi'ce ve'rsa umgekehrt.

Vicomte m (wiko'ñt) „Vizegraf": französischer Adelstitel.

Victo'ria rega'gia w bot. (nach der englischen Königin Viktoria benanntes) südamerikanisches Seerosengewächs.

Vi'de! „siehe...!"; **videa'tur** „man sehe nach!".

Videopho'n s Fernsehtelephon: Fernsprechgerät, das den Gesprächspartnern ermöglicht, sich während des Gespräches gegenseitig zu sehen.

Vi'deotext m auf Abruf vermittelter Fernsehinformationsdienst: ‚Bildschirmzeitung'; **Videothe'k** w Slg. von Filmen u. Fernsehaufzeichnungen in Kassettenform; Ausleih- od. Verkaufsstelle für bespielte Videokassetten.

Vi'di s „ich habe gesehen": Bestätigung der Einsicht-, Kenntnisnahme; **vidie'ren** beglaubigen; **Vidimatio'n** w Beglaubigung; **vidimie'ren** beglaubigen.

vif (wih'f) lebhaft.

Vigila'nt m Aufpasser, Polizist; **vigila'nt** wachsam, aufmerksam; **Vigila'nz** w Wachsamkeit.

Vigi'lien Mz. (...i-en) nächtl. Gottesdienste (vor hohen Festen).

Vigne w (wih'nj^e) „Weinrebe, Weinberg": Landhaus, ländliches Lustschlößchen.

Vignette w (winjä'tt^e) Rand- oder Titelverzie-

rung in Büchern, Schriften usw.

vigorö's (lebens-)kräftig; **vigoro'so** mus. kraftvoll.

Vika'r m Stellvertreter; rel. Stellvertreter eines (katholischen) Geistlichen; in der praktischen Ausbildung befindlicher Kandidat der evangelischen Theologie nach dem ersten Examen; **Vikaria't** s Stellvertretung; Amt eines Vikars; Ausbildungszeit eines Kandidaten der evangelischen Theologie zwischen dem ersten und zweiten Examen.

Vikto'ria w Siegesgöttin; Sieg.

Viktua'lien Mz. (...i-en) Lebensmittel.

Vi'lla w Landhaus.

Vinaigrette w (winägrä't) Essigtunke mit Öl, Petersilie und Zwiebeln.

Vindikatio'n w iur. Anspruch auf Herausgabe; **vindizie'ren** in Anspruch nehmen; iur. Herausgabe beanspruchen.

vinkulie'ren binden, verpflichten.

Vio'la w bot. Veilchen; mus. Bratsche; große Violine, eine Quinte tiefer gestimmt.

Violatio'n w Verletzung, Vergewaltigung.

viole'nt heftig; **violenteme'nte** mus. heftig; **viole'nto** mus. heftig; **Viole'nz** w Heftigkeit; **viole'nza: con ~** mus. heftig, mit Gewalt.

viole'tt veilchenfarbig.

Violi'ne w mus. Geige.

VIP m (Abk. f. Very Important Person) „sehr bedeutende Persönlichkeit"; „hohes Tier", Prominenter.

Vi'per w Giftschlange.

Vira'go w med., sex. Mannweib.

Virement s (wihr^{e}ma'ñ)
Übertragung von Haus-
haltsmitteln von einem
Titel auf einen anderen
bzw. von einem Etatjahr
auf ein anderes.

Virgi'nia (auch w^{e}dshih'nia)
ⁿ lange dünne Zigarre
mit Strohmundstück; m
eine Tabakart.

Virginitä't ⁿ Jungfräulich-
keit.

vi'ribus uni'tis „mit vereinten Kräften".

viri'l med. männlich; **Viri-
litä't** ⁿ med. Männlich-
keit, Mannbarkeit; **viri'-
tim** „Mann für Mann":
einzeln.

Virolo'ge m med. Wissenschaftler auf dem Gebiet
der Virusforschung;
Virologie' ⁿ med. Wissenschaft von den Viren.

virtue'll (...u-ell) scheinbar.

virtuo's meisterhaft; **Virtuo'se** m Meister, Künstler; **Virtuositä't** ⁿ Mei-
sterschaft.

Vi'rtus ⁿ (männliche)
Tüchtigkeit; Tugend.

virule'nt med. anstek-
kungsfähig; **Virule'nz** ⁿ
med. Ansteckungsfähig-
keit; **Vi'rus** s ein Krankheitserreger; krankheits-
erregendes Kleinstlebe-
wesen.

Visage ⁿ (wisah'sh^e) Gesicht; **Visagist(in)** m (ⁿ)
(wihsashi'ßt[in]) Ge-
sichtsgestalter(in); Ge-
sichtskosmetiker(in).

Visavis s (wihsawih') das
Gegenüber; **vis-à-vis**
(wihsawih') gegenüber.

Visco'nte m italienischer
Adelstitel: Vizegraf;
Visconte'ssa ⁿ italieni-
scher Adelstitel: Vize-
gräfin; **Viscount** m
(wai'kaunt) englischer
Adelstitel: Vizegraf;
Viscountess ⁿ (wai'-
kauntiß) englischer
Adelstitel: Vizegräfin.

visi'bel sichtbar.

Visie'r s Zielvorrichtung;
Gesichtsschutz mit Seh-

schlitz an alten Helmen;
visie'ren zielen; beglaubigen.

Visio'n ⁿ Erscheinung,
Traumbild; **visionä'r**
seherisch, traumhaft.

Visitatio'n ⁿ Besichtigung;
Durchsuchung; **Visita'tor**
m Besichtigender, Unter-
suchender.

Visi'te ⁿ Besuch, Kranken-
besuch; **Visi'tenkarte** ⁿ
Besuchskarte; **visitie'-
ren** besichtigen, unter-
suchen.

visko's zähflüssig; **Visko-
sitä't** ⁿ Zähflüssigkeit.

Vis ma'jor, vis ma'ior
„höhere Gewalt".

Vi'sta ⁿ Ansicht; Vorzei-
gen eines Wechsels;
vi'sta: a (prima) ~ mus.
vom Blatt.

visue'll (...u-ell) mit den
Augen wahrnehmend;
das Sehen betreffend.

Vi'sum s Sichtvermerk (in
einem Paß).

Vi'ta ⁿ Leben(slauf); **vita'l**
lebenswichtig, lebendig;
vitalisie'ren beleben;
Vitali'smus m phil. Lehre von der Eigengesetz-
lichkeit der Lebensvor-
gänge; **Vitalitä't** ⁿ Le-
benskraft.

Vitami'n s lebenswichtiger
Wirkstoff in der Nah-
rung; **vitaminisie'ren** mit
Vitaminen anreichern.

vitiö's fehlerhaft; **Vi'tium**
s Fehler.

Vitrage ⁿ (wihtrah'sh^e)
Fenstervorhang.

Vitri'ne ⁿ Schaukasten,
Glasschrank.

Vitrio'l s chem. Schwefel-
säuresalz.

Vi'trum s Glas, Arznei-
flasche.

Vitzlipu'tzli m Teufel;
sⁿ. Kinderschreck.

vivace (wihwah'tsch^e) mus.
lebhaft.

vi'vant seque'ntes! „es leben die Folgenden!"

Viva'rium s Schaubehälter
für lebende kleine
Tiere (Aquarium, Terra-

rium); auch Tiergarten.

Vi'vat s Lebehoch; **vi'vat!**
er (sie, es) lebe hoch!;
vi'vat, cre'scat, flo'reat
er (sie, es) lebe, wachse,
blühe.

vivipa'r biol. lebendgebä-
rend.

Vivisektio'n ⁿ am lebenden Tier vorgenommene
Sektion; **vivisezie'ren**
ein lebendes Tier sezie-
ren.

Vi'ze... sⁿ. Stellvertreter des...

vizina'l nachbarlich; die
Gemeinde betreffend;
Vizina'lbahn ⁿ Neben-,
Kleinbahn; **Vizina'lweg**
m Nebenweg.

Voce ⁿ (woh'tsche) mus.
Stimme.

Vogue ⁿ (woh'g) Beliebtheit.

voilà! (woala'h) sieh da!

Voile m (woah'l) schleier-
artiges Gewebe.

Voka'bel ⁿ (einzelnes)
Wort; **Vokabula'r(ium)**
s Wörterverzeichnis.

Voka'l m Selbstlaut; **Voka-
lisatio'n** ⁿ Aussprache
der Selbstlaute; **vokali-
sie'ren** als Vokal aus-
sprechen; mit Vokalzei-
chen versehen; **Voka'l-
musik** ⁿ für Singstim-
men bestimmte Musik.

Vokatio'n ⁿ Berufung;
Vo'kativ m gramm. An-
redefall in der lateini-
schen Sprache.

Volant m (wola'ñ) Falten-
besatz; auch Lenkrad.

Volapü'k s künstl. Weltsprache.

volati'l chem. flüchtig.

Vol-au-vent m (wolowa'ñ)
fleischgefüllte Blätter-
teigpastete.

Voliere ⁿ (woljäh'r^e) Vo-
gelkäfig, Flugkäfig.

Vo'lleyball m Flugball
(-spiel).

Volontä'r m wer, ohne
Lehrling zu sein, zum
Zwecke seiner Aus- oder
Fortbildung — oft un-
entgeltlich — in einem
Betrieb arbeitet; **Volon-**

taria't s Ausbildungszeit
eines Volontärs; **volon-
tie'ren** als Volontär arbeiten.

Vo'lt s phys. Maßeinheit
der elektr. Spannung.

Vo'lte ⁊ Reitfigur: ein
Kreis mit kleinem Durch-
messer; Kartenmisch-
trick, durch den eine be-
stimmte Karte an einen
gewünschten Platz zu
liegen kommt; **voltie'ren**
eine Volte reiten; ein
Pferd durch eine Volte
wenden; **voltigieren**
(woltishih'rᵉn) an bzw.
auf einem (trabenden
oder galoppierenden)
Pferd turnen.

volu'bel geläufig; **Volubili-
tä't** ⁊ Geläufigkeit.

Volu'men s Rauminhalt;
Umfang; Einzelband
eines mehrbändigen
Schrifttumswerkes; **Vo-
lumetrie'** ⁊ Rauminhalts-
messung; chem. Maß-
analyse; **voluminö's** um-
fangreich; mehrbändig.

Voluntari'smus m phil.
Lehre, die den Willen als
Grundprinzip seelischen
Lebens betrachtet.

Volu'te ⁊ schneckenför-
mige Verzierung.

vomie'ren med. sich über-
geben, sich erbrechen;
Vomiti'v(um) s med.
Brechmittel.

Vorazitä't ⁊ Gefräßigkeit.

Vota'nt m Wähler; wer

ein Votum abgibt; **vo-
tie'ren** abstimmen.

Voti'vgabe ⁊ Weihgabe.

Vo'tum s Stimmabgabe;
Gutachten; rel. Gelübde.

Voucher m (wau'tschᵉr)
Empfangs-)Bescheini-
gung.

Voute ⁊ (wuh't[ᵉ]) Hohl-
kehle (zwischen Wand
und Decke); Gewölbe.

Vox ⁊ (w . . .) Stimme;
vox po'puli vox de'i
„Volkesstimme — Got-
tesstimme".

Voyeur m (woajö'r) sex.
wer sich durch Zuschauen
bei geschlechtlichen Be-
tätigungen Lustbefriedi-
gung verschafft;
Voyeurismus m (woajö-
ri'ßmuß) sex. Lustbe-
friedigung durch Zu-
schauen bei geschlecht-
lichen Betätigungen.

vozie'ren berufen; iur. vorladen.

VTOL-Flugzeug s techn.
(Abk. für: vertical take-
off and landing = Senk-
rechtstart und -landung)
Senkrechtstarter.

VTR Abk. v. Video Tape
Recording: Bild-Ton-
band-Aufnahme- und
Wiedergabesystem.

vulgä'r gewöhnlich, gemein; **vulgarisie'ren** unter das Volk bringen;
volkstümlich machen;
Vulgaritä't ⁊ Gewöhn-
lichkeit, Gemeinheit.

Vulga'ta ⁊ rel. die für die
kath. Kirche verbindliche
lateinische Bibelüberset-
zung.

vulgiva'g überall umher-
schweifend; **Vulgiva'ga**
„die überall Umher-
schweifende": Beiname
der Venus (nach Lukrez);
auch sⁿv. Dirne.

vu'lgo gewöhnlich, im allgemeinen; gemeinhin.

Vulka'n m feuerspeiender
Berg; **Vulka'nfiber** ⁊
zäher, hornartiger
Kunststoff; **Vulkani-
satio'n** ⁊ techn.
Verbesserung der ela-
stischen Eigenschaften
des Rohkautschuks
durch Schwefelzusatz;
vulka'nisch von einem
Vulkan herrührend;
vulkanisie'ren Roh-
kautschuk durch Schwe-
felzusatz in Gummi
umwandeln.

Vulkani'smus m alle Kräfte und Vorgänge, die mit
dem aus dem Erdinnern
empordringenden
Magma (s. dort) im Zu-
sammenhang stehen;
Vulkanologie' ⁊ Wis-
senschaft von den vul-
kanischen Vorgängen
und Erscheinungen.

vulnera'bel verwundbar;
Vulnerabilitä't ⁊ Ver-
wundbarkeit.

Vu'lva ⁊ med. weibliche
Scham.

W

Wa'di s trockenes Flußbett
in der Wüste, das nur in
Regenzeiten Wasser
führt.

Waggon m (wago'ñ) Eisenbahnwagen, Güterwagen

Wa'lhall, Walha'll(a) ⁊ (in
der altnordischen Mytho-
logie:) Aufenthaltsort
der im Kampf gefallenen
Krieger.

Walkie-lookie s (wô'kih-
lu'kih) tragbares Fern-

seh(aufnahme)gerät;
Walkie-talkie s (wô'kih-
tô'kih) tragbares Funk-
sprechgerät.

Walkman m (wô'kmᵉn)
Mini-(Hi-Fi-)Kassettenre-
corder mit Ohrhörern.

Walkü're ⁊ (in der altnordischen Mythologie:)·
göttliche Kampfjungfrau,
welche die für Walhall
vorgesehenen Krieger
auswählt und dorthin

geleitet; auch große, fül-
lige und stämmige Frau.

Wallstreet ⁊ (wô'lßtriht)
Bank- und Börsenviertel
in New York.

Wampu'm m aus Muschel-
blättchen oder Perlen ge-
fertigter Gürtel nord-
amerikanischer Indianer,
als Zahlungsmittel,
Schmuck, Urkunde und
Nachrichtenmittel die-
nend.

Warrant m (wô'r^ent) Lagerschein; Ermächtigungsausweis.

wash and wear (wôsch ^endwä'^e) „waschen und tragen": Bezeichnung für bügelfreie Kleidung.

Waterproof m (wô't^erpruhf) wasserdichtes Material; Regenmantel.

Wa'tt s phys. Maßeinheit der elektr. Leistung.

Way of Life m (weⁱ ow lai'f) Lebensweise, -art.

W.C. s (Abk. für: watercloset) Abort mit Wasserspülung.

WCC m Abk. v. World Council of Churches (s. dort).

Weekend s (wih'k-änd) Wochenende.

Welsh Rabbit s (wälsch rä'bit) „Waliser Kaninchen" od. **Welsh Rarebit** s (wälsch rä'rbit) „Waliser Leckerbissen": Käseröstbrot: geschmolzener Käse auf geröstetem Brot.

We'rst m ein russisches Längenmaß (rd. 1066 m).

Wesi'r m Minister in islam. Staaten.

We'ste m ärmelloses Bekleidungsstück.

We'stern m Wildwestfilm; Abenteuerfilm aus der sogenannten Pionierzeit Nordamerikas.

WEU m Abk. v. Western European Union: Westeuropäische Union; eine zwischenstaatliche Organisation der Benelux-Staaten, der Bundesrepublik Deutschland, Frankreichs, Großbritanniens und Italiens.

Wife-swopping s (wai'f ßwo'piñ) sex. amerikani-

sche Bezeichnung für: Austausch d. Ehefrauen.

Whig m (wi'g) engl. Liberaler.

Whiskey m (wiß'kih) amerikanischer od. irischer Kornbranntwein; **Whisky** m (wi'ßkih) schottischer Kornbranntwein; **Whisky So'da** m mit Mineralwasser gemischter Whisky.

Whist s (wi'ßt) ein Kartenspiel.

White-collar m (wait ko'll^e) „weißer Kragen": amerikanische Bezeichnung für Arbeitnehmer, der zur Arbeit ein weißes Hemd trägt: Angehöriger der Schicht der Angestellten; **White-collar-crime** s (wait ko'l^e kraiml) für Angehörige gehobener Klassen typisches Verbrechen (z. B. Wirtschaftsverbrechen).

WHO m Abk. v. World Health Organization: Weltgesundheitsorganisation der Vereinten Nationen (UNO).

Who's who s (huh's huh') „Wer ist wer?": biographisches Verzeichnis.

Wi'gwam m Indianerzelt, -hütte.

Wilaje't s Verwaltungsbezirk in der Türkei.

Window shopping s (wi'ndoh scho'piñ) Schaufensterbummel.

Windsurfing s (wi'nt ßöffin) Wassersportart: auf einem Brett mit Segel über das Wasser gleiten.

Wi'smut s chem. ein Grundstoff (Bi), ein Metall (neulateinisch = Bismutum).

Wo'dka m „Wässerchen": (aus Kartoffeln

gewonnener) russischer Branntwein.

Woi'lach m Pferdedecke.

Woiwo'de m höchster Beamter einer poln. Provinz; **Woiwo'dschaft** m polnische Provinz.

Wo'lfram s chem. ein Grundstoff (W), ein Metall (nach „Wolf" benannt; engl.: Tungsten).

Womens Lib m (wi'm^ens lib) Abk. v. „Womens Liberation": für „Frauenbefreiung" und Emanzipation eintretende Bewegung.

Worcestersoße m (wu'ßter...) engl. scharf gewürzte Tunke.

Workshop m (wö'kschop) „Werkstatt": wissenschaftliche Veranstaltung eines Unternehmens, das Einblick in die wissenschaftliche Arbeit und die im Unternehmen betriebene Forschung vermitteln soll; Seminar zur Erarbeitung wissenschaftlicher Probleme in freier Diskussion; Kunstwerkstatt; mit „Workshop" oder „Werkstatt" wird auch eine einem Theater angegliederte „Versuchsbühne" bezeichnet, die Einblick in die schauspielerische Arbeit vermitteln soll.

World Council of Churches m (wö'ld kau'nßil ow tschö'tsch^es) Gemeinschaft der protestantischen und christlichorthodoxen Kirchen mit dem Sitz in Genf; die römisch-katholische Kirche ist nur mit Beobachtern vertreten.

X

X s math. unbekannte Größe.

Xanthi'ppe m suw. zänkisches Weib.

Xanto..., xanto... Gelb..., gelb...; **Xantophy'll** s bot. gelbbrauner Farbstoff.

Xe'nie m (...i-e) kurzes Sinngedicht.
Xe'no ..., xe'no... Fremd..., fremd...;

Xenogamie' *w* bot. Fremdbestäubung; **Xenokratie'** *w* Fremdherrschaft.

Xeno'n *s* chem. ein Grundstoff (Xe), ein Edelgas (nach xenon = das Fremde benannt).

xenophi'l fremdenfreundlich; **Xenophilie'** *w* Fremdenfreundlichkeit; **xenopho'b** fremdenfeindlich; **Xenophobie'** *w* Fremdenfeindlichkeit.

Xe'ro..., **xe'ro...** Trok-ken..., trocken...; **Xerographie'** *w* „Trockendruckverfahren", ein photographisches Vervielfältigungsverfahren; **xerographie'ren** durch Xerographie vervielfältigen; **Xerokopie'** *w* durch Xerographie hergestellte Kopie; **xerophi'l** bot. Trockenheit bevorzugend; **Xerophilie'** *w* bot. Vorliebe für Trockenheit.

Xero'se *w* med. Austrocknung der Schleimhäute; **xero'tisch** med. trocken, eingetrocknet.

Xi *s* dem „x" entsprechender Buchstabe des griechischen Alphabets.

Xmas englische Abkürzung für: Christmas (= Weihnachten).

X-Strahlen Mz. phys. svw. Röntgenstrahlen.

Xylo..., **xylo...** Holz..., holz...; **Xylographie'** *w* Holzschneidekunst; Holzschnitt; **Xylopho'n** *s* mus. aus abgestimmten Holzstäben bestehendes Schlaginstrument.

Y

Y *s s.* Ypsilon.

Yankee *m* (jä'nkih) Spitzname des Nordamerikaners; **Yankee-Doodle** *m* (....duh'dl) nordamerik. Nationallied.

Ya'rd *s* engl.-amerik. Längenmaß: 0,914 m.

Yawl *w* (jô'l) zweimastiges Sportsegelboot, dessen achterer Mast hinter dem Ruder steht.

Yellow Press *w* (jä'llo^u präß) Hetz-, Sensationspresse.

Yen *m* japanische Währungseinheit.

Ye'ti *m* legendärer „Schneemensch" des Himalajagebietes.

Yo'ga *m s.* Joga.

Youngster *m* (ja'ngßt^er) junger Sportler.

Y'psilon *s* 1.) Selbstlaut mit dem Lautwert „i" od. „ü". 2.) Mitlaut mit dem Lautwert „j".

Ytte'rbium *s* chem. ein Grundstoff (Yb) (nach der schwedischen Stadt Ytterby benannt; zusammengesetzt aus Yttrium und Erbium); **Y'ttrium** *s* chem. ein Grundstoff (Y) (nach der schwedischen Stadt Ytterby benannt).

Z

s. auch **C, K.**

Zar *m* früherer Herrschertitel in Rußland, Bulgarien und Serbien; **Zarè'witsch** *m* Zarensohn, Kronprinz; **Zare'wna** *w* Zarentochter; **Zari'za** *w* Zarin.

Zä'sium *s* chem. ein Grundstoff (Cs), ein Metall (bedeutet „das Blaue").

Za'ster *m* svw. Geld.

Zäsu'r *w* Einschnitt.

Ze'baot(h) rel. Heerscharen; als Erweiterung des Gottesnamens: Herr Zebaoth: Herr der himmlischen Heerscharen.

Ze'bra *s* zool. gestreiftes afrikanisches Wildpferd; **Zebroi'd** *s* (...o-id) zool. Kreuzung von Zebra mit Pferd oder Esel.

Ze'bu *m/s* zool. indisches bzw. ostafrikanisches Buckelrind.

Zechi'ne *w* alte venezianische bzw. oriental. Münze.

Ze'der *w* Nadelbaum des Mittelmeerraumes.

Zelebratio'n *w* rel. Feier d. Meßopfers; **zelebrie'ren** eine Messe lesen; feiern; **Zelebritä't** *w* gefeierte Persönlichkeit; Feierlichkeit.

zellula'r biol./med. auf die Zellen bezüglich, aus Zellen gebildet; **Zellula'rpathologie** *w* med. von R. Virchow begründete Lehre, wonach alles Krankheitsgeschehen von Veränderungen der Zellen ausgeht; **Zellula'rtherapie** *w* med. von P. Niehans begründete Methode der Behandlung verschiedener Krankheiten durch Einspritzung lebender oder durch Gefrieren getrockneter tierischer Zellen in d. menschlichen Körper.

Zelluli'tis, Zelluli'te *w* med. fettsuchtartige Krankheit des Fett- und Bindegewebes: „Orangenhaut".

Zelluloi'd *s* (...o-id) hornartiger Kunststoff; **Zellulo'se** *w* Zellstoff.

Zeme'nt *m* aus Kalkstein und Tonen hergestellter Baustoff; **zementie'ren**

mit Zement ausfüllen; *svm*. härten, starr festlegen.

Zen *s* eine auf Meditation beruhende Richtung des Buddhismus.

Zeni't *m* Scheitelpunkt, Gipfelpunkt.

zensie'ren prüfen; werten; **Ze'nsor** *m* Beurteiler, Prüfer, Kontrolleur; **Zensu'r** *w* Prüfung; Wertung; Kontrolle; **zensurie'ren** prüfen, werten, kontrollieren; **Ze'nsus** *m* Volkszählung.

Zentau'r *m* griech. Fabelwesen: Pferd m. menschlichem Oberkörper.

Zentena'r(ium) *s* Hundertjahrfeier.

zentesima'l hundertteilig.

Ze'nti . . ., ze'nti . . . bei Maßen und Gewichten: Hundertstel; **Zentifo'lie** *w* (. . . i-e) *bot.* „Hundertblättrige": eine Rosenart; **Zentigra'd** *s* hundertstel Grad; **Zentigra'mm** *s* hundertstel Gramm; **Zentime'ter** *s* hundertstel Meter.

zentra'l im Mittelpunkt befindlich, den Mittelpunkt bildend; **Zentra'le** *w* Haupt-, Ausgangsstelle **Zentralisatio'n** *w* s. **Zentralisierung; zentralisie'ren** zusammenziehen; **Zentralisie'rung** *w* Zusammenziehung, Vereinigung (in einem Mittelpunkt); **Zentrali'smus** *m* Streben nach einer starken zentralen Staatsgewalt; **zentrali'stisch** Zusammenziehung anstrebend; **zentrie'ren** auf die Mitte einstellen.

zentrifuga'l vom Mittelpunkt wegstrebend; **Zentrifuga'lkraft** *w* Fliehkraft; **Zentrifu'ge** *w* Maschine zum Trennen von Flüssigkeiten durch Fliehkraft.

zentripeta'l zur Mitte hin strebend; **Zentripeta'lkraft** *w* zur Mitte hin wirkende Kraft.

ze'ntrisch in der Mitte; **Ze'ntrum** *s* Mitte, Mittelpunkt.

Zentu'rie *w* (. . . i-e) altrömische Hundertschaft; **Zentu'rio** *m* altrömischer Hundertschaftsführer.

Ze'phir *m* linder Wind; *auch* feines Baumwollgewebe.

Ze'pter *s* Herrscherstab; Symbol der Herrscherwürde.

Ze'rberus *m* Höllenhund; *svm*. scharfer Wächter.

zerebra'l *med.* das Gehirn betreffend; **zerebrospina'l** *med.* Gehirn und Rückenmark od. Wirbelsäule betreffend.

Zeremonie' *w* (*auch* . . . o'-ni^e) feierliche, förmliche Handlung; **Zeremonie'll** *s* (. . . i-ell) Gesamtheit der einzuhaltenden feierlich-förmlichen Gebräuche; **zeremonie'll** feierlich, förmlich; **Zeremo'nienmeister** *m* für das Zeremoniell verantwortlicher Hofbeamter; **zeremoniö's** feierlich-förmlich, steif.

Zerographie' *w* Wachsgravur; **Zeropla'stik** *w* Wachsbildnerei, -bildnis.

Zertifika't *s* Bescheinigung; **zertifizie'ren** bescheinigen.

Zervela'twurst *w* eine Hartwurstart; Schlackwurst.

zervika'l *med.* den Hals betreffend; den Gebärmutterhals betreffend.

Zibo'rium *s* *rel.* Gefäß zur Aufbewahrung der Hostien; *auch* Tabernakel (s. dort).

Zi'der *m* (französischer) Apfelwein.

Zigare'tte *w* mit feingeschnittenem Tabak gefüllte Papierhülse; **Zigari'llo** *m/s* (*auch* zigari'ljo) kleine Zigarre; **Ziga'rre** *w* stabförmig gewickelte Tabakblätter; *auch* „Rüffel, Tadel".

Zigeu'ner *m* Angehöriger

eines aus Indien stammenden Wandervolkes; *auch* unstet und ungebunden lebender Mensch.

Zika'de *w* *zool.* Zirpe; zirpende Töne erzeugendes Insekt der Schnabelkerfgruppe.

Zi'mbel *w* *mus.* Becken; *auch* kleines Glockenspiel.

Zink *s* *chem.* ein Grundstoff (Zn), ein Metall.

Zinno'ber *m* ein Mineral: Quecksilbererz; *m/s* leuchtend rote Malerfarbe; *auch* *svm*. Unsinn, Kram, Getue, unnötiges Gerede.

Zioni'smus *m* Bewegung zur Schaffung eines jüdischen Staates in Palästina; **Zioni'st** *m* Anhänger des Zionismus; **zioni'stisch** den Zionismus betreffend; zum Zionismus gehörend.

zi'rka etwa, ungefähr.

Zi'rkel *m* Gerät zur Kreiszeichnung und Streckenabmessung; *auch* geselliger oder politischer Kreis von Menschen; **zi'rkeln** genau abmessen.

Zirkula'r *s* Rundschreiben; **zirkula'r, zirkula'r** kreisförmig; **Zirkulatio'n** *w* Kreis-, Umlauf; **Zirkulatio'nsstörung** *w* med. Kreislaufstörung; **zirkulie'ren** umlaufen.

Zirkumfle'x *s* Dehnungszeichen über Vokalen (ˆ).

zirkumpola'r in der Umgebung eines Poles liegend; **zirkumskri'pt** umschrieben; abgegrenzt; **zirkumvenie'ren** umgehen, hintergehen; **Zirkumventio'n** *w* Umgehung, Hintergehung.

Zi'rkus *m* runde Schaustätte für artistische Vorführungen, Tierdressuren usw.; *auch* Trubel, Aufregung, Getue; **zirze'nsisch** den Zirkus betreffend.

Zirrho'se *w* *med.* Bindegewebswucherung mit nachfolgender Verhärtung oder Schrumpfung des betreffenden Organs.

Zirroku'mulus *m* „Schäfchenwolke"; **Zirrostra'tus** *m* Schleierwolke; **Zi'rrus** *m* Federwolke.

zis ... diesseits (von) ...

Ziseleur *m* (zihs°lö'r) Metallstecher; **ziselie'ren** Muster in Metall stechen od. graben.

Ziste'rne *w* Sammelbecken für Regenwasser.

Zisterzie'nser *Mz.* (...i-e...) kath. Mönchsorden.

Zitade'lle *w* mil. Stadtfestung, Kernfestung, Festungskern.

Zita't *s* Ausspruch; wörtlich übernommene Textstelle; **Zitatio'n** *w* Vorladung.

Zi'ther *w* mus. Zupfinstrument.

zitie'ren eine Textstelle wörtlich anführen; vorladen.

Zitrona't *s* kandierte Zitronenschale; **Zitro'ne** *w* eine Südfrucht, Zitrusfrucht; **Zi'trusfrüchte** *Mz.* Südfruchtgattung (z. B. Zitronen, Apfelsinen, Mandarinen u. ä.).

Zivi'l *s* bürgerliche Kleidung; Bürgerstand; **zivi'l** bürgerlich; *auch svw.* gemäßigt, maßvoll; **Zivi'lcourage** *w* (... kuhra'sh°) Mut zur Äußerung der eigenen Meinung und Überzeugung; **Zivi'lehe** *w* standesamtlich geschlossene Ehe.

Zivilisatio'n *w* durch technische und kulturelle Errungenschaften gehobene Lebensweise; **Zivili-** satio'nskrankheiten *Mz.* med. Krankheiten, die durch fortschreitende Zivilisation und die hiermit verbundene Verminderung der natürlichen Widerstandskräfte des Körpers hervorgerufen werden (erhöhte Anfälligkeit geg. Infektionen, Kreislaufstörungen, Verdauungskrankheiten infolge Fehlernährung, Genußmittelschäden, Drogenabhängigkeit usw.); **zivilisato'risch** die Zivilisation fördernd; **zivilisie'ren** eine gehobene Lebensweise vermitteln; **Zivili'st** *m* Bürger.

Zivi'lliste *w* Geldzuwendung des Staates an den regierenden Fürsten; **Zivi'lprozeß** *m* Gerichtsverfahren bei Streitigkeiten, die das bürgerliche Recht betreffen.

Zloty *m* (slo'ti) polnische Währungseinheit.

Zöliba't *s/m* Ehelosigkeit aus religiösen Gründen.

zona'l eine Zone betreffend; **Zo'ne** *w* Gürtel, Gebiet.

Zoo *m* *Abk. f.* Zoologischer Garten; **Zoogeographie'** *w* (zo-o ...) Tiergeographie; **Zoolo'ge** *m* (zo-o ...) Wissenschaftler auf dem Gebiet der Tierkunde; **Zoologie'** *w* (Zo-o...) Tierkunde.

Zoom *s* (suhm), **Zoom Lens** *w* (suh'm läns) opt. svw. „Gummilinse(n)"; Objektiv mit (stufenlos) verstellbarer Brennweite.

zoopha'g (zo-o ...) biol. fleischfressend; **Zoopha'ge** *m* (zo-o ...) biol. Fleischfresser; **Zoopla'nkton** *s* (zo-o ...) biol. Gesamtheit der im Wasser schwebenden tierischen Lebewesen.

Zyanka'li *s* giftige chem. Verbindung: Kaliumsalz der Blausäure.

zy'klisch kreisförmig (verlaufend); regelmäßig wiederkehrend; **zykloi'd** (...o-id) math. kreisähnlich; med. stimmungsmäßig zwischen Traurigkeit und Heiterkeit schwankend.

Zyklo'n *m* Wirbelsturm; **Zyklo'ne** *w* Tiefdruckgebiet.

Zyklo'p *m* einäugiger Riese.

Zyklotro'n *s* Kernphysik Teilchenbeschleuniger.

Zy'klus *m* Kreis, -lauf, Reihe; med. Regelblutung.

Zyli'nder *m* walzenförmiger Hohlkörper; steifer, hoher Hut; **zyli'ndrisch** walzenförmig.

Zy'niker *m* bissiger Spötter; **zy'nisch** beißend spöttisch; **Zy'nismus** *m* beißender Spott.

Zypre'sse *w* bot. Nadelbaumgattung des Mittelmeergebietes.

Zy'ste *w* „Blase": med. mit Flüssigkeit gefüllter abgeschlossener Hohlraum; **Zyto...**, **zyto** ... biol. Zell(en) ..., zell(en ...); **Zytochrom** *s* (... kroh'm) biol. Zellfarbstoff; **Zytolo'ge** *m* biol. Wissenschaftler auf dem Gebiet der Zellenlehre; **Zytologie'** *w* biol. Zellenlehre; **Zytoly'se** *w* biol. Auflösung von Zellen; **Zytotoxi'n** *s* med./biol. Zellgift.